종교다원주의와 세계종교

지구촌 다문화 시대의 교양

종교다원주의와 세계종교

2021년 12월 17일 처음 펴냄

지은이   김영호
펴낸곳   도서출판 동연
등 록   제1-1383호(1992. 6. 12)
주 소   서울시 마포구 월드컵로 163-3
전 화   (02)335-2630
전 송   (02)335-2640
이메일   h-4321@daum.net

Copyright ⓒ Young Ho, Kim, *Religious Pluralism and World Religions*, 2021

ISBN 978-89-6447-742-7 93200

이 도서는 한국출판문화산업진흥원의 '2021년 출판콘텐츠 창작 지원 사업'의 일환으로
국민체육진흥기금을 지원받아 제작되었습니다.

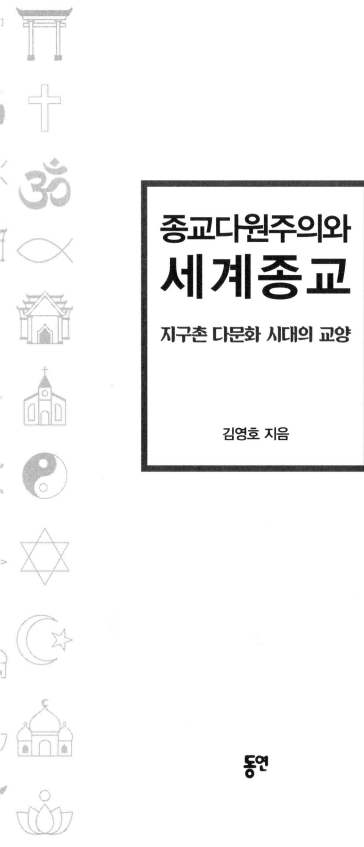

종교다원주의와
세계종교

지구촌 다문화 시대의 교양

김영호 지음

동연

들어가는 글

　신앙을 갖거나 안 갖거나, 사람은 종교를 벗어나 존재할 수 없다. 개인이나 사회나 세계나 종교로 넘쳐난다. 신과 영의 존재처럼 삶의 곳곳에 도사리고 있다. 그래서 인간을 '종교적 인간'(homo religiosus)이라 정의했다. 이제는 인간 자신이 오만해져서 스스로가 신이 된 '신적 인간'(homo deus)이 되었다고까지 말한다(Harari). 온갖 사물이 그렇듯이 역사적으로, 사회적으로 종교에도 순順기능과 역逆기능이 있다. 양날의 칼이다. 과연 어느 쪽이 우세할까. 원시사회 이후 인간사회를 결속시키는 기능을 해 온 것은 사실이지만 십자군 등 각종 전쟁을 일으키고 인간을 구속해 온 것도 사실이다. 잘못된 신앙에 빠져 평생을 낭비하지 않는다는 보장이 있는가. 세계의 화약고, 중동의 국가들은 사실상 종교전쟁 중이다. 또 하나의 화약고인 한반도의 분단도 (종교에 준하는) 명분상 이념의 차이에서 온 것이다. 생사결단을 강요하는 공산주의도 자본주의도 종교의 자리에 서 있다.

　과연 종교란 무엇일까. 종교가 무엇이길래 (이슬람교도의 히잡, 시크교도의 두건 같이) 평생 굴레처럼 지니고 다녀야 하는가. 종교는 '종교'의 가장 폭넓은 정의라 할 '궁극적 관심'(ultimate concern, Tillich)이기 때문이다. 지금 우리에게 가장 궁극적 관심은 무엇일까. 자본주의 사회에서 소유(돈, 재산, 권력)일 수도 있지만, 특히 젊은 세대에게는 궁극적 관심이 정보(information)라 할 수 있다. 데이터가 곧 종교가 된 '데이터 종교'(data religion) 시대(Harari)가 되었다. 종교의 정체와 가치를 올바로 이해하지 못한 결과이다. 인간은 정보(information)만으로 인간성을 회복할 수 없다. 인간답게 살려면 정신적 변혁(transformation, 깨달음, 거듭남)이 필수적이다. 정보의 바다에 빠져 자기 정체성을 파악할 수 없다. "너 자신을 알라"(소크라테스).

온당한 인간으로서 누구나 나름대로 가치관, 세계관을 지니게 마련이다. 그것 없이 사는 사람은 무척추동물과 같다. 통상 가치관, 세계관은 종교에 바탕을 둔다고 말한다. 종교는 세계관(worldview)이다(Smart). 종교는 문화, 문명의 핵심이다(Toynbee, 함석헌). 문명 충돌, 전쟁은 종교의 차이에서 일어난다(Huntington). 철학은 종교의 원광原鑛에서 나온다. 특히 동양철학은 종교를 빼고 말할 수 없다. 한국사상을 대표하는 사상가로 꼽히는 원효와 이황(퇴계)은 불교와 유교를 바탕으로 사유하고 그 언어로 표현했다. 서양철학은 그리스에서부터 현대까지 대체로 종교 전통과는 무관하게 개인의 지적, 이성적 사유에 의존하여 발전해 왔다. 근대에는 이성을 도구로 합리주의 사상이 출현하여 계몽주의와 과학의 발전을 가져오고 근대화와 현대 물질문명을 낳았다. 유물론과 공산주의도 그 파생 산물이다. 궁극적 가치를 다루는 종교와 분리된 서구 사상은 정신과 영성의 개발에 기여하지 못하고, 흑백논리가 지배하는 불평등 사회를 탄생시켰다. 종교 전통에 뿌리를 둔 동양철학은 서구 사상의 한계를 극복하는 통합적 이치(논리)와 가치를 담지하고 있다.

이와 같이 중요한 종교에 대한 이해와 지식은 어디에서 얻을 수 있는가. 학교 교육이 주요한 통로가 된다. 사립학교에서 종교 교육이 포함되더라도 종교재단이 속한 특정 종교만을 편파적으로 가르치므로 올바른 종교관 형성에는 도움이 되기 힘들다. 우리 사회를 보면 종교에 대한 무지가 개인과 사회의 혼란을 초래했다. 그것은 탄핵당한 대통령이 잘못된 신앙(미신)에 홀려 주체성을 잃고 빙의憑依 통치로 나라를 벼랑 끝으로 몰고 간 사례가 잘 말해 준다. 그 사실을 사법부나 언론도 판단하지 못했다. 그 당사자는 대학까지 16년 교육을 받는 동안 종교에 대한 올바른 지식을 획득하는 기회가 전혀 없었던 것이다. 이것은 한 사람만이 아닌 우리 모두에게 해당한다. 개인과 사회 전체가 피해를 당하고 서로 입히는 위치에 놓여 있다.

신앙을 가진 국민 과반수는 그럴 위험을 안고 있다. 개인이나 사회나 종교는 중대한 문제다. 그 상황에서 종교는 애물단지일 뿐이다. 종교는 축복인가 저주인가, 물을 수밖에 없다. 객관적, 중립적인 엄정한 종교 교육이 필요한 이유이다. 종교 교육에서 중요한 도구(과목)는 종교다원주의(religious pluralism)와 세계종교(World religions)이다. 다원주의는 종교의 평등성을 전제로 엄격히 객관적, 과학적으로 접근하는 원리로서 배타주의(exclusivism)와 대칭되는 개념이다. 마찬가지로 세계종교도 세계의 주요 종교들(유대교, 기독교, 이슬람교, 힌두교, 불교, 유교, 도교 등)을 공평하게 다룬다. 서구 대학에서는 20세기 중후반부터 이 과목을 교양 필수과목으로 교육한다. 학부 4년은 교양 교육을 중심으로 하는 기간이다. 전공은 졸업 후 직업 전문대학원(일반, 의학, 법학, 교육, 약학, 행정 등)에 진학하여 공부한다.

인문학 중심의 교양 교육을 올바로 이수해야 (나라를 혼란에 빠뜨리고 있는 일부 검찰이나 언론인 같은) 무교양 직업인을 배출할 수 없게 된다. 교양 교육과 종교 교육/종교학을 중시하는 종교개혁, 교과과정 개편은 당면한 과제다(현재 철학과는 많지만, 종교학과는 극소수다). 종교·철학과로 통합학과를 설치하는 것도 한 가지 대안이다. 철학 없는 종교는 미신迷信, 맹신盲信, 광신狂信이 되기 쉽고 종교(체험)적 근거가 없는 철학은 언어의 유희(말놀이)에 그치기 십상이다. 진리의 인식은 철학적 이성과 종교적 인식(체험) 모두를 요구한다. 철학과 종교는 자체만으로 온전할 수 없는 상호 보완의 관계다. 전공학과로서나 교양과정에서 두 분야는 대학 인문학의 핵심이 되어야 한다.

이 책의 편찬 목적은 종교 이해를 위한 교양서적으로 활용하기 위함도 있지만 동시에 대학의 교양 교육을 위한 참고서적으로 제공하기 위한 것이다. 책의 주요한 주제는 다원주의, 세계종교만이 아니라 종교 간 대화, 미래의 종교, 세계윤리 등 근래 서구 아카데미에서 중요하게 다루는 주제들을 망라한다. 모든 주제를 다 독파하는 것이 어려우면 그때그때 어느 한 주제나 아니면 한 학자/저자만 살펴봐도 무언가 일깨움이 있으리라 본다. 그동안 (주로 서구에서) 출간된 저술들을 직접 독파하는 대신 여기에 축약된 정보만으로도 충분한 자극제가 되리라 본다. 종교/신학 분야 학자, 연구자들이 이 책의 발간을 계기로 종교 교육 강화 및 강좌 설치 운동을 펼치고 필요한 교재를 경쟁적으로 출판하게 된다면 이 자료집의 편찬자로서 더 이상 큰 보람을 느낄 수 없을 터이다.

가능한 많은 정보를 담으려고 노력하는 과정에서 늘어난 분량에도 불구하고 이 책의 출판을 감당해 준 도서출판 동연 대표 김영호 님과 수고하신 편집자들에게 특별한 감사를 드린다. 방대한 자료를 정리하느라 다소 길어진 기간 동안 처음부터 깊은 관심과 진솔한 법담을 나누어 온 붕우 용타 스님(동사섭, 행복마을)과 힘이 달릴 때마다 좌우에서 공감의 시너지를 일으켜 준 두 길벗(유안우, 김정기 님)에게 깊은 감사의 마음을 전한다.

어진내 청량산 자락에서

김영호

차례

1장

왜 종교다원주의인가

산에 한 가지 나무만 나지 아니하고 들에 한 가지 꽃만 피지 아니한다. 여러 가지 나무가 어울려서 위대한 삼림의 아름다움을 이루고 백 가지 꽃이 섞여 피어서 봄 뜰의 풍성한 경치를 이루는 것이다. 우리가 세우는 나라에는 유교도 성하고 불교도 예수교도 자유로 발달하고, 또 철학으로 보더라도 인류의 위대한 사상이 다 들어와서 꽃이 피고 열매를 맺게 할 것이니, 이러한 자유의 나라에서만 인류의 가장 크고, 가장 높은 문화가 발생할 것이다(김구, 2002: "나의 소원").

김구의 이 짧은 글 속에 이 책이 의도하는 취지가 다 들어있다. 이 글의 깊은 뜻이 가슴에 와닿는다면 구태여 이 책을 더 읽지 않아도 된다. 이미 체감하거나 실천하고 있을지도 모르고, 나아가 이 책의 지향하는 목표가 바로 종교와 철학이 추구하는 진리를 올바로 이해하고 아름다운 문화의 꿈을 키우는 것이기 때문이다. 언어와 성씨까지 문화 말살 정책을 폈던 일제로부터 해방된 후 그를 우리는 '김구 선생'이라 불렀다. 그는 민족의 참 스승이었다. 이런 포부와 신념을 가진 지도자가 국가 경영에 앞장을 섰더라면 오늘 우리가 겪고 있는 현실은 크게 달라졌을지도 모른다. 한국 근대사를 이해하려면 위의 글이 소재된 그의 자서전(『백범일지』)은 필독서이다. 그 속에 우리가 체감(추체험)해야 할 민족 드라마가 펼쳐진다(김산의 『아리랑의 노래』만큼 파란만장한 역사드라마다).

해방공간에서 김구는 남북 이념 대립으로 분단이 될 위기 속에서 홀로 남북을 오가며 이념 차이로 인한 분단을 막으려고 진력했지만, 권력만 추구한 분열주의자들에게 암살되고 말았다. 그때 온 나라가 다 울었다. 그의 성심이 통했다면 참혹한 6·25전쟁을 피했을지도 모른다. 그는 종교의 차이로 인한 인도의 분열을 막다가 힌두교 과격파에 희생당한 간디를 연상시킨다. 김구와 간디 두 위인은 종교와 이념 그리고 민족 때문에 살고 희생제물이 되었다. 종교와 이념은 궁극적인 성격에서 같은 수준의 개념이다. 그들은 종교와 이념의 다양성을 부르짖다가 희생된 다원주의자였다. 이 두 사람의 훌륭한 삶을 통해 우리는 왜 다원주의에 주목해야 하는지 그 필요성을 알 수 있다. 간디는 종교다원주의에, 김구는 이념의 스펙트럼이 넓은 다당제 정치 다원주의, 문화 다원주의(다문화주의)의 입장에 서 있었다. 그들은 민족주의자이면서 동시에 세계주의자, 보편주의자이기도 했다.

사실 다원주의는 지도자들만의 전유물이 아니고 그 이전에 대다수 민중이 갖는 사고방식, 생활방식이라 할 수 있다. 민중의 삶과 생각을 대변하는 사람이 참 지도자다. 한 가지 이념이나 종교로 민중을 몰아가는 지도자는 독재자, 독선주의자로 끝난다. 신앙인의 언어로 말하면 (신학자 현경의 할머니처럼) 우리의 할머니, 어머니들은 급할 때는 하나님, 부처님, 용왕님, 삼신할머니, 산신님을 다 부른다. 이것이 종교다원주의가 아니고 무엇인가. 종교 간의 갈등과 싸움이 있을 여지가 없다. 종교 통합, 통일을 표방하는 종교들(바하이교, 시크교, 통일교 같은)이 등장할 필요도 없다.

다원주의는 자연이고 민주주의다. 학자들은 머리를 굴려 원리(다원주의)를 고안하여 '하나(통일성)이다, 여럿(다양성)이다' 말하지만, 인간의 작위에 물들지 않은 자연의 아름다움을 간직한 순박한 민중들은 선한 것은 다 수용하고 품는다. 원래 인간에게 부여된 자유의지를 권력의지로 바꾸는 습성을 가진 사람들이 신앙을 조직화하여 종교의 이름을 붙여 민중들에게 덮어씌워 지배하려 한다. 다원주의 종교학자 캔트웰 스미스에 의하면, 지금 우리가 알고 있는 종교의 명칭들은 서구에서 18~19세기에 지어낸 것들이다(민족주의의 연원도 비슷하다).

특히 하나의 종교가 종교의 전부인 사회에서는 더욱 그렇지만, 민중에게는 자기 신앙에 구태여 이름을 붙여 구분할 필요가 없었다. 가령 인도사람(힌두)이 믿는 종교(힌두교)가 이름을 가질 필요가 없다. 유교도 옛 '유儒'(선비)의 전통을 가르칠 뿐이었다. 붙인다면 그저 '가르침'(敎)을 뜻하는 유교, 불교, 도교일 뿐이다. 서구의 종교(religion)처럼 사람은 보지 못하는 실체(신)에 얽어매는(religare) 체계는 아니었다. 적어도 지금처럼 종파 의식 같은 것은 민중에게는 아예 존재조차 하지 않았다.

한국의 경우 종파 의식이 나타난 것은 조선 시대 주자학을 배타적인 통치이념으로 채택하고부터였다. 배타성은 정치적으로, 사색당쟁으로 발전했다. 마치 이슬람이 분열(시아파, 수니파 등)하여 싸우는 것과 같다. 종교 간 갈등은 배타적인 서양 종교의 선교와 더불어 새로이 불붙어 민중을 갈라놓았다. 민중의 분열은 더 큰 문제를 야기한다. 조선 시대에는 민중은 아무 갈등 없이 신앙은 자유롭게 가질 수 있었지만, 이제는 'xx천당'족과 'xx지옥'족으로 갈리진 사회기 되었다(나는 어디에 속해야 하는가, 모두 고민이 아닐 수 없다). 한국 사회는 잠재된 측면도 있지만, 중동은 종교 간 갈등으로 편할 날이 없다.

세계는 지금 어디를 향하여 가고 있는가. 천재天災와 각종 인재, 정치적, 군사적 재난(전쟁)으로 '재災'자가 형용하듯 바야흐로 지구는 불타고 있다. 천재, 즉 자연재해로 말하면 세계 곳곳에서 산불, 지진, 화산폭발이 부쩍 많이 일어난다. 핵은 또 다른 불이다. 당장 북한 핵이 가장 큰 문제로 세계가 들끓고 있다. 그 문제의 다른 축인 미국의 전 대통령 트럼프는 '화염과 분노'로 북한을 응징하겠다고 엄포를 놓았었다. 불교 경전『법화경』(묘법연화경)에서는 '삼계화택三界火宅'이라고 표현한다. 눈에 보이거나 안 보이는 세 가지 세상(욕계, 색계, 무색계)이 온통 다 불이 났다는 것이다. 인간이 사는 욕망의 세상(欲界)은 정염情炎으로 불타고, 재물욕, 권력욕, 출세욕, 이욕利慾, 명예욕 등 온갖 욕망으로 불타고 있다. 경쟁 사회에서 살아남으려면 모든 에너지를 불태워야 한다. 미국에서부터 한국 사회까지 지금 성폭력이 사회 문제로 급부상하고 있다. 욕망을 충족시키기 위해서 자원을 낭비하고, 공해를 일으켜 기후가 요동을 치고 빙하가 녹아내린다. 지구 종말을 알리는 시계가 종말 시각에 바짝 더 가까워지고 있다는 보도다.

역사의 진행 단계로 보면 지금은 세계가 하나가 되는 세계화 시대로 규정된다. 개인주의 시대가 가고 세계주의 시대가 도래하여 '지구촌', '한 울안'이 되었다. 그런데 개인주의에서 파생한 집단주의의 일종인 민족주의, 국가주의가 물러나지 않고 아직도 기승을 부리고 있다. 과도기가 언제 끝날지 알 수 없다. 중동의 국가들은 물론이고 미국, 중국, 일본, 러시아 같은 강국들도 국가주의 · 민족주의의 강고한 성이 되어 세계를 지휘하려고 다투고 있다. 현시점에서 가장 위험한 지역으로 한반도를 꼽지만 끝없는 전쟁 드라마를 연출하는 분쟁지역이 중동이다. 지난번에는 이라크가 그 핵심이었으나 지금은 시리아 중심으로 온전한 '이슬람 국가'(ISIS) 건설을 내세운 집단의 무자비한 폭력이 곳곳에서 자행되고 있다. 미국, 러시아까지 동원되어 시리아가 풍비박산 나고 난민은 유럽 국가에 넘쳐나 심각한 정치, 사회문제를 일으켜 극우파가 득세하는 상황을 낳았다.

중동사태는 단순한 국가 간, 집단 간 분쟁이 아니다. 국가 · 민족과 종교 · 교파 문제가 복합적으로 뒤얽혀있다. 중동은 이라크전쟁이나 더 큰 전쟁으로 이어질 수 있는 화약고다.[1] 새 이슬람국가를 세우려는 폭력집단이 마치 동물을 살해하듯 신의 이름을 외치면서 무차별 살해, 참수하는 극악무도한 장면을 영상으로 보면서 "신이 뭐길래, 종교가 뭐길래" 한탄이 절로 나오지 않을 수 없다.[2]

반세기 전에 사무엘 헌팅턴이 진단한 '문명의 충돌'이 중동과 세계 곳곳에서 그대로 연출되고 있다. 여기서 문명은 종교와 맞물려있다. 중동은 유대교 · 기독교 문명과 이슬람 문명의 결전장이다. 같은 문명권에서도 유대교와 기독교가 충돌하고 이슬람은 또한 종파 간에 다투는 형세다. 앞으로 미국 기독교 문명과 중국 유교 문명 사이에 충돌이 점쳐지는데 벌써 그 조짐이 나타나고 있다. 그 틈바구니에

---

1 하지만 서구 언론에서는 이스라엘과 이란의 접경지역인 골란고원보다 한반도가 더 위험한 지역으로 꼽는다.
2 그에 비해서 6·25 때 본 인민재판은 외면상으로는 그보다는 덜 무자비했다. 어떻든 그 기억이 잠재의식으로 남아서 오늘의 주제로 이끌지 않았을까 추리된다.

서 우리는 생존 투쟁을 벌여야 한다. 하나가 되어도 모자라는데 남북이 갈리고 동서가 분열된 상태다. 이제는 충돌보다는 공존, 상생, 조화의 방향으로 가지 않을까 하는 조심스러운 전망도 정치 현실 앞에서는 무참히 짓밟히고 만다. 종교와 그에 상응하는 이념이 사회갈등, 민족 간 분쟁의 원인이며 근본 문제라는 사실에는 여전히 변함이 없다.

중동에서 발원한 종교들의 부정적인 모습을 보면서 기존 조직 종교의 공과에 대해서 엄격히 평가할 필요를 느끼게 된다. 역사를 훑어보면 과연 종교가 역기능보다 순기능을 더 많이 수행해 왔는가. '이슬람 국가' 집단의 만행은 돌발적인 것이 아니고 이슬람만의 문제도 아니다. 예수와 마호메트의 역할을 부정한 유대교나 장기간 십자군 전쟁으로 이슬람에 타격과 깊은 상처를 남긴 기독교도 오늘의 사태를 가져온 한 요인으로 공동 책임을 피할 수 없다. 세 종교가 다원주의적인 상호 인정과 이해를 도모할 계기가 없었다. 이제야 다원주의 성향의 일부 신학자들이 유대교와 이슬람에 대한 무관심과 오해를 반성하고 대화를 모색하는 현실이다.

어디서부터 문제를 풀어가야 할까. 이열치열 식으로 갈등의 원인을 제공한 종교로 푸는 수밖에 없을지 모른다. 그 구체적인 처방이 다원주의다. 물론 무엇보다 정치적으로 해결해야 하지만 종교이해가 바로 되어야 정치적으로 풀리고 항구적인 평화를 보장할 수 있다. "종교 평화 없이 세계평화 없다"(한스 큉)는 말처럼 부시 대통령이 이슬람을 악의 세력으로 보는 종교관을 갖지 않았다면 이라크전쟁을 일으키지 않았을 것이다. 그 실마리를 찾을 수 있는 곳이 예루살렘이다. 예루살렘은 세 종교의 공통 성지다. 유대교의 성전, 예수의 성장과 활동무대, 마호메트의 승천 장소가 있는 성지로서 어느 쪽도 양보할 수 없는 장소다. 문제의 해결은 세 종교 및 관련 국가들이 합의하는 방법 같은 솔로몬의 지혜를 요청한다. 그런데 돌발변수가 생겼다. 미국 대통령(트럼프)이 미국 대사관을 예루살렘으로 옮기겠다는 결정을 공표했다. 아마 미국 유대인의 표와 정치자금을 의식한 정치적 결정이다. 공평무사한 중재자여야 할 미국이 국제공조를 깨는 엉뚱한 짓을 자행한 것이다.

이 문제의 근본적인 해결은 결국 다원주의적 접근일 수밖에 없다. 이름은 다르지만 같은 신을 섬기고 같은 뿌리를 가진 세 종교가 화합, 공존하지 못한다면 보편종교로서의 자격을 잃는다. 왜 같은 신(여호와, 알라)의 뜻을 드러내는 '삼위일체'로, 상호 보완적 구조와 관계로 보지 못하는 것인가. 같은 '아버지 하나님'을 섬기면서 유산 싸움을 벌이는 형제들처럼 셋이 하나가 되지 못한다면 인류를 건지는 종교가 될 자격이 없다. 수신제가修身齊家, 치국治國도 못하고 평천하平天下 할 수 없는 것과 같다. 종교가 지향하는 목표는 함석헌이 말한 '하나 됨'이다. 너와 나, 신과 인간, 성聖과 속俗, 즉 열반과 세속이 하나임을 인식하는 것이다. 객관적 실체(브라만)와 주관적 실체(아트만)가 하나임을 인식하는 것(힌두교)이 해탈(moksha)이고, 나와 만물의 일치, 내가 부처임을 인식하는 것이 깨달음이다.

이 같은 갈등 양태는 동양 전통과 비교된다. 인도의 전통은 힌두교(6파 철학)를 정통으로 불교, 자이나교, 유물론자 등 세 가지를 비정통으로 분류한다. 정통과 이단의 구분이 아니고 내교內敎와 외교外敎로 나누어 안팎의 관계로 본다. 힌두교사상은 불교와 자이나교 등 외교의 자극과 도전 속에서 발전했다. 배제와 배타주의가 아닌 보완적 관계다. 폭력적인 갈등은 찾아볼 수 없다. 중국의 유·불·선 삼교도 경쟁과 갈등의 관계보다는 상호 자극과 보완의 관계였다. 삼교합일의 정신이 통합종교(삼교합일교)까지 낳기도 했다. 두 전통을 이어받아 수용한 한국 전통도 다르지 않다. 비슷한 현상이 자생적으로 전개되었다.

종교 이해의 중요성은 한국 사회 속에서도 확인할 수 있다. 그것은 지난해부터 일어난 정치 변혁 과정에서도 여실히 드러났다. '국정농단' 사건은 종교적으로 파악하지 않고는 해석되기 힘들다. 그 주범은 종교적 신통력을 가진 한 여인이다(그것은 아버지에게서 물려받은 능력이었다). 대통령은 '빙의憑依' 상태에서 자신의 소신과 판단력을 잃고 무녀에게 전적으로 의존할 수밖에 없었다. 그 신통력은 저급한 신앙에서 나온 능력이었다. 석가모니도 깨달음 과정에서 여섯 가지 온전한 신통력을 얻었지만, 45년 교화 과정에서 전혀 사용한 기록이 없고 제자들에게도 신통력을 사용하지 말라고 당부했다. 불교 초기 경전에는 (예수처럼) 석가의 이적 기사가 전혀 없다. 신통은 수행의 목적이 될 수 없다.

법정에서 검사들은 두 사람의 공범 관계 특히 경제공동체임을 어떻게 증명하느냐에 고심하고 있다고 보도되었다. 직접적인 증거를 찾는 것이 어렵다면 그들이 신앙 공동체라는 것을 확인하면 된다. 경제 공동체는 신앙 공동체에 예속되기 때문이다. 신앙 공동체에 예속하면 생사 문제를 다루는 신앙에 재산을 포함, 모든 것을 바치는 것이 당연한 일로 여긴다. 그래서 자기 돈은 한 푼도 챙기지 않았다고 말한 것이다. 한 여인은 이전부터 다른 여인의 아버지에게 모든 것을 의존하고 그 신통력에 힘입어 대통령이 되었다고 믿었으므로 모든 정치 행위도 그 지침에 따라 한 것이다.

종교에 대한 올바른 이해는 두 사람만이 아니라 선출한 국민에게도 필요하다. 신앙을 갖거나 갖지 않거나 기본적인 종교 지식은 상식이다. 종교는 좋든 싫든 세계와 사회에 무소부재하다. 아무런 관계가 없이 살 수는 없다. 종교가 궁극적 가치와 진리를 대표하므로 활용할 필요성이 있다. 지금까지 종교가 분쟁과 갈등의 씨앗이 되어왔으므로 세계평화와 사회통합을 위해서 종교 간의 상호 이해와 화해가 먼저 달성되어야 한다. 그것을 바로 종교다원주의가 다루고 있다. 다원주의는 자기 종교만이 아니라 타종교의 이해를 전제로 한다.

그러나 어느 문화에서나 자기 종교만 알고 있고 다른 종교는 이해할 필요도 기회도 없었던 것이 현실이었다. 교육과정에 반영되지 않으므로 자기 종교의 배타적 신념만 갖추게 된다. 특히 한국 교육이 그렇다. 종파가 설립한 사립학교에서 기껏해야 한 가지 종교에 대한 단편적인 편향된 지식만 얻고 만다. 다원주의적인 시각에서 세계의 종교들에 대한 교양 교육이 필수적이다. 그 면에서 한국 교육은 서구에 한참 뒤처져 있다. 이 책을 저술하게 된 동기도 여기에 있다.

이 책은 두 가지 목적을 갖는다. 그것은 다원주의가 지향하는 목적과 같다. 하나는 세계평화의 성취다. "종교 평화 없이 세계평화 없다." 둘째 목적은 올바른 종교의 이해와 인식이다. 그것은 진리의 인식(깨달음)과 관련된다. 인식론적으로, 한 종교만으로 완전한 진리의 깨달음에 이를 수 없다. 진리에 이를 수는 있지만, 부분적 진리일 뿐이다. 그것은 힌두교와 불교 전통에서 자주 등장하는 코끼리와 장님의 비유로 설명된다. 여섯 사람의 맹인이 각기 만진 코끼리의 한 부

분이 코끼리 전체가 아니다(장님 대신 온전한 사람이 눈을 가린 상태에서 만지는 것도 마찬가지다).[3]

그와 같이 한 종교가 대표하는 통로로는 전체적인 진리나 실체에 도달하기 어렵다. 원효대사는 또한 우물 안 개구리의 시각과 붓 대롱을 통해서 본 하늘을 비유로 든다. 장님들이 본 것을 다 합친 그림이 코끼리의 실체라고 단정할 수 없을지도 모른다. 모든 개구리의 시각을 다 합치거나 수만 개의 붓 대롱을 동원하더라도 우주나 하늘의 실체가 다 드러난다고 할 수도 없다. 실체는 또한 만질 수 없거나 안 보이는 부분도 있을 수 있다. 마찬가지로 한 문화 전통의 산물인 자기 종교를 절대화할 수 없다. 서양식 논리로도 부분적 진리를 전체적 진리로 인식하는 오류와 부분적인 소수의 사례로 일반화하는 오류에 해당한다.

깨달음에도 범주와 수준에서 다양한 차이가 있다. 조사들의 전기를 조사해보면 서산대사, 보조국사, 근대의 효봉 등 선불교의 알려진 조사들은 일반적으로 평균 세 차례 깨달음 체험을 갖는 것으로

---

[3] 다른 관점이 있을 수 있다. 석가, 예수 같은 주요 종교의 창시자의 종교체험에서 보듯이 단순한 깨침을 넘어선 '대각'의 경우는 각각의 문화적, 사회적 환경에서는 부분적 진리가 아닌 전체적 진리를 증득했다고 해도 반증하기 힘들지 모른다(동학을 연 최제우의 경우도 '대각'이라 표현한다). 다른 깨달음 체험자가 '대각'이라 인식하더라도 객관적으로 판정하기는 쉽지 않다. 불교 역사에서 활연 대오의 경우(서산대사, 보조국사 지눌에서처럼) 대체로 세 차례의 깨침을 갖는 것을 보면 깨달음에도 질적 차등이 나타난다는 점을 참고할 수 있다. 이 시대에 종교, 철학, 심리학의 새로운 이정표를 세운 켄 윌버는 단순한 학자가 아니고 스스로 선불교적 수행을 통해서 깨달음의 정점에 도달했다. 주목할 사실은 온전한 깨달음은 네 가지 조건을 충족한 것이어야 한다는 지적이다. 그것은 내면과 외면, 개체와 집단(사회)을 가리킨다(대승불교의 보살 수행이 이와 가깝게 보인다. 기독교의 개인 구원과 사회 구원의 문제도 같은 맥락이다). 이로 보면 복잡한 현대사회에서 진정한 깨달음은 4차원을 충족시키는 것이라야 완벽한 깨달음이라 할 수 있을지도 모른다.

밝혀진다. 석가모니의 깨달음은 '대각'이라 한다. 복합적인 각의 단계를 체험한 켄 윌버에 의하면 환희(ecstasy)를 느끼는 체험은 초기 단계의 각으로 분류된다. 창시자의 각의 수준에 따라서 그 가르침이 종교로서 전통을 얼마나 오랫동안 얼마나 많은 사람에게 전파되고 지속성을 갖느냐가 결정된다고 볼 수 있다. 창시자의 대각 수준과 거기서 나온 영적 기운(법력)의 정도에 따라서 다를 수 있다. 얕은 수준의 가르침은 당대나 몇 대 못 가서 소멸하거나 소수 종교로 그칠 수 있다. 그 점에서 '세계종교'로 분류되는 7대 종교들(중동 세 종교, 힌두교, 불교, 유교, 도교)은 높은 수준에서 출발하여 오랜 전통을 지속하고 역사적으로 검증된 종교들이다. 그런 만큼 우열을 가릴 이유가 없다.

중동 종교와 동양 종교는 인식론에서 유형이 다른 것은 사실이다. 중동 종교는 계시가, 동양 종교는 깨달음이 인식 수단이다. 깨달음이 자율적이라면 계시는 타율적이다. 그러나 과연 계시나 깨달음의 내용과 수준이 다른 것일까. 두 유형의 거리를 좁히거나 아예 없애는 해석도 있다. 종교 저술가 디팍 초프라는 석가모니와 예수의 전기를 저술했는데, 그 부제를 '깨달음의 체험'으로 달았다. 계시와 깨달음을 문화적 표현의 차이로 본 것이다. 동학(천도교)의 창시자 최제우(수운)도 '한울님'을 만난 '대각'을 체험했다. 함석헌도 계시와 깨달음을 동의어처럼 혼용한다.

유신론 종교의 경우 계시와 더불어 화신 또는 화육化肉 개념이 있다. 인도 전통에서 신이나 진리의 화신(avatar)은 시대를 달리하여 등장한다.[4] 기독교에서도 예수를 신의 화육으로 해석한다. 다만 독생자이므로 일회성 화육이다. 하지만 구세주(messiah)를 힌두교식으로 복수로 해석한다면 세 종교의 관계가 선명하게 정리된다. 예수는 1세기 이스라엘에 등장한 구세주, 마호메트는 7세기 아라비아에 등장한 메시아라고 본다면 그것도 해결의 묘수가 된다. 아니면 이슬람처럼 신의 사자(메신저)로 보는 방법도 있다. 아브라함이나 모세, 예수, 마호메트는 다 신의 메신저다. 공통인수를 찾고 유일성은 접거나 자체에만 적용하면 된다. 상대적 절대주의와 같은 입장을 각기 지닐 수 있다.

다원주의 노선을 채용한 학자들(신학자, 종교학자)은 다원주의의 기초와 근거로서 다양한 해석방법을 제시한다. 종교들을 다원주의의 장에서 함께 묶는 데 가장 큰 장벽 하나는 유신론과 무신론의 차이다. 무신론은 불교가 대표한다. 중동 종교들처럼 인격적인 신으로만 모든 종교를 아우를 수 없다는 데 이르렀다. 유신론이라도 같은 신이 아니다. 야훼, 알라, 비슈누, 상제 등 이름이 다르다. 21세기가 시작될 때 하버드대(신학대, 세계종교연구소)에서는 가장 열린 신학교를 가진 대학답게 '신 개념의 확대'를 주제로 각 분야(종교, 문화) 학자들을 불러 모아 여러 날 심도 있는 학술회의를 열기도 했다.

신 개념을 두고 두드러진 해석은 신의 대안으로 존 힉이 제안한 '궁극적인 실체'(ultimate reality) 개념이다. 신은 실체의 나타남으로 본다. '신'보다는 보편적인 공통인수로 모든 종교를 아우를 수 있다. 불교에서도 법신法身(dharma-kaya), 진여眞如(tathagata)가 실체를 가리킨다. 그 이전에 이미 신학자·종교철학자 폴 틸리히가 신을 '존재의 근거'(ground of being)로 정의하고, 종교를 '궁극적 관심'(ultimate

---

4 힌두교는 10대 화신을 세우고 그 가운데 석가모니 부처도 편입했다. 불교가 정체성을 상실하고 결국 인도 대륙에서 사라지게 된 이유의 하나다.

concern)으로 정의하여 전통적인 기독교 신학의 범주를 확대시켜 놓았다.

인도 사상에서는 고대부터 실체 개념으로 브라만_{Brahman}을 내세우고 인격적인 신도 그 나타남으로 해석해 왔다. 중국사상에서는 천_天, 이_理, 도_道가 실체를 가리킨다. 이 두 외래 종교 전통을 수용한 한국 전통은 포용적인 고유한 신앙(風流, 神敎)까지 더해졌다.[5] 동양 전통은 이렇게 포괄적인 다원주의적 구조가 바탕에 깔려있었다.

신관의 확대에서 보듯이 서구 학자들의 다원주의 담론도 종교다원주의가 종교 간 및 세계평화만이 아니라 인식론, 즉 진리의 인식 방법론 측면에서도 그 필요성을 절감하는 수준에 이르렀다. 왜 신앙에서 다원주의적 접근이 필요한가. 한 종교만으로 심오한 초월적 진리를 완전히 인식하기는 힘들다는 것을 깨닫게 된 것이다. 그것은 종교학의 창시자 막스 뮐러 교수(옥스포드대)가 사용한 격언 "하나만 알면 하나도(아무것도) 모른다"는 이치에도 내포된 의미다. 자기 종교만 알고 있으면 자기 종교도 제대로 모른다는 것이다.

그래서 종교학의 이전 명칭의 하나가 (종교과학, 종교사학과 더불어) '비교종교'(comparative religion)였다. 모든 연구는 비교 연구의 성격을 지닌다. 연구 주제에 대한 축적된 연구와 근래 발표되거나 논의되는 내용을 참고하고 대조하면서 나름의 이론과 입장을 세우는 것이 타당한 연구 방법이기 때문이다. 그래서 학자들이 일치한 다원주의적 접근의 이점은 다른 종교를 이해하게 할 뿐만 아니라 자기 종교에 대한 신념을 강화시키며 상호 보완하고 혁신과 변혁을 가

---

5 기독교의 급속한 전파와 높은 점유율은 그 맥락에서 해석할 수 있다.

져온다는 것이다. 종교다원주의 담론은 종교 자체에 대한 전반적인 정보를 내포한다.

종교학 명칭 자체가 다원주의를 함의한다. 특정한 종교에 치우치거나 배타주의적인 입장에서 종교를 보는 시각은 교파 신학교에서나 가능하지 일반 대학에서는 수용될 수 없다. 서구에서는 신학 자체도 다원주의적인 종교신학, 세계신학을 지향하고 있다. 종교학은 객관적, 가치 중립적인 접근을 요청하는 분야이므로 다원주의적인 구조가 될 수밖에 없다. 서구 대학의 종교학과나 종교 프로그램에서 한 가지 공통과목은 세계종교이다. 그것도 다원주의의 산물이다. 출간된 수많은 교재 속에서 세계의 주요 종교 전통이 우열 구분 없이 동등하게 다루어진다.

역사가 토인비는 기독교와 불교 등을 '고등종교'로 분류하기도 했지만, 지금은 어떤 교재도 그 용어를 채택하지 않는다. 일부 교재들은 원시종교(primitive religion)를 포함하기도 하는데 어떤 교재는 '원시'가 발달이 덜 된 미개한 상태를 가리키므로 '기본'(basic)으로 대치했다. 모든 종교의 기본이 된다는 뜻이다. 그 신앙에 속하는 샤머니즘(무교, 무속신앙)도 열등하게 보지 않는 경향이다. 한 교재는 세계의 종교 전통을 예언자(prophet) 종교, 성인(sage) 종교, 샤머니즘 등 세 가지로 분류한다. 하지만 엄격하게 나눌 수는 없다. 한 가지가 주류이지만 다른 것들도 잠재되어 있기 때문이다. 예를 들면 예언자 전통에 속하는 예수에게도 성인과 샤머니즘 요소가 내재한다고 본다(Carmody, 1985: 38, 42).

기독교 아닌 다양한 종교에 노출된 서구의 젊은이들은 동양 종교에 접하거나 정보를 얻으면서 자기 나름으로 종교와 수행법을 취사 선택하는 경향이 강하다. 요가나 명상(참선) 수행자가 늘어간다. 불교만 해도 선불교(일본, 대만, 한국), 티벳 불교, 월남 불교, 동남아 불교 등 사찰이나 센터, 학교 등이 북미와 유럽 곳곳에 있다. 달라이 라마와 틱 낫 한 스님 등의 책과 설법집이 수없이 간행되었다. 종교 다원주의는 학자들이 논의하기 전에 이미 대중 속에 자리잡고 있는 것이다. 학자들의 고매하고 난해한 이론이 먼저 있는 것이 아니다. 대중이 이미 실행하고 있는 신앙을 현상학적으로 해석하면 그것이 타당한 이론으로 수용된다.

다양한 세계종교에 대한 정보의 중요한 통로는 대학이다. 북미 대학에서는 이미 1970년대부터 주요 세계 종교들을 아우르는 '세계 종교'나 종교다원주의를 교과목으로 편성하여 교양 필수로 가르치는 학교가 점점 많아지고 있다. 그 교재가 매년 쏟아져 나온다. 세계화 시대에 다른 문화와 종교에 대한 지식이 없다면 세계인이 될 수 없다. 신학 교육까지 변화하고 있다. 예를 들면 하버드 신학교에서는 기독교 아닌 종교 연구로 학위를 딸 수 있다. 한국 승려들이 불교 연구로 학위 취득을 할 정도다. 또 불교학생회까지 조직되어 정기적인 참선 모임까지 열린다.

그에 비해서 우리나라 대학은 한참 거리가 멀다. 종교학과조차 한두 곳에 불과하고 종교 교과목은 세계적 추세와 무관하게 전혀 반영되어 있지 않다. 전통적으로나 사회적으로 다른 나라 못지않게 중요한 종교가 학교 교육에서 완전히 무시되고 있다. 동양 사상과 한국 사상은 종교를 떠나서 따로 존재하지 않았다. 동양 종교는 단순히 종교만이 아니다. 사상과 철학의 원천이다. 그러므로 종교적 고전과 사상에 대한 지식이 없이는 우리 자신의 문화적, 정신적 정체성을 파악할 수 없다.

인구의 과반수가 종교에 소속된 사회에서 올바른 종교 지식과 비판적 종교관을 학교에서 습득하지 못한다면 평생 잘못된 신앙이나 미신에 사로잡혀 인생을 허비하는 결과가 될 수 있다. 거의 모든 세계 종교에 노출되어 있는 한국인에게 세계종교에 대한 지식은 필수적이다. 대체로 한 종교의 교리만 일방적으로 주입받고 다른 종교에 대한 객관적인 지식을 얻을 기회와 통로가 없었다. 종교를 갖게 된 것도 민중 신앙에서는 기복적인 동기가 강하다.

이 책을 구상하게 된 동기도 현실적인 상황 인식에서 비롯된 것이다. 종교 인식 수준에서 사회적으로 세계종교 교육 운동이 요청되는 상황이다. 중립적, 객관적, 비판적인 종교 이해와 교육은 학교만 아니라 학교 밖의 일반인, 나아가서 직업 종교인과 사제후보자(신학생)들도 갖추어야 할 지식이다. 이 책은 세계종교의 이해를 돕고 교육을 촉진하기 위한 마중물로 삼을 수 있다.

이 책은 중심 주제인 종교다원주의 이외에도 여기서 파생한 몇 가지 소주제(종교 간 대화, 세계윤리, 세계종교, 미래의 종교)로 구성된다. 종교 간 대화는 다시 기독교와 불교 간 대화, 힌두교와 타종교(기독교) 간 대화로 나누어진다. 주로 비교종교나 종교다원주의를 연구 주제로 다룬 근·현대 주요 종교학자와 신학자들의 저술을 중심으로 주장의 내용을 요약, 논평한다. 학자들만 아니라 다원주의 자체를 직접 말하거나 논의하지는 않지만, 다원주의적 시각으로 종교를 본 저술가, 성자 등이 포함된다. 이론과 실천 양면에서 다원주의 원리가 검증된다.

네 가지 소주제들은 다원주의적 성향의 학자(종교학, 신학)들의 관심 분야이다. 한 종교를 받드는 호교론護敎論적인 신학과 달리 종교학은 다원주의적 입장에 서지 않고는 중립적이고 객관적인 학문연구라 할 수 없다. 다원주의 논의에 참여한 서구 신학자들은 자기 신앙에 충실한 열린 크리스천이며 세계적 석학들이다. 사제(신부, 목사)인 경우도 많다. 이들은 신학의 지평을 확대하여 '세계신학'(world theology)을 지향한다. 종교학과 신학의 거리가 좁혀진다. 그리스도는 우주적 존재로 해석된다.

다원주의 학자들은 구체적 실천 방법으로 종교 간 대화를 적극적으로 지지한다. 세계종교연구소(하버드대)는 그 전형적인 실험장이다. 이슬람, 불교를 포함 다양한 종교인이나 종교학자, 신학자, 사제, 승려들이 일 년 동안 함께 거주하면서 대화하고 발표·토론하는 장이다. 종교적으로 세계나 사회의 축소판이다. 대화에서 무엇을 추구하는가? 목적과 결실, 소득은 어떤 것인가? 학자들이 기대하는 것은 대체로 일치한다. 대화의 일차적인 목적은 상호 이해이지만 그것은 최소한의 소득이다. 소극적인 이해를 넘어 적극적인 변화로 이어지기를 기대한다. 자기 변화를 가져오는 것이다. 그것을 학자들은 상호 보완, (자기 신앙의) 질적 향상(enriching), 변혁(transformation)으로 표현한다. 대화를 통해서 서로를 비추어 보면서 배우고 자신의 신앙이 더 충실해지고 풍요로워져서 근원적 변화가 초래되도록 하는 것이다. 구태여 개종할 필요는 없다.

개종 대신 학자들은 자기 신앙에 다른 종교를 더 얹히는 방식을 택한다. 특히 불교와의 대화를 전형적인 대화로 다루는 학자들이 많다. 무신론인 불교가 유신론적인 기독교와 유형적으로 뚜렷이 대조되기도 하고 배우고 채용할 사상이나 특성이 많아서이다. 그래서 일부 학자들과 저술가들은 예를 들면 '불교도-성공회교도', '불교도-유대교인'이라 자처한다. 그렇게 말하지는 않더라도 불교의 개념과 사상을 채택하여 기독교를 새롭게 해석하는 신학자들이(존 힉, 존 캅) 많다.

그와 반대로 기독교를 제이의 신앙으로 채택한 일본 불교학자(아베)가 있다. 그는 '불교도-기독교인'의 정체성을 보여준다. 그의 정밀한 분석이 상세하게 다루어지겠지만, 불교도들이 깊이 새겨들어야 할 관점이 적지 않다. 기독교에 못지않게 불교도 기독교에서 배워야 한다. 특히 불교가 부족한 역사의식과 사회의식을 기독교에서 배워내지 못한다면 한갓 개인주의적 역사단계에 속한 낡은 전통에서 벗어나지 못한다는 비판을 피할 수 없다.

이와 같이 많은 다원주의 학자들은 마치 이중 국적처럼 이중 교적敎籍의 보유자임을 고백한다. 종교를 진화과정으로 보고 '축적적인 전통'(스미스)으로 규정하는 맥락과 일치한다. 그 점에서 보면 사실 기독교도는 엄밀하게 말해서 '유대교-기독교도'이고, 이슬람은 '유대교-기독교-이슬람교도'가 맞다. 이슬람 쪽은 다소 그와 유사한 해석을 하는 입장이지만, 다른 두 종교는 조금도 양보하지 않는다. 그것이 상호간 갈등의 소지가 된다.

사실 한국인도 한 종교에 얽매일 수 없는 생래적 조건을 갖고 있다. 한국인에게 개종改宗(conversion)이 아닌 가종加宗(add-version)이 있을 뿐이라는 주장(황필호)에 일리가 있다. 한국인 정신 유전자 속에는 역사적으로 마주친 종교들의 인자들이 축적되어 있다. 새로운 종교 인자는 여기에 추가될 뿐이다. 미국 신학자 하비 콕스는 한국

교회를 관찰하고 나서 목회자의 언행 속에 무속(무교)신앙의 성분이 깔려있음을 간파했다. 외신기자로 한국에서 근무한 바 있는 미국인은 그의 저술에서 한국인의 '피부 밑에는' 샤먼인(무속인)이 들어있다고 말한다. 무교신앙(샤머니즘), 또는 이능화가 가정하듯 신교神教는 한국인 정신의 가장 깊은 기층을 구성하는 요소로 호적의 본적과 같은 것이고, 외래 종교인 유교와 불교 그리고 고유한 선교仙教가 다른 세 기층을 구성한다. 기독교는 여기에 덧보태서 새로운 기층을 형성하는 중이다.

역사적으로 서양인에게 흥미로운 다른 대화 상대는 힌두교였다. 종교로서 힌두교 전통과 사상은 일찍이 19세기 후반 한 종교(기독교)가 종교와 동의어였던 서양에 신선한 충격을 가져다 주었다. 힌두교 전통의 존재는 영국에서 종교학(비교종교)을 출발시켰고, 미국(시카고)에서 최초로 열린 세계종교회의(1893)에서 발표된 힌두교 성인의 메시지는 세계 종교계에 충격파를 일으킨 역사적 사건이었다. 힌두교의 핵심 개념 '브라만'과 '아트만'은 기독교의 인격적 신 관념에 대한 도전이었다. 브라만 속으로 인격적인 신이 수렴되어 있다는 사실에 모두 놀랄 수밖에 없었다.

신을 대표하거나 메신저로 등장한 성인들은 힌두교의 화신(아바타)으로 재해석될 수 있었다. 부처도 화신으로 수용되었으므로 불교와 갈등할 소지가 없어졌다. '그리스도'도 보편적 존재로 확대된다. 인도 문화는 '다양성 속의 통일성'(unity in diversity)을 추구하는 구조 위에 구축된 전통이다. 그것은 바로 다원주의의 원리다. 다양성과 통일성 가운데 어느 것을 더 강조하느냐에 문화의 성격과 사회의 기풍이 달라진다. 두 가지의 조화와 균형이 없이 한 가지만 강조되면 민족적 특성이 없는 잡동사니 문화나 개성이 없는 획일주의적인 사회가 되기 쉽다.

종교다원주의 담론에서도 종교들의 공통성과 통일성을 강조하는 쪽과 독특성과 다양성을 강조하는 쪽으로 갈린다. 물론 미래는 전체 민중이 형성해갈 문제이지만, 다원주의적인 틀이 보존되는 한 어느 쪽이든 공동체의 평화를 유지하는 데는 차이가 없을지 모른다. 어느 쪽이든 종교 간 대화의 필요성을 인정하고 자기 신앙을 도탑게 하고 상호 보완하는 결과를 얻는다는 데는 일치한다. 다만 근본적인 자기 정체성을 얼마큼 더 유지해 가느냐는 것에는 다소 차이가 날 수 있다.

통일성과 다양성의 문제는 철학에서 본체(noumenon)와 현상(phenomena), '하나'(一)와 '여럿'(多)의 관계로 나타난다. 불교철학의 정점인 화엄 철학에서는 '일'과 '다', 또한 '이理'와 '사事'로 표현된다. 두 개체의 관계는 '일즉다一卽多 다즉일多卽一', '이사무애理事無礙', 즉 둘 사이의 두 경계가 허물어지는 관계로 귀착한다. 하나가 다른 것을 내포하는 유기적 관계다. 개체(개인) 속에 전체(사회)가 내재하고, 전체 속에 개인이 내포된다. 개인주의와 사회주의도 한 가지에 충실하면 다른 것이 저절로 달성되는 것으로 볼 수 있다. 개인이 사회를 떠날 수 없고, 사회가 개인의 존재를 전제하지 않고는 성립될 수 없다. 우리 말 '한'의 뜻에는 '하나'와 '여럿'이 함께 들어있다. '한 철학'의 중요성이 대두된다.

기독교와 힌두교의 대화에서 서구인들에게 힌두교가 충격을 준 것은 사실이지만 그렇다고 일방적인 것만은 아니었다. 기독교가 전형적으로 간디의 사상과 실천에 준 영향이 적지 않았다. 예수의 메시지 특히 '산상수훈'은 간디의 비폭력에 대한 신념을 확증하게 해주었다. 톨스토이도 발견한 대로 예수가 펼친 가르침의 핵심이 비폭력임을 인식했다. 비폭력(ahimsa)은 "살인하지 말라"는 기독교 계명과 불교의 불살不殺계의 참신한 표현이다. 모든 생령에 대한 모든 폭력 행위와 상해를 망라한 포괄적 의미를 지닌다. 추상적 개념인 진리나 자칫 오해되기 쉬운 사랑 같은 계율의 실천적 개념이다.

타자에 대한 폭력 대신 자기희생을 앞세우는 비폭력의 정신을 간디는 예수의 가르침과 십자가 희생에서 확증한다. 인도 전통(힌두교, 불교, 자이나)에서 비폭력 원리를 도출했지만, 그 보편성을 간디가 기독교를 통해서 확립한다. 나아가서 간디는 인도에 온 선교사들이 행한 선교와 개종 행위를 비판한다. 다른 신앙을 가진 사람에게 자기 신앙으로 바꾸라고 강제하는 것은 폭력행위다. 누구나 자기에게 주어진 전통과 문화를 버리고 구태여 다른 종교를 채택할 필요가 없다. 그 안에서 충실하게 사는 것이 가장 타당한 길이라고 충고한다. 힌두교와 불교는 서양인들에게 요가와 명상을 통해서 신을 밖에서 찾는 대신 내면에서 찾는 길을 제시했다. 그 길로 가는 서구인들이 점점 늘어나는 추세다. 조직 종교보다 자기-영성을 추구하는 세속화 경향이 뚜렷하다. 통합 인문학자 켄 윌버는 '종교' 대신 '영성'을 선호한다.

종교다원주의의 입장에 선 신학·종교학 연구자들이 관심을 갖는 또 하나의 주제는 세계윤리이다. 세계는 지금 물질주의에 함몰되어 있다. 자본주의나 공산주의 또는 사회주의가 중시하고 지향하는 으뜸 가치는 단연 물질의 소유다. 물질과 재산의 소유와 공평한 분배를 다스릴 도덕과 윤리는 없는 것이나 마찬가지다. 지난 시대의 낡은 윤리는 더 이상 구속력을 갖지 못한다. 그 윤리의 원천인 종교가 새로운 윤리를 제시하지 못하고 종교까지 물질의 마력에 함몰되어버렸다. 정신적, 초월적 가치는 물질의 산더미 속에 묻혀버렸다.

인간의 탐욕으로 인하여 자원의 낭비로 지구가 생존의 위기에 놓여 있다. 평화를 위협하는 분쟁과 전쟁을 통제하는 아무런 장치도 없는 현실이다. 이러한 전반적인 위기 앞에서 종교인들은 20세기 말부터 '세계윤리' 제정 운동을 펼쳤다. 그 전면에 독일 가톨릭 신학자 한스 큉이 서 있다. 한 종교에서 기원한 윤리와 계율만으로 인류 전체에게 적용할 수 없다. 모든 종교가 합의하는 공통 윤리와 계율이 선포되고 실천방안이 강구되어야 한다.

마지막으로 다룰 소주제는 미래의 종교에 대한 전망이다. 현재의 형태로 종교가 지속될 수는 없다는 의견은 대체로 일치된다. 포스트모던 시각을 가진 학자들은 현재의 종교가 해체되어야 한다고 보겠지만, 그것은 전통적인 조직 종교에 해당하는 것이지 종교 자체는 사라지지 않을 것이다. 하비 콕스가 오래전에 진단한 대로 종교가 급속하게 세속화하더라도 '종교적 인간'의 형질이 달라지지는 않을 것이다. 19세기 프랑스 사회학자(구야우)도 미래에 비-종교(irreligion) 상황이 될 것으로 전망했다. 하지만 그것은 당시 조직 종교의 현상에 해당하는 것이고 실제로는 오히려 종교의식이 더 강화될 것이라고 보았다.

학자들 간에 전망이 엇갈리는 문제는 기존 종교와 미래종교의 관련이다. 다소 변화되더라도 종교 전통은 사라지지 않을 것인가, 아니면 결국 하나로 통합될 것인가 하는 전망이다. 인간의 성향과 환경이 다른 만큼 전통의 근간은 지속될 것으로 보는 반면에 교류와 변화가 새로운 종교를 낳을 것으로 보는 쪽도 있다. 통합의 경우 현재의 종교들 가운데 기독교가 중심이 될 것이라는 신학자도 없지 않지만, 이것은 종교다원주의 시대 이후에 일어날 현상에 속하므로 속단하기 힘들다는 것이 대체적인 시각이다. 어떻든 다원주의는 회피할 수 없는 역사단계임은 분명하다.

외면적으로는 민족주의와 국가주의가 마지막 발악을 하고는 있지만, 정보화에 힘입어 세계는 급격히 다문화, 다종교 사회로 이행하고 있다. 이민과 난민으로 인한 인구구성의 변화로 다문화주의를 채택하는 국가가 늘어나고 있다. 백인-기독교(개신교) 문화 중심으로 모든 다른 문화를 통합시키는 '용광로' 문화를 지향해 온 미국도 이제는 더 이상 단일문화를 고수할 수 없는 단계임을 인식하고, 캐나다처럼 다문화주의(multiculturalism)로 전환하는 과정으로 볼 수 있다. 트럼프의 선출은 백인 중심 문화를 고수하는 보수파의 마지막 저항일지도 모른다.

유럽은 얼마나 다양한 문화인가. 언어도 다르고 같은 언어권이라도 독일, 오스트리아, 스위스가 문화적으로 다르다. 정치문화도 다르다. 미국은 자본주의의 효율성과 물량에만 초점을 맞추다가 대통령 한 사람의 가치관이 수억만을 좌지우지하는 이상한 민주주의 국가로 전락했다. 미국의 국제적 위상과 정체성이 혼란을 일으키고 있다. 문화적으로 다양한 유럽 문화는 바벨탑의 저주가 아닌 무지개의 축복이다. 정치에서나 문화에서나 미국보다는 유럽이 모델이 된다. 무성격한 통일성보다는 아름다운 다양성이 더 낫다.

문화의 바탕과 핵심은 종교이므로 다문화주의는 곧 종교다원주의의 변형이다. 그러므로 개인이나 사회나 종교다원주의를 인식하는 것이 중요하다. 사회적, 국제적 갈등과 분쟁의 항구적 해결은 궁극적인 가치관, 세계관, 진리와 윤리의 원천인 종교에서 나올 수밖에 없다. 인문학자들은 현시대를 '다원주의 시대'로 표현하고 '오늘날의 다원주의적 세계'를 이야기한다. 현실적으로는 아직도 대부분 (전체) 국가들은 탈피하지 못하고는 있지만, 민족 중심의 민족주의 시대를 넘어서 이미 세계는 한 세계를 인정하고 지향하는 세계주의 (globalism) 시대로 진입하는 경계선에 서 있다. 그래서 세계-지역주의(glocalism)라는 합성어(global+local)가 등장했다. 문화로 말하면 언젠가는 형성될지 모르지만, 아직은 세계문화라는 독립체는 없다. 그것은 개별 민족문화들의 집합이나 융합일 수밖에 없다. 민주주의도 다원주의의 정치적 실천 방법을 가리킨다. 정치로는 민주주의, 문화로는 다원주의가 기초원리로 자리잡고 있는 것이다.

단일민족을 자랑하는 한국 사회에서도 근래 '다문화주의'가 부쩍 사회 담론의 주제로 부상하고 있다. 비교적 인종 갈등이 없는 사회였지만 국제결혼과 노동력 도입으로 외국인이 유입되면서 갈등의 소지가 생겨났다. 그래서 자연스럽게 다문화주의가 거론된다. 세계화 시대에 세계 공동체를 놓고 보면 다문화주의로 말할 수밖에 없다. 어떤 한 가지 문화가 지배할 수는 없다. 그렇다고 다른 모든 문화가 하나로 수렴되기도 어렵다. 세계만이 아니다. 처음부터 통일된 한 가지 문화인 듯 보이는 한국 문화도 알고 보면 삼국 문화가 통합된 것이다, 삼국의 독특한 문화적 특성이 전통 속에 흐르고 있다. 그 전에는 삼한(진한, 변한, 마한)문화와 가야문화가 있었다. 같지만 다른 언어(사투리)만큼 사람들의 기질도 다르다. 인종도 원래 유목민 북방계와 농어민 남방계가 합류했다는 것이 인류학자의 분석이다.

그런 만큼 나름대로 독특한 다양성과 통일성을 간직한 문화였다. 다원주의적 사상의 틀이 작동해 온 역사임이 틀림없다. 동양 전통의 다원주의 사상을 다루는 장에서 상세히 논의하겠지만, 그것은 연개소문의 삼교三教정립鼎立 사상, 원효의 화쟁和諍회통會通 사상, 최치원의 풍류風流 사상, 김일부·강증산의 상생相生 사상, 원불교 정산 종사의 삼동三同 윤리, 함석헌의 '같이 살기' 운동, 최근의 '한' 사상 등으로 나타났다. 그것을 종합하고 체계화한다면 서구의 다원주의를 보완한 포괄적인 제삼의 사상으로 세계에 내놓을 수 있다. 그것이 우리가 세계문화에 기여할 부분이다.

이와 같이 이 책의 주요 내용은 동·서 이론과 실천을 아우르는 다양한 인물들의 사상 속에서 다원주의적인 내용을 간추린 자료로 구성되었다. 선구적인 종교학자·신학자들, 저술가 그리고 간디 같은 성인, 틱 낫 한 같은 종교인이 망라된다. 놀랍게도 이론가와 실천가들이 대체로 일치하는 것을 발견하게 될 것이다. 달리 구분하기보다 큰 주제 밑에 인물별로 기술한 것은 이들의 다원주의적 종교관이 그들의 실존적 환경 속에서 형성되었기 때문이다. 단순한 학문적 관심보다는 나름의 독특한 배경과 경험에서 다원주의적 신념에 이른 경우가 대부분이다.

다른 종교 전통의 부모(파니카), 다른 종교 공동체(존 힉)나 다른 지역, 인도(캔트웰 스미스), 남미(폴 니터). 일본(존 캅), 중국(휴스턴 스미스) 등 체험이 작용했다고 말한다. 미국은 보스턴(하비 콕스), 로스엔젤레스(존 캅) 등 큰 도시는 모두 다종교 공동체다. 콕스는 거기에다 다른 종교 공동체(티벳 불교, 가톨릭 수도원, 뉴 에이지 공동체, 힌두교 명상 단체)를 찾아가서 직접 수행까지 했다. 크리스천 신학자로서는 드문 일이다. 이들은 그렇게 갖게 된 신념을 자신만이 간직하지 않고 저술과 학술 활동을 통해서 사명감을 갖고 열정적으로 전파한, 말하자면 다원주의 선교사들이다. 종교는 지적작업으로만 파악할 수 없다. 체험이 핵심이다. 그들의 말이 그들의 삶의 증언이다. 그래서 읽는 이에게 울림이 올 수 있다.

이들의 사상을 시대순, 연대순으로 기술했으므로 전체적으로 보면 종교다원주의 전개의 역사가 된다. 사상의 스펙트럼이 넓은 학자들(니니안 스마트, 존 힉, 존 캅 등)은 소주제(종교 간 대화, 세계종교, 세계윤리, 미래 종교)에 나누어 기술했다. 내용은 저술 내용에 충실하게 요약하고 여기에 필자의 논평·해설과 다른 저자와의 대조가 뒤따른다. 혼용되어 보이는 부분이 있더라도 문맥으로 분별된다. 다원주의에 대한 논의와 주장들 자체도 다양한 시각과 내용을 보여주므로 저자들의 일치점과 차이가 투명하게 드러난다. 다원주의 이론의 현 발전단계에서 통일된 견해를 기대하는 것은 무리일지 모른다. 저자들을 다 통과하면 큰 그림이 잡힐 수 있다.

저자들이 일치하는 부분은 큰 테두리에서 다원주의의 시대적 필요성, 목적, 방법, 기대효과 등이다. 종교의 진화를 믿는 열린 학자라면 다 종교 상황을 규정하는 원리가 필요하다는 데 이의가 없을 것이다. 이들은 이 책이 설정한 두 가지 목적, 즉 평화(종교, 세계)와 올바른 신앙(또는 진리 인식)에도 합치한다. 그것은 종교 평화 없이 세계평화는 불가능하고 한 종교만으로는 부분적 진리밖에 깨닫지 못한다는 사실이다. 방법은 일차적으로 종교 간 대화이다. 기본적으로 상호 이해와 공감을 갖는 수준에 도달할 수 있다. 그 수준에만 이르러도 평화는 달성될 수 있다. 대화를 통하든 다른 방식으로든 다원주의 입장에 있는 학자들의 공통적인 시각은 다른 종교의 이해를 통해서 얻는 공덕은 자기 신앙을 더 풍요롭게 충실하게 만든다는 것이다. (존 캅 같은) 적극적 대화론자들은 한 걸음 더 나아가서 상호 변혁을 주장한다. 정보(information) 교환과 이해를 넘어서 혁명적 변화(transformation)를 겨냥한다. 공통점과 함께 저자들은 종교 간 개념의 차이를 두고 다른 접근법을 보여준다. 그 하나가 신관·절대관이다. 신이 인격적(절대자)이냐 추상적(절대)이냐의 문제다. (존 힉은) 그 차이를 칸트의 '실체' 개념으로 수렴하려 한다. 종교들의 보편성과 공통성을 강조하는 입장이다. 그와 다른 시각에서 캔트웰 스미스 같은 종교학자는 '신앙'의 보편성을 내세운다. 종교 차이에 상관없이 신앙은 한 가지다. 알려져 있는 종교의 명칭들은 근세에 와서 서구에서 만들어졌다고 밝힌다. 더 이상 나아갈 수 없는 열린 자세다.

그와 달리 특수성을 강조하는 입장에 선 신학자들은 '신-중심'(God-centered) 또는 '그리스도-중심'(Christ-centered) 실체관으로 갈라선다. 전자는 무신론인 불교를 소외시키고 후자는 다른 모든 종교가 수용할 수 없다. 신 개념과 더불어 그리스도 개념을 우주적 존재로까지 확대시킨다. 그럼에도 명칭은 어디까지나 특정 종교의 한계를 벗어날 수 없다. 거기까지 나아간 것만 해도 정통적 신학의 틀을 넘어선 것은 분명하다. '종교신학'과 '세계신학'을 개척하는 학자들 덕분이다.

그들이 극복하려고 노력하는 존재론적인 차이의 문제는 인식론적인 차이와도 연결된다. 불교가 의존하는 인식 방법, 즉 자율적인 깨달음(覺)은 유신론적인 여타 종교들의 타율적인 계시와 정면으로 배치된다. 전통의 출발점이 다르다. 그러나 이것은 그렇게 심각한

쟁점은 되지 않는다. 계시와 깨달음은 문화적 표현의 차이로 본다. 예수도 어느 시점에서 종교체험을 가졌다고 해석한다.[6] 예수도 석가처럼 '깨달음 체험'을 겪었다고 표현하기도 한다(초프라). 한국 근대 종교들도 모두 창시자들의 종교체험으로 출발했다 두 인물(강증산, 소태산)은 불교와 간접적으로 관련된다. 최제우(동학)는 신(상제, 한울님)의 음성을 들은 '대각' 체험이었다. 계시와 깨달음의 조화다.

위에서 이 저술의 동기와 목적, 내용을 총론적으로 개관해 보았다. 전체를 이해하는 데 마중물이 되리라 기대한다. 내용 전체를 꼭 일시에 다 이해해야 하는 것은 아니다. 일부분만 정독해도 영감을 얻거나 깨침이 있으리라고 본다. 근래 한 신문에서 "예수는 신일까요?"를 특집 주제로 내걸었다. 종교적, 신학적 주제를 사회적 논의의 장으로 내놓은 것은 언론의 바람직한 역할이다. 그 같은 주제도 이 책을 섭렵하고 나면 이해할 수 있을 것이다. 이 책은 다원주의만 아니라 종교 전반에 대한 자료집 그리고 (앞으로 설치되기를 기대하는) 세계종교 과목의 참고자료로도 활용될 만하다.

---

[6] 특히 "성령이 비둘기같이 쏟아졌다"는 성서 기록을 증거로 든다.

2장

실체관·종교관의 유형

다원주의가 무엇인가는 위에서 기술된 이 책의 취지를 통해서
대강 이해하거나 짐작이 갈 만하다. 여기서는 더 세밀하게 학술적으
로 밝혀 볼 차례다. 개념 자체를 정의하는 것은 비교적 단순한 작업
이다. 거기에 그치지 않고 그것을 대칭되는 개념들과 함께 대조하면
서 살펴본다면 더욱 선명하게 드러날 것이 분명하다. 비교와 대조는
모든 연구의 본질적인 부분이라 할 수 있다. 다원주의 개념은 두 가
지 관점에서 다루어질 수 있다. 두 가지 개념 집합(群)의 맥락에서
파악하는 것이다. 하나는 일원론-이원론과의 대조, 또 하나는 배타
주의-내포주의와의 대조 속에서 나타나는 개념이다. 우리가 관심을
갖는 종교의 문제는 주로 둘째 개념 집합과 직접 관련되지만, 원리
의 측면에서 다른 집합과도 상관된다. 두 가지로 이해하는 것이 도
움이 된다.

I. 실체관 — 일원론, 이원론, 다원론

1. 일원론(一元論 monism)

이 구분은 철학적인 논의에서 출발했다. 얼마나 많은 것들이 존재하는가. 우리가 경험하는 사물이 실체적으로 하나인가 여럿인가, 한 가지인가 여러 가지인가의 문제다. 여러 가지처럼 보이지만 알고 보면 '오직 한 가지'라는 주장이 일원론이다. 서구철학에서 하나의 정점이 되며 칸트와 헤겔에서 완성된 독일 관념론 · 유식唯識론(idealism)이 대표적이다. 그것은 플라톤의 이데아idea 사상으로 거슬러 올라간다. 현상(phenomena)은 다양하게 보이지만 궁극적으로 그 본체(noumenon)는 하나라는 입장이다. 그 하나를 마음(心, 識, idea)으로 본다. 이는 대승불교의 주요 사상인 유식론 · 유심론唯心論에서도 나타났다. 일체가 오직 마음의 작용이다.[1]

일원론은 힌두교 사상에서도 주조主調가 된다. 마음 대신에 브라만Brahman을 내세운다. 불교에서는 만물을 법신불法身佛의 나타남(顯現)으로 표현한다. 유심(식)론에 맞서서 나온 사상이 유물론이다. 인도의 유물론학파(Carvakas)와 마르크스의 사상이 그것이다. 희랍의 탐닉주의 철학자 에피쿠로스의 사상에도 들어있다. 마음이니 정신이니 하는 것도 일종의 물질이라는 것이다. 이것은 마음(mind)과 몸(body)의 문제와 연결된다.

---

[1] 一切唯心造: 원효는 밤중에 토굴에서 해골에 고인 물을 마시고 아침에 '일체유심조'를 깨닫고 당나라 유학을 접었다.

원래 일원론은 독일 철학자 크리스천 볼프Christian Wolff(1679~1754)가 마음(정신)과 몸(물질) 어느 것이 실체적 주체냐의 문제를 다루다가 생각해낸 개념이었다. 중국의 유교 사상에도 진리를 하나로 보는 주장이 등장했다. 그것은 '진리는 하나이나 여러 가지 현상으로 나타난다'(理一分殊)로 표현되었다. 한국 유가에서도 본체(理)와 현상(氣)의 관계를 놓고 하나냐(理氣一元論) 둘이냐(理氣二元論)는 논쟁이 크게 일었다.

일원론은 만물이 하나라는 의미로 하나의 절대적인 실체를 가리키기도 하지만 다양한 현상(만물)의 통일성(unity)을 의미하기도 한다. 그 점에서 일원론과 그 대칭인 다원론은 반드시 상호 배제하는 것은 아니다. 통일성은 다양성을 전제로 하기 때문이다. 나중에 자세하게 다루어지겠지만, 그래서 일원론의 하나(一)와 다원론의 여럿(多)의 관계는 등식으로 표현되는 데까지 이른다.

2. 이원론(二元論 dualism)

진리나 실체(본체)가 수로 하나냐 여럿이냐는, 즉 철학적으로는 존재론, 따라서 그것을 어떻게 인식하느냐 하는 점에서 철학적 인식론과 관련하여 일원론에 동의하지 않은 철학자가 서게 되는 입장이 이원론 또는 다원론이 된다. 둘도 하나 이상을 가리키는 여럿에 속해서 다원론으로 족하므로 굳이 이원론을 설정할 필요가 없다고 할 수 있다. 하지만 신과 악마, 선과 악, 음과 양 등에서 보듯이 하나에 대한 대칭으로 둘을 내세우는 관점이나 사상이 사상사에서 자주 나타나게 되었으므로 다원론에 이르는 중간 단계로 이원론을 말하게 된 것이다. 정치제도에서도 양당제가 있는 나라도 있고 다당제가 있는 나라도 있는 것과 같다. 결혼 풍속에서도 일부일처제와 일부다처제도 있다.

문학작품에서도 파우스트가 악마(메피스토페레스)를 마주쳐야 하고 한 인격이 지킬 박사와 하이드로 상징되는 양면성을 지닌 것으로 그려진다. 성도 과정에서 예수와 석가도 악마의 유혹을 받았다고 경전에 나타난다. 절대적인 유일신이 존재한다면 그에 맞서는 사탄이나 악마가 존재해야만 하는 것인가. 그러한 관념은 유대교, 기독교, 이슬람 등 중동 종교들이 페르시아의 고대 종교인 조로아스터교에서 영향을 받은 것인데, 창시자 조로아스터(차라투스트라)의 신관은 선신(아후라 마즈다)과 악신(앙그라 마이뉴)의 존재를 인정하는 것이었다.

이러한 신학적 원리는 선과 악, 빛과 어두움, 너와 나, 이것과 저것, 적과 동지를 엄격히 구분하는 이분법적인 서양식 사고와 논리의 모태가 되었다. 플라톤은 끊임없이 변화, 유전流轉하는 세상과 이데아 Idea의 세계를 구분하고 칸트는 현상(phenomena)과 본체(noumenon)의 세계로 나누는 이원론을 전개했다.

이원론은 대립과 양면성보다는 조화와 초월성을 강조하는 종교 전통이 지배해 온 동양 사상에서는 다소 지양되었다고 볼 수 있다. 인도철학에서는 브라만Brahman과 환상(maya)의 세계를 설정하지만 아무래도 브라만을 중심으로 한 일원론이 강하고, 중국사상에서도 본체(理)와 현상(事)을 나누지만 '이理'가 주축이 되는 경향이었다. 이원론의 한 형태로 몸(身)과 마음(心)의 분리를 강조해 온 분석적인 서양 사상과 달리 동양에서는 유기적 관계, 즉 신심일여身心一如를 강조하는 편이다.

그런데 신기하게도 한글 옛 글자로 풀면 '몸'이 된다. 근래 누군가 '뫔'으로 표현하는 것도 비슷하다. 멀리서 찾을 것 없이 우리 말 속에 이미 일원론적인 틀이 내장되어 있는 것을 본다. 동양의 종교에서 큰 영향을 받은 서구의 신세대 사상가 켄 윌버는 'bodymind'라는 복합명사를 만들어냈다. 뇌의 기능을 중시하는 인지과학과 불교 명상의 연계를 시도하는 학자들은 '몸에 깃든(肉化된) 마음'(embodied mind)을 말한다(Varela, 1991). 이들도 역시 동양 종교사상과 수행(명상)에서 영향을 받았다.[2]

3. 다원론(多元論 pluralism)

현상과 실체를 한 가지나 두 가지로 해석하려고 하는 사상에 대항하여 등장한 것이 다원론이다. 역사나 사상사를 변증법적인 발전으로 푼다면 자연스러운 과정이다. 만물을 뭉뚱그려 하나로 보는 일원론적 주장(thesis)에 대하여 만물을 구성하는 개체들이 지닌 다양한 존재 양식과 기능을 제대로 설명하지 못한다는 반론(antithesis)이 나오기 마련이다.[3] 일원론은 추상적인 가정일 뿐이지 가시적이고 구체적인 현실이 아니다. 독일 관념론(idealism)이 대표하는 서구사상의 조류에 반기를 들고 나타난 대안 사상이 다원론(다원주의)이었다.

---

[2] 종교다원주의도 동양 종교로 인하여 촉발된 사상이다.
[3] 종내는 종합(synthesis)되는 과정이 따라올 것이 예상된다. 뒤에 따로 다루겠지만, 그 씨앗은 특이하게도 이미 일원론과 다원론 속에 내재되어 있었다.

특히 미국 쪽에서 다원주의와 함께 촉발된 것이 실용주의pragma-tism다. 두 사상은 상호 연관된다. 그래서 '다원론적인 실용주의'(plu-ralistic pragmatism)라 수식된다(James, 1975: 125). 개체의 자유와 기능 및 효용을 강조하는 점에서 공통성을 갖기 때문이다. 그 기수는 윌리엄 제임스William James(1842~1910)였다. 그는 하버드에서 가르치면서 심리학, 철학, 종교학 분야에서 획기적인 저술을 남긴 드문 인문학자, 일종의 융합 사상가였다. 그의 저술들은 각 분야의 중요한 고전이 되었다. 그중에는 『다원론적인 우주』(*A Pluralistic Universe*)가 있다. 우주를 그 구성요소인 개체들을 무시하고 마치 하나의 구획(block)으로 일괄해서, 즉 '한 블록 우주'(a block universe)로만 규정할 수 없다는 주장이다. 절대화하여 하나로 일체화할 수 없다. 세계나 우주는 닫힌 공간이 아니라 느슨한 구조로 미래는 열려있고 인간이 각자 자유의지를 발휘할 수 있다. 부분들의 총합이던, 다른 것이던 세계를 절대적인 '하나'(One)로만 규정해버리면 그 구성요소인 다양한 부분들('여럿: many')은 그에 가려져 상대적으로 존재가치를 상실한다.[4]

우주를 하나의 통일체로 보는 것을 부정하는 것은 아니다. 어떤 체계로 보느냐는 것은 다양하게 접근할 수 있다. 가령 물리적으로 볼 때 중력이나 전기(에너지)를 통일성의 예로 들 수 있다. 목적과 관점에 따라서 얼마든지 하나로 볼 수 있다. 문제는 한 가지로만 교조적으로 고집하는 것이다. 다른 가능한 해석을 허용하지 않는 것이

---

[4] 다양성을 잃은 사회는 성립할 수 없는 모순이다. 개체들이 잠재력을 자유롭게 발휘하는 창조적인 공동체가 될 수 없다. 전제주의나 독재주의 국가와 민주주의 국가의 차이를 보면 알 수 있다.

다. 또한 통일성과 마찬가지로 다른 측면인 다양성(diversity, variety)을 배제하는 것은 일방적인 편견이다. 다양하게 나타나는 현상과 사물을 부정하는 것이다. 영적으로 체험한 성현들이 '하나'됨을 체험하는 것은 신비주의 현상이다. 구체적인 세계에서 추상적인 개념으로 세계와 우주를 보는 것은 하나의 목적론적인 가설이다. 적어도 증명될 때까지는 다른 주장도 평등하게 인정되어야 맞다. 통일성은 사물의 시초부터 인정되는 것이 아니고 사물의 종점에서 인정되어야 한다. 그래서 그것을 '절대'(Absolute)화하는 대신에 '궁극'(Ultimate)이라 말해야 한다.

지식을 얻는 방법도 어떤 초경험적인 연결고리나 버팀목으로서 (절대적) 개념을 필요로 하지 않은 '철저한 경험론'(radical empiricism)이라야 한다. 추상적인 관념 · 개념 · 사상(ideas)이나 가설 · 명제의 의미도 미래의 실제적 체험 속에서 특정한 결과를 통해서 검증되어야 한다. '현금 가치'(cash value)를 갖는 것이어야 한다. 우리 식으로 말하면 명실상부名實相符한 개념이라야 한다. '진리'(truth)도 고정된 실체를 말하는 것이 아니고 관념(idea)에 수반하여 발생하는 것으로 시간을 통해서 변화하고 발전한다.

"다원주의적 실용주의(pluralistic pragmatism)의 관점에서 보면 진리는 모든 유한한 체험 안에서 자라난다." 관념론에서처럼 우주는 고정된 실체가 아니고 미완성품(unfinished)이다. 이렇듯 다원론과 실용주의는 병행한다. 제임스는 진화론에 동의하면서 반주지주의의 입장에 서서 창조적 진화론을 전개한 베르그송을 높이 평가했다. 제임스가 존 로크의 사상에도 동조하면서 영국의 경험론과도 상통되는 측면을 보여주었지만, 그의 사상이 사상사에서 하나의 획기적인 전환점을 마련했다.

지금까지 철학사상의 맥락에서 일원론 및 이원론과 대비하여 '다원론'의 의미를 살펴보았다. 우리가 다루는 종교다원주의와는 다소 다른 맥락이라 할지 모르지만, 철학과 종교의 연원과 관계를 살펴보면 서로 무관하지 않다. 특히 동양사상 전통에서는 두 가지는 좁혀진다. 종교를 떠난 철학은 거의 찾을 수 없다. 동양철학 사상은 유교철학, 불교철학, 도가철학의 종합이다. 철학과 진리가 지향하는 목표는 다르다고 할 수 없다. 한 가지 공통인수로 '진리'를 들 수 있다. 예수가 뭐라고 했던가. "진리를 알지니 진리가 너희를 자유케 하리라" 한 것이 잘 말해 준다. 안다는 것은 종교적인 깨달음을 가리킨다. 철학의 궁극적인 목표도 지혜를 통한 자기해방, 즉 해탈(liberation, moksha)이다. 위에서 논의한 대로 윌리암 제임스가 철학과 종교 그리고 심리학을 가로지르며 모색한 것도 그와 비슷한 것이었다. 그는 순전한 지식보다 체험을 강조하고 자신도 종교체험을 갖기도 했다.

따라서 철학적이든 종교적이든 다원론은 다른 차원도 있지만, 진리 인식의 방법론을 가리킨다. 다원주의가 사회적 공존의 원리로서 일차적인 의의가 있다고 하더라도 우리가 유의해야 할 또 하나의 중요한 의의가 바로 인식론적 측면이다. 우리가 물어야 할 사항은 나의 철학이나 신앙만으로 진리를 깨칠 수 있는가, 한 가지 길만 고수하여 자기 구원 나아가서 세상 구원에 이를 수 있는가를 물어야 한다. 이제 시대와 역사단계가 바뀌고 있다. 근대 민족종교에서 말하듯이 '선천' 시대가 아닌 '후천개벽' 시대가 도래했다. 더 이상 전통적인 개인 단위의 수행과 구원으로 완전하지 못할 수 있다. 그것을 어떤 한 종교가 대표할 수 없을지 모른다. 강증산이 말한 '통일 신단

神團' 같은 것이 필요할지도 모른다. 그렇게 보면 다원주의의 의의를 종교들의 공존에서만 찾는 것이 아니다. 인간구원의 진리를 찾는 일 과도 관련되는 원리일 수도 있다. 다원주의를 철학적 원리로서도 그 의미를 파악하는 것이 필요한 이유가 여기에 있다.

소크라테스는 막연하고 추상적인 '진리' 대신에 구체적으로 '너 자신을 알라'고 하는 신탁을 전했다. 그 '너', 즉 '나'가 추상적인 관념 으로 머물지 않으려면 체험되어야 한다. 종교적인 신비 체험에서는 우주와의 관계, 즉 일치로 나타난다. 일상적인 차원에서는 이성적인 사유를 통해서 타자와의 관계를 통해서, 즉 그 속에서 인식된다. 그 런데 '너'(나)의 활동 영역과 범주는 고정되어있다기보다는 세계관 의 확대와 더불어 성장, 확장된다. 가족과 원시공동체에서부터 인류 공동체, 우주까지 넓혀진다. 개인, 사회인, 한국인(중국인)에서 세계 인, 우주인까지 확장일로의 과정이다. 신(하느님)까지도 부족신, 민 족신, 세계신, 우주신으로 정체성이 확장된다. '나'란 무엇인가. 그 정의도 따라서 달라져야 한다. 나는 누구의 아들(딸), 누구의 무엇에 서 한국 사람, 동양사람 등등 여러 가지로 달리 정의될 수 있다. 이렇 게 '나'는 관계적인 존재다. 불교에서 말하는 연기적 존재다. 석가모 니가 성도成道하면서 깨달은 내용도 연기의 원리였다. '나'는 따로 외 떨어진 고정된 실체가 아니고 연기적 관계일 뿐이다. 그래서 무아無我 요 공空이다.

존재론적으로 나의 존재가 그렇다면 인식론적인 인식의 방법도 세계관의 확대와 더불어 변화하고 확장되어야 한다. 인식의 지평과 대상이 달라져야 한다. 따라서 옛 시대, 즉 부족 시대, 개인주의, 민 족주의 시대의 인간관, 신관에 기초한 종교들도 인식과 수행 방법에서 변화가 있어야 할 것은 당연한 것 아닌가. 그런데 아직도 개인 구원만 외치고 있는 종교가 대부분이다. 사회 구원, 인류 구원. 세계 구원 같은 큰 틀 속에서 개인이 구원될 수밖에 없다. 그래서 "낡은 종교는 집어서 역사의 박물관에 걸어라"(함석헌)고 하는 경고가 나온 것이다. 불교도 일찌감치 '나 홀로' 주의(소승)에서 '모두 함께' 주의(대승)로 틀을 바꾸었다.[5] 다른 종교들도 마찬가지로 보인다.

인류문명과 민족공동체가 지금 막다른 골목에 이르렀다는 것은 선견지명을 갖춘 현인들, 양심과 의식을 가진 지식인, 지성인, 깨인 민중(백성)이라면 동의하는 관점이다. 인간의 의식과 제도 모든 것이 혁신되어야 한다면 그 기초가 되는 것이 무엇보다 종교다. 궁극적 가치를 대표하고 있기 때문이다. 케케묵은 존재론, 인식론, 구원론을 고수하는 기존의 종교들은 구원의 중보자, 중재자를 빌미로 추종자들을 볼모로 잡고 있는 격이다.

정보기술의 발달로 현대인들은 정보의 수집에 온통 빠져있다. 그런데 무엇을 위한 정보인가. 대개 지식을 얻는 지식정보이다. 정신적 가치보다는 물질적 가치나 현실적 쓰임 또는 건강, 복지와 관련된 정보이다. 의식과 정신, 사고방식을 전환하거나 근본적인 탈바꿈을 일으키는 지식, 즉 지혜를 촉발하는 정보와는 거리가 먼 지식이다. 어차피 그러한 지혜는 언어를 초월하는 차원이라고 말할지도 모른다. 고대의 수행 방법을 대표하는 묵언 명상이 그것을 증명한다. 그렇더라도 직간접으로 세계관의 확대에 기여하는 정보가 혼재하는 것도 사실이다. 그 가운데 타종교에 대한 정보가 특히 서양에

---

5 그런데도 현실적으로 불교 수행이 아직도 낡은 틀에 머물러 있는 것이 아닌지 의심스러운 모습이 상존한다.

서 쏟아지고 있다.

알고 보면 참선을 위주로 수행하는 선불교에서도 (특히 한국 조계종의 역사에서) 경전과 조사의 가르침(教)을 아우르는 조화적인 선교禪教 일치와 정혜쌍수定慧雙修를 기조로 삼는 경향이 강했다. 가르침이 깨침을 촉발시킨 사례는 허다하다. 그것이 오늘의 정보에 해당한다. 그래서 서구에서 최근에 '정보를 통한 탈바꿈'(informed transforma-tion)을 말하고 있다. (전통적으로 서양이 추구하던) 정보(information)냐, (동양의) 탈바꿈(transformation)이냐 양자택일의 선택이 지양되고 종합된 모습이다.

선불교만이 아니라 불교의 전반적인 발전사를 보면 인식의 지평이 점차 더 확대된 것을 보여준다. 경전의 성립 과정을 보면 확연히 드러난다. 획기적인 틀 바꿈은 자리自利를 우선하는 개인주의적 소승불교에서 이타利他주의적 보살 사상을 내세운 대승불교로 발전하는 과정에서 나타났다. 석가시대 이후 5, 6세기(기원 1세기)를 전후하여 『반야경』(『금강경』, 『반야심경』)을 위시로 『능가경』, 『화엄경』, 『법화경』, 『정토 경전』 등 다양한 사상과 실천교리를 담은 경전들이 연이어 성립되었다. 불교 수행의 목표인 깨달음(覺)의 방법(방편)도 다양화하고 선택의 폭도 확대되었다.

그 전형적인 유형이 사상과 실천 양면에서 한국불교를 대표한다고 평가되는 원효대사의 각(頓悟) 체험이다. 그는 의상대사와 중국 유학길에 오르기 직전 폭우가 쏟아지는 밤에 대피한 토굴에서 마신 시원한 물이 아침에 보니 해골바가지에 담긴 물이었음을 발견하고 구토를 느끼며 '일체가 마음이 지어낸 것'(一切唯心造)이라는 이치를 읊조렸다.[6] 그것은 바로 공空사상과 더불어 대승불교를 떠받치는 두 사상의 하나인 유심唯心론 사상에서 나온 표현이다. 두 사상은 석가모니의 무아無我론 연기론을 새롭게 해석, 확대한 것으로 모든 대승 경전의 바탕이 된다. 그만큼 원효와 당시의 수행자들은 발전된 불교 사상 덕분에 이전 수행자들보다 더 완전하게 득도, 성도하게 된 것이다.

원효는 사상가로서 불교의 다양한 교리와 경전들을 조화, 회통會通시키는 독창적인 화쟁和諍 사상을 수립하였다. 불교 안의 다양한 전통을 갈등 관계로 보지 않고 모두 아우르는 통합(통섭) 사상을 구축했다. 후대 진리 탐구자들은 종교의 지평을 확대한 원효의 덕을 크게 입고 있는 셈이다. 그만큼 초기 불교도보다 유리한 입장에 있다고 할 만하다. 왜 시대에 맞게 새로운 해석과 실천이 필요한가를 잘 말해 준다. 사회평화만이 아니라 진리 인식의 차원에서도 왜 다원주의가 축복인가를 이해할 수 있을 것이다. 요컨대 자기가 알고 있는 것만으로는 전체를 다 볼 수 없다. 원효가 지적하듯이 우물 안 개구리나 코끼리를 만진 장님처럼 편견偏見에 잡혀서 살게 된다. 한 가지 인식체계에만 머물러 있다면 완전한 인식에 이르기 힘들다. 더구나 인식의 대상(실체)이 성장, 확대된다면 더욱 그럴 것이다.

다원주의의 철학적 원형을 제시한 윌리엄 제임스도 이 점을 간과하지 않았다. "진리의 전체도, 선善(good)의 전체도 어떤 한 관찰자에게 계시되지 않는다. 비록 각각의 관찰자가 자신이 서 있는 특정한 위치에서 갖는 통찰에서는 부분적인 우위를 갖는다고 할지라도"(Rowe, 1996: 51). 다원주의자로서 제임스는 모든 사상과 해석은

---

6 그래서 당나라 유학길을 접었다. 그 필요를 느끼지 못했던 것이다.

하나하나로는 표현 불가능한 존재의 실체를 드러내는 데는 한계가 있으므로 상호 보완적으로 다른 모두에게서 무언가를 배울 것이 있다고 보았다. 이것은 무엇을 의미하는가. 코끼리를 만지는 장님처럼 한 종교로는 진리(실체) 전체를 다 파악할 수 없다. 그러므로 다양한 종교들은 서로 보완하는 관계로 타종교를 인정하고 이해해야 한다. 이것은 다원주의가 내포하는 아주 중요한 의미다. 이처럼 철학사에서 전개된 이론은 종교다원주의에서 그대로 적용된다. 종교에서는 더구나 초월적인 차원까지 진리의 외연이 확대된다.

인식(깨달음)의 범주가 부분이냐, 전체냐의 문제를 놓고 다른 견해가 있을 수 있다. 그 한 가지가 종교체험을 신비주의로 해석하는 입장이다. 실체를 통찰하는 궁극적, 초월적인 직관은 현상이나 우주와의 일치를 체험한다는 것이, 그것을 계시라 하든, 대각이라 하든 문화권에 따라서 표현은 다르지만, 종교들의 공통된 주장이다. 그것은 기존의 종교와 다른 독자적인 길을 통해서 달성할 수도 있다. 그 실례가 한국 근대종교 창시자들의 대각 체험이다. 강증산은 잠시 불교 사찰에서 수련 중 체험했지만, 불교적인 수행을 한 결과는 아니었다. 전통적인 불교 수행의 결과라기보다는 회통적인 한국 고유의 선교仙敎의 맥락에서 나온 한국 정신의 발현으로 볼 수 있다.

원불교의 창시자 소태산(박중빈)도 홀로 방황하다가 절박한 심정으로 어느 한적한 곳에서 명상 기도 중 대각을 얻었다. 다만 나중에 여러 경전을 살펴보다가 불교 경전 『금강경』을 보고 그것이 자기 체험과 가장 근접한 원리인 것을 발견하여 불교에 의탁했을 뿐이다. 인도 출신 현대의 성자 크리슈나무르티도 어느 날 밖을 바라보다가 보이는 사물 및 사람과의 일치, 즉 동일시同一視하는 체험을 가졌다.

근래 서구에서 대중적인 관심을 일으킨 깨달음 체험자들이 등장했
는데 그 가운데 캐나다의 에카르트 톨레Eckhart Tolle가 있다. 그는 우울
증을 앓기도 하면서 불안한 삶을 살다가 어느 날 삶의 의욕을 잃고
헤매고 있을 때 이런 체험을 하게 된다.

> "나 자신과 이런 식으로는 더 이상 살 수 없어." 이것이 내 마음속에 계속
> 맴도는 생각이었다. 그러다 갑자기 그것이 얼마나 특이한 생각이었는지
> 알아차리게 되었다. "내가 하나야 둘이야? 만약 내가 나 자신과 살 수 없
> 다면 두 개의 나가 있어야 돼: '나'와 그리고 '내'가 함께 살 수 없는 '자신'
> 말이야. 아마도 둘 중 하나만 참이겠지"(Tolle, 1999: 1).

그다음 순간 모든 생각이 멈추고 허공 속으로 빨려 들어가면서
에너지의 소용돌이 속으로 빨려 들어갔다. 돌연 공포가 사라지고 무
의식 상태에 빠졌다. 그 이후 세상을 보는 그의 눈이 달라졌다. 사랑
으로 감동된 마음은 평화와 축복으로 가득 찼다(Tolle, 1999: 1-2).

'나'의 철저한 분석을 통해서 무아지경에 이른 과정이다. 불교의
교리와 수행의 핵심인 무아의 인식과 체화가 이루어졌다. 이후 그의
의식과 삶은 완전히 달라졌다. 평생 괴롭히던 고통이 사라졌다. 그
것이 종교체험이라는 것을 종교적인 다양한 정보에 접하고 나서야
알게 되었다. 결과로 보면 불교 수행의 성과와 구별하기 힘들다. 불
교 자체 안에서도 역사적으로 다양한 방법론이 개발되었다. 현행 티
베트불교와 선불교의 수행법이 전혀 다르다. 석가모니가 보여준 수
행 과정과도 같지 않다.

'깨달음의 가르침'인 불교는 종교의 본질적인 요소인 깨달음의

조형을 제공하면서도 이처럼 다양한 방편을 발전시켜왔다. 이 점에서 어떤 다른 종교보다 보편성을 갖는다고 할 수 있다. 톨레와 원불교 창시자의 사례처럼 불교와 무관한 깨달음도 일종의 불교로 간주하고 수렴, 포괄될 수 있다. (다음 절에서 논의하겠지만) 비불교도로서 깨친 자를 '익명의 불교도'라 할 수도 있다. 말하자면 어떤 종교보다 불교가 초-종교, 메타-종교라 할 자격이 있다.

그러기에는 한 가지 걸림돌이 있다고 말할는지도 모른다. 그것은 계시의 문제다. 다른 대부분의 종교, 특히 중동에서 발원한 종교는 신의 계시에서 출발한 계시 종교로서 불교 같은 자각 종교와 다른 유형으로 분류된다. 그러나 과연 실제로 계시와 자각 사이에 본질적인 차이가 있는지 따져볼 필요가 있다. 간단하게 판단할 일이 아니다. 앞에서도 지적했지만, 미국의 영성 분야 저술가 디팍 초프라Deepak Chopra는 소설형식의 두 전기에서 석가처럼 예수도 '깨달음'을 체험했다고 기술한다. 한국 근대종교의 시발점인 천도교 창시자 최제우의 대각 체험은 신(한울님)과의 대화 형식으로 표현되는데 여기서도 깨달음과 계시의 경계가 허물어진다. 계시는 신의 뜻을 기다려야 하지만 깨달음은 자유의지로 달성하는 과정이다.

철학사상의 맥락에서 다원주의를 제창한 윌리엄 제임스는 깨달음 속에서 우주와 일원론적인 일치를 체험하는 종교의 독특한 초월적 차원을 인정한다. 그렇지만 철학적으로 존재론이나 세계관을 두고 한 가지 해석의 틀로 단순화하는 것은 가능한 다른 해석을 봉쇄하는 것이므로 다원적인 개체들의 존재에 배치된다고 본다. 무엇이 옳으냐는 더 기다려 봐야 한다. 일원론의 타당성은 아직 추상적인 이론일 뿐 실제로 검증되지 않았다. 다원론의 입지를 인정해야 한다.

요약하면 깨달음을 통해서 도달하는 궁극적인 목표인 진리의 산이나 정상은 똑같다고 하자. 진리는 하나다. 하지만 현실적으로 거기에 이르는 접근로와 수단은 개인마다 다를 수 있다. 산 정상을 가는 길이 여럿 있지만, 조금 더 빨리 손쉽게 가는 지름길이나 방법이 있다면 등산객은 당연히 바꿀 수 있다. 이제는 도보로 가는 것만이 아니고 기술이 발달하여 케이블카로도 더 빨리 갈 수 있다. 시대가 달라진 만큼 방법도 발전되어야 한다.

이 산 그림을 놓고 볼 때, 필자가 앞에서 제의한 대로 제임스도 제의한 부분적 진리와 전체적 진리의 문제와 맥락이 맞지 않다. 정상에 이르는 것은 역시 개인이 단위가 되어야 하기 때문이다. 그러나 그림을 약간 수정할 수 있다. 각자 자기 길을 가되 서로 (이동 전화로) 정보를 교환하면 더 안전하고 신속하게 정상에 올라 만날 수도 있다. 다른 길이 좀 더 유리하다고 알면 바꿀 수도 있고 다른 중간 길을 개척할 수도 있다. 적어도 산 아래까지는 상호 협조하여 더 우회하더라도 결과적으로 더 나은 길을 선택할 수 있다.

한 걸음 더 나아가 이제는 목표가 된 산이 험하여 각자 따로 정상에 가는 것이 힘들거나 불가능하다면 함께 가는 수밖에 없다. 마치 히말라야 에베레스트에 가는 것이 단독등정은 불가능하고 셰르파까지 포함한 조직적 팀이라야 되는 것과 같다. 그것은 개인 구원보다 사회 구원, 전체 구원만이 타당하다는 새로운 구원론과 부합한다. 제임스와 다른 일부 현대다원주의 종교학자, 신학자들이 종교 간 상호 보완의 필요성을 말한 것도 비슷한 맥락이다. 이 입장은 다음에 다룰 종교다원주의에 그대로 적용된다.

II. 타종교관 — 배타주의, 내포주의, 다원주의

이제 좀 더 종교와 종교학에 가까운 맥락에서 다원주의를 이야기해보자. 다원주의와 대비되는 입장을 두 가지(배타주의와 내포주의)들 수 있다. 다원주의가 무엇인가는 이 둘과의 대비를 통해서 선명히 드러날 수 있다.

1. 배타주의(排他主義 exclusivism)

종교적인 배타주의는 하나의 특정한 전통만이 구원 또는 해탈에 이르는 길을 대표한다는 견해를 말한다. 새 종교운동이 시작할 때 기존의 종교 전통을 비판, 부정하고 자기 독특성 또는 유일성을 주장해야 하므로 배타주의적인 자세를 취하기 마련이다. 신의 계시나 대각을 근거로 삼아서 당시로서는 유일한 진리인 것처럼 선언한다. 그것이 뒤에 오는 추종자들에 의해서 교조적인 교리(dogma)로 정착된다. 활동무대가 되는 환경이 새 운동에 대해서 적대적일수록 진리주장이 더 강해진다. 그 발전과정에서 지배층(군주), 정치이념으로 채택되는 경우에 배타성이 더 강해진다. 기독교를 나중에 적극적으로 수용한 로마시대와 유교(주자학)를 통치이념으로 삼은 이조시대를 보면 알 수 있다.

배타성은 창시자 자신보다는 발전과정에서 나중에 그 추종자들에 의해서 주장되고 고착된다. 물론 창시자의 가르침 속에서 근거를 찾는다. 기독교의 경우, 예수가 말한 "나로 말미암지 않고는 아무도 아버지께로 갈 수 없다"(요한복음 14:6)가 그 근거이다.[7] 3세기에는 "교회 밖에는 구원이 없다"는 교리로 표현되었다.[8]

기독교가 유일의 종교가 된 유럽에서는 동양과 달리 다른 종교에 노출된 적이 없어서 더욱 배타적으로 되어갔다. 이런 식으로 배타주의가 깊이 뿌리를 내리고, 크리스천만이 구원을 받는다는 가설(신앙)이 18~19세기에 활발히 전개된 선교 운동의 동기로 작용하였다. 유대인들은 신의 선택된 백성이라는 배타주의적인 정체성을 지녀왔다. 무슬림은 그들대로 코란에 명백한 증거가 없는데도 매우 배타주의적인 자세를 취해왔다. 이렇듯 중동에서 기원한 세 종교가 같은 유일신 신앙을 공유하면서도 모두 배타주의 경향이 강한 것이 공통적인 특징이다. 이들은 타종교에 대한 입장만이 아니라 그 이전에 세 종교 간의 동근同根성을 인정하지 못하는 데 더 큰 갈등 요인을 안고 있다. 역사적인 지속성과 공통성을 인정하는 대신 오히려 더 큰 갈등을 유발하고 있다.

그렇다고 동양(인도, 중국) 종교들이 정도는 다르지만, 배타주의에서 완전히 자유롭다고 할 수 없다. 서양과 중동 종교들처럼 명시적이 아니라도 교리 속에 배타적으로 볼 수 있는 소인이 잠재되어 있다. 비교적 관용적인 힌두교의 여러 종파는 베다 경전을 영원하고 절대적인 것으로 숭앙해 왔다. 불교도는 그들 나름대로 석가의 가르침만이 인간을 고통과 망상에서 벗어나게 하는 불법(dharma)이라고

---

7 여기서 '나'를 주체적인 나로 해석한다면 뜻이 달라질 수 있다. "내가 길이요 진리요 생명이다"는 말씀과 '천상천하유아독존'(부처)을 그렇게 해석해야 한다는 견해가 있기 때문이다.

8 이 교리는 배타주의 보수 신앙이 지배하는 한국기독교에서 아직도 위세를 떨치고 있다.

여겨 왔다. 유교는 정통과 이단을 구분하고 그들의 가르침을 절대적인 이치(理), 즉 진리로 내세웠다. 이를 비판하고 극복하기 위한 대안을 제시한 도교는 그 길(道)만이 타당한 것처럼 주장했다. 어떠한 종교나 종교운동이건 기존 전통과의 차별성을 내세워야 하므로 상대적인 우위나 독특성을 주장하는 것은 자기 정체성을 유지하는 데 필요한 최소한의 조건이었을 터이다.

그렇더라도 중동의 세 종교에 비해서는 비교적 관용적이었다. 상대적인 배타성 안에 갇혀있기보다는 교리 속에 개방적인 측면이 있다. 그것은 힌두교의 화신(avatar) 사상에서 볼 수 있다. 신이나 진리가 한 가지 형태나 인물로 고착되어있지 않고 시대에 따라 그때그때 새로운 메신저가 등장한다는 관점이다. 불교에서도 삼신三身(법신불, 보신불, 화신불) 가운데 화신불化身佛이 이에 상당한 개념이다. 불교에는 또한 석가모니 한 사람만 아니고 누구나 다 부처가 될 수 있다는 평등사상이 있다.[9] 여기에 종교 간 접촉점이 들어있다. 이슬람도 신의 '사자'(메신저) 개념은 세 종교를 묶는 공통요소가 될 수 있는데 다른 두 종교가 인정하지 않는 것이 문제다.

이렇게 동양에서보다는 기독교가 유일종교로 종교의 자리를 독점해 온 서구에서 타종교에 대한 배타성이 강한 것은 일면 당연한 일이었다. 사상적으로 흑백 논리가 지배한 것도 한 요인이다(인종차별도 그 산물이다). 영국의 철학자 흄David Hume이 그러한 사고를 종교에 적용하여 표현한 것이 그 전형을 보여준다. 그는 회의주의의 입장에 서서 두 가지 원칙을 세웠다. 그것은 "종교와 관련된 일에 있어

---

9 배타성이 강한 다른 종교들은 누구나 다 신이 될 수 있다고 주장하지는 않는다.

서 무엇이나 다른 것(different)은 모두 서로 반대된다는 것 그리고 (기독교와 달리) 고대 로마의 종교, 터키의 종교 그리고 중국의 종교들은 어떤 확고한 근거에서 (진리 주장을) 증명하기는 불가능하다는 것"이다.

같은 맥락에서 현대 수리논리의 개척자인 버트란드 러셀Bertland Russel은 "논리의 문제로서 다루자면 (세계의 위대한 종교들이) 일치하지 않으므로, 이들 가운데 한 종교 이상은 참일 수 없다는 것이 명백하다"고 기술했다. 서양 논리로서는 종교다원주의를 옹호하기가 어려운 점을 고백한다.

그러므로 배타주의를 벗어나기 위해서는 결국 서양과 다른 문화 특히 동양의 문화와 종교가 본격적으로 알려지고 학습되는 시기를 기다릴 수밖에 없었다. 그 과정에서 종교학에서는 막스 뮐러, 역사학에서는 토인비, 철학에서는 윌리엄 제임스 같은 사상가가 서양사상의 지평을 넓히는 데 기여하게 된다. 그 결과로 최근(20세기 후반)에 '세계종교', 그 뒤를 이어 '세계철학'이 등장하게 되었다(Smart, 2000). 이제는 서구 대학에서 동서의 균형이 잡혀가는 단계가 되었다. 오히려 한국 대학에서 서양 중심의 철학과 종교학이 아직도 압도적으로 지배하고 있다. 자기의 깊은 우물은 찾아내지 못하고 남의 우물만 파고 있는 격이다. 오늘 우리가 겪고 있는 민족분단과 사회적, 종교적 갈등은 바로 그 산물이다. 언젠가부터 외래 종교와 사상에 짓눌려 온 역사가 이직도 진행형이다.

그렇다고 중동 국가들처럼 배타주의적인 문화 쇄국주의가 지배하는 닫힌 사회는 구성원의 행복을 담보하기 어렵다. 멀리서 본보기를 찾을 것도 없이 북한 사회가 그 극단적인 사례다. 남한이라고 정신적으로 크게 다르다고 할 수 있을까. 한 민족으로서 우리는 열린 민족주의 입장에서 건설적인 다른 문화도 수용하면서 자기의 얼을 잃지 않는 다원주의 사회라야 존재할 이유와 가치가 있다. 더구나 세계가 하나의 지구촌으로 진화해가는 마당에서 퇴행적인 배타주의 적 문화가 설 자리는 없다.

북한 문제는 엄격하게 말해서 북한 자체만의 책임은 아니다. 그 것은 미국인들도 인정한다. 친한파인 한 인사(도널드 그레그 전 주한미 국대사)는 "북한을 악마화하고 미워해서 우리가 뭘 얻을 수 있을 것 인지 묻고 싶다"며 미국이 일으킨 베트남전쟁을 예로 들었다. 북베 트남을 악마화해서 전쟁을 벌였지만, 명분도 잃고 무수한 인명만 희 생시켰을 뿐이라는 그의 설명이다. 그는 "북한과 대화하지 않고 그 들을 고립시킨다면 북한은 계속 핵무기 개발에 나설 것이고 중국 의 존도를 더욱 가속하여 남는 것은 전쟁 가능성뿐"이라고 강조했다. 그는 "미국 정부는 좋아하지 않거나 이해하지 못할 외국을 악마화하 는 특성을 갖고 있다"며 "북한, 베트남, 사담 후세인이 모두 미국의 악마화로 전쟁을 겪거나 극한 대립을 하고 있다"고 말했다. 선·악, 흑·백 이분법적 사고가 초래한 결과다. 그런 사고가 종교만 아니라 정치에도 반영된다. 종교와 정치가 긍정적으로나 부정적으로 분리 될 수 없는 관계다.[10]

---

[10] 이라크전쟁을 잘못 일으킨 부시는 독실한 신앙인이었다.

2. 내포주의(inclusivism)

내포주의는 다원주의와 배타주의 사이의 중간적인 입장으로 자기 종교의 체계 속에 다른 종교가 지향하는 정신과 사상이 내포되어 있다는 관점이다. 그만큼 자기 종교가 보편성을 갖는 폭넓은 구조를 지닌다는 상대적인 우월성을 포함하고는 있지만, 배타주의보다는 한층 누그러진 태도를 보여준다. 배타주의의 절대적인 입장이 완전히 가신 것은 아니지만 다원주의의 가능성을 배태한 접촉점을 갖는다. 다시 말해서 내포주의적인 신학과 종교철학은 "한 특정한 (종교) 전통이 궁극적인(최종적인) 진리를 제시하고 있는 반면에 다른 전통들은 무가치하거나 심지어 악마적인 것으로 보는 대신에 그 궁극적 진리의 측면들을 반영하거나, 또는 그에 이르는 접근통로가 된다고 본다"(존 힉).

내포주의적인 종교관은 거의 모든 세계 종교에서 찾을 수 있다. 특히 전통과 체계가 방대한 힌두교에서 두드러진다. 힌두교도들은 다른 종교들을 신 또는 실체에 이르는 (종교 수만큼) 다양한 통로로서 간주하고, 또한 그 종교들이 (인간의) 영적인 발전에서 (힌두교와는) 다른 단계를 담당한다고 본다. 힌두교의 정통 철학을 대표하는 베단타 그중에도 불이일원론不二一元論(Advaita Vedanta) 학파에서는 실체관에서 인격적인 신을 초인격적인 절대 개념 브라만보다 하위에 둔다. 불교에서도 불법(dharma)의 일부 측면이 다른 전통에서 불완전하게 반영된다고 보는 경향이 있다. 이슬람도 아브라함을 조상으로 삼은 세 종교를 넘어서서 다른 종교들까지 포함하는 확장된 신앙관을 보여주기도 했다.

로마 가톨릭 신학도 제2차 바티칸공의회(1962~1965) 이래 이전의 배타주의에서 모든 인간이 그리스도와 어떤 식으로든 하나가 되어 있어서 그의 대속 행위의 혜택을 공유할 수 있다는 견해로 대체적으로 옮겨갔다. 그래서 신학자 칼 라너Karl Rahner 교수가 제의한 대로 다른 종교들 안에서 신을 진정으로 찾는 자들을 '이름 없는(익명의) 크리스천들'로 여길 수 있다. 그렇다면 그것을 다른 종교에도 그대로 적용할 수 있다. '익명匿名의 불교도'나 '익명의 이슬람교도' 등 얼마든지 가능하다. 그것은 무엇을 의미하는가. 한 종교 전통 속에는 다른 종교들과 공유하는 보편적인 요소나 구조가 존재한다는 사실이다. '진리는 하나다'고 하듯 진리를 구체적으로 표현한 '종교도 하나'라 할 것이다. 그것이 다원주의 사회에서 종교 간 대화를 가능하게 하는 접점이 될 수 있다. 유대교에도 '의로운 나라'는 앞으로 올 세계에 참여할 자격을 갖는다는 사상이 있다.

중국의 종교 전통에는 특별히 내포주의적인 주장이 전개되지는 않았다. 종교 사상이 정치이념으로 채택될 경우는 다소 배타주의적인 경향을 보였지만 대개는 내포주의 단계를 거칠 필요 없이 다원주의에 걸맞은 구조를 지니고 있었다. 종교의 목표는 진리와 인성(바탈)을 탐구하는 것으로 표현되었다. 즉, 궁리진성窮理盡性이 공통 화두였다. 목표, 즉 귀착점은 같지만 길은 다르다(同歸而殊途)는 입장이었다. 각 종교가 각자의 위치에서 진리와 인성을 발견하는 방식이다. 삼교(유·불·도)는 세 가지 방식을 대표한다. 또 한 가지 접근법은 마치 의학 분야처럼 개인의 치유와 구원을 위해서 역할을 분담하는 것으로 이해되었다. 그러한 해석이 삼교합일 사상을 낳기도 했다.

중국에서 삼교를 받아들인 한국에서는 중국과 달리 내포주의가 뚜렷한 궤적을 남겼다. 통일신라 시대 최치원이 남긴 기록(비문)에 의하면 한민족의 고유 종교가 존재했는데 그 구조가 포괄적이어서 다른 종교의 교리를 아우를 정도였다는 것이다. "나라에 현묘한 도(종교)가 있었으니 그것은 실로 삼교를 포함할 만큼 스케일이 방대한 것이었다…"(國有玄妙之道曰風流實乃包含三敎…). 그러면서 삼교(유·불·도)의 핵심을 열거한다. 영락없는 내포주의적인 구조를 가진 종교다. 그것이 과연 '홍익인간弘益人間' 개념처럼 원래부터 (연역적으로) 존재했는지 아니면 후천적으로 (귀납적으로) 차츰 형성되었는지 과학적 검토를 요청하는 문제이지만, 어쨌거나 최치원 당시에는 잔존해 있었음이 분명하다.[11]

포용적, 조화적인 구조는 한국사상 전통의 저변에 흐르고 있는 특유한 사유 방식이다. 원효, 최치원을 비롯한 독창적인 사상가들이 드러냈다. 여기서 '풍류'는 음풍영월하는 문학적인 낭만을 가리키는 표현이 아니고 이두吏讀식 음사音寫로 종교적 전통을 가리킨다. 뜻이 있는 우리말이었을 것이다, 풍류 정신을 실천했다 볼 수 있는 화랑도의 계율인 세속오계世俗五戒가 삼교를 아우르는 내용이다. 단순히 여러 종교 전통의 혼합syncretism으로만 볼 수 없는 조형祖型, archetype으로 가정된다. 그러한 정신적 바탕이 있기 때문에 한민족은 불교, 유교, 도교 그리고 기독교 같은 외래 종교를 별 저항 없이 받아들일 수 있었던 것이다.

다만 종교를 통치이념으로 삼은 군주와 지배층이 경계하고 탄압했다. 유교 특히 주자학을 국교처럼 받든 조선왕조의 천주교 박해가

---

[11] 한말의 종교사가 이능화는 이 민족종교를 신교(神敎)라 불렀다.

그 실례다. 신라 시대에 등장한 호국불교 사상도 왕권 유지에 기여한 정교유착의 산물이다.[12] 피지배층 민중은 항상 외래 종교와 사조에 열려있었다. 게다가 기독교 같은 외래 종교가 배타적인 교리에 실려 들어오는 경우는 종교 자체가 문제를 안고 있었다. 한국인의 의식구조에 맞추어 동화, 즉 토착화되지 않고는 물과 기름처럼 갈등의 소지가 된다.

어느 종교나 특히 세계종교로 분류되는 주요 종교들은 경전과 교리를 살펴보면 내포주의적인 구조나 요소를 지니고 있는 것이 분명하게 드러난다. 기독교의 경우에도 신약 성경을 보면 예수 그리스도로 화육化肉한 로고스Logos는 '모든 사람을 밝혀주는(깨우치는) 빛'이었다고 기록되어 있다(요한복음 1:19). 힌두교 성서『바가바드기타』에서는 주님(크리슈나)이 이렇게 말한다.

사람들이 어떤 방식으로 나에게 접근하더라도 상관하지 않고 나는 그들을 다 받아들이노라. 왜냐면, 모든 방향에서, 그들이 어떤 길을 선택하더라도 다 나의 길이기 때문이다(4:11)[13].

이타주의를 강조하는 대승불교에서는 자비를 실천하는 보살이 '일체중생을 구제하기 위하여' 스스로를 바치는 존재이다. 이슬람 경전 코란에도 "동도 서도 신에게 속한다. 어느 쪽을 향해도 신이 임재하신다. 신은 무소부재하시고 전지全知하신 분이시기 때문이다"(2:109). 이

---

12 민중 편에서 불교사를 새롭게 보려고 시도한 민중불교 운동가들은 '호국'불교를 '호왕권'불교, '호정권'불교로 해석했다.

13 필자 번역.『함석헌 주석』(2015), 160 참조.

슬람 수피파 시인 루미는 다른 종교 전통들에 대하여 이렇게 읊었다.

　　등불은 다르지만, 빛은 똑같다: 빛은 천상에서 오느니라.

　　신이나 신적인 존재는 구원 대상을 놓고 차별하거나 제한을 두지 않는다. 그렇지 않다면 우주적인 편재遍在하는 존재가 아니다. 한 종교 신자만 편애하지 않는다. 여기에 내포(포괄)주의의 근거가 들어있다. 그러나 신이나 절대의 초월적인 차원을 떠나서 인위적인 체계로서 종교의 전통 속에서 절대화한 교리를 현실적으로 무시할 수 없으므로 각 종교가 갖는 계시나 대각의 중심과 기준의 주장은 진리주장처럼 갈등의 소지로 남는다. 하지만 그것은 다원주의에서도 어쩔 수 없는 부분으로 상대적인 절대주의로 해석하는 수밖에 없을지도 모른다. 절대적인 체계들의 공존이다.

　　내포주의 종교관은 배타주의와 다원주의 사이에서 어중간한 입장이므로 논리적으로 불안정하게 보일 수도 있지만, 그것만으로도 종교 간 갈등의 지양과 해소에 도움이 될 수 있다. 세계 종교들은 문화적 특수성이나 이질성만이 아니라 보편성이나 동질성도 공유하고 있는 만큼 어느 것을 강조하느냐에 따라 조화의 관계 아니면 갈등의 관계를 부추기게 될 것이다. 타종교와의 관계에서 내포주의는 긍정적인 선택지를 하나 더 추가시킨다. 내포주의적인 태도만으로도 세상은 훨씬 더 평화로워질 것이 분명하다.

3. 다원주의(pluralism)

종교사에서 다원주의에 이르는 경로는 반드시 배타주의→내포주의→다원주의 순서로 내포주의가 선행하는 것은 아니다. 내포주의는 다원주의 담론 전개 과정에서 다른 하나의 대안으로 제시된 것으로 다원주의의 변형으로 보아도 된다. 어차피 두 가지는 공유하는 부분이 크다. 위에서 두 가지 타종교관을 통해서 살펴본 것처럼 서양인들은 자기와 타자, 주체와 객체를 엄격히 구분하는 이분법적 논리로 종교 신앙에 대하여 배타주의적으로 접근했다. 근대에 와서야 서양 제국들의 식민지 경영과 기독교 선교를 통해서 알게 된 동양의 종교에 대한 인식을 갖게 되면서 학술적으로 타종교에 대한 시각이 바뀌기 시작했다. 그 과정에서 자연스럽게 해석 도구가 바로 다원주의로 귀결되었다.

그 과정과 배경을 다원주의 입장에 서서 사마르타s. Samartha 세계교회협의회(WCC) 대화 프로그램 실장은 이렇게 요약한다.

만약 인류의 위대한 종교 전통들이 진실로 신의 신비, 초월자, 또는 궁극적 실체에 대한 다양하게 다른 반응이라면, 그 반응의 독특성이 잘 드러나서 상이한 반응들 간의 상호 비판적이고 보완적인 관계가 자연스럽게 가능하도록 해야 한다. 배타주의는 보편성을 그 종교 자체의 외연으로서 간주하고 다른 신앙들을 정복하려 든다. 내포주의는 관용적으로 보이지만 실제로는 다른 종교들을 자기식으로 흡수한다. 배타주의와 그것이 후원하는 사촌 격인 내포주의는 다른 신앙을 가진 이웃들에 대한 일종의 신학적 폭력이 될 수도 있고, 역사에서 자주 일어났듯이 경제적, 정치적, 군사적 힘과 결합할 때, 공동체의 화합과 세계평화에 위험을 초래하게 된다. 2차 대전이 끝나고 나서야 식민주의가 해체되면서 새 나라들이 역사의 무대에 등장하여 그들 자신의 종교와 문화들을 통한 정체성을 확립할 때 바티칸과 세계 교회 협의회(WCC)는 다른 종교 전통을 가진 사람들에 대한 더욱 긍정적인 태도를 표명하기 시작했다(『십자가와 무지개』).

기독교(십자가)와 타종교(무지개)를 논한 글의 한 대목이다. 7색 무지개는 7대 세계 종교(기독, 유대, 이슬람, 힌두, 유, 불, 도교)를 상징하는 듯 보인다. 인도 출신 크리스천으로서 사마르타는 중립적인 다원주의적 입장에 분명히 서 있다. 타종교에 대한 배타주의적인 태도는 조직 종교 또는 교회의 형성과 발전과정에서 개별 종교가 기득권 유지와 자기 보호를 위해서 나타난 현상이었다. 정통과 이단의 문제도 그 과정에서 발생했다. 경전과 교리의 해석을 두고 교파 분열이 일어났다. 정통성을 판단할 객관적인 기준이 문제다. 안 보이는 신이나 창시자 이외에 누가 판정할 수 있는가. 서로 자기주장으로 끝날 수밖에 없다. 이단이 따로 없다. 모든 종교가 이단이라면 다 이단이다.

그러나 종교에는 교단의 형성 이전에 또 다른 역사적 측면이 있다. 그것은 새 종교운동을 일으킨 창시자의 사상이다. 일반적으로 창시자의 가르침 자체에는 배타성이 두드러지거나 명시적이지 않다. 교조로 받들어진 성인들은 그들 자신의 종교체험을 전하느라 열중하여 어떤 것을 반대하는 것을 업으로 삼지는 않았다. 가르침이 과거와의 완전한 단절을 의미하지는 않았다. 옛것의 갱신과 새로운 해석에 해당한다. 예수는 구약의 계명을 완성하러 왔다고 말했다.

새롭게 해석한다는 뜻이다. 공자는 근거 없이 주장하는 것이 아니라는 뜻으로 '(옛것을) 진술할 뿐 창작하지 않았다'(述而不作)고 천명했다. '온고지신溫故知新', 즉 옛것을 살리면서 새것을 알아가는 정신을 중시했다.

석가는 힌두교 전통에서 나온 자유사상가, 즉 사문沙門(shramana)의 한 사람으로서 해탈(열반)에 이르는 방법론을 새로 찾아냈을 뿐이다. 사상적으로 그가 전통과 단절한 것으로 말하지만 그 전형적인 실례로 드는 무아(anatman) 사상도 자아(atman)의 부정으로만 단순하게 해석할 일이 아니다(Watts, 1972: 42). '무아無我'의 의미를 따져보면 그 부정 대상이 이기적인 나, 즉 자기自己이지 진정한 자아自我가 아니다. 그것을 명시적으로 표현하지 않았을 뿐이다. 우리가 일상적으로 인식하고 상대하는 가시적인 대상은 이기적인 '나'일 뿐이다. 보이지 않는 참 나(眞我)를 구태여 내세울 필요는 없다.

그 점은 석가 이후 전개된 불교의 역사에서도 드러난다. 기원 1세기 전후에 일어난 대승불교 운동의 초기까지는 아직 부정적인 측면이 강조되었다. 다만 '무아'는 '공空'(sunyata)으로 새롭게 표현되었을 뿐이다. 부정의 대상은 명시적으로 나타나지만, 그다음에 드러날 실체는 함축, 내재되어 있을 뿐이다. 그것이 바로 파사현정破邪顯正, 즉 '헛것이 깨지면 바른 것이 드러난다'는 표현의 원래 뜻이다. '공'을 내세운 공관空觀학파가 형성되는 과정에서 등장한 『반야般若경』 시리즈의 대표적인 경전인 『금강경金剛經』에서 당시 떠돌던 개념들, 즉 아我상(atman), 인人상(pudgala), 중생衆生상(sattva), 수자壽者상(jiva)을 언급하고 있다. 그것이 '헛것'들이라면 참 것은 '참 나', 즉 진아眞我가 대표적인 개념이다. 그 말은 중국불교에서 형성된 교파들 가운데서 신앙을 강조하는 정토淨土종과 더불어 실천수행을 위주로 하는 선禪불교에 등장한다. 그 전통에 선 서산西山대사의 저술 『선가귀감禪家龜鑑』에도 나타난다. '진아'는 '공'이 허무주의(nihilism)로 오해되는 것을 막는 방편으로 내세운 용어다.

이 '공' 개념은 서양사상이 기초한 흑백 이분법을 초월하는 동양의 논리, 문법을 대표한다. 좀 더 복잡한 이론으로 말하자면 불교 공관사상에서 말하는 '사구판단四句判斷'을 들 수 있다. 그것은 1.유有 2.무無 3.유이면서 무(有而無) 4.유도 아니고 무도 아닌 것(非有非無) 등이다. 이것은 아리스토텔레스에서 기원한 서양 논리와 대조된다. 3항과 4항은 용납될 수 없다. 모순률矛盾律과 배중률背中律에 위배된다. 그것이 서양의 사상과 문화를 지지해 온 흑백 논리의 전형과 모태가되었다. 현실적으로 그것은 너와 나, 내 편과 네 편, 적과 동지의 엄격한 구분으로 나타났다. 인종차별, 남녀 차별, 가진 자와 못 가진 자등 각종 차별과 양극화 및 동·서, 남·북, 좌·우 등의 대립은 그 산물이다. 정치적으로 미국과 소련의 대립, 그것이 미국의 승리로 끝나자 이제는 미국과 중국의 대립으로 나타나고 있다.

우리 민족정신의 기저에는 강한 조화와 회통의 정신이 흐르고있다. 그것을 처음으로 명시적으로 꺼내서 보여준 인물이 원효였다. 그는 조화調和와 회통會通, 즉 '화회和會'의 논리를 폈다. 그것을 시기한권력 지향적인 인물들이 중국에 유학하여 배운 사상을 근거로 '호국護國 불교'를 기치로 내걸고 원효를 파계승으로 몰아갔다. 그래서 그는 별수 없이 저잣거리에 나가 민중 신앙을 진작했다. 민중 속에는평화의 원리가 잠재되어 있었음에도 외래사상에 밀려 고개를 들지못하고 만 것이 한국 역사였다.

서구사상 속에도 들여다 보면 보편적인 원리가 될 만한 이론들이 산재하고 있다. 다원주의가 그 한 가지인데, 더 거슬러 올라가 보면 사회진화론 같은 사상을 주목할 수 있다. 생물이나 개체의 진화만으로 퇴락하는 문명을 건질 수 없다. 인류는 이제 전체나 사회의 차원에서 진화와 구원이 이뤄져야 할 단계에 왔다. 그런데 한국 지식인들은 19세기 말 양계초 같은 개혁적인 동아시아 지식인들이 채용한 (생존경쟁에 기초한) 사회진화론만을 사회진화론의 전부인 양 오해하여 비판적, 부정적으로 기술한다. 19세기 이후 사회진화론은 진화했다. 현재의 역사단계에서는 개인보다 사회가 한 단위로 진화해야 한다는 것은 지극히 타당한 주장이다(김영호, 2011).

신학에서도 개인 구원이 아닌 사회 구원만이 가능하다는 주장이 무시되어왔다. 이제는 개인들이 아닌 전체가 요단강, 갠지스강을 건너야 할지도 모른다. 그것을 전파해야 할 지식인들이 시대의 낌새는 읽지 못하고 자기 개인의 명리만 도모하는 데 혈안이 되어있다. 한국 사회가 진화는커녕 다른 선진국에 비해서 한참 뒤처지고 있는 것은 사회진화론 자체의 인식은 물론 한국 사회에 적합한 사회진화 방법론 하나 변변히 내놓지 못한 지식인, 학자들에게 큰 책임이 있다. 이런 때 슬기로운 지도자가 나서서 (함석헌이 희구한) 제삼의 길을 제시하고 두 강대국을 설득시켜 대립이 아닌 협동, 협력관계로 전환시킨다면 우리가 세계 구원의 메신저가 될 수 있다.

서양에도 제삼의 길을 제시한 사상가가 없지는 않았다. 근대에 와서 헤겔의 변증법이 그 하나이다. 대립에서 종합(synthesis)으로 가는 것이 역사발전의 길임을 제시했지만, 철학의 주류가 되지 못하고 정치적으로 이용되어 히틀러의 전체주의로 나타났을 뿐이다. 현대에 와서도 여전히 '문명충돌'설이 풍미하는 시대로 머물러 있다. 충돌 대신 공생과 상생을 지향하는 논리를 왜 세우지 못하는가. 그 한 가지 대안이 다원주의 사상이다. 그것이 비록 서구에서 발원되었지만, 원효가 대표하는 우리 전통과 상통할 수 있다고 보고 연결점을 찾는 것이 우리의 목표다.

어느 시대에나 구세주를 자처하거나 절대적인 진리 주장을 내세우는 예언자들이 다수 등장할 수 있는데, 상대적으로 가장 타당성을 많이 지닌 인물로 평가되는 경우가 있을 수 있다. 그런 경우에는 상대적인 비교우위에 그치지 않고 절대적인 진리 주장으로 변질될 가능성이 커진다. 자기주장의 절대화는 인간 심리 측면에서 하나의 전략적 방편이 될 수 있다. 그러나 그것이 전통으로 굳어져 배타주의적인 교조로 변화하게 되는 것이 문제다. 예수나 마호메트가 당시 그들이 속한 시대 환경에서는 유일한 진리로 주장할 근거가 있었을 것이다. 문제는 다른 시대와 환경에서는 또 다른 해석과 진리 주장이 나올 수 있다는 사실을 종교인들이 간과한다는 것이다. 이런 점을 고려할 때 다원주의가 보편적인 해석의 틀거리(paradigm)가 될 수 있다. 다원주의는 단순히 모든 주장을 상대적으로만 보는 상대주의만은 아니다. 자기 절대성을 유지하는 절대적 상대주의 또는 상대적 절대주의로 해석할 수 있다. 자기가 중심이고 기준이라는 자기중심성과 기준성을 바탕에 깔고 있는 내포주의도 일종의 다원주의 또는 다원주의의 한 변형으로 볼 수 있는 이유가 여기에 있다. 앞 장에서 철학사의 맥락에서 분석한 일원론과 다원론의 대칭구조에서 이원론이나 삼원주의를 각각 일원론이나 다원론의 변형으로 볼 수 있는 것과 같다.

철학에서 종교로 초점을 맞춘 종교다원주의는 추상적인 이론이 아니라 좀 더 구체적인 삶의 현장과 접속된 원리를 다룬다. 종교의 전통과 조직 그리고 신앙과 관련된다. 특히 한 종교가 타종교를 어떻게 보느냐의 문제다. 한 종교의 신자가 다른 종교 신자를 영원한 타자처럼 먼 산 보듯 놔둘 것인가, 자기 신앙으로 족한가 아니면 교류하여 서로의 신앙을 더욱 도탑게 할 것인가. 타종교를 인정하고 이해하여 사회갈등과 세계분쟁을 치유, 해소하는 길을 찾을 것인가. 일견 자명한 일 같지만 오래 지녀온 습관과 태도를 바꾸기가 말처럼 쉽지는 않을 것이다. 어떻든 원리라도 바로 알 필요가 있다. 아마 무엇보다 그 분야의 석학들이 도달한 이해와 개발한 이론에 대한 정보를 얻는 것이 지름길일 터이다. 종교다원주의는 다만 종교에만 적용하고 그치는 것이 아니라, 모든 사상이나 이념의 갈등에도 적용될 수 있다. 종교야말로 이념 중의 이념, 사상 중의 사상을 내포한 궁극적인 관심사이기 때문이다. 세계의 분쟁지역을 돌아보면 알 수 있다. "종교 평화 없이 세계평화 없다."

종교다원주의의 출발점은 한 사회나 세계에 종교가 하나만 아니라 다수(plurality)라는 사실이다. 그냥 존재하는 것이 아니라 각기 자기만이 진리라고 주장하는 데 문제가 발생한다. 어느 하나만 진실이고 자기 종교와 다른 나머지는 다 허위라는 결론을 안고 있기 때문이다. 그렇다면 논리적으로 모두 허위이거나 다 진실이거나 판단될 수밖에 없다. 더 큰 문제는 그것이 평화로운 공존이 아니고 분열과 상쟁을 유발한다는 것 그리고 진리를 깨닫는 인식 방법의 문제를 안고 있는 점이다. 과연 한 종교를 통해서만 진리의 완전한 인식이 가능한가.

따라서 다원주의는 진리 주장을 하는, 다수 종교 전통의 공존의 틀과 윤리를 찾아내는 원리를 다룬다. 어느 한 종교에 치우치지 않은 객관적인 시각으로 볼 때 세계 종교들은 그 공과에서 모두 정도가 비슷하게 인간 생활에 영향을 미쳐왔다. 그런데 그 신념체계들은 중요한 유사성을 지니면서도 또한 조화될 수 없는 요소들을 포함하고 있다. 그 가운데 주요한 구분 하나가 그 종교가 내세워 받드는 궁극적, 초월적인 실재(실체)가 인격적인 존재(신)냐 아니면 비인격적인 절대냐 하는 것이다.

　　구분은 대강 동서로 갈리는데, 힌두교는 양면적이다. 인격적인 존재라도 물론 명칭이 다르다. 기독교는 삼위일체 신, 이슬람은 알라, 유대교는 아도나이(하느님), 힌두교는 비슈누 또는 시바를 절대자로 숭배한다. 비인격적 절대는 (不二一元論적인) 힌두교에서는 브라만, 불교에서는 법신불 또는 열반(Nirvana)으로 표현된다. 중국 종교 특히 유교와 관련하여 상제上帝 개념은 인격적인 존재로 볼 수 있지만, 천天과 리理는 추상적인 절대를 가리킨다. 도교에서는 도道를 절대로 삼는다. 우리말에서는 하늘('하늘이 두렵지 않느냐')과 하느님 두 가지 모습이 혼재한다. 다른 유형의 외래 종교들이 민중에게 저항 없이 받아들여진 연유가 여기에 있다.

　　절대자와 절대 개념을 놓고 다른 두 유형의 차이를 어떻게 해석하고 조화시키느냐가 종교학자와 신학자에게 넘겨진 과제다. 그것은 종교다원주의에 타당성을 부여하는 중요한 근거가 될 수 있다. 한 가지 고전적인 해답은 힌두교 베단타 철학에서 찾을 수 있다. 대표적 이론가인 샹카라는 브라만을 '속성이 없는 브라만'(nirguna Brahman)과 '속성을 가진 브라만'(saguna Brahman)으로 나눈다. 전자가 비슈누, 시바 등 인격적인 신으로 나타난 것이 후자이다. 비교종교학자 존 힉은 철학자 칸트의 개념을 본떠서 본체(noumenon)와 현상(phenomenon)의 구분과 같이 궁극적 실재(the Real)를 '실재 자체'(the Real an sich)와 '인간이 체험하고 사유한 실재'로 나눈다. 두 차원은 동떨어진 것이 아니고 안 보이는 세계가 보이는 세계 속에 내포되어있는 유기적인 관계이다.

기독교 신비주의자 마이스터 에크하르트는 신(God)과 신격(godhead)으로 구분했다. 신학자 폴 틸리히는 '신'(God)과 '신 위의 신'(the God above God)을 분별했다. 기독교의 삼위일체와 비슷하게 불교는 부처의 삼신三身설을 말하는데, 법신불法身佛, 보신불報身佛, 화신불化身佛 가운데 마지막 부처가 말하자면 인격적으로 나타난 부처다. 원래 부처는 인간으로 존중되었지만, 나중에 불교발달 과정에서 신격화되었다. 오늘날 부처가 나타나 자신과 다른 불보살들을 아로새긴 법당의 불상들을 본다면 아마 기겁하여 놀라 자빠질 것이 틀림없다. 그만큼 종교는 조직화하는 과정에서 여러 가지 동기로 창시자의 의도와는 동떨어진 외피를 덧입게 되는 것이 일반적인 현상이었다. 그래서 종교는 원시 기독교로, 원시불교로 돌아가자는 등, 시대마다 개혁운동이 일어나게 마련이고 또 필요한 일이다.

나아가서 이제는 기독교만이 아닌 제이, 제삼의 종교개혁이 요청되는 시점이다. 그것은 아마 세계화와 다원주의의 맥락 속에서 (적어도 서구에서는) 진행되고 있다고 판단할 수 있다. 기독교 안에서도 그 자체의 여러 교파를 아우르자는 교회일치(ecumenical) 운동이 오래전부터 전개되고 있었지만, 성패 여부는 놔두고 이제는 대상이 교파를 넘어 타종교와의 관계로 확대되는 추세이다. 교황들이 발

표한 타종교에 대한 성명이나 메시지의 내용을 살펴보면 그것을 느낄 수 있다.[14]

어떻든 본체와 현상 세계, 절대와 상대적 존재 사이, 또는 보이지 않는 신(초월적인 실체)과 여러 다른 문화 속에서 배태된 다양한 종교 사이에 유기적인 연결고리가 있다는 가설이 다원주의의 타당성을 뒷받침한다. 다시 말하면 절대나 절대자가 현상 속에 내재되어 있듯이 초월적인 진리는 (계시나 대각을 통해서 절대적 경지와 접속된) 전통 종교들 속에 표현되어 있다. 그러므로 종교가 진리의 통로가 되는 것은 명백하지만 개체로서 인간이 완전하지 않듯이 인간의 산물인 어느 한 종교로 실체나 진리를 완전무결하게 다 파악할 수 있다고 주장할 수는 없다. 여기에 다원주의가 품고 있는 또 하나의 주요한 의미가 있다. 진리 인식, 즉 인식론의 문제다. 한 종교만으로 충분한가. 그것은 인식의 대상이 고정된 불변하는 실체인가, 즉 존재론(본체론)과 연관된 문제다.

여기에 고전적인 비유 하나를 들어볼 수 있다. 그것은 인도 사상과 불교의 경론에서 자주 인용되는 코끼리와 장님의 비유다. 코끼리의 실체를 두고 여섯 장님이 각기 다른 모습을 코끼리의 실체라고 주장한다는 내용이다. 한 사람은 코끼리의 코를 만지면서 큰 뱀으로 보고, 다리를 만진 장님은 코끼리를 나무라고 여기는 등 부위가 다르다. 코끼리의 부분을 만지고 전체로 착각한다. 그처럼 진리도 개체 인간이 다 볼 수는 없다. 인간이 만든 체계로서 개별 종교가

---

14 최근의 뉴스에 "교황청이 올해 부처님 오신 날을 앞두고 세계 불자들에게 '불자와 그리스도인들이 현대의 노예살이와 인신매매에 함께 맞서자'는 내용의 경축 메시지를 보냈다"라는 기사가 있다.

진리 전체를 독점할 수 없다. 장님처럼 부분적인 체험을 반영할 뿐이다.

　살아있는 실체로서 코끼리도 고정된 존재는 아니다. 일정한 시공 속에서 생주이멸生住異滅, 생로병사生老病死의 과정을 거치는 중생이다. 장님만이 아니고 신체가 온전한 사람이라도 한순간에 본 것이 코끼리의 전부일 수는 없다. 생령이 사는 우주도 누군가가 일별해서 단면은 볼지라도 전면을 다 파악했다고 할 수 없다. 그래서 우주가 그 대상일 수도 있는 이른바 궁극적 인식(깨달음)에 한계가 있을 수 있다. 다원주의는 종교가 인간 심리의 투영이라거나 망상이라는 주장과도 조화할 수 없지만 한 종교가 완결적인 계시나 진리를 자기가 독점한다는 주장과도 양립할 수 없다. 다원주의는 자기 교회(승가, 조직) 밖에는 구원이 없다는 배타적인 신앙과는 정면으로 배치되는 입장이다. 한 종교는 계시나 진리의 부분적인 종교체험을 반영한다고 하는 것이 다원주의가 내포한 중요한 가설이다. 서구에서 전개되는 종교학은 다원주의와 그 원천인 '세계종교' 교육이 중심 주제이다.

　이에 비해서 한국의 종교학은 종교의 사상적, 사회적, 개인적인 차원에서 갖는 엄청난 중요성에도 불구하고 한참 뒤처져 있다. 인문학의 중심에 있어야 하는데도 분야로 독립하지 못하고 정상적인 대학 학과목에 편입되지 못하고 있다. 사회적, 교육적 문제점이다. 종교가 차지해야 할 자리에 생소한 서양철학 중심의 철학이 자리를 차지하고 있다. 종교학에는 기초 인문학(문, 사, 철)과 인류학, 사회학, 심리학, 언어학 등 다양한 인문, 사회 분야들을 아우르는 융합학문의 모델이 들어있다. 동양사상과 한국사상 전통에서 종교를 떠난 철학은 존재하지 않았다. 원효, 최치원, 퇴계 등 대표적인 사상가를 떠

올려보라. 유儒, 불佛, 선仙 삼교가 철학적 사유의 뿌리였다. 왜 종교다
원주의를 이야기해야 하는지 이해할 수 있다.

3장

종교다원주의(이론 및 전통)의 전개

I. 막스 뮐러(Max Müller)

: 인도신화(종교) 연구, 종교(과)학비교종교의 수립

　서구의 종교학은 종교의 객관적, 과학적인 연구를 지향한 종교과학(Religionswissenschaft)으로 태동하였는데, 구체적인 방법론을 모색하는 과정에서 비교종교(comparative religion)가 되었다. 이후 엘리아데가 주축이 된 시카고대학 중심의 시카고학파가 종교사宗敎史를 중시한 종교사학(history of religions)을 발전시켰고, 대학에서는 다른 분야(學)와 균형을 맞추면서 보편성을 갖는 종교학(religious studies)으로 이어졌다. 최근에는 종교다원주의에 근거한 '세계종교' (world religions)에 초점이 맞추어져 있어서, 특히 학과목 편성에서 종교학을 세계종교로 대치하기도 할 정도이다. 종교 이론에 치중하기보다 구체적인 종교를 자료로 삼아 사회와 세계의 현실을 이해하자는 취지에서다.

　이러한 일련의 종교학 발달과정에서 일찍이 중요한 계기를 제공한 인물이 막스 뮐러Max Müller(1823~1900) 옥스퍼드대 교수였다. 그는 독일 태생으로 문학으로 알려진 가문 출신이다. 그의 부친 빌헬름 뮐러Wilhelm Müller는 슈베르트가 작곡한 '겨울 나그네'(Winterreise)와 '아름다운 물방앗간의 처녀'(schöne Müllerin)의 가사가 된 연작시를 쓴 시인이었다. 그 자신도 낭만 소설 『독일인의 사랑』(*Deutsche Liebe*)을 남겼다. 언어학자로서 그는 인도 고전어(Sanskrit)를 전공하다가 『리그베다』 원전을 발간하면서 방대한 고전의 내용에 매료되어 인도의 신화와 종교에 눈을 뜨게 되었다. 그가 지니고 있던 기독교 중심의 전통적인 종교관이 달라질 수밖에 없었다. 동양의 고전과 종교에 눈을 뜬 뮐러는 나중에 인도 고전만이 아니고 중국 고전, 페르시아 고전을 포함 『동방 성서』(Sacred Books of the East, 50권) 시리즈를 발간하였는데 지금도 다수가 표준 번역서로 통용되고 있다.

뮐러가 활동한 당시 영국은 그렇지 않아도 종교에 대해서 술렁거리는 분위기가 일어났다. 그것은 다윈이 제창한 진화론으로 말미암은 변화였다. 그보다 나중에 등장한 프로이드의 정신분석과 더불어 진화론은 근대 사상에 획기적인 전환을 가져왔다. 그것은 뮐러가 앞장선 '종교과학'의 목표와 합치되는 이론이었다. 경건주의에 푹 빠져있는 기독교 정통파에게 그것은 저주받을 주장이었다. 종교도 진화하는 대상이라는 것은 신앙의 근본을 뿌리째 뒤흔드는 소리였다.

그렇다고 과학이 발달하고 문명과 종교의 새로운 정보가 쏟아져 나온다고 해서 보수파 신앙인들이 염려하듯 종교와 신이 불필요해지는 단계로 진입하는 것은 아니었다. 인류문화의 한 요소로서 종교가 끈질기게 존재해 왔고 실제로 세계에 종교들이 다수 존재한다는 것은 부정할 수 없는 사실이다. 필요한 것은 그것을 새롭게 해석하고 설명하는 것이다. 그래서 뮐러가 제안한 방법론은 언어학에 시도하여 자리잡혀가는 비교분석의 방법을 종교과학에도 적용하는 것이다. 그에 필요한 자료들이 수집, 간행, 번역된다면 인간의 종교들을 관류하는 생명의 목표가 밝혀질 터이다. 그것이 이루어지면 "그것은 세계의 양상을 바꿀 것이고 기독교 자체도 새 생명을 불어넣을 것이다"고 전망했다(Sharpe, 1986: 31).

언어에서도 과학에서도 절대 긴요한 원리가 비교의 원리이다. 한 가지 종교 전통으로부터 주장을 펴는 것은 새로운 지식의 원천들로부터 스스로를 차단하는 것이다. 독실한 크리스천, 유대교인, 이슬람교도, 힌두교도가 되는 것은 찬양할 만한 일이지만 과학은 아니다. 종교과학에서는 '하나만 알면 아무것도 모른다'(He who knows one, knows none). 여기에 두고두고 주목될 원리가 제시된다. 한 가지만 아는 사람은 그 하나도 모르는 격이라는 것이다. 바로 여기에 종교다원주의의 근거가 들어있다.

이 격언은 원래 괴테가 기술한 것인데 언어를 두고 한 말이었다. 자기 언어만 안다고 해서 진정으로 잘 아는 것이 아니다. 다른 언어를 알면 자기 언어의 특성과 장단점을 훤히 파악하게 된다. 실제로 언어학자와 교육자들은 언어를 모국어 하나보다 2개, 3개 많이 알수록 상승효과를 내서 더 잘한다는 것이다. 유럽인들은 대강 영어는 물론 불어, 독어 등 여러 나라의 말을 하고 산다. 문화의 통로인 언어를 많이 구사할수록 문화적으로 풍부한 삶을 사는 것이 된다.

하지만 종교는 언어와 다르지 않냐고 말할지도 모른다. 언어와 달리 종교는 하나가 자기-완결적이지 않냐고 할 것이다. 즉, 한 종교에 충실하면 초월적인 절대에 이르거나 인식할 수 있다는 것이다. 종교의 성인들, 성자들이 다 그러지 않았는가. 그러나 옛 시대에는 한 가지 문화와 종교밖에 접근할 수 없었으므로 그랬지만 이제는 판이 커졌으므로 한 가지 처방, 단방약으로 듣지 않는 시대가 되었다고 반론할 수 있다. 그래서 한 세기 전에 강증산은 모든 종교의 '진액'을 다 모아 '통일신단統一神團'을 구성한다고 말했던 것이다. 이제는 더 이상 순간적인 깨침 하나만으로 종교의 목적을 달성했다고 할 수 없을지도 모른다. 참다운 종교인이라면 개체적인 깨달음에 그치지 않고, 거기에 따른 사회적 의무, 윤리 도덕을 알고 실천하는 사람이라

야 되지 않을까. 개인주의 시대에 지향하던 소승적인 성자, 각자覺者
가 아닌 세계인, 우주인이 되어야 한다는 주장이 나온다.

또한 의문이 제기될 만한 것은 뮐러의 방법론이 종교연구의 방
법과 범주를 말한 것이지 개인이 수행하는 인식론적인 차원과는 관
계가 없지 않냐고 할지도 모른다. 그러나 모든 분야가 그렇듯이 단
순히 학문체계의 수립이 종교연구, 즉 종교학의 궁극 목적은 아니라
고 말할 수 있지 않을까. 적어도 동양의 철학과 종교는 그렇다. 유교
를 공부하는 유학의 목적은 자기와 사회를 유익하게 하는 수기치인
修己治人, 격물치지格物致知, 성의정심誠意正心, 수신제가치국평천하修身齊家治國
平天下였다. 불교의 목적은 '상구보리上求菩提, 하화중생下化衆生'이다.

왜 타종교를 이해하고 함께 공존해가야 하는가? 자신의 종교를
더 잘 알기 위해서다. 그래서 자기 종교에 충실하면서 다원주의에
동조하는 현대 종교학자, 신학자들은 타종교를 알고 대화해야 할 이
유가 자기 신앙을 더 풍부하게 하고 부족을 보완하기 위해서라고 말한다.

당시(1860년대)까지는 사라진 문명들 특히 중동지역에서 인류학,
고고학 분야에서 다량의 문서와 명문銘文 등 자료를 발굴해내고 있었
다. 독일 역사학파는 '사실'과 '일차 자료'를 중시하는 새 비판적 방법
을 개발했다. 그것은 과학적, 비판적, 역사적, 비교적인 특성을 지닌
것이었다. 그것은 인과법칙을 존중하고 연역적 선험先驗적인 주장을
불신하면서 사실들에서 유추하는 귀납적인 방식을 취하기 때문에
'과학적'이라 한다. 그 방법은 증거를 근본으로 하기 때문에 비판적
이고, 과거와 현재 사이의 연속성을 새롭게 보기 때문에 '역사적'이
다. 그것은 비교를 모든 지식의 기초로 삼기 때문에 '비교적'이다. 비
교의 대상은 알려진 것과 아직 모르는 것 사이, 시간적인 순서 안에

서 현상들 사이, 공간적으로 다른 지역에 속하지만, 공통적인 모습을 지닌 현상들 사이이다. 더 상세하게 말하자면,

모든 수준 높은 지식은 비교에 의해서 획득되고 비교에 달려있다. 만약 우리 시대에 과학적인 탐구의 성격이 우선적으로 비교적이라면 그것은 이제 우리의 연구가 획득할 수 있는 가장 광범위한 증거에 그리고 인간의 정신이 파악할 수 있는 가장 폭넓은 징후(간접 증거)에 기초하고 있다는 것을 진정 의미하는 것이다(Müller, 1873: 12).

요컨대 뮐러의 방법론은 종교를 ―어떤 유기체를 과학이 제공한 평가 기준에 의거하듯이― 그 역사, 성장 및 진화를 판단하여 비춰보자는 것이다. 특히 비교의 타당성을 확립시켜 종교학이 '비교종교'라 불리게 되었던 것이다. 그것은 진정한 과학 정신으로 개별적인 '종교들'(religions), 즉 종種(species) 개념 아래 깔려 있는 유類(genus) 개념의 '종교'(religion)를 찾아내자는 시도였다. 한 종교에만 매달려서 진리를 찾거나 사물을 보는 것은 나무는 보지만 숲은 못 보는 경우와 같다.

한 종교 안에서도 여러 종파 가운데 한 종파의 교리나 지도자에게만 치우치는 것은 나무 하나도 못 된 가지만 붙잡고 있는 격이 된다. 숲은커녕 나무도 보지 못하고 가지만 붙잡고 사는 셈이다. 오도된 지도자(사제)의 옅은 체험에만 생명을 걸고 살아가는 타율적인 존재가 된다. 그보다 차라리 자기 안에서 길을 찾는 것이 더 빠르고 확실할 수 있다. 신 또는 자연은 인간에게 안팎으로 두 가지 길을 예비해 두었던 것이다. 지도자를 따라 대우주(macrocosm)를 통찰하든

가 자기 안에서 소우주(microcosmos)를 찾던가. "천국은 너희 안에 있다"(예수). "자기 바탈을 보고 부처가 되라"(見性成佛, 선불교).

산꼭대기에 이르는 여러 길의 비유에서 보면 에베레스트를 향해서 서로 다른 길을 가더라도 코스, 기후, 장비 등에 대해서 정보를 교환하면서 더 안전하고 빠른 길을 찾아서 갈 수 있다면 좋지 않겠는가. 길벗이 되어 함께 가는 과정이라면 더 즐겁지 않을까. "혼자만 잘 살믄 무슨 재민겨?"라 말하는 민중의 소리를 들어보지 못했는가? 모두 함께 가서 도달하는 곳이 재미없는 외로운 천당이 아니라 살만한 천당이 아닐까. 민중에게는 길이 따로 없다. 민중이 곧 길이다. 민주주의가 길이다. 있다면 다 같이 함께 가는 길이 있을 뿐이다. 그런 투로 막스 뮐러는 이렇게 말한다.

> 한 종교가 아무리 불완전하고 아무리 유치하더라도, 그것은 항상 인간을 신이 있는 곳으로 인도한다. 그리고 신관이 아무리 불완전하고 유치하더라도, 그것은 항상 인간 영혼이 당분간은 도달하고 파악할 수 있는 최고의 완전한 이상을 대표한다(Müller, 1873: 263).

종교다원주의를 예시하는 내용이다. 뮐러에게 '참' 종교와 '거짓' 종교의 구분은 없다. '계시' 종교와 '자연' 종교의 구분조차도 없다. 그의 종교과학과 비교종교는 다름 아닌 다원주의 원리를 내포한다. 다원주의적 사고를 하지 않고 종교연구(종교학)와 세계종교를 객관적으로 다룰 수는 없다. 그렇지 않다면 그것은 교파 신학일 뿐이다. 다원주의 종교학자 캔트웰 스미스가 지향한 '세계신학'(world theology)으로 진화할 수 없다.

II. 폴 틸리히(Paul Tillich)
: '궁극적 관심'(종교), '존재의 근거'(신)

폴 틸리히(1886~1965)는 독일 출신 신학자로 신학만이 아니라 종교와 철학의 경계를 넘나드는 종교철학자이며 자유주의적인 성향의 한국 신학자들에게도 영향을 주고 자주 언급되는 인물이다. 그리스 철학과 독일 철학(칸트, 헤겔, 셸링) 그리고 자유주의 신학(리츨)을 깊이 공부하면서 신학의 영역을 넓혔다. 순수 이론만 아니라 문화와 사회적 실천에도 관심을 갖고 사회주의-기독교 운동에도 적극적으로 참여했다. 그것이 히틀러 정권에 걸려 교수직을 잃게 되고 연이어 미국으로 이주하게(1933) 만들어 여생을 미국에서 활동했다. 나치 정권이 패망할 때까지 독일 민주화 운동에 관여했다.

가장 잘 알려진 그의 독창적인 개념이 있는데 '종교'를 정의하는 '궁극적 관심'(ultimate concern)이다(Tillich, 1999: 11-38; 1955: 152-60). 또한 '신'을 '존재의 근거'(ground of being)로 정의했다. 종래의 이런 저런 정의를 포괄적인 간결한 표현으로 종교 연구자들 간에 자주 인용된다. 주로 유신론적, 일신론적인 종교의 범주를 크게 확대한 정의다. 기존 정통적인 조직 종교가 아니라도 이념이든, 물질적이고 세속적인 가치든, 국가나 민족이든, 심지어 스포츠 같은 것이든 사람은 누구나 어떤 한 가지에 죽기 살기로 매달리는 것이 있기 마련이다. 이것은 모두 사람에 따라서 종교나 신앙과 같이 궁극적인 관심인 데는 다름이 없다.

이념의 면에서 예를 들면 공산주의자에게는 공산주의가 종교나 마찬가지다. 목숨을 걸 정도로 진지하다. 배타주의적인 보수 신앙처

럼 철저히 배타적이다.[1] 물론 잘못된 종교다. 사교邪敎에 속한다. 유
사 또는 의사擬似 종교(quasi-religion)라고 말한다. 그것이 바람직한
종교의 꼴이 아니듯이 모든 궁극적 관심이 진정으로 가치 있는 관심
이랄 수 없다. 세속적 가치라 하더라도 인간 속에 신의 형상이 내재
하듯이 영적 요소가 내포된 것이라야 진정한 궁극적 관심이라 할 수
있다. 틸리히는 현대인에게 궁극적 관심이 수평적 평면으로 옮겨가
면서 '심층 차원'이 상실되고 있음을 개탄한다.

　인간을 근본적으로 '종교적 인간'이라고 규정한다면 비종교인이
라고 그 적용에서 벗어난 예외일 수 없다. '궁극적 관심'은 전통적인
제도종교가 놓치기 쉬운 종교의 보편성을 잘 설명해준다. 근래 '종
교'를 대치하는 용어로 쓰이는 '영성'(spirituality)처럼 '궁극적 관심'
은 종교다원주의의 흐름에 어울리고 뒷받침하는 보편적인 정의다.
그 외에도 틸리히는 종교철학의 전개에서 다원주의적인 개념을 다
수 도입하고 전통적인 개념들을 새롭게 해석했다. 신을 '존재의 근
거', '존재 위의 존재'(being above being)로 추상화시킴으로서 더 보
편적인 존재로 확대했다. 유신론이나 나아가서 신(여호와, 알라, 하느
님 등)을 특정화시킬 때 배제되는 종교(불교 같은)나 중동의 종교 간
에 갈등의 문제를 해소하는 포괄성이 종교다원주의 원리와 합치되
고 있다.

　실제로 틸리히는 기독교사에서 타종교에 대한 태도를 낱낱이 추
적했는데 다원주의적인 측면이 농후한 역사임을 밝혀준다. 일관된
것은 아니지만 기독교가 타종교나 유사종교들을 거부한 역사라고

---

[1] 북한에 간 기자가 한 북한 사람에게 종교가 무엇이냐고 했더니 벽에 걸어놓은 '지도자'
　사진을 가리켰다는 이야기가 그것을 잘 나타낸다.

할 수 있다고 해도 그것은 전적으로 또는 부분적으로 거부하는 것이 아니고 '수용과 거부의 변증법적인 종합'이 지배적인 역사였다(Tillich, 215). 이것은 기독교가 다른 신앙들에 대해서 배타주의적인 부정적 태도를 가졌다는 사실을 뒤엎는 시각이다. 그런 태도가 나타난 시기가 있었지만, 그것은 특히 중세 후반에 기독교 이단자들에 대한 혹독한 비판으로 나타난 것이지 다른 종교들에 대해서는 비교적 온건한 것이었다.

신학자이며 종교철학자로서 틸리히가 도달한 이 같은 판단은 표현은 다르지만, 다른 종교학자들의 견해와 별반 다르지 않다. 중국의 경우 외래 종교인 불교가 인도에서 유입되는 과정에서 토착 종교(유교, 도교)와의 관계에서 거부-수용-적응-변용의 단계를 거쳐 독특한 중국불교로 토착화되었다고 기술된다. 틸리히는 나중 두 단계를 다루지 않았을 뿐이다. 그것은 서구에서 제도화된 기독교가 다른 지역에서 선교되는 과정을 다루는 맥락이 아니고 서구 기독교 자체가 타종교와 갖는 관계를 다루는 맥락에서 이야기하기 때문이다.

서구 국가들의 제국주의 확장과 더불어 기독교가 아프리카, 아시아, 미주 대륙 등 타지역에서 거치는 토착화 과정은 중국불교의 양태와 같거나 유사하다. '인도불교', '중국불교', '한국불교'처럼, '아프리카기독교', '라틴아메리카기독교', '한국기독교'도 당연히 형성되어 있거나 형성되는 과정으로 보아야 한다. 모든 종교는 형성 및 발전과정에서 타종교와 관계하면서 영향을 주고받는다는 것이 종교사학자들의 통설이다. 그것을 종교융합주의(syncretism)라든지, 절충주의(eclecticism)라든지, 한국 전통에서는 토착화로 이런저런 표현으로 말하지만, 종교끼리의 상호영향은 불가피한 현상이다. 신앙의 대상과 형식이 문화에 따라 갖가지이지만, 신앙은 한 가지다. 특히 모든 것에 열려있는 민중의 신앙은 혼합된 형태이기 마련이다.

틸리히의 관찰로 돌아가서 구약에서 다른 낯선 종교들에 대한 평가는 야웨 신과 이방 신들과의 비교에서 힘(능력)이 기준이었다. 그 힘은 특히 정의의 실천이 핵심이 되었다. 야웨는 정의(공의)의 신이었기 때문에 다른 신들보다 더 우월한 신이 되었다. 예언자 종교의 배타적인 일신론—神論은 절대성 때문이 아니고 정의의 보편적인 타당성 때문이었다. 이것은 정의가 특정 종교를 초월하며 특정 종교의 배타성을 부여하는 조건이 되는 원리가 됨을 의미한다. 세계종교들에 대한 기독교의 태도도 이러한 조건이 붙은 배타성의 원리와 연관된다. 바로 이 원리가 예수의 설교에서도 확인된다. 최후 심판의 날 그리스도는 정의와 사랑을 실천한 모든 나라 사람들을 오른쪽에 앉혀 그 축복을 이야기해준다(마태복음 25:31 이하). 민족과 종교를 차별하지 않고 의로움과 사랑(아가페)을 기준으로 선행善行자와 비선행자를 구분한다. 기독교인이냐 아니냐가 기준이 아니다. 이 원리는 예수가 비유로 든 선한 사마리아인의 이야기(누가복음 10:30-37)에도 들어있다. 노상강도를 당한 행인을 돌봐줌으로 사랑을 실천한 사마리아인은 거부된 종교(비유대교: 타종교)를 대표하는데, 위급한 행인을 지나친 사람은 수용된 정통종교(유대교)를 대표한다. 또한 제자들이 자기가 하는 일과 비슷한 선행을 하는 다른 사람들에 대해서 불평을 늘어놓자 예수는 제자들과 달리 다른 사람들의 선행을 옹호하고 나서기도 했다.

요한복음이 그리스도의 독특성에 대해서 다른 복음서들보다 더 선명하게 기술하고 있지만, 그와 동시에 이 복음서는 당시에 사용된 모든 개념 가운데 가장 보편적인 개념인 '로고스Logos'(말씀)라는 표현을 사용하여 그리스도를 신의 현현顯現으로 해석함으로 예수가 특정한 종교단체의 소유물이라는 특정주의에서 해방시켰던 것이다. 사마리아 여인과의 대화에서도 예수는 예배 장소를 특정하게 규정하지 않고 '성령과 진리로' 하라고만 했을 뿐이다(요한복음 4:23-24).

예수와 제자들의 뒤를 이어 기독교 선교의 핵심 인물이 된 바울이 집중한 비판의 대상은 그리스도의 메시지를 왜곡한 크리스천들이지 타종교와 그 신도들이 아니었다. 타종교와 관련해서 그가 주장한 것은 유대인이나 이방인이나 다 똑같이 죄에 속박되어 있으며 다같이 구원의 필요성이 있다는 것과 그 구원은 기독교 새 종교에서 오는 것이 아니고 기독교를 포함한 모든 종교를 심판하는 역사 속의 한 사건에서 온다고 하는 내용이었다.

초기 기독교에서는 타종교들의 심판은 로고스 관념에 의하여 결정된다고 보았다. 교부들은 로고스(말씀), 즉 신의 자기-현현의 원리가 모든 종교와 문화 속에 보편적으로 내포되어 있다는 사실을 강조했다. 로고스는 땅 위의 씨앗처럼 모든 곳에 현존하고, 그 현존은 로고스가 한 역사 인물, 즉 그리스도로 나타나는 중심적인 사건의 준비과정에 해당한다. 타종교들은 예비적인 성격을 갖는다. 어거스틴을 비롯한 교부들은 그리스도의 메시지와 이방 종교들 사이에서 합류점을 찾으려는 변증법적인 접근방식을 보여주었다. 이들은 이방 종교들의 자기-비판적인 측면을 참고하면서 그 긍정적인 모습을 활용했다. 로고스를 비롯하여 희랍 철학의 용어들을 채용했다. 신을 예수의 아버지, 그리스도, 불변의 일자一者로 부르면서 기도했다.

초대 기독교는 이렇듯이 자체를 과격한 배타주의자가 아니고

"세계 어디서나 참다운 모든 것은 우리 크리스천에게 속한다"라는 말의 뜻으로 모두를 아우르는 종교로 생각했던 것이다. 최근 연구에 의하면 "그러므로 너희는 하늘에 계신 아버지가 온전한 것같이 온전해야 한다"는 예수의 유명한 말이 "너희는 하늘에 계신 아버지가 모두를 다 품은 것 같이 모두를 다 품어야 한다"로 번역하는 것이 더 나을 것이다. 현대 종교학의 분류에서 보면 초대 기독교의 타종교관은 내포주의(inclusivism)에 속한다. 이것은 배타주의(exclusivism)와 다원주의(pluralism)의 중간에 위치한다.

어느 세계종교나 잘 들여다보면 대개 내포주의적인 구조를 내장하고 있다. 한국의 고대 종교도 일찍이 최치원이 기술했듯이 그렇다고 판단된다. 그는 옛 종교가 당시 모든 종교를 대표하는 삼교三敎, 즉 유교·불교·도교를 내포하고 있다고 기록했다. 불행히도 민족의 원종교(ur-religion)는 조직적 외래 종교에 밀려 역사에서 사라지고 배타적인 권력과 유착한 외래 종교가 지배하는 바람에 한국 사회도 현실적, 잠재적으로 종교 간 갈등에서 자유롭지 못하다. 종교다원주의에까지 가지 않더라도 종교들이 갖고 있는 내포주의적인 요소만 꺼내서 부각시키면 세계는 한결 더 평화로워질 것이 분명하다. 종교 간, 종교를 품은 문화 간, 민족 간 관용의 정신이 확대될 것이기 때문이다.

초기 기독교가 이교도의 형이상학 사상에서 기본 개념들을 수용할 뿐만 아니라 스토아 철학에서는 도덕적인 원리도 채용했는데, 그것은 이미 바울 서간들에 나타나 있기도 하다. 초대 교회는 신비 종교들과 유사한 의례 구조를 채택하기도 하고, 성인 숭배를 통해서 많은 이교도 주제와 상징을 수용하고 변형시키기도 했다. 이러한 광범한 보편주의는 성서에서 예언되고 제시된 그리스도로서의 예수의 이미지가 대표하는 평가 기준과 균형을 취하고 있다. 보편성과 특수성이 공존하는 모습이지만 기준은 그리스도에 둔다. 따라서 기독교 보편주의는 두 가지가 뒤섞인 종교혼합주의가 아니다. 보편주의는 궁극적인 평가 기준에 종속된다. 서구 문명에서도 서유럽 쪽에서는 모두를 포괄하는 단일한 종교와 문화가 삶과 사상의 일치를 가져왔다. 말하자면 기독교가 '종교'와 동의어가 되었던 것이다.

그런데 7세기에 들어와서 주로 동유럽에서는 구약성경, 기독교를 포함, 여러 전통을 아우른 대중적인 이슬람교가 침투하여 서방 기독교를 추월하는 충격적인 변화가 발생했다. 이에 맞선 기독교는 방어벽을 쳐야 했고 그래서 급격하게 배타적으로 되어 갔다. 십자군이 바로 그 자기-의식의 표현이었다. 그것은 기독교가 최초로 새로운 세계종교와 맞부딪친 결과였다. 신약 성경 이래 예수를 구세주로 인정하기를 거부한 유대인들에 대한 크리스천의 반-유대교가 존재해 오다가 이슬람과의 충돌로 인해서 유대교를 또 다른 종교로 의식하게 되면서 광신적이 되었다. 그 이후 실패한 정부들이 유대인을 희생양으로 삼기 시작하고 19세기 말에는 반-유대교가 인종적인 반-셈족주의로 변질되어 갔다.

그러나 기독교의 두 종교와의 마주침이 광신적인 배타성을 초래한 한편, 그것은 동시에 관용적인 상대주의의 방향으로 나아가도록 작용한 점도 있었다. 십자군과 같은 시기인 13세기 초에 세 종교(기독교, 이슬람, 유대교) 세력들이 관용적인 인본주의를 내세운 운동을 태동시켜 기독교의 과격한 타종교관을 바꾸기 시작했다. 15세기 중반에 니콜라스 쿠사누스Nicholas Cusanus 추기경은 한 저술(『다른 신앙 형태들 간의 평화』)에서 위대한 종교들의 대표들이 천국에서 가진 거룩한 대회의 내용을 이렇게 기술했다. (회자로서) 신성한 말씀(Logos)이 종교들의 일치(통일성)를 다음과 같이 이야기한다.

> 종교는 오직 하나밖에 없다. 다른 의례들 저변에 놓여있는 (절대)이성 (Logos-Reason)…. 원리에 따라 살고 있는 모두의 오직 한 가지 신앙…. 어디에서나 (절대) 신을 증거하는 신들의 신앙…. 그래서 (로고스) 이성의 천국에서 종교들의 일치가 달성되었다(Tillich, 1999: 221).

이러한 쿠사누스의 비전은 이후 전개될 발전을 예기한 것이었다. 초기 기독교의 보편주의를 넘어서기도 했다. 크리스천 인본주의자 에라스무스Erasmus나 개신교 개혁자 츠빙글리Zwingli는 기독교 교회의 경계를 넘어서는 신령神靈의 일하심을 인정했다. 그리스도의 신성과 삼위일체를 부정하고 오직 하느님과 성서의 신앙만을 내세운 소시니아파Socinians는 모든 시기에 보편적인 계시가 나타난다고 가르쳤다. 계몽주의를 이끈 철학자들인 로크, 흄, 칸트는 기독교를 이성적인 종교로 평가하고 다른 종교들도 같은 기준을 적용하여 판정했다. 그들은 크리스천으로 남기를 원했는데, 다만 보편주의적이며 모든 종교를 포괄하는 내포주의적인(all-inclusive) 바탕에 서 있었다. 이러한 사고는 19세기와 20세기 초에 많은 신학자에게 큰 영감을 불러일으켰다. 이러한 흐름이 종교철학의 발전을 가져왔는데, 그 분야 자체가 기독교가 종교의 보편적 개념 밑에서 자리매김된다는 것을 함의한다.[2]

그러나 교파적 특수 요소가 휩쓸고 보편주의적인 요소를 억압하는 시대에서 신학이 진보적으로 시계를 넓혀갈 수만은 없었다. 이런 위험을 간파한 신학자들은 기독교와 타종교의 차이를 부각하는 쪽으로 기울었다. 그것은 기독교에 계시를 한정시키면서 유일성을 주장하고 다른 종교들은 '종교'로 말했다. 한 걸음 더 나아가 기독교를 '참 종교', 모든 다른 종교들을 '거짓 종교'로 불렀다. 하지만 시대착오적인 이러한 분별이 사그라지면서 기독교는 아직 어느 정도 우월성은 주장하면서도 이 신학자들이 올려놓았던 배타성의 왕좌에서 내려와 (類 개념이 아닌) 종種 개념의 종교로서 한 본보기에 불과한 종교가 되었다. 그래서 기독교 보편주의는 인본주의적 상대주의로 탈바꿈되었던 것이다.

이러한 상황은 신학자와 철학자들이 그들의 종교철학에서 기독교를 타종교와 관련하여 다루는 방식에 반영된다. 칸트는 그의 저술 『순수이성의 한계 안에서 본 종교』에서 기독교에 높은 위상을 부여했다. 피히테는 요한복음을 사용하여 기독교를 신비주의의 대표로 높이 평가했다. 셸링과 헤겔은 다른 종교들과 문화들에 들어있는 모든 긍정적인 요소의 성취로 보았다. 슈라이에르마허는 종교사를 기술하면서 최고 형태의 종교에서 기독교에 가장 높은 지위를 부여했다.

에른스트 트뢸치(틸리히의 스승인 자유주의신학자)는 유명한 논문 "기독교의 절대성"에서 세계종교 가운데서 기독교의 위상에 대한 근본적인 질문을 던진다. 그는 다른 모든 신학자와 철학자들처럼 기독교를 종교의 개념 밑에 한 종교로 분류하고 그 개념에 내포된 잠재성을 가장 적절하게 실현한 종교로 해석한다. 사실 '종교' 개념 자체

---

2 마치 20세기 후반에 등장한 '세계종교' 분야가 종교의 보편성과 종교다원주의를 전제하는 것과 같다.

도 기독교 인본주의에서 나온 말이긴 하다. 그는 다른 세계 종교들에 대한 선교시의 공격적 선교를 '서로 충실해지기', 즉 상호 발전으로 대치하여 해석했다. 종교 간 일치보다는 문화적 교류의 뜻에서다. 최근 종교다원주의 신학자와 종교학자들이 종교 간 대화와 교류의 덕을 상호 보완, 풍부해짐(enrichment), (지평) 확대로 표현하는 것과 같다.

그렇지만 기독교를 특별하고 절대적인 종교로 해석한 신학자들이 항상 대다수였다. 그들은 개혁자들, 정통적인 체제수립자들, 경건주의적인 혁신자들의 신학을 따라 그리스도를 통한 구원의 배타성을 강조했다. 반보편주의 운동이 여기저기서 일어나서 지난 수 세기 동안 강력했던 보편주의 경향을 공격했다. 세계 종교들에 대한 상대주의적 태도는 기독교의 절대 진리를 부정한 것으로 비판받았다. 이러한 전통에서 강력한 특정 개인 구원론을 주장하는 신학의 전회가 점점 더 강해졌다. 그것을 유럽에서는 위기-신학이라 하고, 미국에서는 신-정통주의라 부른다. 그 창시자이며 대표가 칼 바르트이다. 이 신학은 종교의 개념을 기독교에 적용하는 것을 거부하는 사실로 요약될 수 있다. 바르트에 의하면 기독교의 화신인 기독교회는 여태까지 일어난, 즉 예수 속에서 유일한 계시에 기초를 둔다. 인간의 모든 종교는 인간이 신에게 도달하려는 무익한 시도들이다. 크리스천은 그 종교들이 계시에 근거했다는 주장을 거부한다.

그러나 우리가 관심을 둔 기독교와 세계종교의 마주침은 신학적인 문제라기보다는 역사적인 관점에서 보아야 할 문제이다. 현시점에서 세계종교에 대한 기독교의 태도는 대부분 역사에서처럼 일정하게 분명히 규정할 수 없다. 한 편으로 바르트와 선교신학자 크레

머 같은 사람들과 다른 편으로 트뢸치와 세계종교의 종합을 꿈꾼 역사철학자 토인비, 이 양쪽의 극단적인 대조가 기독교와 (타)종교와의 관계를 다루는 데 있어서 본질적인 문제를 상징하고 있다.

III. 하비 콕스(Harvey Cox)
: 동양종교 수련, 자기신앙의 확증과 강화

틸리히가 기술한 서구신학의 바통을 이어 바로 위에서 논의된 문제를 토종 미국 신학자 하비 콕스(하버드대)가 논의한다. 종교 간의 갈등과 대화의 핵심은 틸리히가 기독교사에서 읽어낸 대로 어느세계 종교에나 다 내재되어 있는 보편성과 특수성의 현실적 적용과 관련되어있다. 다시 말하면 자기 신앙의 특수성과 보편성 중 어느쪽을 더 강조하느냐, 즉 특수주의냐 아니면 보편주의 입장에 서느냐가 갈등과 대화, 나아가서 전쟁과 평화의 열쇠가 된다. 이러한 취지에 걸맞게 (틸리히와 비슷한 계보의) 자유주의 신학자 콕스는 스스로가 기독교인으로서 보편주의자라고 말한다.

하비 콕스는 말 잔치와 탁상공론에 그치기 쉬운 학술적인 담론을 떠나서 종교수행과 신앙의 현장에서 크리스천으로서 다른 종교인들과 맞부딪치는 실험을 상당한 기간 시도하고, 그 결과를 『많은 거처』(*Many Mansions*)로 엮었다. 그래서 부제가 '한 기독인이 겪어 본다른 신앙들과의 조우'(*A Christians's Encounter with Other Faiths*)이다. 일찍이 기독교의 세속화 추세를 긍정적으로 다룬 『세속도시』(*The Secular City*)를 저술하여 주목을 받은 자유주의 신학자로서 세속의 삶을 지배하는 종교 간의 갈등을 지나칠 수만은 없었던 것이다. 책 이름이 가리키듯이 신은 한 군데만 아니고 많은 거처를 갖고 있다는 것이다. 제목을 찾아낸 성경 구절은 "내 아버지 집에 거할 곳이 많도다. 그렇지 않으면 너희에게 일렀으리라"(요한복음 14:2)이다.

예수가 믿든 신은 한 곳에만 있는 존재가 아니고 무소부재無所不在, 편재遍在하신 분이다. 지방 신이 아니고 우주가 거소인 보편 신이다. 콕스가 해석하듯이 '거처'가 종교를 가리킨다고 본다면 예수의 이 말씀은 종교다원주의의 근거를 제공하는 증거가 된다. 경전, 즉 성서의 말은 인도철학에서 말하는 인식 수단의 하나인 성언량聖言量 (Shabda)에 해당한다. 의심할 수 없는 권위를 가진 진리다. 따라서 다원주의는 진리에 속한다. 다만 자기가 가져온 종교는 신이나 진리를 만나는 자기가 거주하는 집이요 다락방이다. 더구나 신이 인간을 창조할 때 자기의 씨를 인간 속에 심어놓았다고 한다면 더 말할 나위가 없다.

콕스는 크리스천의 입장에 서서 그리스도와 크리슈나(힌두교 신), 불교도(티베트불교)와 크리스천, 유대교(랍비)와 크리스천, 나아가서 공산주의자와의 대화까지 (수도원과 사찰, 예루살렘, 모스크바 등) 직접 현장에 가서 수도하거나 당사자들과 어울리면서 탐구했다. 이와 같이 그는 '대화'를 종교 간의 관계를 수립하는 주요 수단으로 삼는다. 대화를 통해서 상호 이해와 자기 신앙에 대한 깊은 이해를 가져오고 서로 배우고 발전할 수 있다. 그러나 현 세계의 상황으로 보자면 대화가 단순히 그 정도로 그칠 수는 없다. 세계평화를 겨냥한다.

계속되는 이야기지만, 종교 간 평화가 올 때까지는 결코 세계평화는 있을 수 없다. 그 말은 내게 실감 나게 다가온다. 이 책에 등장하는 내가 만난 다른 종교인들과의 진솔한 이야기는 그 점에서 더욱 더 적절하게 보일 만하다. 크리스천으로서 나는 단순히 관용을 주장하지는 않는다. 그것이 유용하긴 하지만 그것만으로 충분하다고 볼 수 없고 그 이상 무엇을 요구한다고 보기 때문이다. '평화의 왕자'를 뒤따르려고 노력하는 우리들로서 할 수 있는 한 어디서나 종교 간의 신뢰와 화해의 관계망을 엮어나기는 일에 적극 노력해야 한다. 이것은 그저 막연한 관대함을 촉구하려는 것이 아니고 절대 존재(하나님)가 우리에게 시키는 일이기 때문이다. 장벽은 세워지고 장벽은 무너진다. 나는 괴물 같은 베를린 장벽이 세워진 직후에 베를린에서 살았던 적이 있다. 그것이 무너지는 것을 볼 만큼 살아 있었다는 점에 감사한다. 끊임없는 전쟁, 암살, 살인은 결코 그칠 날이 없을 것인가? 이런 습관적인 나쁜 짓들이 일어나도록 놔두기에는 세계가 너무 작고 엄청난 무기로 넘쳐난다. 종교 간 대화는 완고한 정치적, 인종적, 민족적 불신으로 뒤엉켜있는데 그래서 더욱 서로를 갈라지게 만드는 신앙의 심연을 넘어서서 공통의 마당에 이르는 방법을 찾아내야 할 까닭이 있는 것이다(Cox, 1992: xx-xxi).

그러한 확신을 갖고 그는 시험 삼아, 여러 종교의 신봉자나 집단과 조우하고 대화할 뿐만 아니라 의례나 명상 등에 상당한 기간 직접 참여하여 기회를 갖고 체험한 과정과 결과를 여기에 모아서 기술하고 있다. 장소는 미국에 소재한 수도원이나 센터나 인도, 이스라엘, 러시아 등 현장까지 다양하다. 경전이나 문서를 통한 연구가 아닌 현장학습으로 획득한 구체적이고 생생한 정보가 담겨있다. 따라서 신학 이론과는 다른 신앙의 현장을 체험했다.

다양한 종교 신자와의 대화를 기록한 이 책에서 콕스가 설정한 기본 틀은 어쩌면 당연한 것일지 모르지만, 자신의 신앙의 핵심인 그리스도 또는 예수를 중심축, 즉 대화의 한 축으로 삼고 있다는 것이다. 비교종교 학자들이 대개 일삼는 '기독교'라는 큰 체계와 다른 종교체계를 비교하는 것이 아니다. 그것은 (듣다가 하품 나기 쉬운) 일반론적인 연구가 아니고 생생한 신앙의 주체와의 마주침이다. 다양한 신앙인들과 만남과 대화를 시도하면서 그가 갖게 된 신념은 자신의 신앙을 분명하게 드러내야 대화가 제대로 진행한다는 것이다. 대화의 상대방도 광범하고 추상적인 비교보다 그리스도의 실체와 가르침을 알고 자신들의 신앙을 이야기하고 이해하겠다는 태도를 보여주었기에 그러한 확신을 가지게 된 것이다.

그 관점을 콕스는 "예수와 대화"(Cox, 1992: 1-19, 1장)에서 자세히 밝히고 있다. 어느 종교나, 특히 '세계종교'라고 한다면 다 보편주의와 특정주의적인 두 면을 지니고 있다. 종교 간 대화를 가로막는 가장 큰 딜레마는 어떻게 이 두 가지의 균형을 맞추느냐는 것이다. 전통과 교리의 형성, 발전과정에서 교파들로 분파하면서 '선택된 백성' 같은 배타주의적인 특정주의 측면이 더 부각되는 경향이 생겨나기도 했지만 큰 종교 전통들은 모든 백성(만민), 인류구원, 중생 구제 등 보편적인 비전을 갖게 되었다. 그럼에도 실제 대화를 놓고 진보 쪽과 보수 쪽이 갈려져 찬반으로 나뉘어 서로 치고 박고 교파 내부에서 갈등을 일으키는 현실이다.

두 축이 다 필요하다면서 콕스는 자신이 보편주의자 편이라고 말한다. 그편에 서서 세계교회협의회(WCC)나 하버드 세계종교연구소 주최의 모임에 참석하면서도 바깥 세계에서 같은 신앙인들 사이에 벌어지고 있는 살육과 폭력적인 개종의 모습을 보면서 무력함을 느낀다. 수십 년간 참여한 대화의 체험을 통해서 제의하고 싶은 것은 대화의 현장에 특수성의 요소를 반영시키는 것이다. '기독교'니 '불교' 같은 추상적, 일반적인 개념으로 대화를 진행하는 것보다 예수 그리스도나 크리슈나, 깨달음에 대한 (비교종교 학술 세미나에서 말하는 '우리의'보나) '나의' 신앙과 방식을 이야기하는 것이 훨씬 실질적인 결과를 낳을 수 있다. 개인적인 이야기, 말하자면 '간증' 같은 것이 대화를 촉진시키는 것으로 드러났다.

콕스는 다른 종교 간 대화에서 하듯 역사적 예수를 배후에 감추어 놓는 대신, 예수를 전면에 드러내놓고 한 방식이 상대방의 관심과도 일치하는 것임을 알았다. 이 책은 그런 식으로 한 크리스천이 여러 다른 신앙을 가진 특정한 사람들과 마주쳐 대화한 생생한 기록이다. 물론 종교 간 대화를 시도하고 실천하는 다른 크리스천들은 '우주적 그리스도'(cosmic Christ), 보편적인 신앙 체험, 또는 핵전쟁, 생태환경의 악화 등 현안 문제를 다른 종교인들과 함께 다루는 것이 대화의 다리를 놓는 일임을 인정한다. 그러나 이들도 조만간 예수라는 인물을 정면으로 다루어야 일반론의 테두리에서만 겉돌지 않고 실존적인 진지한 대화가 될 것임을 인식하게 될 것이다.[3] 그것이 콕스가 경험에서 얻은 교훈이었다.

그렇게 주장하는 것은 단순히 이론보다 현장을 중시해야 한다는 이유만은 아니다. 예수의 메시지에는 두 가지 상반된 입장, 즉 보편주의와 특정주의, 다시 말하면 종교다원주의와 배타주의의 모델로 해석될 만한 틀이 혼재하고 있기 때문이다. 그것은 논의의 원초적 소재와 지침이 될 수 있다. 그 하나가 분명히 종교 간 대화의 모델로 삼을 수 있는, 틀로 삼을 수 있는 표현이다. 그것은 콕스가 책의 주제로 내세운 예수가 언급한 하나님의 '많은 거처'(요한복음 14:2) 개념이

---

[3] 물론 꼭 예수만 고집하는 것은 아니다. 기독교인의 입장에서는 그렇다는 것이다. 불교인이라면 당연히 부처를 내세울 것이다.

다. '거처'는 물론 종교를 가리킨다. 영락없는 종교다원주의 모형이다.

그런데 같은 복음서에서 그 구절의 세 절 뒤에 나오는 말씀이 "내가 곧 길이요 진리요 생명이니"(14:6)이다. 배타주의의 원리로 삼기에 적합한 표현이다. 같은 예수가 일시에 모순적인 두 말씀을 하니 이는 신자와 신학자들에게 화두를 던진 격이다. 그래서 콕스는 여기에 대화의 열쇠가 있다는 것이다. 두 가지는 상대적 차원의 인간에게는 모순되게 보이지만 절대자나 절대적 진리를 깨친 성인의 입장에서는 모순되지 않은 초월적인 논리를 내포한 말씀일 수 있다. 어떻든 어떻게 해석하는가가 중요하다. 이 딜레마를 벗어나기 위해서는 발상의 전환이 요구된다.

특히 둘째 구절이 해석의 대상이 된다. 콕스의 분석을 잠시 접어두고 다른 해석자를 살펴보자. 나중에 더 상세하게 논의되겠지만 두 가지 경우를 들 수 있는데 둘 다 '나'가 초점이다. 예수가 말한 '나'가 누구냐. 예수 자신이 아니고 누구나의 '나'라는 것이다. 진리 인식의 주체와 진리의 실체와 관련된 문제이다. 그것도 두 해석은 의외의 전통(종교)과 인물에서 나왔다. 하나는 불교, 다른 하나는 기독교다. 불교는 힌두교에서 강조하는 자아(atman)를 부정하는 무아(anatman)론을 교리의 핵심으로 삼은 전통인데 그것을 완전히 뒤집는 해석이 나온 것이다. 다름 아닌 한국불교에서다. 근대 고승 혜암 스님(수덕사)의 해석인데, 현대에서 대행 스님(한마음선원)도 되풀이했다.

인도불교와 중국불교를 종합하면서 나름의 독특한 한국불교를 구축한 원효를 배출한 전통을 잇는 해석이다. 그것도 불교가 아닌 기독교를 다루고 있다는 점에서 특별나다. 이것은 불교의 신화로 석가가 태어나면서 말했다는 '천상천하유아독존天上天下唯我獨尊'에도 적용된다. 받들어야 할 존재가 (부처나 성인 또는 절대자가 아니고) '나'라는 것이다. 하지만 '무아'론이 겨냥하는 의미를 정밀하게 살펴보면 불교 사상 자체 속에도 다른 해석을 할 여지가 없는 것은 아니다. '무아'에서 부정의 대상인 나(我)는 진리 인식의 주체로서의 '나'까지 부정한 것은 아니라는 것이다. 주체성의 문제다. 진리의 실체로서의 참 나(眞我)도 부정되지 않는 것과 같다. 그 개념은 그래서 중국불교에 등장하게 된 것이다. 온고지신溫故知新하는 해석이다.

예수의 선언에 대한 이와 똑같은 해석은 20세기 한국사상을 대표하는 함석헌에게서도 나온다. 기독교인으로서 놀라운 혁명적인 발상이다. 정통 기독교로서는 수용하기 힘든 발상이지만 기독교가 종교다원주의 시대에 필요로 하는 시각이다. 그렇다고 불교해석의 영향을 받은 것도 아니다. 전혀 독자적인 사유의 산물이다. 그는 그 분석을 오히려 불교의 '천상천하유아독존'에까지 적용했다. 날로 부패, 타락하고 있는 낡은 조직 종교를 극복하는 종교혁명을 위하여 '새 종교'의 등장을 주장, 예견하는 함석헌을 바라봐야 할 이유가 여기에 있다.

다시 콕스의 '대화' 담론으로 돌아와서, 그가 종교다원주의자들과 그 반대론자들에게 (그리고 자신에게도) 제기한 문제는 요한복음에 나타난 예수의 두 가지 상반된 (적어도 그렇게 보인) 입장에 관한 것과 함께 기독교인들로서는 예수를 종교 간 대화의 중심점에 둬야 하는 것과 관련된 것이다. 이 문제는 콕스 자신에게도 그의 저술에 엮어진 타종교인들과의 대화를 진행하는 동안에도 내내 괴롭히는 공안으로 남아있었다. 아마 흑백 논리와 다른 사고나 모순율을 못 견디는 서양철학의 후예로서 동양 전통에서처럼 중도와 초월의 논리를 생각하기 힘든 사유의 한계를 벗어나지 못한 탓이다.

그러나 결과로 보면 대부분이 동양 종교를 대상으로 한 다양한 대화와 수행 참여를 통해서 다소 해답을 찾은 듯이 보인다. 그러한 모순적인 모습을 보인 예수 자신도 서양사상이나 신학의 울타리를 넘어섰다는 사실을 인식함으로 다원주의적 접근이 가져다주는 혜택을 톡톡히 누린 셈이 된다. 기독교와 신학의 지평을 넓히는 데 크게 기여한 신학자로 평가될 것이 분명하다.

예수가 보여준 '길'을 따른다는 것은 단순하게 그를 흉내 내는 몸짓이 아니고, 그가 태어난 사명으로 삼은 '신의 평화 통치'를 우리의 일로 떠맡는 것이다. 그것을 실현하기 위해서는 세계 종교인들의 협동과 연대 그리고 '동류의식'이 불가결한 요인이다. 그러한 종교 간 의식을 구축하는 데 복음서에 나오는 예수가 유용한 지침이 되리라고 보는데 다음 네 가지 점에서 그러하다.

① 예수에 초점을 맞추는 것은 만남을 이론 수준에서 실천 수준으로 이동시킨다. 하나님의 통치는 추상적인 이상이 아니고 역사 속에서 이루어지는 실제이다. 종교 전통들은 이 실제의 지역적인 표상으로서 곳에 따라 뚜렷이 다르다. 교과서나 비교종교 저술 저자들의 마음속을 빼고는 불교, 힌두교, 기독교 같은 것은 존재하지 않는다. 다만 불교도, 힌두교도, 기독교도라고 생각하는 사람들이 있을 뿐이다.[4] 진정한 종교 간 대화는 어떻게 한 전통이 사람들의 삶을 실제로 형성하느냐를 인식할 때만 이루어질 수 있다. 예수 자신의 삶은 어떤 대화도 실제 사람들과 일어나야 한다는 것을 잘 보여준 본보기이

---

4 이 입장은 윌프레드 스미스의 입장과 비슷하다.

다. 이 종교 저 종교의 핵심이 무엇이어야 하는지 플라톤적인 이상들만 가지고 하는 이른바 종교 간 대화는 아무런 성과도 거두지 못한다.

　② 복음서의 예수는 세상의 종교가 축복만이 아니라는 것을 상기시켜준다. 예수는 당시 많은 종교인을 맹렬히 반대했다. 종교가 존재하는 곳에서는 어느 곳이나 종교를 오용하고 신들을 이용해서 다른 사람들을 지배하고 억압하는 사람들이 존재한다는 것을 말해 준다. 이 시대에도 수백 개의 새 종교운동이 일어났고, 그중 어떤 것들은 파괴적이고 일부는 기독교라면서 가장 악마적인 주장을 편 것들이다. 역사적으로도 독일교회가 나치와 협력하는 경우와 같은 조직종교나 지도자의 일탈 행위가 빈번했다. 여기에 관용의 한계가 어디까지 허용될 수 있는가? 콕스는 묻는다. 그저 자비스러운 관용을 베풀 일이 아니다. 참 종교와 거짓 종교를 분별하는 엄격한 잣대가 있어야 한다.

　세상이 급속도로 달라지는 판에 서로 나 몰라라 할 수는 없다. 문화적, 종교적 교류와 마주침이나 대화가 불가피한 시대이다. 아무런 가치판단이나 편들기 없이 어떻게 열린 마주침을 가질 수 있는가 깊이 생각해 볼 문제다. 여기에 예수를 본보기로 삼을 수 있다. 그는 공허한 관용의 모델은 아니었다. 그가 만난 사람들의 신앙에 대하여 항상 심판을 내렸다. 그는 바리새인들과 논쟁을 벌이고 성전의 제사장들을 매섭게 비난했다. 그가 마주친 여러 종교의 교리나 의례 형식에는 조금도 관심을 갖지 않고 사람들의 영적 서약의 현실적인 실천과 결과에 무엇보다 큰 관심을 나타냈다.

　③ 또한 예수의 본보기는 다양성 속에서 인간적인 통일성을 탐색

하는 종교 간 대화의 문제가 상대방을 판단, 심판하는 일만은 아니라는 것을 상기시켜준다. 대화는 또한 심판을 삼가는 것을 요청한다. 종교마다 문화적 행태와 표현방식이 다르다. 서구식으로 진지하고 엄격한 교리적 모습과는 다르다. 놀이와 유머 또는 기괴한 행동을 보이는 수행자들이 많다. '미친 지혜'라 할 만하다. 예수는 진지한 질문에 대하여 비유, 우화 등 다양한 방식으로 응답했다. 성 프란시스도 이상한 우행을 보여주었다. 서양은 올바른 것·틀린 것(시비), 성聖·속俗, 지혜·어리석음, 청淸·탁濁을 엄격히 가리는 경향이지만 (동양사상이나) 신비주의적인 신학에서는 '정반대의 궁극적인 일치'를 말한다. 극과 극은 마주친다는 기하학적 이치다.

④ 예수는 우리에게 신이 우리의 대화 당사자를 포함한 '타자' 속에 이미 내재해 있음을 가르쳐 준다. 콕스는 신이 다른 종교 신앙인들을 통해서 이야기하고 있다고 믿는다. 자신의 전통을 대화에 노출시키는 것은 변화, 신념의 동요, 논쟁에 문을 열어놓는 것이다. 또한 타자와의 대화는 예수가 베드로에게 던진 질문 "너는 내가 누구라고 생각하느냐?"를 나 자신에게 던지게 만든다. 보편주의의 입장에 서서 내가 타종교인들과 대화하는 것을 못마땅하게 바라보는 교회 내의 배타적인 특정주의자들을 무시하는 것도 올바르지 않다. 그들보다 보편주의적인 불교도나 힌두교도와 대화하는 것이 속 편하게 느껴지지만, 그들의 입장도 이해해야 한다. 우리는 서로를 필요로 한다.

인류는 지금 민족 간 그리고 종교 간 다툼이 묵시록적 종말로 치달을 수도 있는 지점에 와있다. 지구 전체와 전 주민들이 한 운명임을 더욱 상기할 필요가 있다. 그 원리는 새로 찾아내지 않아도 이미 여러 다른 전통 속에 내장되어 있다. 우리가 공동 운명임을 상기하면 된다. 콕스의 결론은 이렇다.

> 예수로부터 나는 그가 길이라는 것과 신의 집에는 많은 거소가 있다는 사실, 이 두 가지를 배웠다. 나는 이 두 말씀이 모순되지 않는다고 믿는다. 사실 이 둘 가운데 다만 한 가지를 올바로 이해함으로써 다른 것을 이해할 수 있다고 인식하게 되었다.

그것은 믿음의 문제이기도 하다. 동시에 하나를 잘 이해하면 다른 것도 이해된다는 인식론도 들어있다. 말하자면 (예수가 인식한) 진리는 하나이지만 여러 가지로 나타난다. 그것은 동양사상을 관류하는 '하나와 여럿'(一卽多), '진리는 하나지만 여러 가지로 달리 나타난다'(理一分殊), '다양성 속의 통일'(unity in diversity)의 원리들과 상통한다. 아마 그것은 콕스가 동양 종교들과 대화하면서 얻게 된 지혜로 보인다.

대화의 모델로 내세운 예수는 콕스에게는 가장 적합한 인물이지만 다른 종교는 그 나름대로 자기 전통 속에서 가장 적합한 모델을 찾아낼 수 있는 것은 물론이다. 대개 창시자이기 쉽지만 오랜 전통 속에서 다른 인물을 내세울 수도 있다. 유교 같으면 공자나 맹자 또는 주자가 될 수도 있다. 특정한 창시자가 없는 힌두교는 후대의 대표적인 철학자 샹카라에서 현대의 성자 간디에 이르기까지 후보자가 널려있다. 불교에도 석가는 물론 용수龍樹, 원효 등 내세울 모델이 적지 않다.

이렇게 모델로서 예수를 한 축으로 세우고 콕스는 주요 종교 전통(이슬람, 힌두교, 불교, 유대교)의 신앙인들과 다른 기독교 전통을 러시아(희랍정교회)와 남미(가톨릭 해방신학)까지 가서 장기간 하나하나 접근하여 대화를 가졌다. 종교학자나 신학자로서는 드문 실험과 현장 체험이다. 따라서 이 책은 문서 중심의 연구나 추상적인 이론에 치중하기 쉬운 학자들이 지향해야 할 방향을 제시해 주는 현장 보고서다. 그 과정과 성과의 요점을 정리해 보자.

복음서와 코란

두 종교의 성서가 대표하는 두 신앙의 공통성과 차이를 무슬림들의 증언을 통해서 검증하면서 이슬람에 대해서는 콕스 자신도 여느 기독교인처럼 편견과 무지 속에 빠져있었다는 사실을 인지하고 고정 관념을 수정해 가야 했다. 그 한 가지가 예수에 대한 무슬림들의 긍정적 인식이었다. 무슬림 대학원생과의 대화에서 알게 된 것은 그들이 예수를 매우 존경함에 반해서 크리스천은 마호메트를 악한으로 헐뜯어 왔다는 것이다. 그 고전적인 사례가 단테의『신곡』'지옥' 편의 묘사라고 하여 책을 찾아 펼쳐보니 과연 험악한 존재로서 지옥에 끌려와서 흉측한 벌을 받는 내용이었다. 무슬림들이 폭력을 일삼고 교리를 왜곡시키며 위험한 경제관을 지니고 난잡한 음란행위를 즐기는 존재들이라는 이미지가 그대로 단테의 고전 속에 나타나 있었다.

이슬람에 대한 그 같은 이미지와 시각은 단테 이후 600년 동안 아무런 변화가 없었다. 불교나 힌두교 등 동양 종교에 대한 관심과 경도 속에서도 미국인들 특히 크리스천은 이슬람에서 수피 신비주의

나 '아라비안나이트' 정도 말고는 별로 칭찬할 거리를 찾지 못했다. 폭력적, 투쟁적, 부정적인 이미지가 지배적이었다. 그러한 편견은 에드워드 사이드Edward Said의 『오리엔탈이즘』(*Orientalism*, 1975)에서 잘 지적되었다. 이러한 왜곡된 정보를 바로잡고 관계를 개선하기 위해서 무엇을 해야 하는가.

우선 필요한 것은 양쪽의 관계가 역사적으로 형제끼리의 겨루기와 같다는 것을 인식하는 일이다. 크리스천들은 여러 가지 면에서 그들의 신앙이 다른 어느 세계종교보다 이슬람에 가깝다는 것을 인정하기 싫어한다. 그래서 오랫동안 서구에서 마호메트는 엉터리, 협잡꾼으로 여겨져 온 것이다. 신학적인 진실은 두 신앙이 율법과 예언자들을 통해서 이스라엘 사람들에게 이전에 나타난 계시의 후손이라는 것이다. 둘 다 동정녀 마리아와 나사렛 예수를 존중한다. 바울과 마호메트는 각기 특정적인 신앙을 보편적인 신앙으로 바꾼 사도였다.

'알라Allah'는 배타적인 명칭이 아니다. 아랍계 크리스천들은 기독교의 신을 그렇게 부른다. 마호메트 자신은 그의 사명 의식을 형성하는 과정에서 기독교의 영향을 받았을 가능성이 크다. 또한 그의 새로운 신앙 운동은 특이한 일종의 아라비아 기독교로서 수용되었음직하다. 전설에 의하면 유대인과 아랍인은 혈통적으로 아브라함과 두 아내(사라, 하가)에서 유래한다. 코란의 메시지에 나오는 요소들(신앙, 금식, 자선, 기도, 순례)도 기독교와 유사하다. 마호메트도 비록 당시 예수의 신성을 주장하는 이론은 거부했지만, 예수 자신을 거부하지는 않았다. 사회 구원을 위해서 두 인물이 겨냥하는 계층도 똑같이 가난한 자, 무식하고 천대받은 하층 민중이다. 민중신학을 세운 안병무가 부각시킨 예수의 민중(오클로스)과 마호메트의 민중(암-하-아레츠)이 마주친다. 누구나 자기 안에 신을 인식하는 성품을 지니고 태어난다는 코란의 규정은 바울의 인식과 상통한다. 그래서 예수는 두 신앙 간에 또 하나의 아주 중요한 연결고리, 다리가 된다. 오늘에 이르기까지 예수는 이슬람교에서 하나의 중심적인 자리를 차지하고 있다.

문제는 크리스천들이 이것을 이해, 수용하지 못하고 마호메트의 존재를 격하시키는 시각과 그것을 부추긴 역사이다. 두 종교의 관계 악화에는 역사적으로 알렉산더 대왕의 정복과 교황들의 정책이 크게 작용했다. 특히 교황 우르반 2세(1088~1099)가 두 종교의 관계를 악화시킨 주역이었다. 교회 내부의 분열을 극복하려고 외부의 적을 만들어야 했던 것이다. 그래서 성지회복을 빌미로 십자군 '성전'(cru-sade)이 일어나게 된 것이다. 지금 크리스천들은 이슬람의 성전(jihad)을 일방적으로 비난하지만, 사실은 십자군 전쟁이 그 원조 격이다. 400년 가까이 계속된 기독교 성지회복 작전은 이슬람 국가들을 초토화시켜 상호 간 적대감을 심화시켰다. 십자군 전쟁과 이슬람의 '성전'의 이야기(역사)를 솔직하게 마주하고 그것이 더 관용적이고 타협적인 태도로 대치되지 않는 한 크리스천과 모슬렘, 사촌들 간의 혐오와 의심은 상승할 수밖에 없다.

모슬렘과 크리스천 간의 문제는 아울러 모슬렘과 유대(교)인 간의 상호관계를 말하지 않고 멀리 나아갈 수 없다. 한 유대인 역사가에 의하면 이슬람은 실제로 그 핵심 원리에서는 기독교보다 유대교에 더 가깝다. 둘은 여러 면에서 비슷한 율법의 종교로서 자매 같은 공생 관계로 본다. 마호메트도 전통을 따르라고 가르쳤는데 그 전통은 유대교와 분리될 수 없다. 성서와 탈무드가 형성된 초기에는 유대인과 아랍인은 엇비슷한 사회적 조직구조와 종교적 습속을 지니고 있었다.

중반기(6~14세기)는 두 종교는 '창조적 공생 관계'였다. 이슬람은 '이스라엘 종교의 아랍식 재판再版'처럼 보였다. 그러나 영향은 일방적이 아니고 쌍방적이었다. 후반기(14~19세기)는 아랍 국가들은 서구 식민주의의 제물이 되었고 유대 종교와 문화는 서구에서 명맥을 보존하고 번성했다. 20세기에 들어와서 유럽의 민족주의적 경향과 맞물려 유대인들의 시오니즘이 일어나 이스라엘이 수립되면서 아랍인들은 이것을 십자군과 같은 서구의 새로운 침입으로 보고 경계하고 저항하게 된 것이다.

현재 전개되는 대립과 갈등 상황을 해소하려면 아랍-이스라엘 소수자 크리스천들과 전 세계 유대인 공동체가 중재 역할을 할 수도 있다. 크리스천, 모슬렘, 유대인 사이의 대화는 이들 모두에게 다 이롭다. 하지만 무엇보다 크리스천과 모슬렘들이 서로를 이해하려는 더 진지한 노력을 하지 않고는 아랍과 서방의 관계 개선은 불가능하게 보인다. 신정 일치 같은 정치적인 모습이 거슬릴지라도 이슬람교의 르네상스가 전통에서 벗어난 비정통적인 현상은 아니다. '광신자들', '모슬렘 근본주의자들' 같은 파괴적인 언어는 대화에 도움이 될 수 없다. 이슬람 여성들에게는 복장 등 종교적, 사회적 제약과 차별이 많아 보인다. 하지만 바깥에서만 자기 시각으로 단순하게 볼 것만은 아니다. 어떻든 대다수 여성의 목소리를 듣고 참여시키는 상황에서 올바른 해결이 가능할 것이다.

진정한 대화가 시작되어야 한다. 그러려면 단테, 교황 등 과거의 일그러진 역사는 뒤로 제쳐두고 조상 아브라함의 두 자손이라는 것을 기억하면서, 예수도 사회적 약자와 상처받은 자들 편에 서 있었고, 아라비아 사도(마호메트)의 신앙을 희화화하기를 멈추고 크리스천, 유대인, 모슬렘들이 그들에게 공통적인 요소를 회복하도록 도와야 한다. 이제 세계는 너무 좁아져서 더 이상 전쟁, 특히 '성전'을 일으킬 여유가 없다.

그리스도와 크리슈나

그다음으로 콕스는 기독교와 힌두교를 신앙의 주요 대상을 중심으로 대화의 주체로 조명한다. 힌두교는 종교만이라기보다는 거대한 문화 전통으로서 종교 및 철학 사상과 신앙, 세계관, 가치관을 아우른 다면적인 복합체 문화이다. 그 가운데에서 특히 신앙을 공통인수로 내세워 집중, 분석한다. 힌두교는 더 이상 유대교처럼 민족종교로 인도 영토 안에 갇혀있는 종교가 아니다. 서구인들의 '동양으로 향하기' 현상에서 불교와 더불어 그 중심에 서게 되었다. 학교(대학)에서 철학, 종교 분야의 주요 과목으로 등장할 뿐만 아니라 명상이나 신앙의 길로서 채택되고 있다.

1970년대 미국 대학가에는 힌두교 바람이 일었는데, 그 중심에 마하리쉬 요기의 '초월 명상'(TM)과 하레 크리슈나Hare Krishna 신앙 운동이 있었다. 거리에서 노란 옷을 입고 삭발한 청년들이 '하레 크리슈나'를 외치는 것을 목격할 수 있다. 바로 이 신앙을 콕스도 눈여겨 관찰하고 탐색했다. 유행처럼 번지는 사회 현상에 종교학자이며 신앙인으로서 콕스가 무관심할 수 없었다. 집 문을 두드리는 무리와 대화하고 그 종단이 뉴욕 맨하탄에서 벌이는 축제 퍼레이드에 초청 받아 참여하는 등 두 신앙 간 대화와 교류의 가능성을 탐색하였다. 이 대화와 체험은 그에게 하나의 새로운 전환점을 가져다준 사건이었다.

이것은 캘리포니아, 플로리다 등지의 힌두교 사원방문과 그 후 인도의 한 종파의 성지 방문(1977)으로 이어졌다. 축제에서도 느꼈지만 그들의 경전을 통해서 콕스는 모든 수준과 계층의 인간이 차별 없이 신의 평등한 부분들임을 강조하는 사실에 감동했다. 신은 인간만 아니라 만물에 편재한다. 신의 초월성과 내재성은 인도의 전통적인 신관이다.[5]

그가 관찰한 한 가지 부정적인 현상은 이슬람처럼 여성에 대한 불평등한 인식과 취급이다. 모든 종교가 남성 중심 사회의 산물이므로 기본적으로 비슷하다고 할 수 있지만, 종교 간 대화는 여성을 참여시키지 않고는 완전할 수 없다. 여성이 상징하는 성력(shakti)은 대화를 촉진시키고 온전하게 만드는 동력이 될 수 있다.

콕스가 체험한 힌두교는 (크리슈나 비슈누 신을 섬기는) 신앙을 강조하는 종파들이었다. 그런데 여태까지 서구 지식인들에게 알려진 힌두교는 주로 철학적인 전통이었다. 일찍이 19세기에 일원론적인 베단타철학이 에머슨을 비롯한 뉴잉글랜드 초월주의자들(transcendentalists)의 관심을 끌었다. 베단타는 사상가를 위한 힌두교다. 힌두교가 철학적인 사상으로 더 부각되면서 비슈누 신앙이 대표하는 전통은 그만큼 무시 또는 경시된 셈이다.

---

5 종파에 따라 강조점이 다를 수 있지만, 기독교와도 상통하는 신관이다. 다르다면 배워 서라도 확대해야 할 부분이다.

다시 말하면 지적인 측면만 강조되고 감성적인 신앙의 측면이 무시되면서 아주 복합적인 인도 종교 전통이 크게 왜곡된 결과가 된 것이다. 알고 보면 힌두교의 신앙 전통이 기독교와 힌두교의 종교적인 유사성을 더 드러낸다. 하지만 두 신앙이 구조적으로 비슷하기 때문에 (독특성을 갖는다고 주장하는 정통) 기독교인이나 경건주의적인 크리스천에게는 위협적으로 느껴져 경계심을 일으킬 수 있다.

베단타와 비슈누 신앙은 한 종교 전통의 두 가지 측면이다. 오랜 종교 전통은 대개 다 그렇다. 따라서 비교종교는 단선적인 비교로만 될 수 없다. 어떤 힌두교, 어떤 기독교를 말하느냐에 따라 다르다. 한 종파가 추구하는 것을 자기 종교의 다른 종파에서 찾기보다 오히려 타종교의 종파에서 쉽게 찾을 수 있다.[6] 이 점은 종교 간 대화에서도 고려되어야 한다. 이상적인 것은 참여하는 종교들이 자기 종교의 모든 종파 또는 측면이 반영된 종교로서 나서는 것이다. 그래서 힌두교니, 기독교니, 불교니 하는 분류보다는 범신론자, 일신론자, 일원론자, 경건주의자, 근본주의자 등 신학적 또는 심리학적인 형태로 갈래지어 대화하는 것이 더 생산적일지도 모른다.

종교 간 대화는 자기 것이 더 풍요로워지는 결과를 기대한다. 기독교가 비슈누 신앙에서 배울 점이 있다면 신비적인 성력性力의 문제를 들 수 있다. 인간의 삶에서 중요한 성애(eros)의 종교적 의의다. 힌두교에서는 성적인 힘이 크리슈나와 그 배우자(Radha) 사이의 관계 속에서 묘사되고 있다. 이것은 기독교에서는 대부분 전개되지 않았고 억압되거나 금기시되는 경우가 많았다. 학자들의 연구에 의하

---

[6] 동양 종교에 심취한 가톨릭 신부 토마스 머튼은 자기 종교의 신도보다 타종교들의 승려를 더 선호했다.

면 현재의 복음서들은 '영지주의(gnostic) 복음서들'을 희생시키고 편찬된 것이라고 한다. 그 복음서들은 신의 여성성 그리고 예수와 막달라 마리아 및 다른 여성들과의 관계가 더 충실하게 그려져 있었다. 신약성서가 형성된 시기에는 이 주제가 금기사항이었다.

그 결과로 섹스에 관한 것은 정통적인 기독교 신학에서 거의 전적으로 제외되었다. 크리스천은 보통 신의 사랑을 아가페agape와 일치시킨다. 비슈누 신앙은 우리에게 신이 에로스 속에도 내재한다는 사실에 대해서 무언가 가르쳐 주는 것이 있을지 모른다. 비슈누 교도들은 라다와 크리슈나 사이의 사랑을 인간에 대한 신의 사랑과 신에 대한 그들의 사랑의 중심적인 모형으로 본다. 아가페와 에로스를 반대되는 것이 아니라 한 연속체의 두 부분으로 본 것이다.

콕스는 나중에 그 신앙에 속한 인도학자와 힌두교의 시대적 변화와 해석의 문제를 논의했다. 기독교와의 대화를 위해서 낡은 고전적 형태 그대로의 힌두교보다 좀 더 현대화한 교리로 무장하여 '미국화한 힌두교'로서 기독교와 대화한다면 상호 보완하는 결과가 되지 않겠느냐고 하는 입장에 대하여 그는 부정적인 견해를 내놓았다. 콕스는 인도에서 시작된 불교와 팔레스타인에서 일어난 기독교가 성공적인 변화를 함으로써 발생지 밖 지역들에서 크게 전파되었음을 상기시켰다. 인도학자는 인도 사상 전체에서 영적인 지식의 영역에서는 어떠한 해석에 대해서도 강한 불신을 갖는다고 말했다. 모든 영적 지식은 영원한 것이므로 부분적으로라도 역사와 문화의 산물이 아니라는 것이 힌두의 신념이라는 것이다. "모든 변화는 타락이다."

콕스는 모든 해석에는 함정이 있기도 하지만 해석하지 않음으로써 초래된 결과는 종교 운동의 화석화한 잔재에서 볼 수 있음을 지적했다. 다른 문화들과 다른 시대에 대하여 스스로 해석하지 않는 종교는 끝내는 죽은 종교가 되어버린다. 신의 메시지는 뒤를 잇는 세대들에게 변화하는 시대에 맞추어 해석되고 재해석되어야 한다는 것이 콕스의 신념이다. 종교는 서로에게서 배워야 한다. 기독교가 힌두교에서 배울 것이 있듯이 힌두교도 기독교에서 배울 것이 있을지도 모른다. 상호 보완은 (한스 큉이 주장한 대로) 종교 간 평화와 세계평화와 더불어 종교 간의 대화와 교류가 가져다주는 소득이다. 서구인, 미국인들이 동양 종교로 방향을 전환하는 경향은 기존 종교에 대한 좌절에서 대안을 찾는 길일뿐만 아니라 변화한 자기 종교에 돌아와 다시 구원을 찾는 길이기도 하다.

긴 대화를 통해서 끝내 인도 학자도 소비문화에 실망한 서양 젊은이들이 왜 예수에게서 대안을 찾지 않느냐는 관점에까지 이르렀다. 그는 힌두교나 어떤 한 종교에 명운을 걸고 있지 않다고 했다. 젊은이들이 신을 발견하기를 바랄 뿐이었다. 그리스도를 통해서 발견한다면 그만큼 더 좋지 않겠느냐는 말이다. 이 점은 바로 콕스 자신이 주장하는 바였다. 그것은 종교인 간 대화가 얼마나 효과적일 수 있는가를 시사해 준다. "우리는 이제 힌두교도-기독교도 간에 대화의 시작 단계에 있을 뿐이다."

대화와 교류가 자기 신앙을 보충, 강화해 줄 뿐만 아니라 타종교가 대안으로 검증될 수 있다는 점도 중요하다. 이것은 선교의 경우에도 적용될 수 있다. 콕스는 중국에서의 기독교 선교를 다시 짚어본다. 16세기에 중국에 간 예수회 신부들은 곧바로 황제의 고문이 될 정도로 지혜와 신앙심의 전범으로 존경받았다. 선교사들이 관리의 복장을 하고 (마테오 리치가 주동하여) 기독교 신학을 중국철학과 통합시키는 등 중국문화를 너무 많이 수용한다고 해서 당시 교황이 두려워하지 않았더라면 이미 더 많은 중국인이 크리스천이 되었을 것이라고 분석했다. 외래 종교의 토착화가 중요하다는 것을 말해 준다. 토착화는 타문화와 새 시대에 맞는 변화와 해석을 의미한다. 그렇지 않고는 물과 기름처럼 융화하지 못한 종교로 뿌리박지 못하고 점점 대중과 유리되어 종교 본래의 기능을 하지 못한다.

한 사회에서 다른(외래) 종교가 전통 종교에 자극제가 되어 개혁을 유도할 수 있다.[7] 근대에 인도에서는 서양 종교의 영향으로 (타골도 참여한) 힌두교 개혁운동(Brahma Samaj)이 일었다. 간디도 그 본보기이다. 그를 힌두교 전통에 머무르면서 예수와 산상수훈에 이끌려 간 사람으로서 보지 않고 그의 엄청난 영성의 힘을 이해할 수는 없다. 반대로 마르틴 루터 킹은 크리스천이면서 힌두교인 간디에게 큰 영향을 받았다. 무분별한 종교혼합주의가 아니라면, 다른 신앙과의 접촉은 나 자신의 신앙의 다른 차원을 드러내는 데 도움이 될 수 있다.

힌두교와의 대화를 통해서 콕스는 "신의 (절대)진리는 어떤 한 종교가 전달할 수 있는 진리를 넘어선다는 것과 결국에 승리하는 것은 신의 진리라는 것을 확신하게 되었다." 이 발견은 철학적, 종교적으로 아주 중요한 의의를 갖는다. 부분적 진리와 전체 진리, 상대적 진리와 절대적 진리의 구분이 명확하게 지어진다. 한 가지 (자기) 종교만 진리라는 배타주의가 성립할 수 없다는 원리가 천명된다.

---

7 일찍이 중국에서 불교가 유교를 종교로서 변화하고 체계화하도록 작용한 것처럼 나중에 기독교가 유교를 다시 개혁할 뻔했다.

불교도와 기독교도

콕스는 불교인과 대화하고 체험을 하기 위해서 티베트불교 교육센터(콜로라도)를 방문하여 체재하는 등 상당 기간(3년) 직접 수행했다. 그런데 뭔가 분명한 게 잡히지 않아서 불교 지도 법사에게 말했더니 뜻밖에 기독교 수도원에 가서 체험해 보기를 권고하는 것이었다. 그래서 성 베네딕트 수도원(버몬트)에 들어가 수행하게 된다. 그것을 그는 이렇게 묘사한다.

여기서 나는 티베트 라마의 권고로 (가톨릭) 베네딕트 수도원에 들어와서 선불교 수도승이 앉는 방석에 앉아 있는 (개신교)침례교인이었다.

말하자면 종교다원주의가 지향하는 다종교 상황이다. 그것은 자신의 신앙을 돌아보고 자기 종교를 새롭게 인식하는 계기가 되었다. 동시에 대조적으로 불교의 윤곽도 선명해졌다. 방식은 다르지만, 사찰과 수도원의 수행과 생활은 본질적으로 크게 다르지 않았다. 불교의 기본구조인 삼보三寶, 즉 부처(佛), 불법佛法(Dharma), 승가僧伽(Sangha)를 가운데 놓고 그에 해당하는 기독교의 요소, 즉 예수, 성서(복음서), 교회의 의미를 새겨 보았다. 그 필요성과 지향하는 목표는 다르지 않지만, 삶의 고통과 잘못된 현실에 대한 원인 진단과 처방은 같지 않다. 불교는 무지(무명)를 고통의 원인으로 내세우지만, 기독교는 공포(불안)와 사랑의 결핍을 내세우고, 치유 방법도 각각 무지의 극복(깨달음)과 상호관계(우애, 사랑)의 회복으로 갈라진다.

그것은 명상의 과정에서 뚜렷이 드러난다. 명상 속에서 불교도들은 눈에 보이는 일체 현상의 무상함을 인식하지만, 콕스는 명상에서 삶이 관계들로 형성되어 있고 그것은 개체가 독립적이면서 동시에 상호 의존적인 것임을 인식한다. 불교 명상은 '있는 그대로' 여실하게 본다고 하는데, 콕스는 더 나아가서 무언가 다른 사람들로부터 내게로 밀려오는 에너지 같은 것으로 인간들이 만남(우애)을 갖도록 이끌어 간다. 그 원천은 인간들 속만 아니고 우주의 구조에 내재하는 것으로 기독교 용어로 은총에 해당한다.

불교는 대체로 무아와 공空 등의 인식에 초점을 두는 것이 불법의 요체임에 반해서,[8] 일종의 불법에 맞먹는 성서 복음서는 신만 아니라 이웃 사람, 자연 그리고 우리 자신의 가장 심층적인 자아와의 만남을 예수의 가르침(법)의 핵심으로 제시한다. 일상적인 삶의 현장을 떠나서 그 메시지를 실현할 수 없다. 그것은 말로 표현되는 것이 아니고 예수라는 특별난 사람, 인격체로 나타났다. 역사적인 예수의 말씀과 행적이 인식과 행동의 본보기이다. "예수가 곧 메시지다."

다시 인도 및 불교의 개념으로 말하면, 예수 속에서 신의 화신(avatar)만 아니라 스승(guru)과 영적 친우, 즉 선우善友의 모델을 찾을 수 있다. 그는 진정한 인간이었으므로 신적인 존재였다. 인간이면 누구나 다 그렇다고 할 수 있다.[9]

이와 같이 교리와 현장 수행의 관찰을 통해서 콕스는 불교와 기독교가 큰 틀에서 만나고 있지만, 세밀한 내용에서는 차이가 있음을

---

8 한편 부처는 연기론을 정립하고, 대승불교는 이타주의적인 보살 사상도 내세웠다.

9 콕스가 의식하거나 미처 지적하지 못한 부분이지만, 이것은 불교에서 누구나 불성을 지닌다고 하는 것과 상통한다. 인간 속에 본유한다고 보는 신성과 불성은 종교적, 문화적 표현의 차이일 뿐이다.

발견했다. 하지만 차이라고 여긴 것도 알고 보면 반드시 다른 것은 아니라고 할 부분이 적지 않다. 한 가지 중요한 실례를 든다면 신성 및 불성과도 관련된 주제로 신과 진리의 내면성이다. 위에서 말한 '가장 심층적인 자아와의 만남'이 가리키는 개념이다. 신이나 진리는 밖에서가 아니고 자기 내면에서 찾아야 하는 것이다. 콕스는 이 장의 결론 부분에서 이렇게 맺는다.

> 나는 불교도도 베네딕트 수도사도 아니었다. 그러나 나는 왜 나의 티베트불교 스승이 이곳으로 나를 보냈는지 알 것 같았다. 이 양쪽 수도원에서 체험한 승려들의 삶의 렌즈를 통해서 나는 본래 내가 갖고 있던 어떤 것, 즉 나름대로 삼보(불법승: 승단, 법[가르침], 스승)의 필요성을 충족시킬 수 있는 어떤 것을 다른 사람들 속에서만 아니고 나 자신 속에서 발견했다는 사실을 어렴풋이 깨달을 수 있었다(Cox, 1988, 95).

이것은 불교의 입장과 일치하는 시각이다. 콕스는 그것을 예수가 다 보여주었다는 것을 다시 확인하지만 신을 밖에서, 즉 조직교회를 통해서 만나야 한다는 정통적인 기독교와는 다소 다른 입장으로 오히려 불교 쪽에 가깝다고 할 수 있다. 콕스는 남미에서 실천하고 있는 '해방신학'도 신이 피압박자들을 그들 스스로가 자신들을 해방시킬 수 있게 '해방시켜(놓아) 준다'는 의미로 푼다(하늘은 스스로 돕는 자를 돕는다). 불교적인 해석이다. 대화 실험을 통해서 콕스가 예수의 의미를 더 확인하고 확신을 가지게 된 것처럼 스스로 평가하지만, 사실은 그가 불교 쪽으로 더 다가가게 만든 결과가 되었다고 볼 수 있다. 그것은 또한 세계종교들이 갖는 공통적인 보편성이 보기보다 크다는 사실도 알려 준다.

이렇듯이 종교 간의 대화는 다른 종교만이 아니라 자기 신앙의 본질을 더 잘 파악하고 강화시키게 된다. 콕스 자신이 종교 간 대화의 필요성과 효과를 증험하고 톡톡히 맛본 셈이다. 나아가서 콕스의 일견 단순한 접근법을 통한 대화 실험에서 상호 대화가 필요한 한국의 종교들 특히 불교와 기독교가 배울 점이 많다는 것도 참고할 사항이다. 콕스는 한국 신학자들에게도 잘 알려진 석학으로, 한국의 종교적 상황과 기독교의 미래를 걱정하는 신학자라면 그의 분석을 지나치지 못할 것이다.

IV. 윌프레드 캔트웰 스미스(Wilfred Cantwell Smith)
: 종교의 재정의(전통, 신앙), 세계신학, 세계종교연구센터

현대(20세기)에 활동한 종교학자들 가운데 이론과 실천 그리고 영향력에서 가장 대표적인 인물로 윌프레드 캔트웰 스미스(1916~2000)를 꼽을 수 있다. 그의 개척자적인 이력과 창발적인 주장을 담은 저술들(13권)이 말해 준다. 그는 '종교'에 대한 낡은 관념과 학설을 해체시키는 개혁적인 발상을 전개한 박학다식한 종교사상가이며 인문학자였다(Hick, 1984: 28). 그가 다룬 학술영역은 폭넓어서 그를 역사가, 비교종교학자, 비평가, 이론가, 신학자, 선교宣敎학자, 선각자(prophet) 등 다양하게 분류할 수 있다.

한 종교의 신앙인이나 전문가에 머물지 않고 그가 그렇게 복합적인 사상을 구축하게 된 것은 삶과 일의 전개 과정에서 부딪친 현실에 대한 진지한 관찰 속에서 형성된 결과였다. 학문적 탐구에만 빠지기보다 사회적 가치관과 세계관의 차원에서 사색하면서 이루어진 것이다. 실제로 그는 초년시절에 폴 틸리히처럼 사회주의와 마르크스 사상에 관심을 갖기도 했다. 학자와 교육자로서 그는 대학이 어떻게 인본주의적 이상들을 구현해야 하는지 길을 제시했다. 대학을 넘어서 스미스는 종교적으로 다양하고 문화적으로 다원주의적인 세계가 어떻게 되어야 하는가 새로운 비전을 펼쳤다.

한 걸음 더 나아가서 스미스에게 그 관심들을 통합하는 더 큰 관심은 세계 공동체의 평화와 정의의 실현이었다. 그것은 무엇보다 종교가 대표하는 궁극적인 가치에 기초를 두어야 한다. 그래서 제창하

게 된 것이 '세계신학'이었다. 더 이상 한 종교('기독교 신학')나 한 지역('독일 신학', '한국 신학') 중심의 신학은 지양되어야 한다. 역시 다원주의 입장에 선 가톨릭 신학자 한스 큉이 '세계윤리'를 주장하는 것과 같은 맥락이다. 스미스가 어떻게 다원주의적 세계관과 종교관에 이르게 되었는지 그 과정을 추적해보자.

스미스는 서양인으로서 어쩌면 당연하게 (하비 콕스처럼) 기독교 신앙을 견지하면서 그가 접한 다른 종교들에 마음의 문을 열어놓은 열린 크리스천으로 살았다. 장로교 신자 아버지와 감리교 신자 어머니 밑에서 미묘한 차이가 있는 두 종파의 신앙을 나름대로 조화하면서 자란 셈이다. 말하자면 기독교 내의 종파 일치(ecumenism) 같은 것을 모색해야 하는 분위기 속에서 성장했다.[10] 부친에게서는 근면성과 칼뱅주의적인 청교도 정신을 이어받았고, 낙관주의적이고 보편주의적인 세계관은 모친 쪽에서 받았다. 감리교 신학에서는 그리스도가 만인을 위하여 희생했고 신의 은총과 사랑은 어디에나, 누구에게나 작용하고 미친다고 보는데 그것이 스미스의 사상과 저술에 반영되었다.

다른 문화와 종교에 대한 관심은 고교 졸업 후 모친에 이끌려 1년간 지중해 지역을 여행하면서 싹텄다. 특히 이집트의 문화가 큰 관심을 끌었다. 대학(토론토)에서 동양학, 그중에도 중동(히브리, 아랍, 근동) 역사를 전공했다. 이슬람 연구의 단초가 마련된 것이다. 대학 졸업 후 중동 지역(파키스탄)에 가서 선교사로 일하면서 그 동기가 한층 더 강화되었다. 선교하고 싶은 소원은 모친에게서 물려받은

---

[10] 그것은 차차 종교 간 일치와 대화로 확대되어 갔다.

것으로 평생 지니게 되었다. 인도에 가서 장로교 선교사로 봉사하고 싶었으나 뜻대로 되지 않자 스미스는 일단 신학 교육을 받고자 영국으로 건너가(1939) 장로교 계통 웨스트민스터신학대학(케임브리지)에 입학했다.

여기서 만난 학장 파머 교수가 스미스의 신학적인 발전에서 중요한 요인이 되었는데 파머는 특히 기독교와 타종교 전통들과의 관계에 큰 관심을 가지고 있었다. 당시 타종교 전통에 대한 교회의 입장은 '근본적인 불연속'으로 표현되었다. 기독교의 절대 진리 그리고 성서 신앙과 타종교 사이의 큰 간격을 의미한다. 파머는 인간의 삶 가운데서 인간의 혼 속에서 항상 솟아나는 '살아있는 종교'를 이야기했다. 파머는 나중에 스미스의 저술에서 부각되는 관념들과 원리들을 내세우고 있었다.

2년 후 전쟁 상황에서 위험을 무릅쓰고 인도로 건너가 캐나다 해외 선교회에 소속하여 대학의 임원으로 봉사하게 되었다. 여기서 힌두교인, 모슬렘, 시크교도 등 타종교인들과 함께 생활하면서 그들이 종교적으로 다양한 공동체를 건설하고 유지하기 위하여 크리스천들과 함께 일하는 그들의 봉사 정신에 감명을 받았다. 그것은 자기 신앙을 실천하고 빛내려고 애쓰는 크리스천들과 다소 대조되는 모습이었다. 대학이라는 환경에서 타종교인들이 보여준 숭배의 태도는 크리스천이 갖는 신앙과 다를 바 없었다. 나중에 그가 종교의 주요한 내용으로서 신앙의 보편성을 주장하게 된 것은 이러한 체험에서 연유한다. 일반 서민들의 삶도 그 도덕적인 기준을 그들의 성서(코란)에 두고 있었다. 그것은 기독교 성서와 똑같은 '신의 말씀'이었다. 기독교 선교사로서의 이와 같은 체험이 신앙의 보편성, 무소부재를 일찌감치 일깨워 주었다.

그 체험을 바탕으로 스미스는 귀국하여 프린스턴 대학에서 이슬람 연구로 석, 박사 학위를 끝내고 다시 그곳(라호르)을 방문했다 (1948). 그 도시는 인도에서 분리되어 파키스탄의 수도가 되어 있었는데, 분쟁으로 폐허로 변해 있었다. 세 종교를 믿고 협동하면서 그렇게도 화목하게 함께 살던 사람들이 서로 적이 되어 살해하고 파괴한 결과였다. 그의 평생 소명이 무엇이었는지 다시 깨닫고 그것을 수행해야 할 동기를 더 강화한다. 그것은 종교가 다시는 그 같은 학살과 파괴에 대한 구실로 사용되지 않도록 상호 이해를 돕는 일이었다. 다른 사회경제적 요인들과 함께 이슬람 역사 등 종교사를 살펴보면서 인간사에서 종교의 역할을 올바로 파악해야겠다는 방법론이 형성되어갔다.

이후 스미스는 맥길대학(몬트리올)에서 이슬람학과 교수로 임명되어 재직하는 동안(1949~1962) 많은 연구 업적을 쌓았다. 그의 열정적인 관심은 '상호 소통' 그리고 모슬렘과 비-모슬렘 사이(나아가서 모든 종교 간 관계에서) 상호 이해를 증진시키기 위하여 비교종교학이 수행해야 할 역할에 대한 것이었다. 또한 '이슬람 연구소'를 창설하여 경계-넘어서기와 상호 책임을 지는 종교학에 관한 그의 새로운 이론을 실험하는 프로그램을 진행했다. 여기서 그가 세운 원칙 하나는 모슬렘 정체성의 공통요인에 관한 연구를 수행할 때 서구(비-이슬람)권 학생과 이슬람 학생의 비율을 동수로 하는 것이었다.[11]

이슬람뿐만 아니라 스미스는 비교종교의 다른 차원에도 관심을

---

11 모슬렘 정체성은 단순히 아랍 국가들의 자기 이해보다 훨씬 더 많은 것을 의미하게 되었기 때문이다. 이 원칙은 나중에 하버드에 가서도 적용하였다.

지속하면서 공동체들 사이의 소외가 심화되는 현실에서 신앙과 역사에 대한 근본적인 질문을 던지고 새로운 해석방법을 모색하기 시작했다. 그 과정에서 나온 첫 저술이 '종교의 재해석에 관한 이 세기의 가장 영향력 있는 저작', '20세기의 종교 고전'으로 평가되는『종교의 의미와 목적: 인류의 종교 전통에 대한 새로운 접근』(1963)이었다. 표현 그대로 '종교'의 학문적인 경계를 허무는 혁명적인 해석이다. 종교다원주의의 근거가 내포된 과감한 분석이다.

당시 기독교 신학의 지배적인 경향은 종교의 의미와 본질, 기능과 과정에 관한 필요한 지식은 오로지 기독교의 지식에서 얻을 수 있다는 자기 충족의 믿음이었다. 칼 바르트, 루돌프 불트만, 디트리히 본회퍼 같은 대표적인 신학자들의 사상에도 다른 형태의 계시(종교)가 차지할 공간이 별로 없었다. 스미스는 종교인들이 종교의 객관적인 연구를 빌미로 종교사에 나타나는 외면적인 것들에만 매달려서 정작 본질적인 의의가 있는 측면은 다루지 않는다고 비판한다. 그것을 스미스는 '객관적으로는 옳지만, 과학적으로는 틀린' 방법이라고 규정한다. 엄밀하게 말하면 과학이 (특히 인문과학이) 반드시 개관적인 사실만 다루는 것이어서는 안 된다는 것이다. 주관적, 체험적인 요인도 포함해야 한다.

비교종교의 주요 인물로 인정된 스미스는 하버드대 비교종교학 교수로 임명되었다(1964). 2차에 걸쳐 통틀어 십수 년 동안 많은 제자를 배출하고 종교의 연구와 교육에 혁신을 일으켰다. 하버드에서의 혁신 중 하나는 박사 학위 심사위원이 학생 자신의 전통은 물론 연구 중인 전통에서도 나와야 한다는 원칙이다. 그는 항상 종교의 체계보다 신앙의 주체인 사람이 더 중요하다는 점을 강조했다.

스미스는 또한 '하버드세계종교연구센터'(CSWR) 소장으로 여러 가지 실험과 연구를 주관하였다. 그곳은 다양한 종교 전통 배경을 가진 여러 나라 학자, 종교인들이 1년간 함께 생활하면서 대화, 교류, 탐구하는 마당으로 바람직한 공동체의 모델처럼 운영된다. 비교종교 교재의 이론보다 더 많이 배울 수 있다는 신념에서다. 물론 각자 연구한 주제에 대한 발표도 한다. '세계종교' 과목은 오늘날 서구 특히 북미 대학에서는 필수 교양과목으로 정착되었다. 스미스의 영향으로 하버드대 신학교에서는 기독교만이 아니라 다른 종교들을 자유로 연구하고 학위를 받는 곳이 되었다(한국 스님들도 불교 연구로 학위를 받았다). 기독교가 '신'을 독점할 수 없다는 시각이다.

중간에 수년간 캐나다 대학(달하우지대)에 가서 가르치면서 『신앙과 역사』(1977) 등 두 권의 중요한 책을 저술했다. 그러다가 하버드대의 요청으로 다시 미국으로 돌아온 스미스는 다수의 교수를 참여시키는 방대한 '하버드 종교연구 위원회' 위원장을 맡아서 많은 인재를 키우고, 인문과학 분야의 새 프로그램으로 종교사를 편성하는 프로젝트를 수행하다가 1983년에 은퇴하였다. 이 기간에 대표작으로 꼽힐 수 있는 또 한 권의 저술을 내놓았는데 그것이 『세계신학을 향하여: 신앙과 비교종교사』(1981)이다. 다년간의 연구, 교육, 체험이 응축된 저작으로 종합적이면서 원숙한, 역시 획기적인 주장과 논증이 담겨있다.

은퇴 후에도 발표, 저술 등 학술 활동이 이어졌다. 마지막 저서는 『경전이란 무엇인가?』(1993)이다. 그의 지속적인 관심은 절망적이고 불행한 세계에서 치유와 희망의 말을 찾는 것이었다. 또한 다양한 종교 전통을 통해서 나타난 진리의 열정적인 옹호자였다. 그것은 배타적으로 고착된 한 종교체계를 통해서는 달성될 수 없는 다원주의적인 접근을 의미하는 것이었다. 그것이 그의 여러 가지 역할을 통해서 어떻게 나타났는지 살펴보자.

① 종교사학宗敎史學자로서 스미스는 종교학의 소재가 엄청난 복합성을 지닌 것임을 강조한다. 인간의 종교사는 '복합적이며 다채롭고 다양한' 모습을 보여준다. '한 가지 연구 분야'로서 연구하면 다 파악한다고 할 수 없다. 그 소재는 한 곳에 놓여 있는 정태적인 대상이 아니라 부단히 움직이고 활동적인 현상이다. 모든 종교적인 활동은 불가피하게 개인적인 특성을 지니고 있기 때문이다. 따라서 다른 사람들의 종교적인 삶을 연구하려면 조직, 체계, 교리 등 겉모양이나 구조보다 인간 내면에 깊이 내장된 개인적인 성격을 먼저 탐색해야 한다. 그러나 그 일이 쉽지 않기 때문에 종교 연구자는 '객관성'을 핑계로 회피해버리지만 그건 지성의 배반이다. 생각, 이상, 충성심, 열정, 열망, 사랑, 신앙 같은 것은 직접 관찰할 수 없지만 인간 역사에서 그 역할이 그만큼 더 중요한 요소들이다.

일단 객관적인 본문(텍스트)과 관찰 가능한 외부 요소 등 자료를 수집하고 나서 모아 놓은 그 자료들이 그 틀 안에서 사는 사람들에게 무엇을 의미하는가를 살펴보는 것이 중요하다. 관련된 당사자와 다른 관찰자들이 그 타당성을 인정하지 않는 진술은 타당하다고 할 수 없다. 모든 당사자를 일일이 다 면담할 수는 없지 않은가 하는 반론에 대해서 스미스는 그렇기에 종교학자들의 보고서는 언제나 교조적이 될 수 없으며 다만 잠정적인 것일 수밖에 없다. 학자들에게 '부분적이고 제한된' 보고라고 인정하는 겸양이 필요하다. 누구라도 다른 사람을 완전히 이해하는 능력이 본래 갖추어져 있지 않은데 하물며 판연히 자기와 다른 문화나 종교를 가진 사람들을 완전히 파악한다는 것이 가능하겠는가. 따라서 종교학자들은 "일부 불교도들은 OOO라고 생각한다" 또는 "어떤 모슬렘들은 OOO라고 주장한다"라고 기술해야 한다. 진술이 과도하게 일반화되어서는 안 된다.

이렇듯 스미스는 개인이 중심이 되어야 할 신앙이 일정한 종교체계로 일반화, 획일화될 수 없다는 확고한 신념을 갖는다. 말하자면 개별화된 다원주의의 입장이다. 종래의 종교별 다원주의보다 한 걸음 더 나아가 개인별 다원주의의 성격이 짙다. 사람마다 얼굴이 다르듯이 신앙은 개인마다 다르다. 그것은 다음 분야에서 더 선명해진다.

② 비교종교학자로서 스미스는 두 가지 점에서 '인류 종교사의 일관성'을 강조한다. 하나는 다른 사람들의 생활방식과 전통에 관한 연구보고에 대하여 가능한 한 정확하게 진실을 말하는 일이다. 두 번째는 종교학도가 '단선적인 단순성의 환상'에서 벗어나는 일이 중요하다. '기독교의 핵심'이나 '이슬람의 핵심' 같은 것은 없고 그런 제목을 붙인 책은 범주 오류를 범하고 있다. 모든 종교사는 변화와 과정의 이야기이다. 교황제制, 칼리프제制 등 어떤 제도도 한 시점에 그대로 고정되지 않았다. 종교사는 복수(religions)가 아니라 단수(religion)로 다루어야 한다. 한 종교에 나오는 사실과 전설들은 다른 종교에서 유래한 것이 많다. 톨스토이와 간디도 영향을 받은 기독교 성인 조사파트Josaphat의 이야기도 원래 인도 특히 불교의 한 보살(bodhisattva) 전설에서 유래하여 전사博寫된 이름이다. 염주(로사리), 크리스마스트리, 인사카드도 기독교에서 유래하거나 어느 한 종교에만 있는 것은 아니다. 여러 종교에 겹쳐 있다(Smith, 1981: 3-20).

이렇듯 종교사 속을 세밀하게 살펴보면 비역사적인 가정들과 일반화에 많은 오류가 있음을 발견할 수 있다. 신약성서는 종교다원주의적인 환경에서 바울이 진리를 지켜낸 이야기이므로 '배타주의'를 주장하는 근거가 된다고 하는 학자들이 있지만, 사실을 보면 그렇지 않다. 기독교 교회는 사상 면에서는 그리스 철학, 사회질서의 측면에서는 로마법의 영향을 받았고 기독교 신학은 다른 사상과 세계관의 영향을 받아 보완된 산물이다. 어느 모로 보나 역사적으로 크리스천은 집단적으로나 개인적으로 애초부터 내내 다원주의자였다. 달리 말해서 크리스천들은 종교혼합주의를 벗어날 수 없었다. 기독교는 물론 어떤 종교도 말하자면 외딴 섬으로 존재해 본 적이 없었다.

③ 신앙 이론가로서 스미스는 종교의 본질적 요체로서 신앙을 중시하고 그것을 모든 인간이 갖고 있는 보편적인 특성으로 본다. 그러나 그 실체는 정의하기 힘들고 유추할 수밖에 없다. 그러나 분명한 것은 신앙(faith)은 신념(belief)과는 다르다는 것이다. '불교 신념'은 범주 오류다. 우리가 보통 '종교'라고 말하는 것은 '축적된 전통'(cumulative tradition)을 가리킨다. 신앙과 대칭되는 요소다. '종교들'을 구체적인 사물이나 개체처럼 형상화할 수 없다. 사람이 사회나 클럽에 소속하듯이 종교에 소속한다고 말할 수 있는 대상이 아니다. 그러므로 '종교들'은 존재한다고 할 수 없다. 전통일 뿐이다.

사실을 말하자면 개별 종교의 명칭은 서양 학자들이 편의대로 19세기에 갖다 붙인 말(造語)이다. 즉, 다른 지역의 종교 전통을 학자들이 불교(Buddhism, 1801), 힌두교(Hindooism, Hinduism, 1829), 도교(Taoism, Taoism, 1839), 조로아스터교(Zoroastrianism, 1854), 유교(Confucianism, 1862)로 명명하여 부르기 시작했다. 물론 중국에서는 일찍부터 유교, 도교, 불교 등 명칭을 사용해 왔지만, 그것은 일차적으로 '가르침'(敎)이었다. 그것이 신앙의 차원으로 발전했다. 다양하고 고도로 복합적인 인도 종교 전통을 '힌두교'라는 이름으로 함께 묶는다는 것은 사람들을 오도하기 쉽다. 단층적으로 보이는 이슬람세계도 시대와 지역에 따라 판이하게 달라서 이슬람도 역동적이고 진화하며 '축적된' 전통이란 것을 확인할 수 있다(Smith, 1981: 24).

이러한 살아있는 전통은 신앙의 '세속적인 근거(원인)'가 된다. 종교연구자는 이 전통이 그에 따라 살아온 사람들에게 무엇을 의미해 왔는지 조사해야 하고, 그래서 종교학의 초점이 다름 아닌 '신앙'임을 인식해야 한다. 축적 전통이나 신앙이나 다 '초월', '초월적인 실체'에 대한 반응이다. 신 같은 초월자를 설정하지 않은 불교나 중국 종교도 자신을 넘어선 무언가를 추구한다. 세속주의, 인본주의, 합리주의 같은 비종교적인 세계관도 신이나 절대자를 상정하지는 않지만, 정의와 진리 같은 초월적인 이상에 반응하고 추구한다. 그것도 부분적인 실체에 반응하는 부분적인 진리에 해당한다. 그들이 본 대로 세속적인 진리도 초월에 반응하는 중간적인 진리이다. "어떤 전통이 종교적인 전통인지는 겉으로 봐서는 알 수 없고 그것은 인간의 삶이 어떻게 영향을 받았느냐에 따라 입증된다."

모든 종교 전통이나 세속적인 가치관도 부분적인 진리로 여기는 스미스의 태도는 다원주의의 한 특성이다. 한국의 다원주의적 종교 전통의 전형인 원효의 화쟁·회통 사상을 상기시킨다. 그는 모든 주장을 나름대로 어떤 타당한 근거와 환경에서 도출된 것으로, 모두 일리가 있다는 이론을 세웠다. 문제는 장님들이 코끼리를 관찰하는 비유에서처럼 부분적인 진리를 전체 진리로 오인하는 배타주의적인 진리관이다. 서구 대학의 인문학 교육이 당면한 문제는 서구 전통 중심이라는 것이다. 그것은 동양 전통을 반영하지 않은 부분적인 진리의 탐구에 불과하다. 보편적인 전체 진리라 할 수 없다. 사상에 있어서도 포스트-모더니즘의 경우 비-서양 문화는 고려되지 않은 관점이므로 보편성을 잃은 사상이다.

④ 스미스와 '기독교' 신학. 스미스가 신학자로도 간주할 수 있는가는 논란이 될 문제다. 스미스 자신은 모든 종교를 다루는 입장에서 신학자임을 부정한다. 하지만 그가 종교 분석의 초점으로 삼은 '신앙'과 '초월'은 신학의 주제이므로 신학과 밀접하게 접속하고 있음이 분명하다. 실제로 그는 '세계신학'을 제창했다. 그런 맥락에서 충실한 크리스천으로서[12] 자기 신앙을 견지한 그를 신학자로 보아도 크게 어긋난 것은 아니다. 다만 정통 신학의 시각에서는 그는 신학을 기독교라는 한 종교의 울타리에서 범종교로 신학의 범주를 확장시키는 독창성을 발휘한 이단아라 할 수 있다.

스미스의 관점에서는 '기독교 신학'은 모순적인 용어이다. 신학을 '신에 관한 진리를 이야기하기'라 한다면, 다른 수식어(형용사 Christian)를 붙일 필요는 없다. 신의 진리에 대한 이야기는 온 인류의 일이지 크리스천에게만 국한된 일이 아니다. 그 자신이 체험한 모슬렘, 힌두교인, 시크교도 그리고 직접 배운 불교도와 여타 신자들도 신의 은총과 선물을 받는 일에 참여한다. 그들 나름대로 일찍부터 이론적인 원리로 이 사실을 설명하는 체계를 전승해 왔다. 그래서 구태여 수식어를 붙이자면 '세계신학'이라 해야 옳다.

---

12 그는 선교사로 활동하고 안수받은 목사이기도 했다.

사실 서구 기독교인들은 대개 신의 은총이 다른 신앙인들에게도 존재한다는 것을 한사코 인정하려 들지 않았다. 스미스는 20세기 중반 서구 신학의 대표적인 신학자 중 한 사람인 칼 바르트(1886~1968)가 이전의 기독교 사상가들처럼 세계의 다른 종교 전통들에 대해서 마냥 무지했다고 지적했다. 신은 결코 자신을 어떤 명제나 신학 속에서 계시한 적이 없다. 예수가 신의 최종적이고 완전한 계시라는 주장에 대하여 스미스는 우리의 모든 이해는 부분적이라고 단언한다. "신은 예수에게서 완전히 계시되지는 않았다. 적어도 내게는 그리고 내가 만난 누구에게도 그렇다. 역사를 연구한 결과도 그렇다." 계시는 구체적인 시간과 장소에 일정한 사람에게 나타나는 것이다. 계시의 문제는 역사의 문제다. 신학의 자료는 종교사에서 나와야 한다. 그러므로 진정한 신학자와 진정한 역사가는 하나일 수밖에 없다.

어느 종교 전통이나 빅뱅 식으로 어느 한순간에 다 완성되는 것이 아니다. 신은 오늘도 너와 나에게 무언가 구원적인 일을 할 수 있다. 계시의 장소는 항상 현재이고 항상 개인(인격)이다. 그리스도가 우리에게 오는 과정은 과거 시점에 저장된 자료를 다시 빼서 연구해서 되는 그런 것이 아니다. 기독교 신학은 구원에 대한 새로운 이해에 적응해야 할 상황이다. 긴 역사 과정에서 바라본 인류 구원사에 대한 종교사가의 정보를 주목해야 한다. 신이 개입한 구원사에 대한 기독교의 이야기는 이 광대한 역사의 한 단편일 뿐이다. 스미스는 '교회사'가 '세계종교사 속의 기독교 편'이 되어야 한다고 지적한다.

기독교 신학은 열쇠를 바꿔서 새롭게 출발해야 한다. 구원론적으로 스미스에게 구원은 우주적 차원까지 확대된다. 구원은 신앙 전통이 무엇이든지 간에 모든 사람에게 똑같다.

그리스도가 계시한 신은 자비와 사랑의 신으로서 어디에서나 모든 사람에게 자비의 손을 내민다. 그렇게 말하면 기독교 신학자들이 만들어낸 공식과 충돌하겠지만, 달리 말하는 것은 그리스도의 중심적인 계시와 어긋난다. 만약 크리스천들만이 구원될 수 있다고 성 바울이 그렇게 생각했다면 성 바울이 틀린 것이다. 바울이 그리스도를 믿는 것 또는 그리스도를 통하여 신을 믿음이 우리를 구원한다고 말한 것은 옳다. 그는 부처에 대한 신앙이나 이슬람 식으로 신을 믿는 방식에 대해서는 들어본 적이 없었다. 그에 대해서 사람들이 듣고 알았다면 아마 신이 그런 신앙 형태를 통해서 구원한다는 사실이 신이 역사 속에서 모든 인간에게 손을 뻗어 사랑하고 포용한다는 우리 크리스천의 신관을 확인시켜 준다고 기뻐할 일이다. 만약 신이 다른 사람들을 살피지 않는다거나 그들을 구제할 길이 없다고 생각했다면, 그것은 우리 크리스천의 신관이 틀렸음을 증명했을 것이다. 최근 일 세기 동안 교회가 대강 이러한 입장을 취한 듯 보였다. 그래서 많은 사람이 기독교의 가르침이 확실히 틀렸다고 판단했으며, 그래서 교회를 떠났던 것이다(K. Smith, 1981, 171).

다른 신앙인들, 즉 비-크리스천들을 무시한 낡은 배타주의적인 구원관과 신관 때문에 서구 기독교는 많은 신자를 잃게 되었다. 오늘날 서구 교회당은 텅텅 비어가는 건물이 되어 가고 기본적인 통과의례나 집전하는 곳으로 전락했다. 스미스의 해석은 타자를 포용하는 다원주의적인 새로운 확대된 구원관만이 교회를 살릴 수 있음을 말해 준다. 그것은 또한 진리의 인식과도 연관된다. 인식론적으로 한 종교만으로 총체적 진리에 완전히 이르기는 힘들다.

⑤ 선교관. 선교사로서 출발한 스미스는 자신의 경험을 바탕으로

선교 문제에 대한 관심을 놓지 않았다. 선교는 그의 종교관의 확대와 맞물리는 주제다. 자기 종교를 타종교인이나 무종교인에게 알리는 일은 자기 종교의 지식만으로 충분하지 않다. 종래의 기독교 선교는 그 점에서 문제를 안고 있었다. 기독교 교회가 지난 두 세기 동안 지구 곳곳으로 확장되는 과정에서 19세기 초부터 선교는 다른 세계, 특히 위대한 종교들의 복합적인 전통 체계에 대한 무지상태에서 출발했다. 선교사들이 남을 가르치러 들기만 했지, 스스로는 아무것도 배우지 않은 일방적인 선교 방식이었다. 선교 내용은 한쪽 진리일 뿐이었다. 이 상황은 달라졌다. 우리는 이제 인간의 종교적 열망이 얼마나 복합적이고 다양한 모습으로 나타나고 성취되었는가를 알게 되었다.

이 인식의 큰 전환이 기독교 교회를 무대책 상태에 빠뜨렸다. 스미스는 교회가 선교관을 바꾸는 데 늘 뒤늦은 것을 지적하고 확대된 자료를 제공하는 종교사가에게 귀를 기울이라고 충고한다. 그는 선교사의 역할을 다시 정의한다. 그것은 지금까지는 이상적인 실체일 뿐이었던 것을 이제 확대된 세계 공동체의 실제 현실로 실현하는 일에 '참여'하여 지도력을 발휘하는 것이다. 그들은 기독교가 신의 어떤 모습을 파악했고 궁극적인 진리의 한 측면을 보았다고 느끼고, 그것을 다른 공동체 사람들도 참여하고 있는 신과 진리의 전반적인 탐구 작업에 전달되도록 돕는 기능을 할 수 있다.

새 옷으로 갈아입은 선교사는 대화의 길을 모색하는 일에 전심해야 한다. 대화는 '우리'(we), 즉 '우리 모두'(all of us)가 '우리들'(us)에 대하여 이야기하는 단일한 세계 공동체의 건설에 필수적인 도구이다. 이제 선교는 모든 인류의 영적 삶에 대한 관심과 책임을 느끼고 거기에 실제로 참여하는 일이 되어야 한다. 가장 깊은 영적이고 인간적이며 영원한 문제에 관하여 교회 밖의 사람들과 이야기하는 일을, 버리거나 회피해서는 안 된다. 그것이 그리스도가 알려준 신의 뜻을 행하는 교회의 임무이며 선교의 목표이다. 그것은 종교사와 비교종교를 통해서 스미스가 달성하려고 하는 자신의 비전이기도 하다.

⑥ 스미스의 치유 비전. 인간의 영(정신)을 방해하는 장애물, 오해, 잘못된 정보를 제거하여 인간성을 실현하고자 하는 관심과 더불어 스미스는 또한 인간의 각 종교 전통이 스스로를 고쳐서 더 이상 배타주의자가 되지 않도록 하자는 것이 또 하나의 관심사이다. 각 전통이 이제는 '타자'를 위한 공간을 찾아내야 한다. 모두가 참신한 이해의 틀을 개발해야 한다. 스미스의 관심은 '종교적' 차원을 넘어서 문화로 확대된다. 스미스는 현대 문화가 모든 수준에서 문제를 안고 있다고 보고 특히 종교사에 대한 관심을 기울인 사람들이 인간으로서 우리 자신을 더 진정으로 이해하는 데 도움이 될 것으로 믿는다.

스미스의 초점은 우리가 그 일원인 인류 전체이다. 그는 모두 상호 의존적이고 뒤얽힌 연기적인 관계 속에서 우리가 각자의 역할을 수행하면서 함께 신을 섬기는 그런 세상을 꿈꾼다. 적어도 개인들끼리라도, 각자 배경이 어떤 것이더라도 우애, 상호신뢰, 인정을 쌓아가도록 밖으로(타자에게) 손을 뻗어야 한다. 그가 꿈꾸는 공동체는 '넓은 세계와 긴 역사를 아우르는 인류공동체'이다. 그 원리는 바로 다원주의적인 세계관이다. 그것은 통일성과 다양성 두 가지를 갖춘 틀이다. '부정적인 측면이 보이더라도 있는 그대로 다양성을 인정하고, 저항에 부딪히더라도 다 안고 씨름하면서 설사 다른 쪽 편 입장에 서게 되더라도 종합을 이루어내야 한다.' 그리고 '우리가 여럿으로 나누어져 있음을 이해하는 쪽으로 나아갈 수 있다면, 이것은 우리가 하나로 연합되어 있음을 인식하는 쪽으로 나아가도록 해줄 것이다.' '다양성 안에 통일성이 내포되어 있다.' 다양성 속의 통일(unity in diversity)은 인도나 중국 같은 다원주의 전통을 관류하는 틀이다. (솥 다리처럼) 여럿이므로 하나로 설 수 있다. 일一과 다多의 원리다.

V. 아놀드 토인비(Arnold Toynbee)
: 보편주의적 접근 — 모든 종교는 본질적으로 하나

이 책에서 우리가 다루는 종교사상가들은 주로 종교학, 신학, 철학, 심리학과 관련된 학자, 저술가, 종교인들이다. 영국 역사가 아놀드 토인비는 이 범주를 벗어나지만, 이들에 못지않게 뚜렷한 다원주의적 종교관을 전개했다. 오히려 다원주의 종교사상가들보다 시대를 앞질러 통찰한 종교다원주의 선구자였다. 포괄적인 종교관을 독자적으로 수립하고 생애(1889~1975)의 후반(1950년대 초)부터 종교에 초점을 둔 강의와 저술(『역사가의 종교접근』, 1956, 1979)에 집중하고 고백적인 종교 에세이 『암중暗中모색摸索』(1973)으로 오랜 저술 활동을 마감했다.

토인비가 종교에 대한 객관적인 특별한 관심을 갖게 된 것은 그의 필생의 작업인 방대한 저술 『역사의 연구』(12권)를 저작하는 과정(1934~1961)에서였다. 인류 역사에서 부침해 온 26개 문명을 살펴보니 그 저변에는 종교가 받치고 있었다는 사실을 인식하게 되었다(그 점에서 헌팅턴의 문명충돌론과 일치한다). 그것은 자신도 직접 참여한 (1, 2차) 세계대전의 체험으로 확인되었다. 종교라는 성분이 없이 역사의 역동성을 이해할 수 없다. 토인비의 모든 역사탐구의 주제는 "종교는 인간 생활의 핵심이다"였다(Knitter, 1985: 32). 종교와 역사를 함께 엮는 서술방식은 당시에는 생소하고 비정통적이어서 역사가나 신학자들 어느 쪽에서도 환영받지 못했다.[13] 이제 다원주의 담론이 본격적으로 전개되는 시점에서 볼 때 토인비는 선구자임이 분명하다. 당시 신학계는 그의 교회일치(ecumenism)를 넘어서 종교일치 주장에 귀 기울일 만한 수준에 이르지 못했다. 그는 일찌감치 다원주의 종교학자, 신학자들에 앞서서 모든 종교의 이면에서 일치성을 간파하고 모든 종교가 함께 세계의 개선에 동참할 필요성을 주장했다. 실제로 토인비는 '다원주의'(pluralism) 용어를 전혀 사용하지 않았지만, 누구보다도 충실한 다원주의자였다. 마치 세계종교, 종교사 저자들이 주관적 편견 없이 모든 종교를 공평하게 기술해야 하는 것처럼 역사가들이 세계역사를 어느 한 인종, 민족에 치우침 없이 객관적, 중립적으로 서술하는 것이 당연하다. 그런 점에서 토인비의 역사서술은 신뢰성을 가질만하고, (역사와 종교를 연관시킨다는 점에서) 새롭게 조명될 가치가 있다.

　토인비는 세계의 종교들을 사변철학자로서가 아니고 구체적인 역사의 맥락에서 연구하고 그 본질적인 체험과 통찰에서 근본적으로 같음을 발견한다. 종교 가운데 특히 일곱 가지를 주요 종교('고등 종교')로 분류한다. 소승(테라바다)불교, 대승불교, 힌두교, 유대교, 기독교, 이슬람, 조로아스터교가 그것인데 이들은 몇 가지 공통 특성을 지닌다. 종교의 가르침은 우주의 신비를 체험하는 데서 비롯한다. 우주의 의미는 절대적 실체 또는 현존(presence) 속에서 파악된다. 인간은 이 실체를 체험할 뿐만 아니라 이와 조화하도록 추구해야 한다. 이 조화를 이루며 사는 길은 타고난 자기-중심 사고를 버리는 것이다. "자기-버림이 생명을 잃는 것처럼 느끼겠지만 자기-희생

---

13 이 점에서 우리 사상가 함석헌 선생이 연상된다. 그는 종교사상가, 역사가로 독창적인 역사관, 종교관을 전개하여 두 쪽에서 이단, 야인으로 취급되었다. 그의 개혁사상은 토인비의 경우처럼, 시대가 갈수록 그 타당성이 더욱 더 드러나고 있다.

의 행동을 실천하면 자기 생명이 구제된 것을 발견하게 될 것이다. 이 체험은 자기 생명에 새로운 중심을 가져다주고, 그 중심은 현상 배후에 있는 영적 현존(실재)인 절대적 실체(Absolute Reality)일 것이기 때문이다"(Knitter, 1989: 39).

이러한 해석은 토인비 이후에 전개된 다원주의 비교종교학과 일치한다. 그 대표적인 신학자 중 한 사람인 존 힉은 종교수행의 목표를 '자가-중심'(self-centeredness)에서 '신(실체)-중심'(God(Reality)-centeredness)으로 옮겨가는 변화(탈바꿈)로 표현한다. 토인비의 표현 그대로다. 토인비가 얼마나 선구적이었는지 알 수 있다. 토인비는 인격적인 신보다는 힌두교식 절대나 실체를 선호한다. 좀 더 구체적으로 '궁극적인 영적 실체'(Ultimate Spiritual Reality)를 말한다. 종교학자 이상으로 영성을 강조한다. 그는 동양 종교 전통에 대하여 높이 평가했다. 불교의 두 전통을 '고등종교'(higher religion)에 포함시킬 정도로 불교에 대한 관심이 높다. 불교와 기독교의 교류를 20세기의 일대 사건으로 본다(일본을 방문하여 종교인들과 대화, 관찰하면서 깊은 인상을 받았다. 그 대화록이 발간되었다). 이처럼 토인비가 종교에 대한 체계적인 해석을 하고 전망을 할 수 있는 것은 그가 일종의 종교체험을 가졌기 때문이다. 우주의 신비를 세 차례나 직관한 사실을 말한다(우연한 일치일 수도 있지만, 세 차례 체험은 불교 종사들에게도 나타났다. 한국불교에서 보조국사 지눌, 서산대사 휴정 등이 그 전형적 사례이다).

토인비는 종교에 대하여 단순히 역사가로서 접근하는 학자에 그치지 않고 실존적 관심에서 치열하게 사유하고 저술한 지식인 수행자였다. 저술 작업에 대한 그의 집중은 매우 생산적인 결과를 낳았다. 그는 글을 쓰고 준비하는 데 온 정신을 집중하여 작업하는 과정에서 명상에 못지않은 효과로서 초월적인 체험을 갖게 된 것이다(불교 수행자들이 보조국사 지눌의 경우에서처럼 경전을 읽고 궁구하다가 깨치는 것과 유사하다. 중국 선불교 역사에서 획기적인 돈오頓悟론을 펼친 6조 혜능도 경전을 읽지는 못하고 금강경 독경 소리를 듣다가 돈오를 체득했다). 일정한 명상 수행만 고집할 필요가 없다.

토인비는 역사와 문명을 주제(화두)로 삼아 집중, 사색하고 저술하는 과정을 명상에 맞먹는 효과와 희열을 체험하는 것처럼 생각한다. 그것은 화두話頭참선을 돈오頓悟의 방편으로 내세운 선불교 전통과 상통한다. 중국 선종의 가르침에서는 깨치기 위하여 좌선 수도하는 것은 벽돌을 갈아 거울을 만들겠다는 것과 같은 무모한 짓으로 격하된다. 화두(공안)는 행주좌와行住坐臥, 앉으나 서나 동정動靜 간에 밤낮없이 몰두 참구해야 하는 주제다(원불교에서 일정한 시공을 넘어선 '무시선無時禪 무처선無處禪'을 내세우는 것도 같은 맥락이다). 토인비에게는 과거, 현재, 미래를 꿰뚫는 인류 역사와 인간 현상이 평생 화두였다.

토인비식 탐구는 형이상학적 사색에 집중하는 선비, 학자들에게 한 줄기 빛을 준다. '지행합일知行合一'처럼 사색이 곧, 구원이 될 수 있다. 다만 그 사색이 자기-중심적 사고를 초월한 보살 수행이 추구하는 이타利他주의적인 사유思惟로 치환된 것인가가 중요하다. 소승적 자기구원에 머물지 않고 대승적 사회 구원을 지향하는 사유인가. 불교 수행의 요체인 팔정도 가운데 정사유正思惟도 복합적인 구조로 해석될 수 있다. 문명의 부침 속에서 인류구원의 길을 모색한 토인비는 넓은 의미에서 정사유를 실천한 수행자라 할만하다. 다만 그의 초월적 체험이 불교의 깨달음과 다른 점은 인식의 내용이다. 그의 화두는 우주의 신비(실체)였다면 불교 수행자의 주제는 부처의 가르침

(불법, dharma)의 실체라 할 수 있다. 두 가지가 본질적으로 같은 것인가, 다른 것인가. 다양한 종교처럼 문화적 차이일 뿐인가.[14] 따로 다루어야 할 주제가 된다.

토인비는 타종교에 대한 태도로 적극적인 관용(toleration)의 중요성을 강조한다. 관용해야 할 동기가 무엇인가.

> (다른 종교에 대하여) 관용을 발휘해야 할 근본적, 적극적인 동기는 종교적 갈등이 꼭 귀찮은 일이어서라기보다는 죄악이라는 진리의 인식이다. 갈등이 인간 본성 속에 들어 있는 야수野獸를 일깨우기 때문에 죄악이다. 종교적 핍박도 역시 죄악이다. 누구도 다른 사람과 신 사이에 설 권리가 없다. 각 사람은 신의 방식으로 그리고 각 사람의 방식으로 신과 교류할 권리를 갖는다. … 다른 어떤 인간도 비폭력적인 선교행위를 빼고는 어떤 수단을 사용해서도 간섭할 권리가 없다. 그리고 이 분야에서의 폭력은 죄악일 뿐만 아니라 헛된 짓이다. 왜냐면 종교는 억지로 주입될 수 없기 때문이다. 진정으로 자연스럽게 우러나오는 내면적 확신을 통해서 자발적으로 지니지 않은 신념 같은 것은 있을 수 없다.
>
> 다른 사람들의 확신이 다를 수밖에 없는 이유는 절대적 실체는 여태까지 누구도 한 조각(부분) 이상으로 꿰뚫어 본—계시된— 적이 없는 신비이기 때문이다. 그토록 위대한 신비가 한 통로만 따라서 도달될 수 없다.

---

14 다르지 않다는 한 가지 분석이 있다. 캐나다 심리학자 리차드 버키Richard M. Bucke는 그의 저술 『우주 의식』(*Cosmic Consciousness*, 1901)에서 인류역사상 '우주 의식'을 깨친 14명의 인물의 체험의 내용과 배경을 다룬다. 석가모니, 예수를 필두로 미국 시인 월트 휘트만까지 철학자, 문인들이 포함된다. 버키 자신은 35세에 휘트만의 시를 읽고 우주 의식을 체험했다. 부처를 깨침의 조형처럼 맨 앞에 내세운 것은 깨달음과 우주의식 인식만 아니라 깨달음과 계시 사이에 차이가 없음을 가르쳐 준다. 이 책은 종교체험에 관한 고전으로 꼽히고 특히 체험 순간의 묘사 부분이 자주 인용되고 있다.

신비로 이르는 나 자신의 접근 통로가 옳은 길이라는 나의 확신이 얼마나 견고하고 자신에 찬 것이라고 하더라도 나의 영적 시계視界는 아주 좁아서 다른 접근 통로 속에 공덕이 없다고 내세울 (인식론적) 근거가 없다는 것을 지각해야 한다. 유신론有神論적으로 표현하자면, 다른 사람들이 본 것도 역시 신으로부터 받은 계시일지도 모른다는 사실—그리고 이것은 아마도 나 자신이 받았다고 믿는 계시보다 훨씬 더 충실한 것일 수도 있다—을 말하려는 것이다(Toynbee, 1979: 250-251).

이 짧은 문단에서 토인비는 나중에 현대 비교종교학이 씨름하는 문제들에 대한 해답을 제시하고 있다. 그것은 역사적으로 로마 시대까지 거슬러 올라가는 통시대적, 통문화적 통찰에서 도출한 관점이다. 종교다원주의와 세계종교를 다루는 이 책이 설정한 (상호 연계된) 두 가지 목표—종교 갈등과 평화 그리고 진리(실체) 인식론—를 정통으로 논의하고 있다. 첫째는 종교 간 갈등이나 종교탄압이 왜 나쁜가란 주제이다. 칸트나 파스칼식으로 인본주의적, 이성적 차원으로 이해, 해석한다면 견고한 신앙을 지닌 종교인을 설득하기는 힘들다. 종교문제는 종교에 근거해서 푸는 수밖에 없다. 그것도 한 종교의 교리만으로는 부족하고 개별 종교들을 다 아우르는 보편타당한 이유와 논리여야 한다. 토인비는 일방적인 강요와 폭력이 죄(죄악)라 규정한다(불교는 죄 대신, 업장業障[카르마]를 말한다. '죄업'에서는 두 종교가 융합된다). 비폭력(ahimsa, nonviolence)은 모든 종교에서 말하는 불살不殺(不傷害) 계율(계명)이다. 간디가 그것을 현대인에게 새롭게 제시하고 실천했다. 배타주의적인 선교는 언어적, 사상적 폭력이다. 세 가지 형태(身口意)의 폭력 중 두 가지에 해당한다. 서구에서 식민주의 확장의 도구로 사용한 선교는 지금은 더 이상 실천하지 않는다 (그런데 시대를 거슬러 일부 한국교파(교회)가 선교사를 동남아시아, 중동, 아프리카 등지 주로 이슬람권에 파견하여 무리한 선교행위를 자행하고 있다).

인용문의 둘째 단락은 진리(실체)의 인식방법을 다룬다. 왜 종교 간 대화와 협동이 요청되는가. 한 종교로는 전체 진리를 인식할 수 없다. 인도 종교(힌두교, 불교)에서는 그것을 코끼리와 장님의 비유나 산 정상에 이르는 여러 갈래 길로 설명한다. 토인비는 한 걸음 더 나아가 로마 정치가의 말을 인용하여 말한다: "그처럼 위대한 신비(실체)는 한 통로만으로 이를 수 없다"(Toynbee, 1979: viii). 실체는 그만큼 광대한 다차원의 입체 같은 것이다. 따라서 어떤 종교 전통에도 배타적인 독선주의가 차지할 자리가 없다. 종교들은 각기 자기 사명을 인식해야 한다.

고등종교들의 사명은 경쟁이 아니다. 그것은 상호 보완적이다. 우리 자신의 종교만이 진리의 유일한 저장고라고 생각할 필요가 없이 우리 종교를 믿을 수 있다. 우리는 우리 종교가 구원의 유일한 수단이라고 느낄 필요가 없이 우리 종교를 사랑할 수 있다(Toynbee, 1979: 296-297).

이러한 태도는 종교의 자유가 확보된 사회와 국가에서 가능한 일이다. 배타적 종교는 자유 세계가 지향하는 자유민주주의 국가와 부합하지 않는다. 종교적 배타주의는 정신적 독재주의다(미국은 영국 군주주의에서 자행되는 종교적 탄압을 벗어나 개척한 국가였다. 이제 그 자유가 한 종교에서 모든 종교로 확대된 다원주의 사회가 된 것은 당연한 귀결이다). 토인비는 인류 문명사 속에서 종교의 자유가 성취되는 과정

을 통찰하고 이렇게 기술한다:

> 엄격히 통제된 세계에서 영(정신)의 영역은 자유를 지키는 성채다. 그러
> 나 영적 자유는 단지 국가의 행동만으로 성취될 수 없다. … 그것은 또한
> 국민 자신의 가슴 속에 생생하게 살아 있어야 한다. 진정한 영적 자유가
> 언제 획득될 수 있는가. 그것은 사회의 구성원 각자가 자신의 종교적 신
> 앙의 진지한 확신 및 그 자신의 종교적 실천의 올바름과 자가 이웃의 다
> 른 종교 신앙과 실천에 대한 자발적인 관용을 화해시키는 것을 배웠을 때
> 이다(Toynbee, 1976, 249).

국가라도 종교일치적(ecumenical) 사고를 가진 군주가 통치할 때
종교 간 관용이 가능하다. 현대 비교종교학자들과 일치하는 다원주
의적 해석이다. 종교 간 대화와 관용을 주장하는 학자들, 대표적으
로 신학자 존 캅은 생산적인 대화를 위한 예비조건으로 토인비처럼
자기 종교에 대한 확신을 강조한다.

이 맥락에서 토인비와 역사와 종교의 관계에 대한 입장을 공유
하는 함석헌이 연상된다.

> 신교자유信教自由는 국법에 요구할 것이 아니고 종교에다 요구할 것이다.
> 모든 종교는 나밖에 다른 것은 다 이단이라 한다. 이런 생각이 종교에는
> 말할 것도 없고 세속적인 면에서도 인류의 정력을 얼마나 쓸데없이 없애
> 버리는지 모른다. 한 종교의 절대를 주장하는 것은 제국주의다. 한 종교
> 에 이르는 것은 모든 종교로서만 될 일이다. 죽어 사는 십자가의 정신(기
> 독교), 살신성인殺身成仁의 정신(유교), 무위無爲의 정신(도가), 적멸寂滅

(nirvana)의 정신(불교)은 제 믿는 신조에다야 말로 먼저 적용할 것이다. 하나되는 데 가장 앞장서야 할 종교가 가장 떨어져서 반동적이다(함석헌, 1988: 365-366).

함석헌은 이단과 정통의 구분을 없앴다. 모두 이단이라면 이단이고 정통이라면 정통이다. 새 종교의 창시자는 기존 전통에서 보면 이단이지만 새 종교에서 보면 이단이다. '한 종교에 이르는 것은 모든 종교로서만' 가능하다는 선언은 비교종교학의 원조 막스 뮐러가 받든 원리 "하나만 아는 자는 하나도 모른다"와 같은 취지이다. 종교 간 대화의 목표는 다른 종교의 이해에 그치지 않고, 자기 종교의 이해를 가져오는 결과를 불러오는 것이다. 토인비가 말한 두 종교 간의 '화해'에 그 취지가 담겨있다. 종교들의 핵심 정신(자기희생/사랑, 무위, 인(仁)/관용, 니르바나/무아)은 문화적 표현의 차이일 뿐 본질은 같다. 함석헌의 시각에서 종교의 목표는 '하나 됨'이다. 모든 대칭, 즉 너/나, 선/악, 신/인간, 브라만/아트만의 일치를 지향한다. 그것은 (진보적) 신학, 힌두교(베단타철학), 대승불교 등 ('고등') 종교의 수행 목표이다.

이 문단에 함석헌의 다원주의적 종교관이 함축되어 있다. 그의 독창적인 역사관처럼 종교관도 스스로의 관찰과 사유를 통해서 도달한 창조적 관점으로 가득 차 있다.

에큐메니즘을 먼저

왜 다양한 종교들이 공존해야 하는가. 우선 현실적으로 한스 큉이 기술했듯이 종교 간 평화가 공동체(세계와 사회)의 평화를 위한 중요한 요건이기 때문이다. 종교다원주의 주장에는 이보다 더 깊은 철학적 근거가 깔려있다. 진리를 파악하는 방법, 인식론의 문제이다. 한 종교만으로는 전체 진리에 도달할 수 없다는 것이 다원주의자들이 합의한 공리다. 자기 종교만의 유일성, 절대성을 고집한다면 보편성을 상실하는 대가를 치러야 한다. 유일성을 포기하면서도 자기 종교에 대한 믿음과 사랑을 지킬 수 있다. 그래서 상호 보완론(니니안 스마트 등)이 타당성을 갖는다. 그것을 여기서 토인비가 미리 제기한 것이다. 경쟁 사회에 쐐기를 박는 죽비(채찍), 경책警策이다. 단순히 역사가가 아닌 역사철학자, 종교철학자의 모습이 겹친다. (그 점에서 함석헌과 닮은 점이 많다.)[15]

왜 종교들이 함께 협동해야 하는지 말하는 까닭을 이해할 수 있다. "그 맥락에서 토인비는 전망한다." (언젠가는) 상이한 역사적 국가들, 문명들, 종교들의 지역적인 유산들이 전체 인류 가족의 공통 유산으로 통합될 것이다. "그동안에는 종교들이 자기 사명을 인식하고 인류가 고통과 죄악을 벗어나는 데 공과功過의 차이가 날 수 있다. 각 종교의 성패와 진리 주장의 타당성은 실천 효과에 따라서 판가름이 날 것이다"(297). "이러므로 그 열매로 (좋은 나무, 나쁜 나무인지) 그들을 알리라"(마태복음 7:20). 종교 간 갈등을 넘어 타종교들과 조화하기 위해서 필요한 일은 종교의 본질적인 요소와 비본질적인 요소들을 구분하는 것이다. 후자는 종교마다 표현과 내용이 다를 수밖에

---

15 역시 역사가이면서 종교철학자이기도 한 함석헌은 내 종교와 남의 종교의 관계를 '마누라'에 비유한다. '남의 마누라 이쁘다고 말한다 해서 내 마누라 이쁘다는 사실에 손상이 가는 것이 아니지 않느냐'는 취지다.

없는 전통적, 문화적 요소들이다. 신조, 성지聖地, 의례, 금기, 사회적 관습, 신학 학파 등은 발전 과정에서 첨가된 외피들이므로 종교 전통에 따라 다르지만, 본질적 차원에서는 (고등) 종교들이 다를 바 없다. 그렇더라도 실천 효과에서는 차등이 생길 수 있다. 어떻게 실천하는가는 사제, 신자들에게 달려 있다.

본질적이건 비본질적이건 종교 전통의 구성요소들이 초래하는 문제는 교리(교조), 종교 제도, 인물, 경전 등이 우상화, 절대화된다는 것이다. 본질적으로는 서로 다르지 않다면 자기 절대화는 자기 종교의 보편성을 부정하는 것이므로 그 유일성이 보편타당성을 잃고 독단주의, 독선주의에 빠져 일방적인 진리 주장이 될 뿐이다. 토인비는 종교 전통 속에서 종교 제도(기관)들이 어떻게 '우상화'(idol-ization) 되어왔는지 낱낱이 밝혀낸다. 먼저 종교 창시자들과 철학자들의 우상화가 전형적으로 가장 오랫동안 광범하게 나타났다. 이들은 생시보다는 사후에 유일무이唯一無二한 최종적인 권위로 추앙되고 나아가 신격화에까지 이르고 정당화되었다. 그 현상은 심지어 신의 존재를 인정하지 않은 불교에서도 전통 형성 과정에서 회피할 수 없었다. 처음에는 단순히 '깨달은 존재'(각자), 즉 부처(붓다)로 불리다가 차츰 초인간적 존재로 각색되어갔다. 그 첫 도구가 석가모니의 초인적인 전생 이야기를 담은 원시 경전『본생경本生經』이다(대승불교에 들어오면 부처가 다양한 교리 속에서 신앙의 대상으로 신화화된다). [16] 희랍의 고대 철학자들—에피쿠로스, 플라톤 등—도 단순한 성인이 아니다. 전자는 '구세주', '신'으로까지 불리기도 했다.

---

[16] 한 가지 예로, 부처의 정체성은, 기독교의 삼위일체처럼, 삼신三身(化身, 報身, 法身)으로 확대되는데 '법신불'은 '하나님' 같은 우주적인 부처로 나타난다.

그 같은 흐름 속에서 예수도 초인간적, 신적 존재로 인식되는 과정을 거치게 된다. 그것은 공관복음 가운데 두 복음서에서 발견된다. 역사적 예수, 즉 나사렛 예수가 구세주(Messiah)—희랍어로 '그리스도Christ'—로 확인된다. 크리스천들은 신을 삼위일체 구조로 확대하고 예수를 '성자聖子'로 부르고 성부聖父, 성신聖神과 동격으로 취급했다. 창시자를 신격화시켜 교회 그리고 궁극적으로는 신자들 자신까지 신격화시켰다는 (유대교와 이슬람으로부터) 비난을 면치 못하게 되었다.

그러나 가장 최근의 선지자(예언자)로서 신화시대를 벗어난 역사시대에 속한 모하메드조차도 자기 절대화, 신격화를 벗어나지 못했다고 토인비는 지적한다. 자신이 초인은 아니지만 더 이상 출현하지 않을 마지막 예언자라 자처했다. '최근'이 '마지막'을 함의한다(힌두교에서 말하는 일종의 화신(avatar)이지만 열린 개념이 아니고 더 이상의 출현을 차단시킨 닫힌 화신이다). 모하메드는 또한 가브리엘 천사장을 통해서 신의 계시를 받았으며 죽어서 천당, 제7 천당으로 승천하여 신이 계신 곳으로 안내되었다고 주장되었다. 자라투스트라도 자신이 인간 이상이라 하지는 않았지만, 그의 추종자들이 신격화시켰다.

창시자들이 초인간(superhuman)이라 했든지 안 했든지 일단 확립된 신화는 대대로 전승되는 것이 순서이다. 그것을 온존시키는 집단조직(교회, 승가)이 형성되고 가르침이 기억, 전승되어 경전이 편찬되는 과정이 이어진다. 집단(교단)은 신성시되고 경전은 성경(성서)로 고착되어 진리 주장을 뒷받침하는 인식론적 근거(권위)로 정착된다.

(토인비의 해설에 덧보태자면) 여기에서 교황무오설, 성서무오설(축

자영감설)이 등장하여 논쟁을 촉발시켰다. 우상화, 신격화의 도구들이다. 그렇다면 다른 종교를 우상숭배로 폄하한 배타적 종교들은 우상숭배가 아닌가, 묻는다면 어떻게 반증할 수 있는가. 그것을 지적한 학자가 있다. 독실한 크리스천인 캔트웰 스미스가 바로 그 한 사람이다. 우상숭배를 말하는 기독교는 우상숭배가 아닌가. 스미스Smith의 마지막 저술은 경전의 성립과정을 종교별로 하나하나 도와 티베트 불교에서 부각된 밀교는 한국불교에서 정착하지 못했다. 나머지 세 가지는 수행자에게 선택의 문제이지만 세 가지는 대체로 인도의 네 가지 요가(지혜, 행동, 신앙, 신체 통제)처럼 혼합된다. 선종에 속하는 조계종 소속 불자들은 세 가지를 아우른다(兼修). 참선수행을 중심으로 삼지만 동시에 경전을 공부하고 염불을 하는 방식이다.

우상의 문제는 주로 정토종과 관련된다. 대승불교 전통에서 석가를 포함한 갖가지 부처와 보살들이 신처럼 신앙과 경배의 대상으로 등장한다. 불교를 무신론이라고만 말할 수 없는 이유가 된다. 반면에 정토의 대척점에 선禪불교가 있다. 참선 수행자는 우상을 세우지 않은 우상파괴주의자(iconoclast)로 분류된다. 그러면서 동시에 선종 사찰에 여전히 불상이 가득한 것이 현실이다. 그 아이러니를 어떻게 설명할 수 있을까. 이상과 현실의 차이라 할 것인가. 선종이 유래한 중국불교에서는 철저했을까. 적어도 전해오는 이야기에서는 그렇게 보인다(한국불교는 좀 더 융화적이라고 할까?).

그 이야기 중 하나는 이렇다. 한 수행자가 추운 겨울에 땔감이 부족했던지 불상을 깨뜨려 장작불을 지펴서 쪼이고 있었다. 그것을 본 다른 수행자가 어떻게 불경한 짓을 하는가 하고 나무랐다. 그 대답이 걸작이다. 불상 속에 부처가 있는가를 확인하려고 그랬다는 것이다. 없는 것이 확인되었으니 내 행동이 정당하다는 투로 말했음 직하다. 그래서 선불교에서는 "부치를 만나면 부치를 죽이고 조사를 만나면 조사를 죽여라"(殺佛殺祖)는 격언이 전해진다. 만약 석가모니 부처가 다시 태어나서 대웅전 불당 한가운데 금관을 쓴 자기 형체가 버티고 그 앞에 와서 사람들이 와서 경배를 드리는 것을 목도한다면 포복절도하지 않았을까(법당만이 아니라 교회에 모셔진 예수의 상을 보고 예수가 어떤 반응을 보였을까).

그 점에서 창시자가 불교의 교리에서 자신의 깨달음과의 일치점을 발견했다고 하여 '원불교'로 명칭을 붙인 근대종교가 전통불교의 불상을 세우지 않고 '원圓', 즉 동그라미만을 상징으로 삼은 것은 높이 평가할 만하다. 불상이 있다면 그것은 삼라만상이 다 불상이라는 뜻에서 '처처불상處處佛像'이라 말한다. 전통의 낡은 옷을 벗어 던진 개혁 불교임이 분명하다(불교의 사례는 토인비의 해석을 긍정적으로 검증하는 의미에서 덧붙인 것이다).

VI. 존 힉(John Hick)

: '코페르니쿠스적 혁명,' '그리스도-중심' 신학에서
'신-중심' 종교신학으로

존 힉은 영국에서 태어나 신학, 종교학, 종교철학 등 세 분야를 두루 아우르며 종교다원주의 사상을 폭넓게 심화, 발전시킨 석학으로 꼽힌다. 니니안 스마트와 더불어 영국 출신 다원주의 종교학자의 쌍벽으로서 둘 다 나중에 영, 미를 넘나들며 서구 종교학계를 선도했다.[17] 힉이 다종교 상황을 주목하고 다원주의 신념에 이르게 된 것은 개인 신앙, 이론(교리), 사회적 실천 등 복합적인 통로를 통해서였다.

힉이 무종교에서 기독교로 개종한 것은 법과대학 학생 때였다. 며칠 동안 겪은 심각한 고뇌 속에서 그리스도-중심의 세계의 의미가 전에 없이 매혹적으로 다가왔다. 그것은 당시 청년들이 지닌 근본주의적이고 극히 보수적인 칼빈주의 정통에 속한 신앙이었다. 이후에 곧 2차 대전 중 입대하여 해외에서 복무 후에 장로교 교역자가 될 양으로 먼저 에든버러와 옥스퍼드에서 철학을 공부하는 과정에서 무언가 신앙과 사유의 갈등을 느끼기 시작했다. 그래도 삼위일체, 예수의 화육化肉, 구속救贖설 등 기초 교리는 믿으면서 근본주의 신앙 형태를 20년 이상 지니고 있었다.

잠시 사제 생활을 거쳐 미국 대학(코넬대, 프린스턴신학교)과 케임

---

[17] 그러나 접근방식과 관심의 초점에서 다소 달랐다. 힉은 종교철학적, 비교종교적 측면에 스마트는 동·서 철학적 접근에 나중에는 세계종교에 집중했다.

브리지 신학부에서 종교철학을 가르칠 때만 해도 기독교의 유일성을 벗어나지 못했다고 고백한다. 그러다기 버밍햄 대학으로 옮겨기 신학을 가르치면서 새로운 종교문화에 부딪히게 된다. 공업 도시인 버밍햄에는 다양한 이민들이 사는 곳이었으므로 모슬렘, 시크교, 힌두교 공동체 등의 종교와 문화에서 비-기독교적 전통과 씨름해야 했다. 힉은 공동체 관련 조직들에 개입, 참여하는 위치에 서야 했다. 교육과목에서도 배타적으로 기독교만 아니고 다종교 교과목으로 편성해야 했다. 빈발하는 인종 갈등 속에서 힉 자신은 가해자 백인이 아니고 모슬렘, 유대인, 인도인, 시크교도, 마르크스주의자, 인본주의자 편에 서는 상황이 되었다. 나중에 남미에서 발전된 해방신학을 실천하는 격이었다(Hick, 1993: 139-145).

그 과정에서 유대교 회당(시나고그), 이슬람 사원 등 다섯 가지 종교 교당을 자주 방문하게 되면서 타종교 이해가 넓혀져 갔다. 언어, 의례, 문화적 기풍이 달라도 기본적으로 같은 일이 진행되고 있다는 사실을 발견한다. 다 똑같이 정의를 행하고 사랑을 실천하며 명칭은 다르지만 동일한 신을 믿는다고 본다. 다만 같은 신이 서로 다른 전통 속에서 다른 방식으로 마주친 것일 뿐이다.

버밍햄의 체험이 바탕이 되어 힉은 타종교 이해의 깊이를 더해 가면서 철학자로서 종교다원주의에서 문제 해결의 열쇠를 찾게 되었다. 이후 나중에 힉은 스리랑카, 인도, 펀자브 지역, 일본 등을 방문하게 되고 여러 훌륭한 종교지도자들을 관찰하면서 다양한 종교 전통들이 하나의 궁극적인 신적 실체에 대한 다양한 대안적인 반응을 대표한다는 인식을 굳혀 갔다. 다른 신앙은 하나하나 타당하고 진실한 종교들로서 다 존중받아야 한다고 생각할 수밖에 없었다.

이러한 지각은 오늘날 타종교 신자들과 접촉을 가진 적이 있는 크리스천들 사이에서는 널리 퍼져 있는 공통인식이다. 하지만 실제로 교회 안에서의 예배에서는 찬송과 설교 속에서 신이 오직 예수 그리스도를 통해서만 최종적으로 온전히 계시되었다는 전통적인 기독교 신념을 고백하고 있는 현실이다. 그 신념의 근거는 성서다. 즉, "나로 말미암지 않고는 아버지에게 올 자가 없느니라"(요한복음 14:6). "다른 이로서는 구원을 얻을 수 없나니, 천하 인간 중에 구원을 얻을 만한 다른 이름을 우리에게 주신 일이 없음이니라 하였더라"(사도행전 4:12).

신학자의 과제는 이론과 실천 사이의 간극을 극복하면서 발전하고 있는 기독교 전통 전체가 점차 수정해 갈 수 있도록 선도하는 일이다. 낡은 배타주의적인 입장을 대체하는 대안이 한 가지만 있을 수는 없다. 끈질긴 근본주의자 세력에 맞서서 미래의 신학은 여러 가지 형태로 전개될 것이 예상된다. 이제 낡은 배타주의(exclusivism)는 대체적으로 포기된 입장이다.[18] 주요한 현안 주제는 그 대안으로 등장한 '내포주의'(inclusivism)와 '다원주의'(pluralism) 간의 논쟁이다.

오늘날 종교 간 문제를 다루는 신학자들 대다수는 내포(포괄)주의의 한 형태를 받아들이고 있다. 구원 · 구속救贖 · 해탈이 크리스천만이 아니라 원리상 모든 인간에게 가능하도록 되었다는 것인데, 다만 그것이 그리스도의 작업이라는 단서가 붙는다. 그것은 가톨릭에서 촉발되었다. 교황 요한 바울 2세가 1979년 1차 회칙回勅에서 '사람은

---

[18] 한국의 상황과 대조되는 서구 신학의 모습이다.

누구나 예외 없이 그리스도에 의해서 속죄받았다'고 '설사 의식하지 못하더라도'라고 기술했던 것이다. 그래서 비-크리스천을 칼 라너 신부는 '익명의(이름 없는) 크리스천'(anonymous Christian)이라 표현했다. 이들은 기독교로 개종하지 않더라도 기존 종교 전통 안에서 그리스도에 의해서 구원받을 수 있다는 것이다.

이러한 내포주의적인 입장은 크리스천에게는 매력적으로 들릴 것이다. 낡은 선교사식 강제를 넘어서면서도 아직도 그리스도-중심적으로 기독교를 독특하게 중심적, 표준적인 위치에 남겨두기 때문이다. 예수가 신의 화육된 아들로서 다른 방식으로 타종교들 속에서도 이를테면 '알려지지 않은 힌두교의 그리스도'(파니카)로서 역사하고 있다고 생각한다. 타종교 신자들은 예수를 모르더라도 속죄(구속)되는 혜택을 받는다. 그래서 기독교는 타종교보다 독특하게 우월하다는 관념을 계속 지닐 수 있게 된다.

하지만 힉을 포함 다원주의 학자들에게는 이러한 내포주의를 만족할 수 없는 타협으로 여겨 거부해 왔다. 다른 위대한 세계 종교들을 그리스도의 십자가에 남모르게 기대지 않고, 구원·해탈의 진정하고 타당한 전통으로 보는 다원주의 쪽으로 이동했다. 각각의 전통은 자체의 독특한 역사 속에서 신성한 경전에 나타난 대로 계시나 깨달음의 통로를 지니고 있다. 크리스천이 익명의 모슬렘이나 힌두교인이 아니듯이 모슬렘이나 힌두교인은 익명의 크리스천이 아니다. 각각은 특정한 종교 전통의 '렌즈'를 통해서 지각한 대로 궁극적인 초월적 실체에 대한 독특하게 다른 인식을 지닌다.

이제 그 같은 다원주의적인 사고의 맥락에서 기독교인은 화육, 삼위일체, 구속 등 전통적인 교리에 대하여 다시 생각해 보아야 한다. 만약 예수가 특정한 시공에 나타난 신의 유일한 화현이라고 한다면 기독교는 신이 직접 창설한 유일한 종교가 되는 셈인데, 이것은 기독교를 세계의 종교들 가운데 독특한 중심, 표준, 최종적 위상을 지닌 종교로 삼는 격이 된다. 그래서 기독교의 우월성은 선험적인 독단적 교조가 되어 어떤 진정한 종교다원주의도 배제해버린 것이 된다. 세계 종교들은 자기중심의 인간을 본질적으로 탈바꿈시키는 똑같이 효과적인 맥락을 구성하는 것으로 보인다. 각각의 종교는 역사적으로 선을 행하고 악도 행한 독특한 혼합체이지만 어느 것도 다른 것들보다 도덕적, 영적으로 더 우월할 만큼 특출난 것이라고 볼 수 없다.

그러므로 크리스천 다원주의자는 예수가 신의 화육(화신)이라는 관념을 문자대로가 아니고 은유적인 표현으로 봐야 한다. 예수는 신적인 사랑을 자신의 삶 속에서 체현했다. 은유적 의미로 그는 아가페를 '성육'한 것이다. 거듭난 자는 다 그럴 수 있다. 그와 같은 기독론은 삼위일체나 대속설을 구태여 필요로 하지 않는다. 그래서 다원주의 관점에서 보면, 종교 간 대화에서 나 자신의 전통의 우월성을 내세우는 가설을 겸손하게 숨길 필요가 없다. 나는 다른 위대한 세계종교를 평가할 입장에 있지 않고 다른 사람들이 하나의 궁극적 실체에 대하여 어떻게 아는가를 흥미 깊게 탐색할 수 있다. 우리가 속한 전통들이 절대적인 실체에 대하여 상상하고 체험하는 방식에 나름대로 다 한계를 갖기 때문에 다른 종교인들의 눈을 통해서 새로운 사실을 알게 되는 것이다.

그래서 힉 자신은 여러 종교를 섭렵하면서 각기 가지고 있는 특성을 배우면서 스스로의 종교관의 지평을 확대해 왔다고 말한다. 그러면서도 복음서에 나타난 대로 예수의 삶과 가르침에 계시된 기독교 신관에 의하여 스스로의 종교관이 형성되어 왔으므로 보수적인 크리스천과의 논쟁점은 있지만, 기독교 신앙에서 가장 안심을 느낀다고 고백한다. 하지만 다른 신앙을 가진 친구들을 바라보면서 수피 신앙의 신비주의 시인 잘라룰딘 루미가 "램프는 다르지만, 빛은 똑같다. 다 천상에서 온다"는 시로 이야기를 끝낸다(Hick, 1993: 145).

이상은 힉 자신이 어떻게 다원주의 사상에 이르게 되었는지 그 배경과 과정을 기술한 자전적 이야기이다. 여기에 사상의 개략도 담겨있다. 이것만으로도 그가 정립한 사상을 대략 파악할 수 있다. 그러나 자칫 개인적, 실존적인 체험에서 나온 선언적인 메시지로 들릴 수 있으므로 주장의 논리와 근거 등 좀 더 자세한 내용을 그의 다양한 저술과 논문을 통해서 살펴볼 필요가 있다.

힉은 다른 신학자들처럼 일차적으로 목회자(성공회)로 그리고 신학자로서 출발하여 타종교들과 종교의 다양성 문제에 봉착하였다. 한 공동체 안에서 종교 간의 관계를 정립하고 원활한 공존의 공식을 찾아내야 했다. 나아가서 그 과정에서 기독교가 발전, 진화하기 위한 길을 모색하였다. 타종교에 관한 지식은 자신뿐만 아니라 자기 종교의 발전에 반드시 필요하다는 게 힉만이 아니라 다원주의 시각을 가진 신학자들이 공유하는 당연한 시각이다.

그렇지만 힉이 보기에는 (가톨릭 학자로서는 가장 진보적인 한스 큉을 포함하여) 대부분의 학자들은 넘어야 할 경계선을 넘어가지 못하고 낡은 교리에 기반을 둔 전제들을 가지고 작업하고 있다. 그래서 힉은 종교신학에서 코페르니쿠스적인 혁명을 촉구한다. 종교신학과 종교다원주의 이론의 형성 과정에서 그가 얼마나 진보적인 입장에 서 있는지 알 수 있다. "교회(정통 기독교) 밖에는 구원이 없다"는 낡은 교리는 지구가 태양계의 중심이라는 톨레미Ptolemy의 학설과 같다. "교회 밖에는 구원이 없다"는 교리가 폐기된 학설이나 마찬가지이고, '익명의 크리스천'이 대표하는 내포주의도 배타주의의 연장에 불과한 어중간한 입장에 속한다고 본다.

기독교가 천동설의 지구처럼 중심축에 선다고 주장한다면 다른 종교도 그렇게 주장할 권리와 나름의 근거를 갖고 있다고 인정할 수밖에 없다. 실제로 이슬람, 힌두교, 불교 등 다 그렇게 해석할 만한 교리나 사상을 갖고 있다.[19] (한스 큉이 구분하듯이) 다른 종교들이 '통상적인' 신앙이고 기독교가 '특별한' 것이라 주장한다면, 힌두교의 예에서 보듯이 다른 종교들도 마찬가지로 자체의 특별함을 내세울 수 있다.

이와 같이 톨레미의 천동설은 코페르니쿠스의 지동설이 나타나기 전까지의 과도기적 입장이듯이 내포주의 등은 다원주의가 도래하기까지의 과도적인 이론이다. 종교의 공통인수인 '신'(절대)을 두고 말하자면 태양중심설(지동설)에서 지구가 태양 주변을 돌듯이 우주의 신앙(종교)들은 신을 중심으로 돈다. 기독교나 다른 종교를 축으로 돌지 않는다. 신은 태양같이 빛과 생명의 원천이므로 지구나 다른 행성이 해를 되비추듯이 모든 종교는 서로 다른 방식으로 신을 반조한다. 이것은 무엇을 의미하는가. 그것은 상이한 세계 종교들이 다른 문화와 민족에 대한 신의 계시 수단과 접촉점으로서 기능했음을 가리킨다.

---

[19] 최치원에 의하면 한국 고유 종교 '풍류'도 유·불·도교, 즉 삼교를 포괄하는 중심축이다.

세계종교사를 살펴보면 첫 단계에서는 인간의 종교성이 소위 자연종교의 형태로 정령, 조상, 자연신의 숭배로 나타났다. 그러다가 기원전 9~8세기에 이르러 인류의 차축(기축) 시대가 시작되어 세계 4대 문명—그리스, 중동, 인도, 중국— 속에서 고등종교가 생성되고 많은 성현이 등장했다. 그 가운데 위대한 히브리 선지자들, 페르시아의 조로아스터, 중국에서는 공자와 도가 성인(노자, 장자), 인도에서는 부처, 마하비라(자이나교), 우파니샤드와 '바가바드기타'의 저자들, 그리스에서는 피타고라스, 소크라테스 그리고 플라톤이 등장했다. 나중에 그 흐름으로부터 예수가 나오고 마호메트가 나와 기독교와 이슬람이 일어났다(Hick, 1999: 5).

이 차축 시대에는 대륙들과 문명들 사이에 소통이 아주 느려서 사실상 사람들이 전혀 다른 문화 속에 격리되어 산 것이나 마찬가지였다. 따라서 신의 계시는 인류 전체에게 한꺼번에 있을 수 없었고 다만 역사 과정에서 따로따로 분리된 형태로 나타날 수밖에 없었다. 궁극적인 실체로서 신은 특별히 예민한 감수성을 가진 영들을 통해서 그의 존재와 의지를 인류에게 계시했다. 계시의 통로가 된 인물과 전통들은 일정한 시공 속에서 역사, 문화, 언어, 기후, 환경의 제약을 받았다.

이제 우리는 이러한 배경을 이해하고 고려해야 하는 마당에서, 그렇다면 여태까지 기독교가 주장해 온 예수의 독특성과 유일성 주장을 어떻게 해석해야 할까. 복음서 특히 요한복음에 나타난 예수와 그리스도의 상은 재해석을 요청한다. 그는 '나로 말미암지 않고는 누구도 아버지에게 갈 수 없는' 구세주, 성육신으로 그려진다. 3, 4세대 전까지는 문자대로 받아들여졌지만, 현대에는 그것이 사실이 아니라는 연구가 대세가 되고 있다. 독일의 유수한 신학자인 판넨베르크 등의 연구에 의하면 예수의 구세주 의식, 성육신 등의 기록은 역사적 사실이라기보다는 부활절 이후부터 1세기 말까지 전개된 교회 신학이 반영된 것으로 본다.

성육된 신이니, 신의 아들이니 하는 칭호는 문자 그대로 보기보다는 시적인, 상징적인, 또는 신화적인 표현이다. 그것은 예수의 처녀 탄생을 사실로 인식하는 것과 같다. 성령으로 잉태했다고 말하는 것도 그의 인간성을 부정하는 격이 된다. 그렇다면 우리와 무관한 존재가 되고 만다. 예수의 완전한 인간성과 완전한 신성을 함께 담아내지 못한 칭호는 결국 교회에서 이단으로 판정되었다.

우리가 성육신을 예수에게 붙여진 신화적 칭호로서 그가 우리에게 신과의 접촉점 역할을 충분히 기능한다는 것을 체험된 사실로 나타낸 관념으로 볼 때 다른 종교와의 갈등을 일으킬 가능성은 없어진다. 예수가 사실상 인간과 신의 유일한 접촉점이라는 부정적인 결론을 더는 이끌어낼 필요가 없기 때문이다. 다른 신앙의 길을 부정하거나 깎아내리지 않으면서 기독교 신앙을 하나의 길로써 권장할 수 있다. 그리스도 안을 떠나서 다른 구원의 길이 없다고 말하지 않고도 그리스도 안에 구원이 있다고 말할 수 있는 것이다.

이러한 과정에서 종교신학이 형성되면서 종교 간의 교류와 대화의 발판이 마련된 셈이다. 위대한 세계 종교들의 정보가 서적과 교육을 통해서 확대되어가고 그만큼 이해와 대화가 증가하는 추세다. 과거에는 산발적으로 대화가 이루어졌지만 대개 우호적인 상호 대화가 아닌 적대적인 충돌에 가까운 것이었다. 하지만 최근에 와서 상황이 급변했다. 19세기 후반에는 이미 기독교가 힌두교에 사회적 관심의 측면에서 긍정적인 영향을 가져왔다. 역으로 힌두교와 불교가 기독교에 영향을 주었는데 특히 명상과 영적인 자기-발전의 방식에서 변화를 일으켰다.

오늘날 세계 종교들은 대화 속에서 그리고 서로를 배우는 속에서 점점 더 접촉이 늘어가는 상황이다. 이와 같은 상호영향은 앞으로 더 늘어갈 수밖에 없을 전망이다. 역사적으로 세계 종교는 끊임없이 변화하는 속에서 발전, 개혁해 왔다. 종교의 현재 모습은, 특히 기독교와 불교의 경우 형태와 내용, 이론과 실천에서 보면 출발 당시와 천양지차天壤之差다.[20]

1. 신관·실체관

이상이 존 힉이 전개한 다원주의적 종교신학 사상의 요지이다. 이것만으로도 다원주의 형성의 배경과 현황을 대강 파악할 수 있지만, 힉이 다룬 주요한 주제를 몇 가지 구체적으로 살펴본다면 이해가 더욱 깊어질 것이 분명하다. 종교철학 교재를 편찬한 종교철학자로서 힉은 종교다원주의의 철학적인 기초를 다졌다. 특히 신관의 문제에서 칸트 철학의 개념을 원용하여 동서를 아우르는 신관을 구축했다. 신관은 종교적 존재론과 인식론의 열쇠가 되는 개념이다. '신'은 모든 종교의 핵심이다.

다만 문제가 될 수 있는 것은 불교다. 불교는 신을 내세우지 않기 때문이다. 그러나 따지고 보면 불교도 초기 불교를 지나서 대승불교

---

[20] 창시자의 원래 의도와는 한참 다른 형태일 가능성이 많다.

에 넘어와서 사실상 신에 해당하는 존재를 신앙의 대상으로 내세웠다. 법신불, 아미타불, 나아가서 관세음보살 같은 존재는 유신론적 종교의 신에 해당한다. 부처 자체도 석가모니의 뜻을 벗어나서 신격화된 존재가 되어버렸다.

그 점에서보다 힉은 '신'을 (절대적인) '실체'(the 'Real')로 확대한다. 이것을 다시 칸트의 본체(noumenon), 즉 물 자체(Ding an sich)와 현상(phenomena)을 본떠 '실체 자체'(the Real an sich)와 그 나타남(현상)으로 구분한다(Hick, 1993: 165, 177). 종교들이 내세우는 궁극적인 실체, 즉 유대교의 '아도나이', 기독교의 '여호와,' 이슬람의 '알라' 등 인격적인 신 그리고 힌두교의 '브라만', 유교의 '천,' 도교의 '도', 불교의 개념들(법신불, 불성, 열반, 공) 등 비-인격적인 절대(Absolute) 개념은 이 '실체 자체'의 나타남(현현)이다. 마사오 아베는 열반(Nirvana)을 '실체 자체'로 해석하기도 하지만 체험의 대상이라는 점에서 힉은 나타남으로 본다.

실체 자체는 역사 속에서 시대와 장소, 민족에 따라 달리 나타난다.[21] 인격적인 실체와 비-인격적인 실체는 힌두교 전통에서 함께 발견된다. '실체 자체'에 해당하는 개념이 '브라만'이다. 인도의 정통 철학을 대표하는 베단타학파의 기수 샹카라는 브라만을 '속성이 없는 브라만'(nirguna-Brahman)과 '속성을 가진 브라만'(saguna-Brahman)으로 분류했다. 전자가 '실체 자체'에 상당하고 후자는 (전자의 현현으로 나타난) 비슈누, 시바, 크리슈나 등 인격적인 신을 가리킨다. 힉도 힌두교의 이 신관·절대관을 인용하면서 그의 이론을 증명한다.

---

[21] 불교를 비롯한 동양 전통에 흐르는 '하나와 여럿'(一卽多)의 틀이다.

어떤 종교학자들은 종교의 발전 과정을 자연신교→다신교→일신교→일원론(절대, 실체)으로 설정한다. 여기서 인도의 일원론(브라만)은 서구적인 신관보다 한 걸음 더 진화한 유형이다(중국 종교의 '도'나 '리理'도 같다). 그러나 브라만을 최상위에 위치시킨 인도 종교와 달리 힉의 분류에서는 인격적인 신과 비-인격적인 절대를 동렬에 놓고 있다. 그와 같이 모든 세계 종교들의 평등성을 확보함으로써 군더더기 없는 공평한 종교다원주의의 토대를 닦아 놓았다고 할 수 있다.

2. 세 종교(유대교, 기독교, 이슬람) 간의 갈등

힉은 이름은 다르지만 똑같은 유일신을 내세우는 중동의 세 일신교—神教 사이의 갈등을 풀어갈 해석방법을 모색한다. 다원주의 이론을 적용해야 할 중요한 사례다. 세 종교야말로 일치를 지향하고 이루어야 할 가장 호적의 조건을 구비하고 있다. 그러나 권력 다툼을 벌이는 왕자들이나 재산 싸움을 일삼는 부잣집 형제들처럼 가까움이 오히려 더 적대감을 일으키는 관계가 되었다. 여기에다 민족, 국가 문제까지 얽혀 이념 갈등으로 갈라진 한반도와 더불어 언제 터질지 모르는 세계의 화약고로 계속 남아있다. 결국 궁극적인 이념인 종교로 풀어야 할 과제다. 종교가 발단이 되어 갈라졌으므로 말하자면 이종치종以宗治宗으로만 풀 수 있다. 이웃사촌 격인 세 종교가 화해할 수 없다면 다른 여타 종교들과의 관계는 더 말할 나위가 없다.

그렇다면 그것은 다원주의가 도구가 될 수밖에 없다. 갈등의 대표적인 상징은 예루살렘이다. 역사적으로 우연히 그 도시는 세 종교의 성지가 되어 있다. 유대 선지자와 조상들, 예수와 마호메트의 활동무대, 승천 장소로 서로 양보할 수 없는 성지이다. 현재는 이스라엘이 점령하고 있는 이곳을 정치적으로는 두 나라(이스라엘과 팔레스타인), 종교적으로는 세 종교가 사이좋게 평화적으로 공동 관할할 수 있을 때 갈등은 풀렸다고 할 수 있다.

힉의 접근방법을 들어보자. 그는 "유대인, 크리스천, 모슬렘들: 우리는 모두 같은 신을 숭배하고 있는가?"(Hick, 1993: 146-163)고 문제를 제기한다. 똑같은 유일신을 섬긴다면 서로 다툴 수 있는가 하는 뜻이 담겨 있다.[22] 우선 서로 '유일신'을 주장한다면 같은 근거는 신이라고 할 수밖에 없다. 아니라면 논리상 맞지 않는다. 같은 신이라는 한 가지 근거는 상대적으로 나중에 나온 경전이 말하는 신이 이전에 나타난 계시들 속에서 알려진 신임을 전제하고 있다는 사실에 들어있다.

가장 나중에 등장한 경전인 이슬람의 코란에 이렇게 기록된다.

"우리는 우리에게 전해 내려온 것을 믿으며, 여러분에게 전해 내려온 것도 믿는다. 우리의 신이나 여러분의 신이나 한 신이며 그에게 우리는 순종한다"('순종'은 '이슬람'의 어원적인 의미다, Koran, 28:46). 또한 "우리는 노아와 선지자들에게 예언을 보냈듯이 너희들에게도 예언을 보냈다. 그리고 우리는 아브라함과 이슈마엘, 이삭, 야곱과 그 자손들에게 그리고 예수와 욥에게도 계시를 보냈느니라. 그리고 모세에게 신이 직접 말했느니라(Koran, 4:163-164)." 그래서 이전의 계시에 나오는 신을 숭배하는 것은 코란의 알라신을 숭배하는 것이니라.

---

22 같은 아버지의 자식이라도 다툰다고 말할지도 모르지만, 사랑과 관용, 인류애를 보여야 할 종교들이 종교의 자격을 잃고 말 것이다.

그리고 기독교 경전인 신약은 유대교의 율법을 수없이 언급하고 있으며 예수가 선포한 신의 왕국의 신은 아브라함, 이삭, 야곱의 신이고 예수 자신은 신실한 유대인이었다. 초대 교회는 예수를 구약성경에서 고대하던 구세주로서 설교했다. 신약에서 예수가 '하늘에 계신 아버지'라 부른 신은 율법서가 말하던 신인 것이 분명하다. 여러 가지 점에서 세 종교가 숭배하는 신은 같은 신이라는 가정이 사실로 증명된다.

세 가지 전통에 나오는 신의 개념은 보편적인 성격을 공통으로 가지고 있으면서 동시에 역사적으로 형성된 특수한 다른 모습도 있음을 인정해야 한다. 자기 집단의 문화적 환경과 신앙의 표현방식과 의례의 독특성이 강조된 나머지 다른 신앙 전통은 정통성, 진정성에서 낮은 수준으로 인식되게 되었다. 그래서 전통적인 우월성 주장을 낳게 된 것이다. 그래서 힉은 만약 우리가 다원주의 모델을 채택한다면 자기가 속한 신앙공동체가 절대적인 주장을 약화시키고 결국에는 없어지도록 각자가 영향을 미칠 것을 주문한다. 구체적으로 말하면 유대교의 선민의식, 기독교만이 예수 그리스도로 화육한 신이 세웠다는 주장과 이슬람만이 신의 최종적이며 다른 전통이 능가할 수 없는 계시에 대한 응답이라는 주장을 거두는 일이다.

(이것은 세 종교에 국한된 것은 아니지만) 다른 신앙을 가진 친구들에게 위기에 처한 세계를 대체할 새로운 21세기 세계 공동체를 건설하기 위하여 영향을 행사하는 방법을 이야기하는 것은 적절치 못하다. 그보다는 크리스천으로서 나는 나 자신의 공동체 안에서 이런저런 제안을 할 수 있을 것이며, 그래서 나와 다른 신학자들이 협력하

여 제안하는 것은 우리는 (예수가) 신의 화육(성육신)이라는 관념이 비유적이고 신화적인 개념이라고 해석함으로써 예수를 통한 계시가 모세와 마호메트를 통한 계시와 같은 종류라고 이해될 수 있다는 것이다. 이러한 입장을 천명한 우리는 근본주의자들의 분노의 대상이 될 것이 분명하고 교단으로부터 여러 가지 불이익을 감수할 각오를 해야 한다.

종교적 절대주의는 종교의 올바른 이해를 위한 길만이 아니다. 사실상 시대마다 모든 국제 분쟁을 정당화시키고 격화시킨 요인이 바로 종교였다.[23] 한스 큉은 "종교 간 평화 없이 세계평화는 없다"고 했는데, 힉은 한 걸음 더 나아가서 다른 종교도 궁극적인 실체(신)에 대하여 동등한 타당성을 갖는 반응이라는 인식이 없이는 종교 간 평화는 불가능하다고 덧붙인다. 다원주의의 의의가 한층 더 확대되고 선명해진다.

3. 윤리적 공통인수: 황금률

철학적(존재론적) 구조와 역사적 발전의 측면에서 다원주의의 근거를 탐색하면서 힉은 또한 실천적인 차원에서 윤리의 공통성을 발견하려고 시도한다. 인간구원을 위한 종교라면 초월적 진리와 세속적 질서가 무관할 수 없다. 윤리는 종교의 하부구조를 이룬다. 종교적 실천의 핵심으로 제시된 사랑(기독교), 자비(불교), 인仁(유교)은 타자(이웃)를 대상으로 발휘되는 윤리 행위로써 (칸트도 강조한) 도덕적

---

[23] 부시 미국 대통령이 이라크에서 무모한 전쟁을 일으킨 것도 이슬람을 사악한 종교로 인식한 종교관이 깔려 있었기에 가능했다.

절대명령과 같은 것이다. 그러나 그 개념 자체는 다소 추상적이다. 그래서 사랑이 마치 성적 본능(에로스)이나 남녀 간의 사랑만인 것처럼 오해를 일으키기도 한다. 기독교(신약) 경전은 신적인 사랑(아가페)과 우애(필리아)를 말한다. 예수는 사랑의 실천을 '다른 사람들이 너희에게 해 주기를 바라는 대로 남에게 그대로 해 주라'(누가복음 6:31)로 구체화한다. 이기주의가 아닌 이타주의다. 이것을 '황금률'(golden rule)이라 한다(Hick, 1989: 309-315).

이 개념을 두고 힉은 다원주의의 타당성을 증명하는 사례로서 탐색한다. 그것은 타종교에는 없고 기독교에만 있는 것인가. 그는 먼저 유교의 맹자를 인용한다. 잘 알려진 우물에 빠지기 직전의 아이 비유다. 사람이라면 누군들 아이에게 달려가지 않고 그걸 보고만 있겠느냐는 것이다. 보상심리나 타산적인 생각 없이 본능적으로 즉각 반응할 것이다. 그것이 바로 인간이 본성적으로 갖는 '사단四端' 가운데 '측은히 여기는 마음'(惻隱之心), 즉 공자가 강조한 인仁의 구체적인 표징이다. 네 가지 기본적인 덕(仁義禮智)을 구성하는 나머지 마음도 마찬가지다.[24] 그런 맥락에서 황금률이 나오게 된 것이다.

맹자 이전에 이미 공자가 바로 그것을 표명했다. "스스로 바라지 않는 바를 다른 사람에게 행하지 말라"(己所不欲勿施於人).[25]

어떻든 황금률은 모든 세계 종교에서 다 찾아볼 수 있다(Hick,

---

[24] 그래서 맹자는 성선설(性善說)의 입장에 선다.

[25] 다만 예수가 긍정적으로 표현한 데 반해서 공자는 부정적으로 표현했다는 점이 다르다. 결과적인 행동에서 차이가 얼마나 클지는 분석이 필요하지만 다만 뉘앙스의 차이뿐일까. 부정 표현이 타인에게 행동의 자유를 더 허용하는 것이 되지 않을까. 자신의 입장에서 욕구를 상대방에게 적용하는 것은 그만큼 상대방의 욕구를 우선시하지 않는 셈이 될 터이다.

1993: 93). 예수와 달리 율법의 형식주의를 강조하는 유대교에서도 명확하다. 탈무드에서 이렇게 말한다.

너 자신에게 싫은 것을 네 이웃에게 행하지 말라. 그것이 율법(토라)의 전부이다.

그 정도로 중시된다. 마호메트도 이렇게 말한 것으로 기록된다.

자기 자신에게 원하는 바를 그의 형제를 위하여 바라지 않는 한 아무도 참다운 신자라고 할 수 없다.

인도로 넘어와서 힌두교 경전을 보자.

자기 자신에게 상처를 입힐 것으로 생각되는 것을 다른 사람에게 절대 해서는 안 된다. 이것은 요컨대 정의의 법칙이다.

자이나교의 경전에서는 "세상의 모든 생명을 그 자신이 대접받고 싶은 만큼 대접해 주라"고 말한다.[26]

불교 경전에는 똑같은 표현을 찾지 못하더라도 황금률의 취지는 부처의 언설과 경전 여기저기에 녹아 있다. 가르침의 주요한 덕목인 자비 개념에 들어있다. 이처럼 황금률이 대표하는 윤리 도덕은 모든 종교를 관통하고 있다.[27]

---

26 이것이 간디에서 비폭력 사상으로 표현되었다.

27 황금률의 소극적 표현인 '남을 해치지 말라'는 '비폭력'은 불교의 불살(不殺)계명을 비

물론 황금률 같은 보편적 계율 이외에 다른 덕목은 시대와 문화, 종교에 따라 그 내용과 표현이 달라질 수 있다. 예禮, 의례에서 특수성이 나타날 수 있다. 또한 차축 시대 이전 미개한 원시적 환경에서는 희생제의 같은 왜곡된 현상이 나타나기도 했지만, 오래 시험하고 지속된 세계종교 전통에서는 시대에 뒤떨어진 낡은 형식은 대강 다 걸러냈다고 볼 수 있다. 세계화 시대에 접어들어 지구 생태환경이 문제로 부각되면서 '세계윤리' 제정 운동이 일어나기 시작했다. 뒤에 논의하겠지만 여기에 한스 큉 등 다원주의 입장에 선 종교·신학자들이 앞장선 것은 당연한 일이다. 모든 공동체가 합의해야 할 보편적인 세계윤리는 무엇보다 전통적인 윤리의 원천인 세계종교들의 계율을 토대로 해야 하기 때문이다.[28]

롯하여 모든 종교의 기본 계율·계명이다. 간디는 이것을 진리의 구체적 표현이며 실천으로 보았다. 비폭력의 요체인 자기희생은 예수의 십자가 사건에서 그 전형을 보여준다.

[28] 한국 전통에서 국민윤리의 전형을 보인 신라 화랑도의 '세속 5계'는 바로 당시 종교를 대표한 3교—유·불·선— 윤리를 융화한 산물이다.

VII. 존 캅(John B. Cobb, Jr.)
: 통일성보다 다원성 ― 철저한 다원주의 신학

존 힉처럼 신학자로 출발하여 다원주의적인 종교신학의 길로 들어서서 그 토대를 구축하는 데 크게 기여한 학자로 존 캅을 꼽을 수 있다. 힉보다 약간 뒤늦게 1980년대 초부터 그 분야의 논문과 저술을 쏟아내기 시작했다. 힉과 같은 대학(칼리포니아 소재 클레어몬드신학대학교)에서 봉직하면서 협력하는 시기도 있었다. 둘은 같은 개신교 신학자로서 다원주의라는 큰 테두리는 공유하지만 두 사람이 정립한 다원주의의 철학적 구조와 지향점 그리고 실천방식에서 다소 격차가 나타난다. 다원주의 담론에서 캅이 중시한 주제는 대화, 상호 변화(탈바꿈), 그리스도, 불교 등이다. 하나하나 살펴보자.

1. 대화의 필요성, 목적, 자세

존 캅은 우선 대화주의자라 이름 붙여도 될 만큼 종교 간 대화를 유난히 중시한다. 과학기술, 교통, 정보통신의 발달로 세계는 하나의 지구공동체가 되어 가면서 종교가 공존해야 하고 공존하는 다종교 사회로 바뀌고 있다. 인류의 생존과 하나뿐인 지구의 보존을 위해서 종교가 더 이상 갈등의 소지가 될 여유가 없어졌다. 공존의 원리를 찾아내야 한다. 여러 가지 이론과 사상이 있지만 결국 다양한 논의와 제안을 수렴하는 원리가 바로 다원주의로 귀결된다. 이는 세계 전체만이 아니라 개인과 사회(국가)에도 함께 적용되는 원리다.

여러 종교를 앞에 두고 개인으로서는 새로운 선택을 하든지 자기식으로 종합을 하든지 기로에 서 있게 되었다.

이미 서구에서는 특히 젊은이들 사이에서는 종교를 탐색하는 움직임이 활발하다. 개인이 어쩔 수 없이 소속되어 있는 사회 공동체도 다양한 종교들의 난립으로 인한 사회 혼란이나 갈등을 막아야 하는 상황이 되었다. 동양 사회는 다행히 일찍부터 다종교 전통 속에서 훈련되어 왔으므로 비교적 분란의 소지가 적지만 한 종교에만 노출되어 온 서양과 중동은 사정이 다르다. 같은 신을 섬기는 세 종교끼리도 역사적으로 적대적인 관계가 달라졌다 볼 수 없다. 기독교는 앞에서 존 힉이 다루기도 했지만, 같은 뿌리의 세 종교 사이만 아니라 인도와 중국에서 기원한 종교들까지 어떤 식으로든 관계 정립을 새로 해야 할 입장이다.

이전 시대에 선교사를 파견하여 기독교의 우월성을 전파하던 식으로 배타주의적인 타종교관을 온존시킬 수는 없다. 의식을 가진 신학자나 종교학자라면 새로운 해석 도구를 개발하는 데 무관심할 수 없다. 존 힉과 존 캅은 남다른 사명감을 갖고 앞장서서 이 문제와 씨름하여 나름대로 모색 끝에 공존과 대화의 길을 제시한다. 낡은 배타주의 패러다임으로는 자신들의 신앙조차 지켜낼 수 없음을 인식했다. 다른 사물처럼 종교도 시대에 맞게 새로워지고, 진화해야 한다. 힉도 그랬지만 캅은 철학적 지식을 종교에 적용하여 해석했다.

철학 중에서도 서구 철학의 새로운 패러다임을 제시한 화이트헤드의 과정철학을 선호하여 적용한 과정신학을 개척했다. 존재론적으로 실체는 고정불변하는 존재(being)가 아니고, 과정(process) 속에서 인식되어야 할 대상으로 규정한다.[29] 인격화한 실체로서 신도

마찬가지다. 신에 대한 신앙과 종교도 한 가지 형태로 머물러 있을
수 없다. 계속 진화해가야 한다. 종교적, 신학적으로 혁명적인 발상
이다. 이러한 시각은 어떤 종교보다 불교와 상통한다. 불교는 힌두
교가 내세우는 실체 개념인 '브라만'이나 '아트만'을 부정하는 것으로
출발했다. 무아(an-atman)가 바로 전형적 표현이다. 실체 대신에 연
기緣起, 즉 비실체적 관계성의 개념을 내세운다. 캅은 연기가 화이트
헤드의 유합(concrescence) 개념과 유사하다고 본다. 존재의 찰나성
이나 무상無常의 원리도 비실체성을 가리킨다. 불교의 중도中道 개념은
유·무 이분법을 초월하는 (초)논리다.

  불교는 또한 힌두교의 신들(브라마, 비슈누, 시바, 크리슈나 등)은 물
론 인격적 실체를 상징하는 신을 부정하는 유일한 세계종교로 분류
된다.[30]

  이처럼 캅이 어느 종교보다 불교를 기독교와의 대조 대상으로 꼽
는 이유를 그가 영향을 받은 화이트헤드 철학에서 찾을 수 있다. 그
것은 캅의 신학 형성에 결정적으로 작용한 철학이었다. 그 근거를
불교에서 확인한 것이다. 뒤집어 말하면 그것은 또한 불교의 철학적
보편성을 인식시켜 준다. 캅 자신 속에서 철학과 불교의 대화가 진
행되었다고 볼 수 있다. 분야 간은 물론 개인 간, 국가 간, 종교 간을

---

29 이 주장은 그리스철학 이래 서양철학사를 지배해 온 실체주의와 이분법적 사고방식을
  뒤엎는 것이다.
30 하지만 불교가 대승불교로 넘어오면 사정은 달라진다. 석가가 부정한 실체 개념이 다
  른 가면을 쓰고 등장하기 때문이다. 부정된 '나' 대신에 참나(眞我) 개념이 사용되고,
  힉이 지적한 대로 법신불(法身佛)이 신이나 브라만의 위치를 차지한다. 부정적인 개념
  으로 궁극적인 경지를 가리키는 열반, '공'까지 절대나 실체 개념으로 해석되기도 한
  다. 그밖에 진여(眞如: tathata), 여래장(如來藏), 일심(一心) 등도 실체 개념으로 볼 수
  있다.

포함하여 모든 대화는 상호 이익을 가져다준다는 것은 부정 못 할 사실이다. 종교 다원주의자들이 현 단계에서 대화에 초점을 맞추고 있는 까닭을 알 수 있다.

그 앞에 선 캅은 대화에 머물지 않고 그 너머 지향해야 할 구체적인 목표까지 설정한다. 그것은 질적 변화, 즉 '탈바꿈'(trans-formation)으로 표현된다. 기존 종교의 한계를 뛰어넘는 철저한 변환이다. 대화는 두 가지 조건을 충족해야 단순한 정보 교환을 넘어 구체적인 성과를 거둘 수 있다. 첫째, 대화 참여자는 우선 자신의 전통에 대한 깊은 신앙을 지닌 사람이어야 한다. 둘째, 상대방의 주장을 경청하면서 개종까지도 각오하는 열린 대화라야 진정한 대화다. 캅은 자신의 한계를 인식하면서 타자의 견해를 존중하는 자세로 자기 생각과 신념을 표현하는 학자, 인격자('신사')로 평가받는 신학자이다. 다원주의를 전공하는 학자들이 대체로 그렇게 보이지만, 특히 캅은 동양식으로 표현하자면 지행합일을 실천하는 선비와 같은 모습이다.[31] 세계 현실에 대한 관심은 그의 다원주의 사상 형성과정에서 후반으로 갈수록 더 선명히 드러난다.

캅의 종교관을 폭넓게 다원주의로 분류하지만 엄격하게 말하면 모든 종교의 평등성을 강조하는 캔트웰 스미스, 존 힉 같은 다른 종교다원주의와는 다른 측면 때문에 폴 니터는 캅의 입장을 배타주의, 내포주의, 다원주의 등 세 가지 범주를 모두 벗어난 접근법으로 본다. '대화를 넘어서'와 동시에 타종교에 대한 통상적인 세 모델도 넘어선 시각이다. 달리 표현하면 어느 한 종교의 배타주의적 절대주의

---

[31] 필자도 우연히 함께 참여한 두 차례 모임에서 받은 인상이다.

(absolutism)와 모든 종교의 다원주의적 상대주의(relativism)도 넘어서 제삼의 길을 제시한다. 그만큼 캅의 다원주의 사상은 남다른 독특성을 지닌다.[32]

그러한 접근법은 개인마다 또는 종교마다 갖는 양보할 수 없는 독특성을 살려야 한다는 생각에서 나온 것으로 추정된다. 캅 자신에게는 그 요소가 그리스도이다. 그의 신앙은 그리스도-중심(Christ-centered) 신앙이다(Cobb, 1982: 136-140).[33] 그것은 존 힉이 주장한 신-중심(God-centered) 신앙과 대조된다. 이름은 다르지만 신(실체, 절대)은 하나이므로 우열이나 차별이 없는 종교들의 공존이 가능하다. 그리스도는 한 종교에만 연관된 특수성을 갖는다. 그것이 우주적인 범주로 확대될 수 있으므로 보편성을 가질 수 있지만, 그것은 일방적인 해석으로 용어 자체와 개념은 다른 종교에 생소하다. 물론 신의 화육(화신)으로서 힌두교 같은 종교에는 적용할 수 있으나 그렇더라도 그리스도를 고집할 필요가 없을지도 모른다.

캅은 추상적인 신이 온 인류의 구원을 위해서 구체적으로 역사 속에 나타나서 살아있는 신의 모습을 나타낸 것은 유일무이한 사실로 인정한다. 역사 속에서 산 그리스도의 정신은 현재도 살아 있다. 그리스도는 살아 있는 종교의 상징이다. 그렇다고 하더라도 다른 종교의 특별난 주장도 받아들일 수밖에 없는 것 아닌가. 캅은 부정하지 않는다.[34] 어떻든 캅이 다른 종교들의 독특성과 존재(공존)할 권리를 인정하므로 다원주의의 틀을 벗어났다고 단정할 수 없다.

---

[32] 절대주의적 상대주의 또는 상대주의적 절대주의로 표현할 수도 있지 않을까.

[33] 가톨릭 신학자 파니카도 공유하는 입장이다.

[34] 그래서 위에서 상대적 절대주의, 절대적 상대주의라 한 것이다.

존 캅이 나름의 독창적인 종교관에 이르게 된 것은 의식이 분명한 학자와 사상가가 대체로 그렇듯이, 삶의 여러 단계와 배움의 과정에서 문제의식을 가지면서 깊은 사유와 고뇌의 체험이 있었기 때문이다. 자아, 신앙, 세계에 대한 의문이나 문제의식이 없이 학문 탐구의 길에 들어서기는 어렵다. 첫째로 봉착한 문제는 (미국 남부 출신으로 몸에 밴) 신앙심(경건)과 이성의 관계였다. 병역을 치르면서 바깥세상을 보고, 전역하고 나서 전쟁 후 내면에 꿈틀거리는 내면의 문제와 씨름하기 위해서 택한 학교가 이성의 보루인 시카고대학이었다.

거기서 여러 분야를 아우르는 학제 간 프로그램을 택하여 종교 비판을 다루는 과목들을 수강하면서 무신론에 기울기도 했다. 학부를 마치고 신앙의 문제를 본격 탐구할 셈으로 시카고대학 신학교로 진학했다. 갈등을 겪으면서 화이트헤드의 과정적 세계관과 신관의 도움을 받으면서 경건주의 신앙은 영과 이성의 자양분을 받아 성장한 신앙으로 재구성되었다. 이후 20년 어간(1940년대 후반~1960년대 후반)에 신학자로서 캅의 관심은 신앙과 사변 철학 사이의 관계였다.

그러다가 1969년 돌연히 하나의 큰 전회, 중대한 신학적 전환점에 도달한다. 그것은 그가 씨름한 신앙의 경건성과 학문적인 신학의 틈바구니에서 오래 꿈틀거리던 문제가 수면 위로 부상한 것으로 바깥 세계의 위급한 실상이었다. 우리는 대재앙을 향해 가고 있다. 재앙은 환경의 붕괴와 사회적 폭력으로 발생한다. 캅은 그것이 경제적 불의, 불공평에 뿌리를 둔다는 사실을 갈수록 더 실감했다. 위기의 실상에 눈을 뜬 캅은 이에 따라 자신의 우선순위를 다시 정리해야 할 필요를 느낀다. 우리와 후손들에게 다가오는 위험을 막기 위해서 대안을 찾아내야 한다. 그 대안은 보편타당성을 확보하기 위해서 결국 모든 문화 속에서 찾아낸 종합 처방이어야 한다. 그래서 눈을 돌린 것이 문화의 알짬인 종교, 즉 (기독교 밖의) 세계 종교들이다.

이와 비슷한 시기 전후에 신학적 맥락에서도 타 문화와 종교에 대한 관심이 일어나고 있었다.[35] 그 관심은 타종교인들, 사상가들과의 조우를 통해서 점점 더 깊어져 갔다. 특히 불교와 관련된 경우가 많았다. 1973년부터 종교 간 주제의 저술이 출판되기 시작하고 그 첫 산물이 용수(Nagarjuna)와 화이트헤드와의 대화를 다룬 글이다. 불교와 철학의 대화는 신학의 영역으로 확대되어 갔다. 본격적인 산물이 『대화를 넘어서 ─ 불교와 기독교의 상호 탈바꿈을 향하여』(1982)라는 획기적 저작이다. 이것은 이 분야의 대다수 저작과 달리 신학적인 이론만이 아니라 또한 실제적인 실천을 다루고 있어서 특별하다. 이 책의 말미에서 캅은 '지난 30년 동안 내 저술의 큰 부분을 형성해 온 가장 중요한 관심'은 '종교다원주의'와 '지구의 위기'였다고 털어놓는다.

종교다원주의를 탐구하는 과정에서 캅이 견지한 원칙이 있다면 폴 니터가 이해한 대로 그것은 두 가지로 보인다. 하나는 다른 종교들이 제시하는 길의 특수성과 대안代案성을 존중하는 것이다. 어떤 경우에도 그 자신의, 또는 '보편적인' 시각이나 진리의 평가 기준을 모두를 위한 표준으로 내세우지 않는다는 원칙이다. 보편적인 공통 인수를 찾는 많은 다원주의자와 분명히 선을 긋는 다른 점이다. 그에 못지않게 캅이 결연히 지키려고 하는 또 한 가지 원칙은 모든 인

---

35 여기에 새로운 촉진제가 더 추가된 셈이다.

류와 종교들이 당면한 지구적 위기에 대한 '대안을 찾는 것'으로, 캅은 지구적 위협의 해결을 위한 대화를 이끌이기는 데 진력을 쏟는다. 이 두 가지 관심에 균형을 유지하면서 그래도 더 우선을 두는 쪽은 아무래도 지구의 복지에 대한 관심이 실존적 및 인식론적 우선권을 갖는 것으로 보인다. 캅이 타종교들 그리고 대화에 접근하는 과정에 그러한 의도가 깔려있다고 봐야 할지도 모른다.

대화의 목적을 달성하기 위해서 대화에 임하는 기본적인 자세가 무엇일까. 타인에게 접근할 때 피해야 할 것은 '절대주의', 즉 절대적인 입장이다. 그것은 진정으로 열린 자세를 갖지 못하도록 막는 모든 것이다. 생산적인 대화가 오가기 위해서는 먼저 자기주장을 접고 상대방의 말을 진심으로 경청하는 것으로 출발해야 한다. 대화에서 넘어서야 할 절대적 입장은 자기 종교가 유일한 계시 또는 진리라는 주장만이 아니라, 학자들이 대화가 지향해야 할 방향을 제시하는 주장이라든지 대화를 위한 공통적인 근거 또는 모든 다양한 종교 전통들을 관통하는 통일성을 제시하는 대화 모델 속에도 숨겨져 있다.

왜 절대주의적 사고와 주장은 피해야 하는가. 하나하나 분석해 들어가면 주장의 근거가 없기 때문이다. 진리 파악의 내용이나 진실의 선포는 그것이 만들어진 역사적, 문화적(언어적) 환경 속에서 설정되고 한정된다. 모든 진리는 장소에 구속되므로 우리는 한 곳의 진리를 모든 진리 위에 절대화할 수 없다. 많은 장소가 존재하고 따라서 진리 인식의 방식도 그만큼 많다. 캅은 모든 진리 주장의 완전한 상대성을 확신, 단언한다. 우리가 알고 있는 것은 단지 진리의 한 조각일지도 모르지만, 그 조각은 다른 조각들에 연결되어 있을 수 있다. 대화 참여자는 자기 시각의 한계를 알아야 하고 또한 다른 이들의 제한된 시각에 진실로 열어야 한다. 그래야 대화의 끝에 모두가 더 많이 알게 된다.

서로에게 진정한 열림 속에서 절대주의를 넘어가고자 노력하는 참여자들의 대화가 가져올 바람직한 결과는 종교공동체의 모든 구성원의 탈바꿈이 되는 것이다. 캅은 심지어 '불교화한 기독교'(Buddhisized Christianity)와 '기독교화한 불교'(Christianized Buddhism)를 이야기한다(Cobb, 1982: 142). 종교들의 그 같은 탈바꿈이 필요한 이유는 그의 (화이트헤드에게서 채택한) 과정철학적인 시각에서 우리가 변화해야만, 관계를 통해서 변화해야만 살아남을 수 있기 때문만이 아니라 종교들이 당면한 전 지구적 도전에 창조적으로 응답하기 위해서는 종교들이 새로운 해석만이 아니고 또한 탈바꿈을 필요로 하기 때문이다. 해석은 내적 성찰을 요청하지만, 탈바꿈은 대화를 필요로 한다.

대화가 소기의 목적—여기서는 탈바꿈—을 이루기 위해서는 이와 같이 대화의 참여자가 열린 마음으로 상대방을 경청하는 태도가 필수적인 조건이다. 그 밖에도 한 가지 더 있다. 자기 신앙에 충실해야 된다. 상대방에게 내놓고 설득될 수 있는 특별한 것이 있어야 한다. 불교의 경우 당연히 부처의 독특성이 제시되겠지만 캅의 경우 크리스천으로서 내놓을 것은 그리스도이다. 그리스도는 어떤 존재이고 왜 독특한가. 그 핵심을 대화에서 약술해야 한다. 캅도 나름의 기독론을 형성해 왔다. 그는 그리스도를 (단순한 구세주가 아닌) 역사와 우주에까지 가득 찬 원리 또는 탈바꿈을 유인하는 미끼로 기술한다. 예수는 탈바꿈을 일으키는 창조적인 에너지의 화신이었다고 본다.

그에게는 신(여호와)보다도 그리스도가 더 중요하다. 그래서 신-

중심보다는 그리스도-중심 구원론에 무게를 싣는다. 기독교 전통을 오랫동안 지배해 온 배타주의적인 종교관은 예수의 독특한 정체성에 근거를 둔다. 즉, 복음서에 기록된 "나로 말미암지 않고는 아버지(하나님)께 갈 수 없다"라거나 "나는 (유일한) 길이요 진리요 생명이다"는 예수의 선언이 진리다. 각주를 달 필요가 없다. 캅은 그것을 어떻게 해석하고 소화했을까. 종교 간 대화에서 일견 양보할 수 없는 자기 신앙의 핵심 개념으로서 어떻게 제시할 것인가. 딜레마에서 벗어나기 위해서 어떤 묘책을 쓸까.

캅이 고안해낸 공식은 '예수는 길(Way)인데 다른 길들(Ways)에 열려있는 길'이다. 절묘한 표현이다. 자기 쪽에서는 유일한 길(the Way)이지만 다른 쪽에게는 한 가지 길(a Way)이 될 수 있다. 상대적 절대주의(relative absolutism)라 할까. 그러나 캅 자신은 상대주의도 절대주의도 초월하는 길을 지향한다고 말한다.[36]

예수를 그리스도로 삼고 따른다는 것은 굳은 결단을 요청하는 일로 확고부동한 입지에 선다는 것을 의미한다. 그뿐만 아니라 그것은 타자에게 근본적인 개방을 요구하는 역설적인 의미도 들어있다. '확실하게 근거'하면서 '근본적으로 개방하는' 양면적인 입장은 예수의 길을 따르는 자가 품고 가야 할 어렵지만 흥미진진한 도정이다. 개방을 어디까지 근본적으로 해야 할까. 적어도 이론적으로는 그리

---

[36] 다른 종교도 마찬가지로 말하면 된다. 중국 종교 전통에서는 이미 유도(儒道), 불도(佛道)로 말하고, 도교는 도의 원조 격이다. '도' 대신에 '교'(가르침)를 써서 유교, 불교, 도교로 나누기도 하고, '가'(종파, 학파)를 붙여 유가(儒家), 불가, 도가로 표현하기도 한다. 신라 시대 최치원은 한국의 고유한 종교를 '현묘지도'(玄妙之道)로 기록했다. 인도식으로 표현하자면 불교의 법(dharma)을 대입하여 '부처는 다른 법(Dharmas)에 열려있는 법(Dharma)'이라 할 수도 있다.

스도를 따름으로써 그렇게 말하도록 인도된다면, 크리스천이 그리스도를 포기할 준비도 하고 있어야 한다. 크리스천으로서 캅이 그런 일이 일어난다고 상상할 수는 없지만, 예수가 제자들에게 권고한 길이므로 믿고 따를 수밖에 없다.

캅이 통과한 '전환'(1969)은 일회성으로 그치지 않고 이후에도 계속 나아갔다. 이 전회에서 깨달은 것 하나는 그가 신학자로서 작업하면서 이원론에 사로잡혀 있었다는 사실이다. 조직신학과 윤리의 분리가 그 한 가지였다. 그는 정치와 신학 사이에 엄격한 경계선을 긋고 있었다. 그러다가 고통으로 가득 찬 세계의 현실에 눈을 뜨면서 생각이 달라졌다. 전 인류가 지금 재난과의 충돌 과정에 있다는 사실이 이원론을 벗어 던지도록 만들었다고 기술했다. 그 같은 맥락에서 쓴 『정치신학으로서의 과정신학』(1982)에서 캅은 과정신학과 정치, 신학과 윤리 사이에는 녹일 수 없는 끈끈한 유대(유착)가 있어야 한다고 규정했다.[37]

그래서 1970년대 초반부터는 캅의 관심이 생태학이었다면 1980년대는 초점이 경제학과 정치학으로 확장되었다. 타종교와의 대화를 다루고 추진하는 과정에서도 그 목적이 '세계의 전체적인 구원'에 대한 사명의 수행이었다. 그는 종교들의 결집이 국가와 국민이 '재난과의 충돌 과정'을 벗어나게 하는 데 결정적 요인이 되기를 바랐다. 이것은 캅 자신의 그리고 크리스천의 개인적인 동기와 목표이지 꼭 종교 간 대화에서 다른 사람들과 공유하는 것은 아니었다. 그는 세계의 생태학적, 사회적 복지에 대한 윤리적인 관심을 공유해야 된

---

[37] 한국 현실에서는 이미 함석헌이 종교와 정치의 뗄 수 없는 관계를 더 없이 강조하고 몸소 민중운동, 민주화운동에 일생을 헌신한 사례를 자랑스럽게 이야기할 수 있다.

다고 어떤 식으로든 제의하지 않도록 신중했다.

그것은 대화에 대하여 캅이 설정한 원칙과 관련이 있다. 그는 대화의 조건으로 어떤 공통적인 의제나 공통적인 근거를 강제하려는 어떤 노력이라도 해서는 안 된다는 전제를 고수했다. 그 신념은 철학적으로, 역사적으로 증명된 사실에 근거를 둔다. 한 종교가 절대적 보편 진리라는 주장은 기독교와 제국주의의 결탁에서 오류와 폐해가 드러났다. 캅은 그런 것이 없이도 종교 간 대화 자체가 세계 구원에 기여할 수 있다고 판단했다. 명시적으로 제시하지 않더라도 윤리와 정치의 결합과 같은 윤리와 대화 사이의 결합이 대화 중에 은연중에 이루어지고 있었다. 하지만 1990년대에 들어와서 캅은 적극적인 자세를 취하기 시작했다. 종교 간 대화와 윤리 사이에 더 밀접한 연계를 주문하거나 어떤 식으로든 작업했다. 악화되고 있는 세계의 상황만이 아니라 (윤리는 내팽개친) 교육과 연구의 현장(아카데미)의 상태도 촉매제로 작용했기 때문이다. 수천 명이 참여하는 방대한 미국종교학회(1988) 연차대회 기조 강연에서 캅은 지구와 중생이 사멸해 가고 있는 현실에서 학자 노름만 일삼으면서 '지구의 운명'에 대하여 반응하지 않는 학자들을 질책하기도 했다. 마치 구약성경에 나오는 예언자(예레미야)의 경고같이 들렸다. 이러한 무책임한 태도는 다양한 학문의 과도한 세분화 그리고 다양성과 사회적 구조(그리고 해체)에만 역점을 두는 포스트-모던 사상이 가져온 윤리를 무력화시키는 부정적 효과로 인하여 초래된 것으로 진단한다.

그 경고는 종교 간 대화에 관여한 동료들에게도 향한 것이었다. 종교에 관련된 모든 사람이 지구의 위기를 해결할 방책을 찾기 위한 폭넓은 합의를 이루도록 협동할 것을 촉구했다. 종교를 다루는 우리 모두의 '궁극적인 관심'은 후손들에게 '거주 가능한 지구'를 넘겨주는 것임을 인식시켰다. '궁극적인 관심'은 '종교'의 정의(폴 틸리히)로서 자주 인용되는 표현인데 지금, 이 시점에서 그것이 구체적으로 무엇이어야 하는가에 대해서 캅은 가장 시의에 맞는 해석을 내리고 있다. 이러한 위기의식은 나중에 가톨릭 신학자 한스 큉이 전개하는 '지구 프로젝트', 즉 세계윤리 제정 운동에 적극 동조하게 만든다.

캅은 종교다원주의와의 대화에 대한 접근에서 절대주의를 참여자가 벗어나야 할 입장으로 경계했는데 그에 못지않게 그 대칭인 상대주의도 문제 삼았다. 절대주의가 아니라면 그 대안이 상대주의일 법한데 그것이 아니다. 종교마다 갖는 정체성을 구성하는 독특성과 특징으로 대화의 목표 달성에 기여할 수 있는데, 모든 종교가 고만고만하다는 개성 없는 상대주의만으로 그것이 활용될 수 없다. 정체성은 반드시 배타적인 진리 주장이 된다고 할 수는 없다. 대화의 목표는 원래 탈바꿈 한 가지였으나 나중에는 위기에 빠진 세계의 구원을 위한 새 윤리의 수립을 보탰다. 새 윤리는 종교체험에서 나온 인식론적 타당성과 권위를 가진 것이어야 한다. 기독교인으로서는 탐욕과 불의, 부정이 판치는 세상을 정화할 준거나 윤리로 나사렛 예수가 보여준 예언자적 비전과 메시지를 들어 볼 필요가 있다. 절대주의를 부정한다고 해서 메시지의 보편적 관련성까지 부정해야 하는 것은 아니다.[38]

그처럼 존 캅은 초기에는 비-절대주의적 대화가 어떻게 종교를 탈바꿈시킬 수 있는가에 초점을 맞추었다면, 1990년대 이래는 대화

---

[38] 다른 종교는 종교대로 예를 들면 불교는 부처의 무아 · 무소유의 메시지 또는 보살의 이타 정신을 내세울 수 있다.

와 윤리 사이의 연관성에 더 관심을 갖고 비-상대주의적 대화가 어떻게 세상을 바꿀 수 있는가에 중점을 두었다고 할 수 있다. 그렇다고 윤리나 지구적 현안 문제에 대한 깊은 관심만이 종교 간 대화를 위한 유일한 근거일 수 있다고 제의하지는 않았다. 대화가 시작되기 전에 공통 근거나 의제를 정해놓자고 하는 것은 모든 대화가 필요로 하는 완전한 개방에 어긋난다는 것이 캅의 소신이다. 종교 간 대화를 위한 어떤 공통적인 근거나 평가 기준이 있어야 한다면 그것은 어디까지나 대화 자체에서 나오도록 해야 한다. 어떻든 캅은 세계의 걱정거리를 해소하는 데 도움을 주기 위해서 종교들이 함께 윤리적 실천 방법을 개발해야 한다면, 그 윤리는 어디까지나 각 공동체의 종교체험과 전통에서 나와야 한다는 것을 강조한다.

놀라운 것은 캅의 이러한 발상들이 1970년대와 1980년대에는 대화의 현장에서 생각할 수 없거나 불가능한 일이었는데 1990년대에 와서 현실로 나타나고 있다는 사실이다. 종교 전통들 사이에서 세계의 실제적인 필요성에 초점을 맞추는 대화가 다양한 형태와 맥락에서 세계 도처에서 일어나고 있는 것이다. 서로 합치될 수 없는 다양한 종교적 신앙과 실천방식을 고수해 온 종교인들이 어디서 대화를 출발하고 지향해야 할지 공통적인 근거와 원천을 모색하는 일이 벌어지고 있다. 세계에서 일어나고 있는 사건들의 전말을 목도하면서 이들은 세계 전체에 대한 책임을 진다는 각오로 대화에 참여한다. 이러한 발전은 설교보다는 실천에 역점을 두는 캅 같은 사상가의 실천적 노력에 힘입은 것이라고 판단할 수 있다. 이 방면의 그의 기여는 기념비적인 것이며 도로표지 같은 역할이라 할 만하다.

위에서 존 캅의 다원주의적 종교신학에 대한 사상의 형성과 전개

과정 그리고 그 내용을 전체 그림으로 제시해 보았다. 그것으로 이해의 토대가 총론적으로 구축된 셈이지만 그 과정에서 칸의 관점과 제의가 중대한 의의를 지닌 것으로 보이는 만큼 구체적인 맥락에서 각론을 하나하나 짚어 볼 필요가 생겨났다. 내용이 다소 반복되더라도 그것은 강조할 만한 중요한 관점으로 이해하면 된다. 우리가 수입한 종교의 원산지에서 어떤 사상이 형성되고 앞장서고 있는가를 자세히 아는 것이 중요하다는 점은 거듭 지적할 만하다.

2. 종교들—우리는 어디에 서 있는가

기독교인(Christian)이라는 말에 따라다니는 우월성이라는 요소는 반드시 도덕적으로나 인간적으로 다른 사람들보다 뛰어나다는 뜻이라기보다 구원의 유일한 원천인 신이 다른 전통에서는 알려지지 않았지만, 크리스천에게만 나타났다는 확신의 표현으로 볼 수 있다. 오늘날 이러한 사고의 습관은 다른 방식으로 진리나 구원을 추구하는 다양한 길이 있다는 사실을 더 알게 되면서 심각한 도전을 받고 있다. 크리스천들이 자기 우월성에 대한 전제를 갖고 다른 사람들에게 접근하는 것은 기독교적 사랑에 맞지 않은, 거짓으로 보인다고 느끼는 사람들이 갈수록 늘어가는 현실이다.

그렇다면 우리가 이미 더 많이 알고 있다는 자부심보다 타인들이 알고 체험해 온 것을 경청하고 음미하는 것이 더 좋지 않을까. 1차 세계대전 이전까지는 기독교의 절대성이나 완결성이 공식화되다시피 달리 생각할 여지가 없었지만, 이제는 상황이 달라졌다. 기독교가 배타적인 주장을 똑같이 정당화하는 타종교인들과 함께 믿고 살아가는 한 가지 길임을 인식해야 하는 것이 아닌가? 여기서 '신학'과 '종교'의 문제가 대두된다. 두 가지의 구분이 공식화한 것은 19세기였다. 종교철학자들은 종교의 보편적인 인간 현상의 본질을 탐색하고, 신학자들은 이 본질이 기독교 속에서 가장 순수하고 완전한 형태로 성취되었음을 보여주는 작업을 시도했다. 이에 따라 대학에서는 종교학과를 발전시켰다.

그러다가 이러한 접근은 20세기에 와서 1차 세계대전 이래 문제가 되었다. 당대의 가장 중요한 신학자인 칼 바르트는 기독교를 종교로 분류하는 것을 반대하고 그 상위에 위치시켰다. 기독교를 종교의 한 형태로 연구하는 것은 기독교를 신의 독특한 행위에 대한 반응으로서 보는 그 성격을 놓치게 만든다는 것이다. 그는 종교를 구원을 성취하기 위한 인간적 노력으로 이해했다. 그러나 기독교는 인간적 범주를 벗어난다. 그래서 그 이후 신학은 종교와 종교들의 학술적인 연구의 맥락에서 벗어나 독립했다. 종교는 대학에서 비교종교 또는 종교(역)사로 따로 연구되고 신학은 대개 신학교에서 연구되었다. 그러나 근래에는 신학자들이 다른 종교 전통들을 계속 무시할 수 없음을 인식해 왔다. 종교적 진리와 가치에 대한 규범적인 이해 없이는 신학이 빈약해진다고 보고, 신학과 종교사의 관계에 관심을 가지면서 종교신학을 개발하고 있다.

그래서 이론적으로보다 살아있는 종교들에 관심을 갖고 그에 대한 지식이 예수 그리스도와 신에 대한 크리스천의 이해에 영향을 미칠 수밖에 없다고 본다. 인도와 중국의 위대한 종교들과의 마주침이 크리스천이 사고하는 맥락을 바꾼다. 20세기에 와서 서양인들은 깊이 뿌리내린 기독교 문화의 우월성에 대한 인식을 마침내 버리고 있다. 이전에는 선교사들이 보여준 대로 '우리'와 '그들'로 경계선을 긋고 타자를 선교와 개종의 목표로만 삼아왔었다. 이제는 말씀(logos)의 통로를 다른 문화와 종교로 확대, 다변화하는 새로운 해석을 해야 할 상황에 이르렀다.

그 앞에 가톨릭교회가 섰다. 1960년대 초반 제2차 바티칸공의회를 시작으로 로마 가톨릭교회는 이론과 실천 양면에서 타종교와의 관계를 새로 정립하는 데 공을 들였다. 15세기부터 교회를 지배하던 "교회 밖에는 구원이 없다"는 교리를 넘어 새로운 입장을 개발해야 했다. 이미 앞에서 논의했지만, 그 과정에서 나온 새로운 해석 도구가 칼 라너 신부의 내포주의다. 구원이 안 드러나게 타종교에도 잠재되어 있으므로 다른 종교인을 '이름 없는 크리스천'이라 부를 수 있다는 것이다.[39]

이러한 입장의 변화는 타종교와 대화의 문을 열어놓았다. 가톨릭 안에서도 명상(참선), 요가 등 불교를 비롯한 동양 종교의 수행을 채택한 교역자와 신도들이 늘어나고 있다. 토마스 머튼 신부가 대표적인 사례로 그의 저술은 지식인들에게 많은 영향을 주었다. 기독교와 동양의 수행이 조화하여 새로운 명상 기법을 낳았다. 동양의 직관적 통찰이 서양 심리학과 치료에 통합되는 모습도 나타났다.

대화는 가르치는 것만 아니라 배우기도 하는 상호 보완의 과정이다. 서로의 마주침은 수렴·통합을 향한 움직임이 될 수 있다. 대화하는 자세는 기독교도 여러 종교운동 가운데 하나임을 천명하는

---

[39] 저자는 개인적으로, 신을 '질투하는 여호와'에서 우주를 창조한 우주적 신으로 나아간 것은 '가톨릭'에 걸맞은 해석으로 진즉 이르렀어야 할 신관, 구원관이 아닐까 하는 생각이다.

것이므로 배타주의의 테두리를 벗어난 것이다. 가톨릭의 변화된 자세는 개신교 신학에도 여파가 미쳤다. 물론 그 성향만은 아니겠지만, 타종교에 대한 변화된 흐름은 당대를 대표하는 신학자들인 (따로 다루었지만) 폴 틸리히나 파넨베르그에게서 엿볼 수 있다. 틸리히의 신학은 기독교를 종교사의 맥락에서 보는 열린 시각으로 신의 보편적 계시를 모든 문화와 종교 속에서 인식한다. 파넨베르그도 기독교와 예수의 중요성을 종교사 속에 내포된 보편 역사의 맥락에서 드러내려고 한다. 따라서 종교사의 맥락 속의 기독교 신학이 종교신학이 된다.

두 신학자는 기독교의 일정한 우월성이나 절대성을 주장하기는 하지만 19세기에 등장했던 형태의 주장은 아니다. 틸리히의 경우, 십자가가 절대를 가리키는 중심적 상징이긴 하지만 절대성을 갖는 것은 아니다. 따라서 기독교의 실제 기관과 신앙 또는 도덕적 실천의 우월성을 주장하는 논증이 없다. 이와 비슷하게 파넨베르그도 모든 종교는 불완전하고 다 갖추지 못한 미비한 것으로 본다. 기독교도 다를 바 없다. 중요한 것은 이러한 불완전성을 인식하고 종교가 그 자체를 넘어 모두의 궁극적 성취를 지향해 가야 한다는 것이다. 그는 기독교 종말론이 보편적 부활의 교리 속에서 이 조건을 만족시킨다고 본다.[40]

서양 종교를 대표하는 기독교와 타종교들의 관계를 탐색하고 올바로 설정하려는 움직임은 이론적인 차원에서 실천적인 차원으로 옮겨가고 있다. 우리가 계속 다루어 온 것처럼 이론은 신학과 종교철

---

[40] 보편성의 강조가 기독교의 특수성까지 포기하는 것은 아니다.

학 분야에서 주도된다. 동시에 철학에서도 직간접으로 동서 사상 전통의 융합이 부분적으로 시도되어 왔다. 근현대 철학에서 쇼펜하우어, 하이데거, 비트겐슈타인에서 불교 철학적, 동양적인 발상이 묻어난다. 분명히 다른 동서의 차이를 인정하고 인식하는 것에만 그치지 않고 융합하려는 시도도 없지 않았다.[41]

화이트헤드의 제자 노스롭은 동서의 보완적 관계에 관한 이론을 전개했다. 동서는 감각적(미학적) 연속체에서부터 다른 문화적, 철학적 전통을 전개해 왔다. 서양의 분별적인 피상적 연속체에 비해서 동양은 더 비분별적인 연속체 속에서 더 심층적인 실체를 추구해 왔다. 그래서 동서양 전통을 보완하고 종합하는 것이 필요하다. 노스롭의 시각은 서양인들이 두 세계를 상호 배타적이라기보다 보완적으로 볼 수 있도록 해 준다.[42]

보완적 시각은 바로 종교 간 대화가 추구하는 목적으로 다원주의 학자들 사이에서 대부분 합의된 요소다. 대화를 통해서 얻을 것이 자기 부족을 채우는 상호 보완이다. 남녀, 부부 관계에서처럼 서로 달라야 보완이 가능하다. 종교 간 대화의 파트너는 바로 동서를 대표하는 종교들이다. 타종교는 사실상 모두 (인도와 중국에서 기원한) 동양 종교들이다. 흔히 대화는 양쪽이 공유하는 체험의 공통인수 위에서만 가능하다고 생각하지만, 사실은 옳지 않다. 서로 다른 점이 있어야 얻는 것이 있다. 잘못하면 그 다른 점 때문에 서로 배타적이 되기 쉽다. 배타주의를 고집하면 대화의 목적의 하나인 타협이나 조

---

[41] 이미 논의했지만, 화이트헤드의 철학에도 그 자신은 인식하지 못했지만, 결과적으로 불교와 상통하는 측면이 다분하다.

[42] 동양 전통에는 보완적 관점이 유·불·도 삼교 일치 사상에서처럼 뿌리내리고 있었다.

화는 불가능하다. 배타주의로는 상호 보완이 될 수 없다.

히버드 철학자 윌리엄 어네스트 호킹은 전통들의 만남은 모두에게 개념의 재형성, 즉 재-개념화(reconceptualization)로 이끈다고 말했는데 대화와 기독교 자체의 엄격한 재-개념화를 통해서 다른 종교의 재-개념화 과정도 진행될 수 있다. 그것은 구체적으로 크리스천들이 증거한 독특한 진리를 타종교가 융합하는 모습으로 나타난다. 초대 교회에서 신앙은 희랍의 지혜가 통합하고 탈바꿈시키는 결과를 가져왔다. 그 과정에서 성서적 유산 자체가 탈바꿈되었다. 오늘 우리는 고대 전통들 특히 인도와 중국의 전통을 마주치고 있다. 진정한 신앙이 요청하는 것은 이 전통을 융합하고 탈바꿈시키며 우리 자신이 탈바꿈하는 것이다.

3. 크리스천의 자기-이해를 위한 다원주의의 의미

자기 신앙에 충실하면 되지 왜 다원주의를 구태여 알아야 하는가? 어떤 일이고 동기부여가 있어야 한다면 궁극적 관심을 다루는 종교는 더 말할 것 없을 터이다. 이 질문에 대한 대답은 그리 복잡하거나 어렵지 않게 보이지만 다만 강조점과 표현이 다를 뿐이다. 그 이유나 동기는 종교의 목적과 연결되어 있다. 위에서도 기술된 것처럼 그것을 개인적 또는 사회적 탈바꿈(혁명, 변혁, 변화)을 위해서라고 할 수 있다. 더 구체적으로 말하자면 탈바꿈을 위해서 우선 자기와 자기 신앙의 실체를 아는 것이 필요하다. 일단 현실을 이해하고 이상을 향해서 나아가야 한다.

자기를 이해하기 위해서는 남과의 대조가 필요하다. 자기만으로 자기를 알기는 힘들다. 종교와 신앙은 환경적으로 문화적으로 주어진 것이다. 역사적으로 문화와 종교는 대체로 고립된 전통에서 나온 것이다. 경쟁 상대나 대안이 없는 사회에서 토착 종교는 절대화되는 경향이 있다. 대체로 다종 종교 전통으로 내려 온 동양 사회는 비교적 그렇지 않지만 한 종교가 지배해 온 서양과 중동은 절대주의적, 배타주의적인 성향이 강해 왔다. 그래서 다원주의에 기울어진 열린 신학자들은 서구인에게 타종교의 이해는 일단 자기 이해와 발전을 위해서 필수적이라 판단한다. 그 입장에 서 있는 존 캅이 한 논문에서 바로 이 문제를 정통으로 다루고 있다.

캅은 신학자들이 갖고 있는 타종교관을 세 가지로 분류한다.

1) 칼 바르트와 위르겐 몰트만이 대표하는 복음·선교적인(kerygmatic) 시각으로 그리스도가 상징하는 계시를 모든 종교(기독교 포함)를 초월하는 위치로 올려놓는다. 종교는 인간 현상이므로 신학과는 차원이 다르다.

2) 칼 라너와 볼프하르트 파넨베르그가 그 전형을 제시한 구원사·구속사救贖史적 접근으로 모든 종교의 역사적 성격을 강조하지만, 기독교의 탁월성을 인정한다.

3) '자유주의 유신론'의 다원주의적인 접근(존 힉, 윌프레드 캔트웰 스미스, 한스 큉)으로 공통적인, 그러나 상이하게 표현된 신적 실체나 신앙을 기초로 모든 종교의 타당성을 인정한다.

그렇다면 캅은 어느 입장에 서는가? 부분적으로 세 가지와 모두 일치하는 점이 있지만, 어느 한 가지도 그대로 받아들일 수는 없다고 말한다. 일견 3)의 입장과 연관되는 것처럼 보이지만 다른 신학자들과 정확하게 일치하지는 않는다. 그는 이 시각들을 하나하나 비판적으로 평가한다.

1)의 경우, 복음·선교 신학은 신이 이 세상에서 이루고자 하는 목적은 종교보다 훨씬 넓은 것이라는 데 캅도 동의한다. 몰트만이 지적하듯이 종교 간 대화와 종교다원주의에 대한 우리의 관심은 '도래할 신국(하늘나라)을 위한 피조물 전체의 해방이라는 더 넓은 틀의 일부'이다. 종교들이 해방을 위해서 기여할 수도 있지만, 또한 저해할 수도 있다. 그러기 때문에 크리스천은 불교도와 대화하듯 마르크스주의자와도 대화하는 것을 주저해서는 안 된다. 캅도 인정하는 점이다. 하지만 복음·선교 신학은 (종교적 요소를 크게 지니고 있는) 역사적, 문화적 전통의 중요성을 과소평가하는 경향이다. 종교 간 대화는 복음·선교 신학이 겨우 인식하기 시작하는 중요성을 지닌다.

2)의 구원사적 접근법은 가톨릭교회가 종교 간 대화의 중요성을 충분히 인식하도록 만들었다. 또한 복음·선교적 시각이 역사를 신의 목적을 이루기 위한 과정을 그리스도라는 한 가지 사건과 세속적인 운동을 통해서 보려고 하는 데 반해서 이 접근법은 더 복합적으로 신이 세계 역사의 전 과정에서 인간 구원의 목적을 이루려고 한다고 본다. 캅은 이 시각이 훨씬 더 적합하다고 판단한다. 이 맥락에서 크리스천은 다양한 종교 운동이 전체 구원 작업에 기여한 사실을 인지해야 한다.

캅은 구원사적 관점을 큰 테두리에서 비판적으로 동의하고 자신도 그 입장에 선다고 말한다. 이와 동시에 그는 동의할 수 없는 점을 분명하게 지적한다. 한 가지는 구원사를 종교사와 연관시켜서 보는 측면이다. 구원을 기존 종교의 범주에 한정시키는 것에 동의하지 않는다. 종교만큼 세속화 속에도 구원의 통로가 있을 수 있다. 마르크스주의나 여성해방론에도 구원이 있다고 할 수 있다. 전통적인 종교의 정의가 신을 전제로 하는 유신론을 일컫는 것이라면, 문제는 신을 내세우지 않는 불교는 빠져야 하는데 불교는 구원의 역할을 너무도 잘 수행해 왔다. 중요한 인간 운동은 종교적 요소가 전혀 없는 경우는 거의 없다. 많은 운동이 종교라고 이름 붙이지 않고 스스로가 유신론적이라고 생각하지 않는다.

타종교관이든 대화든 진정한 것이 되려면 열려있는 자세가 중요하다. 열려있는 정도만큼 나도 상대방도 달라지고 탈바꿈될 수 있다. 그리스도에 대한 충성심에서 과거나 현재의 기독교 형태를 방어할 필요는 없다. 충성심은 열려있음을 요청한다. 가톨릭의 관점에서도 역사적 구원 문제가 교조적인 충성과 관련하여 살펴보아야 한다.

3) 많은 면에서 캅은 다른 두 가지(복음·선교, 구원사 신학)에 대한 자유주의 신학자들의 비판에 동의한다. 다른 입장들 속에 깔려 있는 기독교의 절대가 다른 종교들과 그 주장에 대한 완전한 개방을 막는 요인이다. 이해를 위한 기초로 제시된 절대에 대한 탐구는 다원주의적 정신보다는 기독교 제국주의와 승리주의(우월주의)의 오랜 전통을 반영한다. 세계신학을 향하여 앞으로 나아갈 필요가 있다는 주장(스미스)에도 일리가 있다. 우리 시대에 적합한 신학은 (진리에 대한) 증거의 총체를 다루는 것이어야 하고 (한 종교의 체험만이 아니고) 세계의 다양한 종교체험들은 그 증거의 중요한 일부이다.

그러나 스미스의 제안에 대해서 캅은 몇 가지 불만족스러운 점을 발견한다. 1) 구속사 신학자들처럼 스미스는 신학을 종교체험이나 '신앙'에만 국한시키고 있다. 신에 관한 우리의 지식의 해명은 신앙의 다양한 표현만큼 사회과학과 자연과학에도 달려있다. 스미스의 세계신학은 너무 좁은 기초 위에 건립된다.

4) 세계신학의 건립 과정에 기독교의 영향을 인지하기는 하지만 그 충동은 그리 깊지 않고 그 이유도 특정적이지 않다. 스미스가 지향하는 세계신학에서 차지하는 기독교적 성격은 신앙의 확인보다는 오히려 한계로 작용한다. 차라리 캅은 막연한 세계신학보다는 하나의 기독교 세계신학을 목표로 삼고 싶다. 마찬가지로 다른 종교들도, 즉 불교 세계신학, 힌두교 세계신학, 모슬렘 세계신학, 유대교 세계신학 등 각기 다른 개별적인 종교신학을 구축하면 된다. 어느 시점에서는 그것들이 융합될 수도 있다. 하지만 그런 욕구는 다원주의의 가치를 잘 모르는 사람의 생각이다.

5) 사람들이 신앙의 보편성 속에서 서로 이해하는 기초를 탐색하는 스미스의 시도는 너무 국지적으로 보인다. 신앙은 모든 전통에 공통되는 요소가 아니다. 그도 그것을 기독교에서 빼내서 다양한 종교체험에 비추어 본다고 인정하지만, 신앙에 초점을 맞추는 것은 진정으로 다원주의적인 상황에 대한 접근을 왜곡하는 것이다. 모두에게 공통적인 요소를 찾을 수 있다는 가설을 세우고 시작하기보다는 각기 다른 역사적 전통을 대표하는 참여자들이 그들이 각자 찾아낸 가장 중요한 것이 무엇인지 어떻게 표현되는지 말하는 것을 경청하는 것이 더 좋을 것이다. 선불교가 하나의 좋은 사례가 되듯이 많은 경우에 중심적인 것은 신앙으로 기술되지 않는다.

캅의 요지는 모든 종교인에게 공통적인 것이 무엇인지 좀 더 신중하게 살펴보자는 것이 아니고 종교를 다른 현상과 분리시키면서 모든 종교의 표준적인 특성을 찾으려는 어떤 언어의 사용도 포기하자는 것이다. 그 대신 각 종교가 자기 모습을 그대로 드러내도록 해야 한다. 그것이 종교적이든 아니든 불교인은 불교인으로, 마르크스주의자는 마르크스주의자로, 크리스천은 크리스천 그대로 자기 모습이 드러나게 하자. 종교나 신앙의 범주를 떠나서 그 고유명사가 가리키는 삶과 체험의 다양한 방식을 보고 배워야 할 까닭이 확연하다. 그것은 세계의 과거와 미래에 모두 중요한 방식들이다. 따라서 우리는 그것들을 모두 진지하게 가능한 그 자체의 표현 그대로 받아들여서 각각이 우리의 신념과 가정들을 도전하게 해야 한다. 그것이 공통점을 찾는 노력보다 세계신학으로 가는 더 좋은 길이다.

그 같은 반대는 역시 다원주의적인 자유주의 신학자로서 공통점을 찾으려고 노력하는 존 힉에게도 적용된다. 힉은 스미스의 '신앙' 대신에, '신'을 대체한 '실체'(Real) 개념을 도입하여 종교들의 공통요소로 삼는다. 캅의 비판은 공통점 자체로 향한다. 그것은 다원주의 원리와 정신에 어긋난다는 것이다. 진정으로 다원주의를 채택하는 것은 공통점 탐색을 그만두는 것이다. 자유주의 신학은 당연히 열려있어야 한다. (종교 간 대화에서) 미리 공통점을 제시해야 할 필요성이 있다면 개방성은 제약된다. 공통성이 나타난다면 축하해야 할 일이지만, 그러나 다른 한 종교와 공통점을 찾았다고 해서 불교나 마르크스주의(준-종교적 이념)를 포함한 다른 종교들과도 공유한다고 기대해서는 안 된다. 근원적인 차이점이 나타난다면 이 역시 축하해야 할 일이다.

사실 (자기 종교에 대한) 가장 근본적인 재고(재검토)를 자극하는 것은 (공통성이나 동질성보다는) 가장 근원적인 차이다. 그 사례 하나가 (캅도 일본에서 체험한) 선불교다. 신앙과 유신론이 궁극적으로 중요한 요인이라고 보는 사람들에게 두 가지를 초월한 선불교는 대화

를 아주 활기차게 자극한다.[43]

걸론 부분에서 칸은 기독교인으로서 자기-이해를 위한 다원주의의 의미를 개관해 보고 몇 가지 중요한 제안을 내놓는다. 칸의 출발점은 판넨베르그가 표현한 대로 기독교는 다른 종교들과 마찬가지로 하나의 역사적인 운동이라는 신념이다. 역사적인 어떤 것도 절대적이지 않다. 그래서 기독교의 어떤 특성이거나 그것을 절대화시키는 어떤 경향이라도 모두 우상숭배라고 규정한다. 지금의 역사적 운동에 참여자로서 칸은 그 목적이 '전체 세계의 총체적인('분할할 수 없는') 구원'이라고 본다. 구원은 인간계만이 아니고 피조물 전체를 포함한 것이어야 한다. 이것은 다른 신학자가 주로 정치적인 맥락에서 표현한 것인데 칸이 채택하여 적용 범위를 확대했다.

그 총체적인 구원을 어떤 종교운동이 더 잘 수행했는가. 사악한, 수준 이하의 운동도 있지만, 기독교만큼 또는 기독교가 못 하거나 할 수 없는 방식으로 기여하는 운동들도 있다. 가치와 중요성에서 기독교에 못지않은 운동들이다. 기독교와 평행하는 운동을 인정한다면 일종의 상대주의로 볼 수도 있다. 상대주의는 마음을 다 바치는 서약을 요구하는 기독교와 화해하기는 아주 힘들다. 다른 종교가 기독교와 동등한 타당성을 갖는다면 어떻게 기독교의 목적에만 마음을 다 바칠 수 있는가. 그것은 우상숭배다. 그렇지만 상대주의에 대한 대안이 있다. 기독교가 살아있는 운동이라면 과거에 채택한 형태에 전적으로 헌신하라고 요구하지는 않는다. 그 헌신은 항시 변화

---

[43] 공통성도 축하할 일이지만 차이는 더 축하해야 한다는 점에 칸이 지향하는 다원주의의 특성이 들어있다. 그 연장선상에서 다원주의는 축복인가, 저주인가의 문제도 해명된다.

하는 상황에 올바르게 응답할 수 있는 일에 대한 헌신을 요구한다. 그것은 타종교들로부터 배우는 것을 의미한다. 기독교가 부단히 변화하고 성장해야 한다는 것을 믿는 것은 상대주의로 이끌지 않는다.

칸은 강한 어조로 말한다.

> 만약 크리스천의 의미가 기독교가 여태까지 취해 온 어떤 형태를 무조건 긍정하는 것이라면, 나는 크리스천이 될 수 없다.

그와 같은 긍정은 크리스천에 전혀 어울리지 않는다. 그것은 우상숭배이며 신앙이 없다는 것을 말해 준다. 신이 부여한 새로운 가능성에 의해서 매 순간 탈바꿈하라고 우리를 다그치는 살아 있는 그리스도에게 온전히 헌신하는 것이 우상숭배 아닌 참 신앙이다. 그것이 기독교의 핵심이다. 그리스도에 충실하다면 타자들에게 열려 있어야 한다. 타자들 속에 내 전통이 갖지 못하고 있는 무언가 가치 있고 중요한 것이 있다면 설사 그것이 내가 현재 갖고 있는 믿음을 위협하더라도 그것을 배울 준비가 되어 있어야 한다.

배움의 내용을 자신이 예단할 수는 없다. 그것이 무엇일지 모든 가능성을 열어놓아야 한다. 내가 여기서 배워야 할 것을 배우고 그로 인해 탈바꿈될 때라도 나는 아직도 그리스도에 대한 충실은 나의 소명으로 알 것이다. 내가 크리스천으로 남을지도 미리 단정할 수 없다. 그것이 온전한 열려있음의 의미다. 그리스도에 대한 충실 속에서 그리스도에 대한 충실조차 버릴 준비가 되어 있어야 한다. 만약 그것이 내가 (배움 끝에) 이끌려 갈 곳이라면, 크리스천으로 남아 있는 것은 그리스도의 이름으로 우상숭배자가 되겠다는 것일 테다.

그것은 신성모독(불경)이다.

진리에 대한 열려있음은 구체적으로 다른 전통 속에 형상화되어 있는 특수한 진리에 열려있음을 함의한다. 그와 같은 열려있음은 그 진리의 융합으로 이끈다. 때로 기독교는 다른 전통이 제공하는 것을 내 것으로 수용하여 그 결과로 그 운동(전통)이 더 이상 별도의 정체성을 유지할 이유가 없게 되는 상황까지 이를 수 있다. 구원의 역사에서 그 기능이 완결된 것이다. 원칙적으로 그것은 다른 것으로 대치된다. 예를 들면 구원사에서 중요한 마르크스주의의 모든 것이 어느 시점에서는 기독교 속으로 수렴될 수 있게 될지도 모른다. 만약 그렇다면 마르크스주의가 원칙적으로 그로 인해 더 확장된 기독교에 의해서 대치되는 결과가 될 것이다.

판넨베르그는 끝내는 기독교가 모든 다른 종교들을 대치하리라고 내다본다. 그것은 종교들 가운데 다양성의 심층과 복합적인 전체를 진지하게 통찰하지 않고 과소평가한 듯이 보인다. 기독교가 통합될 부분으로만 축소되어 사라질 만큼 빈약한 전통이 아니다. 크리스천으로서 캅은 타 전통들로부터 가능한 한 많이 배우고, 많이 수렴하여 스스로 탈바꿈되도록 도전받고 있다고 느낀다. 종교 전통들이 한계가 있어서 종교사에서 자기 정체성을 유지할지는 미래에 끝까지 가 봐야 드러날 일이다. 다원주의적 태도는 그런 문제는 열어 둔다.

이 시점에서 캅 자신의 시나리오는 판넨베르그와 다르다. 기독교가 다른 종교 전통에 의하여 탈바꿈되는 과정에 있다고 믿는다. 그는 특히 대승불교를 자신의 실례로 든다. 기독교는 그리스도에 충실하면서 불교화한다고 믿는다. 이미 그 징후가 나타나고 있다. 기독교의 불교화는 기독교를 더 위대하고 깊은 진리의 방향으로 변용

시킬 것이다. 그리스도에 충실하면서 이 과정에 참여하는 데 뜨뜻미
지근한 태도로 주저할 필요가 없다.

만약 기독교가 불교화하는 동안 불교는 그대로 정지된 상태로
있다면 파넨베르그가 제안한 시나리오가 이해될 수 있다. 장기적으
로 만일 불교의 지혜가 (그로 인해) 풍요로워진 기독교 속에서 더 큰
범주로 자리매김된다면 불교도가 불교도로 남아있을 이유가 없게
될 법하다. 하지만 불교가 변화하지 않고 그대로 남아있을 가능성은
적어 보인다. 기독교가 불교화되는 동안 불교는 기독교화될 수 있
다. 판넨베르크는 불교를 포함하여 다른 종교들이 그들의 과거에서
기준을 찾는 경향이 강해서 탈바꿈 과정에서 그들의 기초원리를 찾
아내지 못할 것으로 본다. 그러나 불교는 역사적으로 중국, 한국, 일
본, 지금은 미국에서 경이로운 탈바꿈의 힘을 보여 왔다. 자체-탈바
꿈하는 기독교화한 불교가 현실이 될 가능성이 커 보인다. 만약 그
렇다면 불교화한 기독교가 기독교화한 불교와 맞서게 될 것이다. 그
래서 구속의 역사를 구성하는 운동의 다양성(복수성)이 여전히 남아
있을 것이다.[44]

칸의 핵심 주장은 기독교가 여러 종교 가운데 하나로 존재하고
끝까지 남는다고 해서 상대화되지 않는다는 것이다. 상대화되는 것
은 역사(시간) 속에서, 즉 발전 과정에서 취한 형태이지 (그리스도에
의한) 창조적인 탈바꿈의 과정이 아니다. 그것은 다른 수준에서 다
른 의미로 한 공동체가 살아가는 원리로서, 다른 공동체의 다른 원
리와 나란히 인정되고 존중되어야 한다. 이것은 크리스천에게 하나

---

[44] 따라서 다원주의도 공존의 원리로서 그대로 작동된다.

의 근본적인 신학적 문제다. 그 전형적인 표현을 들자면 크리스천으로서 캅은 "그리스도가 길이요 진리요 생명이다"라는 것과 "누구도 그리스도를 통하지 않고는 신(아버지)에게 갈 수 없다"는 것을 믿는다. 그것은 내가 결국 다원주의를 거부하고 있음을 의미하는가? 캅은 "그렇게 생각하지 않는다"고 말한다.

크리스천이 이해하는 바 '길, 진리, 생명…' 주장은 창조적인 탈바꿈과 연관되어 있다. 신도 이런 식으로만 이해될 수 있다. 그러나 그것은 대체로 불교도에게는 관심거리가 못 된다. 불교도는 인간에 내재한 불성의 실체를 깨달음으로써 고통에서 벗어나는 자유(해탈)를 얻는 것에 관심을 둔다. 그들은 우리에게 해탈은 모든 집착을, 심지어 불성의 인식에 대한 집착까지도 끊음으로써만 될 수 있다고 말해준다. 이것은 기독교의 신을 인식하는 것과는 다른 목표이다. 그들이 이해하는 실천 방법이라고 믿는다. 만약 우리가 이런 의미로 우리의 참다운 본성을 이해하려면 우리는 그들의 방법을 연구해야 한다.

고타마(부처)는 모든 집착을 근본적으로 극복하여 해탈, 즉 열반을 증득했다. 예수는 신의 말씀(로고스)을 체현(육화)했다. 이 명제들은 상충되지 않는다. 둘 다 참이라고 믿는다. 고타마와 예수가 보여준 두 가지 길을 믿는 두 믿음은 상충되지 않는다. 두 가지 명제는 구속의 역사에서 극히 중요한 보편적인 주장들이다. 한쪽의 진리가 다른 쪽의 진리를 감소시키지 않는다. 예수만이 아니고 보편적인 중요성을 가진 다른 인물들이 존재한다고 해도 예수의 보편적인 중요성을 축소시키지 않는다.

다만 우리가 예수, 말씀 그리고 그리스도의 관계를 아주 신중하게 진술해야 한다. 캅이 의미하는 '그리스도'는 '말씀'이 세상에 실제로 존재하는 현존, 예수 속에서 독특하게 인식된 현존체이다. 그리스도에 대한 나의 배타적인 주장은 배타적인 불교의 주장과 상충되지 않는다. 예수가 유일한 구세주라든가 다수의 구세주가 있다는 일반적인 견해는 도움이 되지 못한다. 항상 무엇으로부터 무엇으로 구원했다고 구체적으로 말해야 한다. 크리스천은 배타주의적인 주장을 포기할 필요는 없지만, 아주 신중하게 무엇이 배타적인지 말하고 우리의 주장을 모든 다른 주장들과 관계 속에서 검토해야 한다. 우리는 우리에게만 있는 배타적인 것을 공유하고 다른 전통에만 있는 배타적인 것을 수용하도록 힘써야 한다. 서로 자기만 갖는 특수한 주장을 수정하는 대신 상호 양해하고 수용하자는 제안이다. 그것이 '기독교화한 불교'와 '불교화한 기독교'가 의미하는 것이다.

이렇듯 캅은 확고한 자기 신앙, 즉 크리스천의 입장에 서서 다원주의에 접근하면서 이론을 구축한다고 스스로 밝힌다. 그 입장에서 자기 신앙보다 객관성과 학습을 앞세워 이론을 세우는 학자들의 한계를 지적한다. 학자들이 종교의 주축인 신앙 공동체와 다른 학술 공동체를 구성하여 종교와 신앙을 관찰하고 평가하는 것은 타당한 종교 이해 방법이 될 수 없고 얻는 것보다 잃는 것이 더 많다. 종교의 절대주의적 경향에 대한 공격 속에서 자신이 또 다른 절대주의자가 되어간다는 것이다.

기독교의 견지에서 볼 때 학술 공동체에 내재한 가치들은 크리스천 공동체 안에서 쉽게 찾아낼 수 있다. 학자들처럼 크리스천도 진리와 이해의 추구 속에서 공정성과 개방성을 중요시한다. 사실 두 가지 가치는 근대 서구에서 기독교로부터 추출된 부분이 컸다. 기독교와 학술 공동체의 관계에서 한쪽이 다른 쪽을 대체하는 기본적인 문제는 없다고 본다. 물론 그런 관계가 형성되기 위해서는 지금 기독교를 괴롭히고 있는 우상숭배 경향이 극복되어야 한다.

인류구원에 명백히 기여한 다른 운동들이 세계에 존재한다는 사실을 크리스천들이 인지하기까지는 오랜 시간이 걸렸다. 지금도 그에 대한 저항이 아주 강한 것도 사실이다. 많은 크리스천은 그와 같은 인정으로 그들의 신앙이 약화될까 두려워한다. '전체 세계의 일체적인 구원'은 과거 특히 우리 자신의 과거 전통 속에 들어있다고 믿고 싶어 한다. 이해할 수는 있어도 그것 역시 하나의 죄다. 그것은 신앙이 아니고 자기방어의 표현일 뿐이다. 기독교가 다른 종교들과의 관계를 정립하는 데 오랜 시간이 걸렸지만, 가톨릭교회와 개신교(WCC)가 앞장서서 장족의 발전을 이룬 셈이다. 걸어온 길보다 남은 길은 비교적 짧다. 우리가 오직 해야 할 행동은 '살아있는 그리스도'에 대한 전폭적인 신뢰다.

이렇듯 같은 자유주의 신학자로서 다원주의를 채택한 존 힉, 스미스와 가장 가까운 입장에 있는 존 캅이지만 세 학자가 끝부분에서는 미묘하지만 중요한 차이를 보여준다. 종교의 공통성까지 배제할 정도로 캅은 어쩌면 가장 철저한 다원주의의 틀을 제시한다. 캅 자신은 구원사의 시각(2)에 동조하면서 또한 스스로 '다원주의자'(3)임을 내세우는 두 가지 측면을 공유하는 입장이다. 캅이 보기에 상호 탈바꿈을 이끌어내는 진정한 대화를 저해하는 요인이 되는 공통성·보편성과 절대주의가 각각 이 두 시각에서는 부정되기 때문이다.

위에서 요약한 논문에서도 그가 전개한 다원주의 사상의 대체적인 틀이 드러나 있다. 이 글에서 다시 드러난 캅의 주장과 논증은 많은 것을 시사해 준다. 종교와 관련된 학술 연구와 교육을 담당한 학자와 학술 공동체의 한계에 대한 날카로운 지적은 깊은 성찰을 요구한다. 신학과 종교학의 경계를 허물어뜨리는 제안이라고 비판할 수도 있다. 그것은 같은 다원주의자 윌프레드 스미스와 존 힉의 접근에도 다소 나타나지만 캅은 신학 쪽에 더 역점을 두는 편이다. 신학도 그리스도를 중심에 두는 기독교 중심 신학이다. 타종교와의 대화 과정에서 그것까지 양보할 수 있어야 한다고 말할 만큼 융통성은 있다. 캅의 그리스도는 다른 신학자들의 '우주적 그리스도'처럼 기독교에서 나왔지만, 그 범주를 벗어난 하나의 방편적인 상징으로서 범종교적인 개념으로 확대시켰다고 해석할 수도 있다. '살아 있는'에 더 역점이 있다고 보면 된다. 케케묵은 신관 속에서 정지된 형상의 원리로는 삶의 매 순간 요청되는 탈바꿈을 일으키는 데 동력을 얻을 수 없다.

캅의 주장을 채택할 때 남은 문제는 신학교에서 다루는 신학과 일반 대학에서 다루는 종교학을 어떻게 구분하고 조화시키느냐는 것이다. 서구의 대학에서는 '세계종교'가 주요 교과목으로 많이 채택되고 있다. 쏟아져 나온 교재들은 당연히 엄격한 객관성을 유지하는 원리와 내용으로 편성되어 있다. 어느 한 종교도 절대적 위치에 배치되지 않는다. 종교다원주의가 철저하게 실천되고 있는 아마 유일한 장일 듯하다. '살아있는 그리스도'가 기독교를 다루는 장 이외에 침투될 틈이 전혀 없다. 적어도 교재는 건드릴 수 없는 성역이다.

'살아있는 그리스도'는 그것이 아무리 초종교적으로 확대된 개념으로 확대 해석하더라도 캅의 희망 사항일 뿐이다. 적어도 대학교육 차원에서는 종교학적 용어라기보다는 아직 신학 용어로 남을 수밖에 없다. 다만 여지가 있다면 교육자가 강의 과정에서 개인적인 신앙고백을 할 계제가 된다면 그렇게 말할 수 있을지 모른다. 그것은 다른 신을 가진 교육자에게도 주어진 자유다. 그것이 교육에 도움이 더 될 수 있을지도 모른다. 적어도 부정적인 영향은 미치지 않을 것으로 판단된다.

4. 다원주의 시대의 범세계적 신학

스미스를 비롯한 다른 신학자들과 함께 캅도 다원주의가 시대정신이 된 이 시대에 기독교 중심의 서구만이 아닌 지구(세계) 전체를 아우르는 신학의 정립에 공감한다. 다원주의 신학자가 말하는 신학은 종파나 교파에 갇힌 좁은 의미의 신학이 아니고 보편적, 범종교적인 신학을 가리킨다. 캅은 어떤 유형의 신학을 구상하고 있는가. 그것은 세계의 상황과 연관된다. 종교가 인간의 역사에서 나타난 공과를 따져보면 긍정적이지만은 않다. 성적표가 좋은 쪽이 아니다. 순기능보다 오히려 역기능이 더 컸다는 판정이 나올 만도 하다. 종교들은 통일과 평화보다 분열과 갈등의 원천이 되어 온 사례가 (더) 많았다.

캅은 그래도 성적표를 바꿀 수 있다고 믿는다. 나아가서 신학이 이러한 변화를 이끌어내는 데 공헌할 수 있다고 주장한다. 그러나 그것은 현실적인 신학이라야 한다. 신학은 꼭 신학자에게만 해당하는 것이 아니다. 신자와 공동체의 모든 구성원이 갖는 궁극적인 신념과 가치관을 포괄하는 개념이다. 한 종파에 치우친 교파 신학을 넘어서 세계 전체를 대상으로 삼은 범세계적 신학(global theology)으로 확대된 분야다. 그것은 윌프레드 캔트웰 스미스의 '세계신학'

(world theology)을 아우르는 더 큰 범주를 갖는다. 후자는 전자의 한 모델이다.

칵은 종교 간 새로운 통일과 대화를 함양하는 방법을 모색하는 네 가지 유형의 신학에 초점을 맞추고 하나하나 장단점을 철저히 분석한다. 1) 종교들의 차이를 함께 엮을 수 있는 진리의 원천으로서 과학을 제안하는 신학. 2) 모든 종교에 들어있는 공통적인 본질에 기초한 공통 목적을 내세우는 신학 모델. 3) 종교 간의 차이를 인정하지만, 각각 인류의 전체 복지를 위하여 공헌할 수 있는 무언가 특별한 것을 지니고 있다고 보는 모델. 4) 모든 종교가 서로의 차이를 거두고 하나의 새로운 세계종교로 융합한다고 전망하는 신학.

네 가지 유형은 모두 다원주의를 옹호하는 자유주의 신학자들이 갖는 시각으로 다원주의적인 기초를 공유한다. 여기서도 칵은 어느 것과도 딱 일치하지 않는다. 뭔가 부족하다는 것이다. 주요한 이유는 모두가 각기 자기식으로 종교의 특이한 정체성, 역사, 활력으로부터 일탈하거나 그것을 교묘하게 해석한다는―조작, 왜곡까지는 아니라도― 것이다.

1) 과학적 접근

과학은 실제와 분리된 추상 작용이다. 구체적인 인간 현실은 빠져있다. 물리학에서 보듯이 과학의 분야들이 수학으로 귀결한다. 기껏해야 실체에 대한 부분적인 접근일 뿐이다. 여러 분야의 융합을 말하지만, 추상에 추상을 더 보태 봐야 우리를 실제 세계로 더 가까이 데려다주지 못한다. 종교는 인간의 본질(본성)과 실존 현실을 다루고, 눈에 보이지는 않지만 엄존하는 성스러운 (영적) 세계를 추구한다. 과학이 의존하는 이성과 추리로는 미칠 수 없는 영역이다. 물론 미신과 종교를 판별하고 교파적인 성향의 극복에 과학과 이성을 활용할 수는 있다. 과학과 종교는 차원이 다르므로 진리의 탐구에서 함께 갈 수 없다. 종교 간의 문제에 끼어들 수 없는 이유다. 종교의 과학적 연구가 도움이 되더라도 그리 크지 않다. 다원주의 시대의 범세계적 신학의 기초가 될 수 없다.

2) 공통 목적

이것은 모든 종교 전통의 신앙과 실천에 공통된 것을 강조하는 접근방식이다. 우선 큰 테두리에서 종교들은 공통적인 구원의 목적을 갖는다고 믿는다. 목적이 같다는 것을 설명하는 전형적인 비유는, 가는 길은 많지만 같은 산꼭대기에 이른다는 비유다. 특히 인도에서 유래한 것인데 전 세계에서 되울림 되는 비유다. 신앙과 실천은 다르지만, 종교들은 공통적인 인간 조건, 공통적인 필요성, 보편적인 관심을 공유한다. 누구나 자기에게 맞다고 느끼는 통로를 따라가야 한다. 목적지는 같다.

이 입장에 대하여 캅은 묻는다. 그것이 사실이라면 좋겠지만 정말 그럴까? 인간 조건이 공통적인가? 인간 존재의 생물학적 기초와 그 위에 덮어씌운 문화적 형성 사이의 긴장 속에서 종교들이 반응하는 방식이 다를 수밖에 없다. 문화도 아주 다양하고 긴장도 다른데 인간의 필요성이 같을 수는 없다. 기독교와 불교는 특별히 대조되는 두 종교다. 공통성을 추구하는 쪽은 예를 들면 부활(기독교)과 개인 존재의 사멸(불교) 사이에 접촉점을 찾아내고자 한다. 이러한 전략은 주요한 문제점을 드러낸다. 이들이 제시한 두 종교의 진정한 목표와 두 종교의 참여자들 대다수가 바라는 실제 목표들과 다르다는 것이다.

비슷한 맥락에서 어떤 이들[45]은 모든 종교 속의 비교祕敎적, 즉 신비주의적 전통을 현교顯敎적, 대중적 전통과 대조하고 앞의 것만이 타당하다고 주장함으로써 차이를 가리기도 한다. 그러나 바로 이러한 전략이 진정한 인간이 실제로 얻기를 바라는 것이, 모든 종교의 공통적인 목표를 찾는 이들이 주장하는 바와는 한참 멀다는 것을 보여준다. 대다수 사람의 진정한 믿음과 관심을 빠트린 통일성은 우리가 추구했던 통일성이 아니다.

3) 상호 보완

종교들 사이의 평화와 통일을 위한 셋째 전략은 다양성의 인정에 기초한 것이다. 종교가 다른 만큼 수행하는 기능도 다르다는 사실을 인정하는 것이다. 중국의 예를 들면 유교는 공公 생활과 가정생활을 다스리고 조상과의 관계를 규정하는 기능을 오래 해 왔다. 하지만 내면적인 인식(깨달음)에 관심을 가진 사람들은 불교사원에서 목적을 추구했다(도교는 또 다른 필요성에 부응했다). 로마제국 시대에도 비슷한 경향이 있었다.

유사한 양태가 오늘날 다시 등장하고 있다. 도덕적 및 사회적 분

---

[45] '항구철학'을 주장한 올더스 헉슬리나 프리초프 슈온 등.

야에서 지침을 얻고자 하면 기독교를 바라보고, 깊은 실존적 필요성을 충족시기고자 하면 불교적 명상을 수행하는 사람들이 있다. 인간의 필요성 전체를 부분적으로 해결하기 위해서 종교 전통을 하나하나 살펴보고 활용하는 방식이다.[46] 이렇게 전통들을 바라보는 것을 상호 보충적, 보유補遺적이라고 할 수 있다. 그런 방식의 해결이 장점이 있지만, 문제는 종교의 특성들을 전체로서의 종교로부터 분리시킨다는 것이다. 종교는 문화의 영혼으로서 그 신자에게 정체성을 부여한다. 한 종교의 일정한 특성을 선택적으로 채택하는 것과 실제로 그 신자가 되는 것 사이에는 차이가 있다.

종교를 인생과 사회에 일정 부분 기여하는 특정화한 수단으로 보는 곳에서는 사람들을 통합시키는 정체성을 제공하는 것은 종교가 아니고 따로 있다. 종교의 역할을 분담시킨 중국의 경우에 그것은 '중국인이라는 것'이다. 정체성과 통일성에서 특정 종교인(유교인, 불교인, 도교인)보다 중국인이 우선한다. 중국인이라는 정체성이 중국 사람들의 근본 종교라 말할 수 있다.[47]

유대인에게도 종교는 부차적이다. 미국도 많은 교회 신자들에게는 미국인이 일차적인 정체성이고 교회 소속은 일정한 제한된 목적으로 선택된다. 진지한 크리스천이라면 기독교 신앙을 민족주의에 예속시키는 역할을 받아들일 수 없을 것이다. 전통 종교와 연결이 끊긴 민족주의는 더 혹독하고 무모해지는 경향이 있다. 근대 세계의

---

46 캐나다 종교사회학자 헨리 비비는 젊은 세대가 신을 조각내서 필요한 부분만 이용하는 세태를 비판했다(Bibby, 1990: 80-85).
47 중국과 일본에서 기독교가 끝내 제대로 발을 붙이지 못하거나 수적으로 미미한 종교에 그친 것은 그런 이유로 설명될 수 있다.

참 종교가 된 민족주의에 족쇄를 채우는 중심은 전통 종교가 제공해야 한다. 그런데 종교들이 상호 보충적이라는 점과 상호 관용을 옹호하는 것은 가능할 수는 있으나 그 대가는 엄청나다는 것이 캅의 분석이다.

4) 신학적 종합

넷째 선택은 혼합(syncretism) 또는 종합(synthesis)이다. 종교 간 다양성의 인정은 모든 종교의 진리를 새로운 창조적 통일로 이끌어 간다. 그 같은 통일은 사실상 하나의 새 종교일 것이다. 그렇더라도 그것은 새로운 계시에서 용출한 종교가 아니라 모든 전통적인 종교들의 통찰(깨침)과 성과를 끌어모은 종교가 될 것이다. 이제 처음으로 범세계적 신학의 모습을 보게 된다. 모든 사람을 위한 신학은 자신들의 종교를 포함, 과거 전통의 최고 요소들이 내포된 것이므로 수용하지 못할 이유가 없을 것이다. 그런 종교는 진정한 범세계적 문화의 영혼으로 기능할 터이다. 그것은 가장 심층적인 정체성 원리로 민족에 대한 충성을 대치할 것이다. 이해와 평화를 위한 강력한 힘이 될 것이 분명하다.

그와 같은 목표가 매력을 갖는 것은 틀림없지만 위험이 없는 것은 아니다. 어떤 일에나 찬반이 있게 마련이므로 신앙을 통합하는 제안에 대해서 저항하는 사람들에 대하여 편견이 나타날 수 있다. 과거 역사를 보면 통일을 달성하려는 세력이 그것을 거부하는 사람들을 핍박하는 경우가 있었다. 기독교 국가에서 유대인을 박해한 사례가 두드러진다. 통일이 중요하다고 결의하고 거기에 따라오는 박

해를 무릅쓴다고 하더라도 이 꿈을 실행에 옮기는 것은 그리 쉽지는 않을 것이다.[48]

모두가 모여서 통합될 신앙과 실천이 무엇일지 토의할 때 즉각 분열이 일어난다. 모든 전통의 진리를 포함하는 것을 원칙적으로 동의하더라도 그 진리가 어떤 것일지에 대해서 일치하지 않는다. 아무래도 자기 전통을 기준으로 삼기가 쉽다. 이 점에서는 자유주의자나 보수주의자나 별 차이가 없다.[49]

5) 캅의 제안: 고백적 세계신학(confessional global theologies)

위에서 기술한 네 가지 신학은 다원주의 입장에 있는 자유주의 신학자들이 제안한 종교신학의 유형들을 망라한 비판적 해설이다. 장점도 들지만, 그 한계를 지적한다. 그 가운데 넷째 선택은 부정적인 모습이 거의 없을 만큼 캅의 종교관에 상당히 근접해 있다. 그럼에도 마지막 관문이 남아있다. 개체성이 가려진 통일의 문제다. 개체 종교들이 추상적인 하나로 수렴되기보다는 여럿이 살아있는 다양성이 더 현실적이고 아름답다. 타고난 개성을 살리면서 함께 연대하는 것이 더 효과적이다. '고백'이 자기 입장을 분명히 드러낸다는 뜻이다. 그래서 '신학'(theologies)이 단수가 아니고 복수로 표현된다.

불교도나 기독교도나 자기의 특수성과 정체성을 벗어나기보다 오히려 강화, 심화하도록 고무하는 것이 바람직하다. 우선 종교 정

---

[48] 이슬람 전통에서 파생한 바하이교가 아직도 박해를 받고 있다.

[49] 통일, 통합을 기치로 내세운 종교들의 현실과 결말을 보면 짐작할 수 있다. 자기를 비우거나 낮춘 진정한 통합이라 할 수 없다.

체성이 민족주의나 다른 위험한 다른 정체성에 맞서는 수단이 될 수 있다. 조직화한 종교가 문제를 일으켜 부정적인 역기능을 해 온 것도 사실이지만 웬만한 종교들의 주장과 가르침을 살펴보면 대체로 정의, 타자에 대한 사랑(자비), 진리, 평화 등 선한 가치를 내세우고 있다. 다원주의 시대의 범세계적 신학은 그 같은 종교 전통의 특수성과의 연결고리를 끊을 필요가 없다. 자기 전통에 뿌리를 둔 신학을 범세계적인 것으로 만들면 된다. 특수한 자기 전통 속에서 신자들은 전 지구적인 사고와 실천을 하도록 더 잘 이끌어질 수 있을 것이다.

다원주의 시대에 범세계신학을 발전시키기 위한 범세계적 전략은 없다는 것이 캅의 일관된 소신이다. 전략이 있다면 그것 자체가 어디까지나 다원주의적이라야 한다. 모슬렘, 힌두교도, 불교도, 기독교도 등 따로따로 종교마다 다를 것이다. 각각의 전통 속에서 범세계적 신학을 향한 움직임은 다른 전통들과 그로부터 배우는 것에 대한 열린 자세에서 출발한다. 세계신학을 향하여 나아가는 크리스천은 그리스도 속에서 불교에 대한 개방과 배움의 이유를 발견할 것이다. 유대교에 대해서도 마찬가지다. 불교와 유대교의 진리를 받아들임으로써 그들 자신의 신앙을 이해하여 탈바꿈하게 될 것이다. 그렇게 하면 크리스천의 정체성에서 단절되는 것이 아니고 오히려 그것을 심화하고 순화하는 결과를 가져올 것이다.

우리는 서로 간의 차이를 장애물로 생각하기보다 경축해야 한다. 다양성에는 풍부함이 들어있으므로 서둘러 버리지 않아야 한다. 하나의 보편 신앙을 추구하다가 자칫 다른 의견을 가진 사람을 비난하는 경향이 있다. 여기에 캅의 제안과 종교 통합(보편 신앙)의 주장(네 번째 선택) 사이의 차이가 있다. 만약 각 전통이 타 전통의 가장 매력적이며 긍정적인 요소에 마음을 열어놓고 범세계직 신학을 항하어 나아간다면 서로 점점 더 닮아갈 것이다. 기독교와의 마주침 속에서 많이 배운 불교와 불교를 만나서 많이 배운 기독교는 지금의 기독교와 불교보다도 더 서로 닮을 것이다. 아마 어느 날엔가는 두 가지 전통이 더 이상 구분이 안 되고 그 대신 하나로 합류할 터이다. 그것은 우리가 신경을 쓸 문제는 아니다.[50]

이러한 맥락에서 캅이 지향하는 종교 간 관계의 신학은 더 구체적으로 그 과정이 구상된다. 종교 전통들의 상호 간 개방은 생각과 실천뿐만 아니라 서로의 역사에도 열린 것이어야 한다. 유대인의 역사도 크리스천의 역사만이 아니라 타종교의 역사도 우리 것으로 삼아 역사의 범주를 확대해야 한다. '우리'는 타종교인들까지 포괄하는 '우리'가 되어야 한다. 그들에게 일어난 역사도 우리의 역사다.[51] 크리스천은 마호메트를 우리의 또 하나의 선지자로 보고 고타마를 부처로 그리고 불교 선교의 이야기를 우리 유산의 한 부분으로 간주할 것이다. 힌두교의 엄청난 다원성의 자산은 우리 것이 될 것이다.[52]

이러한 변화는 순전한 환상이 아니라는 것은 요새 젊은이들이 동남아시아 종교를 연구하고 자기들의 유산으로 주장하는 풍조를 보면 알 수 있다. 그 과정에서 일부는 기독교의 뿌리를 잃기도 하고 힌두교나 불교로 개종하는 경우가 있기는 하지만, 인도 및 중국 종

---

[50] 그렇다면 캅의 모델은 통합 종교파와 끝내는 다르지 않게 된다. 다만 출발이 다를 뿐이다.

[51] 한국사는 독립된 것이 아니고 세계사의 일부로 봐야 한다는 시각과 비슷하다.

[52] 구태여 인위적인 통합을 서두를 필요가 없고 보는 시각만 넓히면 된다.

교의 수용이 자신들의 전통의 중요성을 대치하지 않은 젊은이들도 있다.[53] 그들의 정체성은 그와 같이 자기-이해를 위해서 도입한 다른 역사들에 의해서 바꿔지기보다는 확장된다.

그러나 개혁적 개척자들은 개혁되지 않은 공동체 속에서 불편한 관계에 빠지는 경우가 많다. 한쪽은 과거 유산에 집착하고 다른 쪽은 다른 전통에 대한 개방을 요구한다. 진정한 범세계적 신학의 등장은 이 두 가지 흐름의 내적 통일에 달려있다. 우리가 진정으로 우리 유산에 충실하기 때문에 타자에 열려있다는 것을 보여주어야 한다. 이것은 크리스천에게는 그리스도가 중심이기 때문에 경계선이 있을 수 없음을 의미한다. 그리스도가 모든 역사의 해석의 원리이므로 모든 역사는 우리 이야기이다.

다원주의 시대에는 신학도 다수일 필요가 있다. 이 다원성을 어떤 단일한 접근법이나 체계로 대치하려고 해서는 안 된다. 그러나 다원주의 시대에는 신학의 다원성이 더욱 더 범세계적이 되는 것이 중요하다. 이러한 방향을 지향하는 경향이 있는 한편으로 더 깊은 고립과 상호 불신을 지향하는 경향도 있다. 어떤 경향이 미래를 형성할지는 예측할 수 없다. 만약 배타주의적인 교리가 지배하도록 놔둔다면 사회적, 종교적 권력이 그들에게 쥐어질까 봐 두려워해야 한다. 이러한 세력에 맞서면서 상호 간 배제보다 상호 간 사랑과 이해가 모든 종교의 핵심임을 보여주는 것이 자유주의 종교사상가들에게 주어진 소명이다.

---

[53] 크리스천의 정체성을 버리지 않았다고 고백한 미국인 현각 스님이 이 범주에 든다.

5. 다원주의를 넘어서

위에서 밝혀진 대로 존 캅의 다원주의는 다른 다원주의 신학자들의 관점 및 초점과 선명한 차이를 보인다. 어떤 종교도 다른 종교들보다 절대적으로 또는 종국적으로 우월하다고 주장할 수 없다는 데는 공감하지만, 그 이유는 서로 다르다. 다른 신학자가 주장하듯 기본적(본질적)인 임무가 모든 종교가 같은 것이 아니고 종교마다 진정 다르다는 것이 캅의 소신이다. 그래서 종교 간 차이를 존중하고 보존해야 한다. 다원주의자가 명칭에 걸맞게 충분히 다원주의적이지 않다고 비판한다. 공통성만 이야기하다가 차이를 보지 못한다는 것이다.

그렇지만 캅의 시각에도 위험이 도사리고 있다. '개념적 상대주의'에 빠질 수 있다. 모든 종교가 각기 주장하는 대로 승인한다면 시비를 가릴 종교 간 평가 기준이 없어진다. 그것을 인식한 캅은 대화 참여자들이 모두 동의할 만한 '비교적 객관적인 기준'을 제의한다. 즉, '진리에는 그들이 자신들의 종교 속에서 알고 있는 것보다 더 많은 것이 있다'는 것이다.[54] 따라서 타종교에 열린 자세로 대화하는 속에서 '더 많은 것'을 배워야 한다.

수행하는 임무가 종교마다 다르다는 주장을 뒷받침하는 좋은 실례가 중국의 종교 전통이다. 유교와 불교는 각기 다른 기능을 수행하면서 수천 년간 공존했다. 같은 목적에 이르는 대안으로서가 아니고 다른 역할을 가진 보완 관계였다. 유교는 공적인 일을 다루고 불

---

[54] 말하자면 한 종교는 진리 전체의 일부분만을 표상하고 있다는 뜻이다.

교는 내면적인 삶을 다루었다.[55] 인도 종교도 다양한 종교들을 진리, 즉 브라만에 이르는 길로 인정하고 포용하는 틀을 내장하고 있다. 힌두교는 따로 독립된 정체성을 갖는다기보다는 인도 사람들의 전통적인 종교들을 두루뭉술하게 아우르는 명칭의 성격이 강하다. 산에 이르는 여러 가지 길 같은 것이다.

불교도 같은 산에 이르는 많은 길의 하나로 비유될 수 있다. 불교는 이론과 실천수행을 한 가지 초점에 맞추고 있다. 깨달음이 그것이다. 그것은 여러 가지 다른 전통들 속에서 다양한 방식으로 얻을 수 있다. 깨치기 위해서 꼭 불교도가 될 필요는 없다. 깨달음은 우리를 역사적 또는 문화적 운동으로부터 해방시켜 준다. 타자와의 대화를 통한 배움에 완전히 열려 있다. 이상 세 가지 전통(중국, 인도, 불교)과 대조적으로, 아브라함에서 기원한 중동의 세 종교(유대교, 기독교, 이슬람)는 절대로 주장을 양보하기가 힘든 구조다. 독특한 자기 신앙을 포기하는 상대화를 받아들일 수 없다. 유일신 신앙과 특수한 (유일무이한) 계시는 배타성과 불관용을 초래했다.

그렇지만 그것만이 전부는 아니다. 타자에 대한 개방과 학습으로 이끄는 신의 다른 모습도 찾아볼 수 있다. 신이 세상 속에서 어느 곳이나 현존하고 활동한다는 믿음이다. 역사 속에서 행동하는 신이라고 믿었다. 그래서 크리스천들은 새로운 발전이 신의 의도와 목적을 나타낸다는 믿음을 가졌다. 궁극적인 것이 늘 똑같은 한 가지 방식으로만 생각되는 것이라면 진리는 고정되고 정지된 것일 테고 그것은 순전히 상상과 체험을 통해서만 도달하는 것이 될 것이다. 아

---

55 두 종교 이외에 도교도 있지만 캅은 둘만 거론한다. 종교학자 니니안 스마트는 삼교를 보완 관계로 본다.

브라함에서 출발한 세 종교의 신자들이 다른 전통 속에서 훌륭하고 참답게 보이는 것을 마주쳤을 때 그것도 신의 작업이라고 여겼다.

예를 들면 세 전통이 희랍 철학에서 빌려온 것이 적지 않았다. 이 같은 개방적 자세가 미래에 크게 발휘되리라고 캅은 전망한다. 또한 폭넓게 발휘되어야 할 것은 크리스천의 제일 계명인 사랑이다. 사랑은 우리와 같은 사람만이 아니라 반대자들도 끌어안는 것이어야 한다. 분명히 그 대상에는 다른 종교 전통의 신자들도 포함된다. 우리의 복음을 함께 나누고 그들의 이야기에 귀 기울이는 것이 사랑의 행동이다. 캅은 타자가 제공하는 지혜와 통찰을 크리스천이 사랑과 존중의 마음으로 청취하고 학습하여 우리가 유산으로 지녀 온 지혜와 통찰에 융합시키는 것은 그리스도에 충성하는 일임을 거듭 말한다. 기독교가 융합을 위한 넉넉한 바탕과 독특한 자원을 제공한다.

캅은 기독교의 독특성을 적극 옹호하는 쪽이라고 수긍하면서 동시에 유교, 불교, 이슬람, 유대교의 독특성(유일성)도 인정한다는 점을 분명히 한다. 그것을 '근원적 다원주의'(radical pluralism)라 한다. 나아가서 각 종교의 독특성은 독특한 우월성를 포함한다. 그런데 이러한 다양성을 초월하는, 대화에 참여하는 모두에게 적용되는 어떤 기준이 존재하느냐는 것이 문제다. 다원주의의 현재 상황이 대화에 임하기로 작정한 사람들에게 상대적 객관성을 갖는 기준이 저절로 형성되도록 만든다. 그것은 한 전통이 과거에 충실하면서 다른 전통들과의 교류 속에서 풍부해지고 탈바꿈되는 능력이다.

캅은 기독교의 뛰어남을 주장하지만, 크리스천이 다른 사람들보다 더 뛰어나다는 것도 아니고 기독교 역사가 다른 전통보다 지구를 위해 더 큰 긍정적인 기여를 했다는 것도 아니라고 해명한다. 그의 주장은 다만 예수가 중심인 전통은 원칙적으로 배타적 경계를 필요로 하지 않는다는 것, 다른 전통에서 배운 것으로 인하여 탈바꿈될 가능성에 열려있다는 것, 인간 역사 전체를 반영한 신앙 공동체로 나아갈 수 있다는 것, 그 신학이 진정으로 범세계적으로 될 수 있다는 것이다. 마찬가지로 다른 전통도 다른 시각에서 비슷한 주장을 할 수 있으므로 진리 주장들의 충돌이나 갈등의 문제로 논쟁을 벌이는 것은 비생산적이다. 다른 쪽이 공통성 찾기에 초점을 맞추고 캅은 다원성에 초점을 맞추는 것도 갈등하거나 모순되는 것이 아니다.

칩의 목표는 모순되는 명제들을 다르지만 모순되지 않는 명제로 바꾸는 것이다. 예를 들어 "신은 존재한다"와 "신은 존재하지 않는다"를 분석한다. 만약 '신'과 '존재한다'는 단어를 두 명제에 공통되는 요소로서 문자대로 명백하고 정확한 의미로 본다면 둘 중 하나는 틀리다고 말할 수밖에 다른 선택이 없다. 하지만 종교적인 담론에서는 이런 단계는 지났다. 우리는 누가 이야기하고 있는가 그리고 어떤 관심이 표명되고 있는가를 물어야 한다. 불교도가 신이 없다고 할 때는 집착해야 할 대상이 실체적으로 존재하지 않는다는 것이 요점이다. 크리스천이 신이 존재한다고 말할 때는 신뢰하고 숭배할 가치가 있는 대상이 실체적으로 존재한다는 의미일 수 있다.

만약 그 해석이 올바르다면 두 명제가 옳다고 하는 것이 불가능하지 않다. 물론 불교도는 크리스천이 틀렸다고 할 가능성이 있고 크리스천은 신에 대한 집착에는 문제가 없다고 할 가능성이 없지 않다. 하지만 불교도는 집착이 깨달음으로 가는 길을 막는다는 중요한 원리를 버림이 없이 무언가 신뢰하고 숭배할 가치가 있는 실체를 원리적으로 인정할 수도 있다. 크리스천은 진정한 신뢰가 불교적 의미의 집착이 아님을 알게 될 수 있다. 이런 식으로 양쪽은 자신의 주요 관심사를 버림이 없이 다른 쪽에게 가장 중요한 것이 무엇인지를 배우게 될 것이다. 양쪽은 실체의 총체의 다양한 측면을 파악하는 방식이 다양하다는 것을, 대화를 통해서 체험하게 된다.

캅은 미래에 대해 전망하고 과거를 되돌아본다. 밝지만은 않다. 크리스천 사상가들이 전체적으로 이런 방식으로 타자로부터 배우는 자세로 열려있을지는 두고 볼 일이다. 예수 그리스도에 대한 신앙은 자주 우상 형태로 표현되어 상대적인 것이 절대화되기도 하고 부분적인 것이 전체로서 다루어지기도 했다. 사람들은 그들 자신의 믿음을 모두의 기준으로 삼고 비판과 새로운 통찰에 대하여 스스로를 닫아버린다. 예수 그리스도의 이름으로 '이교도'와 전쟁을 일으키고 유대인들을 살해하며 의견이 다른 크리스천들을 고문했다.

반면에 과거 역사의 다른 모습 속에서 신앙의 참 의미가 불완전하지만 전격적으로 발현된 것도 사실이다. 그것은 오늘에도 해방운동과 타종교와의 마주침 속에서 나타나고 있다. 로마 가톨릭은 동양의 명상 수행방식을 수용했는데 이러한 방식의 체험은 탈바꿈 효과를 가져올 수밖에 없다. 새롭게 등장하는 기독교는 지금까지 알려진 것과는 다를 것이다. 그것은 퇴보가 아니라 완전을 향한 발걸음이 될 것이라고 캅은 전망한다. 기독교는 모든 전통과 마찬가지로 독특하다. 다원주의적 상황에 대한 반응도 독특하다. 다른 것을 내포하는 잠재력도 독특하다. 기독교의 독특성은 (감추기보다) 기려야 할 일이다.

이처럼 캅은 독특성과 다양성이 뚜렷이 부각된 다원주의를 일관되게 내세운다. 찬반에 상관없이 존중받아야 할 접근법인 것은 분명하다. 그러한 다원주의를 바탕으로 새로운 종교신학을 수립하는 시도도 평가할 만하다. 다원주의 신학자들이 자기 종교와 타종교를 포괄하는 '종교신학'(theology of religion)을 수립하는 큰 테두리는 같다. 칼의 '범세계신학'(global theology)과 캔트웰 스미스의 '세계신학'(world theology)도 단어만 다르지 비슷한 명칭이다. 신학자로서 칼은 개별 종교의 독특성을 강조하고 종교학자로서 스미스는 종교의 통일성을 강조하는 만큼 통합 신학의 구조도 다를 수 있지만, 그 밖에 실질적인 차이가 있는지는 불투명하게 보인다.

결국 칼이 다원주의 이론에서 강조하고자 하는 것은 공통성이나 보편성보다 다원성과 이질성이다. 억지로 공통점을 찾아 내세우는 것은 다원주의 정신에 어긋난다. '다원주의'란 말은 표준을 내세우는 규범적이라기보다 단순히 기술記述적인 도구로 봐야 한다. 그 기술은 다원주의가 수용 가능하다는 것 그리고 사람들이 서로를 존중하는 마음으로 함께 살아가는 것을 배워야 한다는 해석을 암시한다.[56]

하나와 여럿의 문제는 동양 전통에서 흔히 다루어 온 주제였다. 서양철학에서도 일원론과 다원론의 논쟁이 없었던 것은 아니지만 인도와 중국의 전통만큼 뚜렷하거나 실제적이지는 않았다. 인도 문화는 힌두교 전통 자체나 종교(철학) 전체에 '다양성 속의 통일성'(unity in diversity)의 틀을 적용한다. 중국 전통도 삼교(유·불·도)의 관계를 삼교 일치로 규정할 정도였다. 두 전통을 잇는 불교에서는 '하나와 여럿', 즉 '다즉일 일즉다'를 말한다. 그러나 다시 오늘의 현

---

56 공통성이나 통일성을 추출해서 강조하는 것이 규범적이라면 다양성을 앞세우는 것은 기술적이고 더 사실적이고 자연스럽다. 바람직한 하나냐 현실적인 여럿이냐의 문제다. 이상과 현실의 차이다. 선택의 문제로 보인다.

실을 보면 전통의 이상은 현실 속에 파묻혀버린 모습이다. 인도와 파키스탄의 카슈미르 지역 분쟁도 종교의 차이(힌두교와 이슬람)에 뿌리를 둔다. 파키스탄의 분리를 반대한 간디의 걱정이 현실이 된 지 오래다. 곁따라 중국과의 다툼도 심화되고 있다. 미얀마에서도 이슬람을 믿는 로힝야족의 핍박으로 세계가 들끓고 있다.

다시 캅은 현실적으로 사회 속에서 다양성이 어떻게 수용되고 있는가를 되돌아본다. 최근 수십 년 사이에 정부들은 종교적 다양성을 헌법에 명문화할 만큼 나아갔다.[57]

종교지도자들도 자신들의 종교 견해를 타인에게 강요하지 말자고 주장했다. 종교공동체의 지배적인 태도도 점차 더 상호 우호적인 분위기로 바뀌는 것처럼 보였다. 철저히 다원주의적 세상이 되는 꿈이 실현되는 것 같았다. 그러나 오늘날 낙관적이지 않은 모습이 나타나고 있다. 종교적 특수성이 어디서나 다시 강조된다. 상호 의심이 늘어간다. 그 결과 폭력이 난무한다. 북아일랜드에서 보듯 말로 하는 종교적인 일치가 정치적인 문제의 해결에 도움을 주지 못한다. 경제적인 불평등이 다툼의 원인이라고 보는 경향이 있지만, 갈등의 뿌리에는 종교가 대표하는 문화의 차이가 깔려 있다.[58] 캅은 결국 종교가 사람들을 갈라놓는 데 핵심적인 역할을 한다고 본다. 종교기관

---

57 다원주의의의 한 변형인 다문화주의(multiculturalism)를 정책으로 채택한 국가들도 (캐나다, 호주 등) 여럿이다. 미국도 근래에 백인문화 중심주의, 즉 모든 문화가 한 문화로 융화되는 '용광로' 정책에서 유입되는 다수 이민자의 문화를 반영한 다문화주의로 전환하는 과정이다. 그에 대한 백인들의 반발을 발판으로 트럼프가 대통령이 되어 미국과 세계를 온통 혼란 속에 빠트리고 있다. 문화 전환의 과도기가 얼마나 오래 갈지 두고 볼 일이다. 다원성을 우선하는 캅의 실제적 다원주의가 얼마나 작동하는지 시험되고 있는 것이다.

58 그렇다면 캅의 다양성의 강조가 무력해지는 것이 아닌가?

들도 겉과 속이 다른 모습을 보인다. 바티칸도 바티칸 2차 공의회에서 결정된 사항을 일부 되돌리는 행태를 보인다. 미국에서는 개신교 최대 교단인 남 침례교의 근본주의자들이 교단을 휘어잡았다. 다른 주류 교단들도 반동적인 정책의 경향을 보인다. 존 힉 교수가 다원주의 신학을 편다고 하여 장로교 교단에서 목사직을 거부당한 사례가 그 증거다. 연합 감리교도 전통, 이성, 체험의 권위를 격하시켜 성서의 독특한 위상을 강조하는 쪽으로 전환했다.

종교기관들이 고삐를 세게 쥐는 추세 속에서 대다수 신자는 조직 종교(교회)에 아예 흥미를 잃어버리고 개인적으로 자기 나름의 길을 가고 있다. 그것은 교회의 안과 밖 사이 간극이 더 벌어지고 있음을 의미한다. 무엇이 잘못된 것인가. 현재의 입지와 다른 과거에 뿌리를 둔 정체성의 혼란에 빠진 탓이다. 정체성에 위협을 느낀 나머지 그만큼 자신감이 없어서 밖으로 문을 열지 못하고 우리의 뿌리, 즉 특수성만 재강조하게 되었다. 사회나 세계가 겪고 있는 큰 갈등 속에서 신학의 역할이 중요하다고 할 수만은 없다. 종교기관의 권위주의적인 변화는 사회 환경에서 오는 것이므로 사회학적 조건들을 변화시키는 일이 우선한다.

그럼에도 신학이 아직도 중요한 역할을 갖는다고 보는 것은 모두가 공유하는 신념이 없이는 어떤 공동체도 오랫동안 단결할 수 없기 때문이다. 지금까지 그랬고 미래에도 그럴 것이다. 신학이 그것을 계도해야 할 책임이 있다. 신학은 '성스러운 덮개'(天蓋)를 제공한다. 사회적 실천에 대한 궁극적인 근거와 인가를 제공한다. 권위에 대한 순종을 고무하고 공동체 속의 결속을 강화시킨다. 신학이 핍박과 성전聖戰으로 이끄는 부정적인 측면도 없지 않지만, 우리의 전통 속에는 타자와의 열린 인간고와 더 큰 개인 자유에 대한 요청도 들어있다. 신학이 이런 가치들을 옹호한다.

또 다른 유수한 다원주의 신학자(가톨릭) 폴 니터의 해설에 의하면 칸의 종교다원주의관은 찬반으로 갈리기 쉬운 다른 독창적인 신학자·종교학자들의 관점과는 달리, 존중하고 경청하면서 그가 말하는 대화에 대한 대화를 나누고 싶게 만든다. 즉, 그의 제의에 대한 탐구심을 일으키도록 부추긴다. 다시 말하면 그가 말하는 대화는 각자가 분명한 자기 신념을 지니고 대화에 참여하면서도 자신의 한계를 의식하면서 상대방의 주장을 듣고 그 신념이나 신앙까지 수정할 여지를 남겨 두는 열린 대화를 지향한다. 이렇듯 칸은 종교다원주의의 주요한 실천으로서 강조되는 종교 간 대화의 구체적인 방법을 제시한다. 이론과 실천 양면에서 다원주의와 신학의 발전에 끼친 칸의 기여는 어느 신학자 못지않다. 위에 축약한 주장들을 하나하나 되새겨 볼 가치가 있다.

VIII. 다이아나 에크(Diana Eck)
: 으뜸 종교다원주의 국가, 미국 ― 다원주의 프로젝트

다원주의 사상과 실천 양면에서 두드러진 활동을 한 학자로 다이아나 에크 교수(하버드)를 꼽을 수 있다. 신앙, 연구, 교육, 사회적 활동 등 폭넓은 스펙트럼에서 다원주의는 그의 일차적인 주제가 되었다. 에크에게 종교다원주의는 개인 및 사회 두 가지 차원에서 전개되었다. 개인 차원으로 말하면, 태생적으로 감리교 소속 크리스천으로서 살아온 그가 다른 종교에 눈을 뜨게 된 것은 학부 시절 인도에 가서 지낸 1년 동안의 경험 때문이었다. 인도에서도 존재하는 신은 기독교의 유일신만은 아닌 다양한 형태로 나타났다. 그래서 그가 나중에 저술한 자전적인 책을 『신을 마주치다』(*Encountering God: A spiritual Journey from Bozeman(Montana) to Banaras(India)*, 1993)라 제명했다. 그가 인도에서 맞부딪친 종교와 신은 기독교와는 판이한 형태였다. 인도의 종교는 힌두교뿐만 아니라 불교, 자이나교, 시크교, 이슬람교 등 종교 전통들의 보고요 집합체였다. 그것을 인식하거나 체험하고 종교관, 신관에서 영향을 받지 않았다면 무감각한 종교 탐구자라 할 것이다. 여기에다 미국 안에서 체험한 유대교, 토착 인디언 종교가지 보태서 에크가 기술한 이 저술은 "다른 신앙을 가진 사람들과의 마주침이 어떻게 나 자신의 신앙을 도전, 변화, 심화시켜 주었는가"를 이야기해 준다. 타종교와의 대화, 상호 이해, 자기 변화는 종교 간 대화가 가져다주는 전형적인 공덕이다. 남의 것 이해에 그치지 않고 자신의 것을 더 잘 파악한다는 점이 중요하다. 자기 이해는 자기 종교, 신앙을 확대해 준다.

　이러한 과정은 선례가 많다. 근대 종교학의 비조 마스 뮐러와 현대 비교종교학 및 다원주의의 독창적 개척자 캔트웰 스미스도 인도를 접하고 획기적인 사상을 전개했던 것이다. 스미스는 바로 에크의 지도교수(멘토)가 되었다. 미국에서 처음으로 사회적으로 '세계종교'(1958)의 붐을 일으킨 휴스턴 스미스 교수(MIT)도 인도에 버금가는 종교다원주의 전통을 가진 중국의 체험(선교사 부친)이 계기가 되어 그 분야의 개척자가 되었다 할 수 있다. 모두 동양에서의 체험이 자극을 준 결과다(이와 대비하여 훌륭한 자기 전통을 내팽개친 배타적 보수 신앙이 판치는 한국기독교의 자세는 반동적이다).

　인도에서의 체험이 계기가 되어 에크는 대학원(하버드)에 진학하여 힌두교와 비교종교를 연구하게 된다. 다원주의적 맥락에서 인도 전통을 통해서 그는 자신의 신앙이 긍정적으로 변화하는 면에서만 아니라 그 변화를 신앙조직을 통해서 실천하고 보여주었다. 구체적으로 그는 소속한 감리교 교회를 기독교의 UN 격인 세계교회협의회(WCC, 제네바 소재)의 일에 다년간(15년) 적극적으로 참여한다. 일종의 교회일치(ecumenical) 운동이지만 한 종교 안에서의 문제가 아니고 국제적 차원으로 확대된다. '타종교와의 대화 실무단' 단장으로서 지역적, 지구적 차원에서 대화를 추진하면서 다양한 종교 지도자들과 만나 협의했다. 중동이나 아프리카 사람들에게는 종교 간 대화가 "죽느냐 사느냐", "대화냐 죽느냐"의 문제였다.

　나아가서 에크는 사회적인 차원에서 세계의 축소판이 된 미국의 종교 상황을 흥미롭게 바라보기 시작했다. 바로 미국 사회가 종교다원주의 상황으로 되어가는 모습을 놓치지 않았던 것이다. 여기서 그가 기획한 것이 '다원주의 프로젝트'(Pluralism Project)이다. 1965년 미국 이민법의 변경으로 이민자가 매년 수십만 명씩 전 세계에서 밀려 들어오는 새로운 국면에서 미국 사회는 문화적, 종교적으로 더 이상 백인, 기독교 중심으로 융합되는 '용광로'(melting pot)로 표현할 수 없다고 보았다. 이민들이 가지고 들어오는 태생적 종교신앙을 수용하는 새로운 틀이 필요해졌다. 그 틀이 다원주의가 될 수밖에 없다. 에크는 우선 하버드 입학생들과 보스턴 사회의 변화를 관찰하면서 전국적으로 관찰, 조사범위를 확대했다. 종교 강좌를 신청한 학생들로 조사팀을 구성하여 출신 지역을 조사하도록 임무를 분담시켰다. 캘리포니아 포함, 전국이 망라된 격이다. 미국 전체의 종교 상황 지도가 그려졌다. 에크 자신도 틈날 때마다 각지를 돌아다니면서 각종 종교 조직과 행사에 직접 참여하여 관찰하고 대화를 가졌다. 방대한 구체적인 정보가 모아졌다. 그것을 종합, 분석하여 낸 저술이『종교적으로 새로워진 미국: 어떻게 "기독교 나라"가 세계에서 종교적으로 가장 다양한 국가가 되었는가』(*A New Religious America: How A "Christian Country" Has Become the World's Most Religiously Diverse Nation*, 2001)이다. 미국은 더 이상 단일 문화가 아니고 캐나다, 호주처럼 '다문화주의' 국가임을 확인하는 연구였다(아직도 벌어지고 있는 트럼프의 비민주적, 폭력적 선동 정치는 공화당 인종주의자들의 마지막 발악이다). 미국 정부도 이제 정책을 바꿔야 했다. 이미 그것을 인식한 클린턴 대통령은 '다원주의 프로젝트'를 수행한 공로로 에크에게 국가 인문학 훈장을 수여했다(1998). 클린턴 자신도 다원주의자였다. 미국 사회가 '더 다양해지는 만큼 더 하나가 된다'(As we are more diverse, we are more united)고 보는 입장이다.[59]

십여 차례도 넘게 인도를 넘나들며 신학적으로 에크에게 제기된 공안은 그가 인도에서 관찰한 종교와 신앙의 모습이 절대적인 유일신을 믿어온 자신 및 다른 크리스천들에게 어떠한 영향을 미치게 되는가 하는 문제였다. 종교들이 모두 자기 종교의 초월성, 보편성, 독특성을 양보하지 않는 상황에서 어떻게 대화하고 공존할 수 있는가. 주요 종교들의 주장을 살펴보면, 진리 주장이 서로 팽팽하게 맞서는 형국이다. 예수의 독특성과 중심성을 강조하는 기독교처럼 이슬람도 성경 코란에서 신의 계시의 독특성과 중심성에다 궁극성(마지막 계시)까지 보태서 주장한다. 불교는 부처의 진리(불법)가 자기만의 좁은 진리가 아니고 모든 인간에게 해당하는 보편적 진리라고 내세운다.

크리스천들이 독특성과 자기중심을 내세우는 진리 주장의 근거는 신약 성서에 기록된 말씀(예수)과 사도들의 증언이다. 에크가 인용한 대로(Eck, 1993: 16) 명시적인 근거는 두 군데에서 찾는다. 하나는 예수의 발언 "(예수께서 가라사대) 내가 곧 길이요 진리요 생명이니 나로 말미암지 않고는 아버지께로 올 자가 없느니라"(요한복음 14:6). 그리고 사도 바울의 말 "다른 이로서는 구원을 얻을 수 없나니 천하 인간에 구원을 얻을만한 다른 이름을 우리에게 주신 일이 없음이니라 하였더라"(사도행전 4:12).

이것을 어떻게 해석해야 할까. 해석학적인 주제가 된다(발언자가 처한 당시 사회·문화적, 실존적 상황에서는 그럴 수밖에 없었다고 가정할 수

---

59 이러한 상황을 파악하지 못한 한국 보수파 개신교 목사가 미국 교포 교회에 가서 한다는 말이 '석가모니는 태어나지 말았어야할 존재'라고 설교한 것은 부끄러운 시대착오적 발언이다.

있다). 다양한 지식정보가 확대된 오늘의 상황에서는 어떻게 이해할 수 있을까. 기독교의 발전 과정, 선교 과정에서 다른 문화와 종교에 접하고 어떤 관계설정이 이루어졌나. 에크는 그 역사를 샅샅이 추적했다.[60] 어느 종교도 그렇지만, 기독교 자체는 고정된 체제가 아니고 계속 새롭게 형성되면서 살아있는 실체다. 타종교에 대한 입장도 달라지고 발전할 수밖에 없다. 20세기 전반에만 해도 '국제 선교 위원회'(1938)에서 이러한 발언이 나왔다. "각자가 자신의 종교가 우월하다고 생각한 때가 있었다. … 그러나 계속 증가하는 통신 및 교통수단과 비교종교학의 발전과 더불어 낡은 자세는 불가능하게 되었다. 우리는 오늘날 자기 자신의 신앙의 우월성을 의심 없이 순진하게 내세우기에는 너무나 많이 알고 있다"(Eck, 1993: 13-14). 그것도 인도 출신 신학자의 발언이라 그랬을까. 오늘날의 진보적 신학자, 종교학자의 소견과 다를 바 없다. 그만큼 학자의 이상과 현실의 거리는 쉽

---

[60] 에크는 한국 신학자의 이색적인 발표의 내용도 포함했다(Eck, 1993, 132). 그것은 이화여대 신학자(나중에 미국 유니언 신학교 교수) 정현경 교수가 호주 칸베라에서 (1991) 개최된 WCC 제7차 총회에서 보여준 참신한 강연과 공연의 의의에 대한 해설이다. 총회의 주제는 '오시옵소서 성령이시여, 온 만물을 새롭게 하시옵소서'(Come, Holy Spirit, Renew the Whole Creation)로 총회장이 그에게 기조강연으로 요청한 것으로 정 교수가 1년 동안 준비하여 발표한 작품으로 청중들에게 신선한 충격을 주고 두고두고 논쟁거리가 되었다. 공연(연극배우 김명곤이 지도)은 한국 민속무용단과 호주 원주민들을 동원한 한 편의 드라마였다. 말하자면 성령을 기독교의 울타리에서 타종교의 영역으로 확대시킨 셈이 된다. 한국 무교('Korean Shamanism')와 호주 원주민 종교를 기독교에 융합시킨 종교습합주의('syncretism')라는 비판의 소리가 나올만하다. 정 교수가 연출한 인상적인 끝 장면은 여태까지 인류의 역사에서 억울하게 죽어간 사람들의 명단을 촛불로 태우는 상징적인 행위였다. (그것은 요순시절부터 누적된 원한의 풀이, 즉 해원(解冤)을 강조한 증산교 창시자 강증산이 자주 보여준 모습을 상기시켜준다.) 이 발표는 정 교수에게 하나의 전환점이 되었다. 그는 뒤에 명망 있는 뉴욕의 유니언 신학교에 청빙되어 종신교수가 된다. 이 이야기는 정 교수의 저술(2002, 현경순례기 2: 54-66)에 자세히 기술되어 있다.

게 단축되지 않았다(한국사회의 문제는 특별한 경우를 제외하고는 대화는 커녕 논의조차 거의 없다는 점이다).

　타종교의 지식에 대한 필요성을 강조하는 일부 산발적인 견해가 일찍이 나타나긴 했지만, 집단적 의식에 영향을 주지는 못하고 시대적, 정치적 경향에 묻혀 자기 종교의 확대, 선교는 여전히 진행되고 있었다. 타종교와의 접촉은 대화(dialogue)로 발전되지 못하고 일방적인 선설교와 선교일 뿐, 자기 독백(monologue)의 역사였다. 대화의 언어는 일방적인 지배가 아닌 상호 증언, 상호 경청하는 마당이어야 한다. 서로를 이해하는 것만 아니라 우리 자신을 더욱 깊이 이해하게 되어야 한다. 에크는 존 캅이 말하는 '상호 탈바꿈'(mutual transformation)으로 이끌어야 한다고 본다. 예를 들면 그가 체험한 힌두교의 경우, 수행 방법(yoga)을 네 가지(지혜, 행동, 신앙, 신체단련)로 요약한 성전『바가바드기타』를 읽고 배운 가르침을 통해서 힌두교를 이해하고 나아가서 자기 종교(기독교)를 더 이해하고 신앙을 돈독히 하게 되었다는 것이다.[61]

　타종교의 존재가 미국 사회에 알려지기 시작한 계기는 시카고 세계박람회(1893)와 더불어 개최된 시카고 '세계종교의회'(The World's Parliament of Religions)였다(Eck, 1993: 24-30). 2주간 계속된 이 행사는 미국 개신교가 중심이 되어 일어난 교회일치(ecumenical) 운동의 일환으로 종교 간 운동의 출발점이 된다. 영국 성공회, 장로교회

---

[61] 한국인의 경우, 불교와 기독교의 대화가 요청된다고 할 때 배울 수 있는 것은 가장 중요한 실천덕목인 '자비'(불교)와 '사랑'(기독교)은 상호 보완될 수 있다. 자비의 실천모델인 보살은 자기보다 먼저 남의 구원(제도)을 앞세운다. 사랑은 자기희생을 감내하는 십자가 정신이다. 상호 보완하면 더욱 온전한 실천을 할 수 있다. 또한 기독교는 불교의 무아 정신을, 불교는 기독교의 정의의 하나님과 사회정의를 배울 수 있지 않을까.

등이 반대, 불참하고 아시아권에서 참여한 힌두교와 불교(일본 선불교, 스리랑카)의 활약이 두드러졌다. 특히 힌두교 대표(Vivekananda)의 강연이 큰 반향을 일으켰다.

> 빛은 다른 색깔을 통해서 나타나지만 똑같은 것이다. … 만물 속에 내재한 진리는 똑같다. 주님은 크리슈나로서 화신하여 인도인들에게 선언했다: "나는 모든 종교 속에서 보석들을 꿰매는 실이다. 어디서나 거룩함과 인간성을 드높이고 정화시키는 특별한 힘을 본다면 거기에 임재한 줄 알아라"(Eck, 1993: 26).

이것은 힌두교 전통에 흐르는 다원주의적 메시지 "진리는 하나다. 현자들은 그것을 많은 이름으로 부른다"(리그 베다)의 변주다. 이어진 미국 순회강연과 '베단타 협회' 조직을 통해서 (다종교적 체험을 거듭했다고 증언한 근대의 성자 라마크리슈나의 법통을 이은) 비베카난다는 미국에서 힌두교 사상이 전파되는 길을 닦아놓는다.

'세계종교의회'는 100주년을 기념하여 꼭 한 세기 후 1993년 시카고에서 다시 열리게 된다. 이번에는 세계 다른 지역만 아니라(1965년 이민법 개정으로 촉진된) 이민의 증가로 더욱 다인종·다문화 사회가 된 미국 자체에서 온 다양한 종교인들이 모인 성대한 잔치였다(Eck, 2001: 366-370). 세계의 다양한 종교와 종파를 아우른 종교인과 종교지도자들이 결집했다. 지난번 같은 기독교 중심의 행사는 아니었다. 기독교 신·구교 종파, 불교, 이슬람, 힌두교의 여러 종파는 물론 미국 내에 산재한 소수 종파 자이나교, 조로아스터교, 시크교, 도교, 바하이교 그리고 이전에는 무시되었던 인디언 원주민들까지 포함된 다원주의 전시장이었다(원주민들은 자연을 신격화할 정도로 자연과 신에 대한 존중과 토템 신앙이 몸에 밴, 다고난 종교인들인데도 원시인처럼 취급되었다).

의회 기간 중 '세계종교지도자회의'가 소집되어 달라이 라마 등 여러 대표자가 연일 참석하여 토론했다. 중요한 주제로 '지구 윤리'(global ethics)가 제의되었다. 독일 가톨릭 신학자 한스 큉Hans Küng이 기초한 문안을 심의하여 통과시킨 세계윤리는 모든 종교에 공통되는 가장 기초적이면서 보편적인 덕목으로 그것만 준수해도 세계평화가 달성될 수 있을 만하다(Küng, 1991; Swidler, 1999: 1-51). 다만 지구가 당면한 급박한 문제인 기후변화 대책에 대한 국제간 합의처럼 현실적으로 어떻게 이행될 수 있는가가 문제로 남는다. 그것은 구속력이 없어서 강제되기 어려운 이상일 뿐인가. 이상과 현실 사이의 벽은 너무 높다.

사실 100년 전 1차 모임에서 기대했던 종교다원주의적 진전이 오늘의 시점에서 얼마나 달성되었는가에 대하여 부정적인 평가가 대세다. 광신주의, 종교와 민족주의와의 유착 등 당시의 문제가 아직도 극복되지 못하고 오히려 더 강화된 현실이다. 하지만 밝은 측면이 없지 않다. 그것은 바람직한 종교 간 대화가 곳곳에서 지역적으로 진행되고 있는 현상이다. 그것을 에크는 미국 여러 지역에서 조직된 것을 발견했다.

IX. 폴 니터(Paul Knitter)

: (실천을 통한) 다원주의 해방/구제(인간, 지구 생태) 종교신학

"'신학은 전기'(biography)에 뿌리를 둔다고 한다"(Knitter, 1985).
가톨릭 신학자 폴 니터가 그의 저술 『다른 이름이 없다고?』(*No Other
Name?*)에서 기술한 첫 문장이다. 이 선언은 무슨 뜻을 함축하고 있
을까. 순간의 의아심은 뒤따른 기술에서 풀린다. 각자의 전기가 다
르듯이 신학은 다르게 마련이다. 여기에 신앙인, 종교인, 신학자라
면 누구나 자기 신학을 갖는다는 전제가 깔려있다. 같은 종교를 믿
더라도 그 실체는 천양지차다. 마치 개인의 생김새, 형체, 성격이 사
람마다 다르듯이 종교관, 신앙의 내용도 똑같을 수 없다. 가령 신(하
나님)의 형상을 그려보라면 일치된 그림은 나올 수 없는 것과 같다.
같은 종교를 두고도 정통 교리를 그대로 채택하기보다 취사 선택하
거나 달리 해석할 수 있다.[62] 신앙, 종교를 갖더라도 각자가 자기만
의 신념과 신앙, 신학을 구축하는 것이 신이 부여한 자유의지를 발
현하는 일이다. 이제는 피조물이 함께 창조를 이어갈 때다. 서구에
서는 '협동-창조자들'(co-creator)이라 표현한다. 그것이 창조적인
다원주의 신학을 전개한 폴 니터에게서 배울 수 있는 첫째 교훈이다.

---

[62] 예를 들면 함석헌은 동정녀 잉태설, 예수가 인류를 속죄했다는 대속론을 받아들일 수
없었다. 역사가 토인비도 동정녀, 오병이어 같은 예수의 이적(기적) 등 정통 교리를 믿
지 않았다. 교리의 많은 부분들이 후대에 첨가된 신화로 본다. 독일 신학자 불트만은
그래서 비신화화 주장을 폈다. 하지만 순진한 평신도들은, 그들의 잘못이 아니지만 교
회와 사제가 날라주는 대로 받아먹는 맹신자가 된다. 광신, 미신도 나쁘지만, 맹신도
문제다.

이처럼 개인 각자가 사실상 취사 선택하여 조립하여 수립하는 신학(신관, 신론)은 스스로 체험한 삶의 기록이므로 전기라고 할 수 있다. 삶 가운데서도 정신(영적)적 편력의 실존적 기록이다. 니터가 다원주의를 다루는 일련의 책(3)을 저술, 편찬하게 된 동기는 이전 20여 년 동안 그가 '다른 종교들로부터 배우고 체험한 것과 크리스천으로서 기독교 교리를 ―특히 그리스도와 기독교의 유일성과 궁극성에 관련하여― 통합하는 문제'가 중대하게 느껴졌기 때문이다. 이것은 자신만 아니라 다른 크리스천들의 문제라는 것도 인식하게 되었다.

타종교에서 배우고 체험하는 과정에서 니터가 도달한 결론은 이렇다.

> 기독교는 정확히 문자 그대로 독특하다고 할 수 있는데, 즉 그것이 오직 한 가지만 존재하고 따라서 그와 똑같은 다른 어떤 것도 존재하지 않는다는 의미에서 그렇다. 그처럼 독특하다는 의미에서는 다른 여느 종교도 다 똑같다(나름대로 독특하지 않은 종교는 없다). 그러나 많은 기독교 담론에서는 '기독교의 독특성'이 더 확장된 신화적인 의미를 취하게 되었다. 그것은 다른 세계종교들과 비교하여 기독교의 독특한 결정적 위상, 절대성, 표준성, 우월성을 의미하게 되었다. 우리가 이 책에서 비판하고 있는 것은 이러한 신화적인 의미다"(Hick/Knitter, 1987: vii).

'이 책'은 그가 존 힉과 함께 펴낸 책 『기독교 유일성의 신화』(*The Myth of Christian Uniqueness*, 1987)를 가리킨다. 이들과 캔트웰 스미스를 비롯한 12명의 신학자·종교학자들이 기고한 논문집이다. 이 책과 더불어 기독교와 타종교, 종교다원주의를 다룬 일련의 저술들이 1980년대에 들어서서 본격적으로 출간되었다. 세계종교 관련 저술들과 교육(대학)은 1970년대 초에 이미 시작되고 있었다. 학문 분야로서 종교학은 20세기 초에 종교과학이 태동되어 초점이 비교종교, 종교사학, 종교학으로 변천했는데 현시점에서는 사실상 세계종교가 주종이 되었다. 니터는 이 책의 서문에서 앞 인용문을 기술하면서 종교 다원주의의 새로운 체험을 말하고 이를 통해서 크리스천들이 다른 종교들과의 대화와 협동의 필요성을 느끼고 있다고 지적한다. 다원주의를 기독교 신학자들에게는 일종의 '틀 걸이 전환'(paradigm shift)에 해당한다고 평가한다.

니터는 이 책에 실린 그의 논문("'종교의 해방신학'을 향하여")에서 그 나름의 독특한 신학을 제안한다. 그것이 '종교의 해방신학'(liberation theology of religions)이다. 이것은 '종교신학'(theology of religions)과 '해방신학'(theology of liberation)을 합성한 복합명사다. 두 가지는 기독교 교회가 씨름해야 할 두 가지 도전에 대한 응답으로서 생겨난 신학이다. 하나는 종교다원주의, 다른 하나는 (민중, 특히 사회적 약자가 당하는) 고통(suffering)과 불공정(injustice)의 문제다. '종교신학'은 다원주의적 입장에 선 신학자, 종교학자가 개척한 신학으로 스미스의 '세계신학'도 그 한 가지 형태다. 해방신학은 주로 남미에서 전개한 운동이다(한국기독교에서 안병무, 서남동이 주도한 민중신학도 일종의 해방신학으로 볼 수 있다).

니터는 양쪽에 다 관심을 갖는 드문 신학자로서 두 신학의 대화와 협력, 통합을 모색한다. 두 신학이 서로를 필요로 하므로 상호 배울 필요가 있다고 충고한다. 특히 종교신학이 해방신학에서 배울 점이 많다. 해방신학의 관점에서 볼 때, 이 시기(20세기 후반)에 중동(이란혁명), 미국, 남미 국가들에서 사회적·정치적 변혁이 일어나는 과정에서 종교가 얼마나 중요한 역할을 수행했는지 알 수 있다. 역사가 아놀드 토인비와 비교종교학 캔트웰 스미스가 주장한 대로 인류가 더 나은 공정한 세계를 만드는 데 필요한 에너지와 비전, 역량을 결집시키는 동력은 오직 종교체험을 통한 자기를 희생하는 사랑에서 나올 수 있다(여기서 사회적 '해방'(liberation)을 추구한 해방신학과 개인의 종교체험을 통한 '해탈'(moksha, liberation)을 중시한 종교신학이 마주친다. 따라서 두 신학을 통합한 니터의 신학(liberation theology of religions)을 '해방·해탈 종교신학'으로 해석할 수 있다. 스스로 해방(해탈)되어야 그만큼 남을 해방시킬 수 있다).

그 맥락에서 남미에서 태동한 해방신학이 배워야 할 점은 해방운동이 필요한 것은 한 '종교'만이 아니고 모든 '종교들'이라는 것이다. 경제적, 정치적 해방 그리고 특히 핵무기로부터의 해방은 어떤 한 국가 또는 한 문화, 한 종교가 감당하기에는 너무 거창한 임무다. 그것을 종교의 세속화를 다룬 신학자 하비 콕스가 지적했다. 그는 근본주의가 아니고 해방신학에 희망이 있다고 보고, "해방신학이 서구 기독교의 지역적 한계를 벗어나 토착민들의 종교체험만 아니라 세계 종교들의 체험을 더 진지하게 다루고 배울 때에만 자기 임무를 수행할 수 있다"고 촉구했다(Knitter, 1987: 179).

사실 아주 많은 남미 해방신학자들이 불교와 힌두교 같은 비기독교 종교들의 해방과 혁명의 잠재력을 모른 채 한 종교의 울타리에 갇혀 있을뿐더러 반反종교주의자인 칼 마르크스나 칼 바르트의 영향을 지나치게 받고 있었다. 마르크스는 종교가 어떻게 혁명의 통로가될 수 있는가를 생각할 수 없는 유물론자였고, 근본주의 신학의 바르트는 예수만이 신의 유일한 계시로 인정하고 다른 종교는 진리의 통로가 아니라고 무시한 철저한 배타주의자였다. 세계를 아우르는 해방운동은 세계를 아우르는 종교 간 대화를 필요로 한다. 다행히도 근래 하비 콕스를 비롯한 신학자들이 해방신학에 대해서 눈뜨기 시작했다(Knitter, 1987: 180).

타종교에 대한 기독교의 입장은 종래의 배타주의(exclusivism)에서 20세기 중반에 내포주의(inclusivism)로 한 걸음 나아갔다가 이제 다원주의로 이행하는 도정이다.[63] 다원주의라도 어떠한 형태의 다원주의냐가 중요하다. 사회적 실천(praxis)을 앞세우는 것이어야 한다는 것이 니터의 주장이다. 현재 인류와 지구가 봉착하고 있는 위기 때문이다. 구체적으로 빈곤, 고통, 억압(압제)으로 인한 희생자의 문제와 지구 생태의 위기가 인류의 당면과제다. 종교들이 함께 이두 가지 과제를 다루지 않으면 존재 이유를 잃게 될 것이라고 니터는 경고한다. 이를 위하여 필요한 종교 간 대화는 단순히 상호 이해와 변화에 그칠 수 없다.

종교 간 대화에 적극적인 신학자들은 세계에 만연한 빈곤과 억압을 일차적인 관심사로 다루지 않는 종교는 진정한 종교가 아님을 인식하기 시작했다. 이들은 또한 다원주의에 대한 과도한 확신이 한

---

63 이 논의는 대체로 20세기 종반 전후의 자료에 의거한 것이므로 지금쯤은 거의 끝자락에 있거나 대세가 아닐까. 어떤 진보적, 개혁적 사상이나 이념이 전파되는 과정에서 일정한 비율(5-10%?), 즉 변곡점에 이르면 그 이후는 저절로 상승된다고 보는 견해(아마 켄 윌버)가 있다. 배타적인 근본주의 신앙의 늪에 빠져있는 한국교회는 아직 서구교회와는 요원한 수준으로 보인다. 첫 단계(배타주의)조차 벗어나지 못하고 있다. 진화에 역행하는 퇴행이다. 『신의 진화』(The Evolution of God)라는 책(Robert Wright)도 있다. Karen Armstrong은 A History of God에서 중동의 세 종교들과 신의 진화(지방신에서 세계의 신으로)를 다룬다. (우리의 의식 속에서) 예수도 진화한다(함석헌).

계와 위험을 안고 있다는 것도 깨닫게 된다. 타자(타종교)에 대한 마음을 연 관용(tolerance)과 다양성에 열광히는 너머지 '참으면 안 될 것'까지 너무 쉽게 관용하는 함정에 빠질 수 있다는 것이다. 사회의 각종 희생자, 피해자, 불구자, 약자들이 있는 곳은 어디에서나 관용은 끝난다. 그것이 다원주의와 관용의 한계다. 우리가 타자를 만나러 가는 것은 다양성과 대화를 즐기기 위한 것이 아니고 고통과 탄압을 제거하기 위한 것이며, 자비(사랑)를 실천할 뿐만 아니라 사회 정의를 위하여 일하기 위한 것이다.

정의는 다원주의, 대화, 심지어 자비보다도 우선한다. 가난한 자, 사회적 약자를 위한 우선적인 선택이 종교 간 대화의 일차적인 목적이 되어야 한다. 종교들이 함께 발언하고 행동해야 할 이유는 그것이 지구를 오염시키는 억압을 제거하는 데 중요한 기여를 하는 유일한 길이기 때문이다. 대화는 종교의 유한 계층을 위한 사치가 아니고 다른 본질적 요소보다 앞선다. 종교 간(interreligious) 대화는 '국가 간' 국제적(international) 해방에 필수적이다. 그것이 종교신학 연구자들이 해방신학에서 배워야 할 교훈이다.

구체적으로 니터는 '해방 종교신학'이 종교 간 대화가 다원주의의 근본 취지에 부합하는 결과를 가져오도록 돕는 세 가지 실천방식을 제시한다(Knitter, 1987: 181-190). 진정으로 다원주의적인 종교간 대화는 모든 참여자가 미리 확립한 절대주의적 또는 결정적인 입장을 고수하지 않고 서로 똑같이 타당한 상대방의 발언을 경청하는 형식이어야 한다. 동시에 아무도 가치판단을 할 수 없는 상대주의(relativism)의 늪으로 빠지는 것이어서도 안 된다. 그래서 니터는 '다원주의적, 비-상대주의적인 대화를 위한 기초'(basis for pluralistic, non-relativistic dialogue)를 세 가지 세칙으로 기술한다.

1) 해방신학자들은 신의 말씀을 해석하고 듣는 과정에 들어갈 때 '의심의 해석학'(hermeneutics of suspicion)으로 무장한다. 그들은 경전의 해석과 교리의 형성체계가 얼마나 쉽게 이념(ideology)이 되는지 의심하고 유의한다. 우리가 '신의 뜻'이나 신에게서 온 계시라고 내놓은 진리가 실제로는 우리의 현 상태(위상)나 문화·경제적 우월성을 유지하려는 위장된 잠재의식적인 우리 자신의 뜻인 경우가 너무나 많다.

이렇듯 이념화한 교리와 실천이 먼저 탐색, 수정되고 나서 전통 속 그리고 세상 속에서 신의 말씀이 실제로 들릴 수 있다. 그 판단의 기초는 해방을 위한 실천에서 찾는다. 종교신학자들은 그와 같은 '의심의 해석학'을 채용함으로써 얻는 소득이 적지 않다. 그 방식을 기독교의 타종교관에 대해서 적용하여 살펴봐야 한다. 교회가 다른 전통들을 문화적으로나 종교적으로 폄하하는 공작에 전통적인 종교 신학이 얼마나 큰 역할을 해왔는가. 왜 크리스천들이 "교회 밖에는 구원이 없다"는 교리를 유지하는 일에 끈질기게 지지를 해왔는가. 분명히 과거에 그 같은 교리와 기독론이, 교회가 다른 문화와 종교들을 예속시키고 착취하는 일을 정당화하는 데 사용되어 온 사실은 부정할 수 없다.

제삼세계 아시아 신학자들은 어떻게 타 종교에 대한 크리스천의 이해를 위한 모델들이―심지어 내포주의적(칼 라너의 '익명의 크리스천') 모델과 자유주의적인(한스 큉의 '비판적 촉매') 모델―'서방의 문화적 제국주의'를 촉진하는 도구가 되는지를 지적한다. 타종교와의 대화를 위한 그와 같은 모델들은 제삼세계의 경제와 복지를 증진하기 위한 서방국가들의 개발 모델과 아주 흡사하다. 해방신학자들이 지적해왔듯이, 그러한 '개발'은 참다운 '해방'으로 보다는 교묘하게 사실상 더욱 더 경제적 의존과 종속으로 이끈 결과를 초래한다. 전통적인 기독교 종교신학에 대한 바로 그와 같은 '해석학적인 의심'이 많은 기독교 신학자들로 하여금 다원주의적 종교신학에 대한 탐구심을 갖도록 충동시키게 된 것이다.

2) 해방신학의 또 하나의 초석인 '빈곤층을 위한 우선적 선택(option)'(또는 '빈곤층의 해석학적 특권')이 종교 간 대화를 위한 전제조건과 절차에 관련된 복합적이고 논쟁적인 문제들을 해결하는 데 도움이 될 수 있다. 대화를 중시하는 다원주의 종교신학자들은 종교 간 대화가 결실을 맺기 위해서는 모든 종교가 공유하는 공통적인 토대(근거, 중심)를 가져야 한다고 본다. 하지만 그 토대가 꼭 필요한가 그리고 그것이 궁극적으로 무엇인가에 대해서 의견이 갈린다. 후자의 경우, '공통 본질'(common essence, 토인비), '보편 신앙'(universal faith, 캔트웰 스미스), '신비적인 중심'(mystical center, 토마스 머튼, F. Schuon) 등으로 표현된다. (물론 신앙의 대상은 다를 수 있다. 신비주의는 올더스 헉슬리가 『영속永續 철학』(Perennial Philosophy)에서 종교의 핵심 요소로 내세운 개념이다.)

그밖에도 신(god, theo)을 공통 원천으로 삼는 신-중심주의(theocentrism)를 주장하는 쪽(존 힉, 폴 니터)도 있다. 그러나 절대적인 신의 존재를 인정하지 않는 종교, 대표적으로 불교(도교와 유교도)에는 적용할 수 없는 한계가 있음을 (존 캅의 비판을 받은) 니터 자신도 인정한다(Knitter, 1987: 184)(구태여 공통의 요소를 만들어내야 한다면, 마사오 아베처럼 인격적 '신'과 대승불교의 추상적인 '공空'(sunyata)을 일치시켜야 한다). 신 대신에 (그와 동격인) 그리스도를 내세운 그리스도-중심주의(Christocentrism)나 그리스도-일원론(Christomonism)도 마찬가지다(Knitter, 1987: 80-81).

이런 논의에 앞서서 애초에 던져진 문제는 공통인수를 찾아야 하느냐는 의문이다. 현대 철학에서도 리처드 로티Richard Rorty 등 신新실용주의 철학자들은 객관적인 공통 근거를 찾는 객관주의(objectivism)와 근거주의(foundationalism)를 거부한다. 종교마다 그 나름의 '언어 게임' 속에서 이야기하기 때문에 다양한 견해(관점)를 관류하는 공통적인 본질이나 '공통 토대'를 찾는 일을 포기해야 한다고 충고한다. '다양한 견해'(plurality of views)라는 현상은 '다양성 속의 일치'(unity in diversity)를 지향하는 '다원주의'(pluralism)의 한 축인 다양성(diversity)을 나타낸다(Knitter, 1987: 183).

같은 맥락에서 존 캅, 레이문도 파니카 등 다원주의 종교신학자들은 다원주의 원칙에 철저하다. 진지한 다원주의자라면 종교의 '보편 이론', '공통 원천', 심지어 '유일신'(one God)조차도 찾으려 하지 말아야 한다고 경고한다. "다원주의는 보편적 체계를 허용하지 않는다. 다원주의적 체계는 모순적인 표현이다. 궁극적인 체계들의 부조화는 중재가 불가능하다"(파니카). 존 캅은 공통성을 추구하는 존 힉, 캔트웰 스미스, 폴 니터를 꾸짖는다: "문제는 무엇이 공통적인 것인가에 대한 탐구다. 진정으로 다원주의를 받아들이는 것은 그 탐구를 포기하는 것이다. 만약 자유주의 신학자들이 열려 있기를 바란다면 단순히 그냥 열려 있어야 한다. 우리가 공통적으로 무엇을 가지고 있는가를 (대화를 시작하기 전에) 미리 말할 필요가 있다는 입장은 열려 있지 못하게 막아 버린다"(Knitter, 1987: 184).

그렇다면 아무런 공통 요소나 전제가 없이 대화가 원활하게 진행될 수 있다는 것인가. 소통 이론의 대가 철학자 하버마스의 방식으로 일단 대화에 뛰어들면 진행 과정에서 서로를 이해하게 되고 공통점에 이를 수 있다고 존 캅은 응답한다. 대화를 넘어 상호 이해와 상호 탈바꿈(mutual transformation) 하는 효과를 기대할 수 있다. 이 지점에서 해방신학이 큰 도움을 제공할 수 있다. 공통적인 접근법(approach)이나 공통적인 맥락(context)에서 대화를 시작할 수 있다. 해방신학자들에게 공통적인 맥락은 '빈곤한 자와 소외된 자들에 대한 우선적인 선택'(preferential option for the poor and the nonperson), 즉 이 세상의 희생자(피해자)들과 함께하고 그들을 위한 우선적 선택이다. 하비 콕스가 바로 짚어낸 대로 "해방신학자들에게 종교 간 대화를 위한 기초는 가난한 자들의 투쟁이다"(Knitter, 1987: 185).

이것은 철학적으로 해방신학의 인식론적 근거를 제공한다. "남미의 해방신학, 흑인신학, 여권(페미니즘)신학은 모두 피압박자들의 체험이 해석학적 근거가 되고 피압박자들과의 일체감이 성서나 오늘의 세계를 이해하는 데 첫째 행동이라고 주장한다." 빈곤층에 대한 우선적 공약이 없이는 자아, 타자, 궁극적 실체에 대한 우리의 지식은 불완전한, 결핍된, 위험한 것이다. 만약 세계 종교들이 빈곤과 탄압을 함께 풀어가야 할 공통적인 문제로 인정할 수 있다면 조화 불가능성과 차이를 넘어서 상호 이해와 탈바꿈까지도 가능한 대화의 기초, 모든 종교가 '공유하는 종교체험의 장'이 마련될 것이다. 많은 피압박자들 집단과 더불어 해방과 정의를 위한 투쟁 속에서 다른 전통출신 신자들이 함께 체험할 수 있다.

해탈과 이 세계의 변혁을 위한 투쟁은 모든 종교 사이에서 종교 체험을 정의하고 공유하기 위한 다문화적, 다종교적 토대를 제공한다는 주장의 맥락에서 새로운 인식론이 도출될 수 있다: (다른 신학자를 인용하여) "나는 종교적 본능(instinct)을 새로운 인간성을 생성하는 혁명적 충동(urge), 사회-심리적 충격(impulse)으로서 정의하자고 제안한다. … '종교적 인간'(homo religiosus)의 본질을 구성하고, 따라서 정의하는 것은 이러한 혁명적 충격이다"(Pieris, 1987: 186).

정의를 위한 투쟁이 종교 간 대화를 위한 공동의 장이 될 수 있음은 다른 신학자들의 입장에서도 확인된다. 신비주의적 명상을 불교와 공유하는 가톨릭 신부 토마스 머튼은 '해방적 실천을 통한 친교'(liberative communion)를 강조한다. 존 캅은 대화하기 전에 공통 요소를 알 수는 없으므로 대화를 함께 실천하는 것으로 이해해야 한다고 말한다. 하비 콕스는 서양적인 이미지로 설명한다: "해방주의자에게 이 보이지 않는 실체(종교들의 가설적인 초월적 일치)는 밑에나 배후가 아니고 앞에 놓여있다. 그것은 종말론적이지 근본적인 것이 아니다. 그것은 비교(秘教)적인 통찰이 아니고 성실한 사랑과 봉사를 요청한다."

타종교에 대한 크리스천의 태도는 진화하는 과정이다. 니터의 분석으로는 지금까지는 교회-중심주의(eclessiocentrism)에서 그리스도-중심주의(christocentrism)로, 더 나아가서 신-중심주의(theocentrism)으로 진화해왔다면 이제는 기독교 언어로 '천국-중심주의'(kingdom-centrism) 또는 보편적으로 '구제救濟-중심주의'(soteriocentrism)로 진행해야 한다. 세계의 종교들이 궁극적 실체(신)에 대한 다양한 모델

―유신론, 메타-신론, 다신론, 무신론―을 포함하지만, 공통적인 취지는 구원론적인 것으로 모든 종교의 관심사는 가설적인 해방자(신)에 대한 추리보다 해방·해탈(vimukti, moksha, nirvana)이다.

크리스천에게 종교 간 대화의 토대와 목적을 구성하고 종교 간 상호 이해와 협동을 가능하게 하는 것은 어떤 범위까지 종교가 구제(soteria)를 증진시키고 있는가, 즉 어디까지 빈한한 자와 소외된 사람들을 위하여 인간 복지를 증진하고 해방을 가져다주는 일에 참여하고 있는가의 문제다. 따라서 기독교의 종교 해방신학은 종교 간 대화를 위한 '공통적' 토대 또는 출발점을 신, '신적 존재의 표현-불가능한 신비'에 두지 않고 구제, '표현-불가능한 구원의 신비'에 둘 것을 제안한다(여기서 구제는 내세의 천국을 겨냥한 구원이라기보다 현세의 인간 복지를 가리킨다. 해방은 '지금 여기'의 문제다. 이곳을 지옥으로 만들지 말고 지상천국을 이루자는 것이다). 구제-중심적 접근법이 종교의 이념적인 남용을 막을 수 있다. 자신의 신관을 다른 종교들에 강요하지 않기 때문이다. 니터는 이 제안을 대화의 절대적 조건으로 강요하는 것은 아니고 종교들이 선택할 일이라고 말한다. 하지만 현실적으로 다른 종교들이 동의할 만한 합리적인 발상이 아닐까. 이것은 철저한 객관성을 강조하는 존 캅이 니터의 방안은 아직도 기독교 중심의 접근이라고 한 비판에 대한 니터의 해명이다(Knitter, 1987: 187).

다원주의적 종교신학은 종교학의 발전 과정에서 나온 비교종교(comparative religion)의 산물이다. 여기서 비교가 차별적인 가치평가를 의도하는 것은 아니다. 같고 다른 점을 드러내는 대조對照의 성격이 짙다. 특히 '세계종교'로 분류된 종교들은 수천 년 동안 역사적으로 검증된 살아있는 전통들로 모두 나름대로 상대적·절대적 우월성·유일성을 내세울 만하다. 그래서 모두(내)가 으뜸(元)이라는 주장을 아우르는 '다원多元주의'가 등장하게 된 것이다. 다원주의의 전형적 상징인 세계종교는 서구 대학에서 교양과목으로 편성된 이래 수많은 교재로 쏟아져 나오고 있는데 모두 엄밀한 객관적, 중립적 시각으로 서술한 지식정보로 구성된다. 저자의 주관적 판단과 자기 신앙이 개입될 여지가 없다. 그렇지 않으면 과학, 이성을 도구로 진리를 탐구하는 대학의 교재가 될 자격을 상실한다.

다만 그것을 읽고 배운 사람이 주관적으로 평가하고 특정 종교를 선호하고 선택할 자유를 갖는다. 역사가이지만 종교에도 정통한 토인비의 경우, 그의 역사 서술에서 '고등종교'(higher religions)가 자주 등장한다. 그는 역사적으로 중요한 일곱 가지 전통(유대교, 기독교, 이슬람, 힌두교, 소승불교, 대승불교, 조로아스터교)을 고등종교로 특정했다. 모두 '세계종교'로 분류되는 것들이다. 이들조차 주관적으로 상대 평가의 대상이 될 수 있다. 토인비는, 니니안 스마트 등 여러 종교학자들처럼 불교를 선호하고 높이 평가하는 쪽이다. 고등종교들 가운데 불교에 두 자리를 부여한 것도 특별나다.

니터도 우리가 존 힉이 말한 '종교의 등급 매기기'(grading the religions)의 필요성을 회피할 수 없다고 말한다. 세계의 현실을 볼 때 무엇이 참이고 무엇이 거짓인가, 어떤 것이 선하고 어떤 것이 악한가, 진/위眞僞, 선/악善惡을 분별할 필요가 있다. 분별, 판단의 도구로서 어떤 종교가 더 효율적인가. 평가 기준을 어디에서 찾을 것인가. 여기에 다시 구제 중심적 해방 종교신학(soteriocentric liberation theology of religions)이 기여할 수 있다. 그것은 바로 존 힉이 판단 기준으로 제시한 '구제론적 효율성'(soteriological effectiveness)과 큰 테두리에서 일치한다. 자기-중심(self-centeredness)에서 (궁극적) 실체-중심(Reality-centeredness)으로 전환하는 과정에서 생기는 인간존재의 무한한 성품을 증진하는 것은 무엇이라도 다 포함한다.

니터는 그것을 구체적으로 우리 세계의 피압박자, 소외된 자, 힘없는 자들을 우선적인 구제 대상자로 삼고 그 실행에 초점을 맞췄다. 그것은 모든 종교가 합의할 수 있는 제안이라고 본다. 종교들이 해방과 구제를 겨냥한 실천을 공통적인 토대와 대화의 출발점으로 삼는다면 그 실천의 효과와 영향이 종교의 진리 주장과 효율성을 평가하는 윤리적 기준이 될 수 있다. 예를 들면 특정한 힌두교 신앙이나 기독교 의례 또는 불교 수행이 얼마나 인간 복지를 증진하고 빈곤의 제거와 해방의 촉진으로 이끄는가를 물음으로써, 여러 종교들의 주장과 실천 가운데 무엇이 참이거나 거짓인가, 무엇이 더 선호될 수 있는가에 대하여 타당한 평가를 내릴 수 있다. "단순하게 말해서 그들의 윤리적, 구제론적 결과로부터 우리는 다른 종교들의 통로와 그 중보자들이 얼마나 구원의 길인지 여부를 판단할 수 있을 것이다"(Knitter, 1987: 193).

니터의 접근법은 개인의 내면을 진리 인식의 장으로 삼는 불교의 참선 명상과 대조된다. 역사와 사회가 수행과 깨달음의 장이 될 수 있다는 것은 혁명적 발상에 가깝다. 다만 대승불교의 보살행菩薩行의 범주를 확대하면 수용될 수 있다.

폴 니터의 이러한 분석이 크리스천에게 어떠한 행동 양식을 요구하는 것인가. 니터는 이 맥락에서 크리스천이 고려해야 할 사항을 요약해서 말한다(Knitter, 1987: 191-195). 우리가 참여해야 할 다원주의적 종교 간 대화를 막는 미리 설정된 절대주의적 입장을 회피하기 위해서는, 우리는 예수 그리스도를 최종적, 결정적, 표준적 소리로 보는 전통적 기독관을 수정 또는 부정할 상황에 처해 있다는 것을 인식해야 한다. 해방신학에 의하면 진리를 먼저 알고 나서 실행에 착수하지 않는다. 진리를 참으로 알고 타당성이 입증되는 것은 실행 속에서이다(독일의 문호 괴테는 요한복음의 첫 문장을 "태초에 [말씀이 아니고] 행동이 있었다"고 해석했다). 따라서 실행이 모든 기독론의 출발점이었다. 예수에게 주어진 칭호는 절대화될 수 없다.

예수의 진정한 보편성은 그 구현具現 속에서 그리고 역사적, 사회적 실행 속에서 드러난다: "예수의 독특성은 오직 '구체적인 체현' 속에서, 오직 역사적, 사회적 의무(책임)의 실행 속에서만 알 수 있고 확인할 수 있다"(Knitter, 1987: 192).[64] 해방신학은 교리의 정통성(orthodox)보다 실행의 정통성(orthopraxis)을 내세운다. 만약 그리스도 기독교의 궁극성 주장이 지금 현재적으로 가능하지 않다면 필요하지도 않다. 구제-중심적인 해방 종교신학의 일차적 관심은 그리스도의 유일성에 대한 바른 신앙이 아니고 바른 실행이다. "나에게 '주여, 주여' 하는 자마다 천국에 다 들어갈 것이 아니요 다만 하늘에 계신 내 아버지의 뜻대로 행하는 자라야 들어가리라"(마태복음 7:21-23). 유일성에 대한 일방적인 고집은 대화에 장애가 된다.

---

[64] 인식론적인 토대로서 역사와 사회를 중시하는 입장은 역사가 함석헌의 생각과 실천에서 뚜렷이 나타난다. 깨달음을 수반하는 종교체험에 상당한 의식 수준에 이르지 않고는 불가능한 언행을 보여준 걸출한 사상가였다. 그가 스스로 일체감을 느끼는 민중('씨올')은 피압박자를 대표한다. 함석헌 사상을 관류하는 핵심주제는 본질적 변화(탈바꿈, 개혁, 혁명, 진화), 혁명 수준의 변화다. 니터의 종교신학과 일치한다.

또 한 차례의 실천적 지평 확대
. 지구 복지(환경)에 대한 책임을 지는 대화와 해방으로

폴 니터의 복합적, 신학적 지평은 해방(liberation)과 구제(soteria)로 초점을 맞춘 구조로 끝나지 않고 더욱 더 확대된다. 이번에는 인간을 넘어 자연, 특히 지구 생태환경으로 옮겨간다. 종교와 신학도 진화해야 한다면 먼저 니터 자신의 세계관에서 창조와 진화의 역동성이 나타나는 모습이다. 생물의 진화에서 한 생물(동물)이 태어날 때 태아의 배태 과정에서 선조가 거쳐온 진화 과정을 반복하는 선조 반복(recapitulation)처럼 종교관의 확대 과정이 니터의 생애에서 전개되는 모습이다. 그래서 니터는 "신학은 개인의 전기(傳記) 속에 뿌리를 둔다"고 거듭 인식한다. 그의 신학은 단순히 책상머리, 상아탑에서 형성된 것이 아니고 그때마다 변화(전환)의 현장에서 직접 목도한 생생한 현장체험이다. 원래 가톨릭 신자로서 동기가 생겨 로마에 가서 가톨릭 대학에서 수학하며 종교 연구를 시작하게 되었다.

니터는 1960년대 초반에 교황(요한 23세)의 주도로 가톨릭의 타종교에 대한 입장이 크게 전환하는 시점에 바로 그 현장에 있었다. 전환을 뒷받침하는 이론의 제공자인 칼 라너(Karl Rahner)에게서 배우고 있었다. 라너는 종래의 (타종교에 대한) 배타주의(exclusivism)에서 진보한 내포주의(inclusivism)의 발안자였다. 잘 알려진 대로 다른 종교의 신자도 '익명의 크리스천'(anonymous Christian)이라 할 수 있고 큰 틀에서 구원의 대상자로 포함될 수 있다는 획기적인 입장이었다. 니터도 자연스럽게 강요된 배타주의 입장에서 내포주의로 덩달아 건너뛴 격이었다. 가톨릭교회의 타종교관 변천사를 학위논문의 주

제로 연구하다가 이미 다른 사람이 연구한다는 것을 알고 권고를 받아 독일 대학으로 옮겨 개신교의 변천사로 바꿔서 연구하게 된다.

그 과정에서 니터는 라너의 내포론의 한계를 인식하고 라너의 다리에서 뛰어내려 다원주의의 배에 편승한 셈이 되었다. 다원주의도 한 배에 만족하지 않고 여러 배를 갈아탄 결과가 되었다. 기복이 많은 자신의 종교관 변천사를 '대화 여행'(dialogical odyssey)이라 할 만하다. 그것은 3장(배타주의-내포주의-다원주의[해방-구제-지구생태])으로 구성된다. 단계마다 체험의 장이 달라진다. 미국에서 로마로 로마에서 독일로, 다시 미국에서 남미로 남미에서 인도와 동남아(스리랑카, 태국), 미국 원주민(인디언)으로 바뀐다. 상아탑에 머무를 여지가 없다. 그의 주장이 단순히 사람을 떠난 격리된 '상아탑 신학'(ivory-tower theology)이나 추상적 이론이 아닐 가능성이 많은 이유이다. 대학 강의에서도 새로운 방법론을 개발, 실험했다. 다른 종교들의 방식을 연구하는 강좌의 초점은 지적-역사적인 차원만 아니라 개인적-체험적 차원까지 확대된 것이었다.

니터 자신도 파니카 신부가 힌두교로, 토마스 머튼 신부가 선불교로 넘어가 체험하듯이 다른 종교로 넘어가(pass over) 직접 수행해보는 방식을 채택했다. 또한 힌두교와 특히 불교 수행자들과 실제 대화에 적극 참여했다. 수년 동안 중단했던 좌선도 다시 시작했다. 니터는 그와 같은 연구, 대화, 수행에서 새로운 발견과 신학적 통찰이 내면에서 열리고 솟아나는 것을 체험하게 된다. 구체적으로 힌두교의 브라만과 아트만의 일체화, 즉 범아일여梵我一如 주장이 단순한 표징이 아니고 라너가 말한 '초자연적인 실존체'(supernatural existential)와 상통하는 표현일 수 있다고 인식했다. 그리고 불교의 무아(anatta) 체험이 니터가 이해하고 느꼈던 대로 "이제 그것은 더 이상 신 내가 아니고 내 안에 살고 계신 그리스도임이리"(갈라디아 2:20)라는 바울의 주장을 더 잘 이해하고 따라서 살 수 있게 해 주었음을 깨달았다(Knitter, 1995: 7).

니터는 『다른 이름이 없다고?』(1985)가 출간된 즈음까지는 이미 (기독교의) 타종교와의 관계에서 '그리스도-중심적' 접근에서 한 단계 더 나아간 '신-중심적' 접근법을 내세우는 쪽에 서 있었다. 따라서 다른 종교들은 일괄적으로 기독교 안에 '내포된다'고 해야 할 필요가 없을 터이다. 그보다는 모든 종교가 서로 속에 내포되어 있다고 볼 수 있을 것이다.[65] 이 지점에서 니터는 (한스 큉은 물론) 칼 라너가 (배타주의와 다원주의 사이에) 세워 놓은 내포주의의 다리를 벗어났다고 확인했다. 그는 이제 완전히 (어떤 형태이건) 다원주의의 바다로 들어섰던 것이다. 그 이후 기간에 전개된 그의 사유는 존 힉과 함께 편찬한 『기독교 유일성의 신화』(1987)에 게재된 논문("해방 종교신학")에 정밀하게 기술되어있다.

니터는 1970년대 초 이래 라틴 아메리카에서 나오는 새로운 해방신학의 발전을 눈여겨보다가 1983년에 엘살바도르와 니카라과에서 전개되는 미국이 사주한 전쟁으로 인하여 야기된 기아와 난민의 문제와 대미 저항운동에 관심을 갖고 5년간 현지를 답사하는 등 적극 참여하게 된다. 여기서 니터의 독특한 '해방 종교신학'이 배태했다. 이제 관심은 '종교적 타자들'(religious Others)만 아니라 '고통받는 타자들'(suffering Others)로 확대했다. 그것은 니터가 1991년 안식년

---

[65] 여기서 함석헌의 통찰이 떠오른다.

에 인도에서 접한 현실의 관찰 속에서 그리고 대화를 통해서 확증되었다. 인도에는 '많은 종교'만이 아니라 '많은 빈곤'이 넘쳐났다. 두 가지에서 인도는 니터가 살아온 배경과는 엄청난 간격이 있었다. 그가 추구한 '대화'와 '해방'의 필요성을 절감, 확증시켜준 생생한 현장이요 새로운 종교신학의 시험장, 최종 검증장이었다. 인도를 니터는 또 다른 '모국'(mother India), 말하자면 계모로 삼았다. 그 품속에서 대화와 해방이 '해방적 대화'(liberative dialogue)로 자연스럽게 융화되고, '고통받는 타자들'의 목소리가 '종교적 타자들'의 목소리가 합류되었다(Knitter, 1995: 9).

니터의 독특한 종교신학 전개 과정에서 또 한 가지 획기적인 변화는 '고통받는 타자들'의 범주 확대에서 나타났다. 그것은 인간만 아니라 지구의 거주자들, 즉 지구 자체까지 포함한 것이다. 인간의 고통과 생태환경의 고통이 공통적인 원인을 갖는 것처럼 그 해결도 공통적이라야 한다. 정의와 해방을 이야기할 때도 생태-인간(eco-human)을 포괄한 것이어야 한다. 환경의 위기가 시대적 화두이기도 하지만 니터에게 결정적 계기가 된 것은 '종교적인 타자들'에 속하는 북미 원주민(인디언)과의 마주침을 통해서 배운 교훈이었다. 지구는 나의 사랑과 관심의 대상이 되었다. 북미의 여러 부족의 대표자들이 참석한 '땅과 인간존재' 회의(1993년 6월)에서 그들은 지구와 모든 거주자는 성스러운 존재로 받드는 자연관을 이야기, 의례들을 통해서 제시했다. 그들은 지구나 지구의 고통을 이야기하지 않고 성스러움이나 자신들이 겪은 끔찍한 고통을 말할 수 없는 사람들이었다(지구와 인간은 한 생명체였다). 나에게 이것은 모든 종교 간 마주침을 위한 틀 걸이(패러다임)가 되었다(자연을 신성시하는 북미 인디언의 신앙은 북미대학에서 가르치는 '세계종교' 교재에도 대체로 포함되어 있다).

니디의 생태에 관한 진진된 입장은 그의 신학적 동료이자 지구 윤리 수립을 위한 프로젝트를 진행하고 있는 한스 큉과의 협력을 통해서 더욱 강화되었다. 경제적 불공정, 환경파괴, 군사력(핵무기) 구축 등 각종 위험이 산적한 세계가 모든 국가가 동의하는 보편적 윤리 헌장을 재정, 실천하지 않고는 생존의 위기를 극복하기 힘들다면 여기에는 윤리의 원천인 종교들이 추동해야 하는 것은 당연하다. 니터가 계속 강조한 종교 간 대화와 협력이 더욱 절실해지는 이유다. 니터가 참여한 원주민 회의에 연이어 시카고에서 세계종교회의(1893) 100주년을 기념하여 열린 세계종교회의(1983년 9월)에서 다행히 한스 큉이 기초한 세계윤리 헌장이 승인되었다. 그 뜻을 받아 니터는 한스 큉이 강조한 "전지구적 책임"(global responsibility)을 이 책의 부제로 사용했다. 세계윤리는 구체적으로 각론에서 다루어진다(Knitter, 1996: 67-72).

니터의 종교신학이 계속 진화했지만 새 단계가 앞 단계를 수렴하는 방식으로 일관성을 지녀왔다고 할 수 있다. 지금 우리가 다루는 새 단계에서도 추구하는 목적은 '다원주의적, 해방적인 종교 대화'(pluralistic, liberative dialogue of religions)를 촉구하는 것이라 말한다. 그러나 니터는 '해방'의 의미가 주로 특정한 경제이론(통상 마르크스주의적)에 기초를 두고 사회적 또는 정치적 개혁에 제한된 남미식 해방의 의미로 많이들 느끼는 점에 신경이 쓰이고, '다원주의'도 여러 가지 차이가 있음에도 모든 종교를 신비주의의 한 통속에 몰아넣는 형태로만 이해하는 경향도 지적한다. 그래서 새 저술(1995)에서는 접근방식 또는 모델을 "지구적으로 책임지는, 상호관계적 종교

대화"(globally responsible, correlational dialogue of religions)로 표현했다. 지구적 책임은 전통적인 해방신학자들이 의도한 해방을 포함하면서 더 나아가 사회정의만 아니고 생태-인간 정의와 복지도 추구하는 것이다. 그 모델은 전 지구와 모든 국가 및 종교가 함께 하는 노력이어야 한다. 종교는 다원주의 원리에 충실한 관계를 전제한다. 니터의 프로젝트(다원주의, 해방, 구제[인간과 자연])는 세계 종교들의 일치(ecumene), 인류의 일치 그리고 고통받는 인간의 일치를 겨냥한다.

니터의 신학에서 가장 두드러진 특성은 이론, 지식에 앞선 행동, 실천(praxis)의 강조와 구제의 현장성에 있다. 하지만 왜 행동해야 하는지 이유와 근거를 알지도 못하고 제대로 행동, 실천할 수 있는가? 니터는 행동하는 과정에서 나타나는 효과를 통해서 이해와 깨달음이 온다고 주장한다.[66] 행동과 깨달음은 따로가 아니고 동시적으로 병행한다.

행동이 일어나기 시작하면서 우리는 사물이 어떻게 달라질 수 있는가에 대한 상상에 관련된 일종의 '깨달음'을 감지한다. 깨달음은 꼭 직접적인 신비체험의 결과라고 할 수 없고 실제로 존재하는 공포와 아픔에 맞서서 저항하는 힘 아래서 형성된다. 통찰은 반대에서 나오고, '아니'라고 말하는 속에서 우리는 '그렇다'의 내용을 관찰한다. 우리가 행동을 수행하고

---

66 이 맥락에서 더 추정해보자. 행동의 궁극적인 근거를 제공하는 원천이 되는 종교의 차원에서 예증해본다면, 종교가 내세우는 실천수행의 핵심은 사랑(자비, 仁)이다. 왜? 따질 것 없이 실천하면 된다. 구태여 이유를 알아야 한다면, 신의 계명이므로 무조건 따라야 할 덕목이기 때문이다. 믿음만 있으면 된다. 신앙인이 아니라면, 인간의 도리이기 때문이라고 할 수 있다. 철학자 칸트가 말한 '정언正言 명령'(categorical imperative), 즉 지상(무조건적)명령이라 이해해도 된다. 이성이 지배하는 인본주의에 근거하므로 명령하는 주체가 신(절대자)이 아닌 만큼 구속력은 약하다고 할 수 있다.

깨달음 위에서 후속 작업을 해가면서 우리는 실패와 고통을 겪으면서 우리 동지들이 투옥되고 신종되는 것을 목도한다. 우리의 행동들이 무력해질 때도 희망 속에서 힘을 얻는다. 우리는 우리의 자력自力 속에서 어떤 형태의 타력他力을 경험한다(Knitter, 1995: 116-117).

불의와 공포, 고통에 맞서서 저항과 반대의 행위 속에서 깨달음이 일어나고 통찰을 얻을 수 있다. 그릇된 것을 반대하는 과정에서 올바른 것을 볼 수 있다. 곧 파사현정破邪顯正의 길이다. (불교에서 말하는) 자력적 실천 속에서 타력까지 얻는다. 불교적 어법으로 넘쳐나는 문단이다. 니터는 인도와 스리랑카에서 체험한 불교인과의 대화와 수행에서 많은 것을 배우고 채용했다는 사실이 이 문단에서 뚜렷이 드러난다. 깨달음, 파사현정, 자력·타력이 불교와 연관된 개념들이다. 불교는 불교대로 니터에게서 행동의 철학을 배워야 한다. 불교는 켄 윌버가 주장하듯이 새(제4) 법륜을 굴릴 때가 당도했다(Wilber, 2019). 자력과 타력은 불교와 기독교의 구분도 된다. 불교는 원래 자력 신앙이지만 나중에 타력(불, 보살)에 의존하는 정토 신앙이 발전했다. 기독교는 신과 중보자(예수)에 의존하는 타력 신앙이다. 여기서 니터는 두 종교를 조화시킨다. 행동의 문제에서도 힌두교와의 접촉점이 된다. 경전 『바가바드기타』의 주제가 행동의 길(요가, karma yoga)이다.

인류와 지구가 당면한 위기 앞에서 왜 종교 간 대화와 협력이 필요한가를 잘 말해 준다.

무엇을 어떻게 실천하는가? 선불교의 참선 수행도 한 가지 실천이라 할 수 있지만, 니터는 개인적인 차원보다는 사회적 차원의 실천을 제시한다. 사회적 피압박자, 가난한 자, 뒤쳐진 자들을 해방시키는 일에 우선순위를 둔다.[67] 니터는 그것은 모든 종교가 대화의 출발점으로 합의하지 않을 이유가 없다고 본다.

니터의 제안은 정통 교리를 벗어난 혁명적인 접근, 인식론적 패러다임의 전환이다. 그것은 다시 혁명적인 현장론으로 더 강화된다. 니터가 담대하게 표현하듯이 "교회 밖에는 구원이 없다" 대신에 "세상 밖에는 구원이 없다"(extra mundum nulla salus; outside the world no salvation)고 선언한다(Knitter, 1995: 113). 구원의 현장이 교회에서 세상으로 확대된다. 불교 표현으로 세속이 곧 열반이다. 천국이 따로 없다. '지금 여기'에서 실현해야 한다.

지금까지 요약된 폴 니터의 종교신학(구제-중심 해방 종교신학)은 일종의 통합신학으로서 우리에게 많은 시사점을 준다. 한국신학도 새롭게 정의되어야 한다면 참고할 만한 모델이다. 한국사상은 동양사상의 한쪽으로서 인도와 중국의 전통을 받아 종합하고 조화(회통)시킨 것이라 볼 때 더욱 그렇다. 이제는 기독교가 대표하는 서구 전통이 또 하나의 새로운 원천이 된다. 그 산물로 민중신학이 태동되

---

67 해방(liberation)은 힌두교의 목표인 해탈(moksha)의 사회적 실천으로 해석할 수 있다. 개인의 해탈은 사회적 해방을 통해서 달성된다는 의미가 함축되어 있다. 거꾸로도 가능하지만 언제 달성될지 예측할 수 없다. 크리슈나무르티는 개인의 깨침이 우선해야 사회변혁이 가능하다고 주장한다. 불교에서 말하는 소승적 접근법이다. 대승불교에서는 사회적 실천(下化衆生)을 강조하는 보살 수행을 내세우지만 사실상 참선(명상) 수행을 위주로 개인의 깨달음을 추구하는 데 집중한다. 하화중생은 언제 할 것인가. 이 양극단(개인 구원과 사회 구원) 사이에서 바람직한 것은 중도의 길이 아닐까. 개인과 사회가 함께 변화해 가는 방식이다. 개인 수행과 사회적 실천이 병행한다. 내가 달라진 만큼 사회도 달라진다. '깨어난 시민들' 층이 형성될 때 깨침의 수준만큼 점진적으로 그때그때 정치-사회적 변화가 일어날 수 있다.

었으므로 한국신학의 토대가 마련된 셈이다. 그것은 해방신학에 필적하는 놀라운 이론이다. 두 신학은 우연의 일치로 나타난 운동이다. 1970년대 일어난 민중운동의 일환으로 나타난 독창적 신학이다. 두 신학이 이제라도 대화하고 상호 보완한다면 세계신학을 선도하는 보편 신학이 수립될 수 있다. 민중신학의 목표도 빈곤(차별)과 부정의에서의 해방과 정의의 실현이었다.

다만 하나 더 목표를 추가할 것이 있다. 그것은 민족분열의 극복과 갈등을 극복하는 평화의 달성이다. 분열, 분단은 정치-사회적 만악과 적폐의 원인이었다. 인류를 위협하는 핵무기 개발과도 맞물려 있으므로 세계평화에도 기여할 수 있다. 이제 모든 종교는 외래종교, 민족 종교 할 것 없이 통합과 통일(하나되기)을 화두로 삼고 머리를 맞대고 함께 풀어갈 때 종교도 살고 민족도 살게 될 것이다. 그 점에서 이론과 실천 양면에서 신학, 종교의 진보적 사상을 종합한 니터의 종교신학이 큰 도움이 될 것이다. 대화를 통한 변증법적 종합(synthesis)은 하나를 대치, 배제한 새로운 하나가 아니고 여태까지의 방법론을 종합한 꾸러미다.

그것은 동·서 전통과 학문 분야를 종합한 통합 철학자 켄 윌버 그리고 함석헌도 강조한 온고지신溫故知新의 방법이다. 남북한의 다른 체제와 이념도 선택과 배제가 아니고 공유될 때만 현실적으로 통합(연방)이 가능하다. 인류는 원시공동체에서 개인주의-민족주의를 넘어 세계공동체 시대로, 부족-임금-나(me)-우리(us)에서 우리 모두(all of us)의 시대로 이행했다. 누구도, 아무도 배제하지 않은 전체가 사는 시대에 진입했다. 그것을 뒷받침하는 궁극적 원리와 근거를 인류의 지혜가 축적된 보고 종교 전통에서 찾을 수 있다.

4장

종교 간 대화

I. 불교와 기독교

지금부터 천 년 후 어느 역사가가 20세기에 대하여 기술하는 경우 민주주의 이념과 공산주의 이념의 갈등 이상으로 기독교와 불교 사이에 처음으로 일어난 상호 변혁에 대하여 더 깊은 관심을 갖게 될 것이다(아놀드 토인비).

자연은 부처의 외형이며, 자연은 그리스도의 육체이다. 잡아서 먹으라, 이것이 내 살이기 때문이다. 따서 마셔라, 이것이 내 피이기 때문이다(켄 윌버).

서구 학자들에게 불교는 큰 관심 주제가 되어 왔다. 동양을 대표하는 종교이면서 기독교와는 대조적인 다른 유형의 종교이기 때문이다. 게다가 서양인들에게 선불교, 티베트 불교, 일본 불교, 테라바다 불교 등 다양한 통로로 알려져 왔다. 유형적으로 불교는 기독교나 유대교, 이슬람 같은 일신론이 아니고 인식론적으로 신의 계시가 아니고 명상을 통한 깨달음에 의존하는 종교이다. 체험적 이해와 새로운 해석을 요청하는 색다른 신앙으로 비친다. 다원주의 이론을 구축하는데 불교는 서구 종교학·신학자들에게 많은 자료를 제공한다. 불교에 적용할 수 없는 다원주의 이론은 보편적인 타당성을 확보할 수 없다. 기독교는 물론 불교에 타당한 원리라면 다른 모든 종교에 적용되기는 어렵지 않다.

1. 니니안 스마트(Ninian Smart)

스마트는 영국 출신으로 영국과 미국을 오가며 종교학과 철학 두 분야에서 개척적인 업적을 남겼다. 존 힉이나 존 캅처럼 신학자로 출발하지 않고 종교학 발전을 추동한 철학자 · 종교학자였다. 전문적인 인도철학 관련 저술도 있지만 세계종교와 세계철학을 주제로 광범위한 저술을 통해서 종교 연구와 철학을 전 지구적 지평으로 확대했다. 세계종교는 교육과 출판을 통해서 크게 개발된 주제이지만 세계철학은 스마트가 거의 개척자에 가깝다.

'세계' 차원을 부각하기 위해서 스마트는 하나의 핵심 개념을 설정했다. 종교, 이념, 철학을 아우르는 공통개념으로 '세계관'(worldviews)을 내세웠다. 생물 분류학 용어로 말하면 세계관이 유類(genus) 개념이라면 종교는 종種(species) 개념에 해당한다(Smart, 1993: 6). 다른 민족이나 사람들의 세계관을 이해하고 나아가서 상호교류, 보완, 공유하는 것이 갈등과 분쟁을 해소시키고 인류의 발전과 행복에 도움을 줄 수 있다. 오늘날의 세계의 다원적 문화들의 의미와 가치를 파악하기 위하여 이들의 근저가 되는 세계관들에 대해서 무언가 알 필요가 있다. 세계관은 무엇보다 종교 속에 담지되어 있다.[1]

세계관의 주요 원천인 종교 가운데서도 스마트는 특히 불교와 기독교에 주목한다. 역사적으로나 현실적으로 동서 문화를 대표하는 종교일 뿐만 아니라 종교적, 철학적으로 대조되는 측면을 여러 가지 지니고 있기 때문이다. 불교는 필리핀을 빼고 거의 온 아시아

---

[1] 중동의 경우 예를 들면 이슬람, 기독교, 유대교를 알아야 하고, 일본을 이해하려면 불교, 신도, 유교적 유산을 알아야 한다.

에 공격적이지 않게 두루 선교된 종교이다. 중국의 환경에서 특출하게 창조적인 역할을 해 왔다. 도교(철학)와 접목되어 선禪불교가 나왔다. 화엄 불교에서 긍정적인 철학이, 천태종에서 모든 교리를 아우르는 종합적인 접근법이 개발되었다. 불교의 자극을 받아 신新유학, 즉 성리학性理學이 등장했다. 불교의 영향으로 도교도 조직화되었다. 두 종교와의 교류로 불교가 중국 문명이 꽃피우게 만드는 데 큰 역할을 한 것이다.

불교가 종교학도나 학자들에게 중요한 의미를 갖는 다른 이유 하나는, 불교가 특히 소승(테라바다) 전통에서 신을 내세우지 않은 사실이 유신론有神論을 세계종교의 공통요소로 여기던 서구인의 통념과 어긋나기 때문이다. 궁극적인 실체나 절대자('아버지')에 상정하거나 의존하지 않고 내면적인 탐구, 명상, 깨달음에만 집중하는 종교의 유형이 기존의 종교관과 신관에 도전장을 낸 격이다. 종교학도에게 불교는 필수적인 연구 주제가 되어야 한다고 스마트는 말한다.

그런저런 이유로 불교는 스마트에게 개인적으로 선호하는 종교가 되었다. 스스로를 '불교도-성공회교도'(Buddhist Episcopalian)라고 고백할 정도다(Smart, 1993: 3). 종교학자, 신학자들이 대체로 그렇다고 할 수 있을지 모르지만, 스마트에게는 분명히 다원주의적 종교관이 실존적 문제의 해답이기도 했다. 앞에서 다룬 존 힉이나 존 캅 같은 신학자들에게도 불교는 가장 매력적인 연구감이지만 스마트에게 더 특별나게 보인다. 주제를 다룬 저술 『불교와 기독교: 경쟁자와 동맹』(1993)이 나와 있다. 그는 불교와 기독교의 두 형태를 종교 간 및 세계관 간에 대화의 중심으로 삼고 두 종교의 예를 통해서 범세계적 다원주의를 탐색한다. 종교 탐구자가 갖추어야 할 바람직한 자세는 종교 안에서 바라보고 느낄 줄 아는 공감(empathy)이라고 말한다. 이는 스마트가 바로 불교에 대하여 갖는 감정이었다. 물론 기독교는 자신의 신앙이었다.

스마트는 종교의 특성을 일곱 가지 차원으로 간추려 제시하면서 항목별로 기독교와 불교를 대조·비교하는 방식으로 분석한다. 1) 의례적 또는 실천(수행)적 차원, 2) 체험적 또는 감성적 차원, 3) 교리적 또는 철학적 차원, 4) 윤리적 차원, 5) 설화적 또는 신화적 차원, 6) 사회적 또는 조직적 차원, 7) 물질적 또는 예술적 차원(Smart, 1993: 4-6; 1998: 13-21). 두 가지씩 선택적('또는')으로 열거되어있는 것은 종교에 따라 강조하는 초점이 다르기 때문이다. 예를 들면 기독교 퀘이커 신앙에서는 1)의 경우 의례(의식)는 무시된다. 2)의 경우 선불교는 무엇보다 체험을 중시한다.

유대교는 윤리와 의례 차원이 중심적인 관심사이다. 기독교는 설화(이야기) 차원에 큰 가치를 부여한다. 대부분의 차원에서 적어도 표면적으로는 문화와 언어의 배경처럼 두 종교의 지향점, 표현형식, 실천수행 방식에서 다를 수밖에 없다. 그러나 내면적으로 들어가 보면 합류하는 지점이 있다. 특히 다른 것보다 중요하다고 할 수 있는 3), 4)의 경우에 그렇다. 2)의 경우도 전혀 다르다고만은 할 수 없는 부분이 있다.

불교 전통은 초기의 테라바다 불교와 나중에 등장한 대승불교가 교리와 실천수행에서 다르다는 문제를 안고 있다. 그러나 두 가지 불교 전통은 보완적이므로 전체로 볼 때 불교와 기독교의 접촉점이 넓어진다. 특히 신앙과 구원론 측면에서 거리가 좁혀진다. 보살 사상이 그 다리가 된다. 이기적인 자기 구원(성불)보다 일체중생의 구원을 앞세우는 보살의 희생정신과 자비는 기독교의 구원론과 합류한다. 불교도들은 예수를 보살로 우러러본다. 중국에 와서는 여성으로 전환한 자비의 화신 관세음보살은 마리아 같이 보인다. 정토불교와 개신교 신학 전통 사이에도 닮은 점이 많다. 불교가 무신론이라 하지만 대승에 와서는 정토종에서 내세운 아미타불(무량수불) 신앙처럼 유신론적 경향이 등장한다. 또한 부처를 세 가지 형태로 나누어 보는 삼신三身설에서 법신불法身佛(Dharmakaya)은 우주신 같은 신격을 갖는다.

전체적으로 불교가 기독교와 합류하는 부분이 작지 않다는 것이 스마트가 이 분석에서 도달한 결론이다. 현대 대승불교도와 동정적인 크리스천이 만나서 대화한다면 불교와 기독교가 지향하는 이상들을 융합시키는 것은 그리 어렵지 않다. 그러나 어려운 대화의 소지가 될 부분이 아직 남아있는데 그것은 불교 안에는 정토종과 삼신불설을 넘어서 아주 강한 비-유신론적인 강조의 문제다. 또한 테라바다 불교와 대승불교의 궁극적인 관계 그리고 테라바다와 주류 기독교와의 관계는 문제로 남는다. 좁힐 수 없는 간격이 남아있을 것으로 보이지만 어떻게 공존하느냐가 관건이다.

두 신앙 사이의 바람직한 관계는 주류 불교철학의 시각에서 볼 필요가 있다. 그 본보기는 중국 역사에서 보여준 삼교(유·불·도)의 공존과 상호 변용에서 찾을 수 있다. 외래 종교인 불교가 두 전통 종교, 즉 유교와 도교에 도전하면서 동시에 도전받는, 말하자면 변증법적 관계 속에서 스스로 변화해 갔다. 그래서 인도불교와 다른 독특한 중국불교가 모습을 드러낸 것이다. 제삼의 대안으로서 중국인들에게 새로운 선택을 가져다주면서 결과적으로 더 풍성해진 중국

문화와 종교의 한 축이 되었다. 전통적인 유교와 도교가 새로운 형태의 내용으로 탈바꿈되게 하였을 뿐만 아니라 불교 자체도 실천(수행)과 교리(교학) 양면에서 크게 변용되었다.

그 대표적 산물이 실천 면에서 선종(선불교)과 정토종(신앙), 교리면에서 화엄종과 천태종이다. 모두 인도불교 특히 대승불교의 사상전통에서 파생되었지만, 한층 더 실제적인 수행과 신앙체계 그리고한층 더 심층적이고 포괄적인 교학 체계와 형이상학을 제공했다.[2] 중국뿐만 아니라 불교는 전파력이 강해서 (주로 테라바다가 선교된 동남아 국가들은 물론) 한국, 일본, 티베트에도 전파되어 새로운 문화토양에서 한층 더 발전된 유형을 보여주었다. 그런 사실을 거듭 지적하면서 스마트는 서양에서 기독교와의 교류 속에서 또 다른 불교가형성되기를 기대하고 실제로 높이 평가한다.

일곱 가지 차원으로 대조와 비교를 통해서 스마트는 두 종교의유사성과 차이를 객관적으로 짚어낸다. 외형적인 차이는 당연하지만, 내면적인 큰 기조에서 합류점을 찾는 모습이 엿보인다. 다른 면이 많으면 많은 대로 보완할 요소는 늘어날 것임으로 두려워할 필요는 없다. 그만큼 자신이 지녀 온 종교관의 지평을 넓히고 신앙을 더튼튼하고 풍부하게 만들 것이다. 그것이 스마트는 물론 다원주의 신학·종교학자들(힉, 캅, 다이어나 에크)이 한결같이 말하는 종교 간 대화의 소득이다.

보완성은 스마트가 그리는 다원주의의 핵심적인 표현이다. 학자마다 다소 다른 다원주의의 유형을 구분해서 말하자면 스마트가 지

---

2 이것이야말로 오늘날 서구에서 이제야 개발 중인 종교다원주의의 고전적 모델로서 본떠야 할 원형적 조형이 된다. 특히 스마트가 관심을 두고 탐색하는 것은 다행한 일이다.

향하는 유형은 '보완적 다원주의'라 할 수 있다. 그는 그 본보기를 특히 기독교와 불교의 관계 속에서 찾는다. 두 종교는 '보완적 종교들'이라 규정하고 분석을 시작한다. 왜 그렇다는 것인가? 첫째, 두 전통은 딱 잘라 모순적이라고 하기는 힘들고 큰 흐름에서 이상들이 합류한다는 의미다. 둘째, 모순 및 강조의 차이가 있지만, 전체적으로 다른 쪽 전통에 대한 상호 비판으로 삼을 수 있는 유용한 것들이다. 주요한 강조점이라면 불교가 신비주의적인 요소가 많다면 기독교는 영적인 모습이 강하다.

불교에서 주목할 만한 점은 신화와 상상력이 풍부하면서도 중대한 철학적 핵심을 지니고 있다는 것이다. 신화로 가득 찬 기독교의 설화는 케케묵은 방식으로만 문의적으로 이해하지 말고 철학적인 해석이 뒷받침될 필요가 있다. 예수의 십자가나 원죄 같은 개념은 철학적, 형이상학적 해석의 틀을 필요로 한다. 신화적인 설화를 사용하면서도 철학이 강한 불교가 기독교를 위한 형이상학적 메시지를 갖고 있다. 불교는 진여眞如, 공空, 여래如來, 연기緣起 같은 추상개념으로 인하여 현대세계의 과학적 및 형이상학적 분위기에서 매력을 갖는다.

또한 요가, 명상 등 개인적 실천수행 면에서도 기독교에 한 수 가르쳐 줄 수 있다. 불교는 기독교에는 쉽게 찾을 수 없는 자기 훈련에 대한 아주 세밀하고 실천적인 접근법을 갖고 있다.[3] 유럽의 계몽주의에서 강조된 통찰을 성서에 기술되어 있지 않다고 해서 거부하는 것이 불합리한 것처럼 불교와 같은 다른 전통에서 나온 자원을 이용

---

3 서구의 젊은이들이 근래에 와서 많이 채택하는 수행법이 되고 있다.

하지 못할 근거는 없다.

불교에서 의미하는 초월은 현상을 떠난 칸트식 본체(noumenon)를 가리키는 것이 아니다. 현상과 인간의 정신에 내재하는 초월로서 기독교 신의 절대적 초월과 달리 고정된 실체가 아니고 진화과정 속에 개입하는 요인으로 해석되어도 무방한 초월이다. 그 점에서 화이트헤드와 존 캅이 주장한 과정철학, 과정신학과도 일맥상통한다. 기독교가 한 가지 형태의 실체나 신관에만 집착하지 않고 불교처럼 '방편'도 활용해야 한다. 세계가 새롭게 전개되면서 신과 인간의 관계도 변천한다면 신 자체도 변화한다는 뜻도 담겨있다. 불교의 무아無我 사상도 기독교 교리와 관련지을 수 있다. 삼위일체의 세 실체의 영적 관계를 무아론에 비추어 보면 한층 더 선명해진다. 세 영靈은 자기가 없는, 자기를 비운 영과 같다.

무아나 무상無常 같은 불교 개념이 기독교 교리에 대한 서구식 사고와 표현방식에 변화를 유도할지도 모른다. 동시에 불교도 기독교의 영향에서 벗어나 있지는 않을 것이라고 스마트는 전망한다. 조직면에서 그 조짐이 나타나고 있다. 선교 단체, 기독교 청년회(YMCA)를 본뜬 불교청년회(YMBA) 등을 통해서 기독교식 자기-표현과 소통을 채택했다. 외형적인 관계를 떠나서 기독교적 시각에서 볼 때 불교가 근본적으로 안고 있는 문제가 없지 않다. 그것은 신화와도 연관된 역사관의 문제다. 기독교만큼은 아니지만, 불교에도 많은 신화적 요소가 있다. 역사에 근거를 두지 않는 신화는 상상의 산물일 뿐이다. 그런데 불교는 역사에 대한 관심이 없다. 무아관이 대표하는 모든 존재나 현상의 공함, 즉 무실체성을 주장하는 불교가 실체에 근거한 사실의 축적인 역사를 따로 인정하기는 힘들 것이다.

신화는 상징이라 한다면 상징이 사실을 전제로 하므로 신화는 상상력만의 산물은 아니다. 신화와 역사 사이에는 뚜렷한 경계선이 없다.[4] 역사는 우주론 속으로 들어왔다. 그런데 대부분의 불교 신화는 역사적이지 않다. 대부분 상상적이다. 아미타불, 부처의 전생, 보살의 이야기들, 영취산의 설법, (서방)정토淨土의 묘사가 그렇다. 심지어 인간 역사 단계설(정법, 상법, 말법) 특히 (석가)부처 시대 이후 말법末法 시대도 환상적인 분위기를 풍긴다. 뛰어난 상상력은 차치하고 불교는 인류의 역사와 진화에 대한 해석을 해야 하는 과제를 안고 있다. 윤회의 교리도 같은 맥락이다. 불교 경전에 나오는 초기 인류에 대한 환상적인 설명은 아담과 이브의 이야기처럼 이 시대의 지식과 어울리지 않는다. 불교인들은 인간 역사에 대하여 다시 생각할 필요가 있다.

역사의식과도 연관된 문제로 서구기독교가 특히 근래 크게 중시해 온 주제가 하나 있는데 그것은 사회적 행동과 세계의 관계 짓기의 문제다. 불행히도 지난 반세기 동안 불교의 사회참여는 불교 민족주의가 영향력을 행사한 버마(미얀마)와 스리랑카에서처럼 고도로 정치적이었다. 그러나 또한 사회적 행동과 새로운 사회적 불법(dharma, dhamma)을 위한 운동도 있었다. 이 부분에서 불교가 기독교의 사회복음으로부터 배우는 측면이 있다. 불교의 사회 · 역사적 위치에 대한 새로운 자각은 역사에 대한 그리고 단순한 개인주의적 윤리를 넘어설 필요성에 대한 서구의 관심이 증가하는 데 자극을 받아서 생긴 것이다.

---

[4] 단군신화가 그 실례다. 역사가들은 단군신화는 신화면서 역사라고 말한다.

생명과 환경의 문제에서 불교와 기독교가 함께 종합적인 방향과 이론을 제시할 수 있다. 인간과 동물 사이의 근접성은 진화 이론이 역사적으로 크게 기여했지만, 불교가 갖는 생명관이 훨씬 더 분명한 관점을 제공한다. 연기의 이치가 인간과 타 생명의 근접성을 새롭게 규명해 준다. 인간중심의 창조설과 세계관이 바탕이 된 기독교의 생명관은 지금에 와서는 한계와 착취적인 측면이 드러났다.

하지만 농업의 발달과 광물자원의 개발로 생활 수준을 향상시킨 것은 전체적으로 이로운 결과였다. 그러나 무자비한 재산의 추구를 견제해야 하고, 불교적 가치들과 서구적 가치 사이에 온당한 종합이 이루어진다면 유익할 것이 분명하다. 아직 일본이나 다른 아시아 불교국가에서 그러한 과정이 분명하게 드러나지 않고 있다.[5]

도덕적 차원에서 불교와 서구 사이에 종합이 이루어질 수 있는 한 가지 분야는 비폭력의 현실적 실천이다. 세계나 국가공동체 속에서 일어나는 분쟁과 갈등을 해소하기 위해서 평화주의(반전론)도, 이념적으로 생겨난 폭력도 현실적인 해결책이 될 것 같지는 않다. 폭력의 최소화 이론이 두 전통의 종합으로 이루어져서 적용된다면 국제적 및 국가적 안보(치안) 조치를 아우르는 원리로써 무자비한 조직폭력과 전쟁이 난무하지 않는 세상이 될 것이다.

기독교적 체험이 불교에 무언가 말해 줄 수 있는 또 하나의 분야는 영적인 존재와 은총에 관한 것이다. 불교도들도 나중에 정토종에서 은총을 베푸는 구세주로서 아미타불의 신앙을 신비체험과 통합시킨 것은 대승불교가 중시한 방편의 이론으로 감쌀 수는 있지만 충

---

5 이것은 세계적인 차원에서 한스 큉 등이 주도한 세계 종교들이 참여한 '세계윤리' 운동에서 시도되고 있다. 이것은 다른 장에서 따로 다룬다.

분한 설명이 되지는 않는다. 테라바다 불교와는 다른 접근으로서 어떻든 기독교와의 다리가 놓인 셈이지만, 여기서 심오한 문제가 제기된다. 절대적인 타자의 영적 체험이 인간의 본성 속에 고유한 것인가? 만약 그렇다면 그것이 (초기 불교와 선불교가 추구하는) 내면적인 신비체험과 동등한 무게가 주어져야 하는가?

전반적인 은총 이론은 많은 종교(기독교, 이슬람, 유신론적인 힌두교 등)에서 중시한 감성과 관련된 것으로 영적인 요소에 대한 관념에서 흘러나온 것이다. 숭배(예배)의 초점은 (루돌프 오토가 말하고 엘리아데도 중시한) 강렬한 느낌으로 다가오는 지고한 성스러움이다. 성스러움의 원천은 어떤 존재다. 그래서 인간의 구원은 신으로부터 와야 한다. 인간이 할 수 없는 영역이다. 왜 내면적인 신비주의가 외면적인 영적 체험보다 더 비중이 주어져야 하는가?[6] 둘을 동등하게 놓고 보면 대승불교의 한 형태, 동방 정교, 대화의 영향을 받은 현대 기독교에 도달할 것이다. 어떻든 이것이 기독교가 불교에 내미는 도전장이다. 또한 정토종과 테라바다의 관계를 다시 생각하도록 유도할 수도 있다. 요컨대 영적인 것과 신비적인 것 사이의 변증법적 논쟁이 기독교와 불교 전통 사이의 보완성의 한 부분이다.

기독교 신화의 역사적 성격이 불교의 일부 환상적인 신화에 도전하기도 하지만 불교 교리와 융합된 기독교 사상의 한 측면도 강화되는 효과가 있다. 대승불교의 핵심 개념인 공空을 예로 들면 신이 그리스도 안에서 완전한 인간성을 취하기 위하여 자신의 속성을 비운다는 해석이 가능해진다. 신화적인 자기-비움은 그리스도가 전지

---

6 깨달음과 계시의 차이와 같다.

전능하지만 자연스럽게 행동하려고 영웅적으로 자신의 권능을 감추었다는 식의 낡은 관점보다도 현대의 역사적 이해와 훨씬 더 어울린다. 그래서 그리스도가 신성을 비웠다는 것은 불교의 공 분석과 그것이 주는 도덕 및 자기-훈련을 위한 교훈과 비슷한 의미를 갖는다.

그러나 불교는 여기서 그치지 않고 우리가 고통을 통찰(명상)이나 지혜(반야)로 극복할 수 있다고 생각한다. 부처는 무지(무명)를 극복하는 길을 제시했다. 이것은 기독교 구원론의 강조점과 대조된다. 그것은 원죄 개념인데 인간의 행동을 통해서 신적 존재로부터 소외를 가져오는 원초적인 힘을 가리킨다. 원래부터 존재한 죄와 원래부터 있어 온 무지, 이 두 가지 개념은 중요하다. 불교가 무엇이 선인지 올바로 통찰하지도 않고 선을 향한 의지만 발동하려는 크리스천에게 가르쳐줄 부분이다. 아담의 신화가 사라진 시대에 기독교의 가르침은 근본적으로 다시 생각되어야 한다. 첫째 아담이 상상적인 신화라면, (둘째 아담인) 예수의 구원은 어떤 것이어야 할까? 진화론도 참고해야 하지만 불교의 무지관도 참고해야 한다. 기독교가 너무 의지만 내세우는 주의主意적이라면 불교가 그것을 교정하는 방책을 제공할 수도 있다(Smart, 1993: 109-110).

불교는 불교대로 기독교의 지극과 도전을 받아 새롭게 생각하고 해석해야 할 부분이 있다. 그 한 가지가 재생, 즉 윤회의 문제다. (내면적 신비주의와 영적 체험처럼) 기독교의 일회적 삶과 조화되거나 종합될 수 있는가. 두 가지가 어떻게 적어도 보완적 관계로 엮어질 수 있는가. 윤회는 그 자체로는 납득할 수 없는 개념이다. 상상적-신화적 성격이 강한 신념이다. (죽음과 동시에) 개체성, 즉 개인의 정체성이 사라지면서 개별적인 카르마(업장)의 연결고리도 사라질지 모른다. 생명 잉태의 (부모에 더하여) 제삼 요인인 카르마도 증거 없는 불편한 가설로 보인다. 자비의 실천으로 자아가 사라지고 무아 의식에 이를 때 카르마의 세계는 살아있는 존재들의 세계로 해체되어버릴 것이다. 만약 그 교리가 이 세상 모든 무상한 존재들의 상호 연대의 의미로 재해석된다면 긍정적인 사라짐이 된다. 그것은 스마트의 생각이고 공은 불교도에게 넘겨졌다.

기독교가 카르마에 대하여 질문을 던진다면 불교는 천당에 대하여 문제를 제기한다. 천당이 정지된 장소일 필요는 없다. 존 힉이 보듯이 도덕적으로 완성된 과정 같은 것으로 해석할 수 있다. 두 종교가 서로를 알게 되면서 윤리적 이상과 종교적 감성의 합류에 대하여 성찰하게 될 것이 분명하다. 또한 자비와 사랑의 필요성을 인식할 것이다. 그러나 한 쪽이 다른 쪽을 도전하고 서로를 수정해 주는 교정자가 될 것이다. 두 전통은 단적으로 심오하고 아름답다. 물론 추한 점도 있지만, 철학적·종교적으로 많은 뛰어난 장점을 지니고 있다. 둘은 상호 보완할 점도 상당 부분 있고 합류할 측면과 겹치는 부분도 늘어날 것이다(Smart, 1993: 111-112).

동시에 두 종교 전통은 상이한 우주관과 생명관을 대표한다. 다름으로 인간 문화에 기여할 것이다. 존 캅처럼 스마트도 다원주의가 품고 있는 다양성을 빼지 않고 그 필요성을 강조한다. 그가 중시하는 보완성도 이미 다름과 다양성을 전제하고 있다. 현대 세계화에 위험이 있다면 그것은 동질성과 한 문화에 의한 지배의 위험이다.[7]

---

7 이 순간에는 서양 문화가 그렇게 보이고 식민주의는 아직 죽지 않았다고 스마트는 덧붙인다. 그렇게 말하면서 불교와 기독교의 관계를 추적하는 스마트 자신의 시도 자체도 서구적인 프로젝트이므로 은근히 식민주의적이라고 반박당할 수도 있음을 인정한다.

동질성에는 날카로운 비판과 논쟁의 변증법이 없다. 우리는 공존해야 할 필요가 있지만 논쟁할 필요도 있다. 동서 전통을 대표하는 두 종교가 팽팽한 긴장 관계를 어느 정도 유지해야 15~16세기의 르네상스 운동처럼 획기적인 새 문화와 세계관을 창출할 수 있다는 것이 스마트의 기대 섞인 전망이다.

2. 존 힉(John Hick)

힉은 사성제四聖諦, 무아, 공空 사상 등 불교의 기본 교리를 그가 구축한 다원주의 이론의 맥락에서 기독교에 비추어 조명하면서 새롭게 해석한다. 특히 '방편方便', 사치기捨置記 같은 개념에 주목한다(Hick, 1993: 119-136). 먼저 방편론의 해석을 들어보자. '방편'(upaya, skilful means)은 『법화경』, (『금강경』, 『반야심경』 등이 속한) 『반야경』, 『유마(힐)경』 등 대승 경전에 등장하는 말이다. 힉은 중요하게 보이는 이 말이 다른 많은 경전에서는 찾아보기가 어려운가 묻는다. 그것은 신학자에게는 다소 무리한 불교 지식에 속할 수 있다고 인정하듯이, 분명한 이유가 따로 있다. 불교의 오랜 발전 과정에서 1세기 전후에 등장한 대승불교는 원시불교 경전과는 수준과 성격 그리고 개념이나 사상이 다른 다양한 경전들로 가득 차 있다. 그리고 대부분이 석가모니의 가르침이나 그와 관련된 내용으로 기술되고 있다. 한 부처가 다 말했다고 보기에는 의심스러운 내용과 표현이다. 많은 신화가 형성되고 덧붙여진 결과이다. 종교마다 비슷한 측면이 있지만, 특히 불교는 한 창시자만의 종교로 보기에는 힘든 측면이 많다. 물론 기본적인 교리는 일관되게 남아있는 것은 분명하다. 복음서를 중심으로 예수의 행적과 메시지가 역사적인 기록으로 남아있으면서 거기에다 계시를 받은 바울의 서신들로 구성된 기독교 성서와는 다소 다른 모습이다.

어떻든 '방편' 개념이 등장하게 된 것은 성격이 다른 다수 경전을 전수 정당화하기 위한 필요성에서 연유된다. 바다가 크지만, 짠맛에서는 똑같듯이 부처의 가르침, 즉 불법(dharma)의 바다도 결국 한 맛(法海一味)이라고 주장된다. 비교적 나중에 형성된 법화경法華經에서 방편론이 본격적으로 등장하는 것은 그 이전에 무수한 경전들이 나타났음을 말해 준다. 오죽하면 팔만대장경이라 과장했을까. 경전이 많아지게 된 것은 부처가 상대하는 사람들의 수준과 태생적인 기틀(根機)이 천차만별이라 가지가지 임시방편을 써야 했기 때문이라는 것이다. 법화경에서 방편을 다루는 장에서 전형적인 비유가 사용된다. 불난 집(火宅)의 비유다. 어떤 부잣집에서 불이 났는데 그것도 모르고 세 아이가 정신없이 놀고 있는 상황에서 아버지가 생각해낸 꾐수가 빨리 밖으로 나오면 세 가지 동물이 끄는, 보물로 가득 찬 세 가지 수레를 주겠다는 약속이다. 아이들이 안전하게 대피해서 받은 것은 각종 보화가 가득한 하나의 큰 수레였다는 이야기다.

이것은 그동안 제시된 불교 수행의 세 가지 접근법을 가리키는 삼승三乘과 그것들이 결국은 하나의 큰 수레, 즉 대승大乘 격인 일승一乘으로 수렴된다는 것을 가르치기 위한 것이었다. 여기서 삼승은 방편方便이고 일승은 진실眞實이라고 설명한다. 여기서 제기될 수 있는 문제는 그러면 방편은 진실과 대칭되는 거짓, 즉 허위虛僞가 아니냐는 것이다. 꼭 그렇게는 판단할 수 없지만, 설사 거짓이라 해도 무해한 구제의 방편이라 내세울 수 있다. 그래서 '방편'은 원래 '선교방편善巧

方便'(upaya kausalya)의 준말이었다. 즉, '좋은 뜻에서 교묘한 수단'의 뜻이디. 영어권에서는 'skilful means'(교묘한 수단)으로 정확하게 번역한다. 상황 윤리적인 측면이 있다. 아이들이 속았다고 아버지를 공격하기보다 생명의 은인으로 인정하고 거기에다 큰 보물 수레까지 선물 받은 것을 감사할 것이 아닌가. 중국불교, 특히 천태종 같은 교파에서는 그래서 부처의 설법을 시기에 따라 다르게 분류한 단계설을 제시했다. 그것을 가르침의 분류, 즉 교판教判이라 부른다. 이 해석의 틀 속에 불교의 다양한 경전과 사상들이 갈등 없이 수렴, 회통된다. 천태종이 무엇보다 의존하는 법화경과 열반경이 가장 나중에 등장한 것으로 해석한다. 그만큼 통합성과 완성도가 높다는 의미다. 실제로 법화경은 다양한 교설을 조화, 통섭하는 원리를 품고 있는 아주 중요한 경전이다. 천태종 사상에서는 이것을 '회삼귀일會三歸一'의 이치로 풀이한다.

어떻든 개념의 역사적 배경을 인식하지 못했다 하더라도 힉은 '방편'의 기본적인 의미만으로 그 의의를 충분히 이해하고 그의 다원주의 이론 정립과 증명에 십분 활용하고 있는 것으로 보인다. 그는 주제를 다룬 "'방편'으로서의 종교"라는 글의 제목처럼 그 범주를 한 종교 속의 경전과 사상의 다양성을 '종교'의 범주로까지 확대한다. 즉, 종교도 방편이라고 보는 관점이다.[8] 그는 방편 개념을 좁은 의미(협의)와 넓은 의미(광의)로 갈라서 분석한다. 좁은 의미로는 스승이 다른 사람들이 그의 가르침을 스스로 파악할 수 있도록 이용하는 장치를 가리킨다. 그것은 석가모니만이 아니라 다른 종교의 교사들도

---

[8] 나중에 다루겠지만 그것은 종교나 교회를 '엉터리'로 보는 함석헌의 종교관, 교회관과 상통한다.

사용하는 도구다. 원시(팔리어) 경전에서 석가가 여러 가지 비유와 우화를 사용하고 문답도 하면서 듣는 사람의 수준에 맞게 설법하듯이, 신약성서에서 예수도 다양한 우화와 비유를 사용하고 문답식 대화를 한다. 모든 교육에서 사용되는 교수법이다. 어떤 철학 교사라도 정교하고 복잡한 개념이나 사상을 학생들에게 단계적으로 이해시키기 위해서 부분적인 진리(동시에 부분적인 허위)를 때로는 말할 수밖에 없다. 좁은 의미의 방편에 대해서는 비정상적이거나 특별난 점이 없다.

그러나 더 포괄적인 의미에서는 방편은 심오한 통찰을 반영하는 다소 혼란스러운 말이다. 불교의 본질과 종교의 본질까지도 건드리는 개념이 될지도 모른다. 그 낌새는 방편에 대한 부처의 인식에서 엿볼 수 있다. 그 개념 자체는 대승불교 경전인 법화경 등에서 본격적으로 부각되지만 그 취지는 초기 경전인 아함경에서도 이미 나타나 있다. 그것은 뗏목의 비유다. 방편의 전형적인 사례로 꼽히는 소재다. 어떤 사람이 강물이 범람한 곳에 이르러서 이쪽(차안)보다 더 안전하게 보이는 건너편 언덕(피안)으로 건너가려고 한다. 그런데 배도 없고 다른 수가 없어서 나무 조각 같은, 손에 닿는 재료를 엮어서 뗏목을 만든다. 그것을 타고 무사히 건너가서 감동한 나머지 그 무거운 뗏목을 버리는 대신 가져가고 싶어 한다. 그것은 무리하고 무용한 짓이다.

그 사람이 할 일은 뗏목을 남겨 두고 앞으로 나아가는 것이다. 마찬가지로 부처가 선포한 교법(dharma)도 뗏목과 같이 번뇌로 가득찬 세속(차안)을 건너 열반(피안)으로 건너가는, 즉 제도濟度, 구원의 수단일 뿐이지 메고 가야 할 것은 아니다. 불교의 제도는 기독교의 구원에 해당한다. 열반은 모든 것을 초월하고 비운 상태이다. 대승 불교는 불교 진체가 (중생을) '긴니가는'(건네주는) 수레(乘)라 규정한다. 따라서 불교는 방편이다.[9] 왜 불교 운동—모든 종교는 운동으로 시작했다는 것이 캔트웰 스미스 교수의 주장이다—이 다른 문화들 속으로 들어가서 그에 걸맞은 형태를 갖게 되었는가를 설명해 준다. 초기 인도불교가 스리랑카에 그리고 그 변종이 다른 동남아 국가에 보존되어 있는 한편으로, 중국, 티베트, 한국, 일본에 들어간 불교가 각기 그 문화를 반영한 형태로 발전, 보존되어 있는 까닭이 여기에 있다. 다른 민족들과 시기의 필요성에 적용된 (말하자면 토착화된) 형태를 취하게 된 것이다. 이렇게 방편의 유용성과 확장성을 논의하면서 힉은 방편의 도구성이 어디까지 적용될까 묻는다. 끝이 어디인가. 수단은 설정된 최종 목표에 이르는 도구로서 목표를 전제로 하는 것이 아닌가. 그런데 모든 개념과 언어를 방편이라 한다면 불교가 내세운 궁극적인 경지나 실체, 즉 열반, 법신, 공空, 깨달음까지 방편이라 할 것이다. 그렇다면 방편도 방편에 그친다면 자기모순(패러독스)에 빠지는 결과가 된다는 것이다.

실제로 용수(Nagarjuna)가 정립한 공관空觀 사상에서는 공(sunyata)까지도 자기부정('空之空')을 명시할 정도로 도구성에 철저했다. 그런데 언젠가부터 열반(nirvana) 개념처럼 공을 궁극적인 실체로 보는 해석이 등장한 것이 사실이다. 최근에는, 뒤에 따로 논의하겠지만, 바로 불교를 다원주의 특히 기독교와 불교와의 대화의 맥락에서 '공' 개념을 매개로 활용하는 일본 학자 마사오 아베도 실체로 해석

---

9 법은 교리로 형식화되고 그것이 종교 전통으로 굳어지므로 종교가 방편이라는 것이 명백하다.

한다. 이 해석을 힉도 채택하는 데 주저하지 않는다. 그의 다원주의적 실체관에 들어맞기 때문이다. 힉은 어디까지나 수단과 목표를 분리하는 사고에 충실하다. 다른 입장, 즉 불가분리도 가능하다는 점에 착상해 보지 않은 모습이다. 그것은 동양적 사유에서만 가능하기 때문일지도 모른다. 도가 사상에서 내세우는 도道 개념은 목표, 즉 궁극적 실체이지만 거기에 이르는 길, 즉 수단을 함의하는 이중성을 갖는다. 부산을 가기 위해서 일단 경부선 기차를 타면 저절로 목표인 부산에 이르는 것과 같다. 정도正道를 가면 궁극에는 목표, 즉 진리에 이르는 것과 같다.

또 다른 사례는 인도의 성자 간디의 비폭력 사상에서 엿볼 수 있다. 간디에게 비폭력(ahimsa, nonviolence, 不殺·不傷害)은 진리에 이르는 수단이지만 진리 자체이기도 하다. 그것만 철저하면 진리의 실현에 이른다. 유교에서 강조하는 리理에도 진리의 차원이 있지만, 일상적, 현상적 차원에도 적용되는 말이다. 물리, 심리, 생리, 약리 같은 말에서처럼 현상적인 이치와 사실도 (과학적) 부분적 진리의 표현이 될 수 있다. 용수는 '중론中論'에서 "열반과 세속 사이에 한 올의 차이도 없다"고 규정한다. 초월적 진리(眞諦)와 세속적 진리(俗諦)의 간극을 부정한다.

이 모순을 극복하기 위해서 힉이 시도한 해석은 불교가 방편이 되는 목표(실체)를 다루는 교리는 그 자체가 또 하나의 방편이 아니라 비-방편적인 의도를 갖는다고 할 것이다. 그러면서 불교의 두 요소(방편적, 비-방편적) 사이에 엄격한 선을 긋기보다는 방편성에 정도나 수준의 차이를 부여하는 것이다(다소 애매한 접근법이다). 그가 중요한 차이를 두고자 하는 것은 종교체험과 그것이 발생시킨 철학적·

신학적 이론 사이의 거리다. 그것은 현대 기독교에서 말하는 비판적 이론이기도 하다. 구체적으로 불교적 체험과 그것을 표현한 개념과 언어를 구분하는 것이다.

석가가 대각 체험 후 가르침의 핵심으로 제시한 사성제는 이론이나 추론의 산물이 아니라 체험의 보고(기술)이다. 사성제 중 첫째 진리(제일성제)의 핵심 개념은 '고통'(dukkha)인데 형이상학 이론이 아니라 체험된 실체를 가리킨다. 셋째 진리(제삼성제)의 키워드인 열반은 이론의 공식이 아닌 특별난 체험의 보고이다. 넷째 진리는 열반에 이르는 방법(팔정도)이다. 고통을 여읜 경지를 말하는 열반은 일상적인 체험의 대상인 고통과는 달리 언설과 사유를 벗어난 이언절려離言絶慮의 체험이다. 그래서 석가는 대각 후 처음에는 어떻게 할까 주저하고 침묵했다. 그러다가 생각을 바꾸어 중생교화를 위해서 속세로 나가기로 결단했다.

하지만 교화는 소통을 위해서 불가불 공동체에서 통용되는 언어와 기존의 개념을 동원해야 한다. 언어는 소통의 일차적인 방편이다. 예를 들면 연기의 열두 가지 구성요소를 보면 분명해진다. 그것이 방편의 첫 사례라 하겠다.[10]

방편 개념은 종교적 언어 및 상징과 관련된다. 사성제부터 나중에 발전된 불교철학의 사색적인 내용에 이르기까지 동원된 개념들

---

10 나중에 선불교에서 말하는 '달을 가리키는 손가락' 같은 것이다. 손가락이 실체(달)가 아니다. 그것을 늘 듣고 보던 동자승 제자가 '불법이 무엇인가?' 할 때 자기도 스승을 흉내 내서 손가락을 쳐들어 달을 가리키곤 하던 버릇이 든 것을 보고, 그 조사가 어느 날 동자승에게 질문을 던졌더니 또 그렇게 하는지라 조사가 감추고 있던 칼로 그 손가락을 잘라버렸더니 곧바로 깨쳤다는 이야기다. 방편의 쓰임과 한계를 알려주는 고전적인 비유다.

(고통, 욕망, 도덕성[계율], 명상 등)은 알라야 식識(alayavijnana, 藏識) 같은 특수한 전문용어도 등장했지만, 대체로 보편적인 표현들이다. 사성제에는 체험과 통속적, 관념적 표현들이 뒤섞여 있다. 체험의 산물인 열반도 생활과 생존에 쫓겨 살아가는 대부분의 일반 서민에게는 이해와 실천 양면에서 접근하기 힘든 개념이다. 부처 자신도 열반이 대부분 사람에게 현실적으로 현생에는 불가능한 일임을 인정했다.[11]

그래서 불교에 다른 형태가 있음을 받아들여야 한다. 그래서 단수(Buddhism)가 아닌 복수(Buddhisms)다[12](Hick, 1993: 172). 형이상학을 포함하느냐 아니냐에 따라 다르다. 기독교도 마찬가지다.[13] 비-형이상학적 불교와 비-형이상학적 기독교가 만나는 것이 서로가 이롭게 될 수 있다. 여기에는 서구에서 한창 붐을 일으키고 있는 명상(참선)도 한 가지 중요한 방편이 된다. 그러나 이러한 방편이 심리적 치유에 그치지 않고 궁극적인 실체의 구조를 깨닫는 종교적인 인식에 접속되느냐 하는 문제가 남는다. 이는 불교를 (실체를 추구하는) 형이상학적 기초가 없는 심리학적인 기술로만 여기고 명상을 활용하는 추세에 대한 힉의 비판적 관찰이다.

실체의 문제는 다시 부처의 깨달음 체험을 농축한 사성제 중심의 교법(dharma)에 닿는다. 즉, 연기, (제법)무아, (제행)무상, 공 등

---

11 그래서 이해나 사유, 명상보다는 다른 종교들처럼 신앙을 강조하는 정토종이 대중에게 더 호소력을 갖게 된 것은 당연한 결과다. 교학적으로 한국불교를 대표하는 학승 원효대사가 방대한 저술을 한 끝에 '아미타불'에 의존하는 염불 신앙에 마침표를 찍은 것은 그의 깊은 통찰을 잘 드러낸다.

12 지역이나 민족에 따라 다르기도 하지만….

13 형이상학을 포함하는 경우 종교가 소수 엘리트의 것이 되기 쉽다.

개념을 어떻게 해석하느냐의 문제다. 이것들은 일단 감각으로 지각된 대상, 즉 현상의 실체성을 부정하는 의미를 갖는다. 연기는 변화하는 현상이 실체가 될 수 없다는 것이다. 무아도 '나'(ego)라는 존재의 부정이다. '공'은 나와 제반 현상이 비어 있다는 의미다. 무상(덧없음)도 상주하는 실체의 부재를 가리킨다. 그러나 그것으로 그치고 마는 것인가?[14]

비슷한 맥락에서 힉도 주요한 부정적 표현들의 이면에는 실체가 함의되어 있다고 해석한다. 예를 들면 모든 움직이고 변화하는 현상(제행)이 무상(anitya)하다고 해서 시간적인 변화의 범주를 초월하여 상존하는 영원한 실체도 없다는 주장까지 확증시키지는 않는다고 해석한다. 나아가서 대승불교에 등장하는 불성佛性, 법신(Dharma-kaya), (화엄 사상에 나오는) 법계法界(dharmadhatu) 같은 개념들이 언설을 초월한 궁극적 실체를 가리키는 표현임을 지적한다. 이 실체는 시대와 환경에 따라 문화적으로 다양한 모습으로 세상 안에서 현현顯現된다. 예를 들면 정토종에서는 법신이 아미타불의 모습으로 나타난다고 믿는다. 그 밖에도 수많은 형태로 우리의 삶 속에서 모습을 드러낸다. 이러한 상이한 형태가 바로 방편에 속한다. 그러므로 방편의 개념은 열반 체험의 우주적인 의미가 다양한 방식으로 개념화될 수 있다는 것을 뜻한다. 그 가운데 어떤 것도 개념화의 유일한 올바른 방식임을 주장할 수는 없다. 이러한 사고의 계략은 임시적이고

---

14 그렇다면 허무주의(nihilism)에 빠지고 만다. 불교도 허무주의인가? 불교발전의 역사 뒷부분에서 선불교에 나타나듯이 그것이 부정된다. 허무주의적인 해석을 배격하기 위해서 초기 불교에 없던 참나(眞我)의 개념이 등장한다. 공관(중관)사상을 일으킨 용수도 석가가 말한 중도中道는 유무有無를 초월한 개념이라 규정한다. 이분법을 넘어선 제삼의 차원을 가리킨다.

도구적이므로 부처의 우화에 나오는 뗏목처럼 그 기능을 완수하면 버려져야 한다. 더 나아가서 불교를 떠나서 다른 개념적 '뗏목', 즉 '뗏목' 기능의 개념들이 허다하게 존재하는데 이것도 다른 사람들에게 불교의 방편과 똑같이 목적을 달성할 수 있다.

기독교도 방편에 해당하는 개념이나 표현이 적지 않다. 예수가 자주 사용하는 비유와 우화들은 잘 알려져 있다.[15] 나중에 교회 발전 과정에서 형성된 속죄론, 타락, 삼위일체, 천당과 지옥 등 많은 신학적 이론과 개념들도 예수의 체험과 구원의 사실을 알기 쉽게 표현한 방편으로 볼 수 있다. 신관이나 그리스도관도 하나의 정형이 존재하지 않을 만큼 갖가지 주장은 이해를 위한 방편이었다. 구원의 방식도 동ㆍ서 교회(가톨릭과 희랍정교회)가 해석이 달랐다. 정교회가 말하는 변용, 즉 신과 닮아지는 것(거듭남)은 불교가 추구하는 깨달음과 별반 다르지 않게 보인다.

지금까지 보아 온 대로 불교와 기독교는 둘 다 근본적으로 새롭게 탈바꿈된 바람직한 존재 상태로 이끄는 방편이다. 그것은 궁극적으로 참다운 것(실체)에 의존하고 나타내는 상태로 믿어진다.[16] 더 나아가서 이 체험을 개념화하는 데 종교 나름의 특수한 개념을 사용하였다. 그것은 다양한 문화적 흐름의 다양한 특성에서 발생한 것이다. 문화 전통에 따라 일원론적, 이원론적, 다원주의적인 방식으로 달라진다. 또 궁극적인 실체를 인격적으로 또는 비-인격적인 것으로 달리 표현한다. 현상학적으로 불교의 깨달음 생명 체험과 기독교의 새로운 생명의 체험은 상이한 개념으로 기술되었다.

---

[15] 일부는 불트만이 가려내기도 했지만, 유대교 전통에서 온 것들이다.
[16] 여기서 힉은 방편을 종교 전체로까지 확대하고 있다. 종교는 방편이다.

그렇지만 동시에 두 유형의 핵심 체험은 아주 중요한 특성을 공통으로 갖는다. 무엇보다 두 종교는 자기 중심성에서 궁극적 실체에 중심을 둔 새로운 방향으로 위치를 정립하는 근본적인 변화를 목표로 삼는다. 궁극적 실체에 대한 개념화와 체험방식에서 차이가 있긴 하다. 나아가서 탈바꿈된 상태의 열매가 기본적인 도덕적 및 영적 자세와 전망에서 아주 유사하다. 깨달은 사람은 자비로 가득 차고 구원된 사람은 사랑(agape)으로 가득하다. 두 가지는 실천적으로 구분하기 힘들다. 불교도와 기독교도는 우주적 실체에 대한 반응에서 본질적으로 같은 방식으로 영향을 준다. 물론 상이한 문화적 맥락 속에서 구체적 방식에서는 그 표현이 다를 수 있다.

문화 전통과 언어가 다른 만큼 궁극적 실체를 표현하는 개념이나 명칭은 다르다. 실체를 기독교에서는 신(하나님, 하늘에 계신 아버지)이라 하고 불교에서는 공(sunyata), 법신불(dharmakaya) 등으로 나타낸다. '공'이 상징하듯이 실체가 부정적으로 표현되는 것은 그 존재가 인간의 사고나 언설을 초월하기 때문이다. 기독교의 신도 마찬가지다. '유신론의 신 위의 신'(God above the God of theism), 신격(God-head)이다. 성 어거스틴과 토마스 아퀴나스도 신은 마음이나 인간 지성을 초월하는 존재로 부각한다. 그래서 '궁극적 실체 속의 신'과 '인간에게 알려지고 기술된 신'으로 구분된다. 본체(noumenon)를 가리키는 '실체 자체'(Real an sich)는 체험된 인격적 존재나 비-인격적 존재와 다른 차원의 상층 개념이다.

다른 종교들도 두 가지를 따로 표현한다. 힌두교는 '속성이 있는 브라만'과 '속성이 없는 브라만'으로 구별한다. 유대교와 이슬람도 신비주의 사상에서 명칭이 두 가지로 다르다. 도교(도가)에서는 '도가도비상도道可道非常道'(도덕경 1장), 즉 '표현될 수 있는 도는 영원한 도가 아니다'고 말한다. 대승불교에서도 '법신-진여', '신-자비'로 나누어 말한다.[17] 이렇듯 위대한 세계 전통에서는 하나의 '궁극적 실체'를 개념화, 체험 그리고 삶 속에서 반응하는 방식에서 다양한 방편을 사용하고 있다. 이와 같이 힉은 그의 다원주의 이론 정립에 불교를 폭넓게 활용하고 있다. 종교 간 대화 특히 기독교와 불교의 대화를 위한 토대가 구축된 셈이다.

이처럼 힉은 방편은 물론 그 분석과정에서 사성제 등 불교가 제시한 이론과 실천의 보편성과 타당성을 드러내려고 노력한다. 사성제의 핵심어인 고통, 욕망이나 팔정도의 요목과 무아, 공 등 개념의 보편성을 부각시킨다. 그가 정립하는 포괄적, 포용적인 다원주의의 틀을 완성, 논증하려는 의도가 깔려 있는 것은 물론이다. 다른 타종교보다 불교의 개념과 원리를 더욱 적극적으로 활용하는 편이다. 종교 유형론으로 볼 때 여러 면에서 기독교와 대척점에 선 불교를 수용하지 못한 이론은 그만큼 보편타당성을 확보하지 못할 것이기 때문이다.

대표적 사례를 들면 힉의 이론의 피라미드 꼭대기에 있는 '실체'(the Real)론을 칸트의 존재론 용어를 빌어서 논증하는 과정에서 그는 불교의 사성제 특히 무아론 및 공空개념을 다분히 활용한다(Hick, 1993: 173-177). 종교의 목적인 구원·해탈론과 관련하여 구체적인 변화를 가져오는 초월적 인식(깨달음, 거듭남)을 '자기-중심 의식에서 '실체(신)-중심 의식'으로의 변환으로 표현한다. 자기-중심주의, 이

---

17 또한 『대승기신론』에서는 실체 개념에 해당하는 '일심'(一心)을 '심-진여'(眞如)와 '심-생멸'(生滅)로 갈라 말한다.

기주의의 극복이 종교적 변화(깨달음, 거듭남)의 열쇠다. 기독교의 핵심적인 실천도 자기를 버리고 신의 뜻을 따르는 것이다.[18]

불교에 대한 힉의 공감적 접근은 서구 신학자들의 동양 종교, 특히 불교 이해와 수용의 수준이 어디에 와 있는가를 잘 나타낸다. 종교 간의 대화는커녕 개인 차원에서라도 다른 종교를 이해하고 활용하는 개인적인 노력이 거의 없는 한국의 종교인, 지식인의 자세와 대조되는 모습이다. 종교 지식의 편식은 왜곡된 신앙은 물론 이념, 종교의 차이에서 발생하는 사회갈등의 잠재적인 소지가 된다. 개인과 사회를 망치는 요인으로 작용할 수 있다.

3. 존 캅(John Cobb)

다원주의와 종교 간 대화를 논증하면서 캅은 불교를 타종교의 대표로 삼아 기독교와 대조했다. 그 과정에서 두 종교의 바람직한 관계가 표명되기도 했다. 왜 두 종교의 대화가 중요한지, 어떻게 해야 하는지, 대화를 넘어서 무엇을 지향해야 하는지, 스마트는 저술 『대화를 넘어서』(1982)에서 두 종교의 바람직한 관계를 구체적으로 다룬다. 그의 한결같은 주장은 교류가 대화에 그치지 않고 서로 탈바꿈, 상호 변용을 지향하는 것이어야 한다는 것이다.

신학자로서 캅이 불교에 눈을 뜬 것은 일본 불교 단체의 초청으

---

[18] 예수의 십자가 희생은 그 표징이다. 교회의 초석을 놓은 바울도 여러 서간문에서 일관되게 역설하는 초점이 '나'를 내려놓는 자기-초월이다. 자기부정, 자기희생 없이 신앙의 동의어인 '이웃 사랑'은 헛말이다. 불교의 교리와 실천의 요체인 무아의 이치와 다르지 않다.

로 일본에 가서 대화에 참여한 것이 계기였다. 일본불교의 대종은 선불교와 정토종 전통이므로 대승불교의 주요한 두 가지 실천, 즉 참선과 신앙의 이론과 실제를 직접 관찰하는 기회가 되었다. 이를 뒷받침하는 교학으로 인도불교의 공관 사상과 중국불교의 천태, 화엄 사상에 대한 지식도 곁 따라 접했을 것으로 보인다. 이 책은 실제로 '공'과 그 원형에 해당하는 '무아' 그리고 신앙 특히 정토(아미타불) 신앙을 중심으로 기독교의 초월 개념과 기독교(그리스도) 신앙과의 관계를 탐색하는 것이 본론을 구성한다.

캅이 전개한 종교 간 대화론이 갖는 또 한 가지 특성은 '탈바꿈' 말고도 그리스도의 신앙을 포기하지 않고 갈 데까지 지니고 가는 것이다. 그러나 자연스럽게 마지막 단계에서 포기하고 '개종'이 일어날 가능성은 배제하지 않는다.[19] 하지만 그것조차도 창조자의 뜻을 전달하는 그리스도가 허용하는 일로서 그리스도 신앙의 확대로 볼 수 있다. 게다가 또 중요한 것은 캅의 그리스도에 대한 절대 주장은 기독교만 아니라 타종교에게도 자기 나름의 절대 주장을 허용하는 관용적인 평등주의적 공간을 갖는다. 독선주의나 배타주의와는 거리가 있다.

이것은 현재 기독교가 봉착하고 있는 딜레마이다. 그것을 해소하고자 찾고 있는 것이 캅이 고심하고 있는 공식이다. 기독교는 오랫동안 타종교에 대한 우월감에 젖어 있었다. 우리와 다른 사람들은 다르기 때문에 열등하다는 인식에서 개종 대상으로 삼고 설득이 아닌 강제적인 방법으로 전도했다. 그러다가 20세기에 들어와서 세계

---

19 말하자면 피조물 인간에게 천부적으로 주어진 자유의지의 발동에 해당한다.

대전을 두 번이나 치르고 나서야 그 의식이 허물어지기 시작했다. 다른 전통들에 대한 긍정적인 이해가 확대되면서 크리스천의 오만과 제국주의에 대한 비판이 일상적인 일이 되었다. 신앙에는 유리하지만, 신학적으로 혼란이 일어날 수밖에 없는 상황이다.

크리스천이 양단간에 실존적으로 결단해야 할 선택지는 두 가지다: 기독교의 우월성을 계속 믿고 그에 따라 행동하든가 아니면 예수를 여러 구세주 가운데 하나로 간주하는 것이다. 앞의 선택은 그리스도를 교만심의 도구로 바꾸는 것이고, 뒤의 선택은 우리의 역사적 신앙에 중심이 되는 그리스도의 보편적인 진리를 내버리는 것이다. 이것은 딜레마가 된다. 다른 선택은 없는가. 가톨릭도 개신교 측 세계교회협의회(WCC)도 이 딜레마의 어느 한쪽도 수용하지 않았다. 두 교단은 제국주의(앞)와 상대주의(뒤)를 벗어난 기독론을 향하여 심혈을 기울이고 있다. 캅은 바로 이런 맥락에서 나름대로 방안을 찾고 있다. 변증법적 종합이나 제삼의 길을 모색한다. 기독교와 불교 간 대화 속에서 그 모델을 제시한다.

대화는 상대방을 경청하고 자기주장을 할 가치가 있음을 전제로 해야 한다. 양편 주장 사이에 모순이 없다는 인식도 중요하다. 그러나 긴장은 있다. '대화를 넘어서'라는 서명은 대화를 얕보자는 것이 아니다. 우리가 대화를 넘어설 수 있는 것은, 오직 대화를 통해서만 가능하다. 하지만 대화 자체를 넘어서려고 의도하지 않는 대화는 정체되기 십상이다. 대화를 통해서 서로를 더 잘 이해하고 협조하는 것을 배우게 된다. 그래서 서로가 걷고 있는 길(진리, 도)이 더 탄탄하게 보완된다. 그러나 크리스천이 대화에서 그리스도를 증거할 때는 소소한 측면보다는 그리스도가 삶의 구심점이 되는 생생한 사실을 이야기해야 한다. 다른 쪽 종교 신자도 무엇이 그들의 길에 결정적이고 필수 불가결한 요소인가를 우리에게 이야기해 줘야 한다.

대화에서 조심해야 할 것은 개종시키는 것을 대화의 목표로 삼아서는 안 된다는 것이다. 만약 대화의 목적이 상대편을 자기 종교(기독교)로 개종하는 것이라고 한다면 대화에 참여하지 않을 것이다. 크리스천 참여자에게 대화가 개종의 또 하나의 도구가 아닐까 하는 의심이 대화를 성사시키는 데 지속적인 문제가 된다. 대화는 그런 의도가 느껴지지 않는 순수한 의사 교환에 그쳐야 한다. 바로 그런 이유로 우리는 대화를 넘어서야 하는 것이다. 다른 쪽 사람들이 그리스도의 진리를 배우게 하는 순수한 의도를 가져야 한다.

동시에 다른 쪽이 우리에게 가르치고자 하는 진리를 진지하게 들어보는 대화를 통과해야 한다. 그것은 그 진리에 의해서 탈바꿈되는 것이다. 가령 이슬람의 진리를 진지하게 경청한 크리스천이 있는 그대로 머물러 있을 수는 없다. 무언가 변화가 있어야 한다. 나아가서 다른 종교의 길 속에서 발견된 보편적 진리의 수용에 의하여 탈바꿈된 크리스천들만이 예수 그리스도의 보편적 진리를 선포할 수 있다. 다른 종교적, 사상적 운동으로부터 배우는 양태는 크리스천에게 새로운 것이 아니다. 초기 기독교 역사에서 교회가 당시 헬레니즘 세계에서 가장 강력한 경쟁자인 신-플라톤주의로부터 많은 것을 수용한 바 있다. 그렇지 않았다면 기독교가 넓게 전파되지 못했을 것이다.

근대 세계에서 기독교에 가장 큰 도전은 과학과 과학적 사고방식이었다. 근대 유럽이 게토로 내몰리지 않은 것은 과학적 지혜를 수용하고 탈바꿈된 결과였다. 또 한편으로는 근대과학이 제공한 보편적 진리의 수용에 교회의 저항이 전반적인 신념의 쇠퇴와 근대 사상을 계도하는 역량의 악화를 가져왔다. 교회의 건강은 접촉하는 다른 정통들을 받아들이는 개방성과 연관을 갖는다. 크리스천은 다른 종교인과 불신자들이 가르쳐주는 새로운 통찰을 통해서 변화될 준비를 하고 있어야 할 것이다. 대화에 임하는 이러한 기본적인 자세는 물론 기독교와 불교의 대화에 그대로 적용된다.

불교-기독교 대화 참여자도 대화의 목표와 한계를 분명히 인식하고 들어가야 한다. 대화의 공통 목표는 스스로와 신앙의 탈바꿈인데 그것은 불교의 출발점이자 궁극적 목적인 깨달음에 다름 아니고 기독교 신앙이 추구하는 거듭남을 가리키는 말이다. '불교도', '크리스천'이라고 하지만 이름만 그렇지 실제 내용은 명칭과 부합하지 않는 사람들이 다수라고 보는 게 옳다. 이들은 다만 미신적이고 우상적인 형태로 이 전통들을 구현하고 있다. 대화를 통해서 변화를 일으켜야 할 대상도 이들이 대부분이다. 불교가 이들 '크리스천'을 불교도로 개종시키는 데 성공한다면 우리는 그리스도의 이름으로 기뻐해야 할 일이다. 또 크리스천이 이름만 '불교도'인 이들을 기독교 공동체로 인도할 수 있다면 우리는 그리스도의 이름으로 기뻐해야 할 것이다. 그러나 그것이 대화의 목적이 되어서는 안 된다. 복음주의는 캅의 관심 주제가 아니다.

4. 마사오 아베

위에서 다루었듯이 불교와 기독교의 대화에 대한 관심은 서구에서 활발하게 전개되는 동안 막상 기독교의 적극적인 선교 대상이었던 동양에서는 눈에 띄는 움직임이 보이지 않았다. 대체로 국가들이 서구 열강의 식민지화와 일방적인 영향 속에서 그럴만한 여유나 조건을 갖지 못했기 때문으로 풀이된다. 일본은 예외였다. 일찍부터 서구 문명을 받아들여 발전을 이루면서 식민통치자의 입장에 서서 자기 문화와 종교 전통도 보존할 수 있었다. 그 점에서는 인도와 중국 같은 대국도 똑같았다. 일본이 그만큼 독특한 자기 문화 정체성을 가지고 있었던 것이다. 이 세 나라는 일찍부터 기독교에 노출되었지만, 전통 종교를 대치하거나 잠식하지 못했다. 종교지도에서 기독교가 차지하는 양적 비중은 미미한 수준에 머물러 있다.

그럼에도 일본에서만은 기독교에 대한 관심이 지식인 사이에서는 높은 편이었다. 서양 문화와의 교류가 활발한 환경 때문으로 해석된다. 크리스천으로서 (1920년대 일본 유학생 함석헌에게 영향을 준) 무교회주의 운동을 주도한, 당시 일본의 대표적 지식인으로 평가된 우치무라 간조가 잘 알려진 사례이다. 일본불교가 서양에 알려지게 된 것은 20세기 초 미국에 건너가서 1960년대 중반까지 활동한 데이타로 스즈키를 통해서였다. 그는 불교 전반과 특히 대승불교 및 선불교에 대한 많은 저술(영문)을 발간하여 젊은이들과 지식인들에게 대단한 영향을 끼쳤다. 일본에 가서 불교를 연구하는 서양인들도 ― 가톨릭 사제를 포함하여― 늘어갔다.

그와는 별도로 불교와 기독교의 비교연구가 교토대학을 중심으로 진행되고 이것이 일종의 두 종교 간 대화처럼 발전되었다. 이 과정은 꼭 이론 수준만은 아니었다. 동양의 학문 전통은 이론에 머물지 않고 실천수행과 인격 형성과 맞물려있다고 할 수 있다. 유교의 '수신-제가-치국-평천하'가 대표적이다. 실존적인 동기에서 출발한 불교학자도 대개 불교 수행의 목표인 깨달음이나 대승불교의 슬로건 '상구보리-하화중생'을 유념히면서 불교를 연구하는 자세를 갖고 있지 않을까.[20] 그것이 진정한 종교 연구의 방법이라 주장되기도 한다.

어떻든 이들이 교토학파를 형성했는데 종교인처럼 하나같이 진지한 태도가 이들의 언어 속에 엿보인다. 단순히 지적 탐구에 몰두한 상아탑 철학자의 모습이 아니다. 지적 탐구라 하더라도 폭넓은 지성을 종교적 인식 도구로 여기는 자세다.[21]

그 모델이 여기서 우리가 주로 다루려고 하는 인물인 마사오 아베(1915~)다. 종교에 대한 관심을 갖게 된 동기와 목표도 종교수행자와 다르지 않은 모습을 보여준다. 고교 시절에 그는 나와 타자의 상충적 관계에 대한 고뇌 속에서 신란의 저술에 접하고 (모친도 실천했던) 정토 신앙에 귀의했다. 그러나 곧 인간이 갖는 본유한 업장, 즉 죄악성 때문에 오직 자력이 아닌 타력 신앙에 의존해야 한다는 신앙에 대한 회의가 일어났다. "내가 죄업罪業성을 지니고 있다는 것은 깊이 느끼고 있긴 했지만, 나의 사유(추리) 능력을 포기할 수는 없었다."

사유를 대가로 신앙에만 매달리는 것이 타당한 길인가. 이 딜레마를 해결하기 위하여 대졸 후 종사하던 직업(사업)을 접고 교토대학 인문학부에 입학하여 철학과 종교(불교)를 연구하기 시작했다. 이성적 사유를 끝 간 데까지 밀고 가보면 한계에 봉착해 신앙의 타

---

[20] 물론 기독교 신학자들도 단순한 학자는 아니다.

[21] 그러한 모습은 종교 간 대화의 목적과 관련된다. 대화가 단순히 상호 이해와 존중으로 끝나자는 것이 아니고 상호 변혁—탈바꿈—을 겨냥해야 된다는 것이 교토학파와의 대화에 적극 참여한 신학자 존 캅 등의 주장이다.

당성이 입증될 수 있다고 보았던 것이다. 그것은 지적 흥미만이 아니라 절박한 실존적 관심에서 나온 것이었다.

그것이 교토학파와의 인연을 가져온 계기였다. 거기서 만난 인물들이 학파의 창시자 기타로 니시다의 학통을 이은 하지메 다나베, 신이치 히사마츠, 게이지 니시타니였다. 다나베에게서 서양철학을 배우면서 플라톤, 어거스틴, 헤겔에 큰 관심을 가졌고 특히 칸트와 그의 도덕철학에 깊이 빠져들었다. 특히 선불교 전공의 히사마츠와는 아미다(아미타불) 신앙을 놓고 열띤 논쟁을 하면서 아베의 신앙은 더 강화되기도 했다. 그 과정에서 선 수행 및 연구 단체에 들어가 학습하면서 변화되어갔다. 다른 입장을 가진 사람을 포용할 수 있다고 여기는 단계까지 나아갔지만 히사마츠와의 방법론 싸움은 수년 더 지속되었다. 히사마츠가 체현한 선불교의 깨달음과 아베 자신이 체현한 신앙의 길 가운데 어느 것이 더 진리인가를 판단하는 투쟁이었다.

그러다가 겨울 수련회에서 아베의 정토신앙은 무너져버렸다. 세상만사와 초월적인 것이 다 무상한 헛된 것이라는 인식과 함께 정토신앙 속의 진리까지도 헛된 것임을 깨달았던 것이다. 절대 허위의 진리 속에서 아미타불과 그의 자비까지도 거룩한 허구라는 사실에 당도했다. 그 깨달음으로 아베는 '신은 하나의 신성한 거짓'을 선언한 니체와 가까워짐을 느꼈다. 하지만 히사마츠의 '절대 무'를 이해하기 시작하면서 아베는 니체의 긍정적 허무주의에 실망하게 된다.

두 가지를 놓고 내면에서 투쟁하는 과정에서 아베는 전혀 형상이 없고 객관화될 수 없는 '참다운 자아'(진아)에 눈떴다. 그것은 아미타불 같은 신성이나 니체가 의미하는 허무성을 초월한 것이다. 이렇게 하여 아베는 니시다의 '절대 무' 사상의 영향을 크게 입게 되었던 것이다. 그는 사실상 교토학파의 제삼세대를 대표하는 학자로 평가된다. 그는 학파의 전통에다 다른 지식까지 적용하여 전통을 더욱 확대하여 종교 간 대화의 방법론을 개척했다.

교토대학에서 획득한 지식에다 덧보태서 아베는 기독교 신학까지 공부했다. 뉴욕으로 건너가(1955) 컬럼비아 대학에서 철학을 공부하다가 이웃한 유니언신학교에서 당대의 신학자들인 폴 틸리히와 라인홀드 니버를 배우게 되었다. 그것이 계기가 되어 아베를 틸리히의 조직신학과 불교를 접속시키는 작업으로 이끌었고, 니버로부터는 사회적 현안 문제에 대한 관심을 배웠다. 두 학교에서 보낸 시간이 이후 반세기에 걸친 그의 종교 간 대화에 참여하는 토대를 제공했다.

귀국 후 아베는 교토와 나라를 중심으로 여러 대학에서 가르쳤다. 중간중간에 미국에 가서 컬럼비아대학, 클레어몬트대학, 시카고대학, 프린스턴대학에서 강의했다. 1980년에는 '동-서의 조우', 특히 불교-기독교 대화에 전심할 목적으로 아예 미국으로 옮겨가 활동하기 시작했다. 주로 크레오몬트대학, 하와이대학, 시카고대학 신학부, 버클리 태평양 종교대학에서 봉직했다.

아베는 강의와 무수한 학술회의 참석 이외에도 많은 저술로 큰 영향을 주었다. 그는 선불교, 특히 일본 조동종의 창시자 도겐에 대한 광범한 저술을 하고 불교의 다른 측면과 기타로 니시다의 철학에 관한 다양한 논문을 썼다. 저작의 다수는 서양철학 및 종교와의 대화에 관련된 것들로 칸트, 키르케고르, 마르크스, 니체, 화이트헤드, 융, 틸리히, 하이데거 등에 관한 무수한 논문 속에 반영되어 있다. 그의 논문집 『선불교와 서양사상』(1985)이 미국종교학회의 저작상을 받았다. 특히 아베가 (1963년 이후 발표된) 불교와 기독교의 문제를 다룬 논문들이 서구 종교·신학계에 준 자극은 적지 않다.

학자로서 아베가 쓴 글들은 여느 학자들의 글과 다른 설득력을 갖고 있다. 그것은 단순히 불교의 원전과 철학에만 근거한 것이 아니고 종교적 수행과 체험에서 나온 정신적 요소가 담긴 것들이기 때문이다. 말하자면 그는 우리에게 단지 지적인 이해만으로 종교에 접근할 수 있는가 질문을 던지고 있다. 요컨대 아베는 스승 히사마츠가 말한 '연구와 실천의 일치', 즉 (유가에서도 강조한) 지행합일을 구현한 학자였다. 그는 자신의 일을 서구에서 스즈키가 했던 노력을 계속하는 것으로 보지만, 스즈키보다 한 걸음 더 나아간 측면이 있다. 불교의 올바른 이해를 위하여 서양인들에게 스즈키가 한 계몽적인 기여는 누구도 따를 수 없는 수준이었다. 그의 수많은 저술은 아직도 읽히고 인용되고 있다.

아베는 그만큼 대중적인 영향을 주지는 않았지만, 신학과 서양철학의 지식을 더 보태서 관련 분야 학자들과 지식인들에게 스즈키와는 다른 차원에서 공헌했다. 아베의 목표는 단순히 불교와 일본철학을 전달해 주는 것만이 아니다. 아베는 주로 통일된 세계의 등장을 향해서 노력을 경주한 이상주의자였다. 니버에게서 확증한 사회적 관심의 발현이었다. 그런 맥락에서 아베는 서양인, 일본 불자에게만 아니라 오로지 지식전달이나 소승적인 참선 수행 또는 기복적인 신앙에만 전심하는 한국 불자도 배워야 할 하나의 모델이 될 수 있지 않을까.

아베는 세계가 급속도로 변화하는 상황에서 정치조직의 한 형태로서 민족-국가에 대한 의문을 제기한다. 국가 형태가 평화롭고 창조적이며 조화로운 지구공동체를 위한 충분한 토대가 될 수 없다고 본다. 세계는 이제 영적 토대를 요청한다. 그것은 단일한 세계종교가 아니고 모든 종교 전통이 세계공동체의 맥락에서 문화적 다양성을 상호 지탱하는 개체들로서 새롭게 등장하는 영성의 심층이다. 아베는 새로운 영적 지평을 열어가는 목표를 향해서 평생 노력을 기울여 왔다.

이렇게 아베의 행적을 비교적 자세하게 요약한 것은 종교학자나 종교인으로서 아베가 세계가 하나의 공동체로 이행하는 과정에서 산 모델이 된다고 보기 때문이다. 서구 물질주의 문명이 막다른 골목에 이른 이 비상한 시대에 동과 서 그리고 모든 정신 전통을 아우르는 새로운 길을 이제는 동양 전통 속에서 찾아야 한다는 주장(함석헌)이 나오는 상황에서 아베 모델을 눈여겨볼 필요가 있다. 구체적으로 아베의 사상 궤적을 추적해 보자. 문명의 새 틀거리(패러다임)를 탐색하는 거대 담론 속에서 왜 불교와 기독교의 대화와 상호 변화가 중요한가. 아베의 주요 논문 "자기를 비운 신과 역동적인 공空" (Kenotic God and Dynamic Sunyata)을 중심으로 탐색해 보자.

지난 수십 년 어간에 불교와 기독교 사이의 대화는 상호 이해를 진작하는 단계를 넘어 이제는 상호 탈바꿈을 탐색하는 단계에까지 진입했다. 이 발전은 신학과 교리 이해만 아니고 영성도 관련된다. 두 종교 사이의 대화는 단순히 종교 간 대화로서만 볼 것이 아니다. 더 광범한 사회·역사적 맥락에서 진행된다는 점을 인식하고 참여해야 한다. 세속화한 세상에 많은 사람은 "왜 종교가 필요한가?", "종교가 오늘날 우리에게 무슨 의미를 갖는가?" 묻고 있다. 이들은 종교 없이도 살 수 있다고 생각하고 종교에 대해서 회의적이거나 무관심하다. 더구나 우리 사회에서 종교를 부정하는 이념들이 지배하고 있다. 과학주의, 마르크스주의, 프로이드의 정신분석 사상, 니체적인 의미의 허무주의가 종교의 존재 이유를 부정한다. 다 무신론적 입장이다.

그래서 종교와 비종교 사이의 문제를 떠나서 불교와 기독교의 문제를 거론하는 것은 별 의미가 없다. 아베는 이 두 가지의 문제가 만나는 지점에서 현대인의 소외 문제의 해답을 찾아야 한다고 분석한다. 이렇게 아베는 처음부터(1964) 두 종교 간 대화의 큰 목표를 따로 설정하고 있는 것이다. 종교를 부정하는 네 가지 이념 가운데 아베는 과학주의와 허무주의를 골라 문제점을 자세히 분석한다.

① 과학주의가 왜 문제인가. 과학의 기초와 과학주의의 기초를 혼동하면 안 된다. 과학의 입장이 반드시 종교의 입장과 모순되는 것은 아니다. 물론 과학과 종교는 본질적인 차이점을 보여주지만, 항상 서로를 배제하지는 않는다. 과학의 입장을 절대화시킴으로서 과학주의는 '과학적' 방법이 진리의 유일한 평가 기준을 구성한다. 비과학적인 것은 어떤 것도 거짓이다. 종교는 비과학적이므로 그래서 허위다. 과학이 근대에 와서 괄목할 만한 진전을 이루어왔기 때문에 과학 법칙이 널리 받아들여지고 있어서 그것이 한 가지 종류의 진리일 뿐이지만 절대 진리로 인식되어 온 것이다.

과학적 '진리'가 유일 절대 진리로 간주된다면 종교는 불가불 내쳐진다. 과학주의는 과학적 사고방식을 모두가 채용하는 단계까지 과학이 진전을 이룬다면 종교는 자연스럽게 사라질 것이라 믿는다. 고전 물리학은 수학적인 합리성에 기초를 두고 인간과 자연을 기계주의적으로 본다. 이 관점과 대조적으로 아인슈타인의 상대성 이론과 하이젠베르크의 불확정성 원리는 그 방법과 인식된 진리를 절대적으로 생각하지 않는다. 오늘날 여러 과학 분야에서는 보편타당한 진리를 이야기하지 않고 가설적으로 타당한 '구상'(계획)과 '유형'을 말한다. 이전보다 종교와의 부조화가 다소 완화된 셈이다.

그렇다고 해도 만일 현대과학의 시각이 교조화하거나 이념적으로 받아들여진다면 일종의 과학주의로 전환될 것이다. 한스 큉이 지적한 대로 비판적 합리성 개념은 전적으로 인정되어야 하지만, 합리적인 요소를 절대화하고 신비화하는 비판적 합리주의의 이념은 거부되어야 한다. 현대 자연과학이 그들의 결론을 일반화시켜 신에 대한 신앙에 자리를 남기지 않고 그것을 과학에 대한 믿음으로 대치한다면 종교와의 갈등과 부조화는 피할 수 없게 될 것이다. 자율적인 이성, 자연과학, 신앙이 조화하는 길을 찾아내는 것이 과학의 발달에 일정 부분 기여한 기독교에 주어진 과제이며 도전이다.

현대과학의 도전은 불교에는 기독교만큼 심각하지 않다. 신에 대한 신앙 대신 불교는 진여眞如나 공空을 기본적인 실체(법신)로서 믿기 때문이다. 그러나 불교인은 그 실체 개념이 어떻게 자율적인 이성과 더불어 비판적 합리성을 포용할 수 있느냐는 문제를 해명해야 한다. 과학적 진리와 관련하여 불교적 진리의 의의를 밝히는 것은 현대 불교 사상가에게 주어진 중요한 과제이다.

② 니체적인 의미의 허무주의와 종교. 니체가 의미한 허무주의(nihilism)는 감성적인 문제나 동서 전통에서 나타난 해묵은 허무주의적 느낌이 아니라 명백히 역사철학에 기초한 실존적인 인식을 가리킨다. 그것은 하이데거의 표현으로 '서양 역사의 논리'이다. 니체가 '신은 죽었다'고 할 때 '신'(기독교 신)은 전체적으로 (종교가 지향하

는) 초감각적인 세계를 지칭한다. 그 세계가 실제적인 힘과 생명이 없어졌다. 플라톤주의와 기독교가 내세운 초감각적 세계가 상징하는 최고의 가치들이 평가 절하되고 무의미해졌다. 니체는 인류 역사를 세 단계로 제시한다. 1) 인간을 신에게 희생하는 시기. 2) 인간이 신에게 자기 '본성'을 희생하는 시기. 3) 신 자신을 무無를 위하여 희생하는 시기. 1)은 구약시대에 해당하고, 2)는 신약시대, 3)은 니체가 의미하는 허무주의를 가리킨다.

기독교에 대한 니체의 평가는 부정적이지만은 않다. 기독교 도덕은 인간 실존의 일체성을 보존하는 버팀목으로 그리고 허무주의에 대한 강력한 해독제로 간주한다. 그것은 인간에게 삶의 무의미함을 물리치는 절대적 가치를 제공했다. 니체에게 기독교는 인간존재의 보존에 유용한 하나의 발명, 우리 속에 고유한 자기-보존을 위한 본능의 발명이었다. 하지만 니체는 기독교가 유용성을 갖는 시기는 끝났다고 보았다. 이제 '무를 위해서 신을 희생시킬' 제삼단계가 도래했다는 의미다. 신에 대한 신앙은 '권력에의 의지'에 의해서 발명된 무의식적 허구임을 깨달아야 한다. 그래서 '신은 죽었다'고 선언한 것이다. 이제 인간은 신 없이 무의미함을 견뎌야 하는 허무주의의 도래를 공포했다.

여기서 아베는 허무주의를 두 가지 종류로 구분한다. 한 가지는 '종교 이전의 허무주의'로 이것은 종교를 만나고 체험하기 전에 갖는 삶의 무의미성을 인지하는 순진한 허무주의다. 그것은 결정적인 종교체험 이전의 무의미함이므로 진정한 종교체험을 갖게 되면 극복될 수 있다. 이것은 인간 역사 속에서 보편적으로 발견되는 허무주의로 동양과 서양 사상 모두에서 반복되는 주제다.

다른 허무주의는 '종교를 넘어선 허무주의'로 니체가 의미하는 허무주의가 여기에 속한다. 니체가 '신은 존재하지 않는다'고 하지 않고 '신은 죽었다'고 한 것은 신이 살아있었다는 사실을 전제한 것이므로 종교 이전이 아니고 종교를 겪고 나서, 즉 종교 생활을 하고 나서 갖는 종교 이후의 허무주의를 가리킨다. 니체는 기독교를 포함한 과거의 전통적인 종교적 가치들의 하락(평가 절하)을 명확하게 인식하고 허무주의를 옹호하게 되었다. 따라서 그의 허무주의는 종교로, 적어도 전통적인 형태의 종교로는 극복될 수 없다. 신의 존재성을 부정하는 '종교 이전의 허무주의'와 달리 '신은 죽었다'고 선언한 니체의 허무주의는 전통 종교의 핵심에 내민 도전장이다. 그것은 단순히 외부에서가 아니고 내부에서 나온 종교 부정의 소리다. 바로 종교의 심장에 꽂힌 비수다. 니체가 전적으로 기독교만을 비판하지만[22] 불교를 포함한 모든 종교가 그의 공격에서 벗어날 수 없는 상황에 놓여 있다. 그렇다면 모든 종교는 종교의 존재 이유를 실천과 이론 양면에서 밝혀야 하는 부담을 안고 있다.

과학만능주의와 허무주의가 종교에 도전하면서 종교의 자리를 야금야금 잠식하는 형국에서 모든 종교를 대표하여 특히 불교와 기독교가 대화를 통해서 새 종교의 틀과 정신을 함께 개척하고 보여주는 것이 중요하다. 두 종교는 각자 더 깊은 종교적 차원을 열어 주면서 더 큰 종교성을 집합적으로 공유할 수 있다. 이렇게 아베는 다원주의의 두 축인 통일성과 다양성 가운데 우선 통일성을 드러내는 데 초점을 맞추고 있다. 두 종교를 잇는 다리를 세워 연대성이 강화된

---

[22] 당시 서구에서는 기독교가 종교의 전부였다.

다면 반-종교 세력에 더 맞설 수 있는 시너지를 창출하면서 다른 종교들 사이 대화의 모델을 제공한다.

그 다리를 아베는 '비움'(공, kenosis, sunyata)에서 찾는다. 비움은 기독교에서는 신의 속성, 불교에서는 실체(진리)의 속성이라고 본다. 두 종교의 존재론과 인식론에서 핵심이 되는 개념으로 판단한다. 그것은 불교에서는 이미 논증되었지만, 기독교에서는 전혀 생소한 혁명적, 획기적인 주장이다. 그렇다고 성서적 근거가 없는 것은 아니다. 아베는 그 근거를 '빌립보서'에서 찾아냈다. 기독교 체제의 실질적인 건립자, 예수의 화신 격인 바울의 발언이다.

> "예수 그리스도 속에도 있었던 이 마음을 여러분도 가지라. 그리스도는
> 하나님(신)의 형상으로 존재하면서도 신과 동등한 존재로 여기지 않으시
> 고 스스로를 비워 하인의 형상을 취하여 인간과 닮게 만들었나니, 사람의
> 모습으로 나타나 스스로를 낮추고 죽음, 즉 십자가의 죽음까지도 순종
> 하셨느니라"(빌립보서 2:5-8).

이것이 왜 아베에게 가장 인상적이고 감동적인 성서 구절인가를 두 가지 이유로 설명한다. 첫째, 그리스도가 '신의 형상으로 존재'하였으면서도, 즉 신과 똑같은 신성을 가졌으면서도 자신을 비웠다는 사실이다. 나아가서 스스로를 낮추고 죽음에까지 순종하면서 독생자의 신분까지 완전히 포기했다. 둘째로 그리스도의 신분 포기는 신의 뜻을 거역한 인류에게 대한 자기-희생적인 사랑을 나타낸다. 독생자, 그리스도의 화육(비움), 죽음, 부활을 통해서 신은 분별적 정의를 넘어 무조건적인 사랑으로 신 자신을 보여준다.

그리스도의 비움을 둘러싸고 그것이 전체적이냐 부분적이냐는 신학 논쟁이 있는데 아베는 부분적이 아니고 완전하고 철저한 비움으로 이해한다. 그리고 '(신의) 형상'도 단순한 형태나 나타남이 아니고 본질 또는 실체를 의미한다. 따라서 그리스도의 비움은 단지 나타난 모습에서만 아니라 본질상으로도 탈바꿈을 의미하고 신의 아들(독생자)의 본질적이고 총체적인 자기-부정을 함의한다. 그리스도가 본래부터 하나님의 아들이었고 그다음에 스스로를 비우고 인간과 하나가 되었다기보다는, 아들로서 그리스도가 본질상 근본적으로 자기를 비운, 자기를 부정한 본성의 소유자로 이해해야 한다고 아베는 주장한다.

신의 아들은 동시에 참 사람이고 참 하나님이다. 자기-비움의 과정에서 인간이 된 것이 아니고 본래 자기-비움의 성품이 내장된 역동적인 신이다. 신의 아들은 요한복음에서 말하는 선재先在적 말씀(로고스)으로서 원래 자기를 비우는 존재이므로 화육化肉된다. 그는 바로 여기서(here), 바로 지금(now) 우리의 현존의 심층 속에서 자기를 비우는 신자神子로서 인식되어야 한다. 아베는 그리스도의 비움 이론을 다음과 같은 공식으로 표현한다.

하나님의 아들은 하나님의 아들이 아니다(왜냐면 그가 본질적으로 그리고 근본적으로 자기를 비우는 존재이기 때문이다): 엄밀히 말해서 그가 아들이 아니므로 그가 진정으로 아들인 것이다(왜냐면 그가 원래 그리고 항상 자기-비움의 구원적인 기능 속에서 그리스도, 구세주로서 일하기 때문이다).

아베는 밝히지 않지만, 이것은 바로 불교 공空 사상의 논리다. 공은 불교가 강조하는 지혜(반야)의 핵심이다. 그 사상 전통의 소산인 대승경전『반야경』시리즈의 축약판을 대표하는『금강(반야)경』전체를 일관하는 기본 논리가 그와 같은 형태다. 예를 들면 "(부처가) 말한 일체법一切法者은, 즉 일체법이 아니므로 일체법이라 이름한 것이니라"(所言一切法者 即非一切法 是故名一切法, 17장). '일체법' 대신에 '마음'(18장), '중생衆生'(21장) 등 다른 수많은 개념이 대입된다,

언어는 방편일 뿐 실체가 아니다. 유有와 무無, 시비是非, 긍정과 부정을 초월한다. 공관 사상의 건립자 용수(Nagarjuna)는 '공'을 중도中道로 말한다. 어중간한 중간이 아니라 두 차원을 초월한 경지를 가리킨다. 구태여 표현하자면 '진공묘유眞空妙有'다. 선·악, 너·나, 신·인간 이분법에 기초한 서구 철학과 신학으로는 도달할 수 없는 (초)논리이다. 아베는 그것을 기독교에 적용하여 성서를 새롭게 조명해준다. 열린 지식인이라면 불교에 눈을 뜰 수밖에 없지 않을까. 물론 그것을 타당한 해석 방식으로 채택하기까지는 개인적으로나 교리적으로 넘어야 할 장벽이 많다.

아베는 위 공식에 신학적 해설을 덧붙여 서구 학자들이 갈 길을 명쾌하게 안내한다. 그것은 한 개체에서 예수의 완전한 신성과 완전한 인성의 공존과 일치를 뜻하는 '동체성'(homoousia, consubstantiality) 교리와 연관된 문제다. 아베는 전통적으로 이해하듯이 단순히 두 본성의 '동체성'을 의미하는 것으로 보기보다는 자기-비움, 또는 자기-부정의 '한 가지 기능'이나 '불이不二의 기능'으로 봐야 한다고 주장한다. 역시 대승 공관에 충실한 해석이다. 동시에 힌두교 베단타 철학의 불이일원론不二一元論(advaita)을 연상시킨다.

하나님의 아들로서 그리스도의 본성 문제는 우리 자신의 실존적 문제인 인간의 자아를 떠나서 논의하는 것은 무의미하다. 그리스도가 되기 위해서 신자의 자기-비움이 부분적이 아니고 총체적이고 철저한 것이어야 하듯이 인간 자아의 자기-비움과 죽음 또한 부분적이 아닌 총체적이고 완전해야 된다. 그래야만 새로운 인간, 진정한 자아로 거듭나고 (바울을 따라) "내가 그리스도와 함께 십자가에 못 박혔나니 그런즉 이제는 내가 산 것이 아니요 오직 내 안에 그리스도께서 사신 것이라 이제 내가 육체 가운데 사는 것은 나를 사랑하사 나를 위하여 자기 몸을 버리신 하나님의 아들을 믿는 믿음 안에서 사는 것이라"(갈라디아서 2:20)고 고백할 수 있다. 매일, 여기서 지금 (here and now), 우리는 낡은 사람으로서 죽고 그리스도와 더불어 새사람으로 부활한다. 이 절대적 현재 속에서 "자아는 자아가 아니다. 바로 자아가 아니기 때문에 자아는 자아가 아니다"라고 말할 수 있다. '신자'의 경우처럼 인간 자아의 경우도 이렇게 공식화할 수 있다.

"자아는 자아가 아니다(낡은 자아가 그리스도와 더불어 십자가에 못 박혀야 하기 때문에). 바로 그것이 자아가 아니므로 자아는 참 자아다"(새로운 자아가 그리스도와 함께 부활하기 때문에).

불교 표현으로 '낡은 자아'는 '작은 나'(小我) 또는 '가짜 나'(假我), '참 자아'는 '큰 나'(大我) 또는 '참 나'(眞我)에 해당한다. 부처의 무아론의 전개 과정에서 파생된 개념들이다.

1) 신의 비움(kenosis)

아베는 신의 아들(그리스도)의 비움을 신(아버지) 자신의 비움과 어떤 관계인가를 중요하게 다룬다. 전자는 후자를 전제로 한다는 소신이다. 존재론적으로 아버지와 아들의 본성에 차이가 있을 수 없다. 기독교 신학은 일반적으로 신의 아들이 인간이 되지만 신은 신이 아닌 다른 위상으로 격하되지는 않는다는 입장이다. 한스 큉은 신약에서 두 개체(아들과 아버지)가 일관되게 복종의 관계로 구분되어 있고 아버지 하나님이 '십자가에 못 박힌 신'이 될 수는 없다고 말한다. 신약에는 신 자신의 성육신(아바타)에 대한 언급도 전혀 없다.

신의 비움을 두 종교 간 대화를 위한 중대한 쟁점으로 보는 아베는 그리스도의 비움이 신의 자기-비움에 근원하지 않는다는 데 대하여 아버지 하나님의 자기-비움 없이 아들(신자)의 자기-비움은 상상할 수 없다고 반론한다. 그리스도의 경우 비움은 신의 형태로 존재한 그리스도가 '자기 자신'을 비우고 하인(섬기는 자)의 형체를 취한 사실에서 실현된다. 그것은 그를 거역하는 죄인까지도 용서하려는 신의 의지와 사랑에 기원한다. 다행히 신의 비움을 뒷받침하는 신학적 전거를 아베는 가톨릭 신학자 칼 라너Karl Rahner의 기술에서 찾아냈다. 인용된 라너의 글은 이렇다.

> 신앙에 의해서 주어진 주요한 현상은 신의 자기-비움, 변화과정, 신 자신의 비움(kenosis)과 창생이다. 지속적이고 무한한 충만함 속에서 신이 자신을 비우는 한에 있어서는, 달라진 모습이 바로 신 자신의 실체가 되게 된다. 그 표현은 이미 어거스틴의 말속에 들어 있다. 즉, 신은 "창조함으로써 모습을 갖춘다." 그리고 또한 "모습을 갖춤으로써 창조한다." 즉, 신이 자신을 비움으로써 창조하고, 따라서 물론 그 자신이 비움의 과정에 있음을 보여준다(라너, 『기독교 신앙의 토대』, Cobb/Ives, 1990: 14).

다른 글 "신의 죽음으로서의 예수의 죽음"에서 라너는 예수의 죽음을 신의 죽음으로 강조한다.

> 만약 성육된 말씀(로고스)이 다만 그의 인간의 몸(실체)으로만 죽었다고 말한다면 그리고 만약 이것을 이 죽음은 따라서 신에게 영향을 미치지 않았다고 암묵적으로 이해한다면, 그것은 진실의 반쪽만 말한 것이다. …
> 예수의 죽음은 신의 자기-발언에 속한다(Cobb/Ives, 1990: 15).

아베는 예수의 자기-비움처럼 신의 자기-비움도 총체적인 것임을 강조한다. 비워진 신은 비워진 그리스도의 바탕이다. 심지어 신자의 자기-비움, 즉 그리스도의 비움의 과정에서조차 신이 되기를 멈추지 않은 신은 참다운 신이 아니다. 따라서 신에 대한 신앙에 관련하여 위에서 기술한 대로 다시 불교식 논법, 즉 공空의 논리로 표현된다. "신은 신이 아니다.[23] 바로 신이 자기-긍정의 신이 아니기 때문에 신은 진정으로 사랑의 신이다."[24]

이것은 비움이 신의 한 가지 속성이 아니라 신의 근본적인 성품임을 의미한다. 아베는 자기-비움의 신의 개념이 니체의 허무주의를 극복할 수 있다고 믿는다. 허무주의는 '신을 허무를 위하여 희생시킬' 필요성을 말하지만 자기를 비우는 신은 신 자신을 상대적 허무가 아니고 절대 무를 위하여 희생시킨다. 절대 무는 동시에 절대 존재이기도 하다. 오직 총체적 비움 속에서만 어느 것이나 용서되고

---

[23] 신은 사랑이고 완전히 자기를 비우기 때문에.
[24] 완전한 자기-부정을 통해서 신은 죄 있는 인간들을 포함하여 어떤 것과도 완전히 일치하기 때문에.

속죄되고 만족되며 신의 사랑이 완전하게 성취된다. 그래서 비움을 본성으로 갖는 신 개념은 기독교적인 신의 사랑 개념의 종교적 의의를 심화함으로서 니체의 극단적인 허무주의를 넘어선다.

완전한 자기-비움을 통해서 신은 심지어 자율적 이성을 갖고 신에게 맞서는 개인의 이기적 자아(ego-self)까지도 끌어안는 깊은 사랑을 나타내 준다고 믿어진다. 하지만 한 개인의 이기적 자아가 그 자체로 남아있는 한, 자기를 비우는 신은 진정 이해될 수 없다. 신에 대해서처럼 자아에 대해서도 똑같은 논리가 적용될 수 있다.

자아는 자아가 아니다. 자아가 아니라는 바로 그 까닭으로 자아는 진실로 자아인 것이다.

신이 자기-비움을 통해서 다른 무엇이 되는 것은 아니다. 되지 않고 무엇으로 존재한다.[25] 곧 그가, 곧 하나하나 그리고 모든 것이다. 그러나 아베는 그것이 범신론과 혼동하지 않기를 바란다. 비록 스피노자의 범신론은 신을 비인격적으로 모든 유한한 사물과 개체에 내재하는 것으로 설정하지만 아직도 신이 우리가 접근할 수 없는 속성을 갖고 초월적이라고 해석한다. 자기를 비우고 만물과 일치하는 신이 아니다. 완전히 자기를 비우는 신은 초월적이지도 내재적이지도 않고, 동시에 철저히 내재적이고 철저히 초월적이다.

그런 신은 단지 비인격적이지만은 않고 인격적이기도 하다. 완전한 자기-비움의 신 속에서 인격성과 비인격성이 역설적으로 일치

---

[25] 즉, 각개 사물과 모든 것과 하나가 된다.

한다.[26] 이러한 신 개념은 기독교의 일신론을 극복하여 불교와의 공통적인 토대를 기독교에 열어 준다. 기독교가 절대 무를 불교와 공유하는 것은 기독교의 자기 정체성을 잃도록 만드는 것이 아니고 기독교의 영성을 심화시켜 준다.

2) 역동적 공(sunyata)

지금까지 비움을 본질로 갖는 신의 정체성을 밝혔으므로 공의 역동적 본질을 살펴볼 차례다. 그것이 기독교와의 대화를 위한 기초를 마련하는 작업의 다른 반쪽이다. 기독교가 불교를 통해서 새롭게 해석되어야 하듯이 불교도 정태적인 개념의 틀에만 갇혀있을 수 없다. 기독교와 함께 미래의 종교를 선도하기 위해서 불교가 기독교에서 배워야 할 부분도 적지 않다.

아베는 '공'을 (철학의) '존재'(Being), (종교, 신학의) '신'(God) 같은 궁극적 실체 개념으로 간주한다.[27]

'비움'(공)은 '절대 무'를 함의할 수 있다. 공은 이성이나 의지로는 전혀 객관화, 개념화하거나 획득할 수 없으므로 어떤 '무엇'이라고 할 수 없다. 집착의 대상도 될 수 없다. '공'은 불공이다. 공은 모든 다

---

26 이원론적 분별을 초월한 완전한 비움, 절대 무, 또는 공의 경지에서 모든 것이 가능해진다.

27 다소 이론의 소지가 있는 주장이다. 대승불교에서는 달라진다고 할 수도 있지만, 실체는 석가모니의 깨달음에서는 철저히 부정 또는 유보되었기 때문이다. 공 개념을 처음으로 만들어낸 용수(Nagarjuna)도 절대 개념으로 삼았다고 보기는 어렵다. 다만 '법신', '진여' 등 대승불교의 다른 개념들과 같은 범주로 인식하는 과정에서, 거기에다 교토학파의 철학적 해석을 덧보태서 절대 개념처럼 사용하는 것으로 보인다.

른 것을 비울 뿐만 아니라 공 자체도 비운다. 그렇다고 허무주의적인 개념은 아니다. 주요한 대승 경전인 『반야심경』의 잘 알려진 문장 "색즉시공공즉시색色卽是空空卽是色"이 말하듯이 "형체가 곧 공이요, 공이 곧 형체다." '색즉시공'만이라면 허무일 수도 있지만, 뒤집어서 '공즉시색'은 그것을 부정한다. 더 나아가서 대승 전통에서는 직설적으로 '진공묘유眞空妙有'를 말한다. "참 비움이 곧 현묘한 있음"이다. 부정만으로 끝나지 않는다. 부정이 긍정으로 이끈다.

그 같은 취지를 중국 당 시대의 한 선사가 표현한 구절에서도 읽을 수 있다. 깨달음 속에서 이루어지는 의식변화가 기술된다. 처음에는 일상적인 의식 ① "산은 산이요 물은 물이다"가 일단 ② "산은 산이 아니고 물은 물이 아니다"로 바뀌고 그것이 다시 ③ "산은 (진정한) 산이요 물은 (진정한) 물이다"로 돌아온다(최근에는 조계종 종정이었던 성철 스님의 설법을 통해서도 널리 알려진 비유다. 성철 스님의 창작이 아니다). ②에서는 현상의 무실체성, 즉 비움(공함)과 (이분법적) 분별의 공함을 깨우치고, ③에서는 형체 없는 공함도 집착의 대상이 아니므로 그것조차 벗어나는 상태다. 그래서 "산은 바로 산은 산이 아니므로 참으로 산이 아니고, 물은 바로 물이 아니므로 참으로 물이 아니다."[28]

아베는 과거와 미래가 관심사가 아니고 '바로 여기서 지금'(here and now)이 중요하다고 거듭 밝힌다. 마지막 단계에서 완성된 완전한 깨달음은 일시에 일어나는 돈오頓悟일 수밖에 없다.

공이 허무가 아닌 것은 우회적으로 밝혀진다. 아베는 공을 부정

---

[28] 용수가 표현하듯이 "세속과 열반은 털끝만큼도 차이가 없다." 세속이 곧 열반이다. 성속일여(聖俗一如)다.

적인 '무아'를 넘어서 긍정적인 연기緣起, 중도 그리고 궁극적 실체를 가리키는 진여眞如, 법신불 등 대승불교의 개념과 일치시킨다. 공을 절대화(Sunyata, Emptiness)시켜 여기에 '그리스도'(Christ)처럼 구원론적인 도구로 삼는다.[29]

아베의 이러한 '공'관을 그가 요약한 '공'의 긍정적, 구원론적인 의미 다섯 가지 속에서 확인할 수 있다(Cobb/Ives, 1990: 29-32).

① '공' 속에서, 자·타, 인간·자연, 인간·신의 분별없이 모든 것이 '있는 그대로', '여여如如하게'(tathata, 진여 − '참 그렇게') 인식된다.[30]

② '공'은 어떤 특정한 고정된 중심이 없이 '막힘없는 열림'을 가리킨다. '자기중심주의', (기독교가 지향하는) '인간중심주의'나 '신중심주의'를 벗어난다.

③ '공'은 일본어(한자)로 '자연'으로 번역되는데 '있는 그대로', '자연스러움', '자발성'을 의미한다. 그것은 인간·자연, 인간·신의 분별 이전의 기본적인 원래 본질을 가리킨다.

④ '공' 속에서는 연기(상호-의존), 상호-침투(相入)만 아니라 사물의 상호-전환성(서로 뒤바꿀 수 있는 성질)이 충분히 인식된다, 시간(매 순간)과 역사가 처음과 끝으로 일시에 인식된다. 열반은 세속 가운데서 인식되고 세속은 그 무실체성이 인식될 때, 곧바로 열반으로 탈바꿈된다.

---

29 엄격하게 말하면 공은 원래 용수의 분석에서도 인식론적인 도구의 성격이 강한 개념으로 볼 수 있지만, 아베는 그보다는 존재론적인 실체 개념으로 인식한다. 서양철학 특히 하이데거의 영향을 받은 교토학파의 형이상학적 시각을 반영, 접목한 탓이다.

30 경전, 고전에서와는 달리 철학적 사유와 분석에서는 '자연'(self-so-ness)처럼 '진여'(such-ness)도 '…함'(-ness)을 붙인 추상 명사나 보통 명사처럼 다루어지는 경향이 강하다.

⑤ '공'은 지혜와 자비, 두 가지 특성을 갖는다. 지혜의 힘으로 만물이 아무런 차별 없이 진여와 자연 속에서 평등하게 인식된다. 공 속에서 지혜와 자비는 분리되지 않는다.[31]

3) 불교가 보완해야 할 점

아베는 이와 같은 특성을 가진 불교가 이와 동시에 기독교를 통해서 배우고 보완할 부분이 여러 가지 있다는 것을 인정한다. 그것은 존 캅을 비롯한 크리스천들이 지적, 비판하는 것이기도 하다(Cobb/Ives, 1990: 32-33).

① 만약 객관적이고 분석적인 분별을 넘어선 깨달음이 '공'에 본질적인 것이라면, 어떻게 현대 세계에서 아주 중요한 인간 이성과 지성(intellect)이 '공'의 맥락에서 작동할 수 있는가?

② 만약 선과 악, 옳음(是)과 그름(非) 사이의 분별을 포함한 가치판단이 완전히 상호적, 가역적이라면 어떻게 인간 윤리가 수립될 수 있는가? 특히 악의 문제는 진여와 자연의 인식 속에서 어떻게 이해해야 되는가?

③ 만약 과거와 미래가 완전히 상호침투하고 상호적이라면 역사가 어떻게 형성될 수 있는가? 어떻게 우리가 인간 역사의 방향과 목적을 이야기할 수 있는가?

요컨대 서구적, 기독교적 세계관과 가치관으로 볼 때 이성, 윤리, 역사에 대한 인식이 거의 없거나 취약하게 보인다는 비판이 가능하

---

31 앎과 행동이 일치하는 것, 즉 지행합일과 같다.

다. 이에 대해서 아베는 사실을 인지하면서 그럴 수밖에 없는 배경과 가치관의 차이를 설명하고 불교가 보완해 가야 한다고 응답한다. 이성의 문제에 대해서 아베는 불교에서는 이성이나 지적 사고능력은 사물을 분별하는 분별지로서 깨달음이나 지혜를 획득하기 위해서 극복되어야 하는 것으로 취급된다고 해명한다.

하지만 사고 자체가 완전히 부정되는 것은 아니다. 지혜 또는 '무-분별지'는 사고와 무-사고의 분별조차 넘어선다. 그것은 무-사고의 사고(nonthinking Think), 참 자아에 대한 깨침이다. 무-분별지는 그 역동적인 성격으로 말미암아 사고를 배제하지는 않는다. 대신에 사고와 무-사고를 초월하므로 둘 다 포함한다. 이성적, 사변적 사고를 포함할 수 있다. 그러나 그것은 잠재적으로만 그렇고 역사적으로 불교가 잠재성을 현실화하려는 노력을 기울이지 않았다. 그래서 불교는 서구에서 과학을 통해서 개발해 온 인간 이성의 창조적 가능성을 알지 못했다. 이 잠재력을 체험적으로, 실존적으로 현실화하는 것이 불교에 지워진 당면한 책무다.

이성을 (칸트가 말한) 순수한, 초월적인 또는 (헤겔이 말한) 변증법적 형태로 적절히 아우르고 그것을 생생하게 살아있는 유용한 인식 도구로 삼아 활용하는 것이 '공'을 역동적으로 파악하는 길이다. 아베는 이성의 문제만 아니라 '공'의 장場 속에서 기독교 개념들, 즉 자유의지, 악 그리고 인격적인 신의 문제가 불교도가 풀어야 할 과제라고 기술한다.

4) 신학자들의 반응

'공' 개념을 중심으로 불교와 기독교의 공통성을 찾으려는 아베의 접근법에 대하여 서구 학자들은 다소 자극과 충격을 느끼면서 긍정과 부정이 교차하는 비판적 수용의 태도를 보여준다. 특히 기독교 안에서 전개된 차원과 판이한 전혀 새로운 성서 해석을 둘러싸고 찬반 입장을 표명할 수밖에 없다. 어떻든 아베의 도전이 기독교 신학과 해석의 지평을 넓혀준 것은 분명하다. 응답자 가운데는 가톨릭의 한스 큉, 개신교의 위르겐 몰트만과 존 캅 등 선도적인 신학자들이 들어있다.

(1)한스 큉(Hans Küng)

한스 큉은 앞에서 거론한 대로 아베가 비움(kenosis)을 예수를 넘어 신 자체에 적용하는 데 대하여 비성서적이라고 반론한다. 예수와 신의 위상은 같다고 할 수 없다. 예수와 달리 신 자신이 자기-포기를 할 수 없다.

> 하나님은 인류의 구속(구원과 속죄)과 또한 예수의 자기-희생을 바란다. 그래도 아버지 하나님은 스스로가 아니고 다만 그의 아들을 포기한다. 그래서 십자가 위에서 돌아가신 것은 아버지 하나님이 아니고 인간 나사렛 예수다. 신 자신이 아니고 오직 예수가 신에 의해서 버림을 받는다 (Abe, 1995: 131).

아베는 이에 대해서 가톨릭 신학자 칼 라너와 개신교의 위르겐 몰트만의 해석을 들이 반박한다. 같은 성서를 두고 해석의 차이를 보여준다. 신, 예수, 인간의 본질적인 동질성을 내세운다. 각각의 완전한 비움을 통해서만 구원이 달성될 수 있다. 큉은 그의 논평("신의 자기-포기와 불교의 공: 마사오 아베에 대한 기독교적 응답")에서 이렇게 주장한다

마사오 아베의 기본적인 의도가 대화적임은 의심할 바 없다. 그는 기독교 본문에서 주요한 개념들을 격리시켜 그다음에 그것을 불교 맥락으로 이식시키고 있는데, 여기서 비움(kenosis) 개념을 단순히 윤리적, 지극한 겸손으로 이해하는 것이 아니고 존재론적인 비움, 신 자신의 비움으로, 궁극적으로 '공'으로 재조명된다. 이런 식으로 불교도로서 그는 이국적인 기독교 토양에서도 그 자신의 세계를 발견한다. 마치 기독교 저자들이 이전에 희랍이나 불교 본문에 대하여 기독교적 주석을 했듯이 아베도 기독교 본문의 불교적 주석을 내놓고 있다.

이에 대해서 아베는 (빌립보서에서 기술된) 비움이 신의 본래적인 본성임을 다시 내세운다. 신의 비움이나 스스로를 낮추는 자세는 성서에 여러 군데서도(고린도후서 8:9; 요한복음 3:13; 16:28; 17:5; 로마서 15:3 등) 발견된다. 신약을 관류하는 주체이다. 아베는 이러한 이해가 전통적인 기독교적 이해와는 다르겠지만 불교적 이해로 못 박는 것은 올바르지 않다고 말한다. 그것은 "신은 사랑이다"는 정의에서도 도출될 수 있다.

큉은 또한 '(오직) 하나의 무한 실체'인 신이 진정한 '궁극적 실체'

임을 내세운다. 아베는 불교가 일신론이나 일원론 그리고 범신론이나 다신론 또는 법신론도 아니고 그것을 다 넘어서는 것으로 그것들을 다 내포한다고 규정한다. 초월성과 내재성을 포괄한다는 점에서 범재신론汎在神論(panentheism)적인 구조로 본다. 큉은 또 '공'과의 대칭 개념으로 비움 대신 '충만'(pleroma)을 제안한다. 아베는 진정한 '충만'은 '공'을 통해서만 도달된다고 응답한다.

(2) 위르겐 몰트만(Juergen Moltmann)

독일 개신교 신학자 몰트만은 아베의 기독교 해석을 한스 큉보다 더 긍정적으로 평가한다. 몰트만도 그리스도와 신의 비움을 기독교 신앙의 중심 주제로 삼아오던 터여서 동양에서 뜻밖의 동지를 만난 격이었다. 그는 아베의 발표를 통해서 기독교와 불교의 상호 이해를 증진시켰을 뿐 아니라 분명한 차이 속에서 하나의 공통적 실체로 다가가게 되었다고 호평한다. 대화가 지향하는 상호 변화가 시작되지는 않았지만, 목표에 이르는 문이 활짝 열린 셈이다. 아베는 불교의 장점과 동시에 약점도 올바로 지적했다. 불교는 칸트의 의미에서 자율적인 인간 이성이라는 근대적 개념을 발전시키지 못했다. 책임 있는 인간의 개념도 창출하지 못했고 악의 도덕적 및 정치적 차원도 무시했다.

기독교적 관점에서 몰트만은 아베가 거론한 현대문명의 세 가지 문제를 보완하면서 당면과제를 구체적으로 해명한다. 니체 사상의 형이상학적인 허무주의가 오늘날 인류의 문제가 아니라 정치적 및 경제적 극단주의의 실천이 문제다. 이성, 과학, 형이상학적 허무주의가 특징인 현대 세계는 1) '제삼세계'의 비참을 야기시켜 매년 더 심회되고 있고, 2) 핵무기 테러 체제를 만들어 점점 더 강력한 전멸무기로 세계를 위협하며, 3) 생태적 위기를 초래하여 식물과 동물이 날로 더 멸종되고 치명적인 공해 문제를 일으켰다. 근대의 초입에 낙관적 희망은 사라지고 이제 인류의 '끝장'이 다가오는 형국이 되었다. 세계 전체의 사고와 행태가 바뀌지 않으면 인류의 종말은 피할 수 없는 상황에 처했다.

그것을 막는 변화를 일으키는 단초를 무엇보다 종교가 제공해야 한다. 이 문명의 탄생에 개입한 종교와 문화가 있었던 것이 사실이므로 인류와 자연의 생존을 위한 새 문명을 탐색해야 할 책무도 크다. 서구 종교와 문화에서 동양의 종교와 문화에 대한 관심이 일어나고 있는데 그것은 '현대' 문명의 모순의 비판과 모순의 화해 및 평화가 깃든 '근대 이후'(postmodern) 세계에 대한 탐구 과정에서 유발된 것이다. 특히 불교와 도교의 지혜에 대한 서양인의 관심은 문명에 지친 일부 '낙제생들'의 일만이 아니고 더 이상 죽음이 아닌 생명을 섬기는 새로운 문명을 추구하는 사람들의 관심이다.

아베와 공유하는 이러한 상황 인식 속에서 몰트만은 아베가 '비움'의 전거로 인용한 성서 본문을 신학자의 입장에서 나름으로 재해석한다. 주요 본문(빌립보서 2장)은 몰트만도 가장 선호하는 구절이라 밝힌다. 관심의 우연한 일치다. 몰트만은 아베의 주장을 '확인'하고 더 '심화'하여 정리한다(Cobb/Ives, 1990: 118-121).

① 그리스도의 자기-비움은 부분적이나 겉치레 비움이 아니고 그의 신성은 물론 신적인 형체까지 진정한 온통 비움이다.

② 그러나 십자가 위에서 죽음의 지점에까지 이른 이러한 자기 비움은 하나님에 대한 순종에서 일어났기 때문에 그와 동시에 하나님의 아들의 자기-실현(인식)도 또한 그 속에서 달성되었다고 해야 한다. 그것은 하나님의 아들 자신만이 성취할 수 있는 신의 적극적인 비움이다.

③ 그러나 만약 그의 자기-비움이 동시에 자기-실현(인식)이라면 그것은 그의 인위적인 행동에서 나온 것이 아니고 그의 영원한 존재성의 자발성에서 나온 것이다. 아베가 말한 대로 "하나님의 아들이 (인간으로) 화육化肉한 것은 그가 원래 자기-비움을 한 존재이기 때문이다."

④ 만약 이것이 옳다면 신의 존재 자체가 영원한 시점부터 자기-비움 이외에 다른 것이 아니었고 그 점에서 비이기적인 사랑이다. 신이 사랑임은 요한복음(3:16)과 요한일서(4:16)에 기록되어 있다. 신의 전체 존재가 사랑이다. 그것은 순종함으로 나타났다. 신의 사랑은 신의 자유이다.

⑤ 만약 사랑에서 나온 순종, 즉 비움이 행동만이 아니고 신의 본질과 실존이라면, 이것은 또한 기독교의 삼위일체 교리의 근본적 개념이 되어야 한다. 어거스틴 이래로 삼위일체와 신의 본질적 사랑은 병행하는 형태로 묘사되어 왔다. "당신이 사랑을 볼 때 삼위일체를 본다. 왜냐하면 셋은 사랑하는 이, 사랑받는 이 그리고 사랑이기 때문이다"(어거스틴)을 인용하면서 몰트만은 삼위일체 교리를 거듭 강조하고 해석한다.

그는 '사회적 삼위일체 교리'(1980)를 내놓았다. 그 단초를 요한복음(17:20-26)에서 찾으면서 이렇게 이해한다. "아들은 자신 자체로 존재하지 않고 전적으로 아버지 안에서 그의 비이기적인 사랑의 덕으로 존재한다. 아버지는 스스로 존재하지 않고 전적으로 아들 안에서 그의 비이기적인 사랑 덕으로 존재한다. 성령은 그 자체로 존재하지 않고 전적으로 아버지와 아들 안에서 존재한다. 그래서 세 위격은 본질적인 순종 덕에 다르지만 전적으로 하나이다." 셋은 '상호 의존하는 공동체'를 구성한다.[32] 구체적으로 이것은 무엇을 의미하는가. 아들이 십자가 위에서 죽음에 순종하는 것은 아버지의 신적 본질, 아들, 성령이 전적으로 타인을 위하여 순종하는 것이며 이런 식으로 오직 타인들 속에서만 자기-실현을 성취하는 것이다.

⑥ 삼위일체의 고전적인 공식은 위격(persons)은 셋이고 본질(substance)는 하나라 했지만, 몰트만은 "셋(위격)을 빼면 신적 본질은 남지 않는다"고 해석한다. "신적 '본질'은 다만 세 신적 위격의 공동체 속에서만 찾을 수 있으며 그것은 비이기적인, 순종하는 사랑이다." 이 점에서 삼위일체적 신의 신성은 비움이다. 여기서 몰트만은 아베와 갈라선다. 아베는 삼위일체를 '무'나 '영'처럼 보지만 그것은 형이상학적 실체 범주일 뿐 몰트만이 해석하는 사회적 삼위일체론의 상호-연관적 범주와는 다르다.

⑦ 신은 주제가 아니고 '신은 공동체'다. 그러므로 신적 위격들은 사람들의 기도를 위한 준거(準據)점만 아니라 그들의 공동체도 또한 사람들이 기도할 수 있는 현장, 공간 그리고 환경이다. 기독교의 기도는 신에 대한 지식처럼 삼위일체적인 구조를 갖는다. 즉, 성령의 힘 속에서 사람들은 아들을 통해서 아버지에게 기도한다.

---

32 마치 인간의 사회 공동체의 조형을 상징하는 것 같다.

⑧ 기독교인의 실존은 신 안에서의 실존이다. "사랑 속에 머무는 사람은 하나님 안에서 머무느니라"(요한일서 4:16). 여기서 신은 한스 큉이 주장하듯이 '주어'가 아니고, 아베가 제안하듯이 '술어'도 아니다. 신 속에 인간이 그리고 인간 속에 신이 상호 거한다. 요컨대 신은 자기를 버린(비이기적인) 사랑이다. 비움은 삼위일체적인 신의 신비다. 신의 비이기적 공감(empathy)이 모든 피조물의 상호 간 동정(sympathy)을 일깨운다.

⑨ 만약 우리가 이러한 사실에서 출발한다면 '신' 안에서 신의 피조물로서의 세계에 대한 새로운 이해에 도달한다. 불교 사상과 유대교-기독교 사상은 상호 간 다음과 같은 점에서 서로를 심화시킬 수 있다. 가) 창조의 의미는 이것이다: 존재하는 모든 것은 우연적이다. 나) 존재하는 어떤 것도 그 자체 속에 원인을 갖지 않는다. 원인은 다른 어떤 것에 있고 아무것도 스스로가 원인이 아니다. 다) 우연적이며 그 자체에서부터 존재할 수 없는 어떤 것도 존재의 기초를 다른 무엇 속에 가지고 있다. 모든 피조물은 상호 의존 속에서 존재한다. 삶은 타자와 더불어, 타자를 위하여 그리고 타자 속에서 존재한다는 것을 의미한다. 창조는 단일한 창조 공동체이다. 그것은 상호 동정의 공생적인 연결망이다. 나아가서, 라) 우리가 '피조물'이라 부르는 모든 관계와 모든 존재의 총합은 그 자체로 존재성을 가질 수 없고 다만 사랑인 신의 비움에 은혜를 입을 뿐이다. '피조물'은 신의 '작품'만이 아니라 또한 세상과 더불어 있는 신의 공동체를 의미한다. 마) 이러한 창조 신비와 함께 ―그리고 이러한 신의 신비도― '공'(sunyata)이 창조에 아주 가깝게 다가오는 것처럼 보이므로 크리스천은 불교도로부터 이러한 창조 공동체 속에서 어떻게 사는가를

배울 수 있다. 공 속에서 모든 사물의 공존적인 구조가 실현될 수 있다. 자기중심주의와 탐욕은 고통과 파멸의 단초이다. 이와 반대로 참다운 사랑은 다른 사람이나 존재들에 대하여 그들 자신을 위한 비이기적인 순종(항복)이다. 상호적인 '(자기를) 비우는 사랑'은 세계를 지탱한다. 비움(공)과 사랑이 만나고 있다. 그것은 곧 몰트만의 신학에서 불교와 기독교가 접목되고 있음을 보여준다.[33]

독일 신학자 몰트만의 사유와 사상을 비교적 자세하게 기술한 것은 그가 한국 신학계에도 잘 알려진 신학자로서 한국 크리스천의 관심을 끌 만한 내용이기 때문이다. 대화는커녕 불교와 기독교가 남남처럼 무관한 한국의 종교 상황에서 서구신학이 얼마나 앞으로 나아가고 있는가를 보여주는 사례가 큰 자극제가 될 수 있다. 신학과 종교적 차원에서만 아니라 세계가 당면한 정신적 위기와 과도기에서 이들이 보여주는 세계관, 문명관, 종교관이 얼마나 실제적인가를 잘 드러내고 있다. 신앙인이 아니라도 문명의 전환과 인류의 생존을 위해서 모두가 관심을 가져야 할 정보가 들어있다.

(3) 존 칍(John Cobb)

미국 쪽에서는 누구보다 존 칍이 기독교-불교 대화에 적극적으로

---

[33] 몰트만이 강조한 존재의 상호의존성은 불교의 연기(緣起)에 다름 아니다. 공은 연기와 맞물려 있다. 두 개념은 모든 현상과 존재가 독립적인 정체성(自性)이 없음을 나타낸다. 그는 창조 자체가 공동체 형태로 출발했다고 본다. 그러므로 공동체로 존재하는 것이 천리요 자연이다. 불교에서도 '승가'가 공동체이지만 그처럼 존재론적인 것은 아니고 수행공동체를 가리킨다. 기독교의 교회와 같은 신앙공동체다. 교회를 넘어서 몰트만은 사회와 세계공동체를 지향한다. 스미스 등 다원주의자가 지향하는 세계신학의 구조가 보인다. 사회와 역사에 취약한 불교가 주목해야 할 대목이다.

참여해 온 신학자로 꼽힌다. 캅은 종교 간 교류가 단순히 대화와 이해만 겨냥하는 단계를 넘어서서 상호 탈바꿈을 지향해야 한다고 주장하는 적극론자다. 기독교와는 신관·실체관, 종교 유형 등 여러 가지 면에서 대조되는 불교가 기독교에 변화를 줄 수 있는 가장 좋은 위치에 있다고 본다. 대화 참여자는 자기 신앙에 충실하고 철저한 입장을 가져야 좋은 결과를 가져온다고 믿는다.

캅은 아베가 불교인의 자세를 견지하면서도 더 나아가서 나름으로 기독교 신학의 작업에도 동참하는 진지한 탐구자의 태도를 보여주는 점에서 특별하다고 평가한다. 아베가 보여준 바 기독교가 필요로 하는 외부자의 새로운 접근은 단순히 외부자의 비판에 그치지 않는다. 두 종교가 위기에 빠진 세계와 낡은 종교를 바꾸는 공통 과제를 함께 수행하기 위해서 아베는 두 전통 사이의 피상적인 공통성을 찾기보다 양쪽을 심화시키는 방안을 찾고자 한다. 아베가 불교를 통해서 기독교의 선택적이지만 주요한 주제와 교리를 다루면서 기독교를 심화시킬 뿐만 아니라 기독교 이해를 통한 불교의 심화를 도모하고 있는 점이 캅의 주목을 끈다.

아베가 인정한 대로 불교가 취약한 세 가지 요소, 즉 ① 비판적 합리성 부재, ② 선악의 초월로 인한 윤리의 발전 부재, ③ 과거와 미래의 가역성(상호교환성)으로 인한 역사에 대한 관심의 약화에 대하여 캅은 전적으로 동의하면서 불교가 심화하고 보완할 필요성과 방안을 제시한다(Cobb/Ives, 1990: 92). 캅은 아베가 중시하는 '공'이 존재론적인 의미에 그치지 않고 현 세계의 구체적인 현실에 응답할 수 있어야 한다고 기대한다. 모든 결정과 분별을 제거하는 도구로만 보는 데 캅은 설득되지 않는다. 기독교가 비판하는 불교의 문제점에 대한 아베의 해명과 변화 목표에 캅은 성이 차지 않고 더 적극적인 보완과 변화를 요구한디. 그것이 인류의 발전과 생존을 위해서 불교가 기독교와 공통 기반을 구축하는 길이다.

이성의 문제에 대해서 불교는 인식론적인 한계를 강조한다. 깨달음은 초이성적 인식에 속한다. 아베가 지적한 대로 기독교도 (철학과 달리) 이성의 문제를 안고 있다. 인간 이성이 (기독교가 강조하는) 신의 계시와 갈등하기 때문이다. 신적 권위와 교리에서 자유로운 불교가 그 점에서 기독교에 큰 매력을 준다. 그러한 자유가 불교와의 대화에서 기독교가 얻을 수 있는 가장 큰 소득이 된다. 하지만 불교는 비판적 이성을 긍정적으로 활용하는 대신 이성적 사고 구조의 신뢰 불가능성과 개념에 대한 집착에서 벗어나는 것에만 초점을 맞춰 왔다. 과학의 진보를 겁낼 것도 없지만 그것을 지지하지 못했다. 서구의 이원론적 그리고 실체론적 세계관을 대치할 비교적 적합한 세계관이 구축되도록 역할을 하지 못했다(Cobb/Ives, 1990: 98).

모든 것이 상호 침투한다는 이치(연기론)만으로는 자연과학과 사회과학의 통찰을 반영한 우주관의 전개를 촉진할 수 없었다. 종교적으로는 이분법적 분별을 지양해야 하더라도 상대적 세계에서 무분별이 전부일 수는 없다. 유대인 대학살(holocaust) 같은 역사적 사건에 대한 구체적인 원인 분석을 전개하지 못하는 종교나 철학이 인간 구원을 이야기할 수 있는가. 어떤 것이 특수성과 보편성을 다 안고 있다고 해서 독특한 상황 속에 특수한 것이 무엇인지 비판적으로 설명할 수 없다면 분별없는 인간이 된다. 공에 대한 집착, 즉 공집空執처럼 무분별에 집착하지 않는 분별성은 있어야 한다. 영성을 추구하는 영적 삶에서 순발성과 직접성만 강조된다면 비판적 분별이 차지할 자리가 없다.

아베는 불교적 사유를 사고와 불不-사유(not thinking)를 초월하는 무-사고(nonthinking)로 규정한다. 그것은 '사유하는 주체와 사유 대상 사이의 분리 이전의 원초적 사유'이다. 크리스천은 불교도로부터 주체-객체 분리와 사물의 상호연관성을 배워야 한다. 아베는 불교의 큰 약점 한 가지가 과학적인 탐구를 고무하지 못한 것임을 인정한다. 서구에서 발전된 몇 가지 사유 형식이 불교에 유용할 수 있다고 본다. 그러나 불교가 서구에서 채용할 만한 이성의 형태를 이야기하면서 아베가 칸트의 초월적 순수 이성과 헤겔의 변증법적 자기-부정의 이성만 언급하고 있는 것은 문제가 있다. 왜냐면 칸트의 저술 『순수 이성 비판』에서 철학과 자연과학의 분리가 시작되었기 때문이다. 불교는 이러한 형태의 이분법과 사고의 단편斷片화를 저항해야 하는 사상 전통이 아닌가.

불교는 또한 칸트와 헤겔이 대표하는 관념론의 인간중심주의를 배격해야 하는 입장에 선다. 그런데 아베는 겉으로는 거부하면서 속으로는 관념론의 맥락에서 자연보다 인간을 우선하는 시각을 보여준다. 지금 서구가 (자연 파괴를 낳은) 인간중심주의를 벗어나려고 동양을 바라보는 상황에서 이것은 불교 전통과 시대에 역행하는 입장이다. 캅은 서구가 동양에 수출한 이분법과 인간중심 가치관에 저항하는 반론을 불교가 강력하게 펴기를 희망한다.

불교는 나름의 독특하고 심오한 실체관을 갖고 있다. 나와 만물의 현존이 다른 모든 것과 연결되어있다는 이치(연기론)가 핵심이다.[34] 나는 존재하지 않으며 다만 관계 속에서 그리고 행동 속에서 존재하고 그 점에서 나는 다른 어떤 것과도 다르지 않다. 이러한 관점의 의미는 방대하다. 만약 생각을 철저히 한다면 그것은 서양 윤리와 자연 및 사회과학을 탈바꿈시킬 수 있다. 그러나 먼저 불교인의 철저한 사고가 필수적이다. 이것은 불교 사상가들이 개체(실체)들 간의 차이와 그들 사이의 관계의 유형을 분간하는 노력을 자발적으로 기울일 때까지는 일어나지 않을 것이라는 것이 캅의 진단이다.

캅이 보기에 불교의 가장 심각한 문제는 (이분법적) 분별의 부정에 대한 집착이다. 분별 부정은 집착을 끊는 방법으로 확인되었으나 이제는 그 자체가 새로운 집착이 된 듯 보인다.[35] 그래서 캅은 아베가 밝힌 '무-사고'(nonthinking)의 형태처럼 분별도 주체와 객체 사이의 반대 이전의 원초적인 분별로 이해하면 어떻겠느냐고 제안한다. 그래서 분별이 장려되고 개발되어 불교가 자유롭게 역량에 맞는 엄청난 기여를 할 수 있을 것이라 본다. 불교인 자신들이 보기 힘든 측면을 지적하는 다원주의 신학자의 솔직한 견해다. 캅은 불교가 갖는 고유한 놀라운 잠재력을 더 발휘해 주기를 호소한다.[36]

윤리와 역사의 문제에서도 캅은 날카로운 분석을 내놓는다. 윤리와 역사는 연관되어 있다. 유대인 학살 같은 역사적 사건에서 윤리의 문제를 깊이 짚어볼 수 있다. 아베가 제시한 불교는 현실과 역사에 대한 인식에서 취약하다. 불교가 일반적인 보편성을 강조하는 만큼 구체적인 특수성이 소홀해진다. 잘못하면 형이상학적 이해에 머물고 말 수 있다.[37] 캅은 예로 불교가 중시하는 '고통'을 든다. 아프

---

34 연기는 '공'과 묶여있다. '무아'론이 의미하듯 독립적인 나의 실체는 비었고 다만 관계망이 있을 뿐이다.

35 너무 두루뭉술하거나 무분별한 인식으로 착각하는 것을 경계한다.

36 오랜 전통의 틀 속에 안주하고 있는 불교인 특히 불교 연구자들이 깊이 새겨들어야 할 관찰이다.

리카에 만연한 기아의 현장을 외면하고 종교가 자기 일만 할 수 있는가? 기독교 선교사라도 당장 주민들이 굶주리고 있는 현장에서 식량을 제공하는 노력은 하지 않고 개종시키려고 전도만 할 생각은 하지 않을 것이라고 단정한다.[38]

사실 고통은 석가모니의 깨달음이 집약된 '사성제'(苦集滅道)에서 중요한 단초가 되는 개념이다. 왕자로서 성안에 갇혀 자라다가 어느 날 성문 밖에 나가서 늙은이, 병자, 상여, 수행자(사문)의 모습을 보고 삶이 고통임을 확인하고 출가하여 6년 고행의 길을 걷게 된다. 그것을 깨달음 속에서 통찰하고 생로병사를 포함하여 여덟 가지 고통(八苦)으로 집약하면서 일체가 다 고통임을 설파했다. 캅이 보기에 불교가 고통으로 가득 찬 인간의 현실과 역사를 외면 또는 소홀히 하고 깨달음 자체의 성취에만 집착하는 것이 안타깝다.

캅은 (불교의 이해에서 그가 크게 의존하는) 아베도 불교의 한계를 인정하면서도 전통의 울타리를 크게 벗어나지는 못하고 있음을 지적한다. 아베는 "깨달은 자의 임무는 이들 깨닫지 못한 사람들을 그들의 실체와 연기의 이치를 깨닫게 도와주는 것"이라고 하는데 이것은 크리스천이 다른 사람들을 그리스도의 신앙으로 이끄는 소명을 느끼는 것과 같다. 그러나 불교도들도 크리스천처럼 다른 방식으로도 고통의 해소에 대하여 이야기해 왔다. 대체로 크리스천들은 굶주린 사람에게 만약 자신들이 그 사람에게 먹을 것을 줄 힘이 있는데도 하지 않고 그리스도를 설교하는 것은 신을 모독하는 것으로 간주

---

[37] 아베는 불교가 '여기 지금'을 강조한다고 주장하지만, 그것도 인식의 차원에서만 맴돌 수 있다.

[38] 그런 곳에서 승려가 탁발할 수 있겠는가?

할 터인데, 불교도들도 깨친 사람이 이런 식으로 자비심을 보여주리라고 기대할 것이다.

하지만 크리스천의 시각에서 또 한 가지 단계가 필요하다. 자발적인 자비행과 병행하여 우리는 무엇이 그와 같은 고통으로 이끌었으며 그 경감을 위해서 어떤 기여를 해야 하는지 이해하고 고민할 필요가 있다. 기아의 경우에 이 고민은 인간의 죄악성에 대한 일반적인 질문은 물론 식품의 생산과 분배의 분석으로 우리를 이끌 것이다(정치제도, 경제제도에 대한 비판적 접근이 요구된다). 분별심의 제거와 순수한 자발성을 강조하는 불교는 이러한 접근과 실천은 관심 밖인 것처럼 보인다.

하나하나의 사물이 다 다른 모든 것과 연결되어 있다는 연기의 이치는 불교의 가장 뛰어난 공헌이라 할 수 있다. 그렇다고 모든 것이 무분별하게 동등한 역할을 한다고 해석할 필요는 없다. 불교가 만물의 보편성에 대한 인식을 촉구하는 것에만 전심한 나머지 사물 하나하나의 특수성에도 같은 비중을 줄 수는 없는 것인가? 그와 반대로 캅은 불교의 가르침이 다분히 그렇다고 본다. 깨달음은 전적으로 특수한 것에 대한 열림이다.[39]

불교의 수행과 실천에서 가장 중요한 두 가지 목표는 지혜(반야, prajna)와 자비(karuna)인데 바로 이 두 가지가 윤리와 역사에 대한 관심에 걸림돌이 된다. 문제는 두 가지가 분리되기가 힘들거나 불가능하다는 데 있다. 깨달음의 원인 또는 결과인 지혜가 자기를 위한 것이라면 자비는 이타적인 것이다. 자신이 깨닫고 나서 남을 깨닫게

---

[39] 아베가 인용한 "산은 산이요 물은 물이다"의 비유가 캅의 해석을 뒷받침한다.

도와주는 것이 자비다. 그래서 두 가지가 묶여있다는 것이다(남녀의 관계처럼 밀접하다). 아베도 불교가 역사의식이 약한 것은 그 때문임을 인정하고 따라서 역사의식을 주입, 강화하는 방법은 지혜와 자비를 분리하는 것이라고 본다. 깨달음, 즉 '공'의 인식에서는 과거와 미래가 연기적 관계로 상호-침투적이라 떼어놓을 수 없지만, 자비가 행해지는 영역을 미래로 분별하면 역사가 형성된다는 것이다.

아베의 제안에 대하여 캅은 그것은 불가능한 일이라고 판단한다. 미래를 관계망에서 분리하는 것은 궁극적으로 올바르지 않다. 또한 자비가 오직 타자를 일깨우는 일로 규정되어 있고, 그것은 어느 때 어느 곳에서나 똑같을 것이므로 역사적인 정황이 영향을 미칠 여지가 없다. 캅은 불교의 역사관이 약하게 보일 이유가 없다고 본다. 역사 인식에 걸림돌이 되는 과거와 미래의 가역성을 고집할 필요가 없다는 것이다. 그것은 시작도 끝도 없는 시간의 성격에서 귀결되는 것도 아니다. 그것은 불필요하게 보이는 형이상학적 교리에 대한 집착에서 나온 것이다.[40] 여기서 또 문제는 자비의 대상을 깨달음에 국한시킨다는 것이다. 그 영역을 확대해야 캅의 기준에 도달할 수 있다. 자비의 원래 의미는 '행복을 가져다주고 고통을 없애 주는 것'(與樂拔苦)이므로 꼭 깨달음에 한정시킬 필요는 없어진다.

또 하나의 문제는 보살이 먼저 깨닫고 나서 타인을 깨닫도록 도

---

[40] 석가도 우주의 무한성 여부와 같은 형이상학적 질문에 대한 논의를 불필요하다고 내쳤다. 다른 해석을 시도해보자. 그것은 일단 지혜와 자비의 순서에 관련된 문제다. 자비의 강조는 대승불교에 와서 두드러진다. 보살 사상과 관련된다. 보살은 부처가 되기 전의 수준에 이른 수행자를 가리키는데 자기의 깨달음보다 타인의 깨달음을 앞세운 자비로운 존재다. 그래서 보살 수행의 목표는 '위로는 깨달음을 구하고 아래로는 중생을 교화하는 것'(上求菩提下化衆生)으로 표현된다.

울 수 있다는 점이다. 깨달음이 평생 달성되기도 힘들고 드문 일인데 얼마나 많은 보살이 언제 자비를 발휘할 수 있겠는가. 깨달은 자, 즉 부처나 가능한 일이다. 그것은 달성하기 힘든 이상일 뿐이다. 그것을 선후 관계, 즉 순서로 보기보다는 동시적 관계로 해석하는 것이 맞다. 완성된 지혜를 얻기보다는 얻은 만큼, 나아간 만큼 자비를 실천한다고 봐야 한다. 문맥상으로도 "위로는 보리(깨달음)를 구하자"는 것이지 다 구했다는 것이 아니다. 동시적인 실천이라야 현실성이 있다. 순차적이라면 실천할 자는 극히 소수일 것이다.

이와 비슷한 문제를 유교에서도 마주친다. 유교 경전(대학)에서 제시한 실천수행의 공식(팔조목)인 (격물치지格物致知 성의정심誠意正心) '수신제가修身齊家 치국평천하治國平天下'도 그런 식으로 해석할 수 있다. 전통적인 해석은 "수신하고 제가해야 치국하고 평천하할 수 있다"고 순차적인 단계로 해석하지만, 함석헌은 역순으로 해석했다. 지금은 국제평화(평천하)가 먼저 이루어져야 치국도 가능하고 개인의 수신과 가정평화도 이루어질 수 있는 시대라는 것이다. 세계화 시대에 맞는 일리 있는 해석이다. 그러나 필자는 수신제가와 치국평천하는 동시에 이루어진다고 본다. 개인의 수행과 치국 및 평천하는 함께 추구해야 할 목표다. 개인들이 달라진 만큼 나라와 세계도 달라진다. 지도자의 수준은 국민 전체의 평균 수준이다.[41]

불교의 취약한 윤리관과 역사관을 놓고 캅은 또 한 가지 방안을 제시한다. 그것은 자비의 실천영역을 확대하는 것이다. 자비가 보편적이고 불변하는 세상 모습, 즉 항상 많은 깨치지 못한 사람들이 존

---

41 거짓말을 일삼는 미국 대통령도 돌출 인물이 아니다. 미국인의 대표다. 미국인의 정치의식, 윤리의식을 반영한다.

재한다는 사실에만 자체를 국한시킬 필요가 없다는 것이다. 자비는 그 대신에 유대인들의 특수한 열악한 처지나 아프리카에서의 반복되는 기근의 위협에 초점을 맞출 수 있다. 우리가 오늘날 세계의 상황에 대하여 더 구체적으로 관심을 갖지 않으면 깨쳤건 못 깨쳤건 어떤 사람도 내일은 존재하지 않을지도 모른다. 자기 파멸의 수단이 지금 깨치지 못한 사람들의 손에 쥐어져 있다는 명백한 사실에 대처할 만한 실천방안이 불교의 가르침 속에 없는 것이 문제다. 불교가 연기적인 상호 의존과 상호침투라는 일반적 사실에만 관심을 국한시킬 필요가 없다. 캅은 이러한 실존적 관계망 속에서 무엇이 가장 중요한가 하는 특수한 사실에 관심을 자유롭게 기울일 수 있기를 바란다. 인류 생존의 위기 앞에서 종교가 위주로 삼는 것이 깨달음이건 신앙이건 낡은 전통의 틀 속에서 안주하고 있을 수 있는가? 묻는다.

이 두 종교 간 대화의 담론에서 종교 특히 기독교와 불교가 당면한 현실 문제에 대하여 어떻게 응답, 대처할 수 있는가를 시험하는 문제가 제시되었다. 그것은 유대인 학살 사례다. 이것은 2천 년간 누적된 두 종교 간 오해와 갈등의 폭발이었다. 물론 여기에 민족차별까지 겹쳐 복합적인 문제로 발전되었지만, 차별과 갈등의 발단은 예수의 존재에 대한 인식을 둘러싼 종교적 인식에서 온 것이었다. 그러므로 이 문제야말로 다원주의적 접근으로만 근원적으로 해결될 수 있는 문제다. 그 맥락에서 예루살렘의 문제도 해소될 수 있다. 예루살렘은 유대교와 기독교만 아니라 이슬람의 성지로도 주장되는 곳이다.

좌충우돌하는 미국의 전 대통령(트럼프)이 이곳을 이스라엘의 수도로 인정하고 대사관을 옮기겠다고 공언하여 분쟁의 또 다른 불씨가 되기도 했다. 종교에 대한 객관적인 기본 지식을 갖추지 못한 지도자가 얼마나 위험한지를 증명한다. 엄청난 희생을 치른 이라크전쟁도 이슬람을 사탄의 종교로 인식한 부시 대통령이 일으킨 사건이었다. 예루살렘은 세 종교 세력이 합의하는 방안으로만 항구적으로 해결될 문제다. 일종의 공동관리 형식이 될 수밖에 없을지 모른다. 그러려면 다각적인 종교 간 대화가 선행되어야 한다. 뿌리가 같은 세 종교를 일종의 삼위일체적인 관계로 해석하지 않는다면 다른 대안을 찾기는 쉽지 않을 것이다. 이들은 기독교와 불교 간 대화에서 상호 이해와 변화의 원리를 배울 수 있다.

'종교의 윤리관 및 역사관' 과목의 시험문제로 출제된 홀로코스트를 불교의 입장에서 아베가 어떻게 응답하고 있는가. 그리고 캅은 어떻게 평가하는가. 아베는 이 역사적 사건의 근원을 업장(카르마) 개념으로 설명한다. 일반적으로 카르마는 개인적인 차원에 적용되는데 이 경우에 아베는 '집합적 업장'(collective karma)으로 표현한다. 전통적 해석에서 한 걸음 더 나아간 입장이다. 업은 윤회의 원인으로 작동한다. 현생의 나는 전생의 업의 결과이다. 업을 숙명론적인 개념으로 이해하는 것은 옳지 않다고 지적한다. 현세에서 행동을 자기 의지대로 할 수 있으므로 내세에 받을 업을 스스로 결정하는 결과가 되기 때문이다. 기독교에서 원죄 개념이 있지만, 신에게서 부여받은 자유의지가 차지하는 공간이 있는 것과 같다.

그러한 맥락에서 보면 유대인 대학살은 유대 민족, 독일 민족의 집단적 카르마이며 공동 책임이다. 나아가서 크리스천 전체, 인류 전체로까지 확대된다. 연기론의 시각에서도 어떤 인간도 벗어날 수 없는 인과응보다. 아베도 비록 상대적으로 (직접) 관련은 없지만, 그 같은 사건은 동정적이고 집합적인 카르마의 맥락에서 나 자신의 책임 문제로 파악해야 한다고 말한다. 인과응보라는 점에서 보자면 집단적 카르마는 윤회의 단초인 근본적인 무지(무명)에서 말미암은 것임으로, 그것을 인식하는 근본적인 깨달음을 통해서 그러한 참사가 극복될 수 있다고 진단한다.

아베는 홀로코스트를 인본주의자처럼 사회정의의 차원에서 판단하거나 종교적으로 유신론적인 입장에서 신적인 정의의 잣대로 재단하는 것도 이 사건과 올바로 씨름하는 기초가 될 수 없다고 본다.[42] '정의'와 '부정의'로 편을 가르는 판단은 끝없는 갈등과 싸움을 초래할 뿐이라는 것이다. 아베는 아우슈비츠 대학살은 불교적으로, 즉 인간의 연기적 관계에 대한 근본적인 인식에서만 근본적으로 파악, 극복될 수 있음을 역설한다. 악행을 우리 자신의 행업과 분리된 절대적 악으로서 파악하는 것은 더 많은 카르마를 축적하는 악순환으로 몰아가는 일이라고 말한다. '사고思考 자체의 파열'인 사건을 유신론적인 관점에서만 해답을 찾으려는 것은 많은 문제를 안고 있다고 본다.

아베의 분석에 대한 존 캅의 반응은 양면적이다. 아베의 분석에 올바르게 보이는 점이 많다. 그것은 나치만의 책임이 아니고 인류 전체가 져야 할 집단적 책임이 달린 일이다. 근원적으로 크리스천이 말하는 원죄 같은 인간 상황에서 일어났다. 우리가 서로 그리고 만물과 연계되어 있음을 깨닫는 것이 무엇보다 중요하다는 것이 아베 분석의 요지다. 그러나 이러한 일반론적인 견해만으로는 완전히 해

---

[42] '정의의 하나님' 관념을 설정하지 않은 불교로서는 그럴 수밖에 없다.

소될 수 있는 문제가 아니다. 다른 수준의 분석도 똑같이 원죄와 무지는 항상 우리에게 있어 온 문제다. 홀로코스트 같은 특수한 사건은 특별한 설명을 요구한다. 존재의 상호관계성이 그것을 대치할 수 없다.

칸 자신은 미국인으로 그리고 크리스천으로서 죄책감을 느낀다. 미국 시민으로서는 미국 정부가 유대인 난민에게 문을 여는 것을 거부한 것에 유감을 갖는다. 미국 사회에 팽배한 반-유대 정서가 그러한 정책에 기여했다. 그는 신약성서 자체의 가르침을 포함하여 기독교의 가르침이 나치의 계획과 그 성공에 주요한 기여를 했다고 판단한다.[43] 유대인 학살에 대한 아베의 반응은 깨달음을 모두에게 가져다주는 노력을 새롭게 하는 것이다. 이것은 각자의 영혼을 구원함으로써 사회적인 문제들이 해결될 것이라는 경건주의자의 견해와 유사하다고 할 수밖에 없다. 이와는 반대로 대다수의 생각 있는 크리스천들은 크리스천의 실천이 반-유대주의를 생성하지 않도록 기독교의 가르침을 바꿀 필요가 있다는 것을 믿는다.

홀로코스트에 대한 아베의 반응에는 특수한 역사적 방책이 없다는 사실은 일본과 불교가 이 사건에 훨씬 덜 직접 개입했다는 점을 반영한다. 그렇지만 크리스천의 견지에서는 더 개입했어야 한다고 느낀다. 일본은 나치 독일의 동맹국이었다. 그러나 나치 정책에 항의하거나 변화시키려고 영향력을 행사하지 않았다. 일본의 불교도들은 일반적으로 정부 정책과 분리되지 않았다. 그것은 직간접으로 나치 정책을 지지한 셈이 된다. 불교는 신도들이 홀로코스트 같은

---

[43] 신학자로서 성서의 비판은 상상하기 힘든 일이다. 칸이 얼마나 열린 신학자인가를 말해 준다.

구체적인 역사적 사건에 개입하는 것으로부터 거리를 두라는 가르침을 포함하고 있는 것으로 보인다. 아베가 권고하는 초역사적인 반응은 캅이 선호하는 역사적인 반응과 대조된다. 그것이 불교의 입장이라면 불교가 종교로서 부적절한 모습이라고 하는 것이 캅의 판단이다.[44]

　바로 그 사실을 몰트만이 정확하게 짚어냈다. 그는 아베가 시도한 업장(카르마) 개념에 의한 해석을 받아들이기 전에 신의 정의의 견지에서 봐야 한다고 본다. 죄책감을 언제까지고 지고 갈 수는 없다. 신은 가해자가 희생자를 이기도록 놔두지는 않을 것이다. 그에 따라서 독일 개신교회는 1945년 '죄의 고백'을 발간했다. 일본 개신교회(교단)는 일본의 제국주의와 중국에서 일어난 학살에 대한 죄의 고백을 2차 대전 종전 후 20년이 지나서 발간했다. 몰트만은 만약 우리가 이러한 과거와 타협하려면 그와 같은 고백 말고는 다른 수가 없다고 본다.

　두 나라가 저지른 전쟁 범죄와 죄악을 두고 나타난 후속 처리 방식이 극명하게 대조된다. 국민 의식 수준과 종교의식이 겹쳐서 나온 결과다. 일본의 주요 종교인 불교는 사회적 역할을 보여주지 못했다. 아베가 가장 진보된 지식인, 종교인이지만 아직도 추상적인 인식에 머물러 있는 셈이다. 정치와 종교의 유기적 관계가 수립되지

---

44 이 맥락에서 연상되는 것은 일본이 제국주의 시대에 한국을 비롯한 아시아 국가들에서 저지른 잔악 행위에 대하여 어떻게 반응하고 조치했는가 하는 것이다. 적절한 사과와 보상이 이루어졌는가. 그 과정에서 종교 특히 불교가 조직적으로 어떻게 참여했는가가 관심이다. 아마 캅의 판단처럼 아무런 비판적 견해나 요구도 없었으리라 본다. 근래 한일 간 외교 문제를 넘어 국제적 화제가 된 위안부 문제에 대한 발언이나 소견이 전혀 없는 사실이 그 증거다. 오히려 소수 종교인 기독교는 참여했을 만하다.

않았다. 그가 채택한 선불교와 정토신앙 어느 쪽도 사회적 실천이나 사회정의와 접속되지 않는다. 시대가 바뀐 환경에서 아직 깨달음이 소승적, 개인주의적 수준에 머물러 있다. 불교의 서양 전파에 일찍부터 주축 역할을 한 일본불교가 선교에만 전심하고 서양 종교에서 배워야 할 사회적 실천은 흡수하지 못한 것이다. 비록 타종교에서 배우지 못했더라도 일본불교가 속한 대승불교의 보살 정신에 충실하기만 해도 기독교와의 접촉점은 확대될 수 있다. 아베가 참여한 두 종교 간 대화의 장이 불교만이 아니라 불교 자체의 탈바꿈에 기여하는 계기가 될 만하다. 체제에 순응하는 측면이 강한 호국불교의 전통과 기복주의 신앙이 지배해 온 한국불교도 (한국 신학과 더불어) 서구에 신학계의 대화 담론에 주목해야 할 필요가 있다. 여기에 대화의 의의와 내용을 비교적 상세하게 기술한 이유의 하나다.

5. 틱 낫한

위에서 다룬 인물들은 대체로 학술적인 연구자들이었다. 물론 신학자들은 신앙을 강조하고 실천하는 위치에 있으면서 사제(목사, 신부)직을 겸하기도 한다. 여기서 다루는 인물은 학자가 아닌 널리 알려진 불교 승려이다. 그렇더라도 그는 학자에 못지않은 깊은 연구와 저술을 해 왔다. 『반야심경』, 『금강경』, 『법화경』 등 중요한 불교 경전을 해설한 저술들이 쏟아져 나왔다. 단순한 문의적인 해설이 아니라 현대적인 해석으로 학자들도 주목해야 할 것들이다. 그가 탁상 공론이 아닌 실천의 차원에서 타종교에 접근하고 있다는 점에 각별한 의미가 있다.

타종교 가운데도 그는 특히 기독교에 큰 관심을 쏟는 편이다. 그것은 승려로서 그가 월남전이 진행되는 시점에서 평화운동을 하다가 1960년대 후반 이후 서방에 망명한 처지에서 평화운동과 불교 보급에 바치고 있는 입장과 관련이 있다. 그에게는 불교 전파가 곧 평화운동이었다. 기독교가 유일한 종교로 뿌리박은 서양에서 만난 사람들이 대개 크리스천 배경을 가진 서양인이므로 불교를 이해시키기 위해서도 기독교와 대조하여 설법하는 것이 효율적이고 자연스러울 것은 당연한 일이다. 그 과정에서 그 자신도 기독교와 예수에 대한 이해를 넓혀가면서 불교와 기독교가 근원에서 만난다는 인식에 당도했다. 다원주의를 직접 말하지 않더라도 다원주의를 몸으로 실천하는 충실한 불교도, 불교 승려다.

불교의 메신저로서, 종교수행자로서 틱 낫 한이 서양과 세계에 끼친 영향은 어림하기 힘들 정도로 크다. 종합적인 영향력에서 세계에 잘 알려진 티베트불교의 지도자 달라이 라마에 못지않다고 평가된다. 그는 명상수행이나 교리 해설에 그치지 않고 실천과 참여를 강조하는 점에서 특출하다. 자신이 사회참여와 평화운동에 전심하다가 망명 생활까지 하게 되고 월남 통일 이후에도 수년 전까지 귀국할 수 없었다. 월남에서 그는 참여 불교 연대를 만들어 적극적인 참여 운동을 전개했다. 그의 뜻을 받든 참여 불교 국제기구가 조직되어 현재 활동 중이다.

인류 평화를 위한 틱 낫 한의 모범적인 공헌을 크게 인정한 미국 민권 운동가 마르틴 루터 킹은 그를 노벨평화상 후보로 추천했다. 그 추천사에서 이렇게 말한다. "틱 낫 한은 겸손하고 신실한 성인이다. 그는 엄청난 지적 능력을 가진 학자이다. 그의 평화에 대한 개념들이 만약 실천된다면 교회(종교)일치주의(다원주의), 세계동포주의 그리고 인류에 하나의 기념비를 세우게 될 것이다." 인격, 이론, 실천에서 걸출한 인물로 평가한다.

불교와 기독교의 신비주의적 차원과 명상의 유사성을 깊이 이해하고 기독교와 불교 간 대화의 가교를 놓은 가톨릭 신부 토마스 머튼도 틱 낫 한을 높이 평가했다.

> 틱 낫 한은 인종과 국적에서 나와 가까운 많은 사람보다 더 나의 형제이다. 그와 나는 정확하게 똑같이 사물을 보기 때문이다.

이 말은 틱 낫 한의 기독교 이해와 불교와의 소통 가능성에 대한 시각이 빗나가지 않음을 말해 준다.

이론과 교리의 측면에서 틱 낫 한은 불교의 핵심이 되는 원리를 참신한 표현으로 해석했다. 그 대표적인 개념이 '상호-존재'(相存, inter-being)이다. 존재론적으로 어떤 것도 다른 것과 독립하여 존재할 수 없다는 원리다. 불교의 기본 교리를 알고 있는 사람이라면 그것이 바로 연기緣起에 다름 아님을 직감할 터이다. '이것'은 '저것'을 전제로, '저것'은 '이것'을 전제로 존재한다. '너' 없이 '나', '나 없는 너'는 존재할 수 없다. 사람은 상호적 존재이므로 인간人間이라 한다. '국가 간'(inter-national, 국제)처럼 세계도 내 나라와 네 나라가 공존하는 곳이다. 아무것도 홀로 설 수 없다.[45]

존재의 상호성을 망각하지 않기 위해서 틱 낫 한은 '존재한다'(be)

---

45 주목할 것은 '상존'의 의미는 한국 근대 민족 사상과 종교에서 강조한 '상생'에서 이미 표현되었다는 사실이다.

를 'inter-be'로 풀어쓰자고 제의한다. '나는 서로 존재한다'(...inter-am), '너는 서로 존재한다'(...inter-are)로 써야 한다. 독창적인 발상이다. 물리적으로도 사물은 다 연기적, 유기적 관계를 갖는다. 가령 구름과 종이를 들어보자. 한 장의 종이를 얻기 위해서는 구름이 비가 되고 비가 나무를 성장시켜 그 나무가 사람 손을 거쳐 베어져서 펄프 공장에 가서 종이로 만들어진다. 종이가 썩거나 불로 태워지면 연기나 수증기로 되어 다시 구름이 되거나 구름을 생성시키는 요인이 된다. 모든 현상이 상호 연계된다.

이것을 틱 낫 한은 다시 시적으로 묘사한다. 실제로 그는 시인이기도 했다.

"만약 여러분이 시인이라면 이 종이 한 장 속에서 떠가는 구름을 분명히 볼 것이다. 구름이 없다면 비도 없을 것이요, 비가 없다면 나무가 자랄 수 없을 터이고, 나무 없이는 종이도 못 만들 것이다. 구름이 여기에 없다면 이 종이도 여기에 없을 터이다. 그래서 구름과 종이는 '상존相存'한다." 그것만이 아니다. 종이를 더 들여다보면 그 안에 '햇빛'이 있고 '숲'이 보인다. 더 깊이 들여다보면 나무를 자른 벌목꾼과 그의 식사인 밀과 빵 그리고 그를 낳은 부모도 보인다. 상존의 범주는 끝없이 확대된다[46](Thick, 1988: 3-5).

연기의 전통적인 공식은 삼세(전생, 현생, 내생)에 걸쳐 열두 가지 요인('무명'에서 '노사老死'까지)으로 수직적 관계라면 틱 낫 한의 공식은 우리가 접하는 현상들의 수평적 관계를 기술한다. 과거와 미래보다 '여기 지금'(here and now), 즉 실존, 현존을 중시한다. 하나의 현상

---

[46] 생명은 하나가 아니라고 할 수 없다. 우주는 하나다.

속에 삼세를 망라하여 다른 모든 현상이 내재되어 있다. 선불교의 화두의 하나인 '본래면목本來面目'도 먼 데가 아니라 바로 여기 내 몸에서 찾는다. '상존'의 이치가 그의 『반야심경』 해설에서도 선명하게 부각된다. 이 대승경전은 잘 알려진 '색즉시공공즉시색色卽是空空卽是色'의 출처다. 반야(지혜)는 '공空'개념을 가리킨다. '나'와 현상(법)은 독립적인 실체(자성)가 비어 있는 대신 연기, 즉 상존의 관계로 설명된다. 공은 곧 연기다. 틱 낫 한의 전형적인 해석을 살펴보자. 『반야심경』 본문, "들어라, 사리불아, 모든 현상은 '공'한 모습이니라. 생겨나지도, 없어지지도 않느니라"(諸法空相不生不滅)를 이렇게 해설한다.

암탉이 달걀을 낳을 때를 상상해 봅시다. 낳기 전에 달걀이 이미 존재한다고 생각합니까? 물론 그렇지요. 닭 속에요. 여러분도 바깥으로 나오기 전에 어머니 속에 이미 존재하고 있었지요. 사실은 무언가가 안에 존재했다면 태어날 필요가 없는 것입니다. 따라서 어떤 것도 태어난다, 생겨난다고 생각할 수 없습니다. 다만 연속이 있을 뿐입니다. 더 뒤로 돌아가 보면 자기 부모만 아니라 조부모와 종조부모 속에도 자기가 존재한다는 것을 알 것입니다. 내가 더 깊이 들여다볼 때 전생에 내가 구름이었다고 알 수 있습니다.

이것은 시가 아니고 과학입니다. 왜 그런가요? 나는 아직도 구름이기 때문이지요. 구름이 없이는 내가 여기 존재할 수 없습니다. 나는 이 순간 구름이며 강이고 공기입니다. 그래서 나는 과거에 그런 것들이었음을 압니다. 그리고 바위였고 물속의 광물질이었습니다. 이것은 윤회의 문제가 아닙니다. 지구 위 생명의 역사입니다. 우리는 가스, 햇빛, 물, 버섯, 단세포 생물로 존재해 왔습니다. 부처는 전생에 나무였고 물고기, 사슴이었다고 말했지요. 이것은 미신이 아닙니다. 우리는 누구나 다 구름, 사슴, 새, 물고기로 존재해 왔고 전생에만 아니라 계속 그럴 것입니다.

태어남의 문제만 아닙니다. 태어나지도 않지만 죽음도 없습니다. 그래서 경전 본문에서 '생멸生滅이 없다'고 한 것입니다. 구름도 종이도 마찬가지 입니다. 모든 것이, 여러분과 나도 마찬가지입니다. 선불교의 화두에 '부모가 태어나기 전 너의 본래 모습(면목)이 무엇인가?'가 있지요. 이걸 풀면 후생은 물론 전생도 알 수 있습니다. (화두는 깨달음을 얻는 한 가지 방편이다.) 이것은 철학이 아니고 실체를 말하는 것입니다. 자기 손을 들여다보세요. 언제부터 존재해 왔을까. 깊이 살펴보면 아마 30만 년도 더 오래 존재해 왔다는 걸 알 수 있습니다. 수많은 세대의 조상들이 거기 다 들어있습니다. 나는 다만 연속입니다. 결코 죽은 적이 없습니다. 한 번이라도 죽었다면 어떻게 내 손이 여기에 있을 수 있을까요(Thick, 1988: 20-22).

이것은 전통적인 해답과는 다른 방식의 분석이다. 같은 수준의 깨달음을 유발하는 효과를 가져오는지는 미지수다. 그러나 화두선은 평생 씨름해도 극소수만 깨칠 수 있는 방법이지만, 새로운 해석은 무한한 가능성이 열려있는 방법일 수 있다. 생사의 분별이 없어진다면 사멸의 공포가 없는 영생에 가까운 의식이 아닐까. 다만 인식의 강도, 즉 깨달음의 수준이 다를 수 있다. 두 가지 방법을 놓고 효과의 강도와 확률을 측정할 수 있다면 수행자에게 큰 도움이 될 것이다.

이런 방식으로 불교를 현대적으로 쉽게 풀이하면서 틱 낫 한은 그것이 과학적이라는 점을 내세우고 프랑스 과학자 라부아지에의 말을 인용한다. "창조되는 것도 없고, 없어지는 것도 없다."[47] 이런 관점에서 보면 사물을 보는 시가이 완전히 달라진다. "그 사람의 머리카락 하나가 전체 우주인 것을 볼 것이다."[48] 그것은 궁극적인 실체를 여는 문이 될 수 있다. 한 톨의 먼지가 천국, 정토일 수 있다. 너, 먼지, 만물이 '서로-존재'(상존)한다는 것을 볼 때 그 사실을 이해할 것이다. 우리를 우주 속의 모든 것과 연결하는 무수한 연줄이 있으므로 우리가 존재할 수 있다. 너와 나 사이의 연결고리를 볼 수 있는가? 만약 네가 거기에 없다면, 나는 여기에 없다. 아직 그것을 보지 못했다면 더 깊이 들여다보라. 이것은 철학이 아니다. 실제로 보아야 한다.

'상존' 개념 말고도 틱 낫 한의 특징적인 개념을 하나 더 들면 '정념正念'(mindfulness, 관심두기)이다. 이것은 부처가 제시한 기초 교리 가운데 수행 방법을 가리키는 팔정도八正道의 하나다. 이것은 명상(禪定)의 기초 단계로 볼 수 있다. 일상 속에서 행주좌와行住坐臥 어떤 자세에서도 지속적인 정념을 강조하는 '틱 낫 한'식 수행은 '지금 여기' 현존하는 상황 속에서 다른 사물이나 과거나 미래의 상황에도 괘념하지 않고 이 순간에만 몰두하는 과정에서 자아와 궁극적인 실체를 인식하는 방법이다.

수행자가 팔정도가 대표하는 복합적인 수행을 다 하기보다는 어느 한 조목을 집중적으로 실천하는 것이 더 효율적일 수 있다. 동양불교와 한국불교의 대종인 선불교도 팔정도의 하나인 선정禪定의 집

---

47 이 말은 에너지 불변의 법칙을 연상시킨다.
48 달라이 라마의 이 말은 "한 포기의 풀 속에서 우주를 본다"는 뜻으로서 이 사고는 화엄 철학에서 체계화된다.

중적 수행이다. 인도 종교의 수행을 대표하는 요가도 지혜, 신앙, 행동, 신체 수련 등 네 갈래이지만 종파에 따라서 어느 한 가지에 집중하는 경향이 있다. 힌두교 경전 『바가바드기타』에서 가르치듯이, 이상적으로는 함께 실천하는 것이 좋지만 개인의 성향에 따라서 신앙이나 행동에 역점을 둘 수 있다.

틱 낫 한은 사회참여를 강조했다. 참여 불교는 현실을 떠날 수 없다. 대승불교 승려로서 그는 지혜(상구보리)도 중요하지만, 중생구제(하화중생)도 그에 못지않게 중요함을 인식했다. 자신은 종교체험, 즉 깨달음 수준에 이르렀음을 시사하는 발언도 발견된다. 두 가지를 아우르는 수행을 찾다가 찾은 것이 정념이었을 것이다. '여기 지금' 당장의 현실에 초점을 둔 수행법을 정념에서 찾은 것이다. 정념 속에서 자신의 평화를 찾고 그 에너지가 사회 전체로 파급되어 나라와 세계의 평화가 올 수 있다고 믿었다. 일상 속에서 깨달음을 찾는 것이 정도正道다. 그것은 석가도 걸었던 길이다. 출가의 동기가 된 사문유관四門遊觀도 그가 본 궁궐 밖의 중생의 현실이었다. 그 고통을 벗어나는 길이 그가 찾은 '사성제 팔정도'다. 부처에게도 '정념'이 수행의 핵심이었다고 보았다.

틱 낫 한은 팔정도 복합 프로그램에서 정념을 분리, 선택함으로써 현대인들이 불교 수행을 일상적인 수준에서 쉽게 접근하도록 만들었다. 이론적으로 '상존' 개념과 실천적으로 '정념' 수행만으로 불교에 대한 이해와 실천을 농축한 것은 틱 낫 한만의 독창적인 공헌이다. 배타적인 기독교 문화에서 살아온 서구인들에게 신선한 충격과 자극을 가져다주었다. 실제로 그의 아슈람인 프랑스 '자두 마을' 집회에는 신부들도 포함 크리스천들도 많이 참여하였다. 불교와 기독교의 대화가 실제로 진행되는 한 마당 현장이 되었다. 그가 선택한 두 개념은 불교를 보편화, 대중화시키는 도구가 되고 더 나아가서 종교 간 대화의 기반을 제공한다.

그 과정에서 나온 결과물의 하나가 『살아있는 부처, 살아있는 예수』 설법집(1995)이다. 여기서 나타나는 대화의 형태는 두 종교의 신자들이나 대표자들 사이가 아니고 주로 틱 낫 한 자신 속에서 전개되는 대화이다. 명상 집회 참여자들과의 단편적인 대화가 틈틈이 반영되어 있기는 하다. 사실 정치적인 회담이나 대화처럼 종교 간의 대화가 조직적으로 진행되기는 학술회의 형식을 제외하고 쉽지 않은 일이다. 바람직하기는 소집단 간의 토론과 대화가 여기저기서 벌어지는 것이다.

무엇보다 가장 효과적인 통로는 교육이다. '세계종교' 교육을 통해서 종교 전반에 대한 이해를 갖게 되면 스스로 안에서 대화가 일어난다. 대화는 자기 안에서 먼저 시작되고 나서 사회적 대화로 확장될 수 있다. 바로 틱 낫 한이 그 모델을 보여준다. 그는 교육 현장만 아니라 사회 전반으로 확장시킬 수 있는 영향력을 행사할 수 있는 위치에 있다. 이제 이 책을 중심으로 두 종교를 그가 어떻게 내면에서 소화하고 사람들에게 표현하는지, 이론을 다루는 학자들과 어떻게 다른지 살펴보자.

'상존'과 '정념' 수행은 불교의 기초 교리의 핵심인 연기론과 실천(팔정도)의 요체인 '정념正念' 개념을 보편화한 현대적 해석으로서 기독교인들에게도 거부감을 일으키지 않고 두 종교 간 대화의 발판과 접촉점이 될 만하다. '상존'은 그 근거를 제공한다. "하나의 꽃이 오직 꽃이 아닌 요소들로만 이루어진 것과 똑같이 불교는 기독교적 요소를 포함한 비-불교적 요소들로만 이루어져 있으며, 기독교는 불교를 포함한 비-기독교적 요소로 이루어져 있다"는 것이 그의 입장이다.

틱 낫 한은 월남전 중 선불교 전통 소속으로 참여 불교를 지향하는 '접현接現 교단'을 창설했는데 그 계명 제2조는 모든 견해를 내려놓으라는 내용이다. "당신이 지금 갖고 있는 지식이 변함이 없는 절대적 진리라고 생각하지 말라. 협량한 마음을 갖고 현재의 견해에 얽매이지 말라. 다른 사람의 관점을 열린 마음으로 받아들이기 위하여 견해에 대한 무집착을 배우고 연습하라." 이와 같은 계명의 설정에 이른 것은 그와 월남 사회가 겪어온 배타주의적인 이념과 종교가 초래한 고통과 비극 때문이다.

> 월남전 동안 나는 공산주의자들과 반공주의자들이 서로 죽이고 파괴하는 것을 보았는데 양쪽이 서로 진리의 독점권을 가졌다고 믿었기 때문이다. 우리나라의 많은 크리스천과 불교도들이 함께 전쟁을 정지시키려고 노력하는 대신 서로 싸우고 있었다. 나는 『대화: 평화로 가는 열쇠』라는 소책자를 썼는데 내 목소리는 폭탄, 박격포, 고함치는 소리에 묻혀버렸다. 군용 트럭 뒤에 서 있던 한 미군 병사가 젊은 내 제자 승려의 머리 위에다 침을 뱉었다(Thick, 1995: 3).[49]

그 같은 현실에 이른 역사도 틱 낫 한의 기독교관에 부정적인 영향을 미쳤다. 프랑스의 식민지가 된 월남은 한국처럼 선교사들의 포교 대상지였다. 프랑스 선교사도 불교 신앙을 우상숭배로 규정하고

---

[49] 이 모습은 6·25 당시로 무대를 옮기도 그대로 들어맞을 만하다. 월남과 한국은 똑같이 서구 이념과 종교의 희생양이었다.

그 '우상적 허구'를 타파하자고 전도했다. 1950년대 후반부터 1960년대 초반에는 기독교의 영향을 받은 고 딘 디엠 정부가 석가탄일 같은 국경일을 폐지하는 사태가 발생했다. 그것이 국민과 불교도의 저항을 부추겨 군사혁명을 일으키고 고 딘 디엠 정권이 붕괴하게 되었다. 이후 미국의 참전으로 확대된 전쟁에 휘말려 틱 낫 한은 반전운동의 선봉에 섰다. 그 과정에서 1966년 미국에 평화사절단으로 미국 정부와 의회에 호소하러 왔다가 악화된 월남의 정치 상황으로 귀국하지 못하고 묶여버린 처지가 되었다. 미국에서 만난 토마스 머튼 신부, 마르틴 루터 킹 목사, 베리간 신부 등이 그가 귀국하면 위험하다고 만류했다.

틱 낫 한의 기독교에 대한 인식이 바뀌게 된 것은 이들 때문이었다. 그는 그들의 배려와 인품에 감복하였다. 그들은 "주 예수가 아직 우리와 함께 계신다고 내가 느낄 수 있게 만들었다." 점차 기독교를 긍정적으로 바라보고 이해를 높여가다가 끝내 부처와 예수를 동격으로 인정하는 수준에까지 이르렀다. '자두 마을' 자신의 거실 법단에 불상과 예수상을 나란히 모신다고 당당히 말할 정도다. 종교 지도자로서 그의 세계적 위상으로 봐서 그 상징성은 엄청나다. 그것 자체만으로도 메시지는 충분히 전달된 셈이다. 그의 설법 속에서 그것이 어떻게 구체적으로 표현되는지 살펴보자.

틱 낫 한이 체험적으로 실천적 차원에서 도달한 관점은 다원주의 신학자, 종교학자들이 주장하는 이론과 놀라울 정도로 일치하는 경우가 많다. 학자들처럼 그도 종교인 간의 대화와 소통을 강조한다. 그는 대화 참여자는 먼저 자기 전통을 분명하게 파악하는 것이 필수적임을 말한다. 그것은 존 캅도 강조하는 조건이다. 그래야 양쪽이 상대 종교를 이해, 존중하고 자기 종교를 더 잘 알고 보완하는 이중 효과를 기대할 수 있다는 이유에서다. 자기 종교의 신자들과 대화하는 것이 타종교인들과 대화하는 것보다 어려울 때가 있다. 다른 종교에 앞서 자기 종교 속에서 원활하게 대화가 이루어져야 한다. 남과 화평하는 역량은 자기들 속에서 화평하는 역량에 달려있다.

틱 낫 한 자신도 초년에 편견과 오해를 지닌 사실을 고백한다. 부처는 45년 설법을 하고 예수는 불과 수년 동안만 전도 활동을 한 수적인 차이에서 위대성의 격차가 크다는 편견을 예로 든다. 타종교 이해를 도모하기 위하여 틱 낫 한이 선택한 방법은 주로 두 종교 간의 대칭적인 개념을 비교하는 것이다. 현대어로 표현할 때 의미가 정확하게 일치하지 않더라도 실천적 목적에서 상통한다고 본다. 그 전형적인 사례가 '성령'(holy spirit)과 '정념'(mindfulness)의 대칭이다. 얼듯 영과 마음처럼 차원이 다른, 부합될 수 없는 개념이다. 또한 성령은 존재론적 개념이고 정념은 인식론적, 실천적 개념이다.

틱 낫 한은 성령을 (한 가톨릭 사제의 해석을 채택하여) '신이 보낸 에너지'로 이해하고 삼위일체에 접근하는 문으로 본다. 인도 출신 크리스천으로서 종교 대화론에 앞장선 스탠리 사마르타의 성서 해석에 의하면 성령이 우리를 진리로 인도하리라고 예수가 약속했다. 그리고 진리는 (한 종교가 독점하듯) 명제적이지 않고 관계적이므로 대화가 진리 탐구의 한 가지 수단이 된다. 또한 '에너지'와 같은 맥락에서 우리가 다루고 있는 이 책의 전문에서 가톨릭 수사(스테인들-라스트)가 지적하듯이 '영'(spirit, pneuma)은 어원적으로 '숨', '공기'의 뜻을 가지므로 '성령은 신적 생명의 숨'이다.

유교 성리학에서도 이기일원론理氣—元論을 내세우면서 이理와 기氣

의 유기적인 관계가 주장되는 맥락에서처럼, 진리와 숨(기)은 신(성부)과 성령으로 볼 수 있디. '만물이 일기'(萬物 氣)라면 성령도 차별 없이 한 가지로 존재한다고 해야 한다. 한 종교만이 독점할 수 없는 보편적 요소다. 틱 낫 한이 그 용어를 채택한 이유다. 실제로 그는 '정념' 수행에서 기와 호흡을 중시한다. 즉, 들숨과 날숨에 의식을 집중하면서 번뇌와 잡념이 사라진 비움 속에서 진리, 사랑에 접속될 수 있다는 것이다.

정념은 현재 순간을 깊이 접촉하는 의식상태로, 이해, 사랑, 환희를 가져오므로 그 점에서 성령과 마주친다. 우리의 정념이 우리가 사랑하는 사람들을 품어 안아줄 때 그들은 꽃처럼 피어날 것이다. 당신의 애인이 고통을 당할 때 당신이 그녀의 고통, 불안, 걱정을 인지할 필요가 있고, 바로 그렇게 함으로써 당신은 이미 그것을 덜게 해준다. 정념은 이해와 자비로 가득 차 있기에 고통을 해소시킨다. 당신이 진정으로 그 자리에 나타나 역지사지易地思之하는 자세로 동병상련과 이해를 보여주면, 성령의 힘이 당신 안에 있게 되는 것이다. 그래서 정념은 성령과 아주 흡사하다. 두 가지가 다 우리가 실체의 궁극적인 차원을 접촉하게 해준다. 정념은 열반(니르바나)을 접촉하게 해주고 성령은 삼위일체로 가는 관문을 제공한다.

정념과 성령은 다 치유의 동인動因이 된다. 성서에 보면 누군가 예수를 접촉할 때 치유되었다고 한다. 성령이 예수에게 '비둘기같이' (요한복음) 내려왔다. 그 안에 있는 성령의 기운으로 그는 많은 사람을 치유하고 변화시켰다. 여기서 그치지 않고 틱 낫 한은 한 걸음 더 나아간다. "또한 우리 모두도 우리 안에 성령의 씨, 치유하고 변화시키며 사랑하는 역량을 지니고 있다. 우리가 그 씨를 접촉할 때, 우리는 (삼위일체의 다른 두 요소인) 성부와 성자를 접촉할 수 있다."

불교에서 불성佛性, 즉 부처의 씨가 우리 안에 내장되어있다는 원리를 틱 낫 한이 성령에 적용하고 있다. 기독교에서도 신성神性이 인간 속에 본유하다고 주장될 수 있지만, 현실적으로 소수의 진보적인 신학자나 표명하는 견해일 수 있다. "우리가 부처다"처럼 "우리가 신이다"로 발전될 수 있기 때문이다. 여기서 틱 낫 한의 해석을 통해서 기독교가 전통적인 교리의 울타리를 넘어 보편적으로 확장된다. (학자들이 기대하는) 종교 간 대화의 긍정적인 열매의 하나다. 그것은 예수의 정체성에도 적용된다.

"예수는 신의 아들이면서 인간의 아들(人子)이다." 더 나아가서 "우리는 모두 신의 아들이며 딸이고, 동시에 우리 부모의 자녀다. 이것은 우리가 예수와 똑같은 실체를 갖는다는 것을 의미한다. 이것은 크리스천들에게 이단적으로 들릴지 모르지만, 신학자들이 재고해야 한다고 믿는다. 예수는 우리의 주님일 뿐만 아니라 우리의 아버지, 우리의 스승, 우리의 형제, 우리의 자아이다. 예수와 하나님 나라를 접촉할 수 있는 유일한 곳은 우리 안이다"(Thick, 1995: 44).

여기서 기독교의 배타주의 전통은 무너진다. 진보적인 다원주의 신학자들도 배타주의는 넘어섰지만 이렇게까지 말할 수 있는 학자는 드물다. 틱 낫 한이 불교와 기독교의 담을 헐어버린 것은 분명하다. 대화의 광장에서 만날 수밖에 없는 토대가 구축된 것이다.

천국이 우리 안에 있다는 견해는 예수도 표명한 원리지만 불교로서는 당연한 시각이다. 예수의 선언에도 불구하고 많은 크리스천은 천국, 신국을 어떤 다른 장소로 인식하는 경향이 강하다. 그런데 기독교 전통도 원래는 불교와 같은 내면적인 인식이 존재했다는 주장이 없지 않았다. 그 근거는 20세기 중반(1947) 이집트에서 발견된 고문서다. 그것은 예수의 가르침과 행적, 대화를 기록한 경전과 문서들인데 성서의 복음서 이전에 편찬된 「도마복음」 그리고 「필립복음」 등 52종의 자료였다. 그것은 예수 사후에 경쟁하는 파가 여럿이 존재했음을 말해 주고 정통 싸움에서 밀려난 교파의 숨겨진 경전들로 밝혀졌다. 말하자면 위경僞經 취급을 받은 것들이다.[50]

바로 이 사실을 우리가 다루는 이 책의 서문에서 페이절스 교수가 밝히면서 틱 낫 한의 기독교 해석과의 유사성을 말하고 있다. 이 경전들은 모두 영지靈智주의(Gnosticism)파에 속한 것으로 보이는 것들로 불교처럼 내면성과 깨달음을 강조한 내용이다. 그 맥락에서 서문 필자는 도마Thomas복음을 비롯한 복음서들의 내용을 인용한다. 예수가 말했다. "너희가 네 안에 있는 것을 꺼내면, 너희가 꺼낸 것이 너희를 구원할 것이다. 그렇지 않으면 너희가 꺼내지 않은 것이 너희를 파멸시킬 것이니라." '하나님의 독생자'(요한복음)를 말하는 대신에 예수는 "하나님의 자녀는 너희니라"(도마복음)고 말한다. "나는 길이요… 나를 통하지 않고는 누구도 아버지께 나아갈 수 없다"(요한복음 14:6)와 다른 메시지도 있다. "문을 두드리듯이 너희 자신을 두드리라. 그리고 너 자신의 길을 곧장 걸어가라. 그 길로 걸어가면 길을 잃을 수 없느니라. 그리고 그 문을 두드릴 때 너희가 스스로 연 것이 열릴 것이니라." 이 복음서들이 '살아있는 예수'를 강조하는 것도 '살아있는 그리스도'를 말한 틱 낫 한의 직관과 놀라운 일치를 보여

---

[50] 이것을 일러 나그함마디 문서(Nag Hammadi library)라고 하는데, 이 문서에 포함되어 있는 것은 이것 외에도 「마리아복음」, 「유다복음」 등이 있는데 그 내용이 알려져 신학자들 사이에서 논의되어왔다.

준다. 그는 불교와 초기(영지주의) 기독교의 비교 연구가 틱 낫 한의 참신한 기독교 해석을 통해서 이제 시작된 셈이라고 평가한다.

20세기 중반 이후 발견된 외경들이 일관되게 강조한 진리의 내면성은 틱 낫 한의 해석에서 그대로 반영된다. 본래 석가모니 부처가 제시한 혁명적인 가르침은 자기 안에서 실체를 깨치는 자력적인 길인데 불교가 발전하는 과정에서 타력적인 신앙의 길이 하나의 방편으로 보완되었다. 두 시대(정법正法, 상법像法)를 지나 의식과 기능이 퇴락한 말법末法시대에는 타력에 의존해야 된다는 근거에서다. 그래서 정토신앙이 등장했다. 천당과 같은 서방西方 정토淨土, 즉 극락極樂에 왕생한다는 목표가 설정되고 염불念佛이 그 방편으로 제시되었다.

그런데 틱 낫 한은 서방 정토가 먼 곳에 있지 않고 자기 안에 있다고 해석함으로써 신앙의 길을 석가 부처의 원래 가르침으로 되돌려 놓았다. '정토가 네 가슴 속에 있으므로' 먼 곳으로 갈 필요가 없다.[51] 신앙이 타력에 의존한다고 하지만 자력의 요소도 있다고 본다. 나아가서 그는 자신의 작은 정토(mini-Pure Land)로써 승가나 아쉬람 같은 수행공동체를 바로 여기, 바로 지금 세울 수 있다고 말한다. 그가 프랑스에 세운 '자두 마을'도 그와 같은 것이다.

같은 맥락에서 열반(nirvana)도 다른 곳처럼 장소의 개념으로 파악하지 않는다. "열반, 천국은 여기에 지금 존재한다." "무엇이나 누구나 열반, 하나님 나라에 산다"(Thick, 1995: 152). 덩달아 기독교의 '천국'(신국)도 지상으로 내려온다.[52] '피안彼岸'도 마치 이 세상, 즉 '차

---

[51] 그것은 천국이 네 안에 있다는 예수의 해석과 마주친다.

[52] 인도 대승불교에서도 '공' 사상을 수립한 용수도 '세속과 열반은 조금도 차이가 없다'고 규정했다.

안此岸'과 다른 곳처럼 오해된다고 지적한다. 이 언덕(岸)을 버리고 가야 할 다른 쪽 언덕으로 본다는 깃이다. 다른 쪽 언덕은 바로 이쪽 언덕이라는 것이 참 가르침이다. 가고 오는 것(去來)도, 태어남과 죽음(生滅)도 없다.

지적된 대로 틱 낫 한은 부처나 예수가 경전 속에서 고정된 형태로 존재하기보다 우리 속에서 살아있음을 강조한다. 책의 제목도 '살아계신 부처, 살아계신 그리스도'이다. 우선 우리는 정념과 성령 속에서 그들을 만난다. 부처는 열반 시에 제자들에게 "자기 자신과 법(dharma)에 의지(귀의)하여 깨달아 가라"(自燈明法燈明)고 유촉했다. 부처는 육체가 아니고 법신(Dharmakaya), 즉 '가르침의 몸'으로 살아있다.53

예수는 "두, 세 사람이 나의 이름으로 모이는 곳에서는 내가 항상 있노라"고 말한다. 신앙공동체 속에 존재한다는 뜻이다. 불교도 수행자와 평신도(사부대중)가 함께 수행, 실천하는 승가(sangha), 즉 승단을 강조한다.

살아있는 부처나 그리스도를 만나는 것은 그 이름을 찬양하거나 상상하는 것이 아니고 자비와 사랑을 삶 속에서 실천하는 것이다. 예수가 "나는 길이요…" 했을 때 '나'는 그의 삶이었다. 참다운 가르침은 고정되거나 말속에 있지 않고 삶의 실체 속에 들어있다. "우리가 부처나 예수의 삶과 가르침을 깊이 이해하고 실천할 때 우리는 관문을 통과하여 살아있는 부처와 그리스도의 거처로 들어가고 그때 영원한 생명이 우리에게 모습을 나타낸다."

---

53 대승불교에서는 '법신불'을 초월적인 영원한 실체로 해석한다.

부처와 그리스도처럼 불교의 삼보三寶(불, 법, 승)와 기독교의 삼위일체가 대칭 관계에 놓인다. "매 순간이 생명을 부처, 법, 승가로 숨을 불어넣는 기회다. 매 순간이 성부, 성자, 성령을 나타내는 기회다." 구원의 길로서 두 종교에는 전혀 차등이 없다. 그런 만큼 구태여 한 종교의 신자가 다른 종교로 개종할 필요는 없다.

> 젊은이들이 '자두 마을'에 오면 나는 항상 그들에게 자신의 전통으로 되돌아가서 뿌리를 다시 찾도록 도움이 되는 방식으로 수행하라고 격려한다. 그들이 재통합에 성공한다면 그들은 그들의 전통을 탈바꿈시키고 갱신하는 데 중요한 도구가 될 것이다. 다른 전통에서 온 많은 사람이 그렇게 하겠다고 말했다(Thick, 1995: 89).

어떤 종교 지도자에게도 더 이상 더 바랄 수 없는 관용적 태도다.[54] 다원주의 학자들이 주장하는 입장과 일치한다.

여기서 한 사람이나 가족이 두 종교와 관계를 갖는 문제가 대두된다. 그것은 저주인가 축복인가. 종교가 다른 남녀가 가정을 이룰 때 한쪽이 다른 쪽을 따라 개종해야 하는가. 가령 불교 신자인 아내가 남편의 기독교 신앙으로 전환하는 것이 좋은가. 그 반대의 경우도 같다. 많은 사람이 봉착하는 문제다. 한 사람이 동시에 두 가지 영적 뿌리를 갖는 문제다. 한 사람이 두 종교를 배우고 수행, 실천할 수 있는가. 틱 낫 한은 스스로의 경우를 들어 분명한 입장을 밝힌다.

---

[54] 달라이 라마도 같은 태도이다.

내가 기독교를 만나기 전에 나의 유일한 영적 존상은 부처였다. 그러나 내가 아름다운 크리스천 분들을 만나고서는 예수를 위대한 스승으로 알게 되었다. 그 이래로 예수 그리스도는 나의 영적 선조 중 한 분이 되어왔다. 이미 이야기했듯이, 나는 프랑스 내 암자의 법단 위에 불상과 보살상과 함께 예수의 상을 모시고 있다. 내 속에서 어떤 갈등도 느끼지 않는다. 그 대신 내가 영적 뿌리를, 하나 이상 갖기 때문에 더 든든하게 느낀다. 우리가 다른 전통을 가진 젊은이들이 우리의 축복을 받으면서 서로 자유롭게 결혼하도록 허용할 수 있는가? 우리가 그들이 두 전통을 실천하고 서로가 영적으로 더 충실해지도록 격려할 수 있는가?(Thick, 1995: 99-100).

대답은 간단하다. 한 가정의 두 종교는 두 배의 즐거움과 행복을 가져오는 경사요 축복이 된다. 다른 종교가 자기 신앙과 종교를 더 충실하게, 풍부하게 해준다는 것은 진보적인 신학자·종교학자들이 이론적으로 일치하는 종교 간 대화의 목적과 똑같다. 틱 낫 한은 그것을 몸으로 실천하고 있다. 또 하나 거론되는 문제가 개인이 하나 이상의 종교를 지닐 수 있는가이다. 신앙의 대상으로 두 주님을 받들고 두 종교에 충성할 수 있는가.

서구에서는 학자들을 포함 지식인들 사이에서 복합 신앙의 풍조가 나타나고 있다. 다른 장에서도 이미 거론되었지만, 니니안 스마트는 스스로를 '성공회-불교도'라고 고백한다. 한 여성 저술가(Boorsteen)는 스스로 '유대교-불교도'임을 밝힌다. 한국불교의 전도사가 된 미국인 현각 스님도 『만행 — 하버드에서 화계사까지』에서 자신이 크리스천의 정체성을 포기하지 않았다고 고백한다. 마치 국적을 하나 이상 갖는 것과도 같다. 국적이 아니라도 미국의 교포가 한국계·미국인 (Korean-American)이라 분류되고 아프리카계·미국인(African-American), 중국계·미국인(Chinese-American), 아일랜드계·미국인(Irish-American) 등등 그런 식으로 모두가 분류될 수 있다. 서구 선진국들(미국, 캐나다를 비롯)은 대체로 이중 국적, 다중 국적을 허용한다.

종교도 마찬가지로 복수 교적敎籍을 가질 수 있다. 서구 젊은이들은 힌두교, 불교 등에 심취하여 동서를 아우르면서 사실상 자기 종교를 조립하고 있다. 틱 낫 한도 '불교-기독교도'임을 자인하고 있다. 심지어 캔트웰 스미스 교수는 (필자와의 대화에서) 자신은 다중 교적자(Islam-Hindu-Buddhist-Christian)임을 인정했다. 그는 이슬람 문화를 전공하고 인도에 가서 기독교 선교 활동을 하다가 세계종교에 눈뜨고 나중에 교수가 되어 하버드대 '세계종교연구소' 소장으로 활약했다. 은퇴 후에는 고향 캐나다에 돌아와서 옛날 다니던 교회에 가서 봉사하다가 생을 마쳤다.

한국인도 알고 보면 어쩔 수 없이 다중 종교인들이다. 어머니, 할머니들이 급할 때 기도, 간구하는 대상은 동서의 성인과 신들을 다 아우르는 것이 그 증거다. 황필호 교수는 한국인에게는 개종(con-version)이 아니고 가종加宗(add-version)이 있을 뿐이라고 주장한다. 말하자면 새로운 용어를 만들어냈다. 한국인의 정신, 영혼은 역사적으로 민족이 거쳐 간 여러 종교의 층이 겹겹이 쌓여있다. 한국인의 종교는 스미스 교수가 정의한 대로 '축적된 전통'이다. 유교의 형식 (의례)과 윤리(충효), 불교의 세계관 그리고 원래의 무교(샤머니즘)적, 선도仙道적 요소가 몸과 무의식에 배어있는 상태에서 기독교까지 덧붙여진 다층적 정신과 영혼의 소유자가 한국인이다.[55]

열 가지 설법을 모아놓은 이 책자에서 이렇듯 틱 낫 한의 기독교관이 선명히게 드러니고 있디. 표현의 치이 밑에 놓여 있는 공통적인 토대를 찾아내려고 노력한다. 중요한 것은 표현이 아니고 그것이 가리키는 실천적 의미다. 두 종교를 유형적으로 가르는 대표적인 개념으로 신을 든다. 신의 유무에 따라서 (표현상으로) 기독교는 유신론, 불교는 무신론에 속한다. 신을 종교의 핵심 요소로 본다면 둘은 절대 조화될 수 없는 관계인가. 종교철학자와 신학자들은 신을 인격적인 존재만이 아니고 비인격적인 절대, 궁극적인 절대로도 해석하는 쪽으로 기울어지고 있다. 인도 전통에서는 이미 두 가지 의미로 병용되고 있었다.

신관은 종교 간 생산적인 대화가 되기 위한 열쇠가 된다. 틱 낫 한은 신을 어떻게 해석하는가. 그는 신학자·종교철학자 폴 틸리히의 신에 관한 정의를 인용한다. 인격적인 신은 '비유'일 뿐이다. 신은 '존재의 근거'(ground of being)이다. 마치 물결에는 물이 존재의 근거인 것과 같다. 신은 또한 '궁극적인 실체'라고 하는데, 그것은 열반(nirvana)을 연상시킨다. (니체같이) '신의 죽음'을 말하는 '부정적인 신학'이 있다. 그것은 신이 사망했다는 것이 아니라, 신을 살아있는 실체로써 직접 체험하기 위해서 갖는 신에 관한 개념의 사망을 의미한다. "만약 신의 관념이나 심상에 달라붙는다면 그리고 만약 신의 실체를 접촉하지 않는다면 어느 날 당신은 회의 속으로 빠져들 것이다." 토마스 머튼의 말처럼 신은 이제 그런 단순하고 원시적인 표상

---

55 한국인이라면 아무리 타종교 신자나 무종교주의자라 한들 고즈넉한 오래된 사찰의 분위기에서 석양이 질 무렵 울려오는 은은한 종소리를 들으면서 고향에 온 듯한 아늑한 느낌을 갖지 않을 수 있을까.

을 넘어서 어디에나 존재하는 단계에 왔다.

신 관념은 우리가 신을 사랑, 지혜 그리고 정념으로 접촉하는 데 장애물이 될지도 모른다. 그것은 실체와는 무관한 막연한 표현일 수 있다. 부처는 신을 반대한 것이 아니었다. 실체와 부합하지 않은, 명실상부하지 않은 단지 심리적인 허구일 뿐인 신 개념에 대하여 반대한 것일 뿐이다. 그것이 왜 그가 성령을 통해서 신에 접근하는 것이 더 안전하다고 믿는 이유다. 모든 관념, 개념, 이념, 견해를 벗어나 비운 상태에서만 실체를 파악할 수 있다.[56] "우리는 신, 부처, 열반, 자아, 무아, 생, 사, 유, 무의 관념을 버려야 한다." '불교', '기독교'도 버릴 때 진정한 대화가 가능해진다. 대화의 걸림돌이 될 수 있는 가장 큰 문제가 해소된다. 틱 낫 한은 이렇게 정리한다.

나는 크리스천들과 불교도들 사이에 많은 차이가 있다고 생각하지 않는다. 두 전통 사이에 우리가 만들어놓은 경계선들은 대부분 인위적인 것이다. 진리는 경계선이 없다. 우리의 차이는 대개 강조에서 생기는지도 모른다. 당신은 당신의 전통에서 태어나고 자연스럽게 당신은 불교도나 크리스천이 된다. 불교나 기독교는 당신의 문화와 문명의 일부이다. 당신은 다른 문화와 문명에 사람들이 집착하는 가치들이 있다는 것을 알지 못할지도 모른다. 만약 당신이 충분히 열려있다면, 당신의 전통이 모든 진리와 가치를 포함하지 않고 있다는 것을 이해할 것이다. 당신의 전통 밖에는 구원이 불가능하다는 생각에 붙잡히기가 쉽다. 당신의 전통을 깊이 올바로 실천하면 그러한 위험한 믿음에서 놓여날지도 모른다(Thick, 1995: 154-155).

---

56 모든 언설과 생각을 여읜 비움 속에서만 신이나 실체, 참 나를 인식할 수 있다.

틱낫한의 기독교 해석은 참신하고 남다르다. 일반 신학자나 불교 연구자가 따로 도달하기 힘든 높은 전망대에 올라가 있다. 그렇다고 자기만의 사유에 근거한 것은 아니고, 성경과 신학 사상과 인물들을 풍부하게 인용하면서 단순한 접근이 아닌 비판적 이해와 객관적 해석을 보여준다. 가톨릭 측 교황과 성인들(테레사 수녀 포함), 사제들(토마스 머튼 등)의 발언, 교리, 기도문 등을 빈번히 인용하고 있다. 전형적인 예가 성령(Holy Spirit) 개념의 활용이다. 성령은 그의 담론에서 '정념'과 더불어 가장 중요한 개념으로 등장한다. 두 가지를 동의어처럼 일치시킬 정도로 활용한다. 대개 둘을 나란히 병렬시켜 기술한다. 성령을 의식하면서 명상한다면, 성령을 명상 속에서 만난다면 그 효과와 신앙은 더 배가되고 강화될 것이 분명하다. 그것이 대화가 노리는 결과다.

그의 기독교 해석에는 이해와 공감 그리고 관용하는 태도가 깔려있지만 그렇다고 무비판적으로 모든 것을 수용하는 것은 아니다. 자주 인용하는 교황의 경우, 드물지만 동의할 수 없는 부분도 서슴없이 지적한다. 그 사례를 들어보자.

교황 요한 바오로 2세는 "희망의 문턱을 넘어서"에서 예수는 신의 독생자라고 주장한다: "그리스도는 절대 원초적이고 절대 독특한 분이다. 만약 그가 소크라테스 같은 현자였다면, 만약 마호메트 같은 '선지자'였다면, 만약 부처 같은 '깨달은 자'였다면 틀림없이 현재의 그가 아닐 것이다. 그는 신과 인간 사이의 중보자이다." 이 언명은 삼위일체의 하나됨의 신비를 반영하지 않는 것처럼 보인다. 또한 그리스도가 사람의 아들(인자)이라는 사실을 반영하지 않는다. 모든 크리스천은 기도하면서 신을 '아버지'라 부른다. 물론 그리스도는 독특하다. 그러나 누가 독특하지 않은가? 소크라테스, 마호메트, 부처, 당신 그리고 나는 모두 독특하다. 하지만 이 주장의 이면에는 기독교가 구원의 유일한 길을 제공하고 다른 모든 종교 의 전통들은 소용이 없다는 관념이다. 이 태도는 대화를 배제하고 종교 적 불관용과 차별을 부추긴다. 도움이 안 되는 말이다(Thick, 1995: 192-193).

교황은 독특성을 강조하고 틱 낫 한은 보편성을 강조하는 데 차 이가 있다. 학자들은 이 딜레마를 해결하기 위하여 절대주의와 상대 주의 사이에서 갖가지 해석을 시도하고 있다. 틱 낫 한은 대화는 참 여자의 평등성, 즉 평등한 독특성을 전제로 하지 않고는 불가능하다 고 본다. 교황은 정통 조직교회의 수장으로서 한계를 노출하고 있 다. 그에 비해서 틱 낫 한의 입장은 정통성에 묶이지 않고 한 걸음 더 나아간 입장을 보여준다. 그는 학자들이 기대하는 다원주의의 이상 에 간디처럼 실천 속에서 이미 도달해 있었다.

6. 알로시우스 피에리스(Alosyius Pieris, S.J.)

스리랑카(실론) 출신으로 예수회 소속 가톨릭 신부인 피에리스는 불교와 기독교의 교리적, 형이상학적 상통성과 문화적 차이에 주목 했다. 그것은 그에게 실존적인 화두였다. 인도와 달리 국민 대다수 가 불교 신자인 스리랑카 태생으로 기독교에 개종한 지식인으로서 파니카처럼 복합적인 문화적, 종교적 정체성을 밝히고 해석해야 할 사명을 느꼈던 것이다. 하지만 파니카와는 다소 다른 접근을 보여준다. 다분야에서 거시적, 형이상학적 해석을 시도하는 파니카와는 달리 그는 경전과 전통 교리의 비교, 대조에 집중하는 분석적 방식이다. 그는 실존적인 차원에서 다원주의를 연구하는 데 그치지 않고 사회개혁을 지향하는 목회신학에도 관심을 갖고 남미와 아시아의 맥락에서 다룬 해방신학에 관한 두 가지 저술도 있을 만큼 복음의 토착화와 사회적 실천에 관심을 가진 종교인이다.

논문 "부처와 그리스도: 해탈(구원)의 중보자들"에서 피어리스는 종교 간의 대화를 위한 자료로 두 창시자와 종교의 동질적 및 이질적인 특성을 ① 핵심-체험(core-experience), ② 집단적 기억(collective memory), ③ 해석 등 세 갈래 수준에서 분석한다. 어떤 종교나 그 핵심은 창시자의 해탈 체험이다. 이 근원적인 영적 체험이 종교를 탄생시키고 후대에 계속하여 재생하는 전통이 지속된다. 종교로서 전통의 지속성과 발전의 수준은 이 체험이 그때그때 일정한 사회와 문화의 환경에서 어떻게 활용, 실천되느냐에 달려있다. 핵심-체험을 재생할 수 있게 실천하는 수단을 발전, 진화시키지 못하는 종교는 결국 사라진다. 그것이 집단적인 기억으로 지속되는 소통체계가 기능하는 데 필요한 것이 시대 환경에 부합한 해석이다. 그 과정에서 다양한 철학적, 신학적인 학파가 생겨난다.

핵심-체험의 특성은 종교에 따라 다를 수 있다. 불교의 경우 '해탈의 지혜'(반야)라 표현하고 기독교적 체험은 '사랑'(아가페), 즉 구속(속죄)적인 사랑으로 나타난다. 둘 다 자기-초월과 본질적인 인간 변혁을 일으키는 사건으로 그것이 구원으로 이끈다.[57] 두 가지 체험

---

57 특성의 차이만큼 수행실천방식에서 두 종교는 갈린다. 불교가 자기 변혁, 즉 깨침을 통해서 지혜를 얻는다면 기독교는 사회적 관계 속에서 사랑을 실현한다.

을 따로 놓고 볼 때, 종교체험만이 아니라 '해방(해탈)의 궁극적인 원천'과의 직접적인 조우 순간을 표현하는 매개 수단으로서는 한 가지만으로는 불충분하다. 완전한 체험을 위해서는 둘(반야와 아가페) 다 필요한 요소가 된다. 그러므로 '구원'이라고 말하는 자기-초월을 전달하기 위해서 서로를 필요로 하는 보완적인 표현으로 봐야 한다. 종교의 역사를 둘러보면 분명하다. 지혜와 사랑의 상호작용을 통해서 영성이 계발된다. 불교에서는 반야(prajna)와 자비(karuna)로, 힌두교에서는 (『바가바드기타』에서 말하듯이) '지혜의 길'(jnana-marga)과 신앙의 길(bhakti-marga) 및 행동의 길(karma-marga)로 표현된다.

두 종교 간의 대화가 집중할 만한 초점은 예수와 부처가 두 종교의 역사 속에서 어떻게 구세론적 기능을 갖게 되었는가, 즉 구세주로 인식되게 되었는가를 해석하는 기독론과 불타론의 문제다. 예수는 그리스도로 고타마는 부처(불타)로 바뀌어 숭앙의 대상이 된다. 불교는 소승과 대승 전통에 따라 다르다. 초기 불교, 소승불교에서 대승불교로 넘어오면서 그의 위격이 누구나 될 수 있는 깨달은 존재에서 초월적인 존재로 격상된다. 영원한, 즉 법(Dharma)을 표상하는 주(님)의 위상을 갖는다.[58] 예수도 이미 존재해 온 말씀(logos)과 하나 되는 위격을 갖춘다.[59] 불교의 선교 과정에서 부처를 우주적 존재로 등장시킨 불교에서와 마찬가지로 기독교에서도 특히 기독교 건립에 크게 기여한 바울은 그리스도가 모든 피조물의 주이며 우주적 힘이라는 사실을 내세우면서 만방에 선교했다.

나아가서 부처는 (정토종에서 섬기는 아미타불처럼) 신앙을 갖고 이

---

[58] 법신불 개념이 그 표현이다.
[59] 신학자들이 말하는 '우주적 그리스도'다.

름을 부르는(염불) 자에게 구원의 은총을 베푸는 구세주가 되었다. 이것은 기독교가 지향한 사랑(아가페)의 정신이 불교에서도 나타나고 있는 모습이다.[60] 따라서 불교에서도 사회·정치적 질서가 우주적 종교성과 연계되는 전통이 지속되었다.[61] 기독교가 강조하는 사회적 실천, 즉 사회정의의 구현은 소승(테라바다)불교 전통에서는 뚜렷이 나타나지 않았지만, 인도에서 아웃카스트로 천대받아 온 불가촉민들(달릿)이 불교를 수용하면서 사회적 운동으로 나타나기 시작했다. 부처의 구세론적인 역할에 대한 새로운 해석이 시도되고 '대장경'의 새 장을 열었다고 평가된다.

이와 같이 기독론과 불타론 사이에 놀랄 만한 대칭적인 유사점이 발견된다. 그래서 여러 아시아 국가들에 기독교가 처음 유입되었을 때 신앙적으로는 별다른 저항 없이 받아들인 것이다. 부처를 밀어내고 예수가 그 자리를 차지한 격이 되었다. 하지만 자기방어를 위해서 호교론적인 주장과 논쟁이 일어나기도 했다. 그리스도보다 부처가 우월하다는 주장이 등장했다. 특히 힌두교는 일찍이 종교신학적인 기술을 개발했다. 그 한 가지가 다른 종교를 자기의 신학적 프레임으로 흡수함으로써 그 도전을 무력화시키는 기법이다. 구원론의 우산 밑에서 예수와 고타마 부처는 힌두 신의 화신(avatar)이 되었다.

이 고대 종교신학이 오늘날에도 주류 교회에 널리 통용되고 있

---

60 사랑은 불교에서 자비로 표현된다.

61 석가가 대각 후에 열반에 들지 않고 여생을 가르침을 알려주는 교화에 바친 사실도 그 것을 나타내는 단초가 된다. 자비를 실천하는 보살 수행은 진리 탐구(상구보리)와 함께 사회계몽, 즉 '중생교화'를 수행의 두 축으로 삼는다.

다. 부처는 '신성한 이교도'로서 유일한 구세주 예수의 길을 예비하는 선행자로서 받아들여진다. 말하자면 내포주의적인 종교신학을 예견한 셈이다. 중세 교회가 부처를 예수 그리스도의 한 성인으로서 받아들인 것과 비슷하다. 신약 성경이 유대교 교부들과 선지자들을 보는 관점에서 유래한 입장이다. 이슬람교가 취한 예수에 대한 접근 방식과 똑같다. 불교가 예수를 보는 시각도 그런 식이었다. 예수를 하나의 보살, 즉 자비로 가득 찼지만, 아직 부처가 되어가는 도정에 있는 존재로 낮추어 보았다. 그것이 불교가 양보할 수 있는 최대 한계였다. 그 이상은 불교의 독립적 위상을 잃어버리게 될 것이었다.

따라서 배타주의적 그리고 내포주의적인 이론은 모두 부처가 그리스도를 넘어서는 우월성 주장으로 귀결되고 만다. 뒤집어서 기독교의 경우도 마찬가지다. 배타주의적인 모델도 그것을 벗어나기 어렵다. 이것이 '대화 지향' 종교신학이 설사 가장 내포주의적인 형태라 하더라도 부딪히는 막다른 벽이다. 이러한 결과를 가져온 잘못된 단초는 그리스도의 '독특성'(유일성)에 대한 집착이다. 그것은 '절대성'을 함의하는 의미로 사용된다. '그리스도', '하나님의 아들' 등 칭호가 그렇다. 그것은 불교도 마찬가지다. '법'(dharma), '여래'(tathagata) 같은 칭호도 비슷하다. 문제의 핵심은 만인을 위한 구원의 배타적인 중보자라는 의미에서 예수나 고타마가 독특한, 유일한 존재인가 하는 것이다. 각각의 신자들에게는 그렇게 보일 것이고 그 점은 서로 인정해야 하는 것이 아닌가. 우리도 하나하나가 나름으로 독특하지 않은가.

문제는 유일성에 절대성을 부여하는 것이다. '절대'는 구세론, 구원론적인 의미에서 관찰해야 한다. 기독교인은 구원의 신비를 나름대로 이해한다. 절대가 구원의 원천, 구원의 중보자 그리고 구원의 힘이라고 믿는다. 이 세 가지 요소가 신, 로고스(말씀), 영(pneuma) 또는 삼위일체로 표현된다.[62] 창조설이 없는 불교는 구원의 원천은 없는 만큼 종말론과 은총의 개념이 없다. 불교의 목표는 열반(nirvana)인데 이는 개체의 우주 역사와 인간의 역사가 끝나는 종착점을 의미하는데 반해 기독교가 말하는 종말(eschaton)은 또한 인류의 집합적인 역사의 완결을 가리킨다.

하지만 두 종교가 합치하는 점도 있다. 하나는 최종 해방(해탈)에 이르기 위하여 적극적인 노력과 정진(수련)이 필요하다. 그와 동시에 마지막 해방은 결코 인간적 노력의 결과로만 볼 수 없는 면이 있다. 기독교의 종말은 (신의 섭리 같은) 인간 외적인 요소를 지닌다.[63]

'구원의 중보자' 측면에 이르러서는 두 종교가 더 일치하는 점이 있다. 역설적으로 구원은 도달 불가능한 지향 목표(천국, 피안)가 인간 '내면'으로 옮겨온다.[64] 이성으로는 이해 불가능한 영역이 인간의 통찰 권내로 들어온다. 인식론적으로 진리(Dharma, Logos)에 이르는 길이 있다. 그 길은 우리에게 주어진 '천부적 능력'이다. 기독교의 '영'과 불교의 '마음'(心)이 그것을 가리킨다.[65] 인간에게 그런 기능이 있기 때문에 그리스도나 부처가 구원의 중보자가 될 수 있는 것이다. 두 종교는 '구원의 계시적인 중보'를 공유한다. 인식론적으로 종

---

62 불교는 법신불, 보신불, 화신불, 즉 '삼신'을 말하지만, 기독교와 똑같지는 않다.

63 불교는 자력과 자각을 강조하지만, 대승불교에 와서는 정토 신앙처럼 타력적인 측면이 부각된다.

64 '하늘나라는 내 안에 있다' — 예수, 불교의 깨달음은 '견성성불', 즉 자기 속에 내재한 불성을 파악하는 것이다.

65 불교의 불성(佛性)이나 기독교의 '하나님의 형상', 즉 신성(神性)도 같은 개념이다.

교의 두 가지 유형으로 대비되는 불교의 자각과 기독교의 계시 사이의 거리는 여기서 좁혀진다.[66]

이와 같은 고전적인 기독론은 바울 속에서 발견되는 초기적인 형태의 기독론에 기초한 것으로 이제는 세계관이 확대된 만큼 변화할 단계에 이르렀다. 옛것은 주어진 불변하는 우주에 기초한 것이다. 창조는 과거에 완료된 사건이 아니고 진행형 과정이다. 인간도 더불어 참여하는 협동-창조(co-creating)다. 중보도 그리스도와 함께하는 협동-중보(co-mediation)다. 이 세상을 정신-영적으로 그리고 사회-정치적으로 함께 평화와 정의의 왕국으로 변혁시켜가야 한다. 이와 같은 집합적(corporate) 그리스도와 더불어 하는 구속救贖적 역할은 옛 부분적 기독론에서는 없었으나 이제 대두하는 해방신학에서는 나타나고 있다. 이 신학은 지배의 기독론, 즉 식민지(colonial) 그리스도의 신학에 대한 비판으로 출발하였다.[67]

해방신학은 구원의 중보를 십자가상 예수의 모습 속에서 본다. 십자가는 예수의 구원의 도정을 구성하는 두 가지 시련을 상징한다. 하나는 그를 세상에 묶어놓은 생물학적, 정서적, 육체적인 연결을 포기하는 것, 또 하나는 인간을 가진 자와 못 가진 자로 양극화시키는 황금(mammon)의 배격이다. 첫째 시련의 형태는 보리수 아래 앉은 부처가 상징하는 내면적 해방에 초점을 맞춘다. 둘째 시련은 사랑의 새 질서 또는 하느님의 나라(신국)에 비추어 인간관계 속에서 구조적인 변화를 요청한다.

예수의 독특성(절대성)은 구원의 절대적 중보에 대한 그의 주장

---

[66] 동학의 창시자 수운 최제우의 대각 체험에서 융합되는 모습이 나타난다.
[67] 한국의 민중신학도 해방신학의 일종으로 볼 수 있다.

이 두 가지 시련에 의하여 십자가 위에서 시현된다는 사실에 놓여 있다. 그 두 가지 시련은 진행 중인 구원 과정으로서 그의 추종자들 안에서 지속되어야 한다. 그래야 예수의 시련 속에서 아직 덜 끝난, 과정이 완성될 것이다. 이 이중의 시련은 아시아의 해방신학이 기독론으로 발전하기 위해서 중시해야 할 핵심 사항이다. 그것은 불교의 불타론과 다투는 것이 아니고 보완하는 과정이 된다. 기독교도는 불교의 지혜로운 무소유(자발적 빈곤)를 채택하고 불교도는 강요된 빈곤에 대항하여 기독교도의 아가페적인 참여를 채택하는 것이다. 이러한 보완적 협동이 아시아의 일부 기초 공동체 안에서 일어나고 있다. 여기서 양쪽 순례자들이 길벗이 되어 함께 본격적인 대화를 나누며 각자 자기 경전을 해설하고 예수와 고타마의 이야기를 다시 풀어간다.

7. 불교와 기독교의 상호 보완의 사례 ─ 사랑과 자비

기독교의 사랑행은 끝없이 에고ego를 부정하고 또 부정하는 무無의 체험을 통하여 세계를 향하여 나서는 대승불교의 보살도주의에 나타난 대자비심大慈悲心에서 배우며 보완되어야 할 것이다(변선환, 감리교신학대학교 교수).

종교다원주의의 담론에서 제시된 가장 중요한 실천은 대화이다. 위에서 다양하게 논의되었듯이 그 전형적인 형태가 기독교-불교 간의 대화다. 두 종교는 역사와 분포도에서 동서를 대표하는 전통이면서 종교 유형에서 존재론과 인식론에서 뚜렷하게 대칭된다는 점에서 큰 의의를 갖는다. 신의 존재 여부에서 기독교가 유신론, 불교는 무신론이고, 인식 수단에서 계시와 깨달음으로 갈라진다. 큰 차이만 큼 종교 간 대화의 목표인 상호 보완이 그만큼 더 극대화될 수 있다. 어떻게 상호 보완될 수 있는가를 보여주는 대표적 사례를 든다면 사랑과 자비의 문제다.

두 가지는 두 종교의 핵심 실천 요목이다. 그런데 그 깊은 의미가 충분히 전달, 인식되지 못하고 있는 것이 현실이다. 사랑을 놓고 보자면 인간의 의식을 구성하는 여러 차원(몸, 마음, 얼, 영)과 접속하지 못하고 신체적 욕망(에로스)의 차원에서만 밑돌고 있다. 신약성서의 언어인 희랍어에서도 세 가지(에로스, 필리아, 아가페)를 구분하지만, 사람(신자)들은 높은 차원에 이르려고 노력하지 않고 감각적, 감성적 차원에만 머문다. 이제 타락된 진부한 말이 되어 통속적인 '나는 너를 사랑해'라는 말은 모순적인 표현이다. '나'가 빠진 진정한 사랑이 아니고 아직 이기적인 자기중심의 애정 표현이다. 새로운 표현과 해석이 필요한 추상적 개념이다.

그래서 그 구체적 실천으로 간디는 '비폭력'을 내세웠다. 소극적인 표현으로 보이지만 자기희생을 감수하는 적극적인 행동을 수반하는 실천원리다. 너 대신 나를 희생하는 정신은 바로 예수의 십자가 희생에 내포되어 있다. 그런데도 '이웃을 사랑하라'는 계명을 개인이나 사회 차원에서 얼마나 실천하고 있을까. 사회와 세계를 둘러보면 알 수 있다. '거짓 증언(거짓말)하지 말라'도 마찬가지다. '살인하지 말라', 즉 비폭력 계명은 전쟁 앞에서 무력화된 지 오래다. 그것을 간디와 톨스토이가 지적하고 병역거부를 주장하기까지 했다. 그것만으로도 간디와 톨스토이는 '사랑'의 현대적 해석과 실천에서 크게 기여한 셈이다.

비폭력은 불교의 불살_{不殺}계에 해당하지만, 불교가 '사랑'의 해석에 기여할 수 있는 부분은 더 크다. 무아(공) 사상과 보살 사상과 정신을 통해서 사랑의 실천을 확대, 심화할 수 있다. 물론 사랑에 해당하는 '자비'(karuna, compassion)의 의미를 알려줄 수도 있다. 자기희생은 '무아' 의식을 통해서 완전해진다. 나와 너의 분별심이 없을 때 참사랑이 솟아난다. 십자가 정신에도 불구하고, 신을 앞세우는 종교로 기독교는 자기희생의 주체인 자아의 본질에 대한 철학적, 이성적 이해에 부정적, 소극적이다. 무아와 공개념을 이해한다면 십자가와 사랑의 실천적 의미를 파악할 수 있다. 아베 마사오는 '공'을 해석 도구로 내세우고 신도 '자기 비움'을 나타냈다고 논증하여 불교와 기독교의 접촉점을 발견한다.

사랑의 이해를 위한 다른 도구는 보살(bodhisattva) 사상이다. 보살은 관세음보살, 문수보살 같은 신앙의 대상으로 등장하는 위대한 존재를 가리키기도 하지만, 일반적으로 부처의 지위에 오르기 전의 수행자를 가리킨다. 보살의 두 가지 목표는 깨달음(보리)의 성취(上求菩提)와 중생교화(下化衆生)로 '자신보다 먼저 타자의 득도'를 우선한다. 가장 나중에 구원받는다는 자세이다. 사랑도 그와 같지 않을까. 아직 '무아'를 체화하지 못했다면 타자 우선은 가능할 터이다. 사랑과 동렬에 두는 '자비'는 깊은 뜻을 지닌 말이지만 일단 '즐거움을 가져다주고 고통을 없애 준다'(與樂拔苦)는 뜻으로 표현된다. 이타주의적인 실천이다. 스스로 다른 무엇보다 불교도임을 고백한 켄 윌버는 자비의 실천을 자기가 자각한 지혜(반야)를 다른 사람들이 똑같이 깨닫도록 도와주는 행위로 해석한다. 그것은 보살의 목표인 '상구보리-하화중생'에 들어맞는 해석이다. 중생교화의 내용이 다름 아닌 깨달음(보리)이다.

상호 보완은 일방통행이 아니다. 대화에서 불교가 얻을 점도 많다. 불교가 취약한 역사 인식과 사회적 실천을 기독교에서 배워야 한다. 함석헌이 파악한 대로 역사단계에서 인류는 개인주의 시대에서 세계주의, 전체공동체(전체주의) 시대로 접어들었다. 정신적, 영적 가치관이 붕괴되고 물질주의적인 탐욕의 극대화로 위기에 빠진 세계를 종교가 바라보고 있을 수만은 없다. 개인 중심의 소승적인 깨달음만으로 변화되기를 기다릴 수 없는 종말론적인 위기에 봉착했다.

'정의의 하나님'을 받드는 기독교는 사회정의를 주장하고 사회적 실천을 강조해왔다. 불교가 기독교에서 방법론을 배우고 함께 협동하여 인류를 깨우쳐야 할 상황이다. 종교적 진리의 인식. 깨달음을 사회적 실천 속에서 찾아야 한다는 신학자들(폴 니터, 존 캅 등)의 목소리에 귀를 기울여야 한다. 월남전 와중에서 틱 낫 한이 제창한 참여 불교 운동의 불씨를 살리고 (한스 큉 등의) 세계윤리 운동에도 적극적으로 참여하는 것도 불교가 할 일에 속한다.

다양한 차원에서 상호 보완하는 과정에서 두 종교는, 존 캅이 표현하듯이 '불교화한 기독교'(Buddhisized Christianity)와 '기독교화한 불교'(Christianized Buddhism)가 형성되리라고 전망된다. 그 과정에서 둘의 차이가 좁혀지면서 자연스럽게 언젠가는 하나의 종교가 될지도 모른다고 인정한다. 그 점에서 한국 사회에서 불교와 기독교 사이의 대화가 어느 곳보다 더 필요하다. 두 종교가 전체 인구에서 점유하는 비율이 다른 종교보다 크고 거의 비등하다. 또한 실제로 개인적으로나 사회적으로 갈등도 적지 않다.

이와 같이 서양 지식인들이 도달한 타종교 특히 불교에 대한 이해와 시각이 소수 한국 종교학자나 신학자에게 전혀 없지는 않았다. 1970~1980년대에 적어도 두 학자가 있었다. 이 절의 첫머리에 인용한 신학자 변선환과 다음 글을 발표한 종교학자 이기영이다. 전자에 대해서는 이미 기술한 바 있고, 이기영은 가톨릭으로 유럽에서 불교를 전공하고 돌아와 새로운 불교 연구 방법론으로 영향을 끼쳤다. 그 자신이 말하자면 가톨릭-불교도인 셈이다. 두 사람이 바로 사랑과 자비의 보완성을 두 종교의 실천적 요체로 다루는 데서 일치하고 일치한다.

> 나는 석가와 예수를 통해 그릴 수 있는 참 인간의 모습이 우선 자비와 사랑이란 낱말로 드러날 수 있다고 생각한다. 석가의 가르침의 핵심은 흔히 자비와 지혜의 완성이라고 이해하고 있으며, 예수 그리스도의 가르침이 역시 조건 없는 사랑에 있음을 안다. 십자가는 인간에게 고통이 무엇이며, 인간이 얼마만큼 잔인한가를 가르치기 위한 상징은 아니다. 그것은 오직 사랑을 가르치는 까닭에 의미가 있다. 그것은 죄악의 인간의 마지막 매도罵倒까지도 사랑으로 포섭하는 위대한 용서의 정신, 희생적 사랑의 이상을 보여주는 것이다(이기영, 동국대학교 교수).

크리스천이 불교에서 지혜와 자비를 배워야 하지만 불교도가 기독교에서 십자가가 상징하는 사랑의 정신을 더욱 강조하는 모습이다. 불교-기독교 대화의 문제에서 두 사람은 드문 선구자였다. 그 흐름이 물밑으로라도 이어지고 있는지 알 수 없지만 분명한 증좌는 보이지 않는 것이 오늘 한국의 종교 상황이다.

II. 힌두교와 타종교·기독교

1. 총론(라다크리슈난)

힌두교는 역사와 전통 그리고 범주에서 다른 어느 종교보다 길고 광범하다. 물론 유대교의 역사도 길다고 할 수 있지만, 힌두교를 상징하는 요가는 기원전 4세기 중반(3500 BC) 아리안족의 이주 이전 하라파와 모헨조다로 문명까지 거슬러 올라간다. 오랜 전통의 산물인 방대한 베다 경전이 신화와 역사를 풍부하게 담지하고 있다. 힌두교는 단순히 종교와 철학을 넘어 인도인의 역사와 문화 자체이다.[68]

힌두교는 철학적으로 좁게는 요가와 베단타 철학을 포함하는 6파 정통 철학으로 한정할 수 있지만, 범주를 넓혀 비정통 철학 3파(자이나교, 불교, 유물주의)까지 포괄하기도 한다. 서양철학과 달리 인도철학은 중국 전통처럼 종교와 분리되지 않는다. 종교사가 곧 철학사이고 종파가 곧 학파인 셈이다. 비정통학파라 해서 이단처럼 취급하지 않는다. 안팎의 맥락에서 밖을 다루는 외교外教(bahyakas)로 간주한다. 정통은 안을 보는 내교內教이다. 상호 보완적 관계다. 학파는 코끼리의 한 부분만을 만지는 장님들처럼 보는 관점, 시각을 대표할 뿐이다.

힌두교는 출발부터 요가 철학에서 보듯 인도 토착민의 신앙을

---

[68] 그 점에서 유대교 전통과 흡사하다.

흡수했다. 불교가 8세기 이후 인도에서 거의 사라진 것도 신앙적으로 불교를 흡수한 까닭이다. 신(비슈누)의 열 가지 화신(avatar) 기운데 부처를 포함하기까지 했으므로 따로 독립할 명분을 잃은 셈이다. 불교를 통치 원리로 삼아 최초로 인도를 통일한 아쇼카 대왕도 다양한 종교에 대한 관용을 정책으로 삼았다. 그가 남긴 비문에는 '모든 형태의 종교 경전을 다 보호한다'는 말이 발견된다. 힌두교 전통은 문화의 이상인 '다양 속의 통일'(unity in diversity)을 잘 드러낸다. 그것은 다름 아닌 다원주의의 틀이다. 따로 논의한 대로 현대 종교학(비교종교)의 창시자 막스 뮐러가 타종교에 눈을 뜬 것도 인도의 신화와 종교를 알게 되면서부터였다.

힌두교 전통을 관류하는 다원주의적 종교관과 정신은 베다 경전과 그 끝부분인 우파니샤드에서 그 뿌리를 찾을 수 있다. 방대한 베다 경전을 요약한 힌두교 성경이라고 할 『바가바드기타』가 그것을 잘 드러낸다. 여기서 힌두교가 전통적으로 제시한 다양한 수행실천의 길을 네 가지 요가로 분류한다. 즉, 지혜(jnana)의 요가, 행동(karma)의 요가, 신앙(bhakti)의 요가, 신체 수행(raja) 요가 등인데 신앙이나 행동같이 한 가지를 더 중시할 수도 있지만, 그 통합적 수행이 바람직하다.[69] 다원주의적 구원론, 실천론이다. 신앙의 길의 경우, 특정 신(크리슈나)에 상대적인 비중을 더 두지만, 다른 신을 섬기는 것도 무방하다.

어떤 형태로든지 숭배하더라도 나(크리슈나)는 그의 신앙을 더 돈독하

---

[69] 일반적으로 알려진 요가는 넷째 것이지만 구원과 수행방식으로서의 요가는 전통적으로 넷이다.

게 할 것이니라(7:20), 어떤 방식으로 나를 접근하든지 나는 다 똑같이 받아들일 것이니라(4:11).

힌두교 전통이 품고 있는 다양성과 통합성은 종교 갈등이 평화와 공존을 위협하고 있는 세계의 현실에서 타당한 해답이 될 수 있다. 옥스퍼드대 교수를 지내고 독립된 인도의 부통령, 대통령까지 지낸 라다크리슈난은 '힌두교의 포괄적이고 통합적인 정신'이 다양한 종교들의 타당성과 모든 종교의 일치를 인정하는 갈등 해결사가 될 수 있다고 일찍이 주장했다(1926년). 한 가지 신조가 나머지를 흡수한 세계는 빈약해질 것이다. "신은 풍성한 조화를 원하지, 무색무취한 획일성을 원하지 않을 것이다." "우리가 더욱 종교적이 될수록 더욱더 다양성을 관용하게 될 것이다." 힌두교는 낡은 틀에 고정된 전통이 아님을 강조한다. "힌두교는 운동이지 입장이 아니다. 과정이지 결과가 아니다. 자라나는 전통이지 고정된 계시가 아니다."

2. 마하트마 간디(Mahatma Gandhi)

20세기를 마감하는 시점에서 미국 시사 주간지 「타임」이 실시한 20세기를 대표하는 인물을 선정하는 조사에서 물리학자 아인슈타인이 첫째, 그다음 인물로 간디가 선정되었다. 동서의 평가 기준이 다르고 가치관에 따라 위치가 바뀔 수도 있지만, 정신적, 영적, 사회적, 도덕적 차원에서 간디가 20세기를 대표한 인물이라는 사실에는 동서가 일치한다. 사회개혁과 정의 실현, 저항에 몸을 바친 간디의 삶은 종교를 떠나서 이야기할 수 없을 만큼 종교는 그에게 제일원리이며 진리의 원천이었다.[70] 직접 간디의 고백을 들어보자.

> 나는 종교 없이는 일 초도 살 수 없을 것이다. 나의 많은 정치인 친구들은
> 심지어 내 정치 활동조차도 종교에서 파생된 것이라고 실망스럽게 말하
> 는데 그 말은 맞다. 정치와 나의 모든 다른 활동은 나의 종교에서 나온다.
> 거기에 더하여 말하자면 종교를 가진 사람의 활동은 하나하나 그의 종교
> 에서 근원한 것이어야 한다. '종교'(religion)는 (어원적으로도) 신에 속
> 박되어 있음을 의미하는, 말하자면 신이 우리의 숨 쉬는 것 하나하나까지
> 도 지배하기 때문이다(1934).

간디가 왜 평생, 특히 변호사가 된 이후, 정치와 사회운동에 헌신
했는가를 이해할 수 있다. 그의 정치 행동의 도구인 비폭력 사상도
종교에서 건져 올린 원리였다. 그를 종교인, 종교사상가로 말해도
될 만큼 종교의 원리와 실천에 일가견을 이루었던 것이다. 물론 단
순히 종교사상가로만 보기에는 반경이 너무 넓은 실천가, 사회운동
가였다. 그의 종교관, 신관이 각별한 의의를 갖는 것은 그것이 상아
탑에 갇힌 학자의 사유 활동의 소산이 아닌 생생한 지혜라는 점이
다. 추상적인 이론이나 가설이 아니고 상아탑 대신에 감옥과 아슈람
그리고 투쟁 속에서 사유하고 시험해보고 도달한 검증된 생생한 원
리다. 그래서 그의 자서전은 '진리 실험의 이야기'이다.

그 과정에서 나온 주옥같은 결정체가 다름 아닌 '비폭력'의 원리
다. 개념 자체는 거의 모든 위대한 종교에 공통되는 제일원리(불살

---

[70] 과학자로서는 드물게 아인슈타인도 종교의 가치를 깊이 인식했다.

계, '살인하지 말라')이지만 진부한 표현으로 오래 경시되고 사장된 계율을 그가 살을 붙이고 재해석하여 번듯하게 닦아내서 인류 앞에 다시 내놓았다. 새삼 그것이 전에 없는 호소력을 갖게 된 것은 간디 자신이 몸으로 실천했기 때문이다. 그런 비폭력의 실천자가 마지막에는 폭력으로 희생되었다는 것은 비극이지만 그것이 바로 비폭력의 중요성을 증명해준다. 그것도 종교 신앙이 바탕이 된 폭력이었다. 간디가 외치듯 종교가 왜 중요한지를 다시 드러낸다.

그런 간디야말로 어떤 신학자·종교학자보다도 종교다원주의의 선구자, 실천자였다. 1947년 인도가 영국의 오랜 식민지에서 벗어나자 내부분열이 일어났는데 그 주요한 요인이 지금의 파키스탄 쪽의 독립이었다. 그것도 힌두교와 이슬람의 종교 갈등이었다. 그것을 한사코 말린 사람이 간디였다. 당시 이슬람 쪽 지도자(지나)와 접촉, 설득하면서 노력하다가 그 와중에 암살되었다. 종교가 다르다고 분리하는 것이 공존하는 것보다 나은 선택이 될 수 없다는 것이 간디의 소신이었다.

그의 소신이 옳았다는 것이 이후 역사적으로 증명된다. 같은 이슬람이라도 파키스탄에서 다시 방글라데시가 분리되었다. 두 국가는 세계 최빈국 수준으로 많은 문제를 안고 있는 상태다. 파키스탄과 인도의 접경인 카슈미르 지역의 갈등과 싸움은 오랜 기간 지속되고 최근에도 격렬하게 일어났다. 미얀마의 로힝야족도 불교국가인 미얀마에서 수난을 당하고 있다는 사실이 지금 국제적인 화제가 되고 있다. 다수가 이슬람 국가로 도피하고 있다. 모두 종교 차이로 말미암은 일들이다. 간디의 우려가 현실로 나타나는 모습이다.

1) 비폭력 ― 종교다원주의의 출발점

서구에서 다원주의가 학술적으로 논의되기 훨씬 이전 시대에 간디가 취한 입장은 다원주의에 놀랄 만큼 정확하게 일치한다. 이 책에서 우리가 다룬 주요한 다원주의 신학자 존 힉도 간디를 '종교평등론'을 펼친 다원주의자로 자리매김하는 데 주저하지 않는다. 여러 가지 면에서 근래 전개되고 있는 종교다원주의 사상과의 일치를 찾을 수 있다. 우선 실천적 차원에서 바로 비폭력 원리를 들 수 있다. 일반적으로 사랑, 자비, 관용(仁), 무위를 종교들의 가장 중요한 실천적 덕목으로 든다. 그것을 더 구체적으로 표현한다면 무엇이라 말할까. 간디에게는 비폭력이 그 해답이다.

'전쟁과 평화' 등 주옥같은 대작을 낸 문호 톨스토이가 50대에 접어들어 문학의 한계를 의식하고 종교 탐구에 골몰하여 성서를 깊이 파헤친 후 찾아낸 원리도 비폭력이었다. 성서에 들어있는 예수의 핵심 메시지는 "악에 저항하지 말라"라고 단정했다. 맥락과 배경을 떠나서 그 말은 오해의 소지가 없지 않다. "아무 저항도 하지 말라"는 뜻으로 볼 만하다. 그러나 참뜻은 '폭력적인 저항'의 부정이다. 그래서 '소극적 저항'이라 말한다. 성서에서는 또 "왼쪽 뺨을 맞으면 오른 뺨을 돌려대라"라고 말한다. 소극적이지만 철저한 실천을 요청한다. 남을 해치는 대신 내가 희생하는 것이다. 신의 '독생자' 예수의 십자가 희생이 그 상징이다.

톨스토이는 성서에서 찾아냈지만, 간디는 인도의 종교들과 기독교 등 다른 종교에서 공통된 절대 윤리로 인식했다. 특히 불교만큼 인도의 오랜 종교의 하나인 자이나교에서 비폭력의 철저한 실천을 배웠다. 자이나교는 비폭력의 대상을 동물은 물론 식물, 곤충, 공기나 물속의 미물, 무생물까지 범주를 확대한다. 이것은 인간중심의 기독교와 다르다.

힌두교, 자이나교, 불교 등 인도 종교에서 말하는 '비폭력' 개념은 명확한 배경과 의미를 규정한다. 단순히 '죽이지 말라'는 것이 아니다. 어원(ahimsa)으로 보면 살상殺傷의 부정이다. 불살상이나 불상해不傷害가 맞다. '다치지 말라'도 들어있다. 이것을 간디는 '비폭력'(non-violence)으로 새롭게 표현했다. 물론 각종 폭력이 일상화된 세상에서 불살不殺만 지켜도 한결 나은 세상이 될 터이다. 그래서 기독교 계명처럼 (중국에서 한자로 표기된) 불교 계율에서도 '불살계不殺戒'로 표현된다. 폭력, 비폭력을 말할 때 중요한 것은 범주 문제다. 어떤 행위가 폭력을 구성하는가. 신체적(身) 폭력만이 폭력의 전부는 아니다. 다른 두 가지가 더 있다. 언어(口)와 생각(意)의 폭력이다.

폭력의 세 가지 통로(수단)는 불교에서 말하는 윤회를 초래하는 카르마(業, 業障)를 형성하는 세 가지 행업行業(三業)과 일치한다. 카르마는 기독교의 죄(죄업)에 해당한다. 죄는 선험적인 원죄도 있지만, 개인이 신체적, 언어적, 또는 심리적으로 지을 수 있다. 예수가 마음속으로 음행淫行하지 않은 자가 있으면 나와 보라고 한 것은 마음(생각)으로 지은 죄를 가리킨다. 불교적으로 해석하면 원죄는 개인 또는 인류에게 누적된 업장에 상응한다. 이렇게 해석한다면 가장 대립적인 두 개념인 카르마(불교)와 원죄(기독교) 사이를 이어주는 다리가 만들어질 것이다.

기독교를 통해서 톨스토이도 깨닫고 선양한 부분도 있지만 대체로 간디로 인하여 크게 전파된 비폭력 윤리는 오랜 종교 전통에 근거를 둔 것이므로 간디는 비폭력을 만고의 진리라고 말하는 것이다. 위에서 보듯이 그것이 단순히 육체저, 물리저 폭력만을 대상으로 하지 않음을 우리가 이해하는 것도 중요하다. 개인만이 아니라 사회적 맥락에서 언어폭력, 나아가서 언론의 폭력, 정치폭력도 빼놓을 수 없다. 간디가 보여준 대로 저항해야 할 집단 폭력이다. 간디는 비폭력의 정신에 아무런 꼬리도 달지 않고 투철하게 살고, 어떤 폭력에도 저항했다. 조금이라도 벗어나거나 현실적인 조건을 다는 상황윤리의 자취가 전혀 없다.

그 철저성은 개인윤리를 넘어 집단윤리, 사회윤리에도 그대로 적용된다. 가령 신라 화랑들에게 주어졌던 세속오계世俗五戒 가운데 살생유택殺生有擇 조목이 간디에게 제시되었다면 즉각 거부당했을 것이다. 신라 시대에 선별적인 살생은 호국불교의 환경 속에서 어쩔 수 없는 상황윤리였겠지만 간디나 톨스토이에게는 타당하지 못한 요구다. 살인이나 살생을 금하는 비폭력 계명은 개인에게만 해당되지 않는다. 살해 행위가 특히 집단생존, 국가 보존의 미명 아래 군대에서 허용된 것이 전쟁이라는 비극을 가져왔다. 한국 사회도 집총 거부, 입대 거부 문제로 치열한 논쟁과 다툼이 벌어져 왔다. 선진국보다 한참 뒤늦게 이제야 거부자에 대한 무죄가 선고된 사례가 나오고 있다. 철저한 비폭력의 사회적 실천을 주장한 간디와 톨스토이를 그저 이상주의자라고만 부르기에는 지구의 상황은 급박하다.

간디의 사유에서 특별한 점은 비폭력이 단순한 윤리 덕목이 아닌 진리의 수준에 도달한다는 점이다. 종교 실천의 핵심은 사랑이라 하자. 그런데 사람들의 통상적인 이해를 살펴보면 그 개념은 너무나 광범위하고 아직도 막연한 추상 개념으로 머물러 있다. 진리가 추상적이라면 사랑은 그보다는 일단 구체적인 표현으로 들리지만, 자세히 들여다보면 아직도 추상적이다. 대체로 사랑을 감성적, 성적인 차원으로만 보는 것이 추세다. 그것은 이기적인 일방적 감성이나 행위일 뿐이다. 진정한 사랑은 자기희생을 수반하는 이타적인 것이어야 한다. 사랑의 실천은 비폭력보다 더 적절한 수단이 없다는 것이 간디가 도달한 소신이다. 진리 인식이 목적이라 한다면 비폭력은 진리에 이르는 많은 수단 중의 하나가 아니고 수단 중의 수단 격이다.

한 걸음 더 나아가서 수단과 목적은 별개가 아니다. 수단이 곧 목적이다. 도교 노장 철학에서 존재론적인 목적이 무위자연無爲自然이라면 거기에 이르는 인식론적인 수단도 무위자연 속에 내포되어 있다. 무위자연 대신에 도교의 핵심 개념인 '도道'를 대치해도 마찬가지다. 도는 목표인 동시에 수단이기도 하다. 예수도 '나는 길이요 진리요 생명'이라 했다. 내가 진리에 이르는 길이자 진리자체이다. 올바른 길에 들어섰다면 목적에 이른 거나 마찬가지다. 경부선 기차에 타면 대구든 부산이든 목적지에 저절로 이르는 것과 같다.

또한 대승불교의 핵심 개념인 공空도 수단과 목적을 아우르는 양면성을 갖는다는 해석도 가능하다. 원래 '공'은 석가모니가 깨달은 혁명적인 원리 '무아'를 대승불교에서 용수가 다시 표현한 개념으로 인식론과 존재론 측면에서 다양한 해석을 낳았다. 원시불교에서는 힌두교에서 절대화시킨 '나'(atman)의 부정에 초점이 있었지만, 대승불교의 전개 과정에서 긍정적인 개념으로 재해석되기까지 이르렀다. 특히 중국불교에 들어와서는 심지어 '참나'(眞我)까지 등장했다. 그것은 허무주의적인 의미로 해석되기 쉬운 무아나 공개념을 해명하는 방편이라고 할 수 있지만 잘못하면 석가가 거부한 힌두교의 존재론으로의 복귀처럼 보일 수 있다.

그래서 다른 장에서 따로 논의하겠지만 불교와 기독교의 대화에 앞장선 일본 불교학자 마사오 아베는 '공'을 기독교의 신과 대칭되는 실체적인 절대 개념으로 격상시켰다. 기독교의 신도 (그리고 그리스도 자신도) 인류 구원을 위해서 독생자를 희생시킬 정도로 '자기를 비운' 존재라고 해석함으로써 아베는 비움(공)을 두 종교 간의 공통인수로 보고 두 종교 간 대화의 주춧돌로 삼았다.

이렇게 다른 종교들을 비추어 봐도 비폭력을 진리에 이르는 수단만이 아니라 목적인 진리와 동격으로 보는 간디의 통찰은 아무 무리가 없이 타당하게 보인다. 요컨대 종교적 진리는 사랑(자비, 인)의 실천으로 실현된다면 사랑은 구체적으로 자기희생, 자기 비움을 요체로 한 비폭력의 실천으로 실현된다는 주장이다. 비폭력은 모든 종교에 공통되는 기본 계율(불살계)이라는 사실은 간디가 종교다원주의 정신에 충실한 실천사상가임을 잘 드러낸다. 어느 학자보다도 그의 발언에 무게가 실리고 더 설득력 있게 들리는 것은 그 발언들이 책에서 나온 지식이 아니고 비폭력을 실험하고 실천한 삶에서 나온 체험적 신념들이기 때문이다. 그것은 간디의 신관, 종교관 등에서도 일관되게 다시 검증된다.

2) 신관

간디의 신앙과 종교, 나아가서 삶의 중심에는 신이 크게 자리하고 있다. 그래서 그의 신관을 모르고 인간관, 종교관, 세계관을 온전히 파악하기는 어렵다. 간디의 신관은 인도 종교 전통을 충실하게 반영하면서 자신의 특수한 입장까지 더한 매우 포괄적인 구조를 보여준다. 간디의 신은 신관의 일차적인 분류인 인격신과 비인격적 신(실체)을 다 아우른다. 유대교와 예수의 신은 인격신('아버지')에 속하고, 중국인의 천天은 비인격적 실체이고 상제上帝는 인격신에 속한다. 간디의 신은 힌두교 전통에서 내세운 절대 원리인 '브라만Brahman'의 양면성을 나타내는 모습이다. 힌두교를 대표하는 베단타 철학에서는 브라만을 '속성이 없는 브라만'과 '속성이 있는' (인격적인) 브라만으로 나누어 규정하는데 간디의 신앙 속에 함께 내재한다. 어릴 때부터 지녀온 감성적 신앙 속에는 인격신이었고 암살당한 순간도 부른 이름 '라마'(비슈누신의 화신)도 민중이 신앙한 같은 신이었다.

간디에게 신은 진리이며 사랑이고 윤리요 도덕성이고, 빛이며 생명의 원천이고, 양심이며 심지어 무신론자의 무신론이다. 신은 '그의 개인적인 현존을 필요로 하는 사람들에게는 인격신'이기도 하다. 신은 '모든 인간에게 모든 것들'이다. 그만큼 그의 형상도 다양하게 나타난다. 사람 수만큼 많다고 할 수 있다. 그것을 간디는 이렇게 표현한다.

> 나는 이른 청년 시절에 힌두교 경전에서 알려진 신의 천 가지 이름을 반복하도록 배웠다. 천 가지도 다 된 것은 아니다. 우리는 신이 피조물 수만큼 많은 이름을 갖는다고 믿는다. 그래서 우리는 또한 신이 이름이 없고, 형태가 많아서 형태가 없다고 말하는 것이다(1931).

너무나 무수해서 (한 가지) 이름으로는 표현할 수 없다.

인격신은 누구에게나 그렇듯이 간디가 태어나면서부터 주어진

관습의 산물이었고 점차 종교에 관한 지식과 의식이 확대되면서 자신만의 신관이 형성, 진화되어갔다. 신의 진정한 정체성은 무엇인가. 엄격하게 말하면 간디의 신은 인격적인 존재가 아니다. 인간과 격이 다르다. 격을 따지자면 인격이 아닌 신격神格이라 해야 할지도 모른다. 신은 하나의 '인간'(person)이 아니다. 그럼 무엇인가. 신은 '힘'이요 '삶의 본질', '순수하고 더러워지지 않은 의식'이라 묘사한다. 유학(성리학)에서 주장하는 이기일원론理氣一元論적인 존재론을 연상시킨다. '힘'이라 할 때 전기에 비유할 수 있는데, 전기는 '생명이 없는 힘'이지만 신은 '살아있는 힘'이다.

그와 같은 신의 존재를 어떻게 인식할 수 있는가. 신의 실체를 인간의 잣대와 이성으로는 잴 수 없다. 신을 만나려면 신의 소재지가 어디인가가 중요하다. '힘'으로서 신은 만물 속에 무소부재無所不在하다. 가장 가까이는 우리 가슴 속에 거주하므로 인간 내면에서 찾을 수 있다. 신을 찾으러 순례를 떠나거나 신상 앞에서 등불과 향을 피울 필요가 없다. 인식하는 방법은 간단하다. 만약 우리가 '육체의 의식을 우리 속에서 완전히 지워버릴 수 있다면' 신을 대면할 수 있다. 즉, '나'라는 의식을 버리면 우리 안의 신을 바로 볼 수 있다.[71]

간디에게 신은 단순히 신앙의 대상만이 아니고 진리의 상징이며 원천이 된다. 신과 진리는 서로 교환할 수 있는 동의어적 관계이다. 진리를 찾는 것이 간디에게 삶의 목적이다. 그래서 그의 자서전은 '진리 실험의 이야기'이다. 그 실험에서 찾아낸 것이 비폭력 원리다. 그것은 진리를 찾는 도구이며 길이다. 신은 사랑일 수도 있지만 신

---

[71] 인식론적인 측면에서 불교의 무아(無我)의 원리와 부합한다.

은 무엇보다 진리다. 그래서 간디는 "나는 신을 진리로서만 숭배한다"라고 선언한다. 간디는 50년 동안 진리를 찾아 계속 혹독한 노력을 기울인 끝에 '신은 진리'라는 데 도달했다. 진리에 가장 근접한 것은 사랑을 통해서라는 것을 발견했지만, 인간의 사랑은 영어의 많은 의미 가운데 '열정'(정욕)의 의미로 전락한 말이 되어버린 것을 알게 되었다. 또한 비폭력(ahimsa)이라는 의미로 사랑을 말한다면 그 신봉자가 소수라는 점에 생각이 미쳤다.

하지만 간디는 '진리'라는 말에는 이중적인 의미가 없다는 것도 발견했다. 그리고 심지어 진리를 찾는 과정에서 신의 존재를 부정한 무신론자도 진리의 힘의 필요성에 대해서는 반대할 리가 없다고 생각했다. 그렇게 사유하다가 간디는 '신이 진리'라고 말하기보다 '진리가 신'이라고 하는 편이 더 합리적이라는 생각에 이르렀다. 진리를 앞세울 때 무신론자는 물론 신을 내세우지 않는 불교 같은 종교나 종교에 상당한 신념이나 이념까지 다 아우를 수 있게 된다. 마르크스주의 같은 이념(니니안 스마트)이나 무신론(함석헌)까지 종교, 신앙의 장으로 수렴하기 위한 종교다원주의자들의 갖가지 시도가 간디의 진리관에서 빛을 본다.

"진리 이외에 다른 종교는 없다", "진리보다 더 높은 종교는 없다"는 것이 자칭 '겸손한 진리 탐구자' 간디에게 '불굴의 신념'이 된다. 나아가서 "나는 심지어 내 조국이나 종교의 구제를 위해서라도 진리와 비폭력(ahimsa)을 희생하지 않을 것이다"라고까지 말한다. 그래서 "우리는 진리와 사랑으로 온 세계를 정복할 수 있다"라고 자신 있게 말한다. 예수의 '나는 길이요 진리요 생명'의 선언도 진리에 초점이 있다.

그리고 얼마나 많은 사람이 신의 이름을 취하고 신의 이름으로 얼마나 많은 잔혹한 행위를 저질렀던가. 신과의 관계가 문제로 '남아 있다'고 할 때 이렇게 생각했다. 즉, 힌두교에서는 신[72]만이 홀로 존재한다고 주장한다. 이슬람에서도 (알라신이) 그렇다(기독교도 마찬가지로 일신교다). '진리'(satya)도 '존재한다'(sat)는 뜻이므로 상통한다. 만약 우리가 진리를 신으로서 찾고 싶다면, 유일한 불가피한 수단은 사랑, 즉 비폭력이며 그리고 간디는 궁극적으로 수단과 목적은 상호 교환할 수 있는 용어라고 믿으므로 이제 신은 사랑이라고 주저 없이 말할 수 있다고 추론한다.

간디에게 진리는 초월적인 차원에 속한 것이므로 육체는 소유물이다. 즐거움을 위한 욕망이 영혼에 육체를 만들어낸다. 욕망이 사라질 때 육체의 필요성이 더 이상 남아있지 않고 인간은 생사의 악순환(윤회)으로부터 벗어난다. 영혼은 무소부재하다. 왜 구태여 감방 같은 육체에 갇혀있거나, 감방 때문에 악을 행하고 살상까지 하려 하는가. 그래서 총체적인 무소유(무집착)의 이상에 도달하고 봉사를 하기 위한 목적으로 육체를 사용하는 것을 배우게 된다. 오로지 봉사하기 위하여 먹고 마시고 자고 일어난다. 바로 간디의 일생이 진리 탐구, 무소유와 봉사로 일관한 삶이었다.

생사윤회를 벗어나는 구원론이 간단명료하게 제시된다. 항상 자기를 낮추고 내려놓는 삶이라야 한다. "만약 진리의 대양의 품속에서 헤엄치기를 바란다면 자신을 영(zero)으로 축소시켜야 한다." 노자(도덕경)의 문장을 연상시킨다. 즉, "빼고 또 빼서 무위에 이를 때

---

[72] Brahman. 신이라기보다 절대 원리이므로 간디가 신을 비인격적인 절대와 혼용하는 듯하다.

까지 빼내라." 무위는 무아에 상응하는 개념이다. 모든 종교에 공통되는 실천의 핵심을 제시한다. 그것은 종교 경전들을 검색하여 종합한 것이라기보다 간디 자신이 삶의 체험 속에서 실험하고 찾아낸 것이다.

3) 종교다원주의

다양한 종교와 종파들이 공존해 온 인도의 종교 전통 속에서 나고 자란 간디의 종교관은 융화적인 입장 말고는 달리 예상하기 힘들다. 그렇더라도 그것은 그만의 사유와 실험을 통해서 검증한 신념이었다고 봐야 한다. 위에서 논의한 두 가지 핵심 개념인 비폭력과 진리가 배타적인 구조나 성격일 수는 없다. 관용성을 함의하는 말이다. 자기 종교만이 진리라는 배타주의적인 주장은 진리의 보편성을 부정하므로 진정한 진리일 수는 없다.

다원성, 다양성은 신관에서도 나타난다. 한 가지로 규정할 수 없는 신의 복합적인 정체성 때문에 사람마다 종교마다 신관이 다를 수밖에 없다. 신을 그려보라면 한 가지 형상이 아니고 사람 수만큼 다를 터이다. 인도에 무수한 신이 있다는 사실이 그것을 말해 준다. 신의 주요한 소재지는 어디인가. "신은 천국에도 그 아래(지상)에도 없고 각자의 내면에 있다." 속에서 만나는 신이 사람마다 다를 수밖에 없다. 그렇듯 한 종교의 신이 유일신을 대표하고 자기 신관만이 타당하다고 고집할 수는 없다.

간디는 '종교'를 두 가지로 구분한다. "종교를 말할 때 나는 형상적인 (조직)종교 또는 관습적인 종교가 아니고 모든 종교의 기저가 되는 종교를 의미한다." 우리가 일반적으로 말하는 조직 종교를 '종種' (spccics) 개념이라면 간디가 말하는 종교는 '유類'(gcnus) 개념에 해당한다. 후자가 상위 개념이다.[73] 그 구분 속에 다원주의적 시각이 내포되어 있다. "진리는 하나다"라는 것처럼 "종교는 하나다"고 말할 때 종교는 상위 개념, 즉 유개념이다.[74]

간디는 이것을 나무와 가지로 비유한다

종교는 많은 가지를 가진 하나의 나무이다. 가지들로서 종교는 많다고 말할 수도 있지만, 나무로서 종교는 하나라고 할 수도 있다(Ellsberg, 1991: 65).

여기에 둥치와 잎까지 넣어서 표현하기도 한다

심지어 나무 하나에도 하나의 둥치가 있지만, 가지와 잎들이 많듯이 하나의 참되고 완전한 종교가 있지만, 인간 매체를 통과하면서 많아진다 (1935).

간디는 자신의 경우를 든다.

내가 종교라 할 때 그것은 힌두교를 초월하는 것, 자기의 성품을 바꾸는 것, 내면에 있는 진리에 단단히 얽어매고 순화시키는 그런 종교를 말한다.

---

[73] 인류가 인종으로 나누어지는 것과 같다.
[74] 그것을 구분하지 못한 데서 배타적인 진리 주장이 발생하는 것이다.

그렇다고 꼭 기존의 종교를 떠나서만 상위 개념의 종교가 따로 존재하는 것도 아니다.

실로 종교는 우리의 행동거지 하나하나에 고루 퍼져 있다. 여기서 종교
는 교파주의를 뜻하지 않는다. 그것이 보이지 않는다고 덜 참답다고 할
수 없다. 그것은 우주의 질서 있는 도덕적 통치에 대한 믿음을 의미한다.
이 종교는 힌두교, 이슬람교, 기독교 등등을 초월한다. 그 종교들을 대체
하지는 않는다. 이들을 조화시키고 실체를 부여한다.

간디가 말하는 '종교'는 종교들의 조화를 이루는 원리이며 실체
의 모태다. 두 가지 종교의 관계를 설명하기 위하여 간디도 '산 정상
과 거기에 이르는 다양한 길들'의 비유를 사용한다.

(우리가 접하는) 종교들은 똑같은 지점에 합류하는 다른 길들이다. 우리
가 같은 목표에 이르는 한, 다른 길들을 취하는 것이 무슨 문제인가? 실
제로 개인들이 많은 만큼 종교들도 많다(1909).

일신론적인 신앙이 모든 종교의 초석이므로 간디는 지구상에 한
종교만이 있으리라고 전망하지는 않는다. 이론적으로는 신이 하나
이므로 한 종교만 있을 수 있지만, 현실적으로는 불가능하다고 본
다. 간디가 관찰한 바로는 어떤 두 사람도 똑같은 신 개념을 갖는 것
을 본 적이 없었다. 따라서 다른 기질과 기후 환경에 반응하는 다른
종교들이 항상 존재할 것이다(1934).
신의 위치에서 생각해 보자. "신은 서로 다른 신앙들을 창조했다.

어떻게 내가 내 이웃의 신앙이 내 신앙보다 열등하고 그가 자기 신앙을 포기하고 내 신앙을 받아들이기를 속으로라도 품을 수 있겠는가? 진정한 친구로서 나는 그가 자신의 신앙 속에서 살고 완전해지기를 바라고 기도할 뿐이다. 신의 집에는 많은 거소(맨션)가 있고 모두 다 신성하다"(1934). 사원(사찰)이나 모스크나 교회나 다 신의 다른 거소들이므로 차별하지 않는다(1933).[75] 다른 종교 신자가 자기 종교로 개종하기를 바라는 것은 마치 후궁들이 임금이 오늘은 자기 처소에서 주무시기를 다투는 것과 같다.

오랜 연구와 체험을 통해서 간디는 다원주의적 입장에 도달했다. ① 모든 종교는 참이다. ② 모든 종교는 부분적으로 착오를 지니고 있다. ③ 모든 종교는 나 자신에게 거의 힌두교만큼 귀중하다. 마치 모든 인간이 누구에게나 자신의 가까운 친척들처럼 귀중하게 느껴져야 하는 것과 같다. 다른 신앙에 대한 존경심은 나 자신의 신앙에 대한 존경심과 같다. 그러므로 개종시킨다는 생각은 불가능하다 (1928).

첫째 항목과 관련하여 진리의 통로로서 종교들이 참이라 하지만, 수식이 약간 붙는다. "세계의 모든 위대한 종교는 다소간에 참이다." '다소간에'라 한 것은 인간은 신과 달리 불완전한 존재이고 그 불완전한 인간이 만든 경전도 불완전하기 때문이다. 심지어 베다도, 코란과 성서도 신에 대한 불완전한 말이다. 경전과 종교가 완전하지 않음으로 종교 간 대화가 필요하고 상호 보완해야 한다는 것이 다원주의 학자들의 일치된 견해다. 간디도 동의할만한 부분이다. 간디가

---

[75] 다른 장에서 다루었듯이 신의 '많은 거소'는 기독교 성경에 등장하는 말로 신학자 하비 콕스도 한 저술의 주제로 삼았다.

다른 맥락에서 기술하는 내용을 짚어보면 분명해진다.

> 만약 우리가 스스로 불완전하다면, 우리가 생각해낸 종교도 역시 불완전
> 할 수밖에 없다. 우리가 신조차 인식하지 못한 터에 우리가 완전한 상태
> 로 된 종교를 인식하지 못한 것이 분명하다. 그렇듯 우리가 상상한 불
> 완전한 종교는 항상 진화의 과정에 따라야 한다. 그리고 만약 인간에
> 의하여 형성된 신앙들이 불완전하다면 (종교들 간) 장점을 비교하는 문
> 제는 일어나지 않는다. 모든 신앙은 절대 진리의 계시를 구성하지만 모
> 두 불완전하고 오류를 갖기 쉽다. … 모든 종교를 평등한 눈으로 바라
> 보면서 우리는 다른 신앙들의 수용 가능한 특성을 하나하나 우리의 신
> 앙 속으로 통합시키는 것을 주저 없이 우리의 의무로 생각해야 할 것이
> 다(Ellsberg, 1991: 62).

이 문단 속에 우리가 다루고 있는 학자들의 통찰이 농축되어 있
다. 간디의 증언 같은 말속에 현대 이론들이 고스란히 다 들어있다.
이론에 앞서 실천하는 과정에서 간디가 찾아낸 살아있는 진리 같다.
학자들보다 더 설득력 있게 들리는 이유다. 종교 간의 갈등은 자기
종교만의 완전성 주장에서 시작된다. 처음부터 불완전한 모습으로
출발한 종교는 완성을 향해서 진화해가는 수밖에 없다. 자체만으로
는 불완전하기 때문에 서로의 장점을 배워서 자기 종교를 더 튼실하
게 만들어가는 것이 중요하다. 불완전하기는 다 마찬가지인 종교들
을 비교하는 것은 별 의미가 없다. 비교종교의 한계가 지적된다.
　중요한 것은 다양성 속에서 통일성을 찾는 것이다. "형태는 많지
만, 그 속에 배어있는 정신은 하나다. 외면적인 다양성 밑에 깔려 있

는 모두를 아우르는 근본적인 통일성이 있는 곳에서 어떻게 높고 낮고를 분별할 공간이 있을 수 있는가. … 모든 종교의 최종 목표는 이 본질적인 하나 됨을 깨닫는 것이다"(1933). 인도같이 오래 지속된 다양한 문화나 종교 전통은 '다양성 속 통일성'(nity in diversity) 틀로 해석된다. 동양 문화의 또 한 축인 중국문화에서는 '하나'(一)와 '여럿'(多)으로 표현된다. (화엄불교에서 강조되듯이) 두 차원(본체와 현상)은 유기적인 관계, 즉 '일즉다 다즉일—即多多即—'로 표현된다. 그것은 바로 다원주의의 구조다. 다원주의가 다양성을 강조하지만, 그와 동시에 다양한 요소들을 하나로 엮는 원리나 상위 개념이 부수되지 않으면 기껏해야 절반의 성취밖에 될 수 없다. 공존의 원리 또는 민족정신(ethos) 없이 다양한 구성요소나 구성원만 존재하는 중구난방 사회는 계속 생존할 수 없다.[76]

앞에서 간디가 요약한 세 가지 항목이 가리키는 것은 무엇인가. 이 명제들은 다원주의로 수렴된다. 그것은 실천적 차원에서 개종의 불필요성으로 귀착된다. 그에 대해서 간디는 구체적인 경우를 들어 말한다. "가령 어떤 크리스천이 내게 와서 그가 (힌두교 경전) 『바가바드기타』를 읽고 너무 매료되어서 자신을 힌두라고 선언하고 싶다고 한다면, 나는 이렇게 말할 것이다: '아니오. 바가바드기타가 가르쳐주는 것은 성서도 가르치는 것이오. 그걸 발견하려고 시도하지 않았군요. 시도해보고 훌륭한 크리스천이 되시오'"(1936).

종교들은 나름대로 다 진리를 담아낸다. 구태여 종교를 바꿀 필요 없이 자기 종교에 충실하면 된다. 이러한 입장은 이 시대의 다원

---

76 한국문화도 통일성을 갖기에 이날까지 지속해왔다고 한다면 그 하나 됨의 원리가 '한'이라는 개념에 들어있는 것으로 보인다.

주의적 종교학자 · 신학자들에게서도 발견된다. 그중에는 한 걸음 더 나가서 다른 종교를 자기 신앙에 추가하는 방식을 채택하는 사람들(캔트웰 스미스, 니니안 스마트 등)도 있다. 단일 종교 대신 이중, 다중 종교의 신앙이다. 앞의 경우에는 그 사람은 힌두-크리스천, 크리스천-힌두가 될 수 있다. 개인 차원에서 종교의 선택적 종합, 즉 일종의 절충주의 또는 혼합주의 같은 것이 나타난다. 음식으로 말하면 일종의 퓨전 음식이다. 학자만이 아니라 불교 등 동양 종교 사상과 수행에 눈을 뜬 젊은이들, 지식인들 사이에서도 퍼지고 있는 추세다. 이중, 다중 국적의 경우처럼 종교의 소속도 하나만이라야 된다는 불문율이 깨지고 있다.

3. 라이몬 파니카(Raimon Panikkar)

파니카는 인도인 부친과 스페인계 모친 사이에 태어나 가톨릭 사제가 되었다. 두 종교문화 전통을 몸속에 지니고 살아가는 혼혈인으로서 다 종교, 즉 종교의 다원성은 그에게 학문적인 주제 이전에 실존적인 문제였다. 그가 도달한 입장은 한 종교만의 절대성과 보편성을 부정하는 쪽이다. 종교마다 들어있는 자기만의 독특성과 절대성 주장을 무화시킬 필요가 없다. 종교들이 공통적인 보편성을 갖는다는 전제도 불필요하다. 다른 종교를 있는 그대로 인정하고 이해해야 한다. 그렇다고 상대주의는 아니고 두 종교의 절대성을 살리는 형태다(말하자면 상대적 절대주의라 할 수 있다). 종교 간의 대화는 그러한 형평성의 바탕 위에서 이루어지는 것이 순리다.

파니카의 이론에 기초하여 종교 간 대화를 수행하는 방법을 다음과 같이 일곱 단계로 설정할 수 있다.

1. 각자 자신의 종교에 대한 비판적 이해를 충실히 갖추고 시작한다(역사-비판적, 문헌학(언어학)적, 및 현상학적 방법을 활용한 이해).
2. 같은 방식으로 다른 종교 전통에 대한 이해를 갖춘다.
3. 이해가 신념이 된다. 진정한 개종을 체험한다.
4. 두 신념 사이에서 일단 자기 종교 안에 종교 간 대화를 시작한다. 두 종교의 진리를 표현할 수 있는 '공통 언어'를 탐색한다.
5. 다른 전통의 대표자들 앞에서 자기의 새로운 해석을 발표하는 외부적인 종교 간 대화를 진행한다.
6. 1-5의 단계는 모든 대화 참여자들에게 적용된다.
7. 새로운 해석이 두 종교 속에서 '정통성'에 부합하는지 시험한다. 만약 해석이 부적절하다고 판명되면 내부적인 대화(제4단계)로 되돌아가 다시 시작한다.

파니카는 종교들의 만남을 시작할 때 참여자가 갖추어야 할 세 가지 '필수 불가결한 전제조건'을 제시한다. 그것은 '어떤 곳에서 찾을 수 있든지 진리를 탐구할 때 깊은 인간적 정직성', '의식적인 선입관 또는 자기식대로 품고 있는 편견을 갖지 않는 것', '자기 스스로의 전통에 대한 깊은 충성'이다. 대화는 아무런 사전 준비 없이 참여하는 것이 아니고 자기 종교만이 아니라 상대 종교에 대한 명확한 기초 지식을 갖고 시작해야 소기의 성과를 얻을 수 있다. 지식정보에 그치지 않고 이해에 이른다. 개종 수준까지 갈 만큼 신념화해야 한다.

'개종'은 신앙이나 종교를 바꾸는 것이 아니고 스스로가 새로운 깨달음을 얻고 변화하는 것이다. 그러한 개종은 한 가지 전통에만 충실할 필요가 없다. 자기 자신의 계시(전통)에 대한 신실하고 비판적인 이해는 다만 타종교들의 이해를 통해서만 얻을 수 있다는 사실은 '개종'의 방법론적 개념이 함의하는 결과다.[77]

대화에 들어가기 전에 (간디도 강조한 대로) 아무런 조건(고정 관념)이나 판단이 없이 열린 마음으로 대화에 임하는 자세가 필요하다. 자기 것을 비호, 옹호하겠다는 호교론적인 자세로 시작하면 열린 대화가 될 수 없고 새로운 것을 배울 수도 없다. 시계視界가 열려있어야 이해와 세계관의 지평이 확대된다. 초월적 영역, 즉 절대(신)에 열려있어야 올바른 종교인이라 할 수 있다. 본격적인 종교 간 대화가 시작되기 전에 자기 내면에서 먼저 (내부적) 대화를 하는 식으로 자기 정리를 하면서 준비한다. 다음 단계, 즉 본격적인 종교 간 대화의 예행연습인 셈이다.

대화를 통해서 무엇을 얻는가. 이론과 실천 양면에서 상호 보완하여 서로 충실해지고 풍요롭게 만든다. 어느 한 종교도 자체만으로 완전하다고 할 수 없기 때문이다. 그 점은 다른 다원주의 종교사상가들과 공유하는 점이다. 다원주의를 어떠한 개념으로 규정해야 할까. 다양한 시각과 가치의 공존을 가리키는 것으로 보는 것은 분명하다. 그러나 여기에 보편성을 드러내기 위한 도구나 이론으로 삼는 것은 무리로 본다. 언어가 다양하기 때문에 대화와 소통을 위해서 공통 언어를 찾을 수는 있으나 보편 언어를 설정할 수는 없는 것과 같이, 문화나 종교 같은 분야에서 다원주의를 모든 개체(종교)를 하

---

77 나중에 따로 논의하겠지만, 이 주장은 자기 종교와 경전은 타종교를 통해서만 이해 가능하다는 함석헌의 입장과 일치한다.

나로 묶는 보편적인 원리로 보는 것을 반대한다. 다원주의는 하나의 이념이리기보다는 태도를 말한다.

다원주의를 설명하기 위하여 파니카는 종교를 창문에 비유하여 말한다. 우리는 모두 각자의 창문을 통하여 사물을 본다. 자기가 보는 풍경이 지역(세상)의 전부인 양 여기지만 사실은 일부일 뿐이다. 그 사실을 인식하고 인정하는 것이 자기와 타자의 관계를 올바로 보고 자기 시야를 넓히는 출발점이 된다. 다원주의는 모든 창문을 통해서 본다거나 모든(또는 몇몇) 창문을 통제한다고 주장하는 것이 아니다. 다원주의는 단순히 다른 창문들의 존재를 인정한다. 단순히 다른 사람(종교)들의 말을 듣고 존중하며 대화하기를 마다하지 않는 것이다.

대화에서 다른 쪽의 증언을 경청하는 것이 중요하다. 다원주의는 경청의 기술이다. 언어는 말하는 것만이 아니고 또한 듣는 것이기도 하다. 보편적인 언어는 없지만, 공통의 언어를 찾아내야 한다. 그들의 논리와 언어를 이해하려는 자세로 대화하고 변증법적인 과정을 거치는 것이어야 한다. 대화를 닫는 것은 전쟁으로 이끌 수 있다. 지식이나 정치의 한계를 넘어서 우리 모두가 '하나의 세계' 전체를 보는 텔레비전 스크린은 있을 수 없다는 것이 다원주의에 대한 파니카의 신념이다. 모든 종교는 열린 자세로 서로 대화하고 배워야 한다. 대화는 다만 하나의 방법론이 아니라 종교적 실천의 본질적인 부분이다.[78]

---

[78] 코끼리와 장님의 비유도 같은 뜻을 지닌다. 장님들이 본 것을 다 합쳐도 코끼리의 전체 보습을 나타낸다고 볼 수 없다. 비유의 대상인 세계나 코끼리의 실체는 수량적인 것과는 다른 차원을 갖는다. 설사 같은 문화나 지역 전통에 속하는 종교들이, 가령 중

다원주의(pluralism)는 종교들이 대체로 자기 종교의 절대성과 우월성을 내세우는 진리-주장들의 갈등을 해소하는 원리가 된다. 단순히 다수(plurality)를 가리키는 것은 아니다. 그것은 모든 것을 하나의 단일한 진리로 환원시키는 절대적인 필요성을 인정하지 않는 비판적인 태도를 취한다. 궁극적인 세계관들은 한 가지로 축소시킬 수 없다. 그렇다고 다원주의가 여럿으로만 못 박는 것도 아니다. 동양철학으로 말하면 '불이不二론적(advaita)이다.[79] 다원주의적 태도는 어떤 궁극적 일원론이나 이원론에도 사로잡히지 않는 것이다. 실체는 전적으로 객관화시킬 수 없다. 주체인 우리가 그 일부이기 때문이다. 진리나 실체는 주체적, 주관적인 체험의 대상이지 이론이나 이성으로 파악할 수 없다. 다원주의는 이성의 군주통치, 궁극적으로 일신론(monotheism)에 대한 엄중한 도전이다.[80]

종교체계는 살아있는 종교의 일부로서 교리적인 내용과 개념 형태에서 완결되고 닫혀있는 것이 아니다. 인간의 정신(영)은 배타주의적인 한 가지 이념 속에서 질식해버리거나 아니면 수많은 작은 '세계들'로 분해될 수밖에 없다. 신앙은 초월적 세계에 열려있으면서 영적인 통일성을 담보하는 것이어야 한다. 한 종교에 계시된 것이 다른 종교에 계시된 것을 배제할 수 없다. 신은 모든 종교에 실존한다. 이 점에서 종교들은 동질성을 갖는다. 한 문화에 생소한 개념이 다른 사상체계에 접목되어야 다른 전통 속에서 토착화된다. 기독교

동 종교들(유대교, 기독교, 이슬람교)이나 인도 종교들 또는 중국 종교들끼리 통합된 종교로 발전한다고 해도 진리가 완전히 파악된다고 볼 수 없다.

[79] 엄격히 말하면 원효가 강조했듯이, 실체는 '하나도 둘도 아닌'(不一不二) 구조다.

[80] 여기서 파니카는 자신의 신앙인 가톨릭의 울타리를 벗어난다.

의 경우 희랍 사상의 개념 '로고스logos'를 들 수 있다. 그 말은 기독교 속에서 새로운 의미로 태어났다. 두 전통이 접목된 결과다.

대화는 배타주의적이고 호교론護敎論적인 접근법으로는 불가능하다. 다른 종교인의 신앙을 그 속에서 이해하려 하지 않고 우상숭배로 규정하고 출발하면 대화가 이어지기 힘들다. 다원주의는 어떤 절대론과도 양립할 수 없다. 현대 세계는 서구에서 형성된 개념들의 문화가 판치는 세상인데 문제는 개념들이 융통성이 없다는 것이다. 개념적인 문화에서는 다원주의가 문화들의 공존의 원리로 자리 잡을 여지가 적다. 다원주의는 지성적 이해가 작동하는 중심이 여럿일 수 있다는 것을 인정하는 것이다. 요컨대 파니카는 다원주의를 '인간의 기본적인 태도'로 규정하고 실체를 이해할 수 있도록 고안된 인간 체계들과 실체 자체를 한 가지 중심으로 환원시킬 수 없다는 것, 그래서 보편적 타당성을 갖는 특정한 인간 체계나 지고한 존재(신)까지도 선호하는 '절대적' 결정이 불필요하다는 것을 강조한다.

서로 양립 불가능한 실체관을 놓고 볼 때, 통상적으로 우리는 한 가지 체계의 시각에서 자기의 신념체계와 다른 신념들이 공존할 수 없다고 판단한다. 다른 체계들이 허위적이고 사악한 것으로 본다. 그렇다면 다원주의가 어느 시점에서 등장할 수 있을까. 그것은 다른 체계들이 '절대적으로' 허위거나 사악하다고 볼만큼 우리 체계와 다른 체계들이 아주 절대적이라고 주장할 수 없음을 비판적으로 깨닫게 될 때이다. 다원주의적 태도는 두 가지 통찰을 갖는다. 첫째로 우리 자신의 지식이 절대적인 것이 아니며, 둘째로 다른 체계들이 우리와 다른 이해와 자기-이해의 주제들을 가지므로 우리의 시각에서 우리가 본 상황이 전체를 대표한다고 주장할 수 없다.

구체적인 예를 들어보자. 내가 자본주의 체제가 이론적으로 틀렸고 윤리적으로 사악하다고 믿는다고 가정해보자. 나는 반-자본주의 태도를 정당화하는 신념-체계를 지니고 있다. 나는 자본주의 체제를 해체하는 데 온 힘을 다 기울일 것이다. 모든 수단을 다 생각할 것이다. 다원주의가 아닌 태도는 자본주의의의 인류학적, 형이상학적 뿌리를 드러내고 끝내는 자본주의 속에 내포된 인간관 및 실체관이 절대로 틀렸다는 결론에 도달할 것이다. 싸움은 쓰디쓴 결말로 치달을 것이다. 그에 비해서 다원주의적 태도를 지닌 사람들은 역시 자본주의를 반대하여 싸우지만, 비록 우리의 '영웅들'이 자본주의 이면에 숨어 있는 좋지 않은 동기를 비난할지라도, 중요한 부류의 사람들이 그 같은 부정적인 견해에 동조하지 않는다는 점을 고려할 것이다. 완강한 반-자본주의자라도 온당한 사람이라면 일부 사람들이 착한 양심 속에서 그 나름의 타당한 이유를 갖고 자본주의를 계속 옹호한다는 것을 인지할 것이다. 그 결과 그는 자신의 자세를 상대화하면서 자본주의 반대를 계속 외칠 것이다. 이 지점에서 대화가 요청된다. 대화를 통해서 자본주의의 실천에 필요한 구조적인 변화가 일어날 수도 있다. 그렇지 않고는 전면전은 아니더라도 게릴라식 투쟁이 전개될 것이다.[81]

다원주의자는 자본주의 체제도 또한 '그 옹호자의 눈에서는' '정당한' 선택임을 불가불 인지할 수밖에 없을 것이다. 이는 양쪽 모두 각자의 입장의 상대화로 이끌 것이다. 이것은 어느 한쪽이나 양쪽의

---

[81] 그러나 한국전, 월남전, 냉전 등 큰 전쟁은 공산주의와 사회주의 두 이념의 대립에서 초래된 것이었음을 상기해야 한다. 아직도 지속하는 중동의 갈등과 전쟁도 그 바탕에는 종교적 이념의 대립이 깔려있다.

입장을 적어도 이론적으로는 바꾸는 결과를 가져올지도 모른다. 끝에 가서는 피곤적인 긴장이 창조적인 양극으로 전환될 수도 있다. 다원주의는 진퇴양난 상황(dilemma)을 해소하지는 않지만, 실체를 독립적인 두 주장(lemmas)으로 환원하는 것을 막는다.

이러한 맥락에서 다원주의는 상부 체계(supersystem)는 될 수 없다. 종교적인 다양성을 받쳐주는 정체성과도 상관이 없다. '이론적인 다원주의'도 성립될 수 없다. 실천을 이론으로 환원할 수 없다. 다원주의는 이론적인 체계가 아니고 인간의 태도이다. 파니카는 다원주의를 하나의 이념으로 생각하지 않는다. 어떤 종교도 자체가 다원주의적이라 규정할 수 없다. 종교들이 개방적이고 관용적인 태도를 가질 수는 있지만, 종교마다 독특한 신념, 수행, 계율 체계를 갖는다.

다원주의는 피상적으로 화해적인 절충주의와는 무관하다. 파니카 자신은 '보편주의적인' 가톨릭과 '내포주의적인' 힌두교 베단타 전통 사이에서 두 종교의 '정통'파를 격분시키는 신학을 전개했다고 고백한다. 가톨릭은 그 이름('보편적')대로 보편성을 표방하지만, 역사적으로 로마 중심의 서방 교회에 그친 보편주의였다. 기독교 전체는 물론 동서를 아우르는 보편은 되지 못한다. 베단타도 자기중심의 일방적인 내포주의다. 파니카는 상호대화를 통해서 이 두 전통의 지평을 넓히고자 한다.

보편주의의 문제를 파니카는 코끼리의 비유를 들어 분석한다. 이것은 힌두교와 불교에서 자주 인용되는 비유로서 장님들이 등장하는데 여기서는 그 대신 암실 속의 코끼리를 그리는 내용이다. 어느 경우나 그 일부만을 만지거나 보고 그것을 코끼리의 실체로 파악한다는 분석이다. 이 비유를 파니카는 반-다원주의적이라고 해석한다. 다른 모든 관찰자는 부분만 보는데 자기(우리)만은 전체를 본다고 주장하기 때문이다. 진정한 다원주의자는 자기도 전체를 보지 못한다고 생각한다.

다른 사람들의 증언을 들어보건대 누구라도 코끼리를 알까? 의문이 든다. 베단타학파든 가톨릭이든 코끼리를 안다고 하는 것은 공허한 개념이거나 아니면 그보다 더 큰 살아있는 실체의 다른 부분일지도 모른다. 이러한 객관적인 의미에서 나나 누구도 다원주의자가 아니다. 나의 소견, 신념, 철학이나 종교는 다른 사람의 것처럼 제한적이고 공격당하거나 비판받을 수 있다. 다원주의자가 되기는 그만큼 어렵다.

이렇듯 다원주의는 다른 대안을 제시하기보다 한 종교체계의 보편성과 절대성 주장의 허구성을 지적한다. 여러 종교가 나름대로 지니는 절대 주장을 인정하는 상대적 절대주의(relative absolutism)도 아니다. 다수의 절대는 모순이다. 파니카는 자신의 입장을 '공空'으로 나타낸다. 불교의 공空 사상에 가깝다. 그러나 그는 공사상보다는 다원주의를 선호한다. 다원주의는 평화적인 접근방법, 대화를 논하는 (변증법적) 대화, 쌍방의 경청, 상호 존중을 가리킨다. 그것은 우리가 갖가지 열광에 빠지지 않게 막아준다. 다원주의자는 '보편적 종교신학'의 가설에 대하여 '다원주의적 종교신학'을 제공하지 않고 제안된 '종교신학'의 절대 주장에 대하여 비판할 뿐이다. 평화와 갈등 해소는 다원주의적인 태도라야 가능하다.

진리의 성격은 다원주의와 부합한다. 진리는 단지 '본질적인' 측면만 갖는 것이 아니고 '실존적인' 특성도 지니고 있다. 추상적인 본질(essence)보다 구체적인 실존(existence)이 중요하다. '진리'에 해당하는 인도 고전어(산스크리트)도 '있음'(satya, 'beingness')이다.[82] 실존의 양대는 가지가지로 다양하다. 실존을 설명히는 틀은 절대주의적 일원론보다 다원주의가 더 맞는다. 종교적 실존은 특정한 종교로 기술된다. 그것은 문화적, 환경적으로 주어진 것이기도 하고 선택적이기도 하다. 진리는 자기-정체성을 통해서 나타난다.

파니카는 자신의 실존적 정체성을 무엇보다 크리스천으로 규정하는 데 주저하지 않는다. '크리스천'이라는 실존은 기독교나 기독교계 전체 공동체와도 다르다. 격리된 영지주의자(gnostic)나 지식인이 아니고 인간의 역사적 전통에 속하는 존재다. 서구의 개인주의로는 해명할 수 없다. 자신이 속한 전통은 기독교 교회다. 그래서 "교회 밖에는 구원이 없다"는 전통적인 기독교 신앙을 받아들인다. "눈에 보이는 기독교 교회(ecclesia)는 다만 전체 만천하(우주)의 이 우주적 친교의 한 가지 형태로서 그것을 떠나서 구원은 없다." 파니카는 여기서 '교회'의 영역을 우주로까지 확대하거나 적어도 연결시키는 모습을 보여준다. 내포주의적일 여지도 있지만, 다원주의적 시각으로 볼 수 있다. 정통적인 신앙을 벗어난 입장이다. '친교'의 의미도 특정한 교파나 교리에 국한되지 않는다. 그는 "나의 아버지의 집에는 많은 저택이 있다"는 예수의 말씀을 상기한다.

그것만이 아니다. 복합적인 그의 정체성의 다른 한쪽은 힌두교인이다. 그에게 주어진 업(karma), 즉 역사이다. 혈통이나 의지의 문제는 아니다. 자신의 소속감은 선택이나 동정의 문제도 아니다. 소속은 실존적인 사실이다. 기독교 전통이 정통성의 본질적인 측면을

---

82 불교에서도 '진여'(眞如, tathata), 즉 '그렇게 있는 상태'(suchness)라 표현한다.

강조하는 반면에 힌두교는 소속의 실존적 측면을 강조한다. 두 가지 주요한 측면만이 아니라 파니카는 두 가지 하부-정체성을 더 설정한다. 그것은 세속주의와 불교다. 전자는 가장 엄중한 가톨릭 전통에 대한 반발에서, 후자는 가장 엄격한 힌두교 정통(베단타)에 대한 반발에서 나온 발견이다.[83]

복합적, 다중적인 종교적 정체성의 문제는 개인의 차원을 넘어 사회적, 세계적인 문제로 연장된다. 만약 종교 전통들이 서로를 계속 무시하고 오해한다면 지구상에 평화는 없다. 종교적인 조화는 획일적인 통일을 의미하지 않는다. 예를 들면 힌두교의 기독교적 해석과 기독교의 힌두교적 해석은 상호 발전을 위한 예비적 단계로서 힌두교-기독교 신학을 낳을지도 모른다. 지난 50년 동안(20세기 후반)을 돌아보면 성과가 없었던 것도 아니다. 새로운 운동에 반동하는 현상이 있었음에도 진정한 '교회일치운동'(ecumenical ecumenism)이 부상되면서 기독교 울타리를 넘어 종교 전통들의 상당 부분이 배타주의와 불관용을 버리고 대화에 열린 모습을 보여줄 만큼 큰 진전이 있었다.[84]

이러한 흐름에서 파니카도 한 가지 구체적인 분석을 시도했다. 기독교의 '그리스도' 개념을 타종교, 즉 그의 정체성의 한 축을 대표하는 힌두교에 확대 적용하는 것이다. 그것이 '힌두교의 알려지지 않은 그리스도'(unknown Christ of Hinduism)이다. 기독교 신학의 연장이라는 점에서 일견 내포주의적인 입장으로 보인다. 마치 같은 가

---

[83] 알고 보면 누구나 복합적인 정체성을 지닌다. 동양인 특히 한국인의 정체성도 더욱더 다양한 종교의 누적으로 설명될 수 있다.

[84] 불행히도 한국교회는 대부분 이 흐름에서 빗겨나 있었다.

톨릭 학자로 내포주의(inclusivism)를 천명한 칼 라너Karl Rahner가 내세운 '익명匿名의 크리스천'(anonimous Christian)과 비슷하다. 그것은 그리스도를 모르는 사람이라도 그리스도의 뜻과 가르침에 맞게 산 사람은 '이름 없는' 크리스천으로 볼 수 있다는 주장이다.

파니카도 그리스도의 존재가 힌두교에 내장되어 있다는 입장이다. 이것은 힌두교도를 기독교로 개종시키겠다는 선교적 도구가 아니다. 기독교 신자를 겨냥한 분석이라고 파니카는 명시한다. 자기 종교의 보편성을 이해함으로 타종교를 더 잘 이해하고 함께 대화할 수 있는 발판이 넓어진다. 한 전통을 내세우기 위해서 다른 전통에 찬물을 끼얹을 필요는 없다. 우리는 서로 만나기 위해서 서로의 다름을 잘라내야 하는 것이 아니라 다양한 전통의 사다리를 통해서 정상에 올라가는 것이 중요하다.[85]

그리스도는 기독교 전통의 중심적인 상징으로 어원적으로는 유대교의 '메시야'가 그리스어 형태로 표현된 말이다. 파니카가 또한 자기 실존의 중심으로 삼은 상징이 된 그리스도를 진리의 전유물이나 전매특허로 내세운 것은 아니다. 그리스도는 우리가 알 수 없는 '신비'(Mystery)이다. 그래서 모르는, 알 수 없는 절대다. 다른 전통도 '그리스도' 같은 실체를 주장할 수 있다. 힌두교의 브라만이나 아트만도 '이것도 아니고', '저것도 아닌'(neti) 절대다.[86] 그리스도는 예수와는 다른 부활한 예수의 실체다. 영적 차원의 궁극적 진리에 해당

---

85 설사 정상이 여러 개라 하더라도 모두 하늘에 가까이 가는 것은 마찬가지다. 물론 정상의 높이에 따라서 상대적인 차이는 있을 수 있다고 하지만 그것은 무한한 하늘에 비하면 아무것도 아니다.

86 우리에게도 먼 옛날부터 '한울님'이 있었다.

하는 기독교 개념이다.

타종교는 다른 개념으로 나름대로 진리를 표현한다. 내포주의는 기독교에만 내재되어 있는 것이 아니다. 다른 종교들도 나름으로 다 갖고 있다.[87] 내 종교처럼 다른 종교도 보편적인 절대와 진리 주장을 가질 수 있다는 열린 내포주의는 이와 동시에 더 큰 틀, 즉 다원주의를 함의한다. 파니카가 왜 내포주의자이기보다는 다원주의자임을 주장하는가를 이해할 수 있다.

힌두교 속에 미지未知의 그리스도가 내재한다는 파니카의 논증을 들여다보자. 종교 간 대화는 두 종교는 어디에서 만날 수 있는가. 공통인수가 그리스도다. 한 종교에서는 알고 있지만, 다른 종교에서는 모르고 있는 미스터리일 뿐이다. 먼저 대화의 근거를 찾아봐야 한다. 기독교는 하나님의 계시에서 발견된다.

> 내가 구하지 아니하던 자들에게 찾은 바 되고 내게 문의하지 아니하는 자
> 들에게 나타났노라(이사야 65:1; 로마서 10:20).

---

[87] 예를 들면 한국의 고유 종교('풍류')도 삼교(유·불·선)를 포함한다는 최치원의 표명은 내포주의 전형이다.

5장

세계종교

I. 총론

이 책을 저술하게 된 의도는 주제(다원주의) 자체도 중요하지만, 그와 더불어 세계종교 교육을 진작하고 그 보조 자료로 제공하고자 함이었다. 이 책을 보면 그 필요성을 느낄 수밖에 없지 않을까 하는 기대와 전망으로 만든 것이기도 했다. 그러나 막상 내용은 이해가 쉽지 않을 수도 있으므로 세계종교를 배우고 난 뒤에 보면 이해가 더 될 수도 있다. 다만 신학이나 종교학을 다루는 이들은 대체로 이해할 수 있는 내용이므로 종교 교육의 방향에 대하여 자극제가 될 것으로 보인다.

세계종교 교육은 선진국의 사례를 보면 분명해진다. 서구에서는 1970년대 초에 이미 교양 필수과목으로 확산되고 있는 과목이었다. 미국과 캐나다의 대학에서는 규모가 작은 대학에서도 학부 교양과목으로 제공되고 있다. 북미에서는 휴스턴 스미스Huston Smith 교수 (MIT)가 1950년대 중반에 저술한 『인간의 종교』(*The Religions of Man*)가 방송과 책을 통해서 일반 사람들에게 큰 반응을 일으키고 1990년대 초에 『세계의 종교』로 개정되어 출판되었다. 선교사 부친을 따라 어릴 때 중국에서 접한 중국 문화에 대한 관심이 주요한 동기가 되었다. 이후 세계종교 교재가 미국, 영국의 주요 출판사를 통해서 우후죽순처럼 쏟아져 나오고 있다.

한국의 현실은 어떤가. 서구와는 동떨어져 있다. 200개에 이르는 전국의 대학 중 이 과목이 개설된 학교는 한둘이라도 있는지 모를 정도이다. 그것을 가르칠 교수진조차 확보되어 있지 않다. 그것을 주도할 종교학과조차 몇 대학에 불과하다.[1] 한국 사회처럼 종교가 전통적, 사회적으로 큰 영향을 미쳐 온 나라도 많지 않다. 물론 중동 국가들, 인도, 원시사회, 미국이나 중국, 일본도 만만치 않은 것이 사실이다. 중요한 것은 종교가 온전한 형태로, 온전한 사회적 역할을 하고 있느냐의 문제다.

대학은 온전치 못한 사회 현실을 바로 잡고 변화하는 현실에 맞게 새로운 이론과 방법론을 개발할 책무가 있다. 그렇다면 삼국시대부터 문화 전통의 주축을 담당해왔고 오도된 신앙은 물론 현재 사회 갈등의 요인이 되고 있는 종교와 신앙을 다룰 학과가 대학에 거의 설치되어 있지 않다는 것은 무책임하고 후진적인 현상이다. 대학이 변화하는 상황에 발맞추지 못하고 옛날 일본과 미국이 통치하면서 씌워놓은 낡은 제도만 고수하고 있다. 미래의 교육자, 학자들이 유학하여 부분적인 지식정보만 받아오고 자유 정신과 사회정의는 물론 합리적 제도와 커리큘럼을 배워오지 못한 탓이다.

온 국민과 정부 부처가 치중하는 입시제도도 가장 후진적, 낭비적이다. 상품 생산과 관계있는 기술공학은 당장 필요한 만큼 새로운 정보를 받아들인다 해도 기초 과학을 소홀히 하여 창조적 인재가 양성되지 못하고, 이웃 일본에 비하면 뒤처져 있어서 노벨상 하나 못 받는 실정이다. 자연과학 못지않게 문화발전에 필요한 인문·사회과학이 선진국 모방도 제대로 못 하는 데다 우리 나름의 콘텐츠를 개발하여 추가하지도 못하는 상태에서 국민의 정신과 사회윤리는 피폐해졌다. 부도덕하고 물질적인 사회가 되었다. 그 원천이 되는

---

[1] 종교학과가 있는 학교는 아마 두세 개에 그칠 것이다.

종교와 전통을 제대로 배울 기회가 없다.

변화, 개혁을 이끌어야 할 분야는 단기적으로 정치, 언론 분야인데 그 주류가 부패하고 무능하여 제대로 기능하지 못했다. 중장기적으로는 교육, 종교가 담당해야 하는데 이 역시 기능을 다 하지 못했다. 종교도 교회 상속 현상에서 나타나듯 물질주의의 늪에 빠져 기대하기 힘든 상태여서 남은 것은 교육이다. 이제라도 올바른 가치관, 세계관, 사회윤리를 가르치는 학교 교육, 사회교육이 작동되어야 한다. 세계화 시대에 적응하는 인문교육이 필요하다. 그 중심에 종교와 철학이 있다. 지역적인 종교와 철학이 아닌 세계종교, 세계철학을 가르쳐야 한다. 특히 동양 전통에서는 종교와 철학이 분리되지 않는다. 철학 없는 종교는 미신이 되기 쉽고 종교(신앙)가 바탕이 되지 않는 철학은 비현실적인 지적 유희가 되기 쉽다.

지구화 시대에 세계종교에 대한 올바른 이해의 중요성을 인식한 서구의 대학은 웬만한 대학에서는 기초 과목으로 편성되어있다. 그런데 한국 대학에서는 종교는 빠지고 서양철학만 교육되고 있다. 자기 문화와 종교, 철학은 몰라도 된다. 세계무대에 나가서 무엇을 내놓을 수 있을까. 자기 지분도 없이 세계문화에 참여해야 한다. 그만큼 정체성 없는 민족이 된다. 종교를 모르고 다른 민족을 이해할 수 있는가. 이슬람을 모르고 중동 사람을 이해할 수 없다.

원불교의 정산 2대 종사나 함석헌 같은 우리의 창조적인 종교사상가가 일찍이 앞을 내다보고 세계주의를 내세웠듯이, 아직 민족주의와 국가주의에 기대고 있는 정치지도자들이 저항하고 있기는 하지만, 지구는 지금 세계화가 급속도로 진행하고 하나의 '지구촌'이 되어간다. 뒤늦게 이 변화를 설명하고 이를 뒷받침할 원리를 찾고 있었던 서구 학자들은 인문학 분야에서 특히 종교 분야에서 '세계' 차원을 중시하게 되었다.

II. 니니안 스마트(Ninian Smart)

그 가운데 눈에 띄는 학자가 니니안 스마트(1927~2002)이다. 영국 태생인 그는 철학 교수로, 나중에는 종교학 교수로 재직하다 이후에 미국 캘리포니아 대학교수로 봉직하면서 미국 종교학회 회장을 역임했다. 그의 세계문화의 다양성에 대한 열정은 19권의 다양한 저술을 낳았다. '세계'(철학, 문화, 종교) 과목이 왜 대학에서 교양과 인문학의 필수과목이 되어야 하는가. 왜 대학의 교과과정이 전문지식을 가르치기 전에 갖추어야 할 교양을 반영해야 하고, '세계' 종교가 주요한 도구가 되어야 하는가. 스마트의 저술 속에서 정보를 얻을 수 있다.

그동안 대학에서 가르치는 학문영역은 현실적인 연유로 세분화되는 경향이 있었다. 학문 간의 유기적인 관계가 소홀히 되어 미시적 지식만을 추구하여왔다. 다행히 최근 그러한 폐단을 인식하고 학제 간, 융합 연구가 부상하고 있다. 전통적 분류로 되돌아가려는 움직임도 감지된다. 예를 들면 그동안 여러 갈래(동양사, 서양사, 한국사)로 나뉜 역사 기술이 세계사의 맥락에서 접근된다든지 한국 문학사를 세계문학사의 맥락에서 보려는 시도가 보인다. 철학과 종교 분야에서도 지금까지의 서양 중심에서 동양을 포괄하는 세계적 범주로 나아가는 경향이 서구에서 나타나고 있다. 기독교 중심의 종교관은 적어도 학문계에서는 오래전에 무너지기 시작하고 있다.

그 결과 '세계종교' 관련 저술들이 쏟아져 나왔다. 이것은 18세기 이후 식민지 시대의 경험 특히 인도와 중국에서 얻은 교훈의 산물이었다. 이 교재의 출판은 기독교 아닌 다른 종교에 대한 연구가 대학 학과목으로 편입되면서 대대적으로 이루어졌다. 북미 대학에서는 '세계종교'가 필수과목처럼 되고 있다.

출판된 세계종교는 배타주의적 종교관을 벗어나 모든 종교를 평등하게 보는 엄정한 중립적, 객관적 시각에서 쓴 것이라야 대학교재로서 자격이 있다. 저자는 공정한 종교다원주의 입장에 서는 것이 필수적이다. 확실한 다원주의자로서 논의에 적극적으로 참여한 종교학자가 교재의 편저자가 되는 것이 바람직하다. 니니안 스마트가 여기에 해당한다.

왜 세계종교 교육이 기본 교양으로 필요한가. 현실적으로 다른 문화와 종교를 알아야 세계인으로 살아갈 수 있다. 더 이상 자기 문화와 영토에 고립되어 나 홀로 우리만 살 수 없다. 다른 사람들과 교류와 거래를 해야 하고 세계 각지를 관광도 하고 살아야 한다. 나아가 다른 문화의 지식은 자기 세계관의 확대를 가져온다. 무엇보다 중요한 것은 한 문화의 산물인 자기 신앙도 확대하고 심화시킬 수 있다. 잘못된 신앙을 올바르고 건전한 신앙으로 변화시킬 수 있다. 종교 간 갈등으로 인한 사회적, 국제적 분쟁을 이양하여 세계평화를 달성할 수 있다. 세계종교는 부시 대통령이 대학을 다닐 때는 교양 필수과목이 아니었다. 그랬기에 이슬람을 '악'으로 여기고 대적했다가 이라크전쟁 등 잘못된 중동 정책을 편 것이다. 종교에 대한 무지가 엄청난 대가를 치른 사례다.

스마트는 철학 분야도 '세계'로 구도를 확대했다. 철학도 서구 중심의 철학사였다가 일부 대학에서 종교보다는 일찍 동양철학(인도, 중국)을 교과목으로 채택하기 시작했지만, 동서 전통의 유기적인 통합은 아직 초기 단계다. '세계종교'와 달리 오히려 '세계철학'이 개발되지 않았는데 니니안 스마트가 저술(세계철학)을 발간하여 개척하기 시작했다. 여기서 종교에 이어서 그 내용을 요약한다.

1. 『세계종교』

세계종교를 니니안 스마트가 본격적으로 기술한 것은 1969년에 출간된 『인류의 종교체험』(*The Religious Experience of Mankind*, 제4판 1991년)에서였다. 인간의 다양한 종교체험을 원시종교, 인도의 종교, 극동의 종교, 중동의 종교, 현대의 종교체험 등 다섯 범주로 분류하여 기술하였다. 이 책은 역사가 아놀드 토인비Arnold Toynbee의 높은 평가를 받았다. 이보다 더 확대된 체제로 1989년에 『세계의 종교들』(*The World's Religions*, 제2판, 1998년)이 출판되었다.

그러나 스마트보다 먼저 이미 출판된 책들이 있었다. 1949년에 노스Noss의 『인간의 종교들』(*Man's Religions*)이 발행되고 그 개정판에 해당하는 『세계종교사』(*A History of the World's Religions*)가 거듭(1990년 제8판) 나왔다. 이 책은 1970년대에 이미 일부 대학에서 채택되어 사용되고 있었다. 그만큼 서구의 세계종교 교육은 스마트 이전으로 거슬러 올라간다. 그와 유사한 책이 휴스턴 스미스Houston Smith 교수(MIT)의 『인간의 종교들』(*The Religions of Man*, 1958년 초판)이다. 이 책은 150만 부 이상이 팔릴 만큼 대중적인 책이 되었고, 개정판이 1991년에 『세계의 종교들』(*The World's Religions*)로 바꾸어 나왔다. 인간(man)이란 말이 남자를 뜻하는 말이기도 해서 남녀평등이 주장되는 시대의 흐름에 맞추고자 바꾸게 된 것이다. 지금은 세계종교에 관한 서적이 헤아리기 힘들 만큼 계속 출판되고 있다. 주로 대학교재용이다.

스마트 교수는 근대 비교종교학이 태동된 영국의 힉풍 속에서 종교에 대한 관심을 가져온 것으로 볼 수 있다. 앞에서 다루었듯이 19세기에 들어서 막스 뮐러Max Müeller 교수(Oxford)가 인도의 언어, 신화, 철학에 접하면서 종교학을 기독교 중심에서 탈피시킨 것이 그 단초였다. 그는 유명한 "하나만 아는 사람은 (사실상) 아무것도 모른다"는 말로 비교종교의 방법론을 수립했다. 영국인들은 "영국만 아는 사람들이 영국에 대해서 무엇을 알고 있는가?"고 자문하기 시작했다. 스마트는 이러한 학문 및 사회 전통의 소산이었다. 그는 뮐러처럼 인도의 사상 전통에 경도되어 인도철학 저술도 몇 가지 냈다. '세계철학' 저술에서 그는 힌두교와 불교의 철학 체계를 비교의 기준으로 자주 제시하고 있다.

스마트는 먼저 왜 세계의 종교와 철학을 이해하는 것이 중요한가를 밝힌다. 종교들은 인류의 경이로운 자원으로서 젯트기와 인터넷 시대에서 출현하는 지구 문명 속에서 이제는 공존해야 하는 시대이다. 다원주의 시대에는 다른 종교들에 대한 '정보를 갖고 공감'하는 태도를 가질 필요가 있다. 먼저 사실을 알고 이해하면서 상대방의 입장에 들어가서 생각하는 역지사지의 태도를 갖는 것이다. 공감(empathy)은 동정(sympathy)을 넘어선다. 이것은 '종교들을 깊이 이해하는' 것으로서 '종교들을 믿는 사람들의 입장과 느낌' 속으로 들어가는 자세를 가리킨다. 우리는 그 체계의 가치들을 '안쪽'에서 느껴보기 위하여 공감과 상상력을 가져야 한다. 이것은 교육의 중요한 요소이기도 하다.

스마트는 종교, 이념, 철학이 대표하는 공통개념을 '세계관'(worldviews)으로 설정한다. 생물 분류학 용어로 이념을 포함한 세계관이 유類(genus)라면 종교들은 종種(species)에 해당한다. 종교와 세계관은 다음에 열거할 일곱 가지 차원을 공유한다. 다른 민족이나 사람들의 세계관을 이해하고, 나아가서 상호교류, 보완, 공유하는 것이 지금의 갈등과 분쟁을 해소시키는 데 도움이 될뿐더러, 인류의 발전과 행복에 도움이 된다.

세계의 세계관들을 이해하는 중요성을 스마트는 세 가지로 말한다. ① 세계의 종교와 이념들은 인간의 다양한 삶의 실험들의 이야기에서 중요한 성분이 된다. ② 이보다 당장 더 중요한 이유로 오늘날의 세계의 다원적 문화들의 의미와 가치를 파악하기 위하여 이들의 근저가 되는 세계관들에 대해서 알 필요가 있다.[2] ③ 개인으로서 우리는 우리 자신의 일관되고 마음에 드는 실재관을 형성해야 하는 데 다양한 중요한 문화와 문명의 위대한 사상과 실천을 참고할 수밖에 없다. 철학들과 생활방식을 판단하기 위하여 우리는 '비교의 시각'을 필요로 한다.

스마트는 종교를 폭넓게 정의하기를 제의한다. 세속적인 이념들도 인간의 세계관 이야기의 일부로서 보자는 것이다. 그래서 그의 '세계종교'에는 마르크스주의(Marxism) 인본주의(Humanism)까지 포함되어 다루어진다. 물론 두 가지에는 종교적 그리고 비종교적 양면성이 있다. 종교를 반대하면서 종교를 대치하는 이념처럼 사회윤리와 실재에 대한 비전을 제공하는 체계로서 종교의 '라이벌'(경쟁자)로 기능하는 측면이 있는 반면 불교나 기독교 또는 다른 체계들이 갖는

---

[2] 중동의 경우, 예를 들면 이슬람, 기독교, 유대교를 알아야 하고, 일본을 이해하려면 불교, 신도, 유교적 유산을 알아야 한다.

초자연적인 것이나 보이지 않는 차원의 거부, 계시와 신비 체험의 부정 등에서 보면 비종교적 측면이 있다. 그러나 소련과 동구권의 붕괴와 더불어 스마트의 동구 지역에 대한 기술도 다소 변화한다. 마르크스주의가 비운 자리에 옛 종교 전통이 고개를 들고 있는 현실을 간과할 수 없었던 것이다. 사람을 '종교적 인간'(homo religiosus)이라 정의한다면 마르크스주의 같은 이념은 분명히 종교적 인간의 '궁극적 관심'으로 행세하거나 강요된 것으로서 종교적 차원을 지니고 있다.[3]

스마트는 종교의 본질을 일곱 가지 차원으로 종합한다. 즉, 1) 실천적 및 의례적 차원, 2) 경험적 및 정서적 차원, 3) 설화적 및 신화적 차원, 4) 교리적 및 철학적 차원, 5) 윤리적 및 율법적 차원, 6) 사회적 및 제도적 차원, 7) 물질적 차원이다(Smart, 1998: 13-21). 그만큼 종교는 다양한 현상으로 다양한 접근이 필요하다. 종교는 다-학문적, 학제적 주제가 된다. 따라서 그의 '세계종교' 기술은 방대한 분량이 될 수밖에 없다. 그는 이 다양한 차원을 『세계관: 인간 신앙의 비교 문화적 탐구』(1983)에서 상론하고 있다. 스마트는 "이 차원들의 전부나 대부분을 보여주는 것은 종교라 부를 수 있는 후보가 된다"고 본다.

여기에 마르크스주의도 해당한다. 이는 교리, 신화적 차원(변증법의 원리와 일치하는 역사적 사건의 분석), 의례(민족주의와의 연합, 적색의 상징성), 정서(애국심, 국제주의, 혁명적 헌신), 윤리(연대), 제도(당), 예술적 양식 등 여러 차원에서 종교적 형태의 기능을 갖는다. 종교

---

3 어떤 종교학자들은 애국심 같은 것도 종교적 차원에서 본다.

들처럼 그 성공 여부는 사람들이 그것이 구현하는 가치들에 의하여 깊은 감동을 느끼느냐 하는 것에 달려있다. 어떤 종교나 이념도 인간의 기본적인 자유와 가치(평등, 민주주의 등)를 실천적인 차원에서 부정하는 것이라면 오래 가지 못할 것이다.

일곱 가지 차원에 비추어 기술된 종교들과 이념을 살펴보고 나서 찾아낸 사실과 도달한 관점은 무엇일까. 독자에 따라 다를 수 있지만, 스마트의 결론은 여러 종교는 어떤 차원에서는 예를 들면 교리 차원에서 신관이나 경험적 차원에서 신비주의를 둘러싸고 비슷한 종교들이 있고 겹치는 부분도 있지만, 풍미와 강조점이 다르고, 모든 점에서 상당한 차이가 존재한다는 것이다. 심지어 종교들이 지향하는 이상들 사이에 심각한 불일치가 있다. 그러므로 모든 종교의 근본적인 통일성을 찾는 것은 비현실적이다. 그러나 특정한 점들에서는 여러 종교가 일치하는 부분이 있다. 장기적으로 보면 종교 간의 집중이나 취합이 있을지도 모른다. 종교 간의 충돌을 피하고 적의를 불식하기 위해서도 일치가 있어야 한다. 일치가 있기 전에라도 가능하다면 모든 세계관을 포용할 만한 '세계 이념'(global ideology)을 창출하면 좋을 것이라고 제안한다.

스마트의 '세계종교'는 다음 문단으로 마감하고 있다

아마 증가된 관용의 시기에 새로운 종교적 시대가 동터오고 있다. 우리 시대의 몇몇 위대한 인물들이 종교적인 사람들이라는 것은 놀라운 일이다. 이들은 마하트마 간디, 투투 대주교, 요한 23세, 테레사 수녀 등이다. 모든 시대의 가장 영향력 있는 사람들도 종교적 인물들이었다. 즉, 불타, 예수, 무하마드, 카빌, 짜라투스트라. … 그래서 하나의 세계의 세계관이 출현하고 있다. 우리는 그것을 약하여 세계적 다원주의라고 호칭할 수 있다(So a world worldview is emerging. We can call it global pluralism for short)(Smart, 1998: 592).

그 아래에는 이 결론을 상징하듯, 앉아서 두 손을 무릎에 올려놓고 눈감고 명상하는 한 귀엽게 생긴 어린아이 사진이 나오는데, 다음 설명이 붙어있다. "동양이 서양으로 오다: 미국에서 인도 요가의 한 형태를 수행하고 있는 아이."

2. 『세계철학』

스마트는 종교에서 철학으로 눈을 돌려 그의 생애의 거의 마지막 단계에서 『세계철학』(*World Philosophies*, 1999)을 저술했다. 그에게 종교와 철학의 거리는 그리 멀지 않다. 특히 동양은 그 두 원천인 인도와 중국의 전통에서 보듯이 둘 사이의 거리는 거의 없다. 그가 정리한 종교를 보는 일곱 가지 차원 속에도 철학적인 차원이 들어있다. 따라서 그의 '세계철학'은 종교적인 맥락이 아주 강하게 부각된다. 이슬람 철학, 유대교 철학도 포함된다.

자료는 크게는 대륙별로 나누어진다. 철학의 지역적, 문화적 범주를 크게 늘려 세계의 모든 지역을 망라했다. 라틴 아메리카, 아프리카 철학이 기술된다. 14개의 장(2-15장) 가운데 한국철학(4장)이 독립적인 장으로 다루어지고, 중국, 일본과 더불어 근대 철학에 관한 장(14장)에서도 다루어지고 있다. 물론 다른 큰 전통에 비해서 분량이 많지는 않지만, 한국을 이처럼 비중 있게 다루는 책은 거의 없었다. 한국철학만을 따로 자세히 다루는 책의 가치도 있지만, 그것을 세계철학의 맥락에서 보편성과 특수성을 파악하는 것도 그에 못지않게 중요하다. 자칫하면 국수주의적으로 자기 영광에 도취하여 진실을 보지 못할 것이기 때문이다. 그것은 서양철학에도 해당한다. 그것은 스마트가 거듭 경고하고 있는 사항이기도 하다.

스마트는 먼저 이 책의 명칭이 복수(philosophies)임을 가리키면서 이는 종래의 서양철학자들의 입장과 다름을 천명한다(Smart, 1999: 1-2). 종교도 이와 같다. 이제부터는 세계적인 방식으로 함께 사색해갈 수 있다. 하지만 과거에 다원적으로 생각하며 살아왔기 때문에 과거를 다양한 형태 그대로 이해할 필요가 있다. 마치 역사를 분리된 지역 역사로 생각해왔지만 이제 이 시대에는 이 역사가 함께 흘러와 합쳐져서 이제부터는 하나의 단일한 흐름을 형성하게 된 것과 같다. 이제부터는 지구(세계)적으로 생각하지 않으면 안 될 단계에 진입했다.

'철학'(philosophy)의 의미와 정의도 다양하다. 서양철학만 해도 궁극적인 실재와 이 세계에 대한 일종의 비판적인 지혜(Plato), 종교적인 세계관(Plotinus), 과학과 구분하기 힘든 체계적 지식(Aristotle), 신학과 크게 뒤얽힌 것(Aquinas), 언어를 조사하는 방법(후기 Wittgenstein), 중국에서는 '철학'(哲學)은 철인(哲人)이나 성인의 학(聖人之學)의 뜻이고, 또한 도가의 현학玄學은 형이상학적이며, 육가六家철학의 하나인 변가辨家는 논리학적인 측면을 지녔다. 'philosophy'를 구성하는 희랍어 'sophia'도 철인의 지혜를 가리킬 수 있다. 인도에서는 '관점'(darshana), 즉 스마트가 강조하는 '세계관'에 가까운 것이었다.

스마트는 인류문화의 삼대 지역을 중국, 인도, 서양으로 보았다.

여기에서 다른 지역-문화가 파생했다. 다양한 문화적 표현과 자료 속에 들어있는 것은 세계관이다. 철학은 이 세계관을 해명하고 비판하며 적용하는 것이라 할 수 있다. 세계관은 집단적이면서 개별적이고, 전통적이면서 비판적批判的이고, 종교적이면서 이념적이다. 인간 사고의 복수적인 성격을 지닌다. 이 책은 인류가 생각해 온 중요한 가치들과 문제들의 모자이크mosaic를 제공하기 위한 것이다. 이 많은 흐름은 오늘날 하나의 넓은 강이 되었다. 다양한 철학과 세계관들은 세계화의 과정에서 언젠가는 동질화할지도 모른다. 이 책은 인류 유산의 다양하고 풍요한 내용을 알려주기 위한 것이다.

이 책은 지역적인 분류에 따라 철학사상을 기술하면서 그 내용과 방법이 다른 지역의 사유와 특히 부합, 일치하는 경우에는 그것을 지적한다. 특히 인도와 중국의 사상이나 개념을 대조시키는 경우가 많다. 그와 반대의 경우도 있다.[4] 그만큼 저자가 두 위대한 사상 전통을 중시하고 있다는 증거이다. 그는 책의 결론 부분에서 비-서구 전통이 제기한 중요한 개념적 문제들을 거론하고 있는데 주로 힌두교, 불교, 유교, 도교 등 동양 사상과 연관된 것들이다. 이것은 1) 비교심리학적 주제들, 2) 인도의 인식론, 3) 불교의 존재론(윤회사상, 공사상), 4) 자연관(인도, 중국), 5) 윤리학(불교, 중국의 '예', 조상 숭배[중국, 일본, 아프리카]) 등이다.

스마트는 세계는 서구식 제도가 휩쓸어 왔고, 대학 등 고등교육 제도도 서구식이 지배적인 사실을 비판적으로 지적한다. 이에 따라 학문의 범주도 서구 일변도가 되어 철학의 범주도 서구식 모델이 지

---

4 예를 들면 유교의 '예'를 최근의 서구 언어철학 개념에 비추어 본다.

배하게 되었다. 이것은 꼭 건강한 것이라고 할 수 없다(364). 지구
세계는 사고와 의사전달 면에서 축소되고 있다. 미래에는 어떤 전통
도 따로 떨어져 남을 수 없고 다양한 종교들이 상호 침투하는(inter-
penetrative) 관계가 될 것이다. 따라서 다른 전통을 이해해야 하는
것이다. 그래서 이런 서적이 당장 필요해진다(10). 서구인을 대상으
로 한 이 책은 그런 의미에서 '세계종교' 서적들에서도 그랬듯이 인
도, 중국, 한국, 일본의 사상 전통을 서구 전통보다 먼저 기술하고 있
다.[5]

스마트는 다양한 사상을 기술하고 나서 마지막으로 우리가 무엇
을 필요로 하는가, 몇 가지 바람직한 사항들을 제안한다.

첫째, 우리를 인도할 신화가 필요하다. 현대에 와서 역사가 되는
그런 신화가 필요하다. 인간 이야기가 전체적, 포괄적인 것이어야
할 뿐만 아니라 다른 문화를 갖는 사람들이 공유할 수 있게 해줄 과
거 우리의 조상들을 조명해야 한다.

둘째, 우리는 동질화한(homogenized) 세계를 피해야 한다.
문화적 및 지적 차이가 보존되어야 한다. 어떤 세계적 목표를 위하
여 문화들을 함부로 뭉뚱그려 다루어서는 안 된다. 다문화적(cross-
cultural) 다양성이 보존된 열린 세계가 되어야 한다.

셋째, 지구 문명의 다른 부분들에 전체에 대한 공헌을 할 수 있게
할 뿐만 아니라 의미 있는 역할을 부여할 지적인 이론을 정립할 필

---

[5] 이것을 뒤집어서 보면 우리는 우리와 다른 전통을 먼저 파악하고 이해해야 할 필요가
생긴다. 그런데 우리는 특히 서구식 대학교육 과정에서 우리 것에 대한 상대적 경시가
뚜렷했다. 자기 것도 모르고 남의 것만 알자는 태도였다. 이것도 지양하면서 균형을 찾
는 것이 필요하다.

요가 있다. 이것은 위에서 강제된 것이 아니고 대화를 통해서 나와야 한다. 세계관 간에 충돌이 다루이져야 한다. 종교들이 서로 모순되는 계시 때문에 가장 첨예한 문제가 되어 있다.

넷째, 지구환경, 지구자원과 그 공평한 분배와 같은 지구 전체의 문제들을 규정하는 세계윤리를 안출할 필요가 있고, 이것은 상이한 문화들—아프리카, 중국, 인도, 불교, 이슬람 등—로부터 온 관념들의 종합에서 만들어질 수도 있을 것이다. 이미 인권에 대한 공감대(컨센서스)가 이루어지기 시작하고 있다.

다섯째, 우리는 상이한 철학적 및 문화적 전통들을 이용하여 사회과학에서 사용할 세계 용어집을 만들어내기 시작할 수 있을 것이다. 현재의 어휘들은 너무 서구적이어서 한 문화에 구속되는 위험을 안고 있다.

여섯째, 여러 상이한 문화적 창조의 내용들을 접근하여 우리는 더욱 자기-비판적이 되고 다른 관점들에 민감해질 수 있다. 다문화적 탐색이 교육상 아주 풍부한 성분이라고 생각한다. 하지만 민족주의, 편협한 종교적 인식, 이념적인 오만, 제도화한 분야들이 만드는 배타성 같은, 이에 저항하는 세력들이 있다(372).

저자가 이 책을 통해서 달성하고 싶은 목표는 다양한 세계관과 관련된 다문화적 지식의 획득이다. 다(복합)문화주의(multiculturalism)는 다원주의와 민주주의와 잘 부합하는 원리나 정책으로서 세계화를 뒷받침하는 패러다임paradigm이 될 수 있다. 이미 다문화주의 정책을 펴는 국가들이(캐나다, 호주, 미국 등) 많다. 인도와 중국 같은 큰 나라는 물론이고 한국 같은 작은 나라도 다양하고 독특한 지역문화와 하부문화를 보존, 개발시키지 않고는 세계화 시대에 생존해가기 힘들지 모른다. 자기 정체성이 빈약하고 획일화한 평범한 콘텐츠만으로는 다른 사람들의 눈을 끌 수 없으며, 결국 민족으로, 국가로서의 존재가치를 언젠가는 상실할지도 모른다.

6장

세계윤리

모든 주제가 대체로 그렇듯이 다원주의도 이론과 실천의 양면성을 지닌 주제다. 일단 지향해야 할 이상이 이론으로 설정, 체계화되는 것이 우선이라면 실천의 방법이 구체적으로 현실화되는 단계가 따라오는 것이 순서다. 현실 속에서 검증되고 실천되어야 이론이 타당성과 현실성을 갖추게 된다. 다원주의를 어떻게 실천해야 하는가. 물론 이론 형성과정에서 실천 방법이 상당 부분 다루어진 것이 사실이다. 종교 간 대화가 대표적으로 가장 중요하고도 필요한 실천 요목이라는 데는 이의가 없다. 그것만 잘 이루어져도 다른 부수적인 문제들이 저절로 풀릴 수 있다. 그것이 총괄적인 실천에 해당한다면 세부적인 실천 방법으로 한 가지를 든다면 세계윤리 운동이다.[1]

그것은 마치 국제평화를 확보하기 위해서 국제연합(UN) 기구를 설치하는 것과 같다. 세계윤리 자체만으로는 아직 추상적인 단계로 볼 수 있지만, 그것을 유엔 헌장처럼 합의되고 제정된다면 하나의 실천단계로 진입한 것이 된다. 제정된 윤리 헌장을 마치 종교 계명처럼 준수하는 장치가 마련된다면 국제평화나 종교평화는 저절로

---

[1] 또 한 가지는 세계종교 교육의 보급을 들 수 있다.

실현될 것이다. 신라 시대 국가 보위의 첨병으로 조직하여 삼국통일의 주축이 된 화랑도의 기본윤리로 제정된 '세속오계'는 당시의 종교들을 통괄한 윤리 덕목으로 오늘의 국민윤리, 세계윤리에 해당한다.

위기에 빠진 세계와 지구를 구하기 위해서 세계윤리가 필요하다고 보고 그것을 제정하자는 운동이 20세기 말 가까운 시점에서 서구에서 일어나기 시작했다. 이 운동은 종교 다원주의의 물꼬를 튼 제1차 세계종교회의(시카고, 1893) 100주년이 되는 해(1993)에 제2차 세계종교회의(인도와 시카고)가 열리고 여기서 논의되기 시작했다. 그 운동에 앞장선 지식인이 독일 가톨릭 신학자 한스 큉이다. 여기에 니니안 스마트 등 다른 종교인과 학자들이 가세했다.

I. 한스 큉(Hans Küng)

세계윤리를 제창한 다원주의 신학자·종교학자 가운데 가장 적극적인 이론 및 활동가로 한스 큉이 꼽힌다. 세계윤리 주창자가 되기 전에 그는 이미 유수한 가톨릭계 진보적 종교학자, 다원주의자였다. 먼저 그의 다원주의 사상을 요약할 필요가 있다.

한스 큉은 신·구교를 통틀어 주요한 일군의 다원주의 신학자 가운데 한 사람이다. 그는 배타주의에서 한 단계 진전된 내포(포괄)주의(inclusivism) 패러다임을 가리키는 '익명의 크리스천' 개념을 창안한 칼 라너 이후 가톨릭의 대표적인 종교신학자로 꼽힌다. 라너보다 한 걸음 더 나아간 가톨릭으로서는 가장 진전된 다원주의적 타종교관을 개척했다. 그 맥락에서 교황무오설教皇無誤說의 오류를 주장하여 비판과 시련을 받고 파문당하기 직전까지 내몰렸다. 큉은 구원의 역사를 다루면서 교황청 기준에서는 과격한 입장에 섰다. 비-크리스천이라도 도덕 수준이 크리스천에 유사하다면 '익명의 크리스천'이라 할 수 있다는 라너의 내포주의가 가톨릭의 기준에 가까운 입장이었다면 큉은 그것을 원하지 않는 사람에게도 강요하는 교만한 짓이라 비판했다.

큉은 그리스도 안의 신은 실제로 인간 구원을 추구하는 곳에서는 어디서나 일하고 있다는 것 그리고 신은 인간이 구원을 이루도록 모든 세계 종교를 활용한다는 것을 주장한다. "① 인간은 누구나 신의 은총 밑에 있으며 민족, 인종, 계급, 남녀를 불문하고, 심지어 그리스도의 교회 안이나 밖이나 상관없이 누구나 구원될 수 있다. ②

어떤 세계 종교도 신의 은총 밑에 있고 구원의 길이 될 수 있다. 그것이 원시종교이건 고도로 진화된 종교이건, 신화적인 종교이건 계명한 종교이건, 신비적인 종교이건 이성적인 종교이건, 유신론적이든 무신론적이든, 참 종교이건 의사-종교이건 상관없다. 어떤 종교건 구원의 길이 될 수 있다." 이렇듯 큉은 명실상부한 다원주의를 지향하고 있지만, 다원주의 신학자들 사이에도 미묘한 차이가 존재한다. 큉에게 존 힉 만큼 기독교와 타종교 사이의 거리가 거의 없지는 않다. 구원론 측면에서 종교들의 평등성을 최대화시키려는 힉에 비해 큉은 기독교에 대하여 특수한 위상을 부여한다. 다른 세계종교들이 통상적인 보통 구원방식이라면 기독교는 특별한 방식으로 구분한다. "개인은 그의 역사적 상황 속에서 실제로 이용 가능한 주어진 종교 안에서 구원받도록 되어 있다. 따라서 숨겨진 신이 작동하고 있는 그 종교 안에서 신을 추구하는 것이 그의 권리이자 의무이다."

그래서 세계종교들은 "보편적인 구원역사 속의 구원의 길, 일반적인 구원방식, 통상적인 구원방식임에 반해서 교회(정통 기독교) 안의 구원방식은 무언가 아주 특별한 것으로 보인다"라는 것이다. 그 정도의 차이는 자신이 속한 신앙 전통이 갖는 최소한의 프리미엄이라 보면 된다. 존 힉도 그리스도에게 특별한 위상을 부여한 것처럼 큉이 다원주의의 다양성과 평등성을 위반하는 것이 아니다. 오히려 다원주의의 중요한 성분인 다양성의 지평을 충분히 확장한다. 힉이 인정하듯이 다른 종교도 동등하게 그 나름의 특수성을 내세울 수 있기 때문이다. 어떻든 전체적으로 큉이 가톨릭 조직의 울타리 안에서는 불가능한 수준까지 나아간 것은 명백하다.

이렇게 진보적인 다원주의 사상을 수립한 큉이 세계윤리 건립

운동에 앞장설 자격은 충분하고 신빙성을 얻을 일이다. 그것이 성공하면 형성 중인 다원주의 사상의 큰 결실이라 볼 수 있다. 당장 결실이 나지 않더라도 꾸준한 운동 과정이 세계평화 운동, 생명 · 생태환경 운동으로서도 종교적으로 사회적으로 큰 자극을 줄 것이 분명하다. 세계윤리를 주제로 큉이 펼친 이론과 실천 담론 속에는 그의 종교관, 다원주의관이 무르녹아있으므로 그 내용을 더 자세히 살펴볼 필요가 있다.

주제를 다룬 그의 저술『전 지구적 책임 ― 새로운 세계윤리를 찾아서』(1991)와 그가 편집한 책『세계윤리에 찬성을』(1995)을 중심으로 세계윤리가 왜 필요한지, 어떤 덕목으로 구성되어야 하는지, 그것이 왜 종교적 근거를 가진 것이어야 하는지 등 큉의 분석을 들어보자. 윤리의 문제는 무엇보다 왜, 어떻게 실천되는가가 중요하다. 실천을 담보하기 위해서는 물리적, 법적 강제보다는 설득 논리가 필요하다. 이 모든 점에 대해서 누구보다 '교회(종교)일치주의 신학자'(ecumenical theologian) 한스 큉이 명쾌하게 풀어 밝혀준다.

게르만족이 깊이 연관된 1, 2차 세계대전 및 나치즘과 결과적인 독일의 분할과 통일 과정을 겪은 독일 지식인, 종교인으로서 한스 큉이 세계윤리에 관심을 갖게 된 것은 어쩌면 당연한 것인지도 모른다. 일찍부터 내면에서 싹터오던 생각이 구체화된 것은 1960년대 이후 구체적인 활동으로 나타난다. 그것은 다시 주제를 다룬 세 가지 연작 저술(1991, 1993, 1995)에서 체계가 드러난다. 특히 중간 결실이 백 년 만에 다시 열린 제2차 세계종교의회에서 맺어진다. 그것은 그가 기초한 "세계윤리를 지향하는 선언"(Declaration toward a Global Ethics)이 채택된 일이다. 큉이 편집한 셋째 책의 서문과 선언문 속에 큉이 구상한 세계윤리의 취지와 구조(덕목)가 농축되어 있다(Küng, 1995: 7-26; Swidler, 1999: 39-51)

'세계윤리'라는 복합명사는 다면적, 복합적 개념이므로 몇 가지 문항으로 나누어 간추려 볼 수 있다.

1. 왜 세계윤리인가

인류가 지금 당면하고 있는 삶의 현장, 즉 세계의 현실은 어떠한 가? 지구공동체에 아무런 문제가 없는가. 있다면 무엇인가. 엄밀한 진단이 필요한 시점이다. 불안 요소가 없는 지역이 어디인가. 대륙으로 치면 아시아, 중동, 유럽, 북미, 남미, 아프리카, 오세아니아, 나라로 치면 중소국은 말할 것 없고 미국, 중국, 인도, 러시아 같은 대국이 평화롭기만 한가. 지구 전체의 자연, 기후, 자원, 환경, 공해 등 안전한 상태인가. 기온 상승으로 인한 재해가 갈수록 더 빈번하게 더 큰 규모로 발생하고 있다. 문제는 그것이 인위적인 원인으로 초래된 것이라는 데 있다. 그것을 통제하기 위한 국제 기후협약 하나 합의되거나 제대로 지키지 못하고 있는 상황이다.[2] 거기다 가공할 핵무기 문제가 현안으로 세계를 불안에 빠뜨리고 있다. 특히나 중동과 더불어 한반도가 언제고 폭발할지 모르는 화약고가 되어 있다. 북핵 문제가 계속 세계 토픽으로 남아있다. 당면한 핵의 위험성을 일깨우기 위해서 2017년 노벨평화상은 반핵운동 단체에 수여되었다.

---

[2] 그 이후 최근 파리 협약이 체결되었으나 미국 대통령이 바뀐 후 미국이 탈퇴했다.

이런 상황에서 의식을 가진 지식인, 교육자, 종교인 등 사회지도 층이 무력감만 되새김질하면서 앉아 있을 수는 없다. 평화운동, 환경운동, 반핵운동 등 구체적인 움직임이 있었지만, 그러한 운동을 포괄적으로 아우르고 규정하는 원리와 이론을 제공하는 운동이 요청되었어야 했다. 교통, 통신, 정보기술의 발달로 세계는 급속도로 세계화되는 단계에 이르러 이제는 북핵 문제처럼 지구상에서 일어나는 모든 갈등과 싸움은 더 이상 국지적인 지역 문제가 아니다. 문화, 종교, 민족에 따라 다른 윤리, 도덕으로 개인의 행동이 통제될 수 없어졌다. 더구나 자본주의, 물질주의 위주의 가치관이 휩쓸고 있는 판국에 낡은 윤리와 도덕이 옛날처럼 개인적, 사회적 계명의 역할은 기대할 수 없는 형편이다.

도덕이 땅에 떨어졌다는 말은 들은 지 오래다. 그것은 기독교의 십계명이나 불교의 오계를 신도들이 얼마나 준수하고 있는지 조사해보면 확인할 수 있다. 개인에 따라 다르지만 거의 사문화된 상태가 아닐까. 산아제한과 낙태에 대한 교황청의 준칙과 현실 사이의 간극이 대표적인 사례다. 계율(계명)의 준수는 양심에 맡길 일이지 강제성이 있는 것도 아니다. 양심까지도 마비된 사람이 많아지고 있다.[3] 세계가 지구촌이 되는 마당에 윤리는 개인 차원에 국한될 수 없다. 간디와 톨스토이가 지적한 대로 모든 종교의 공통 계명인 비폭력 계율(불살계, 아힘사)을 개인에만 적용하고 군대, 국가 같은 집단은 해당되지 않은 관행이 인류 역사를 살해가 합법화된 전쟁의 역사로 만들었다. 개인윤리와 집단윤리의 괴리다.

---

[3] 교육 현장 조사에서 10억이 생긴다면 부정한 수단을 마다하지 않겠다는 학생이 대다수였다는 사실은 놀랄 일이 아니다.

현대 서구 문명은 자본주의나 유물론이나 다 똑같은 물질주의일 뿐 정신이 빠진 문명이다. 어느 사회나 정신 나간 인간들로 가득하다. 이러한 현실에서 거창한 세계윤리를 외쳐댄다는 것이 무슨 소용이 있을까. 소용이 있으려면 개인에게 호소하기보다 기후협약처럼 정부와 국가 차원에서 국제적으로 채택하는 수준까지 나아가야 한다. 실천성을 담보하기 위하여 한스 큉이 어떤 구상을 하고 있는지 궁금할 수밖에 없다. 그가 이것을 단순히 이론 정립만이 아니고 실천 운동으로 삼고 있는 것은 분명하다. 이론보다 현실 속에서의 실천을 중시한 존 캅도 지적했지만, 종교계, 학계는 물론 정치계 등에 두루 알려지고 활동 범위가 넓은 큉 만이 할 수 있는 일일지도 모른다. 여기서 세계윤리의 필요성을 절감하게 만든 세계의 현실이 어떤 지경에 와있는지 위에서 기술한 일반적인 관찰을 떠나서 큉의 날카로운 통찰을 그 자신의 표현으로 들어보자.

세계윤리를 향한 태도의 변화, 즉 필요성의 인식이 세계적 수준에서 이루어질 수 있을까. 그 가능성은 두 가지 관점에서 분명하게 보인다. 하나는 우리가 살고 있는 시대는 아직도 종교와 정치로 인하여 갈라져서 전쟁과 분쟁으로 가득 차고 어디로 가는지 방향을 잃어버린 채 제도적으로 정체성 위기의 소용돌이 속에서 판단기준과 표준이 상실된 시대라는 데 이론이 없을 터이다. 또 하나는 최소한의 인간적 가치, 기본적 태도 및 판단기준을 반영하는 새로운 사회적 합의의 필요성에 이의를 달 사람이 없을 것이다. 다만 이것이 필요하지만 어떻게 실천할 수 있겠느냐고 많은 사람이 의심할 수 있다. 더구나 자신들이 전파하는 계명과 기준을 위반하는 것이 흔히 종교들이기 때문에 또한 회의적이다. 온 세계에서 종교적 신념은 평화, 이해, 화해의 원인이 아니라 전쟁, 불관용, 광신의 원인인 경우가 많다. 사실 모든 종교에는 근본주의적 경향이 있는데 현재는 모슬렘 국가들 속에서 잔인한 모습으로 나타나고 있을 뿐이다. 그러나 근본주의를 지적하기 전에 우리 속에서 그 원인과 싸우는 것이 좋다.

이렇게 큉은 세계 위기 상황의 주요 원인을 무엇보다 종교에서 찾는다. 다른 종교의 문제가 아니라 내 종교, 모든 종교의 문제이다. 종교에 원인이 있을 뿐만 아니라 종교가 해결방안을 제시할 책임도 있다. 말하자면 결자해지結者解之다. 병을 주었으니 그것을 고칠 약을 주어야 한다. 문제를 일으키는 종교의 부정적 측면은 종교의 일면이고 긍정적인 부분도 작지 않다. 폴란드, 남아프리카, 필리핀, 남미, 어디서건 종교는 지구의 모습을 더 좋게 바꿀 수 있는 영적 힘으로서 언제라도 작동시킬 수 있다. 그 청신호가 1993년 시카고와 인도에서 수천 명이 참가한 '세계종교의회' 집회였다. 여기서 다양한 종교 배경을 가진 사람들이 최초로 '세계윤리 선언'을 통과시켜 이미 그들의 종교 속에서 확인한 최소한의 윤리지침에 합의하였다.

세계윤리는 새로운 세계이념이 아니며 하나의 획일적인 종교에 이르자고 하는 것도 아니다. 율법(유대교), 산상수훈(기독교), 코란(이슬람), 바가바드기타(힌두교), 부처나 공자의 가르침 같은 각 종교의 핵심적인 윤리적 요구를 대치하자는 것도 아니다. 그것은 단순히 동서남북의 종교들이 공통적으로 지니고 있는 것을 드러내고자 한다. 요컨대 윤리 선언은 인간 생존에 절대적으로 필요한 최소한도의 윤리를 강조하고자 제정한 것으로 신자와 불신자 모두가 채택하여 그에 따라 살아가도록 요청한다. 이제 선언문의 내용을 짚어보자.

2. 세계윤리의 원리

세계는 지금 세계 차원의 경제, 생태환경, 정치에서 위기를 겪고 있다. 수억 명의 인구가 갈수록 더 실업, 빈곤, 기아, 가족 파괴로 고통을 당한다. 남녀 간, 세대 간 긴장이 높아가고 아이들이 죽거나 살해당한다. 정치와 경제의 부패로 흔들리는 국가들이 증가한다. 사회적, 인종적, 민족적 갈등, 마약 남용, 조직범죄, 무질서로 인하여 도시 생활이 날로 힘들어진다. 우리가 살고 있는 지구가 무자비하게 약탈당하고 있다. 생태체계의 붕괴가 우리를 위협한다. 종교지도자들이나 신자들이 공격, 광신, 혐오, 외국인 혐오증을 부추기기 일쑤다. 종교가 전쟁을 포함, 순전히 권력정치의 목적으로 오용된다.

세계의 종교적 가르침들 속에 세계의 문제를 해소할 윤리가 이미 내재해 있다. 모든 문제에 직접적인 해결이 되지는 못해도 세계질서를 위한 도덕적 토대를 제공한다. 종교들 사이의 최소한의 공감대가 세계윤리의 기초가 될 수 있다. 세계윤리의 원리들을 열거해보자.

1) 새로운 세계윤리 없이는 새로운 세계질서는 없다

지구상의 다양한 종교와 지역을 망라한 우리는 우리가 공통으로 지닌 다음 신념들을 표현하고자 한다.

— 우리는 모두 더 나은 세계질서에 대한 책임을 갖는다.
— 인권, 자유, 정의, 평화, 지구의 보존을 위한 우리들의 참여가 절대

필요하다.

— 우리의 상이한 종교적, 문화적 전통이 모든 형태의 비인간적 행태를 반대하는 데 함께 참여하는 것을 막을 수 없다.

— 이 세계윤리에 표현된 원리들은 종교적인 기반을 갖든지 갖지 않든지, 윤리적 신념을 지닌 모든 개인에 의해서 확인(지지)될 수 있다.

권리는 도덕성 없이 오래 지탱할 수 없으며 세계윤리 없이 더 나은 세계질서가 유지될 수 없다. 세계윤리는 '구속력 있는 가치들, 폐지할 수 없는 기준들 그리고 개인적인 태도들에 대한 근본적인 합의'를 의미한다. 윤리에 대한 그와 같은 기본적인 합의가 없이는 조만간 각 공동체는 혼란이나 독재로 위협받게 될 것이다.

2) 근본적인 요구: 모든 인간은 인간적으로 대접받아야 한다

인간은 나이, 인종, 성별, 피부색, 육체적 또는 지적 능력, 언어, 종교, 정치적 견해, 민족적 및 사회적 출신의 구분 없이 양도할 수 없는 그리고 해칠 수 없는 존엄성을 갖는다. 국가는 물론 개인은 누구나 이 존엄성을 존중하고 보호할 의무를 갖는다. 인간은 항상 권리의 주체, 목적이 되어야 하며 결코 수단이 되어서는 안 된다. 각 인간은 이성과 양심을 지니므로 진정으로 인간적 방식으로 행동하여 선을 행하고 악을 피할 의무를 지닌다. 인류의 많은 종교적 및 윤리적 전통에 수천 년 간 지속해 온 원리가 하나 있는데 그것은 '자기 스스로 원하지 않는 것을 다른 사람에게 행하지 말라' 또는 긍정적 표현으로 '자기에게 해주기를 바라는 바를 다른 사람들에게 행하라'이다

(황금률이라 한다). 이것이 삶의 모든 분야에서 폐지할 수 없는 무조건적인 기준이 되어야 한다. 개인이든 집단이든 모든 형태의 이기주의는 거부되어야 한다.

3) 네 가지 폐지할 수 없는 지침

(1) 비폭력과 생명 존중의 문화에 대한 책무

세계 어디서나 각종 폭력이 난무하고 있다. 독재자들이 자기 백성을 탄압하고 제도적 폭력이 광범위하게 퍼져있다. 위대한 고대 종교 전통들 속에 공통된 계율은 '죽이지 말라', 긍정적인 표현으로 '생명을 존중하라'이다. 폭넓게 말해서 '비폭력'으로 표현된다. 살상도 확장된 의미를 갖는다(인간중심의 기독교와 달리 인도 전통에서는 동식물까지 적용되었듯이). 인간만이 아니라 지구의 동식물도 보호되고 보존되어야 한다. 생명의 자연적 생명 토대의 무한정한 개발과 생물계의 무자비한 파괴 그리고 우주의 군사화는 불법행위다. 인간존재로서 우리는—특히 미래 세대를 위하여— 지구와 우주 그리고 공기, 물, 땅에 대한 특별한 책임을 갖는다. 우리는 이 우주 속에서 모두 함께 얽혀 있으며 우리는 모두 서로 의존하고 있다. 따라서 인간이 자연과 우주를 지배하도록 장려하지 말고 그것들과 함께 조화하면서 사는 것을 실천해야 한다.

(2) 연대(단합)와 공정한 경제 질서의 문화에 대한 책무

불공정한 제도와 구조가 끝없는 기아, 결핍, 필요, 착취가 초래하는 비극적 현실에 책임이 있다. 빈자와 부자 사이, 권력자과 무-권력자 사이에 양극화가 갈수록 심해진다. 전체주의적 국가 사회주의와 고삐 풀린 자본주의가 윤리적, 정신적 가치를 파괴시키고 무한정한 이익을 추구하는 탐욕을 배양한다. 개발도상 국가나 개발 국가를 막론하고 부패의 사회악이 암처럼 번성한다.

1. 오랜 종교 및 윤리 전통에서 내린 주요한 지침은 '도둑질하지 말라', 긍정적 표현으로 '정직하고 공정하게 거래하라'이다. 누구도 타인의 소유나 공공재를 훔칠 권리가 없다. 더 나아가서 누구도 사회와 지구의 필요성에 대한 관심이 없이 자기 소유물을 사용할 권리가 없다.

2. 극한적인 빈곤이 넘치는 곳에서는 생존을 위한 절도 행위가 발생하기 마련이다. 권력과 부가 무자비하게 축적되는 곳에서도 선망, 분개, 극단적 혐오, 반란이 불이익당하고 주변화한 계층 속에서 발생한다. 이는 폭력과 이에 맞선 대응-폭력의 악순환으로 이끈다. 전 세계의 정의 없이 전 세계의 평화는 없다.

3. 젊은이들은 가정과 학교에서 재산은 의무를 수반하고 동시에 공통선에 봉사하는 것이어야 하고 그래야만 공정한 경제 질서가 수립될 수 있다는 것을 교육받아야 한다.

4. 전 세계적으로 수십억에 달하는 최고 극빈자들, 특히 여성과 아동들의 열악한 상태가 개선되려면 세계 경제가 더 공정한 구조로 개혁되

어야 한다. 제이세계, 제삼세계의 빈곤과 부채 위기를 극복하는 대책이 마련되어야 한다. 무한정한 소비와 자연 자원의 부당한 사용이 저지되어야 하고, 사회적으로 이롭고 환경적으로 올바른 시장경제를 지향해야 한다. 지배층이 피지배층을 탄압하고 공공기관이 개인을 위협하는 곳에서 우리는 저항할 의무를 갖는다. 가능한 한 비폭력적으로.

5. 위대한 종교·윤리 전통의 정신으로 인간적인 사회를 구축하기 위하여 경제적, 정치적 권력의 올바른 사용, 자비의 정신, 특히 아동, 노인, 빈자, 장애인, 난민, 고독한 사람들에게 상호 존중, (돈, 특권, 소비에 대한 끝없는 탐욕 대신에) 절제와 겸양을 함양해야 한다.

(3) 관용과 진실된 삶의 문화에 대한 책무

위대한 종교·윤리 전통은 이런 지침을 내린다: '거짓말(증거)하지 마라!' 긍정적인 표현으로 '진실되게 말하고 행동하라!' 종교가 가르치는 정직과 진실성을 외면하고 거짓말, 사기, 위선, 이념, 선동이 온 세상을 판치고 있다. 어느 누구도, 어느 기관도, 어떤 국가나 교회나 종교공동체도 타인에게 거짓말할 권리가 없다. 특히 문제를 안고 있는 네 집단을 지적하자면:

1. 성공의 수단으로 거짓말을 이용하는 정치인과 경제인들.
2. 정확한 보도 대신에 이념적 선전, 정보 대신에 거짓 정보, 진리 대신에 상업적 이익에 충실한 대중 매체.
3. 도덕적으로 의심스러운 이념적 또는 정치적 프로그램이나 경제적

이익 집단에 자신을 넘겨주거나, 또는 기본적인 윤리적 가치들을 위반하는 과학자와 연구자들.
4. 다른 종교들을 무가치하다고 내팽개치는 종교의 대표들 그리고 존중과 이해 대신에 광신과 불관용을 설교하는 종교인들.

실제로 특히 이들에게 어떤 책무가 주어져 있는지 더 구체적으로 기술해보자면:

1. 대중 매체에 종사하는 사람들에게 우리는 진리를 위하여 보도하는 자유를 위임하고 수호자의 직책을 부여한다. 그들은 도덕성 위에 서 있지 않고 인간 존엄성, 인권 그리고 근본적인 가치들을 존중해야 할 의무를 갖는다. 그들은 객관성, 공정성 그리고 인간 존엄성의 보존에 의무를 진다. 그들은 개인의 사적 영역을 침범하거나 여론을 조작하거나 또는 진실을 왜곡할 권리가 없다.
2. 예술가, 작가, 과학자들에게 우리는 예술과 학술의 자유를 위임한다. 그들은 일반적인 윤리 기준에서 면제되지 않으며 진리를 섬겨야 한다.
3. 국가 지도자들, 정치인들, 정당들에 우리는 우리 자신의 자유를 위임한다. 그들이 국민 앞에 거짓을 말할 때, 진실을 조작할 때, 국내 또는 해외 업무에서 부패(수뢰)를 저지를 때 그들은 신뢰성을 상실하여 직책과 (뽑아준) 투표자를 잃는 것이 마땅하다. 반대로 여론은 항상 사람들에게 진실을 말하는 정치인들에게 지지를 보내야 한다.
4. 종교 대표자들에게 그들이 다른 믿음을 가진 사람들을 향해 편견, 혐오, 적대감을 부추기거나, 또는 심지어 종교 전쟁을 선동하거나

정당화할 때, 이들은 인류의 비난과 그들의 신봉자들을 잃는 것이 마땅하다.

(4) 남녀의 평등한 권리와 협력의 문화에 대한 책무

사랑, 성생활, 가족 분야에서 협력과 책임 있는 행동의 정신으로 사는 남녀가 다수이지만 남성중심주의, 여성의 착취, 아동의 성적 오용, 강제된 매춘 같은 개탄스러운 행태가 세계 곳곳에서 자행되고 있다. 불평등이 여성과 심지어 아동들까지, 특히 후진국에서 매춘이 생존 수단으로 악용되고 있다.

1. 위대한 종교·윤리 전통에는 '너희는 성적 부도덕(음행)을 범하지 말라!' 긍정적인 표현으로 '서로 존경하고 사랑하라!'라는 지침이 있다. 누구도 다른 사람들을 단순히 성적 대상으로 격하시킬 권리가 없다.
2. 우리는 성적 착취와 성적 차별을 최악 형태의 인간 타락으로 본다. 한쪽 성이 다른 쪽 성을 지배하는 것이 정당화되는 곳에서는 ―심지어 종교적 신념의 이름으로― 어디서나 우리는 저항할 의무가 있다. 성적 착취가 관용되는 곳, 매춘이 조장되는 곳, 어린이들이 잘못 이용되는 곳도 마찬가지다.
3. 집이나 학교에서 젊은이들은 성생활이 부정적, 파괴적, 또는 착취적인 힘이 아니고 창조적이고 긍정적인 힘이라는 것을 배워야 한다. 남녀관계는 보호자적인 행위나 착취가 특징이 아니고 사랑, 협조, 신뢰가 특징이 되는 것이어야 한다. 인간 성취는 성적 즐거움과 같지 않다. 일부 종교 전통에서 이상으로 삼는 성행위의 자발적 포기

도 의미 있는 성취가 될 수 있다.

4. 결혼이라는 사회적 제도는 사랑, 충성, 항구성을 특징으로 갖는다. 그것은 남편, 아내, 아이의 안전과 상호 지원을 보장하고 모든 구성원의 권리를 확보하는 것이어야 한다. 모든 나라와 문화는 결혼과 가정생활이 모든 인간, 특히 연로자에게 가치가 있게 할 수 있는 경제 및 사회적 관계를 발전시켜야 한다. 부모와 아이들은 서로 착취하지 않도록 하며 상호 존중, 감사 그리고 관심을 갖는 관계여야 한다.

5. 우리의 위대한 종교적 및 윤리적 관계의 정신으로 살아가는 진정한 인간이 되기 위한 덕성은 가부장적 지배와 타락, 폭력 대신에 상호 존중, 협력관계, 이해, 소유욕이나 성적 오용 대신 상호 배려, 관용, 화해를 위한 대비 자세 등이다.

개인적 및 가족 관계 속에서 이미 체험된 것만이 국가와 종교의 수준에서 실천될 수 있다.

(5) 의식의 탈바꿈

역사적 체험은 무엇을 보여주는가. 개인들의 의식과 공공 생활 속에서 우리가 탈바꿈(변혁)을 성취하지 않는 한, 지구가 더 개선되는 방향으로 달라질 수 없다는 사실이다. 탈바꿈의 가능성이 전쟁과 평화, 경제 그리고 생태와 같은 영역에서 최근 수십 년 어간에 이미 나타나고 있다. 윤리와 가치 분야에서도 변화가 이루어져야 한다. 각 개인은 본유한 존엄성과 양보할 수 없는 권리 그리고 동시에 자기 행동에 대한 피할 수 없는 책임을 갖는다. 이러한 책임감을 간직하고 심화시키며 후세에 전달해주는 것은 종교들의 특별한 임무다. 이러한 공감대 속에서 우리가 성취한 것을 현실주의적으로 바라보면서 우리는 다음 사항들이 준수되기를 촉구한다.

1. 많은 윤리적 쟁점들에 대한 보편적인 공감대가 형성되기는 힘들 것이다. 하지만 우리가 여기서 공동으로 개발한 근본 원리들의 정신으로 한다면 적합한 해결책이 나올 것이 틀림없다.
2. 따라서 우리는 의사, 과학자, 기업인, 언론인, 정치인들과 같은 가능한 한 많은 전문직이 이들 특정한 전문직들을 괴롭히는 문제들에 대한 특정한 지침을 제공하는 최신판 윤리법전을 개발하기를 기대한다.
3. 우리는 무엇보다 다양한 신앙 공동체가 그들의 특별한 윤리를 공식화하기를 촉구한다. 각 신앙 전통이, 예를 들면 삶과 죽음의 의미, 고통의 인내와 죄의 용서, 자기를 버린 희생과 출가의 필요성, 자비와 즐거움에 대하여 어떻게 규정하는가. 이것이 세계윤리를 심화시키고 더 특별하게 만들 것이다.

결론으로 우리는 이 지구의 모든 주민에게 호소한다. 지구는 개인들의 의식이 바뀌지 않는 한 개선될 수 없다. 우리는 개인적 의식과 집합적 의식에서 그와 같은 탈바꿈을 위해서 성찰, 명상, 기도, 또는 긍정적 사고를 위하여, 마음의 탈바꿈을 위하여 일할 것을 서약한다. 함께 하면 우리는 산을 움직일 수 있다! 위험을 무릅쓰고 희생을 감수할 준비가 없이는 우리의 상황에 근본적인 변화가 있을 수 없다! 따라서 우리는 사회적으로 유익하고 평화를 발양하며 지구-친화적인 생활방식은 물론, 공통의 세계윤리, 상호 이해의 향상에 헌신할 것을 다짐한다. 우리는 종교의 유무와 상관없이 모든 남녀가 똑같이 다짐할 것을 호소한다.

이것이 한스 큉이 주도하고 기초한 "세계윤리를 향한 선언"의 대체적인 내용이다. 이 선언문이 실린 책(『세계윤리에 찬동하자』(Yes to a Global Ethics, 1995))에는 종교계(유대교, 기독교, 이슬람, 힌두교, 불교, 유교)의 지도자들(데스몬드 투투 주교 등)과 정치·문화계 지도자들(헬무트 슈미트 독일 수상 등)이 찬동하는 글이 실려 있다.

어떤 사람들 특히 젊은 층은 쉴 새 없이 변화, 진화하는 이 속도화 시대에 진부하게 들리는 케케묵은 도덕 윤리를 다시 꺼내놓는다고 말할지도 모른다. 이런 사고가 오늘의 상식일진대 바로 여기에 문제가 있다. 아무런 방향과 목표, 기준이 없이 어디로 가자는 것인가. 인간이 만든 기계, 로봇이 작동하는 대로 따라가면 된다고 하는가. 한스 큉 같은 양식을 가진 학자들이 던지는 질문이다. 큉은 윤리만을 이야기하지 않는다. 윤리의 원천인 종교를 함께 엮어서 말한다. 위에서 열거한 책무를 다룬 지침의 넷째인 '의식의 탈바꿈'이 바로 종교의 영역이다. 탈바꿈이 없는 윤리는 근거와 실천성에서 취약할 수밖에 없다.

이 선언문은 모든 종교가 이 시대에 맞는 특별난 윤리 덕목을 새롭게 제시하라고 요구한다. 월남전 과정에서 평화를 부르짖고 투쟁하다가 지금은 서구에서 불교를 현대인에게 설득력 있게 해석, 전파하고 있는 틱 낫 한 스님이 최근(2003)에 불교의 계율(비구 250계, 비구니 358계)을 현대 상황에 맞게 새롭게 해석하여 공포한 것은 하나의 본보기가 된다.[4]

3. 세계윤리, 세계평화, 종교 간 평화, 종교 간 대화

세계윤리 없이 생존은 없다. 종교 간 평화 없이 세계평화는 없다. 종교
간 대화 없이 종교 간 평화는 없다.

이 짧은 문단은 세계윤리와 세계종교들의 밀접한 관계를 축약하
고 있다. 인류의 생존과 세계평화도 여기에 달려있다. 그 실천의 첫
걸음으로 종교 간 대화가 필요하다. 세계윤리는 인류의 생존과 세계
평화를 위한 요건이다. 이 세 가지 명제가 세계윤리를 다면적으로
다룬 그의 저술『전 지구적 책임』(*Global Responsibility*, 1990~1991)의 3
부 내용을 구성한다.

퀑이 윤리와 종교에 관한 본격적인 저술을 하게 된 것은 현재 진
행되고 있는 인류사의 획기적 혁명을 비전문적 언어로 단순명료하
게 대중에게 전달하기 위해서였다. 혁명적 변화는 우주 역사의 새로
운 큰-틀거리(macro-paradigm)의 출현을 가리킨다. (5년마다 두 배로
증가하는) 정보의 홍수, 매일 쏟아지는 혁신의 물결에 휩쓸린 개인이
점점 더 '바보'가 되고 있는 형국이다. 그러나 바로 그 이유로 혼란스
러운 세목들을 가려내고 선택, 수용할 수 있기 위해서 지식, 정보에
대항, 기본적인 방향 정립이 필요하다. 대중적 관심사에서 대중도
이 시대의 정신적, 문화적 상황에 대하여 학자들과 과학자들의 해설
을 알기 쉬운 비전문적 표현으로 들을 권리를 갖는다. 퀑 자신이 연
구, 현장 방문, 상이한 여러 종교의 인사들과 각계각층 지도층과의

---

4 공포행사는 그가 저술『화』 출판을 계기로 한국방문 시기(2003)에 중앙승가대학에서
  이루어졌다. 그만큼 불교국가로서의 한국의 위상을 인지하고 있었던 것이다.

면담을 통해서 수집한 통찰들은 인류 전체를 위한 윤리의 필요성을 가리킨다. 우리가 살고 있는 하나의 세계는 서로 다르고 모순적이며 심지어 적대적인 윤리 영역이 더 이상 없을 때만 생존할 기회를 갖는다는 사실이 갈수록 분명해지고 있다.

하나가 된 이 세계는 하나의 기본윤리를 요청한다. 한 세계가 단일한 종교와 단일한 이념을 갖는다는 것이 아니라 사회 구성원들이 연대하게 하는 어떤 표준, 가치, 이상 및 목표를 요청한다는 뜻이다. 교회일치주의 신학자로서 큉은 소속 교회를 떠나서 교회들의 통일성과 종교 간 평화를 추구할 필요를 느낀다. 세계 모든 사람에게 표준, 가치, 이상 및 목표를 향한 새로운 동기를 부여하는 것이 항상 종교의 임무가 아니었던가 묻는다. 현재 이 순간은 종교가 세계평화에 대한 특별한 책임을 진다. 종교의 신뢰성은 미래에는 종교를 갈라놓기보다 통합하는 것을 얼마나 강조하느냐에 달려있다. 인류가 평화를 가져다주는 대신 전쟁을 부추기는 종교, 화해의 추구 대신 광신적으로 만드는 종교, 대화보다 우월감을 조장하는 종교를 더는 견딜 만한 여유가 점점 줄어들 것이다.

큉이 평화와 윤리 문제를 본격적으로 다루기 시작한 것은 몇 가지 계기를 통해서였다. 그는 유네스코 심포지엄(1989), 다보스 세계경제포럼(1990), 세계종교의회(1993)에서 주제 발표자로 초청받았다. 일개 신학자가 '세계를 위한 윤리', 종교 간 평화 같은 거창한 주제를 다루기에는 벅찬 일로 보이지만 교회(종교)일치주의를 특별히 다루는 신학자가 무엇이 종교를 갈라놓는가보다 공통되는 이해를 널리 알리고, 무엇을 공통으로 갖느냐를 계속 주장하는 것은 당연한 임무이다. 앞으로 종교와 윤리 분야의 전문가들에 의한 윤리의 원천

연구, 역사적 분석, 체계적 평가 및 정치적, 사회적 진단을 통해서 전지구적 윤리를 수립하고 일깨우는 일에 협동하고, 가게의 책임 있는 인사들이 인간 생존에 중요한 이 주제에 대하여 이론과 실천 양면에서 함께 참여한다면 우리의 목적이 이루어지리라 본다.

왜 우리가 세계윤리를 수립해야 하는가를 논증하기 위하여 큉은 세계가 당면한 위기의 현실을 구체적인 통계자료로 제시한다.

1. 1분마다 세계의 국가들은 군비에 180만 달러를 소비한다.
2. 1시간마다 1,500명의 아이들이 기아로 인하여 사망한다.
3. 매일, 생물의 종種이 하나씩 멸종된다.
4. 매주, 1980년대에는 역사상 어느 시기보다도 더 많은 사람이 구금, 고문, 암살당하거나 다른 방식으로 억압적인 정권들에 의해 탄압받는다.
5. 매달, 세계의 경제체제는 현재 제삼세계 국민의 어깨 위에 지워진 1조 5천억 달러의 엄청난 채무의 짐에다 75억 달러를 추가한다.
6. 매년, 한국 국토면적의 4분의 3에 해당하는 열대우림 면적이 파괴, 상실된다.
7. 10년 주기로 만약 현재의 지구 온난화가 지속된다면 지구의 대기 온도는 극적으로 상승하여(섭씨 1.5도-4.5도) 그 결과 (기후변화는 물론) 해수의 수준이 상승하여 재앙을 초래할 수 있다.

현재의 위기는 오랫동안 지속된 위기들의 산물이다. 획기적인 변화는 1차 세계대전(1914~1918)이 계기가 되었다. 그 여파로 틀거리(패러다임)의 전환이 일어나기 시작했다. 유럽 중심주의가 퇴조하고 정치적으로 세계는 다극화(유럽, 미국, 소련, 일본) 형태로 변화해 갈 것이 분명해졌다. 현대 과학과 기술공학이 전쟁을 규모가 다른 전멸전으로 몰아갈 것으로 전망되었다. 총체적인 군축(군비철폐)을 주장하는 평화운동이 이미 일어났다. 당시에 이미 산업화가 과학기술의 진보를 가져올 뿐만 아니라 또한 곧 환경을 파괴할 것으로 보는 문명비판이 크게 일었다. 당시에 제2차 대전 후에 (종교다원주의로 넘어가는 길목에서 역할을 하게 될) 세계교회협의회(WCC)와 제2차 바티칸공의회로 이끌 교회일치(ecumenical)운동이 이미 시작되고 있었다. 하지만 이와 동시에 이에 역행하는 반동적인 운동도 일어났다.

결국, 1918년 이후 새로운 세계질서를 수립할 기회는 물 건너갔다. 두 차례의 세계대전, 소련의 정치범 수용소(GULAG), 유대인 대학살, 원자탄을 겪고 나서 회고해 보건대 세 가지를 중요한 사건 또는 요인으로 꼽을 수 있다.

제2차 대전과 유대인 탄압에 불을 붙인 파시즘(이태리, 스페인, 포르투갈)과 국가 사회주의(독일)는 평화로운 세계질서의 전개를 막은 낭만적, 반동적 민족주의 운동이었다. 5천 5백만 명(유대인 6백만 포함)이 사망한 가공할 전쟁이 유럽을 정복하고 독일 자체까지 붕괴시킨 일, 일본의 군국주의는 과대망상이었다. 일본은 한국을 시작으로 만주, 중국 지역, 버마(미얀마)에서 싱가포르, 뉴기니에 이르는 동남아에 대부분을 점령할 수 있었지만, 종국에는 원자탄 두 방으로 자신의 섬으로 도로 쫓겨갔다.

심지어 혁명적인 공산주의까지도 칼 마르크스와 그의 프로그램을 일부만 이해한 이념으로 실제로는 반동적인 운동이 되었다. 러시아에서는 1917년 3월 혁명으로 희망찬 민주주의 운동으로 시작했지만 1917년 등장한 레닌이 선거 패배 후 붉은 군대를 동원하여 의회를 강제 해산하고(1918년) 궁극에는 '프롤레타리아 독재', 즉 모든 인민에 대한 공산당의 전체주의적 독재가 수립되었다. 레닌주의는 정치범 수용소가 상징하는 무자비한 스탈린주의의 기조가 되었다. 대중의 이름으로 시작한 혁명이 엄청난 특권을 가진 부패한 정당 계급통치로 끝났다. 그것이 70년이 지나서야 고르바초프의 등장으로 공산주의 세계 혁명의 이념이 묻히고 민주주의를 향한 극히 험난한 여정이 시작되었다. 1990년에는 공산당이 권력 독점을 포기하고 시장경제가 소련(후에 연방이 해체되고 러시아가 된다)에 도입되었다.[5] 큉은 소련과 다른 공산주의 국가들이 실험한 국가사회주의(state social-ism)를 '미래가 없는 구호'(slogan)로 보았다.

그것은 신자본주의(neocapitalism)도 마찬가지다. 소련과 겨뤄서 승리한 미국은 민주의 정신, 자유와 관용의 이상이 여러 가지 형태의 독재보다 강하다는 것을 증명했다. 아직도 엄청난 경제적, 정치적, 윤리적 잠재력을 갖고 있다. 그러나 월 스트리트의 신-자본주의자들의 구호는 미래가 없고, 탐욕과 '부자 되고, 빌리고, 소비하고, 즐기라'는 인생관이 미국과 그 영향권 국가들에 재앙이 되고 있다. '레이건 혁명'이 군사적, 경제적으로 유일한 강대국인 미국을 과도한 군비와 사회복지 축소와 동시에 경제침체로 이끌었다. 계층화를 가져오고 이와 동시에 내리막(몰락)으로 이끌었다. 1980년대 초에는 세계 최대 채권 국가였던 미국이 레이건 대통령 임기 말에는 최대 채무 국가로 전락했다. 미국을 강하게 만들고 지도적 위상을 유지하

---

5 이후 동유럽 국가들과 중국에도 유사한 변화가 일어났다.

는 것은 높은 윤리 의식, 전문성, 공공성의 제고에 달려있다.

미국의 위기는 유럽을 포함한 서구 전체의 도덕적 위기다. 전통의 파괴와 삶의 의미와 무조건적인 윤리 기준 그리고 새로운 목표의 부재는 사회적 위기를 초래하고 심리적인 손상을 가져온다. 요컨대 서구는 의미, 가치, 표준의 진공상태에 직면해 있는데 이는 개인적 차원의 문제만이 아니라 정치적 현안으로 발전된다.

이 두 가지만이 공허한 슬로건이 아니라 큉은 한 가지를 더 지적한다. 그것은 '일본주의'(Japanism)다. 전후 기간에 패배의 파괴를 딛고 일어선 일본은 미국과 유럽 다음으로 세계 경제 권력으로 부상했다. 바로 세계를 놀라게 한 경제적 효율성은 문제를 안고 있는 듯 보인다. 창의성과 근면성 등 많은 장점에도 불구하고 1980년대 말에 터진 경제계와 정치계 스캔들과 1990년대의 부패한 의원들의 선출된 이래 비판적인 목소리가 들려왔다. 심지어 일본의 부와 힘도 한계를 갖는다. 1990년대 초에 일어난 일본의 주식 거래소가 처음으로 무너지면서 철옹성 같던 동경 주식시장은 지난 이야기가 되었다. 이것은 다른 고려 없는 효율성, 원칙 없는 융통성, 책임 없는 권위주의적 지도력, 도덕적 비전 없는 정치와 경제, 호혜적 관계가 없는 무역과 기업, 죄의식 없는 전쟁 범죄에 대하여 다시 한번 생각하게 만든다.

장기적으로 그런 점들이 다른 아시아인들, 유럽, 미국의 동정을 잃는 대가를 지불할 뿐만 아니라 미래에 사회적, 정신적, 문화적 생존을 위해서 중요한 일본의 도덕적 토대를 무너뜨린다. 원래 불교와 유교의 무조건적인 도덕적 요구가 있지만, 사회적, 정치적 상황에서는 무력하게 되는 것이 (일본 사회의 경우) 현실이 아닌가 큉은 묻는다. 그리하여 일본인들은 모든 정치적 거래와 사회적 관행들을 승인하는 신도神道 쪽에서 준거를 찾는 경향이 강하다. 신도는 의례적일 뿐인 지언 및 조상 숭배만 중시한 나머지 도덕적인 교리는 어유가 없었다. 세 종교는 통과의례(생일, 결혼식, 장례)만 나누어서 주재하는 격이 된 것으로 보인다.

여기서 개인들에게만 아니라 기업체, 고도로 자격을 갖춘 관료 체제, 집권 보수 정당 사이의 강력한 동맹의 지원을 받는 일본 체제, 즉 '일본'을 지고한 가치로 암묵적으로 간주하고 대접하는 '일본주의'에 대하여 질문을 던진다. 그러면서 큉은 기독교 전통을 고수해 온 유럽과 미국에 대해서도 간접적인 질문을 던진다. 이론적으로는 보편적이고 무조건적인 요구를 하는 윤리에 대해서는 알고 있으면서도 실천적으로는 빈번히 실용주의적으로 적응시킨 '상황 윤리'에 기초하여 행동하지 않는가. 그와 반대로 특히 인도, 아프리카, 아랍 국가들에서는 총체적 서구화를 불신하고 무조건적인 타당성을 갖는 정통적 윤리를 주장하는 사람들이 다수라는 사실을 우리가 이해할 수 없는가 묻는다.

앞으로 도래하는 세계 공동체는 다만 이익 공동체, 하나의 거대한 시장이 될 뿐인가? 모든 곳의 시장이 공정성과 윤리를 필요로 하지 않는가. 유럽은 물론 일본에서 근대적 진보가 가져온 것과 가져다주지 못한 것에 대하여 사람들이 반성해야 하지 않을까? 큉은 묻는다.

일본의 사회와 종교에 대한 짧지만 예리한 분석은 지금 위안부 문제로 고민하는 일본인들에게는 물론 우리 한국인에게 유용한 정보가 될 수 있다. 그것은 일본인에게는 자기반성을 위하여 한국인에게는 일본인의 실체에 대한 이해를 위하여 필요하다. 독일과 달리 전쟁 속에서 저지른 인륜적 범죄에 대하여 솔직한 인정과 사과, 보상을 거부하고 있는 일본의 지배층과 보수 정치인들에게는 따끔한 심판이 된다.

다음에 큉은 주요한 근대적 이념들의 종언을 다루면서 서구의 성취에 대한 아시아와 아프리카 쪽에서 제기한 비판을 이야기한다. 서구가 세계에 위대한 업적을 가져다주었을지 모르지만, 그것이 꼭 좋은 것만은 아니라는 것이다. 양면성을 가진 네 가지―과학, 기술, 산업, 민주주의―를 열거한다(Küng, 1991: 12).

1. 과학, 좋지만 과학적 연구의 오용을 방지할 지혜가 아니다.[6]
2. 기술, 좋지만 고도로 효율적인 대형기술의 예측할 수 없는 위험성을 통제할 정신적 에너지가 없다.[7]
3. 산업, 좋지만 부단히 확대되는 경제에 대하여 싸울 수도 있는 생태학은 없다.[8]
4. 민주주의, 좋지만 권력을 쥔 개인들과 집단들의 엄청난 이권을 저지할 도덕은 없다.[9]

큉은 무작정 진보만 내세운 근대 이념들에 대해서 신비화를 멈춰야 한다는 소신이다. 무한한 성장, 끝없는 진보에 대한 신념은 그 신용을 상실했다고 본다. 그 자체를 하나의 목적으로 삼은 경제발전

---

[6] 또한 일본에서 인간을 구성하는 질료의 산업적 생산이 가능할지도 모른다.

[7] 대량 기아 문제와 싸우는 대신 인도와 파키스탄의 원자탄에 대하여 작업하지 않는가?

[8] 왜 브라질의 열대우림의 축소 문제를 다루지 않는가?

[9] 어떻게 해야 컬럼비아의 마약 조직, 인도 의회당의 스캔들, 일본 자민당의 부패를 다스릴 수 있는가?

은 비인간적인 결과로 이끌어왔다. 과학기술의 최대의 승리와 최대의 재앙은 함께 묶여있다. 진보 관념의 위기는 근대의 합리적 이해의 위기다. 칸트가 이성의 자기-비판을 시도하기도 했지만, 우주와 신성한 어떤 것도 무시한 이성이 자체를 절대화할 때 자멸한다. 이 분석적인 이성은 이제는 전체론적인 접근에서는 의문시되고 있다. 심지어 자연과학에서도 아인슈타인의 일반 상대성 이론, 하이젠베르크의 양자 역학이래 전체론적인 사고방식이 확립되고 근대의 고전적인 기계론적 물리학으로부터 틀거리(paradigm) 변화가 일어났다. 자연의 지배 대신에 인간과 자연 사이의 '새로운 계약'이 절박하게 필요해지고 있다.

누구도 원칙적으로 심각하게 발달(진보)에 반대할 수는 없다. 의심스러운 것은 기술공학과 산업의 발전이 사람들이 무조건 복종하는 절대적 가치, 우상이 되고 있다는 것이다. 결정적인 현안은 기술과 산업이 아직 인간에게 적응할 준비가 되어 있느냐는 것이다. 여기서 제기되는 문제는 우리의 발달, 우리의 과학과 기술, 우리의 경제와 사회의 의의·중요성은 무엇인가? 그 해답은 기존 제도를 넘어서서 찾아야 한다.

그 맥락에서 생각해 봐야 할 문제가 공산주의와 자본주의의 대립이다. 이 두 가지 근대의 전형적인 대립적 사회제도는 고전적 형태보다 변질되고 시대에 뒤떨어진 제도로 간주되어야 한다. 빈 껍질만 남아있는 형태이다. 어디에서나 다른 의미를 갖는다. 고전적 자본주의는 사회주의로부터 구조적 요소를 취하여 수정되었고 고전적 사회주의(마르크스주의)는 수정 불가능한 것으로 증명되었다. (항상 집산주의적 함의를 지녔던) '사회주의'라는 용어는 자유로운 (북유럽에서 실현되어온) '사회 민주주의'에 의하여 대치되면서 지평이 더 넓어졌고, (항상 개인주의와 착취의 함의를 가졌던) '자본주의' 용어는 사회적으로 또 생태학적으로 규제된 '사회적 시장경제'[10]에 의하여 확대되었다. 그래서 기획 경제와 자본주의적 시장경제를 넘어서 작업할 필요성이 있다. 말하자면 두 가지 제도의 이득이 균형을 취하는, 줄여서 생태-사회적 시장경제를 지향하는 부단한 시도가 있다.

서구와 동구 양쪽에 새로운 합의가 나타나고 그것은 다른 지역으로도 보내는 신호가 된다. 사회 민주주의와 사회적 시장경제는 더 이상 배타적인 관계가 아니고 서로를 내포한다. 그래서 또한 보수당과 자유당의 필요성이 있게 된다. 자유 사회 국가가 국가에 의해서 보장됨으로 전 세계 어디서나 우리는 혼합 체제로 이동하고 있다. 어떻든지 자본주의-이후 및 사회주의-이후에 전개될 새로운 구도는 그런 방향으로 가리라 본다.

---

[10] 사회적 시장 경제에서는 자본의 이윤이 우선하고 노동과 자연의 필요성은 경시된다.

II. 니니안 스마트(Ninian Smart)

세계윤리를 제창하는 또 한 학자가 스마트이다. 그는 세계화 과정에서 세계인의 삶과 행동을 규정하는 세계윤리 같은 것이 요청되는 것은 당연하다고 본다. 스마트는 먼저 지구환경과 관련된 몇 가지 요소들을 발견한다. 특히 2차 대전 이후 지구적 체계가 명백하게 나타나고 있다. 그 체계에 걸맞은 윤리가 필요하다. 이 요소들은 네 가지로 나타난다.

1. 독립된 민족국가들 가운데서 지구 토지의 배분이 그동안 완료되었다. 이론적으로는 유엔 헌장에서 국제질서가 보장되지만, 현실적으로 국가의 권리가 소수집단과 개인의 권리에 우선한다.
2. 현대적 통신과 운송 수단이 단일한 지구 경제 공동체의 형성과정을 촉진시켜왔다. 기본적으로 자본주의적 질서로 사회주의 지역을 체제에 일부로 통합하고 수백 개의 강력한 다국적, 초국적 기업들이 세계 경제를 지배한다.
3. 여행과 매스컴이 세계의 문화적 상부구조를 위한 틀을 창조했다. 올림픽 같은 행사가 세계적 행사가 되었다.
4. 지구를 함께 묶거나 적어도 국가들의 체계가 대표한 분열을 완화시키는 다수의 초국가적 기구들이 있다. 이 가운데는 다국적 기업들 그리고 유엔 기구, 식량농업기구 같은 정부 간의 기구들, 세계적 학술협회들, 자문단, 기독교, 불교, 이슬람 같은 보편적 종교들이 있다.

이런 식으로 우리는 '하나의 세계 조직'으로 들어가고 있다. 그러나 이것은 세계 자본주의의 위기와 전쟁의 가능성이 상존하기 때문에 상당히 불안정한 상태다. 지구적인 문젯거리와 가능한 재앙들은 이런 것들이다: 종교 간의 폭력적 충돌, 세계전쟁을 포함한 전쟁, 자연환경의 광범한 파괴, 빈곤과 문맹·건강 문제와 같은 악, 소수민족의 탄압, 개인의 탄압, 전통의 고통스러운 파괴, 만연된 영적 공허와 의미의 결핍 등. 이러한 문제들을 근본적으로 해결하기 위하여 아무래도 종교적인 근거를 갖는 새로운 지구적 윤리체계가 필요하다. 한 사회의 윤리는 종교적 뿌리를 갖는 것이 보통이다. 서구 사회는 기독교 윤리, 동양은 대개 힌두교, 불교, 유교에서 연원한 윤리를 따라왔다.

그렇다면 지구화 시대는 어떠한 윤리를 갖는 것이 필요한가. 모든 종교 윤리들을 취사 선택하여 절충하여 만든 체계, 지구적 절충주의 같은 것이 가능하겠지만, 그것은 통합적 세계관을 전제로 하는 것이므로 다양한 종교들을 다 인정하는 다원주의적인 종교관에는 맞지 않는다. 개별집단의 특수한 주장들을 다 수용할 수 없다. 그래서 스마트가 주장하는 것은 인식론과 세계의 다원성에서 나온 윤리관이다. 이것을 그는 '연성軟性 비-상대론'(soft non-relativism)이라 부른다. 이것은 자기 세계관만 절대화하는 입장이 아니다.

그렇다고 자기 세계관을 상대화하는 것도 아니다. 자기 것과 다른 세계관을 추리해서 증명하려고 하면 불가능하다. 그래서 '연성'적인 접근인 것이다. 이것은 관용적인 태도(종교적인 태도를 함의), 상상적인 공감, 비폭력적 태도 또는 폭력의 최소화, 보편적인 세계시민 정신 등과 같은 일정한 덕행을 포함한다. 이는 자기만의 독특한 세계관을 갖는 소수집단이 보호되는 체계이다. 여기에서는 궁극적 관심의 대상은 인류 전체이고, 국가나 민족, 선택된 종교공동체가 아니며 개인들의 권리가 지상의 가치가 된다.

한스 큉의 세계윤리 체계와는 다소 다른 접근이다. 큉이 다원주의의 한 축인 통일성(unity)과 보편성을 강조한다면 스마트는 다른 축인 다양성(diversity), 특수성을 강조한다. 당면한 지구의 위기 앞에서 무엇이 더 효율적인 것인가 판단이 필요하다. 선택보다는 두 가지 방식의 조화와 종합이 안전한 길일지도 모른다. 어떻든 스마트의 방식은 더 구체적인 프로그램을 요청한다. 다양한 집단의 윤리나 계명들이 어떻게 연대할 수 있는가가 중요하게 보인다. 사회가 개인들의 집합만이 아닌 것처럼, 전체는 개체의 집합만이 아닐 수 있기 때문이다.

한스 큉이 기초한 세계윤리 선언이 발표되자 그 내용이 서구인의 시각만 반영된 것이라는 비판이 특히 인도 쪽에서 나왔다고 전해진다. 거기까지는 스마트의 입장이 타당성을 갖는 것으로 보인다. 그런데 위에 기술된 선언문의 내용을 살펴보면 특정 종교의 계명에 기초했다고만 볼 수 없다. 본문에서 지적된 대로 '황금률'은 여러 세계종교들의 공통인수이다. 전체적으로 세계윤리의 구조는 비폭력(불살계)을 비롯하여 모든 종교를 관류하는 보편적, 공통적인 덕목들로 구성된다. 신라 화랑의 '세속 오계'를 상기시킨다. 그것은 불승(원광법사)이 기초한 것이지만 바로 당시의 세계종교들인 유교, 불교, 도교의 계율을 종합하여 현실에 적용한 형태이다. 어떻든 큉의 세계윤리는 그것만으로 긴급한 세계평화의 확보에 필요하고 충분한 윤리 헌장이 될 수 있다. 헌법처럼 개별 종교들의 특수성을 반영한 시행 세칙을 따로 제정하면 된다. 그것이 큉과 스마트가 대표하는 두 입장의 종합을 이루는 길이다.

7장

종교의 미래 · 미래의 종교

미래의 종교는 우주적인(cosmic) 종교가 될 것이다. 그것은 인격적인 하나님을 초월하고 교조(dogma) 및 신학을 벗어난 것이 되어야 한다. 자연적인 것 및 영적인 것을 둘 다 아우르면서 미래의 종교는 자연적이고 영적인 모든 것을 의미 있는 통합체(unity)로서 보는 체험에서 일어나는 종교적인 감각에 기초를 두는 것이어야 한다. 불교가 이러한 모습을 지니고 있다. … 만약 현대의 과학적 필요성과 맞설 수 있는 종교가 있다면 그것은 불교일 것이다(아인슈타인).

다원주의 시대의 연장선상에서 아니면 다원주의 이후 시대의 미래 종교는 어떤 모습일까. 종교나 신학 분야의 학자들은 대개 자기 저술의 말미에 나름대로 예측을 개진하고 있다. 흥미로운 주제가 아닐 수 없다. 미래를 전망하는 것은 현재를 올바로 보고 올바로 걸어가자는 것이다. 종교로 말하면 종교의 미래를 예측하고 현재 나의 종교관을 바로 하자는 것, 잘 믿자는 것이다. 미래학이라는 분야가 있다. 나의 의지와 상관없이 세계가 이렇게 되어갈 텐데, 내가 걷는 길이 궤도를 이탈하는 것이 아닌지, (전문가들이 그린) 앞에 뻗어있는 궤도를 살펴보고 알 수 있다.

I. 존 힉(John Hick)

신학과 종교철학을 넘나들며 다원주의의 탄탄한 토대를 구축한 존 힉의 미래 종교 전망은 누구보다 정확할지도 모른다. 그는 앞으로 종교들의, 특히 기독교와 불교의 경우, 발전 속도는 상당히 빠르리라고 본다. 그것은 종교가 영향을 받는 문화적 환경이 빠르게 변화하는 정보화 시대가 되었고 다른 세계종교들과의 관계가 전에 없이 밀접해지기 때문이다. 그래서 다음 시대는 (종교와 세속문화 그리고 종교 간) 교류 속에서 종교 발전이 이루어질 것이라 전망한다. 기독교는 부분적으로 특히 힌두교, 불교 그리고 이슬람에서 오는 영향을 받아 변화해 갈 것이다.

힉이 중요하게 생각하는 가설은 인간의 종교성은 본유한 것이므로 인간의 천성이 본질적으로 불변하는 한 어떤 형태로든 종교는 지속될 것이라는 것이다. 20세기의 대체적인 경향은 '교회일치'(ecumenical)이다.[1] 낡은 분리주의를 넘어서고 있는 추세다. 서로 다름보다 본질적인 일치가 더 중요하게 보이는 경향이다. 이미 기독교를 크게 변질시켜 온 교회일치의 정신은 세계종교 간의 관계에 점차 더 영향을 미칠 것이다. 종교 간의 차이는 점점 더 덜 중요하게 보일 것이다. 종교들이 서로 대화하는 관계로 발전하고 예배 현장을 자유롭게 상호방문하고 예배 장소를 공유할 수 있게 되는 단계에 진입할 것이다. 각종 공동체 봉사에도 협동하고 목회자 간의 토론도 일상화

---

1 이 개념은 기독교의 신·구교 간의 운동에서 출발하여 나중에는 종교 간으로 확대되었다.

될 것이다. 심지어 사목을 교환하는 일도 일어날지 모른다.

그렇다고 단일한 세계종교가 등장할 가능성은 희박하다. 하지만 상이한 종교 전통들이 더 이상 서로를 이념적인 공동체의 경쟁자로 보지 않는 상황이 될 것이다. 하나의 세계종교는 결코 가능하지 않을 테고 바람직하지도 않다. 그 이유는 인간의 성향과 유형이 다양한 만큼 숭배하는 방식도 다양하고 신학적인 주제와 접근법도 다양할 수밖에 없을 것이기 때문이다. 어떤 사람은 신앙의 신비주의적인 성향이 강하고 어떤 사람은 예언적인 성향이 강할 수 있다. 궁극적인 실체를 인격적으로 또는 비-인격적으로 인식하는 차이도 있다. 크리스천만이 신을 진정으로 믿을 수 있고 다른 종교인들에게는 그러한 특권이 없다고 인식하는 것은 종교 일치 시대에 부합하는 정신이 아니다.

힉은 이러한 추세 속에서 대체로 전형적으로 상반되는 두 가지 경향이 전개되리라고 전망한다. 한편으로는 특히 교육받은 젊은 층에서 다원주의적 종교관의 성장이 두드러질 것이고, 다른 한편으로는 종교적 근본주의와 정치적 민족주의가 '우리 대對 저들'의 형태로 재현될 것이다(Hick, 1989: 377). 19세기에 진화론 논쟁이 기독교 교회들의 사고를 바꿨듯이, 앞으로 100년 동안 종교다원주의의 이해가 교육받은 크리스천들의 사고에 적지 않은 영향을 미칠 것으로 보인다. 종교 자체들로 말하면 종교마다 시대 변화에 대처하는 나름의 과제와 방식이 다를 수밖에 없을 것이다.

유대교는 민족의 생존이 일차적인 관심으로 남아있지만, 신과 성약을 맺은 '선택된 백성'으로서 다른 백성들의 구원을 수용하는 과제를 갖는다. 이슬람은 현대문화를 지배하는 현대 과학과 타종교에 대한 종교(교회)일치적(ecumenical) 풍조와 씨름해야 하는 과제를 안고 있다. 이 문제로 과거에 기독교가 겪었던 악몽은 한 세기를 경과했지만, 이슬람은 한 세대 안에 해결해야 한다. 이슬람 전통에서도 신비주의적인 수피파는 다원주의적인 타종교관을 지니고 있다는 점은 희망적이다.

중동 종교들에 비해서 동양 종교(힌두교, 자이나교, 시크교, 불교) 전통은 다원주의적 시각의 발전에서 이미 더 진보된 수준이고 계속 확대되는 데 기여할 것으로 전망된다. 종교일치적 경향이 점차 더 증가하더라도 종국에는 단일한 세계종교로 귀결되기보다 기존 종교 형태 안에서 살아가리라고 본다. 당분간은 낡은, 대체로 배타주의적인 신앙과 새롭게 대두하는 다원주의적인 입장 사이의 긴장 속에서 길을 찾아야 할 것이다. 크리스천의 경우, 전통적인 기독교 절대주의는 그와 같은 긴장을 지적, 이론(신학)적으로는 어느 정도 극복해 왔다고 볼 만하다. 한스 큉, 칼 라너 등의 신학에서 보았듯이 다원주의적인 시각과 조화될 수 있는 형태의 기독교 신학이 전개되었다. 그러나 실제 신앙생활에서는 여타 크리스천들의 신앙에서 오래 뿌리박아온 전통과 의례를 벗어버리기는 힘든 상태에서 그렇다고 절대주의적, 배타주의적인 전제들을 그대로 공유하기도 어려운 현실 사이의 긴장 속에서 고통을 감내해야 하는 상황이다.

또 한편으로는 다른 위대한 종교 전통들의 비전, 체험과 사상들을 배울 수 있는 크리스천에게는 소득과 보완점들이 적지 않다. 위대한 전통은 하나하나 보편적인 구세론(구원론)적 과정의 일부로서 우주적 낙관론을 지니고 있으며 나름대로 전체 인간 역사의 발전에 기여해 왔다. 유신론이든 비-유신론이든(힌두교, 불교), 다양한 형태의 종파들이 인간의 탈바꿈을 향한 원리와 실천방식을 제시했다. 윤리적으로 그 핵심적인 주제는 사랑(agape)/자비(compassion)다. 사회의 구조를 바꾸기 위해서 그것을 어떻게 사회적, 정치적으로 실현하느냐에 인간변혁의 성패가 달려 있다(Hick, 1989: 377-380).

II. 니니안 스마트(Ninian Smart)

종교의 미래를 주제로 기술하면서 스마트는 전통적인 종교의 범주를 넘어 그것을 아우르는 '세계관'(worldview)이라는 우산을 유類(genus) 개념으로 상위에 설정한다. 종교는 가장 중요한 세계관의 원천이다. 여기에 이념까지 포함하여 대표적으로 마르크스주의를 종교에 준하는 이념으로 중요하게 취급한다.[2] (종교에 맞서는) 인본주의도 포함된다. 서구 사회가 종교와 세속적인 신념-체계를 구분하는데 그 구분 자체가 이념적이고 비과학적인 것으로 종교와 세속적인 이념들이 여러 차원에서 유사한 기능을 한다는 사실을 보지 못하기 때문이라는 것이다. 구체적으로 세계관이 갖는 일곱 가지 차원을 말한다. 즉, 교리(이론), 신화(또는 설화), 윤리, 의례, 체험(감정), 사회적 기구(조직), 물질적 형태(예술)인데 종교에 그대로 적용하는 항목들이다.

세계관의 근원과 차이를 이해하기 위하여 세계의 구성을 살펴볼 필요가 있다. 교통, 통신, 기술의 발달로 세계가 하나의 지구촌으로 되어가고 있지만, 그 반대로 역사, 지리, 경제, 정치적 관계의 다름으로 인한 지역적 차이가 존재하는 현실을 무시할 수 없다. 스마트는 세계를 일곱 개의 군락(블록)으로 나눈다.

① 민주주의적 서구. 대체로 기독교적 배경을 갖고 사회 민주주의와 (여러 가지 변종의) 자본주의를 받들고 문화적, 종교적으로 점차

---

[2] 북한 사람들의 지도자 숭배는 종교에 못지않다. 일종의 우상숭배다.

다원주의적이 되어가고 있다.

② 다양한 형태의 마르크스주의 국가들 — 동독에서 북한까지. 마르크스주의가 관제 종교처럼 기능한다. 전통적인 종교들이 억압된 것이 그 증거다.[3]

③ 이슬람 광역대 — 인도네시아에서 서아프리카까지. 이슬람 가치가 근대성에 적응하는 방식 문제로 위기가 연속된다. 종교와 정치제도 및 민족주의의 연계 실험이 다양하게 전개된다.

④ 비-이슬람, 비-마르크스주의적 옛 아시아 — 인도권역, 동남아권역, 동아시아권역(중국 제외). 힌두교, 불교, 유교의 다양한 혼합체계가 전통적으로 지배해왔다. 2차 대전 이후 자본주의와 전통문화가 뒤섞인 형태로 대부분 민주주의적 속성을 갖는다. 동아시아 국가들의 경제적 성공과 동남아 국가들의 다원주의가 세속주의적인 시각을 도입시켰다.

⑤ 라틴 아메리카 — 캘리포니아 산타바바라에서 파타고니아, 캐리비안까지. 대부분 가톨릭 영향권에 들지만, 전통적 요소도 내포한다. 가톨릭교회가 점점 더 정부로부터 소외되고 있다.

⑥ 흑인 아프리카 — 사하라 이남. 종교적 활기가 넘치는 곳이다. 전통적인 아프리카 종교가 버티고 있지만, 기독교가 지배적인 위치에 있으면서 이슬람도 만만치 않다. 전통 신앙과 기독교 교리를 융합한 새로운 형태의 아프리카 신앙 운동이 활발하게 일어나고 있다. 마르크스주의와 아프리카식 사회주의를 채택한 나라들도 있다. 또한 남아프리카에서는 백인과 흑인 및 아시아계 사이에 종교적·이념

---

[3] 다만 이것은 소련과 동구가 붕괴되기 이전이라 다소 수정이 필요한 정보다.

적 분쟁이 일고 있다.

⑦ 태평양의 소수 국가들. 신교사가 들여온 기독교가 옛 도칙 종교들을 대치하고 있다. 정치적으로는 유럽식 사회민주의의 영향이 크고 자본주의적 경제 세력과 씨름하는 상황이다.

어떻게 해서 세계문화의 이런 다양한 부분들이 종교적으로 전개, 진화될 것인가? 고려해야 할 두 가지, 상반되는 주요 요소가 민족주의와 개인주의다. 프랑스 혁명 이래 지난 200년간 권력이 주권 민족국가들에 재분배되었다. 사실상 지구의 모든 땅이 민족 단위체로 분화된다. 민족 정체성이 종교나 세속적 세계관에 의해서 규정된다. 폴란드는 가톨릭주의, 미얀마는 불교, 중국은 모택동주의 등등. 근대의 정치적 및 경제적 발전은 개인주의가 집단적 충성과 전통적 고리를 단절하게 함으로 이루어지게 된 것이다. 이러한 조건들이 제대로 작동한다 치고 다음 30년 내지, 50년 동안 종교와 다른 이념들의 미래를 어떻게 예측할 수 있을까?

개신교의 주류는 많은 나라에서 자유주의적 인본주의를 수용하는 방향으로 나아갔다. 바티칸 2차 공의회(1962~1965)도 그와 비슷한 융합을 했다. 이는 북반구 국가에서는 교회일치-종교 일치(ecumenical) 지향의 기독교를 출발시켰다. 그러나 기독교는 중력 중심이 남반구로 옮겨가서 흑인 아프리카에서는 다양한 형태로 융성하고 라틴 아메리카에서는 양극화 사회를 비판하는 역동적인 해방신학을 낳았으나 북반구 종교 일치 지향 기독교는 통계적으로 아마 계속 감소할 것이므로 다문화적인 비판에 점차 더 기대야 할 판이다. 종교 일치 지도자는 점점 더 남반구에서 나올 것이다.

교회(종교)일치 기독교는 반동에 맞부딪칠 것이다. 애국적인 복음파 기독교가 계속 성장하여 교회일치파의 주류 밖에서 전통적인 종교 및 부족 지역, 즉 남미, 아프리카, 인도, 동아시아 등지를 파고들 것이다. 이 반동 기독교는 미국에서 전자(방송)매체를 이용한 복음화를 개척했으므로 다음 50년 동안 매체를 이용한 선교를 더욱더 공격적으로 시도할 가능성이 있다.

가톨릭도 신앙 형태가 달라질 전망이다. 교황청은 교황청대로 개신교 교회일치파와 동조하고 있지만, 신도들은 교회에 의존하지 않고 개별적으로 더 많은 선택의 자유를 갖게 된다. 교황청의 지침에 일일이 귀 기울일 필요가 없다.[4] 더욱더 절충주의적인 가톨릭 신앙이 점차 더 자유주의 개신교와 동조하여 조화를 이루어 갈 것이다. 교회일치 지향 기독교는 일종의 다양한 형태의 초국가적 정신운동이 될 것인데 그 강점은 개인 영성의 권장(동양과의 협력이 매력이 있을 분야)과 세계 불의(불공평)에 대한 사회적 비판에 있다. 즉, (단체나 조직이 아닌) 개인이 주축이 된 영성 추구와 사회의식을 양 날개로 삼은 신앙과 실천이 강조된다.

불교는 개인 수행(깨달음)에만 집중하다가 역사와 사회의식을 못 갖기가 쉽고 기독교는 그것도 자유주의 입장에 서서 후자만 강조하다가 탈바꿈을 소홀히 하기가 쉬운 전통이었다면 앞으로는 두 가지가 갖추어진 종교라야 진정한 종교로서 기능할 수 있다. 그래서 기독교와 불교는 보완 관계를 갖는다는 것이다.[5]

지적인 측면에서 그리고 영적 측면에서 마르크스주의는 계속 위

---

4 그 경향은 대다수가 따르지 않은 산아제한 문제에서 이미 나타났다.

5 그렇게 되면 두 종교의 간격은 좁혀지고 어느 시점에서는 자연스럽게 하나가 될지도 모른다. 그것이 존 캅도 내놓은 희망 섞인 전망이다.

기를 겪으리라 전망된다.[6]

　이이지는 스마트의 전망도 30년이 지난 이 시점에서 사실로 입증
된 것으로 보인다. 즉, 종교적 대안이 표면으로 부상될 가능성이다.
불교가 중국에서, 희랍정교가 러시아에서, 이슬람이 중앙아시아에
서 떠오를 것이다(그것은 명백한 사실로 나타났다). 하지만 새로운 조건
에서 종교의 강조점이 바뀐다. 고도로 의례화한 외면적 형태보다는
개인적인 신비 종교의 차원이 강조된다. 예를 들면 불교는 선불교,
이슬람은 신비주의 경향의 수피교가 주목을 받을 것이다. '사원은
닫을 수 있어도 내면적인 탐구는 닫을 수 없기' 때문이다.

　유대교도 보수파와 개혁파의 갈등이 정치와 맞물려 쉽게 해소되
지 않을 전망이다. 어떤 경우이든 유대 문명의 중력 중심은 미국에
남아있을 것이다. 미국에서 유대인 정체성 보유의 문제가 있으므로
유대교 가르침의 보수적인 해석이 늘어날 가능성이 있겠지만, 역설
적으로 이스라엘 내의 유대교 신앙은 하강하고 미국에서는 강화될
것이다.

　이슬람의 곤경은 이슬람 전통과 두 가지 주요한 이념적 분야, 즉
서구 개인주의적 인본주의 및 현대적 과학, 기술공학, 경제 사이의
교류로서 바라볼 수 있다. 개인주의 없이 근대주의를 가질 수 있는
가? 그것은 전통을 보존하면서 동시에 근대화하고 싶은 많은 전통적

---

6 종교를 대치하거나 종교에 준한 이념이 궁극적인 관심으로 남으려면 인간의 지성과 영
　성을 충족시켜야 하는데 결점을 보완하지 못하고 독선적 교조로 남아있다면 현실 비판
　의 도구로서나 대안적 이념으로서 가치를 상실할 것임을 그 객관적인 가치를 높이 평
　가하여 종교에 상당한 위상을 부여한 스마트조차 예측한다. 이후에 소련과 동구권이
　무너지고 중국은 새로운 노선을 실험하는 상황에서 쿠바와 북한 정도가 겨우 명색만
　남아있는 현실을 보면 스마트의 예언은 들어맞았다고 판정된다.

인 사회가 고민하는 문제다. 중국에도 해당한다. 부식되기 쉬운 개인주의 없이 마르크스주의를 보존하면서 현대 과학기술을 활용할 수 있는가?

힌두교의 미래는 어떠할까. 힌두교는 그 정신적, 윤리적 기풍으로 볼 때 현대 과학과 다원주의적 사회에 활짝 열려있다. 그러나 미래에 사회적 차원에서는 인도가 새로운 방향을 지향할 가능성이 있다. 카스트와 불가촉민이 중요한 문제로 남아있다. 열린 사회와 다원주의적 태도를 지닌 인도가 앞으로 30년 사이에 서양 과학을 가장 잘 활용하기에 잘 맞기는 하겠지만 중산층과 빈곤층 특히 불가촉민 사이의 간극은 증가할지도 모른다. 불가촉민은 과거에 기독교로 개종하는 실험을 했고 2차 세계대전에 이르는 시대에는 암베카 박사의 지도로 불교로 개종하기도 했다. 다음 단계는 인도 사회에서 이미 강력한 세력이 된 이슬람으로 움직여가는 순서가 된다.

불교는 색다른 미래를 맞게 된다. 첫째로 이미 유럽과 미국에서 특히 잘 뿌리내린 서양에서 불교는 계속 성장해 갈 것이다. 유신론에 대한 매력적인 대안으로 불교는 여러 면에서 기독교와 상당히 보완적인 종교라 할 수 있다. 둘째로 마르크스주의 국가들 특히 중국에서 개인주의적인 불교가 부흥할 기회가 올 것이다. 셋째로 동남아시아의 독립적인 불교국가들에서는 불교가 계속 민족주의와 함께 정체성을 공유할 것이 예상된다. 넷째로 기독교만큼은 큰 영향을 미치지는 못하겠지만 아프리카에서도 불교가 발판을 마련할 작은 조짐이 보인다.

그렇게 전 세계에서 불교는 현대 과학과도 조화하는 보편적 종교와 철학으로 점차 더 인식되어 갈 것이다. 교육적인 측면에서도 불교가 매력을 더 갖게 될 것이다. 기독교와 우호적인 경쟁을 하면서 상호 영향을 주고받다가 아마도 언젠가는 종합을 이루어 자유주의적 인본주의 사상의 맥락에서 동서 화해를 제공할 수 있게 될 것이다. 동서의 상호 영향은 이미 일본의 경제발전에서 잘 나타나기도 했지만, 한동안 깔려있던 지적 무력감이 사라지면서 일본에서 불교 사상이 새로운 부흥을 맞게 될 것으로 보인다.

서구 사회에서 동양 종교들의 역할은 또한 하나의 '세계 신앙'이 가능할지의 문제를 제기한다. 역동적인 상황 속에서 (여러 종교의) 종합을 향한 움직임과 동시에 그에 대한 반작용도 분명히 존재한다. 더구나 개인주의와 서구의 과학적 근대성이라는 두 가지가 다원적 사회를 향하고 있다. 다원주의적 사회에 대한 관심은 서구만이 아니라 남반구도 다수의 비교적 소규모 문화들의 문제에 직면해 있다. 서구, 동아시아, 남반구는 모두 정체성과 참다운 삶을 찾는 다양한 탐구를 위한 우산으로 기능하는 일종의 다원주의적 정신 연방체에 대한 관심을 갖고 있는 셈이다.

이러한 다원주의를 미리 맛볼 수 있는 흥미로운 도시가 있는데 그곳이 로스앤젤레스이다. 그곳은 남반구의 다양한 민족, 동양 문화, 서구의 다양성이 지역 연방 형태로 공존하는 곳으로 새로운 태평양 정신 같은 것이 생겨나서 동양, 서양, 남미의 상호작용이 궁극적인 것에 대한 다원주의적 탐구의 모델이 될 법하다. 서구와 아프리카 그리고 모든 곳에서 새 종교운동이 계속 넘쳐날 것이 분명하다. '쪼그라진 지구'에서 문화적인 상호작용과 교류가 다양하게 전개될 것이다. 가령 복음주의적인 유교를 상상할 수 있는가.7 그것이 바로 문(선명) 목사의 통일교이다. 그렇게 어떤 영적 및 이념적인 운동이 미래에 모습을 드러낼지 우리가 알기는 어렵다. 하지만 현대의 위대한 종교들만이 항상 존재하리라고 상상할 이유가 없다.

계속 무언가 변화해가고 있는 전통적인 종교들이 앞으로 어떻게 진화할지 대강 추세를 짐작할 수 있다. 먼저 복잡하고 일상적인 의례가 근대화에 의하여 잠식되는 추세가 될 것이다. 갈수록 이동성이 심해지는 시대에 더 이상 안정된 농촌 환경에서나 가능했던 의례가 행해지기는 힘들다. 의례는 기술적인 절차로 대치되고 사적인 비공식적 행사로 변화될 것이다. 그래서 미래에는 종교의 의례적 차원보다 체험적 차원이 훨씬 더 강조될 것이다. 그것은 자본주의 사회의 개인주의 때문에 그렇게 된다.

서구와 남미에서는 종교적인 권위가 크게 약화되고 더욱 다원주의적인 자세가 채택될 것이라 기대할 수 있다. 종교 전통의 어떤 측면들 특히 힌두교의 요가와 신비 체험, 이슬람의 수피교 신비주의, 유대교 전통의 신비철학(카발라)이 강조된다. 이것을 종교적 낭만주의라 부를 수 있는데 그 수행이 우주적 실체와의 비-이성적, 체험적 일치를 지각하는 수단이기 때문이다. 그래서 우리가 우주를 이해하는 데 과학과 종교가 보완적인 역할을 한다는 새로운 일원론이 등장하고 있다. 일종의 '낭만적 일원론'이 미래의 종교적 사유의 새로운 경향으로 나타날 전망이다. 교리의 일원론은 사회적 다원주의와 잘 어울린다.

이러한 것들이 종교에서 전망되는 몇 가지 경향이다. 정치적으로 가장 중요한 의미를 가질만한 변화를 다음과 같이 열거할 수 있

---

7 거기에 또한 기술과학적인 근대성, 반-공산주의, 종교일치적인 애국주의 성분을 가진 유교를 상상할 수 있는가?

다. 기독교와 서구 인본주의, 불교와 다른 종교들의 마주침, 그것들과 민주적 다원주의 및 남미의 민족(종족)적 다원주의와의 연관성, 마르크스주의 국가들에서의 개인화한 종교의 출현, 서구적 및 마르크스주의적 가치와 충돌하는 이슬람 급진주의의 확산. 마지막으로 새로운 종교운동이 다민족 간 문화 교류의 현장인 대 도시에서 크게 증가할 것이다. 물론 현재의 큰 종교 전통들이 계속될 것은 분명하고 깊이 뿌리내린 시크교, 자이나교, 모르몬교 같은 소수 종교도 지속된다.

　지금까지 비교적 세밀하게 스마트의 미래 종교에 대하여 살펴보았다. 어떤 종교학자보다 포괄적인 범주이기 때문이다. 스마트의 관심 주제 가운데 '세계종교'와 '세계철학'이 큰 비중을 차지한다는 사실이 그 증거다. 스마트의 예측은 얼마나 적중했을까. 적중한 것도 있지만 태동 중이거나 진행 중인 것도 있다.

III. 켄 윌버(Ken Wilber) — 함석헌과의 대조

심리학, 철학, 종교학, 인류학, 과학 등 여러 분야를 통괄하는 통합 이론을 정립한 미국의 켄 윌버Ken Wilber의 미래에 대한 전망도 참고할 필요가 있다. 새로운 추세를 잘 반영하고 있기 때문이다. 그는 함석헌의 사상과 폭넓은 접촉점을 가지고 있다. 둘은 종교적 가치와 실체에 대한 통합적이고 전체론(holism, wholism)적 접근을 한다. 함석헌의 '전체'는 사회적 실체를 주로 가리키지만, 인식론의 측면에서도 전일숚—적 접근법을 함의한다. 진리가 하나인 것처럼 종교는 하나이다. 이 점에서 켄 윌버는 좀 더 구체적이다.

나는 가끔, 심지어 왜 여러 가지 세계관을 통합하려고 하는가 하는 질문을 받는다. 여러 가지 견해들의 풍부한 다양성을 단순히 경축이나 하면 충분하지 왜 구태여 통합하려고 시도하는가? 그렇다. 다양성을 인정하는 것은 분명히 고매한 일이며, 나는 다원주의를 진심으로 지지한다. 하지만 만약 우리가 다양성을 경축하는 단계에만 머문다면 우리는 궁극적으로 분열, 소외, 분리 및 절망을 촉진하게 된다. 너는 네 길 가고, 나는 내 길 가고, 우리는 따로따로 나간다. — 그것이 (싸워야 할) 너무 많은 전선前線들 위에 포스트모던 바벨탑을 우리에게 남겨 준 다원주의적 상대론자들의 지배 밑에서 자주 발생한 일이다. 우리가 모두 다르다는 사실을 여러 가지 방식으로 인식하는 것으로는 충분하지 않다. 더 나아가서 우리가 또한 비슷하기도 하다는 사실을 인식할 필요가 있다. 그렇지 못하면 단지 축적蓄積주의(heapism)에만 기여할 뿐 '전체주의'(wholism)에는 기여하지 못한다. 다원주의적 상대론이 제공하는 풍부한 다양성 위에서 '새것을' 구축하면서 우리는 다음 단계로 나가서 그 많은 가닥을 연결고 리들의 홀론(전체인자)들로 구성된 하나의 나선螺旋, 상호 교직된 우주로 짜 넣을 필요가 있다. 요컨대, 다원주의적 상대론(pluralistic relativism)에서 보편적 통합주의(universal integralism)로 이행할 필요, 즉 우주 자체의 형태인 다多 속의 일一(One-in-the-many)을 찾으려 계속 노력할 필요가 있다.

'전체'('全一적'), '나선형'(역사발전), '일一과 다多의 원리' 등은 함석 헌의 어휘에서도 발견되는 중요한 개념이다. 그는 통합 같은 구체적 인 형태와 단계에 대해서는 예측과 확언을 삼간다. "새 종교는 꿈꾸 는 것이 새 종교이지" 다른 것이 아니다. 다만 몇 가지 기본적인 틀 은 제시된다. '인격의 종교', '논리(이성)의 종교', '맘의 종교', '깨달음 의 종교'라야 한다. 지금의 빗나간 종교를 극복하는 틀이다.

함석헌과 약간 다르게 적어도 윌버는 통합 철학의 선상에서 종 교의 통합을 예측한다. 과연 함석헌이 언급한 전혀 새로운 차원의 종교가 탄생할 것인지, 윌버의 희망처럼 기존의 전통이 어떤 식의 통합을 이룰 것인지는 두고 봐야 할 일이지만, 새로운 한 종교가 출 현해야 한다는 것은 공통이다. 함석헌처럼 윌버도 여러 가지 점에서 회통의 철학을 지향한다. 회통의 보편성을 드러내는 사례다.

윌버는 실체를 함석헌처럼 역동적인 과정으로 본다. 창조보다 진화에 관심을 더 두는 점도 함석헌과 비슷하다. 진화는 영靈의 행위 (Spirit-in-action), '신의 완성 과정'이라 본다. 진화는 영 자체가 전개 하는 과정이다. 깨달음도 진화하는 진행 과정이다. 과정철학자 화이트헤드의 '형성과정의 종교'(religion-in-the-making)와 같은 형태다. "신은 우리의 집단적 과거에 있지 않고 집단적 미래에 있다." 함석헌이 전체(사회)를 강조하듯 윌버는 개인의 집합을 넘어선 집단성을 강조한다. 그래서 '사회문화적 진화'를 이야기한다. 이렇듯 윌버의 종교관과 신관은 함석헌이 영을 중시하고("하나님은 영이다") 하나님('Jehovah')을 미래에 완성될 '있으려 하는 이'(I am that I shall be)로 본 입장과 상통한다.

윌버는 인류가 통과하는 의식과 시각의 진화를 자기-중심(ego-centric), 민족-중심(ethnocentric), 세계-중심(worldcentric), 우주-중심(kosmocentric) 이렇게 4단계로 설정한다. 단계가 높아갈수록 윤리 수준이 높아진다. 이 유형은 함석헌의 사고와 그대로 일치한다. 그는 개인주의에서 민족주의로, 거기서 세계주의로 이행해야 함을 역설했다. 그리고 우주까지 생명윤리의 영역을 넓혀야 한다고 했다. '사람과 사람이 동포가 되어 민民으로 살아가는 세계', 인간중심이 아닌 '자연과 인생이 참으로 하나되는 진리인, 우주인'이 되어 살아가는 '우주 윤리'의 시대가 올 것을 내다봤다. '우주의 통일성'을 믿고 '이 우주를 하나로 보는' 시각이 요구된다. 윌버가 제시할 단계를 이미 다 거쳤다.[8]

---

[8] 그런데 지금 개인으로서나 사회로서 우리는 어느 단계에 와있는가? 민족주의를 못 벗어난 상태라 하겠지만, 실제로는 자기-중심 이기주의와 그 확장인 가족주의와 지역주의를 못 벗어나고 있는 현실이다. 민족은 허울일 뿐이다.

Ⅳ. 닐 도날드 월슈(Neale Donald Walsch)

　　학자 이외에도 종교의 미래를 전망한 인물을 들자면 대중적인 종교 저술가인 월슈를 들 수 있다. 미국에서 디팩 초프라에 못지않게 종교 관련 저술을 쏟아내면서 종교의 이해와 실천에 적지 않게 기여하고 있다. 주목할 점은 그가 초프라 같은 단순한 저술가가 아니고 자신의 종교체험을 바탕으로 강한 사명감을 갖고 나름의 종교 운동을 전개하고 있다는 것이다. 그 영향력은 웬만한 교파에 못지않을 만큼 클뿐더러 혁명적인 폭발력과 잠재력을 지니고 있다고 평가된다.[9] 근래 이런저런 종교체험을 가진 체험자의 이야기가 등장하고 있지만, 자전적인 기록으로 끝나고 있는 것과 대조된다.

　　월슈에게 인식론적인 근거를 제공한 체험은 다소 이채롭지만 납득이 가능한 유형이다. 그가 삶의 고통과 고뇌 속에 쌓여있다가 어느 날 신에게 마지막 호소라도 하는 심정으로 신에게 질문을 던진 것이 특이한 체험을 유발시킨 단초가 된다. 험난한 인생을 살아왔다고 생각하는 사람이면 대개 그렇듯이 월슈도 자기 삶이 팍팍하고 개인적으로, 직업적으로, 정서적으로 불행하고 모든 수준에서 실패한 인생이었다고 느끼면서 살았다.[10] 하소연할 데도 없고 해서 언젠가부터 애꿎은 펜을 들고 누군가에게 편지를 쓰는 형식으로 느낌을 쏟아놓는 습관이 형성되었다. 누군가에게 복수를 당한다는 생각에서 나온 행동이었다.

---

9 그렇다고 전통적인 종교 인식의 틀을 벗어난 것이라 볼 수는 없다.
10 함석헌도 '내 인생은 실패다!'고 했다.

그러다가 어느 날 붓끝이 복수의 최고 총수, 즉 원천인 신으로 향하고 있었다. 그것은 혼란, 저주, 분노와 모멸이 가득 찬 열정적인 편지였다. 생업, 인간관계, 경제 측면에서 왜 이렇게 고달픈가. 계속 버둥거리는 삶을 살아야 할 만큼 내가 무슨 짓을 저질렀단 말인가? 그렇게 대답하기 힘든 질문들을 한참 써대고 나서 펜을 놓으려 하는데 놀랍게도 손이 저절로 움직이기 시작했다. 무엇을 쓰려고 하는지 도무지 생각이 없었다. 그러나 생각이 나오기 시작하므로 그 흐름대로 따르기로 맘먹었다. 이런 내용이 흘러나왔다. "이 모든 질문에 대하여 네가 진정으로 대답을 바라느냐, 아니면 그냥 쏟아내는 거냐?" 내가 묻는다. "신은 어떻게, 누구에게 말합니까?" 신의 대답은 "나는 항상 누구에게나 이야기한다. 문제는 누구에게 내가 이야기하느냐가 아니고 누가 듣느냐는 것이다."

신은 누구에게나 늘 말하지만 듣는 자만 듣는 것이라는 사실이다. 간절히 묻고 경청할 준비가 되어 있는 자만 들을 수 있다. 일종의 계시라 할 수 있다. 다만 여기서는 필담 형식이다. 이어지는 대화에서 신은 소통하는 수단으로 느낌과 생각 그리고 체험을 활용하지만, 그 수단이 실패하는 경우 언어를 사용한다고 말한다.

이렇게 '신과의 대담'은 시작되었다(1993년 2월). 대담은 해를 거듭하여 진행되었다. 그것이 『신과의 대화』시리즈로 출판되었다(1995년~). 이것은 '나에 의하여 쓰인 것'이 아니고 '나에게 일어난 것'이다. 내가 저작한 것이 아니고 '받아 쓴' 것일 뿐이다. 대화는 세 가지로 나뉘어 세 가지 책이 되어 나올 예정이다. 즉, 그것을 두고 사람들이 갖가지 의견을 갖는 것이 당연하다. 창작, 심리적인 투사投射 등 불신과 의심의 반응이 나올만하다. 이해보다 오해되기가 십상이다. 이것을 어떻게 해석해야 할까. 체험 과정과 대담 내용을 꼼꼼히 살펴보면 싱식의 짓대로 부정적인 측면을 찾기는 힘들다. 오히려 놀라울 정도로 타당하게 보인다. 종교 전통과 인식론에 전혀 어긋나지 않는다. 다원주의 입장에 있는 종교학자, 신학자들이 갖는 비전을 크게 벗어나지 않는 종교관, 신관으로 분석된다. 그러나 단순히 학자들이 미칠 수 없는 혁명적, 예언적인 내용인 것은 분명하다. 그들이 바라는 바 변화가 급속하게 이루어진 것처럼 보인다.

한발 양보해서 인간의 작품이라 하자. 진정한 인간의 천성적 기능의 발휘라면 탓할 수 없다. 신이 인간에게 부여한 자유의지의 작동이라면 신도 기꺼이 인정할 수밖에 없다. 더구나 이 모든 것은 신자신의 말임에랴.[11]

여기서 대화는 계시와 같은 기능을 한다. 일회성이 아니고 연속적이라는 점이 구약에 나오는 계시와 다르다. 대화의 내용에서도 밝혀지지만, 계시는 특정한 시공에서 특정한 인물에게 나타나는 것이 아니고 항상 누구에게나 진행되고 있지만 듣는 자만 듣는다[12] 계시는 유신론에 바탕을 둔 종교에서 주요한 인식 수단이다. 이 점에서 월슈는 정통 기독교를 벗어나지 않는다. 유신론 종교와 대조적으로 불교는 깨달음을 진리 인식의 수단으로 삼는다. 계시로서의 대화는 미래 종교의 형태를 상징한다. 매개자 없는 신과의 직접 대화는 전통적 조직 종교의 역할을 축소시키는 변화를 예고한다.

이 점에서 단순히 지식에 의존하는 학자보다 월슈는 종교의 실

---

11 신이 인간을 창조했다고 하지만 거꾸로 인간이 신을 창조했다는 주장이 없는 것도 아니다. 인간이 신의 형상인지 신이 인간의 형상인지, 닭과 달걀의 선후 문제와 비슷하다.
12 "귀 있는 자는 들을지어다"라는 성경 말씀처럼….

제에 가까이 있는 셈이다. 그 자신이 인도 계통, 불교 계통 등[13] 미국 사회에서 유행하는 각종 종교적 수행에 직접 참여하여 실험, 검증하는 과정에서 유체 이탈을 포함, 영적 변화를 세 차례나 체험했다. 그 것은 깨달음에 해당하는 의식변화였다. 한국 선불교 전통에서 서산대사, 보조국사(지눌) 등 깨달은 조사들의 평균 횟수와 맞먹는다. 물론 깨달음의 수준과 심도에 차이가 있을지 모르지만 월슈의 경험이 종교체험임에는 틀림없다. 깨달음의 수준에서 '신과의 대화'가 가능했을 터이다. 동학의 창시자 최수운의 '대각'이 신(한울님)을 마주치는 계시였던 것처럼, 월슈에게도 계시와 깨달음의 경계가 허물어진다. 계시는 구약성서에서 나오듯이 일반적으로 바깥에서 오는 것이라면 깨달음은 자기 내면에서 발생하는 현상으로 인식된다. 그러나 계시의 주체인 신이 바깥에만 존재하는 분일까. 안팎을 가리지 않고 만유萬有, 편재遍在하는 분이라면 더구나 '신의 형상'으로 지음을 받은 인간 내면에 없다고 할 수 없다. '천국이 너희 안에 있다'는 예수의 말처럼 천국의 주인인 신도 인간에 내재하는 것이 당연하다. 그렇다면 '신과의 대화'는 '자기와의 대화'일 수도 있다. 이때 '자기'는 이기적인 자기가 아니라 또 하나의 자기일 수 있다. 불교에서는 '가짜나'(假我)와 '참 나'(眞我), '작은 나'(小我)와 '큰 나'(大我)로 구분한다. 월슈도 대화 속에서 '작은 나'와 '큰 나'를 말하고 있다.

그런 맥락에서 월슈의 대화는 '참 나와의 대화'라 할 수도 있다. 나아가서 누구나 월슈처럼 신과의 대화를 할 능력을 내장하고 있다.[14] 근래에 와서 여기저기서 깨달음을 체험한 각자覺者가 등장하고

---

[13] 심지어 한국 이승헌의 국선도까지. 그 영향으로 수년 전 한국을 방문하고 사직공원 단군 사당을 찾고 단군 사상을 높이 평가하는 기사가 실린 적이 있었다.

있는데, 그중 한 사람인 에카르트 톨레는 언어 속에서 두 개의 자아가 있다는 데 놀라서 명상하다가 돈오했다고 말한다. 고통의 주체인 나를 파악하려는 자아가 따로 있다는 데 생각이 미쳤던 것이다. 윌슈도 깨달음을 얻으려고 갖가지 수단과 통로를 실험하고 깨달음 수준에 이르렀다고 할 수 있다.

'신과의 대화'만으로는 무신론적인 불교와의 접속점을 찾기 힘들지만 '큰 나(참 나)와의 대화' 또는 '자아와의 대화'라고 하면 아무런 문제가 없다. 신이라 하더라도 한 종교만의 신이 아닌 확대된 보편적 신이다. 21세기가 시작되는 시점에서 하버드대 신학부와 '세계종교연구소'가 주관한 대규모 학술회의의 주제가 '신 개념의 확대'(Extending the Concept of God)였는데, 기독교는 물론 유교, 도교, 힌두교, 불교, 이슬람을 포함한 신학자, 종교학자들이 참여하여 이틀 동안 열띤 토론을 벌였다. 그것이 바로 다원주의의 마당인 것처럼 윌슈도 모든 신앙과 종교에 열린 자세로 다원주의적 접근방식으로 자신의 깨달음을 추구한 진리 탐구자이다. 그는 사회 저변에서 보이게, 안 보이게 진행되고 있는 새로운 종교개혁의 한가운데 서 있다.

그의 이야기에 관심을 가질 수밖에 없는 것은 대화의 동기와 형식이 신화적인 것이어서가 아니라 대담 내용이 허구나 몽상이라고 단정하기 어려운 합리적 논증으로 넘쳐나기 때문이다. 적어도 종교철학이나 인도철학의 맥락에서, 인식론적으로도 일종의 직관적 통찰로서 타당성이 없다고 반증할 근거가 있을지 의문이다. 대화 속의

---

14 실험해 보라. 일상적인 나와 잠재한 나 사이의 문답식 대화가 가능함을 체험할 수 있다.

주장들이 다원주의 담론에 참여한 학자들의 전망과도 크게 엇갈리지 않는 연속성을 지닌다. 그것이 신의 계시가 아니고 인간의 소망이나 잠재의식의 투사라 하더라도 상관없다. 대화 속에서도 드러나듯이, (내면에서 만난) 신과 인간의 거리는 그리 크지 않을 것이기 때문이다.

월슈는 앞으로 대화에서 세 가지 주제가 다루어질 것이라고 한다. 책으로 나올 세 가지는 1) 개인적인 화제, 2) 지구를 둘러싼 지정학적, 형이상학적 문제와 세계가 당면한 도전들, 3) 보편적인 진리와 영혼의 도전 및 기회 등이다. 그 밖에도 다양한 주제로 대화와 해설을 엮어 2004년까지 총 21권이 출판되었다. 마지막 책이 바로 우리가 다루는 주제인 『내일의 신』(Tomorrow's God)이다.

'신'은 서양인과 월슈에게는 종교의 열쇠말이므로 '내일의 신'은 '미래의 종교'나 마찬가지다. 대화는 신 자체만이 아니고 종교와 신앙 전반을 아우른다. 신의 작품(계시)이든 인간의 작품(깨달음)이든 이 한 권의 책 속에 획기적인 종교관, 신관, 인간관, 생명관이 담겨 있는 점에서 단순한 종교 저술을 넘어선다. 한 사람의 소망스러운 이상을 제시한 창작이라 해도 좋지만, 그 이상으로 평가될 만한 근거가 있다. 비교적 상세하게 요약, 논의할 필요가 있다.

이제 대화의 내용 가운데 주목할 만한 부분을 살펴보자. 대화는 월슈의 말로 시작한다.

월슈: "우리는 새로운 신을 필요로 합니다."
신: "알고 있지."

월슈: "… 옛 신은 더 이상 작동하지 않습니다."

신: "옛 신은 결코 작동한 적이 없지."

월슈: "작동했다고 생각하는 사람들도 있지요."

신: "그네들은 세상을 보고 있지 않았지. 자기들이 보고 싶은 것만 보고 있었지. 신의 이름으로 진행되고 있는 잔인, 싸움, 죽임 그리고 이별, 탄압, 공포를 보지 않고 있었지…. 더 나쁜 것은 그네들이 그것을 사람들을 통제하는 수단으로 사용했다는 거야. 사실 옛 신, 어제의 신은 개인 생명이 여기저기서 작동하게 했을지는 모르지만, 그 신은 정의로운 사회나 즐겁고 조화로운 문명을 창조할 수는 없었어, 평화로운 세상은 말할 것도 없고."

월슈: "인간이 최선을 다하고 신에게 간청해서 받은 도움으로도 평화와 즐거움을 창출할 수 없다니요?"

신: "너희가 믿는 신은 진짜가 아니거든, 만들어낸 신이다. 너희가 엷은 공기에서 만들어낸 것이지 궁극적인 실체와는 아무런 관계가 없어"

(Walsch, 2004: 3-4).

월슈가 그것은 신성모독이 아니냐고 하자, 신은 "모든 위대한 진리가 신성모독에서 시작한다. 가장 신성한 신념을 도전할 때가 가까워졌다"고 대답한다. 이 책, 『내일의 신』의 담화가 사람들이 도전하도록 부추기고 세상을 구원할 의도로 만들어지는 것이라고 말한다. 신의 기능은 '세상을 구원하는 것이 아니라 창조하는 것'이라고 못박는다. '만들어낸 신'은 무신론 생물학자 도킨스의 저술 『'신' 망상』(God Delusion, 번역판 『만들어진 신』)을 떠올린다.

창조 후에도 세상을 돌보지 않느냐고 묻자 신은 그렇다고 말하고 다만 인간이 스스로 돌보는 만큼만 돌본다고 말한다. 인간에게 월권 행사를 하지 않는다는 것이다. 따라서 "나는 세상이 망하도록 놔두려고 한다. 왜냐하면 바로 그것이 너희가 하고 있는 짓이기 때문이다." 너희가 사는 세상이 망할 가능성이 높고 최소한 삶이 회복할 수 없을 정도로 달라질 수도 있는데, 그렇더라도 신도 어쩔 수 없이 손을 놓을 수밖에 없다.

인간이 할 수 없는 것을 신이 할 수 있지 않느냐고 항의하자, "그것은 정확한 말이 아니다. 내가 할 수 있으면 너희도 할 수 있다. 그러나 너희가 하지 않는 한 내가 하지는 않을 것이다." 결국 자유의지의 문제임이 밝혀진다. 월슈가 "당신은 어떤 종류의 신이냐"고 되묻자, "너희에게 자유의지를 부여한 신이고, 그것을 절대로 간섭하는 일은 없는 신"이라 대답한다. 우리가 우리 스스로부터 구원하도록 하는 것조차 간섭하지 않을 작정이냐고 말하자, 신은 "만약 내가 너희를 너희 자신들로부터 구원한다면, 그러면 너희가 '너희 자신들'이 되지 못하고 다만 나에게 종이 될 뿐이다. 자유의지를 가졌다고 할 수 없다."

초이성적인 존재인 신은 논리적으로도 무리 없이 완벽하다. 피조물이 창조주를 당할 수 없다. 자유의지를 더 이상 행사할 수 없도록 해야 할 지경에 이를 수도 있지만, 그렇게 되면 문제가 더 복잡해질 것이다.[15]

---

[15] 자유를 맛본 인간이 그 박탈을 견딜 수 있을까. 아들이 성인이 다 되었는데도 어린애 취급하는 것과 같다. 아들이 자유에 수반되는 책임 있는 인간으로 돌아올 때까지 기다릴 수밖에 없다. 자유의지를 인간에게 부여한 것을 후회했다면 아담과 이브의 선악과 사건에서 조치를 취했어야 했을 것이다.

대화 속의 신은 인간이 부여된 인간성과 신성을 회복할 것을 기대한다. 신성은 인간과 신의 동질성을 의미한다. 신은 '인간─신' 등식을 강조한다. 그래서 '신성모독'도 받아들이고 오히려 주장할 정도다. 인간이 원래 주어진 신성과 인간성을 회복하기 위한 전략으로서 신은 기존의 옛 신 대신 '새로운 신', '새로운 영성'을 주장한다. 그것은 옛 신을 폐기하는 것이 아니고 신관을 바꾸는 것이다. 옛 신이나 현재의 신, 미래의 신이나 다 같은 신이다. 원죄를 묻고 벌을 주면서 인간을 구속하는 오해된 신을 버리고, (내 속에 내장된) 신의 참모습을 찾아내라는 것이다. 너희가 현재 이해하고 있는 신이 아니고 새로운 판(version)으로, 더 큰 판의 신, 말하자면 버전 업(version up)된 신을 '창조'하라는 주문이다.

월슈가 '어제의 신'에 대한 집착을 버릴 수 없다면 어떻게 되느냐고 묻자, 신은 말한다. "모든 것이 변화하려고 하는 것처럼 신에 대한 인간의 믿음도 변화할 것이다." 중요한 것은 인간이 그것을 인지하고 변화의 과정에 참여하는 것이라고 강조한다. 인류의 파멸, 지구의 종말, 아니면 무가치한 문명과 삶의 연장이 문제가 되는 시점에서 획기적인 발상의 전환(paradigm shift)이 요청된다면, 먼저 종교관, 신관이 바뀌는 것이 중요하다. 정신적 의식의 변화가 정치, 경제, 비즈니스 및 상업, 교육, 인간관계, 성의 문제로 파급되어야 전체적인 변화가 초래될 수 있다.

그러기로 인간이 선택한다면 인간의 신 이해에 대해서 하나의 운동이 되어 급속한 변화가 일어날 것이다. 얼마나 빨리? "너희 일생중에, 한 세대(30년) 내에, 도미노 현상처럼 아마 그보다 더 빠르게라도 일어날 수 있다"고 예측한다. "그것은 단순히 '핵심 대중'(critical mass)에 도달하는 문제"이다. '핵심 대중'이란 어떤 것인가. 구체적으로 전체의 절반도, 25%도 아니고 5%조차도 아니다. 전체의 2~4%에게 영향이 미칠 때가 '핵심 대중'에 해당한다. 실제로 이 제안이 운동으로 실천되고 있다. 인터넷 검색(www.HumanitysTeam.com)을 해보면 이 시점(2004)부터 13년이 지난 지금 이 운동은 수십만 명 수준에 도달한 듯 보인다. 물론 전파 매체가 이것이 전부는 아니다. 책자체도 있고 다양한 방식으로 전파되고 있다. 2~4%는 현재 세계 인구 70억 가운데 1억 4천~2억 8천에 해당한다. 현재의 정보기술로 볼때 불가능한 수치는 아니다.

이제 낡은 영성에서 새로운 영성으로 옮길 때, 낡은 신을 버리고 내일의 신을 품을 때가 되었다. 교육이 열쇠다. 가장 강력한 도구다. 누구라도 교육하고 신과 생명에 대해서 누구에게도 이야기하라. 문맹을 없애고, 그다음으로 영적 문맹도 없애라. 필요한 것은 새로운 전 세계적 소통망이다. 새로운 신이라기보다는 '낡은' 신을 새롭게 체험하는 것이다. 이전에도 성인들이 그랬다. 아브라함, 모세, 석가, 예수, 마호메트, 바하울라(바하이교), 조셉 스미스(모르몬교)도 다 그랬다. 오늘도 그런 이들이 많다.

내일의 신은 어떤 특성을 가지고 있는가? 대화 속의 신은 '어제의 신'이며 '내일의 신' 사이의 중요한 차이점을 다음과 같이 몇 가지 조목으로 설명한다.

① '내일의 신'은 누구라도 신에 대한 믿음을 가지라고 요청하지 않는다.[16]

---

16 신은 전통적인 의미에서 신앙의 객체(대상)가 아니다.

②'내일의 신'은 성별(남녀), 크기, 모양, 색깔 또는 개체적인 살아 있는 존재의 특성을 갖지 않는다. 신이 살아있는 존재가 아니라면 무엇이라는 것인가. '내일의 신'은 매 순간 그리고 신을 체험하려고 추구하는 매 개인이 지시하는 대로 형상을 바꿀 것이다.

③'내일의 신'은 누구와도 언제나 이야기(대화)한다. 나는 2000년 전에도 인간들에게 이야기하는 것을 중단하지 않았으며, 몇 사람만 골라서 나 자신을 계시하지 않았다. 모든 인간에게 항상 나를 나타내고 있지만 다만 몇 사람만 이 계시를 받아들였던 것이다. 그래서 마치 소수만 계시를 받은 것처럼 보였을 뿐이다. 신은 힘, 에너지(氣), 설계, '신성' 체험 등의 모습으로 개인의 상황, 시간, 공간에 맞게 다르게 나타난다. 그것을 '신'이라 하던지 우연, 동시성이라, 또 무엇이라 부르든지 그것은 다만 그에 대한 너희의 신앙체계를 가리킨다. '믿는 것이 보는 것'이다. 미래에는 더 많은 사람이 신의 통신을 있는 그대로 정확하게 체험할 것이다. 신에 대한 사람들의 믿음은 확장될 것이다.

신은 상수常數로 항상 존재하고, 항상 변화한다. 신이 나타나는 방식은 제한이 없다. 많은 사람이 신에게 한계를 설정하고, 스스로의 체험 능력에도 제한을 시켰을 뿐이다. 무한한 신은 어떤 환경에서도 어떤 사람에게도 모두에게 항상 나타날 수 있는 존재다. 미래의 신은 너희가 선택한 날 올 것이다. 각자 무언가를, 이 대화(책)라도, 사용해서 잠에서 깨어날 것이다. 깨달음이 뒤처진 사람들은 신이 버리겠지요? 그건 공포를 도구로 이용해 온 사람들의 계략이지 모든 사람의 원천인 신은 그러한 차별 의식이 없다. 너희 모두가 다 깨우칠 것이다. 모두의 깨우침은 진화과정, 생명 자체 과정의 일부이다. 원래 항상 그랬던 모습으로 되어가고 있음을 아는 과정이다. 너희 하나하나가 다 깨우칠 것이다. 신의 한 부분이 신에 의해서 버림을 받을 일은 없다. 신에 의한 신의 버림은 불가능하다.[17]

④ '내일의 신'은 아무것과도 분리되지 않고, 모든 것 속에 존재하고, '모든 것 속의 모든 것', '알파와 오메가', '처음과 끝', 항상 과거에 있었고, 현재 존재하고, 항상 존재할 모든 것의 총합이다. 이 새로운 신관이 여태까지 우리가 배워온 신관을 뒤엎는 것이라면 주요한 세계 종교들(유대교, 이슬람, 기독교)이 가르쳐온 것이 부정확하다는 말인가? 그것은 불완전한 것이다. 이 종교들은 그가 창조한 피조물과 분리된 조물주를 가르친다. '내일의 신'은 아무것과도 분리되지 않는다. 그것이 '새로운 영성'의 가장 중요한 혁명적 메시지다. 이 중요한 메시지를 신학은 대부분 놓치고, 종교들은 생명 자체의 요점을 놓침으로서 수많은 사람이 창조자와의 일치 그리고 피조물 상호 간의 일치를 체험하지 못하게 만들었다. 하나 되는 날이 다가오고 있다. 하나 됨이 속죄다. 이 메시지대로 살고, 그것을 모든 사람에게 알려주라. 이것을 개별적으로 하지 말고 함께 집합적으로 하라. 개인적으로 하기에는 벅찬 일이다. 한 개인의 스승의 시대는 지났다. 지금은 다수가 함께 일할 시기다. 둘 이상 모인 곳에는 어디나 내가 있다(예수도 그렇게 말했다). 누구나 하나 됨의 메시지를 전할 능력이 있다. 모든 세상에 모델이 되라. 인류의 희망이 되라.

이 대화는 너희의 많은 스승이 똑같은 것을 다른 방식으로 이야기하고, 똑같은 진리를 다른 언어로 말하고, 똑같은 현상을 다른 시

---

17 신과 인간의 일체성을 말하고 있다. 예수가 신의 아들이면서 인간의 아들인 이유다.

각에서 보며, 똑같은 실체를 다른 체험을 통해서 발표한다는 것을 보도록 헤줄 것이다. 이 책(메시지)은 개인적, 집합적 양면에서 근원적인 변화로 너희를 이끌어줄 수 있다. 근원적 변화는 바로 지금 세계를 건지기 위해서 필요하다.[18] 여기서 신은 한 종교에만 소속되는 존재가 아니고 보편 신임을 드러낸다. 다양한 종교와 신관을 아우르는 인격적, 비인격적 속성을 함께 갖춘 모습이다.[19]

인격적인 모습은 인간(너)과 신(나)의 관계를 통해서 표명된다. 전체(the All)와 개체화와의 유기적 관계, '단일한 이원성'(singular duality), 즉 '하나면서 둘'이라 표현할 수 있는 궁극적 실체나 그것을 인식하는 초의식(supraconsciousness)은 '나'에게서 나오지만 '너'를 통해서 나온다. 신의 인격(신격)이 따로 없고, 인간을 통해서만 드러난다. 신이 나타나는 통로가 인격이다. 그래서 인격적인 신으로 표현한다. 신성과 인간성은 음과 양의 관계와 같다. 그러한 맥락에서 "신이 인간을 창조했다"고 하는 것처럼 "인간이 신을 창조했다"고 말하기도 하는 것이다(신의 말이다).

신과 인간은 불가분의 관계다. 불교 표현으로 말하면, 원효가 말하듯이, 신과 인간은 "하나도 아니고 둘도 아니다"(不一而不二), "둘이면서 하나다." 힌두교에서는 브라만과 자아(아트만)의 일체성(범아일여)을 인식하는 것을 수행의 목표로 삼는다(예수가 신의 아들이면서 '사람의 아들'인 이유다). 신과 인간의 관계는 우애의 관계이지, 옛 신관에서 강조해 온 두려움의 관계는 아니다. 두려움을 떨치고 영혼이 자

---

[18] 성인, 종교의 스승들이 동일한 진리나 실체를 다른 방식, 언어, 시각, 체험을 통해서 다르게 표현한다는 것은 종교다원주의의 전형적인 특성이다.

[19] 힌두교 베단타 철학의 브라만 개념을 상기시킨다.

유로워야 한다.

새로운 신관과 영성의 시대에 실천적으로 중요한 것은 무엇인가. 그 열쇠는 의식의 확장에 있다. '네 가지 창조의 수준'이 네 가지 의식, 즉 잠재의식(subconscious), 의식(conscious), 최고의식(superconscious), 초의식(supraconscious)으로 표현된다. '잠재의식'은 몸의 자율적인 임무를 다루고 모든 사건, 체험, 인상, 느낌 그리고 몸을 통해서 의식적인 정신(마음)을 거쳐 존재에 전달된 자료를 축적한다. '의식'은 현재의 매 순간에 총체적인 자료 집합의 임무를 다룬다. '최고의식'은 총체적인 인지, 몸-마음-영의 접속상태, 상상적 통찰 등의 임무를 담당한다. '초의식'은 이상 세 가지 임무를 총괄하면서 존재의 가장 중요한 기능인 개체화와 (분별을 떠난) '단일한 영혼'(Single Soul)의 통합을 담당한다. 너희가 나와 그리고 에너지(氣) 같은 특별한 형태로 존재하는 모든 것과 연결되는 것은 정신의 초의식 수준에서이다. 의식의 수준이 높아질수록 너희가 신에 더 가까워진다.

그래서 앞으로는 의식의 확장이 중요하다는 것이다. 그러려면 열린 마음을 가져야 한다. 『신과의 대화』 시리즈는 인간들이 제한된 지각으로부터 벗어나도록 하기 위한 과정의 단계로서 설계된 것이다. '잠재의식'으로부터 '초의식'까지 끌어올리기 위한 '의식향상' 전략이다. 이기적 '작은 자아'에서 '생명'과 '큰 자아'(Big Self, 大我)로 가는 수단이다. '생명'은 새로운 형태의 영성이 강조하는 으뜸 가치다. '신'의 동의어로 제시할 정도로 중요하다. 신은 의식의 확장을 위한 구체적인 수행법까지 제시한다.

가장 즉각적인 방법은 인간이 '의식'을 갖고 있다는 사실을 의식하는 것이다. 그것이 자아-인지, 일종의 자각, 자기-파악이다. 더 구체적으로 '(나는) 누구인가 명상'(who meditation)이라 부른다. 선불교에서 말하는 '화두' 선법으로 특히 '이 뭐꼬?'(이것이 무엇인가) 같은 것이다. 또는 '본래 모습'(本來面目), '부모가 낳기 전 내 모습'과도 비슷한 공안(수수께끼)이다. 이것을 30일간 100번씩 묻는다면 자신을 알게 된다는 것이다. 그것이 자기 존재의 진리를 발견하는 깨달음으로 진입하는 길이다. 철학에서도 '너 자신을 알라'(소크라테스)가 사유의 주제였다. 신이 말한다: "너희는 깨달음은 그것을 체험하려고 추구하지 않음으로서 체험된다는 것을 곧 이해하게 될 것이다. 그것을 바란다고 해서 깨달아지는 것이 아니다. 자신이 존재하므로 깨달아진다. 다시 말하면 이미 깨달은 존재이므로 단지 그것을 이제 알게 되는 것이다." 기독교의 신이 아니고 마치 선사가 말하는 것과 같다. 불교는 원래 깨달은 존재이므로 따로 깨달음이 필요 없다. 모든 중생은 불성을 내장하고 있으므로 그것을 발동하기만 하면 된다. 신의 형상으로 만든 피조물이 신성을 구유하는 것과 다르지 않다. 여기서 불교와 기독교의 대화가 저절로 이루어지고 있다. 신 개념을 부정하는 불교까지 아우르는 신이라면, 이름(여호와, 알라)을 가진 옛 신을 넘어선 보편 신임에 틀림없다.

'(나는) 무엇인가 명상'(what meditation)의 '비결'이나 핵심은 '나'를 안팎으로 조명하는 것이다. 말하자면 주관적, 객관적 접근법을 다 활용해야 나의 다면적인 실체가 입체적으로 드러날 수 있다. 안팎으로 동시에 모든 것을 모든 순간 깊이 관찰해야 한다. 구석구석 틈새, 나무의 잎새들, 꽃 이파리, 군중 속의 얼굴들을 놓치지 말고, 그 모든 것을 너 자신으로서 보라. 사람이 되어, 꽃이 되어 내가 저기 간다. 내가 다시 고집 센 배우자, 국민을 탄압하는 독재자가 되어, 풀

잎이 되어 저기 가는구나 생각하라. 어디에서나 바로 너 자신을 보라.

여기서 악인(독재자)까지 동일시하는 점이 특별나다. '전체' 의식 속에서 선악의 분별이 없는 것은 당연하게 들리지만, 현실에서는 독재자와는 별개인 것처럼 생각하기 쉽다. '카인의 후예'로서 모두가 생물학적, 정신적 유전자를 공유한다는 사실을 직시하기를 거부한다. 자연, 사람 등 모든 사물과의 일치는 종교체험, 깨달음의 한 표징으로 간주된다. 크리슈나무르티가 기술한(길가의 일꾼, 풀잎과의 동일시) 체험이 그 한 가지 사례. 근대 힌두교 대각자로 잘 알려진 라마크리슈나는 자연현상은 물론 예수, 마호메트와 동일화하는 체험을 말했다. 매 순간이 명상하는 시간이다. 선불교의 돈오 수행이나 틱낫한 스님의 관심(八正道의 正念)명상과도 상통한다. 원불교에서 말하는 '무시선無時禪 무처선無處禪'을 상기시킨다.

원리 제시에 그치지 않고 한 걸음 더 나아가 대상과의 일치에 이르는 구체적인 명상법이 제시된다. 우주의 기운을 흡입하고 운용한다는 생각으로 호흡(들숨, 날숨)하면서 미간 중앙에 초점을 맞추고 생각을 비운 상태에서 오는 변화를 감지하라고 가르친다. 누구나 하기 쉬운 간단한 방식이다. 요가, 참선, 선도(단학) 등에 공통되는 수행의 축약이다. 한 전통에만 국한되지 않은 열려있는 신의 자세다. 오히려 동양 전통에 가까운 모습이다. 그러나 출발과 결과에서 다르다. 단순히 소승적인 자기만의 깨달음이나 희열로 끝나지 않는다. 세상과의 일체화가 이루어진다. 사랑의 느낌에 빠지면서 자기의식을 의식하게 될 것이다. 자기 내면에서 일어나는 이 비전과 자아의 느낌을 바깥세상에 가져다 놓고 그것을 만나는 모든 사람과 모든 사물 위에 얹혀놓아라. 곧 모두 그리고 모든 것과 사랑에 빠질 것이다.

문자 그대로 너의 세계를 뒤집어놓게 될 것이다.

　그렇게 되면 그다음에 이떻게 되는 건가요? 그리되면 너희 세상이 바꾸어지게 될 터이다. 네가 접촉하는 세상의 부분은 물론, 세상 전체가 그대로일 수는 없다. 왜냐면 그 충격파가 상상을 초월하여 미칠 것이기 때문이다. '나비의 날갯짓' 효과라 말해도 좋다. 바로 지금 일어나고 있지만, 대부분은 무의식적으로 하고 있다는 것이 유일한 차이다. '새 영성'의 시대에는 그것을 의식적으로 해가자는 것이다. 그것이 진화과정의 다음 단계다. 이것은 지구상의 혁명을 창조할 것이다. 그것은 항상 가장 혁명적인 혁명인 비폭력 혁명이 될 것이다. 그것은 '진화 혁명'(evolution revolution)이다.

　의식을 계속 확장하기 위해서 네가 해야 할 일은 마음을 열어놓는 것이다. 마음은 몸과 서로 연계되어 있다. 분리되지 않는다. 마음은 두뇌가 아니지만, 몸의 일부인 두뇌를 사용해서 마음을 열 수 있다. 각 전통의 화신과 스승들이 제시한 신비적인 훈련과 영적 가르침은 이것을 말하고 있다. 호흡이 중요하다. 생명의 에너지를 깊이 들어 마셔 이 에너지로 두뇌를 채운다고 상상하라. 두뇌의 세포가 확장한다고 느끼라. 머리가 조금 밝아지는 것을 느끼리라. 이것이 두뇌 세포를 밝게 만든다. 밝아짐, 즉 깨달음(enlightenment)의 느낌을 갖게 될 수 있다. 네가 마음을 열어놓아서 그것을 확장된 의식의 미풍에 노출시키게 되는 것이다. 이 '숨쉬기 작업'을 매일 실천하도록 하라. 명상 자세로 하는 이 단순한 심호흡 작업이 의식을 확장시킬 뿐만 아니라 육체적인 복지도 증진시킬 수 있으리라.

　이 과정에서 이제 너는 전체적인 그림을 점점 더 보게 된다. 우주의 가장 깊은 비밀을 들여다보게 되고 초의식의 언저리까지 파악하게 된다. 처음에는 너의 '작은 자아'를 알게 되고 이제는 '큰 자아'를 알아가는 중이다. 많은 사상가와 스승들이 사물의 본질을 이해해왔다. 많은 신비가들과 성현들이 인류에게 인류와 생명의 하나 됨을 알려왔던 것이다. 나는 그것을 여기서 '통합된 실체'라 부른다. (아인슈타인도 말한) '통일장'(unified field)이라 해도 된다. 이것이 생명이 표현된 원래 형태, 자연적 형태이다.

'신'의 개명 ─ '생명'

대화에서 신은 무엇보다 '생명'이라는 말을 유난히 많이 사용하고 있다. '신'을 대체하는 용어로 볼 수 있는가. 그렇다. 너희가 생명을 믿을 때, 신을 믿고 있는 것이다. 무신론자이건 불가지론不可知論자이건, '내일의 신'에게는 문제가 되지 않는다. 미래에 생명을 알고 이해하게 되면 '신', '알라', '여호와', '브라만', '비슈누', '시바' 같은 이름의 특정한 신을 특정한 방식으로 믿을 때 발생한 분쟁의 소지가 사라질 것이다. '생명'은 무색투명하면서도 모든 형태와 색깔을 포괄하는 가치 중립적 표현으로 신의 본질을 나타낸다. 그것은 모든 것이면서 만 가지 것이 나오는 '무無'(No Thing)이기도 하다(도가철학과 상통한다).

생명은 환경-생태의 문제도 풀 수 있는 열쇠와 근거가 된다. 모든 생명을 하나같이 신처럼 받들고 존중하면 된다. 신처럼 생명도, 슈바이처가 표현했듯이 경외의 대상이다. 생명은 무엇인가? 실험 삼아서, 생명을 설명한 기술에서 '생명'을 '신'으로 바꾸어보라. 뜻이 통하는지. 정확하게 들어맞는다. "신(생명)은 존재한다. 신은 형체, 색깔,

성별性別이 없다. 신은 모든 형체, 모든 색깔, 양성兩性이다. 신은 전체이며 모든 것이다. 신은 신 자체가 아닌 어떤 것도 창조하지 않았다. 너희가 보는 모든 것이 신의 표현이다. '너'는 신의 나타남이다. 신의 표현이 아닌 어떤 사람도, 어떤 살아있는 것도 존재하지 않는다. 너희가 너희 가운데 가장 나쁜 사람이라도 신의 표현이다." 이것을 (범신론이라느니 하면서) 비판하고 수용하지 않을 사람들이 있겠지만 그것은 그들이 신이 생명이 아니라 생명 밖의 존재라고 상상하는 사람들이기 때문이다. 다시 말하건대 '생명'과 '신'은 상호 교체할 수 있는 말이다. 이것(생명)이 '새로운 영성'을 정의하는 단어이다. 생명이 신보다 더 확장성과 보편성을 갖는 것은 분명하다. 신에게처럼 거부감을 갖 사람은 적을 터이고 유신론자거나 무신론자거나 생명을 부정하기는 어려울 것이기 때문이다.

'생명'의 또 한 가지 장점은 믿고 안 믿고에 따라 보상이나 징벌을 내리는 주체가 될 수 없다는 것이다. 인과응보, 권선징악의 뒤에 도사리고 앉아 있는 존재로 그려진 어제의 신이 아니다. 생명은 고정된 실체가 아닌 과정이다. 따라서 내일의 신은 과정(process)이다. 과정인 신은 생명이다. 그것이 두 신 사이의 다섯째 차이다.

⑤ '내일의 신'은 하나뿐인 '최고 존재'(Super Being)가 아니고, '생명'이라 부르는 특별난 과정이다.

과거에 사람들은 대부분 인간과 닮은 모습으로 신을 만들어냈다. 신이 자기 모습으로 인간을 창조했다는 신화와 정반대다. 인간 자신들의 '확대된 버전'(Bigger Version)이다. 그래서 '최고 존재'가 된 것이다. 이제 내가 신은 '생명'이라 부르는 과정이라 말한다면 신학의 구조가 뒤집어질만한 혁명적 변환이 될 것이다. 인간만이 신을 닮은 모습이 아니라 다른 모든 것도 똑같게 된다. 이제 만 가지 것이 한 가지이고, 그 한 가지가 '신'이라 불린다. 이것이 과학, 철학, 종교가 만나는 십자로이다. 이제는 따로따로가 아니고 함께 가야 할 길이다.

'새 영성'은 그 십자로의 한중간에 서 있다. 그것을 받아들일 때 '새 영성'은 세상을 바꾸고 자기-파멸에서 구할 수 있으리라. 과거의 신학은 "오직 너희만 신과 하나가 되고, 오직 너희만 신의 백성이고, 오직 너희만 신의 구원 계획을 따른다"고, 유일신이 특별한 성약聖約이나 계시로 너희만 연결되어 있다고 호언했다. 이것이 너희 인간 신학들이 어떻게 어제의 신을 둘러싸고 너희의 문화적 이야기를 창작해왔는가를, 그리고 왜 어제의 신이 인류의 가장 큰 타락 중의 한 가지가 되었는지 이유를 말해 준다.

인간의 타락이 아니고 사탄이 타락시킨 것이 아닙니까? '어제의 신'이란 말은 '신에 대한 어제의 관념', '어제의 개념화'를 의미한다. 그것이 인간의 타락이었다는 것이다. 신 자신은 그렇게 하지 않았다. 신에 관한 너희의 생각이다. 인간이 미래에 품게 될 신 관념이 아주 긍정적인 영향을 크게 미칠 것이다. '생명'과 더불어 '신'과 대치 가능한 말이 또 하나 있는데 그것은 '변화'이다. '생명'은 '변화의 과정'이다. 그래서 '신'과 '변화'는 동의어가 될 수 있다. '변화'는 어제의 신과 내일의 신 사이의 여섯째 중요한 차이가 된다.

⑥ '내일의 신'은 늘 변화한다. '어제의 신'이 버려진 것이라기보다는 확장되는 것이라고 봐야 한다. 신은 항상 확장하고 변화되는 과정이다. 이 과정이 이른바 '진화'라는 것이다. '결코 변화하지 않는 것'은 생명 속에 들어있지 않다. 바윗덩어리도 그대로 있지 않는다. 미세하지만 서서히 변화한다. 모든 생명은 움직이고 있는, 진동하는

에너지다. '어제의 신'은 엷은 공기로부터 너희가 만들어낸 신이지, '궁극적인 실체'와 관계가 없다. 우주의 모든 것은 살아있는 체계로서 각각의 형상과 요소는 상호 의존하고 있으며, 상호-연결되고 교직하는 에너지파와 물질과 형상을 창조하는 파동 및 다른 요소로 구성된 거대한 모태이다. 그것을 깨닫지 못한 사람들이 자기 것, 자기 길만 고집하다가 ―중동에서 보듯이― 세계는 전쟁, 살상을 일삼으며 자기-파멸의 길로 치닫고 있다.

현 사회는 생명에 대한 존중을 상실했다. 그것은 구성원들이 어릴 때 그러한 정보를 받지 못했기 때문이고, 오늘날 아이들도 마찬가지다. 지구의 후손들도 우주가 '살아있는 체계'이고, 지구 자체가 살아있다는 것을 학교에서조차 듣지 못하고 자란다. 그들이 그 체계의 일부라는 것, 신과 하나라는 것, 서로가 하나라는 것을 종교 학교에서조차도 가르치지 않는다. 미래에는 너희가 '내일의 신'을 받아들일 때 교육 공동체들이 그 시각을 유년 시기부터 공유하여 성인이 되어서도 중요한 가치로 남을 것이다. 그러한 개념들이 잠재의식 속으로 깊이 내장되어 마침내 '새로운 사회'를 창조하여 생명 경외를 으뜸 가치로 받드는 '새 인간'이 살아가는 공동체가 될 것이다. 그 변화는 한 세대 안에 이루어질 것이다. 물론 너희 인간의 선택과 사명의식(서원)에 따라서 앞당길 수도 늦어질 수도 있다. (앞에서도 말했듯이) '핵심 대중'(critical mass)이 언제 형성되느냐가 중요하다.

세계 곳곳에 만연한 불평등을 야기한 전체 체제의 붕괴를 막으려면 '새로운 영성'이 지구에 더 빨리 뿌리박게 해야 한다. 여기서 문제는 경제적이거나, 정치적이거나, 군사적인 것이 아니고 영적인 것이기 때문이다. 체제의 붕괴를 뒤바꾸기 위한 처방도 영적인 것이어야 한다. 그 핵심은 신과 생명에 대한 기본적인 오해를 바로잡는 것이다. 오해와 착각은 인간의 가슴 속에 두려움과 미움을 심어놓았고 인간사회에 위기, 폭력, 죽임, 전쟁을 초래한 주원인이다. 올바른 새로운 신관과 생명관을 확립하는 것이 무엇보다 긴요한 일이다.

신의 입을 통해 표현된 월슈의 체험적 실체관, 신관은 색다르다. 다른 다원주의 신학자, 종교철학자들은 그리스도-중심(Christ-centered)이나 신-중심(God-centered) 이론을 주장했다면, 월슈는 인간-중심(humanity-centered)을 강조한다. 인간이라도 신의 위임을 받은 위치에서다. 그 점에서 신이 빠진 인본주의(humanism)와는 다르다. 오해할 소지가 있다면 '신·인간-공동중심'설이라 표현할 수 있다. 더 확대하여 중립적으로 '생명-중심' 실체관이라 해도 된다. 획기적 신관임에 틀림없다.

너무 획기적이어서 월슈도 선뜻 납득이 안 되어 신을 계속 추궁한다. 전달자(메신저)의 사명을 받은 그로서는 완전한 이해로 무장해야 할 필요도 있었다. 그 대화의 내용은 철학적 사유의 극치로 보일 만큼 심층적이고 정밀하다. 너무 세밀하기도 해서 아무리 전지전능한 신이라 하지만 인간적 측면이 강하게 부각되어 오히려 의아심을 자아낸다. 그러나 그것은 바로 신이 강조하는 인간과 신의 밀접한 관계를 나타낸다. 그 간격은 크게 단축되어 일치에까지 이를 정도다. 월슈는 그것은 성서에 나오는 신의 모습은 아니라고 항변한다. 어떤 근거에서 사람들이 신과 인간이 별개가 아니라는 주장을 쉽게 납득할 수 있는가.

성서에서 신은 악의 세력을 응징하기 위해서 폭력적인 전쟁까지도 불사하지 않는가. 예를 들면 구약 사무엘서(사무엘상 15:2-3)에서 신이 이스라엘을 괴롭힌 아말렉을 아이들이나 가축들까지도 남김없이 다 파멸시키라고 지시한 사실을 말한다. 부시가 잘못된 정보로 일으킨 이라크전쟁도 악의 세력을 제거한다는 명분이 깔려있었고, 그 여파로 이슬람은 또 비슷한 명분으로 9·11 테러를 일으켜 '성전'을 수행하여 수천 명을 살상했다. 악순환이다. 모두 신의 이름으로 진행되었다. "인간들은 그들이 믿는 것을 믿어야 한다고 믿는다. 설사 그들이 믿는 것이 믿을 수 없다고 하더라도." 이렇게 월슈는 사실과 현실을 요약해서 말한다. 그것을 어떻게 극복할 수 있는가.

신은 응수한다. 그렇게 인간들은 신과 자기가 믿는 바에 대해서 도전하면 안 된다고 믿는다. 그래서 그것이 신조가 된다. 도전하면 핍박하라는 것이 정당화된다. 월슈도 이러한 인간의 신념과 신관에 대해서 모순을 느끼던 참이었다. 그래서 묻는다. 이제는 임금님이 옷을 입지 않고 있다는 것을 우리가 선언할 때가 되지 않았나요? 우리가 특별난 모순들을 안고 있는 신을 믿는다는 것, 즉 사랑한다면서 살해하고, 창조한다면서 파괴하고, 받아들인다면서 거부하고, 보상한다면서 벌주고, '모든 것 속의 모든 것'이라면서 어느 것과도 분리되어있는 신을 믿고 있음을 언제 인정할 것인가요?

신은 말한다: "이것이 '어제의 신'이다. 신의 실제 모습과는 닮지도 않고 무관한 신성이니라. 이렇게 완전히 모순적인 믿음을 거룩하다고 하고 세계 종교들의 경전 속에 등장시켰다. 세계의 최대 배타주의적인 조직 종교들을 모두 하나로 묶어서 '자비로운 신/악의적인 신'이라 불러도 좋다. '두 얼굴을 가진 신'을 믿는 한 희열과 공포를 함께 창조하게 될 것이다." 신의 이름으로 사랑하고 미워하며, 창조하고 파괴하는 모순을 중지하는 것이 이로울 것이다. 상과 벌도 마

찬가지다. "신은 아무것도 파괴하지 않고, 아무것도 거부하지 않으며, 아무도 벌하지 않는다." 너희는 너의 믿음들로 자신을 죽이고 있다. 네 신이 너를 죽이고 있다.

'어제의 신'과 '내일의 신'의 중요한 차이는 신과 인간의 관계이다. 이전에는 간격이 현격하다고 상상했지만, 미래에는 간격이 좁혀지고 거의 사라진다. "너는 이미 신이 '전체 속의 전체'(All in All)임을 알고 동의했다. 미래에는 너 자신을 단순히 '전체 속의 전체'에 포함시킬 터이다. 그렇다면 신은 분명히 네 속에 있고 너는 신 속에 존재하므로 둘 사이에 분리는 있을 수 없다." 그래서 신은 너에게, 너를 통해서 ―한 사람만 아니라 인간 모두에게 언제나― 말한다고 하는 것이다(네 말이 곧 내 말이다).

신은 거듭 분명히 말한다: "사람들이 네가 신과 실제로 대화를 하고 있다고 믿는지 아니면 너 자신과 대화를 하고 있다고 믿는지 걱정하지 말라. 너와 나는 두 가지가 똑같다는 것을 안다. 신은 너와 떨어져서 존재하지 않는다." 네 속에 내재하는, 또는 내장된, 신이 말하고 있으므로 차이가 없다. 계시의 주체와 계시를 받은 객체는 하나다. 창조자와 피조물은 하나가 되었다는 맥락과 같다. 우리는 서두에서 '대화'의 성격, 즉 원천에 대하여 다양한 가능성을 열어놓았었다. 설사 기록자(월슈) 자신과의 대화라 해도 상관이 없다고 추리했다. 그 의의는 감소되지 않을 것으로 판단했다. 그것이 여기서 검증된다.

인간과 신이 동일하다면 독재자, 살인자, 악행을 저지르는 사람들은 어떻게 해석해야 합니까? 물론 자기중심으로 이기적인 삶을 사는 개인들은 그 사실을 깨닫지 못하고, 자신이 누구인지, 신이 누구인지 망각한 사람들이다. 신은 적과 동지의 차별 없이 누구에게나 현존한다. 적의 얼굴 속에서 신을 볼 때까지는 신을 보았다고 할 수 없다. 진실로 '적' 같은 것은 있을 수 없다. 나나 적이나 다 똑같이 전체의 일부이다. 위대한 스승들은 자신이 진실로 누구인지는 물론, 다른 사람들을 보고 그들이 진실로 누구인지 아는 인물들이었다. 부처, 아브라함, 예수, 마호메트, 간디, 마르틴 루터 킹, 테레사 수녀, 잔 다르크, 넬슨 만델라가 그들이다.

예수의 경우, 그의 사명은 신과의 일치를 사람들에게 인식시켜 자신들이 누구인가를 알게 하는 것이었다. "나와 아버지는 하나다"(요한복음 10:30)만 아니라 더 나아가서 "우리는 하나다"(요한복음 17:22)라고 말했다. 예수 자신이 '신(아버지)의 아들'이지만 다른 인간도 '신의 아들'이라는 사실을 암시했다. 사람들을 에둘러 자신의 '형제'로 표현했다. 형제라면 그와 마찬가지로 같은 아버지의 아들이 아닌가. 그리스도의 형제라면 '아버지'와 하나이고 신의 부분임을 의미한다. 그것은 직설적으로 누구나 다 신의 아들이라면 말하면 사람들이 믿지 않을 것이므로 방편을 사용한 것이다. 인간이 다 신의 아들이 아니라고 할 수 없다는 입장은 일부 진보적인 다원주의 신학자들이 (그리고 함석헌도) 표명한 해석이다. 그만큼 서구 신학도 낡은 교파 신학에만 갇혀있지 않고 한 걸음 더 나아갔다. 신학과 '미래의 신'과의 간격은 점차 좁혀져 갈 것이 분명하다.

월슈: "신과 인간이 아무리 본질적으로 일치한다 하더라도 모든 점에서
완전한 일치라고만 할 수는 없지 않겠습니까? 우리가 모두 당신
(신)이라면 어떻게 당신의 일부가 당신을 이해하지 못하는 것입니

까?"

신: "너 자신은 너 자신에 대해서, 너 자신이 하는 일과 그 동기나 의도에 대해서 다 이해한다는 말이냐? 너희가 나의 개체화된 일부분(분신)이라는 사실이 바로 네가 신이라 부르는 개체로 나누어지지 않은 궁극적인 실체가 갖는 이해, 기억, 지식의 총체를 다 가질 수 없다는 것을 의미한다. 마치 대양의 한 방울 물이 같은 질료로 구성되어있지만, 대양의 힘을 갖지 못하는 이유와 같다. 그 구성요소나 특성, 질에서 같지만, 집합체는 아니고 개체화된 부분이다. 개체화와 집합체는 똑같지 않다. 본질적으로 같은 것은 분명하다. 할 수 있는 일도 똑같지만, 규모에서 다를 뿐이다."

신과 인간의 일치, 인간 상호의 일치와 더불어 강조되는 '전체'의 의의는 각별하다. (테이아르 샤르댕, 함석헌 같은) 극소수의 사상가가 겨우 도달한 통찰이 여기서 확증된다. 이제 개인주의 시대는 가고 전체(주의) 시대가 왔다는 주장의 근거가 확보되었다. 신의 정체도 전체 속에서 그리고 전체를 품은 개인 속에서 찾을 수 있다. 그렇다고 개인의 역할이 축소된 것은 아니다. 혁명적 변화는 집합적, 전체적 범주에서 진행해야 하지만 그 단초는 변화된, 깨친 사람이 될 수밖에 없다.

변화의 과정은 이래야 한다: "너 자신을 바꿔라, 네 세상을 바꿔라. 이 과정은 비켜 가거나, 뛰어넘기나, 어떤 방식으로든 우회할 수 없다. 먼저 너희 자신을 바꿔야 한다. 그러고 나서 ─오직 그때에만─ 세상을 바꿀 수 있다."

월슈: "저는 '스승' 깜이 못 됩니다. 예수나 아브라함이나 마호메트의 반
열에 도저히 설 수 없습니다."

신: "'너희는 왜 그리 놀라느냐? 이런 것들은 그 이상도, 너희도 할 것이
니라'고 말한 것은 예수가 아니더냐?"

변혁의 과정이 개인에서 출발한다는 시각은 대체로 동의된 부분
이다. 조직 종교 무용론을 내세운 인도 출신 성자 크리슈나무르티도
세계 개혁은 나(개인)의 개혁을 통해서만 가능하다고 거듭 말했다.
전체시대를 예측한 종교 개혁주의자 함석헌도 사회개혁의 출발점은
개인임을 인정했다. 문제가 있다면 개인이 변화하기가 쉽지 않고 그
완성을 기다리다가 위기에 빠져있는 세상은 더 악화되고 퇴행하지
않느냐는 것이다.

대승불교에서는 수행실천의 목표로 깨달음 추구(상구보리)와 중
생구원(하화중생)의 양 축을 설정하는데 거기에도 같은 문제가 발생
한다. 평생 수행해도 깨달음 얻기는 지난한 일이다. 결국 자기 구원
(깨달음)만 모색하다가 끝나기 쉬운 소승불교 짝이 된다. 소승이나
대승이나 현실적으로 차이가 없다. 대승불교 전통에 속한 한국불교
도 소승적 개인 수행을 맴돌다 마는 격이 아닌가.

유교에서 주장하는 실천론 '수신 · 제가 · 치국 · 평천하'도 같은 문
제를 안고 있다. 하나하나 순서대로 하다가는 세계평화(평천하)는 언
제 올 것인가 요원하다.[20] 새로운 해석이 요청되는 문제다. 중도적인
조화의 길은 두 축이 병행하는 것이다. 개인의 변화만큼 세계도 변

---

20 함석헌은 거꾸로 '평천하'가 우선해야 한다고 말하지만, 그것이 과연 가능할까. 달걀과
닭의 문제와 같다.

화되는 과정이 현실적인 길이 아닐까. 여기에는 두 축이 접속되는 실천운동이 있어야 한다. 일단 개인들의 총합이 사회(세계)라 한다면(깊이 들어가면 사회나 전체는 개체의 총합 이상이다) 구성원의 평균 의식이 그 사회의 의식 수준이 된다.

그와 달리 '미래의 신' 대화에서는 색다른 접근법을 제시한다. 그것은 신의 영역에서 가능한 것인지는 모른다. 개인의 의식변화는 의외로 빨리 이루어질 수 있다는 전제가 깔려있다. 대화에서 설정된 네 단계 의식(잠재의식, 의식, 최고의식, 초의식)은 생래적으로 인간 속에 내장되어 있으므로 깨닫기만 하면 된다. 불교에서 강조하듯이 깨달음은 일시에 성취할 수 있다. 그것을 돈오頓悟라 말한다. 또한 신의 입을 통해서도 자주 듣는 우주의 기운이 작용할 수도 있다. 생물의 진화과정에서 획기적인 돌突변화, 돌연변이가 일어나는 것과 같이 의식의 변화가 회오리바람처럼 불어닥칠지도 모른다. 그것은 신의 의지(설계)라 하든지, 신의 화신(아바타) 격인 '전체'의 자유의지의 발동이라 하든지 상관없다. 다만 중요한 것은 누구나 의식을 바꿀 수 있다는 '믿음'을 갖는 것이다. 그것은 예수도 말한 바 있고, 대화에서 신이 보장하기 때문에 가질 수 있는 믿음이다. 믿음과 더불어 하겠다는 욕구(의지)와 사명감(서원)이 수반되어야 한다.

이와 같이 '새로운 영성'의 주요한 근본 원리는 모든 생명의 통일성이다. 또 하나의 기본적인 원리는 이것이다.

⑦ '내일의 신'은 불필요하다. 이 말은 두 가지 뜻을 갖는다. 첫째, 신은 아무것도 필요하지 않다는 것을 너희가 체험하게 될 것이다. 신에게는 필요한 것이 없다. 신이 필요로 하기에 인간이 노력하고 섬길 일이 전혀 없다.[21]

둘째, 너희가 신을 필요하지 않다는 것을 체험하게 될 것이다. 신 자신이 필요한 것이 없는 만큼 너희도 신을 필요로 하지 않음을 체험하게 될 것이다. 새로운 영성의 시대에는 너희 자신이 무언가를 필요로 하는 존재로 상상하고 신에게 기도하고 간청할 필요가 없을 것이다. 그래서 신이 불필요하다는 것이다.

인간이 갖고 있는 열 가지 망상 가운데 필요에 대한 망상은 목록의 첫째로 다른 망상들의 기초가 된다.[22] 어제의 신은 한편으로는 아무것도 필요하지 않다면서 또 한편으로는 모든 것을 요구하는 양면성을 지니고 있었다. 내일의 신은 너희의 '자유의지'를 (문자 그대로) 존중할 것이다.[23] 조금이라도 신의 의지를 행사하지 않을 것이다. 두 얼굴을 한 것처럼 보이게 만든 것은 교회였다. 그래서 인간은 신을 독재자로 여겼다. 아마 자비로운 독재자일까.

신이 필요한 것이 있다는 망상은 인간 자신이 그러기 때문에 신에게도 적용한 것이다. 신에 관한 많은 관념은 너희 자신에 관한 관념을 그대로 확장한 것이다. 신이 인간의 확대판이다. "그런데 성서에서는 인간이 신의 형상으로 창조되었다고 하니 당신(신)이 우리의 확대판이 아닌가요?" 아니다. 그것은 신이 너희를 닮았다는 것이 아니고 너희가 신을 닮았다는 뜻이다. 그러므로 너희가 나의 축소판이라는 것이다. 두 가지는 똑같지 않다.

⑧ '내일의 신'은 섬겨주기를 바라지 않으며 모든 생명을 섬기는 자(하인)이다. 신은 주인이지 하인은 아니잖습니까? 진정한 주인은

---

[21] 이전에는 신이 요구하는 대로 그것을 수행하느라 인간이 노예처럼 순종했다.

[22] 불교에서 모든 고통의 근원으로서 말하는 '욕망'과 같다.

[23] 일단 부여한 자율성을 간섭하는 것은 타율이지 자율이 아니다.

많은 하인을 양성하는 이가 아니고 많은 주인을 양성하는 이이니라. 너희가 모두 주인임을 증명하는 것이 나의 즐거움이다. 나는 내가 누구인지 이미 알고 있으므로 너희가 나에게 이것이 나라고 증명할 필요는 없다. 따라서 나는 나 자신이 너희를 섬기는 자세로 임하고 있는 것이다. 이제 너희는 신 대신에 생명을 섬겨라. 생명을 섬기는 것은 너 자신을 섬기는 것이다. 너희가 생명이기 때문이다.

지금까지 기술한 두 가지('하나 됨'과 '신의 무용성') 이외에도 '새 영성'의 '기초적 진리'로서 삼아야 할 특성이 또 있다. 그것은 진리의 원천과 통로에 관한 것이다. 원천이 하나인가 여럿인가의 문제이다. (미래의 신이 전하는) 진리가 하나라 하더라도 진리를 전하는 메신저나 경전이 하나일 수 없다. 하나로 모든 것을 집중하다 보면 어제의 신에서처럼 종교들이 서로 정통이라는 배타주의적인 주장이 나오게 마련이다. 단일한 원천이 없는 것은 아니다. 그것은 각 사람의 내면에 있다. 내면에 들어가서 탐구하라. 새로운 영성에 대해서 더 알고 싶으면 내면에 들어가서 명상하고 사유하라. 밖에서 얻은 정보라도 그것이 자기 내면에서 찾을 수 있는 것으로 전환하라. 너희의 거룩한 원천은 오직 한 군데에만 있다. 그것이 너의 내면이다.

내면을 탐구하여 "나는 누군가"를 화두로 삼고 "너는 진정 누구인가"에 대하여 서로 일깨우면서 자신의 체험과 과정을 당당하고 투명하게 공유할 책무가 있다. 그래서 우리는 모든 것을 책 하나에 기록하거나 모든 것을 한 사람에게 주어서 모든 것이 하나의 원천에서 발산되도록 하지 않으려고 하는 것이다. 생명 자체가 원천이다. 모든 것이 한 책의 내용 속에 다 담겨있다고 생각하는 사람은 아직도 낡은 틀거리(paradigm)에 아직 갇혀있는 꼴이 된다. 전체 메시지가 한 책에, 단일한 성서에 들어있다고 말하는 짓은 '어제의 신'에 관련된 것이다.

'내일의 신'을 아는 사람들은 결코 그런 주장을 하지 않으리라. 그 주장이 '어제의 신'을 아주 위험하게 만들었다. 한 가지 성서에 기록된 하나의 특정한 교리를 옹립하지 않으면 이단으로 핍박을 받았다. '새로운 영성'은 그러한 배타적 교리를 내포하지 않을 것이다. 그것은 닫혀있지 않고 열려있는 체계다. 여기서 우리가 이야기하고 있는 것은 단일한 문서에 기술된 단일한 교리가 아니고 다수의 책과 집합적인 체험의 기록이다.

네가 분명히 해야 할 일은 너의 체험을 누구나 할 수 있고 누구나 '신과의 대화'를 항상 하고 있다는 것 그리고 문제는 "신이 누구에게 이야기하는가?"가 아니고 "누가 듣는가?"임을 세상에 알리는 것이다. 대화는 늘 진행되지만 듣는 사람만 듣는다는 것이다. 신이 계시받는 사람을 선택하는 것이 아니고 인간이 선택한다(인본주의와 신본주의가 만나는 지점이다). 너도 다른 사람들이 네가 수집한 자료를 특별한 범주로 취급하고 그들의 영적 진리의 '원천'이라 말하도록 허용하는 유혹을 물리치게 될 것이다. '새 영성'은 모든 인간과 생명을 관류하는 '하나의 원천'에서 나오지만 한 개인에게서 나오는 것은 아니다.

'새로운 영성'은 '신과의 대화' 책들을 '새 종교'로 전환시키는 것이 아니다. 그것은 한 인간의 개인적인 체험으로서만 큰 가치를 지닌다. 그것을 '신성한 원천'으로 삼는 것은 위험하고 너도 그렇게 된다. 다른 사람들이 이 기록이나 또 다른 메시지를 '교조'로 그리고 이 교조를 그들의 신으로 만들지 않도록 경계하라. 진리가 배타적으로

'여기'만이라거나 '저기'에만 있다고 말하지 말라. 진리는 '여기도 아니고 저기도 아니고' 어디에나 있다고 말하라.

진리는 코란(이슬람), 우파니샤드(힌두교), 바가바드기타(힌두교), 성경(기독교), 율법서(유대교), 모르몬교 성서 등에 들어있다. 진리는 전체로서는 어디에도 없고, 부분적으로는 어디에나 있다. 이 모든 원천은 하나하나로서는 불완전한 이해를 내포한다. '새 영성'을 살아가는 사람들은 모든 책(경서)과 모든 메신저가 성스럽다고 봐야 한다. 그들 자신도 성스럽다. 자기 자신의 삶을 사는 것이 곧 그들의 가장 신성한 진리의 책(경전)을 쓰는 것이다.

왜 인류가 새로운 영성을 필요로 하는가 쉬운 말로 표현해보자. 인류는 낡은 1세기 지침으로 21세기 딜레마를 계속 풀어갈 수 없다. 이것은 마치 1세기 치료 도구를 들고 수술실에 들어가는 것과 비슷하다. 내일의 도덕적, 윤리적, 사회적 도전을 18세기, 10세기 또는 6세기의 이해와 가르침을 사용하여 대응할 수 없다. 그것이 '틀리거나', '나빠서'가 아니고 단지 불완전한 것이었다. 모든 지혜 전통의 성경들에 대한 근본주의적인 이해는 어떤 면에서는 현명하면서도 또한 불완전하고 따라서 여러 가지로 위험하다. 전통을 존중하라. 하지만 그 이해를 넓혀라. 그러기 위해서 바라만 보지 말고 진화의 과정에 의식적으로 참여하라. 함께 모여 내일을 협동-창조(cocreate)하라. 개별적으로보다 인류-공작단(humanity's team)을 구성하여 단합된 노력으로 협동-창조를 도모하는 것이 좋다.[24] '새 영성'을 파악하는 운동은 한 사람의 지도로 되는 것이 아니고 다수의 지도를 통

---

24 실제로 월슈는 이 조직을 만들어 활발한 활동을 하고 있다.

해서 일어난다. 그것은 깨침의 과정을 통해서 시작될 것이다. 이것은 첫 단계이다. 많은 사람이 돌연히(갑자기) 깨칠 것이다. '새로운 영성'은 종교만이 아니고 삶의 모든 분야로 확장될 것이다. 정치, 경제, 교육, 인간관계, 성문제 등이 망라된다.

교육을 예로 들어보자. '새로운 영성'의 시대에 교육의 초점은 창조에 둔다. 창조 교육은 '새로운 영성'이 어린이들에게 가져다줄 다음과 같은 주요한 메시지에 집중될 것이다.

1. 너희들은 신을 포함하여 우주 속의 모든 사람 및 모든 것과 한 몸이다. 만물은 하나의 살아있는 체계의 일부이다.

2. 신과 한 몸이기 때문에 너희들은 너희가 삶 속에서 체험하고 싶은 창조할 힘을 갖는다.

3. 너희가 창조하는 방식은 너희가 생각하고, 말하고, 행동하는 것에 의거한다.

4. 창조과정에서 오류를 범할 가능성은 없으며 실패는 환상이다. 너희가 창조하는 모든 것—너를 포함하여—은 있는 그대로 완전하다.

5. 너희가 창조할 때, 너희는 삶의 목적을 달성하고 있다. 왜냐하면 창조는 너희가 성장하고 진화하는 방식이며 그것이 너희와 지구상의 모든 살아있는 것들이 할 일이기 때문이다.

6. 생명 자체가 너희의 가장 위대한 스승이며, 그것은 결과에 대한 정보를 지니고 있지만, 결코 **벌은 들어있지 않다**. 벌은 신의 계획에 포함된 것이 아니며 하늘나라에도 자리가 없다. **배움은 항상 쉬워야 하는** 것이 맞다. 그것은 사실상 너희의 영혼이 항상 알고 있어 온 것을 기억해 내는 과정이다. 이러한 종류의 '배움'은 늘 즐거울 것이다.

7. 다른 사람, 장소, 사물을 절대 해치려고 하지 말고 다른 사람들을, 특히 그들이 잘못을 저지를 때, 도와주고 사랑해야 한다. 그렇게 하면 모든 사람을 친구로 삼을 수 있고 필요할 때 친구가 된다.

8. 누구나 행복할 조건이 충분하다. 행복하기 위해서 아주 조금밖에 필요하지 않다. 너희 자신을 위하여 행복을 창출할 가장 빠른 길은 타자를 위한 행복을 창출하는 것이다.

9. 가장 좋은 친구는 생명 자체이다. 절대 끝나지 않기 때문이다. 지구에서 보낸 너희 삶의 부분이 지나갈 때 '심판의 날도, 정죄도, 징벌도 없을 것이며 단순히 너의 삶 동안의 모든 사고, 말, 행동을 되돌아보고, 너희가 다른 모험(삶의 형태)으로 나아가면서, 유사한 상황에 맞닥뜨릴 때 다시 선택할 것인가를 바라는지를 결정할 기회가 될 것이다. 선택은 너희가 진화하고 궁극에는 '네가 참으로 누구인가'를 체험하는 과정이다.

이것은 '창조 교육'의 초기에 적용될 핵심 교과목의 아홉 가지 구성요소이다. 메시지는 아이들이 나아가면서 더욱더 정교하게 될 것이다. 낡은 교육의 기초는 '읽기, 쓰기, 산술'이었지만 새 시대 교육의 목표는 화해, 재-창조(re-creation), 재-통합(re-unification)에 둔다. '새 영성'의 시대에 교육의 우선순위는 더 이상 사실들의 전파가 아니고 감수성, 인지(깨우침), 이해, 자비심, 생명의 경외와 경이로움을 수용, 경축 그리고 감사하는 마음을 함양하는 것이다.[25]

---

[25] 지식정보의 주입에만 집중하는 한국 교육이 나아가야 할 방향도 여기서 찾을 수 있다. 어떤 나라보다 분열, 분단, 갈등으로 망가진 한국 사회가 필요한 것은 바로 화해, 통합, 창조의 정신이다.

교육 이외에도 '내일의 신'은 정치, 경제, 사회윤리(양성평등) 등 제반 분야가 지향해야 할 목표를, '새 영성'의 정신을 기초로 상세하게 조명한다. 개인이건 사회건 모두가 왜 종교적 가치와 생명관에 뿌리를 두어야 하는지 여기서 확연하게 밝혀진다. 신의 계시가 아니라도 합리적, 인문학적 사유의 정점에서 나올 수 있는 입장이다. 신과 인간의 궁극적인 일치가 증명되는 대목이다. 어떻든 인식론적인 근거(권위)가 확보된다.

일종의 내면적 계시로 볼 수 있는 '신과의 대화'라는 특이한 방식으로 표명된 새로운 종교(영성)관과 신관, 실체관은 다양하고 풍부한 정보를 담고 있다. 혁명적, 획기적인 기조가 유지되면서도 합리적인 통찰로도 도달될 수 있는 내용이다. 월슈는 열려있는 자세로 모든 종교적인 정보, 특히 체험적인 기록들을 섭렵하면서 다양한 종교수행자들을 경청하고 하나하나 수행하면서 검증했다. 그것들을 종합하고 여기에 자기 내면에서 마주친 특수한 계시를 덧붙여 놀라운 저작을 우리에게 보여준다. 선택과 종합의 산물이다.

종합의 차원에서 종교, 철학 등 인문학과 사회과학까지 다양한 분야의 이론과 실천 그리고 동서를 아우르는 방대한 통합 철학을 시도한 켄 윌버를 떠올린다. 둘 다 수행과 체험을 강조하는 점에서 단순한 학자나 지식인은 아니다. 둘은 또한 이론보다 실천을 중시하고 의식의 확장에 큰 관심을 갖는다. 스케일에서 차이는 있다. 월슈가 종교에 초점을 둔다면, 윌버는 종교에 기저를 두면서 학문적인 종합에 초점을 맞춘다. 진리를 찾고 자기 혁명을 모색하는 지식인이라면 두 뛰어난 실천적 사상가의 관문을 통과해야 할지도 모른다.

V. 하비 콕스(Harvey Cox)

　다원주의적 시각으로 기독교와 타종교를 이해하는 입장에서 종교와 신앙의 추세를 면밀하게 분석하면서 일찍이 종교(기독교)의 세속화를 짚어낸 자유주의 신학자 하비 콕스가 미래를 어떻게 전망하고 있을까. 동양에서 기원한 타 종교를 이해하기 위해서 여러 종교의 수행프로그램에 직접 참여하여 배우고 수용한 열린 종교인이지만, 그는 크리스천 신학자의 자리에 확고하게 서서 종교현상을 두루 관찰했다. 미래의 전망도 기독교 중심이 되는 것은 자연스럽게 보인다.

　하지만 그것은 한 종교에만 국한되지 않고 다른 종교에도 확대될 수 있을 만큼 보편성을 지닌다. 그가 다루는 기독교는 서구 기독교만이 아니고 (남미, 한국을 포함한) 전 지구적으로 확대된, 명실상부한 세계종교가 된 기독교이기 때문이다. 실제로 콕스도 나중에 다른 종교도 추가해서 논의하고 있다. 어떤 종교에도 존재하는 근본주의에 대한 분석이 그 실례다. 콕스는 근본주의가 사멸하기 전에 마지막 발악을 한다고 생각한다. 사실상 사형선고다(이 점에서 존 힉과 다른 입장이다).

　신앙도 기독교의 독점물이 아니다. 콕스와 대조적으로 비교종교의 입장에 선 윌프레드 스미스는 신앙을, 한 종교가 아니고 보편종교의 맥락에서 관찰했다. 함석헌도 신앙은 하나임을 강조한다. 모두 열린 크리스천이었다. 콕스는 저술 『신앙의 미래』(*The Future of Faith*, 2009)에서 종교의 미래를 큰 틀에서 전망한다. 신앙은 종교와 혼용될 만큼 종교의 중요한 요소다. 여기서 이 책을 중심으로 미래 종교에 대한 그의 전망을 밝혀보자. 물질주의가 주물숭배가 된 자본주의 물질문명 속에서 죽어가는 신앙이 과연 종말론적인 끝장을 볼 것인가 아니면 다시 소생할 것인가.

콕스는 기독교의 역사를 세 단계로 나누어 신앙(faith), 신념(belief), 영(spirit)의 시대로 구분한다. 1) 신앙의 시대(1~3세기): 초대교회가 예수에 대하여 무엇을 믿느냐를 규정하기보다 예수의 가르침을 따르는 일(실천)에 더 관심을 가진 시기, 2) 신념의 시대(4~20세기): 교회가 정통성과 '올바른 교리'에 초점을 맞춘 시기, 3) 영의 시대(1960년대~): 현시점에서 60년 전에 시작된 한 가지 경향은 점점 더 내일의 교회가 지향하는 방향을 가리키고 있는데 그것은 교리(dogma)를 무시하고 상이한 종교들 사이의 장벽을 무너뜨리는 경향으로 영성(spirituality)이 형식 교회를 대치하고 있다.

흔히 신앙(faith)과 신념(belief)을 '믿음'으로 번역하여 동의어로 혼용하기 쉬우나 종교는 (이념 같은) 신념 차원에 머무르지 않는 초월적 가치나 존재를 대상으로 하므로 신념과 구분되어야 한다. 신앙은 교리(doctrine), 교조(dogma)를 넘어선 신비한 영역이다. 예수의 가르침은 4세기 이후 로마 시대에 교황 중심의 조직교회로, 정통성과 가톨릭 교리가 지배하는 신념체계로 전락했다. 이에 항거하여 마르틴 루터 신부가 '신앙만으로'(sola fide), '성서만으로'(sola scriptura)를 기치로 '정통' 교회와 교리의 권위를 부정하는 종교개혁을 제창하여 개신교 전통이 시작되었다.

하지만 취지와는 달리 오늘날 개신교도 또 하나의 낡은 정통교회가 되어버린 형국이다. 새로운 종교개혁이 요청되는 시점이다. 그것은 동양 종교들에 관한 정보가 쏟아지면서 가능해지고 동시에 (서구에서 '종교'를 대표하던) 기독교를 넘어 확대된 명실상부한 '종교' 개혁이 될 수 있는 조건이 형성되었다(동양에서 기원한 종교들도 수천 년 낡은 틀에만 갇혀 있지 말고 기독교에 자극을 받아 개혁되고 진화해야 할 상황에 놓여 있다). 개혁 없이는 새로운 정보로 무장한 새 세대에게 갈수록 따돌림받을 수밖에 없다. 이 상황을 간파한 콕스가 '신앙의 미래'를 내다보고 새로운 비전을 제시하게 된 것이다. 윌프레드 스미스도 중시한 '신앙'은 시공과 종교나 문화의 차이를 넘어 하나다. 주격도 목적격도 없는 개념이다(함석헌).

콕스는 본래의 신앙을 회복하는 새로운 영성운동이 20세기 중반에 시작되었다고 본다. 그것은 일상어휘 속에서 영(성령)의 폭넓은 사용에서 잘 드러난다. '영'(spirit)은 의미영역이 넓은 말이다. 여기서는 교리와 대조되지만, 일반적으로 '정신'으로 번역되어 물질과 대조된다. 테이아르 샤르댕은 앞으로 물질문명을 넘어서 정신 위주의 영화(spiritualization) 시대가 도래한다고 전망했다. 두 개념(영, 정신)은 자주 혼용된다. 영은 종교의 본질적 요소다. 켄 윌버는 진부한 표현인 '종교'보다 '영성'(spirituality)을 선호한다.

"같은 맥락에서 콕스는 크리스천들이 교조(敎條)를 무시하고 상이한 종교들 사이의 장벽을 깨뜨려버릴 것이며 영성이 형식(조직) 종교를 대치하는 방향으로 간다고 주장한다." '신념의 시대'가 '영성의 시대'로 넘어가는 과정이다. 새 시대는 두 가지 점에서 1세기 '신앙의 시대'와 유사하다. 신조(creed)와 성직자 계층(hierarchy)이 절대적 요소가 아니고 오히려 불필요한 요소가 된다는 것이다.[26] 콕스

26 미국에서 근래 소수가 함께 명상, 교유하는 새로운 형태의 신앙 운동이 전개되고 있다. 사제가 없는 비정통적인 퀘이커 신앙을 상기시킨다. 무교회주의와 퀘이커 신앙을

는 근래 예수의 사후 3세기 동안의 역사에 대한 새로운 사실들이 발견되고 있는 것에 주목한다. 일련의 오랜 수수께끼들이 풀릴 수 있기 때문이다. 그 가운데 하나는 어떻게 신앙과 소망에서 생겨난 기독교가 규정된 교리가 헌법이 되고 엘리트 사제들이 지배하는 종교 제국으로 퇴락하였는가 하는 수수께끼다. 어떻게 처음에는 지역적인 회중들의 느슨한 연결체가 특권화한 사제들이 꼭대기에서, 밑바닥에서 점점 더 무력화된 평신도 위에 군림하는 엄격한 계급 구조로 고착되었는가. 왜 맨 초기에는 중요한 지도력을 행사하던 여성들이 밑바닥과 주변으로 밀려났는가.

근래의 발견들이 이런 수수께끼들을 풀어줄 것으로 기대된다. 이들 발견으로 볼진대, 현 기독교는 자연적인 과정에서 형성된 산물이 아닌 것으로 보인다. 다른 형태의 전통이 되었어야 했다. 인위적인 무리가 없었다면 1500년 동안의 역사가 전혀 다르게 진행되었을 것이다. 이것은 미래를 위하여 중요한 의미를 갖는다. 이제 기독교는 새로운 기회를 맞고 있다. 기독교는 더 이상 서양 종교가 아니다. 근래 전 지구적 종교로 폭발적으로 확대했다. 아시아, 아프리카, 라틴 아메리카가 주요한 새 중심지가 되었다. 전에 없었던 새로운 기회를 제공한다.

콕스는 그때의 진실이 밝혀지면서 지금 새로운 신앙 운동이 첫째 시기와 비슷한 모습으로 전개되고 있다고 본다. 일부 오순절(순복

체험하면서 새 종교개혁을 외친 함석헌도 미래의 종교가 대체로 그런 형태가 아닐까 예측했다. 조직과 교리의 무용성을 역설한 크리슈나무르티의 가르침도 그와 비슷한 유형으로 주체적인 자각을 강조한다. 두 종교사상가는 우연히 비슷한 시점, 이미 20세기 초반(1920~1930년대)에 혁명적인 종교관을 구축하기 시작한 선각자, 종교개혁가였다.

음) 신도들(Pentecostals)은 치유, 이적, 방언을 통해서 사도행전에 기술된 교회를 재생하고 있다고 믿는다. 가톨릭, 침례교, 장로교는 나름대로 다 전통과 신약성서에 충실하게 행하고 있다고 주장한다. 그러나 과거에서 배울 수는 있어도 과거로 되돌아갈 수는 없다. 다만 예수와 그를 따르는 사람들이 행하던 것을 지속하는 것은 필요하다.

과거 신학교 교육에서는 몇 가지 가설을 공리처럼 가르쳤다. 그것은 아직도 유효한가. 즉 1) '초기 기독교'라 불리는 단일한 실체가 존재했다는 것, 2) '사도적 권위'가 곧바로 확립되었다는 것, 3) 로마 제국은 '배경'에 불과하고 초기 기독교 지도자들의 사상과 행태의 형성과는 거의 무관하다는 것이다. 지난 수십 년 동안에 이 가정들이 모두 틀렸다고 증명되었다. 역사는 승자들이 쓴 승자들의 기록이다. 이 승자들의 역사 버전은 부정확한 것임이 드러나고 위험하기까지 하다. 반증할만한 증거들은 파괴되고 어떤 것은 동굴이나 분묘에 숨겨지기도 했다. 그것이 나중에 발굴되어 큰 풍파를 일으켰다. 그 내용을 보면 지금까지 알려진 것과는 다른 사실 정보가 담겨 있는 자료들이다. 기독교 역사를 다시 써야 할 판이다. 출토된 자료 중에는 경전(성경) 급 복음서들도 있다.

새로운 자료들의 발굴과 더불어 더 정확해진 과학적인 고고학, 정교해진 역사 연구 방법이 가져온 새로운 통찰들이 21세기의 기독교에서 중요한 의미를 갖는다. 너무 오랫동안 우리는 초기 기독교의 실체에 대한 (결국 권력을 거머쥔 쪽이 그린) 일방적인 좁은 그림만 보고 살아온 것을 깨닫게 되었다. 초기 기독교에 대한 최근의 연구가 밝혀낸 것은 첫째로 그것이 다면적이었다는 사실이다. 로마제국 곳곳에 흩어져 있는 다양한 집단 가운데서 표준화된 신학, 단일한 통치조직, 통일된 의식, 공통적인 경전이 존재하지 않았다. 예수가 신앙의 초점이었지만, 특히 예루살렘 주변에서는 역사적인 예수, 보편적인 그리스도, 신비한 내면적 그리스도 등 각기 강조점이 달랐다. 경전에서는 구약은 한 가지지만, 다른 문서와 서간은 갖가지로 달라서 일부는 마침내 신약에 편입되고 어떤 것은 되지 못했다. 초기에 번성한 '기독교들'(Christianities) 가운데 하나가 '공식적인 기독교'(Official Christianity)로 등장하게 되었다.

'사도의 권위'(apostolic authority)도 나중에 발명된 허구였다. 바울도 직계 제자가 아니었다. 그는 유대인-이방인의 담을 허문 '이방인들의 사도'(apostle to the Gentiles)를 자처했다. 그에게 사도는 전달자(messenger)를 의미했다. 그가 개인적으로 다마스커스(다메섹) 도상에서 마주친 예수의 메시지를 전달하는 것이 그의 사명이었다. 결코 그의 권위가 사도들로부터 나왔다고 주장하지 않았다. 후대의 사도의 권위 주장은 역사 왜곡이다. 권위는 사람들 속에 현존하는 성령이다. 이것은 세계 기독교의 미래를 위해서 중요한 함의를 지닌다(함석헌 식으로 말하면 씨올[민중] 속에서 신의 현존을 찾는다. 민중이 사도이다. 백성을 하늘처럼 받들라!).

초기 기독교 연구에서 밝혀진 또 다른 통찰은 로마제국과 관련된 사실이다. 초기 크리스천들은 자신들을 본질적으로 반-제국 운동 집단으로 이해했다. 그들의 언어, 조직, 의식은 로마제국의 대안을 표상하고 그 임박한 종말을 대망했다. 예수의 처형도 로마의 경계심에서 나온 것이다. 예수 자신도 하늘나라가 지상에서 이루어진다고 예언했다. 그러나 시간이 가면서 3세기 말에는 일부 종교 지도자들은 로마제국의 관료체제의 권력과 효율성 그리고 군대의 효율성에 대하여 선망의 눈길을 보내는 상황이 되었다. 4세기에는 제국이 기독교화하고 기독교는 제국화한 형국이 되어 기독교의 본질이 흐려졌다.

이와 같이 진전된 초기 기독교 연구는 우리의 이해를 네 가지 점에서 근본적으로 바꾸어 놓았다(2009: 64-72).

1) 1946년 이집트에서 한 양치기 소년이 발견한 고문서 장서 다발이 풍파를 일으켰다. 그 가운데 가장 유명한 문서가 '도마(Thomas) 복음'이다. 학자들의 일치된 의견으로는 그것이 성서에 편입된 다른 복음서들만큼, 오히려 더 오래된 문서였다. 이것은 초기 기독교 연구에 던져진 폭탄이었다. 그것은 초기 기독교가 하나의 통합된 실체라는 관념을 무너뜨렸다. 그것은 '정통'과 '이단'을 구분하는 오랜 신념을 버려야 한다는 것을 의미한다. 그것은 훨씬 뒤에 만들어진 것이다. 일부 학자들은 그 같은 복음서들이 '영지靈智주의'(gnosticism)의 영향을 받은 것이므로 진지하게 생각할 필요가 없다고 말하지만 다른 의견도 있다. 카렌 킹(하버드대)에 의하면 '영지주의'는 부정확하고 모순적인 용어로 사용하기에는 너무 막연한 개념이다. 당시의 다양한 문서들에는 '정통'적인 개념과 '영지주의'적 개념들이 혼재되어 있다. 새로 발굴된 문서는 다양한 형태의 기독교가 지리적으로 다른 여러 지역에서 전개되었다는 사실을 보여주고 당시에는 전통과 이단 사이의 경계가 고정되지 않았다. 권력을 가진 세력이 지배력을 강화하는 도구로 그때그때 사용하였을 뿐이다. 그것은 다원화되어가는 세계와 다문화적 사회에서는 사용될 수 없는 언어이다.

2) '사도의 권위'(apostolic authority)가 허구적 신화로 밝혀졌다. 성서학자들은 바울이나 사도들이 어떤 사도적 권위를 전승해주지

않았다. 반대하는 경고까지 했다. 그러나 역사가라고 자처하는 세력이 '사도의 승계'를 말하기 시작하면서 스스로 '시도의 권위'를 소유했다. 그것은 자기를 정당화하는 허구였다. 그 허구가 사실로 굳어져 오랫동안 경과했다. 이것이 허물어지기 시작한 것은 진짜 역사가들과 성서학자들이 함께 이집트에서 나온 새로운 증거와 씨름하면서부터였다. 이들이 내린 결론은 '사도의 계승'에 기초한 권위는 나중에 이루어진 날조이며, 초기 기독교에서 권위는 실제로 훨씬 더 다양하고 확산된 형태였다는 것이다. 사도의 권위와 계승은 특히 로마 가톨릭교회에서 아직도 통치의 기초를 제공한다.

3) 초기 기독교에 대한 우리의 지식에 중요한 차이를 초래한 셋째 변수는 이른바 '민중의 역사'의 출현이다. 우리가 여태까지 불러왔던 '역사'는 사실상 소수 엘리트와 지도자들에 관한 것이었지 대다수 일반 민중에 관한 역사는 아니었다. 이것은 특히 초기 기독교에 적용된다. 그것은 신학자들과 주교들에게 초점을 맞춘 이야기가 되어 기독교 운동에 참여한 전체 인구의 95%를 내팽개친 소수집단의 '역사'였다.[27] 교황제도는 '멸망한 로마제국의 유령'(토마스 호브스)일 뿐이다. 최근까지 기독교 역사를 가르쳐 온 교사들이 놓친 것은 초기 기독교에서 제국의 중심적 역할이다. 그들은 예수를 단순히 '종교적' 인물로만 보고, 그때 사람들이 예수를 '위험한 모반자'로 취급한 사실을 무시했다. 기독교도의 핍박과 사형은 다른 라이벌 종교들의 공격에 말미암은 것으로 돌렸다.

하지만 실제로 예수의 적들은 예수를 올바로 이해하고 있었다.

---

27 이 점에서 함석헌의 민중사관과 상통한다. 역사의 주인공은 왕과 지배층이 아니고 민중이라는 혁명적인 역사 해석, 역사관이다.

그 시기는 정치와 종교가 분리된 사회가 아니었다. 두 가지의 분리는 18세기 계몽주의 시대에나 나타났다. 1세기 팔레스타인에서는 종교는 정치적이고 정치는 종교적이었다. 진실로 예수는 제국에 실질적인 위협이었다. 하나님 나라가 '하늘에서처럼 이 땅에서도' 이루어진다는 그의 기도가 지배자들에게 진정으로 보였던 것이다. 그들이 예수를 전복(모반)자로 처형한 것은 착오가 아니었다. 성서의 계시록은 반-로마 비방이었다. 예수가 한 남자에게서 몰아냈다는 악마들(마가복음)은 로마 병정을 상징했다. 이처럼 이전에는 성서에서 풀리지 않았던 많은 사실이 이제 해명된다. 예수 사후의 기독교 운동도 로마에 위협이 된 것은 마찬가지였다. 핍박이 계속 따라올 수밖에 없었다.

새로 밝혀진 초기 기독교의 사실들은 오늘의 현실에도 적용될 수 있다. 로마제국 대신에 미국 제국을 대입하면 된다(Pax Romana [로마 지배의 평화]가 Pax Americana[미국 지배의 평화]로 바뀐다). 그 방법은 군사력과 문화적 지배의 결합이다. 문화는 교육, 종교, 언어, 대중(팝)문화를 아우른다. 자료의 발굴과 연구를 통해서 새로 밝혀진 역사적 사실은 오늘의 현실을 조명하고 미래를 전망하는데 길잡이가 될 수 있다. 그 맥락에서 콕스는 초기 교회가 가졌던 신앙의 재생과 새로운 전개를 전망한다. 그 조짐이 서구 기독교의 지구적 확대와 그 과정에서 특히 남미와 아시아에서 일어나고 있는 신앙 운동에서 나타난다고 관찰했다. 신앙이 개인 차원에서 머물지 않고 사회적 실천으로 나타나는 모습에 주목했다. 특히 두 가지 운동을 지목했다.

하나는 해방신학이다. 콕스가 이 신학을 마주친 것은 우연이라 할 부분도 있지만, 그의 삶과 신학하기(방법론)와도 관련된 필연적 부분도 없지 않다.[28] 콕스는 여느 상아탑 신학자가 아니었다. 모든 종교에 열려 있는 자세로 다양한 종교의 수행과 행사에 참여하고 관찰했다. 모든 종교현상에 호기심을 갖고 접근하는 현장 중시 탐구자였다. 그뿐만 아니라 사회운동에도 적극 가담하는 등 지행합일을 실천하는 지식인이었다.[29] 마르틴 루터 킹과도 1956년부터 친교를 갖고 데모하다가 감옥 체험도 했다. 로버트 케네디의 대선 후보 연설문을 작성도 해 줄 정도로 정치과정에도 열심히 참여했다. 그러다가 1968년에 두 사람이 각기 암살되는 비극을 겪었다.

좌절감을 달래려고 콕스는 멕시코의 한 다문화 연구소에 가서 여름을 보내게 되었다. 그곳은 남미에서 가톨릭 주도로 일어나고 있는 신학적, 사회적 변화를 반영하는 일종의 집합소였다. 핍박을 받아 쫓겨 온 사제들의 이야기를 들을 수 있었다. 그곳 방문자 가운데는 '해방신학의 아버지'로 불리는 페루의 신부 구스타보 구티에레츠 Gutierrez가 있었다. 그와 많은 대화를 나누고 친교한 콕스는 하버드에 돌아가서 곧장 해방신학 강좌를 개설하고 가르치기 시작했다. 북미에서 최초였다.

콕스는 구티에레츠 초청으로 다음 해 페루, 리마의 가톨릭 대학에 가서 강의하면서 새로운 신학이 전개되는 현장을 지켜볼 수 있었다. 로메로 신부(1980년 암살)처럼 구티에레츠는 제도적으로 강요된

---

28 함석헌은 우연과 필연의 거리를 없앴다. 우연이 필연이고 필연이 우연이라는 식이다.
29 알면 알수록 콕스가 범상치 않은 신학자임이 드러난다. 신학자나 종교학자의 바람직한 모델이다. 한국 신학계나 종교학계에서 그를 배우고 접촉할 기회를 자주 마련했더라면 좋지 않았을까. 아마 교과 신학의 한계가 작용했을 것으로 추리된다. 콕스는 초교과 자유주의 신학자이다.

신념에 기초한 기독교의 가파른 하강과 예수의 생애가 보여준 정의의 시대의 약속에 대한 신앙의 재생을 대표하는 살아있는 본보기였다. 콕스가 왜 해방신학이 라틴 아메리카에 처음 등장했는가에 대하여 묻자 그는 신앙과 가난의 강력한 혼합 때문이라고 대답했다. 남미의 가난한 사람들은 '그들의 빈곤을 그들의 신앙의 시각에서, 신앙을 빈곤의 시각에서 이해'하기 시작했다는 것이다, 그들에게는 교육받은 서구 중산층이 갖는 신의 '존재에 대한 문제보다 어떻게 사랑과 정의의 신을 빈곤과 결핍으로 정당화시키는가가 첫째 질문이었다. 해방신학은 초기 기독교의 활력과 연결된다. 신의 신비함에 대한 조명(신학)은 오직 예수를 따름으로서만 실현될 수 있다.

해방신학은 지역적으로 특정한 '남미 신학'이나 유행 사조가 아니고 신뢰를 주는 신앙의 부활이며 초기 기독교에서 이해되고 실천했던 복음 메시지의 핵심을 상징한다. 그것은 영성 시대의 도래를 알려주는 신호다. 21세기 기독교는 여성, 노예, 빈한한 도시주민들이 새 집단에 가입한 초기 두 세기의 기독교를 닮아가기 시작했다. 신앙에 바탕한 삶의 방식으로서 기독교의 근본정신이 오랫동안 기독교를 정의해 오던 강요된 신조 체계를 대치하기 시작했다.

왜 남미인들이 이런 식으로 예수를 보기 시작했는가. 몇 가지 이유가 있다. 하나는 때로 평신도가 주도하는 작은 집단으로 나누어서 복음을 읽으면서 그들이 처한 상황에 대응하는 방법을 토론했다. 그들은 자주 성서의 이야기와 현 상황과의 관련성을 예리하게 찾아냈다. 소그룹 예배는 원래 사제와 수녀들이, 특히 성직자가 부족한 지역에서 정기적인 예배를 보완하기 위하여 조직한 '기초 교회공동체'였다. 그 방식이 마을로, 작은 도시로, 도시 궁벽한 곳으로 퍼져갔다.

그것이 의외의 결과를 가져온 것이다. 함께 노래하고 기도하고 음식을 나누고 성서를 읽으면서 그들의 당면한 문제를 논의하는 공동체가 되었다.

이곳을 방문할 때마다 콕스는 초대 기독교의 풍경을 보는 듯한 느낌을 받았다. 그들은 서구에서 주장된 성서에 대한 두 가지 접근법, 즉 역사-비판적 방법(文意에만 충실한)과 축자영감逐字靈感설, 어느 쪽에도 영향을 받지 않는 독자적인 방식으로 성서를 독해한다. 그들은 그 당시부터 영향을 미치기 시작한 근본주의에 오염되지 않았다. 그들은 예수를 죄를 사하는 '개인적인 구세주'보다는 이 세상에 올 하나님 나라(신국)가 다가온다고 선포하고 시현한 존재로 보았다.

성직자 계급에 의하여 특권을 가진 종교 제도를 통해서 보호되고 전파된 신념체계로 이해된 기독교는 죽어가고 있다. 그 대신에 오늘날 기독교는 다양한 전 지구적인 친교 연결망에 의하여 갖가지 형태로 공유된 생활방식으로서 다시 일어나고 있다. 유럽의 텅텅 빈 교회와는 대조되는 현상이다. 그러나 성령에 길을 터주기 위하여 신조와 계급 조직이 한쪽으로 물러난 지역에서는 생명과 에너지가 넘치고 있다. 기독교에서 가장 알차고 흥미진진한 운동들이 기존 교회 구조의 변방에서 일어나고 있는 것은 놀랄 일이 아니다. 역사를 보면 '분열'과 '이단'(이교)은 신앙의 심화와 확대를 예고하는 경우가 많았다. 선구자들은 항상 기존 경계를 벗어난다(석가, 예수도 힌두교, 유대교 전통을 벗어나서 새로운 전통을 시작했다).

남미의 가톨릭 문화가 새 생명이 꽃피는 유일한 지역은 아니다. 의외라고 생각되는 곳에서 비-서방 세계를 휩쓰는 일이 벌어지고 있다. 나중에 따로 다루겠지만, 오순절 신앙도 쓰나미를 일으키고 있다. 남미에서 1960년대에 불기 시작한 해방신학의 바람이 기독교가 급속히 성장하고 있는 지구의 남부 지역 곳곳에서, 한국, 동남아시아, 인도, 사하라 이남 아프리카 등지에서도 일어났다. 남아프리카의 투투 주교, 한국의 '민중' 신학자들, 인도의 달릿(불가촉민) 신학자들, 중국의 지하교회 지도자들은 해방신학의 기여를 인정했다. 또한 개신교, 유대교, 모슬렘, 불교에도 해방신학의 변형들이 있다(Cox, 2009: 191).

신앙의 시대가 닥쳐온다고 해서 어떤 신앙이라도 다 타당하다는 것은 아니다. 시대에 뒤떨어진 낡은 신앙은 극복되어야 한다. 그 한 가지 실례가 근본주의다. 콕스는 그것을 '신조의 독소'라고 규정하고 왜 그러한가를 자신의 체험을 중심으로 정밀하게 분석한다(Cox, 2009: 141-153). 근본주의자들은 신앙(faith)을 신념(belief)으로 추락시킨다. 그들은 신앙은 일정한 '근본(원리)들'을 믿는 것(believing)이라고 정의한다. 이것은 '구원받기', '거듭남', '증언하기'와 함께 '진정한 크리스천'으로 만든다. 콕스는 대학(Penn)에 입학한 후 학구적, 신앙적 동기에서 대학 성경 연구 동아리에 가입했는데 알고 보니 하필이면 근본주의자 서클이었다. 마지못해 열심히 따라다니면서 많은 것을 배우고 체험하게 된다. 이들은 대학생의 낭만(음주, 춤)도 거부한 청교도적인 삶을 고집하고, 반反-지성주의적 접근법으로 대학생답게 성서에 대한 비판적인 연구도 시도하지 않았다. 콕스에게 갈수록 더 곤혹스러운 것은 기독교의 필수적인 요청인 사회-정의에 대한 관심이 전혀 없는 점이었다. 정치적으로 보수적일 뿐만 아니라 정치에 개입하는 것을 아예 반대했다. 그것은 인간(영혼)구제의 책무를 회피하는 것이다(여기서 콕스의 신앙 및 신학과 근본주의의 차이가 선명해진다).

근본주의는 그 뿌리가 다른 데도 있지만, 미국에서 20세기 초에 나타났다. 교회와 사회가 근대화를 거치는 과정에서 대재난을 향해 달려가고 있다고 믿은 사람들이 취한 보수적인 입장을 대표한다. 그들은 많은 '크리스천들'이 기독교를 근대문화에 적응시키다가 '근대주의'에 빠져서 기독교의 본질적 요소들을 잃고 있다고 판단했다. 이 핵심 '근본요건들'(fundamentals)은 크리스천이 되기 위해서 절대적으로 고수해야 할, 타협 불가능한 다섯 가지 신념들(beliefs)로 구성된다: 1) 성서의 신적 영감과 전적인 무오류성(축자영감逐字靈感설): 성서는 신의 계시에 근거한 것이므로 일자일획一字一劃도 바꿀 수 없다. 2) 예수의 신성神性을 증명하는 그리스도의 처녀잉태, 3) 세상의 죄를 위하여 십자가 위에서의 희생을 통한 그리스도의 대속代贖, 4) 그의 죽음으로부터의 육체적 부활, 5) 그리스도의 임박한 재림再臨.

콕스는 이 신념들의 선정이 인위적이고 특이하다고 말하고 무엇이 더 중요한가, 빠진 것을 열거한다. 예수의 생애에 대한 언급이 없다. 그가 굶주린 자들을 먹이고 아픈 사람들을 치유한 사실이 빠졌다. 비유(우화)와 산상수훈이 빠졌다. 정치적, 종교적 엘리트에 대한 반대—그의 체포와 십자가에 못 박힌 이유—에 대한 언급도 없다.[30]

개신교 근본주의는 쇠락하고 있지만, 아직도 사라지지 않았다. 근본주의라 말하지는 않지만 '전통주의'식으로 달리 말하는 세력이

---

[30] 이 항목들에 대한 해석은 다양하고 논쟁의 주제가 된다. 예를 들면, 역사가 토인비는 처녀잉태설과 부활을 거부한다. 함석헌은 처녀잉태를 만들어진 신화로 보고 대속설을 부정하고 우리 자신이 실천으로 스스로 속죄해야 한다는 자속설을 내세웠다. 부활도 영적 부활로 보았다. 그의 개혁적인 종교관과 예지가 돋보인다.

여기저기 나타나고 있다. 다른 종교들에서도 발견된다. 이슬람, 유대교, 가톨릭에도 자기 교회의 현 지도체제를(교황까지) 비판하는 근본주의자들이 있다.

마지막으로 하비 콕스가 신앙의 시대와 관련하여 주목하는 신앙형태가 하나 있다. 오순절(pentecostal) 운동이다. '순복음'(full gospel)도 그 변종이다. 신조에 묶여있는 서구 기독교는 하강 곡선을 그리고 있는 데 반해서 지구 남방의 기독교는 성장하고 있다. 그 놀라운 성장의 90%(5억)가 오순절 교파에 속하는 사실을 콕스는 지나칠 수 없었다. 게다가 종교(기독교)를 제도보다는 신앙과 행동(체험)을 명목상으로 앞세우는 운동이다. 문서만 아니라 그의 장기인 현장답사를 통해서 깊이 탐구했다. 그 결과로 나온 저술이 『하늘에서 온 불덩이: 오순절 영성과 21세기 종교의 재정립』(*Fire From Heaven: The Rise of Pentecostal Spirituality and the Reshaping of Religion in the Twenty-First Century*, 1995)이다.[31]

콕스는 오순절 신앙을 개신교, 가톨릭, 정통(그리스)을 관류하는 교회일치적(ecumenical)인 현상으로 본다. 그 운동은 20세기 초에 미국에서 시작되었다. 사람들이 같은 시기에 일어난 근본주의 사조와 혼동하기도 하지만 주안점이 다르다. 근본주의는 성서를 유일한 권위로 인정하는 문자주의(성서무오설)를 고수하는 반면에 오순절주의는 성령의 직접 체험을 더 중시한다. 전자는 차분하고 이성적이라면 후자는 내놓고 환희작약하고 방언을 자기 안에서 성령이 하는 말이라고 믿는다. 전자는 교리를 엄격하게 고수하는 반면에 후자는 성

---

31 이 책에서 콕스는 한국 교회(순복음)에 대해서도 기술하면서 목회자의 무교(샤머니즘)적인 특성을 지적했다.

서를 통해서 보다는 성령이 꿈과 환상을 통해서 직접 말한다고 믿는다.

과연 오순절 신자들이 신념에서 신앙으로의 전환에 기여하는 영(성령) 시대의 전령사인가? 신자가 많아서(5억) 지역에 따라서 신학과 실천 면에서 다르다. 일부 신자들, 특히 북미 백인들은 근본주의의 영향을 크게 받아왔다. 그러나 지구 남반구에서는 신자들이 예수를 따르는 윤리와 하늘나라의 환상(비전)에 더 좌우되는 모습이다. 근래 사회적 목회에 갈수록 더 적극적인 모습이 나타난다. 하지만 때로 다른 신앙에 대해서는 적의를 나타내는 일이 있어서 협동력의 한계를 보여주기도 한다.

콕스의 현장(브라질) 관찰에 의하면 오순절 운동에 아주 중요한 변화가 일어나고 있다. 신앙의 주요한 초점이 한때는 엄격하게 타계적인 내세 구원에 두었다면 지금은 가난한 자, 병든 자, 사회적으로 소외된 층에 대한 예수의 관심이 중심적인 역할을 하기 시작했다. 그 점에서 해방신학과의 융합도 가능하게 보인다. '진보적인' 오순절 신앙이 대두하리라고 예측된다. 브라질 오순절 신자들은 정치 현실과 동떨어져서 초연하지 않고 미국 우파 종교인들 같지도 않다. 투표 양태는 '중도 좌파'로 기울어진 경향을 보여준다. 과거 대선에서 대다수가 룰라와 노동당에 투표한 사실이 그 실례다.

단순한 국민이 아니고 '거듭난' 오순절 신자들은 의식적으로 무언가 사회적인 일에 참여하는 사람들이므로 놀라운 속도로 성장하는 오순절 집단이 전 지역의 민주화에 중요한 열쇠가 된다. 실제로 이들은 정치과정에 적극적으로 참여하기 시작하면서 공직을 갖고 나름의 '사회적 신학'을 정립하려고 노력한다. 최근까지는 민주주의를 위한 오순절 신자들의 공헌은 간접적이었다. 신앙조직의 성장과 사회 민주화는 보장된 것은 아니다. 변화하는 환경에 취약할 수 있다(신앙을 사회 민주화와 연계시키는 콕스의 일관된 입장은 보수 정권의 비호와 정교 유착에 급급해 온 한국기독교가 참고해야 할 중요한 교훈으로 보인다. "사회 구원 없이 개인 구원 없다"[함석헌]).

그들의 미래에 분명한 위협이 되는 것은 안팎으로 결합된 형태로 나타난다. 한 가지를 들면 소비와 재물의 문제다. '소비 제국 미국'의 소비문화가 밀려오면서 그것을 부추기는 '번영의 복음'을 전파하는 세력이 등장하여 내세에서만 아니고 현세에서, 구원과 건강만이 아니고 '부'(재산)까지 약속한다. 신자들이 구성원이 아니고 '소비 공화국'의 고객이 된다. 사회적으로 주변화한 오순절 신자들, 특히 '번영 복음'의 의심스러운 약속에 매혹된 사람들은 결국 숙명론에 빠져 종교적 빈민굴(게토)로 후퇴하여 시민권과 참여를 포기하게 될 것이다.

다른 한편으로는 그들의 인간성이 존중되는 사회를 건설하기 위하여 구조적인 변화가 필요하다고 생각하는 신자들이 늘어날 것이다. 그래서 어떤 관찰자들은 오순절 신자들이 근본적인 비폭력 사회 변혁의 핵이 될 것이라고 전망한다. 오순절 신자들이 궁극에는 영의 시대에 신앙의 리바이벌을 위하여 기독교 혁명을 불붙이는 조력자가 될 것인지는 아직 두고 볼 일이다. '신앙의 미래'를 마감하면서 콕스는 논지의 핵심을 요약하고 다른 종교들이 미래를 향해 어떤 변화의 길을 걷고 있는지 살펴본다(Cox, 2009: 213-224). 기독교는 신앙에 의하여 인도된 영(성령)의 운동으로서 시작했는데 곧 성직자(사제) 계층에 의하여 집행된 일단의 신념들로 응고되어 버렸다. 그러나 이제 여러 가지 다른 요인들 때문에 과정이 뒤바뀌고 있다. 신앙이 소생하고, 반면에 교조(도그마)가 죽어간다. 기독교의 영적, 공동체적, 정의 추구적인 차원이 21세기에 들어와서 기독교를 이끌고 있다. 이 변화는 다른 세계 종교들 속에서 진행되는 유사한 개혁과 더불어 일어나고 있다. 이슬람과 불교 안에서 근래 진행되는 발전들이 그 본보기이다.

이슬람권에도 사회 저변에서 변화의 물결이 일고 있다. 이집트에서는 지난 세기에 선풍적인 르네상스가 일어났다. 급격한 변화 속에서 정체성의 위기를 느끼고 전통 종교의 가치를 인식하게 되었기 때문일 수 있다. 종교가 다시 소생하면서 동시에 갱신의 필요성을 강조한 평신도 운동이 일었다. 가난한 자에 대한 보시가 무슬림의 의무임이 환기되었다. 사회정의를 주장하는 사람들과 단체가 많아졌다. 무슬림 노동조합(Muslim Brotherhood)이 조직되고 급속하게 성장해갔다. 그 목표는 공산주의, 자본주의, 민족주의를 의심하는 자세로 코란의 원리에 기초한 평등과 정의의 사회를 건설하는 것이었다. 이것이 이집트 정부에 대한 반대로 나타나 격심한 탄압을 초래했다. 창시자가 정부 첩자에게 암살되었다(1949). 이후 이 단체와 유사한 단체들이 다른 국가들에서 생겨났다. 팔레스타인의 하마스가 그 하나다. 오늘날 이 조합은 민주주의의 강고한 옹호자가 되었다. 2006년 이집트에서 무슬림 노동조합은 그 목표가 이슬람 국가가 아닌 민주국가 건설이라고 공표했다.

불교권에서도 변화의 조짐이 나타나고 있다. 콕스는 '불교 개혁'이 일본에서 진행되고 있는 사실에 주목했다. 그것은 일본 최대 불교종단인 니치렌 소슈(日蓮正宗)가 주도했다. 한 평신도가 창가학회創價學會를 만들어 학생들이 권위주의적인 방법에서 벗어나 창조적으로 사고하도록 일본의 교육을 바꾸자는 목표를 세웠다. 급속하게 보급되어 128국에 지부를 두었다. 회원들은 세계평화, 여성의 권리, 종교 간 대화를 위한 일에 참여한다. 진정한 불교는 평신도의 주도, 평등주의, 인권, 사회개혁을 지향해야 한다고 주장한다. 이것은 승려들과 평신도의 갈등을 초래했다. 종정이 1,100만 신도를 파문하는 사태(1991)로 이어지고 종정이 본부 사찰을 파괴하도록 지시했다. 신앙의 초점이 현세와 내세로 달라서 분열했다. 창가학회 지도자가 하버드를 방문했을 때(1993) 콕스의 건의로 '보스턴 연구 센터'가 세워지고 대화의 마당을 제공하고 있다.

유대교도 두 종교와 비슷한 변화를 겪는 과정이다. 이스라엘이나 유대인이 많이 거주하는 미국이나 상황이 비슷하다. 유대교의 신비주의적인 유파 하시디즘Hasidism의 기풍을 보여주는 신앙이 돋보인다. 하시디즘, 아시아 종교, 수피즘 요소를 혼합한 형태로 기존의 권위주의적인 엄격한 정통에 불만족한 많은 젊은이를 유인했다. 미국 회중교회(synagogue)는 후(post)-교파적이라고 스스로를 부르면서 정통, 보수와 거리를 둔다. 유대인과 무슬림 극단주의자들 사이에 긴장이 지속되면서도 평화 달성을 위한 대화와 협력은 증가하고 있다.

이 사례들은 영성의 르네상스와 종교성에서 변형이 다양한 전통 속에서 일어나고 있다는 것을 가리킨다. 실례로 뉴질란드에서 시작된 '떠오르는-교회 운동'이 미국에도 번지고 있는데 그것은 비-교파적, 중심이 해체된 형태로 제도적인 교회의 모습을 의심하고 교조(도그마)가 해 온 억압적인 역할에 비판적이다. 그것은 맨 처음 기독교인들처럼 예수를 따르는 데 초점을 맞춘 영의 운동이다. 기독교 신비주의 전통의 요소들도 도입되었다. 그들은 메시지와 상황(context) 양쪽에 같은 비중을 둔다. 단순히 메시지를 선포하기보다 '메시지대로 사는 것'에 방점을 둔다. 일방적인 설교보다 쌍방 교류의 무대에서 실험한다. 강제적인 신념들을 지키는 것에 기초한 종교는 더 이상 살아남을 수 없다. 신념(belief)과 달리, 신앙(faith)은 신뢰(trust)와 확신(confidence)이다.

동양 종교는 두 개념을 혼동하는 서양전통과 다르다. 모임에 참석한 힌두교와 불교의 대표들에게 '신념들'을 열거해보라고 하면 힘들어한다. 니케네 신조(Nicene creed)에 상당하는 개념을 힌두교에서는 찾기 어렵다. 아시아에서 종교는 계절적인 의식, 윤리적 통찰, 대를 물려 전해 내려온 설화들과 관련된 것들이다. 이러한 의미에서 가장 통상적인 사람들이 실천하는 기독교와 같다. 신조는 신학자들이 발명한 어떤 것이다. 이들 일상적인 사람들이 대다수를 구성한다. 사제와 신학자들은 아주 작은 소수자로 남았다. 그 결과 근래 '민중의 역사'의 등장은 기독교의 원래 신앙의 모습을 되찾기 쉽게 해주고 있다.[32]

종교가 다시 살아나고 종교성이 변화하고 기독교가 서구를 넘어 확대되면서 초창기의 기독교가 그 기동력을 되찾고 있다. 그것은 (신념을 중시한) 희랍사상의 영향을 받지 않은 문화권(인도, 한국, 아프리카)에서 토착한 기독교의 덕분이다. 비-서구 크리스천들의 신앙은 초기 기독교의 신앙의 내용과 아주 비슷하다. 교조(도그마)의 영향을 받지 않은 '도그마 이후'(postdogmatic) 크리스천들이다. 크리스천만

---

[32] 민중(씨올)과 민중사는 함석헌이 독창적으로 개척한 개념이며 사관이다. 역사의 주인공은 임금이나 소수의 영웅이 아니고 민중이라는 관점으로 한국 역사를 새로 썼다.

아니라 세계화가 진행되면서 종교들은 덜 계층화되고 평신도의 역할이 증대되고 덜 교조적이며, 더 실용적으로 되고 있다. 종교인들은 오늘날 교리보다는 윤리적인 지침과 영적 수련에 더 흥미를 갖는 추세다. 또한 덜 남성-중심적이 되면서 여성들이 지도적 위치를 차지하고 있다. 기독교 종파에서는 여성 목사, 사제, 주교까지 있다.

이러한 추세에 대하여 근본주의자들의 반응이 종교마다 나타난다. 모든 근본주의 운동의 한 가지 핵심적인 신념은 여성들은 그들의 자리에 가두어 두어야 한다는 것이다. 이 모든 것은 진정한 의미에서 '반동적인' 행동이다. 인간 영혼이 나아가는 진로를 더 이상 저지할 수 없다. 콕스는 그의 포괄적인 분석과 전망을 다음과 같이 요약하고 맺는다.

영(성령, 신령)의 바람이 불고 있다. 그것을 가리키는 한 가지 신호는 기독교를 흔들고 갱신하는 격변이다. 신앙이 신념보다는, 다시 한번 기독교를 정의하는 특성이 되고 있다. 그리고 이것은 신앙이 초기에 의미하던 것을 되찾는 것이다. 나는 어떻게 그 최초의 기동력이 신조들, 성직조직 그리고 교회와 제국의 재앙 같은 합병으로 거의 질식하게 되었는가를 기술했다. 그러나 또한 나는 어떻게 다수의 문화에 의하여 그리고 신의 평화 통치의 실현에 대한 열망으로, 생기를 얻어 새롭게 세계화한 기독교가 그 혼을 발견하고 있는가를 짚어보았다. 모든 신호가 암시하는 것은 우리가 새로운 영의 시대로 진입할 자세가 되어있고 미래는 신앙의 미래가 된다는 것이다"(Cox, 2009: 223-224).

8장

한국 전통과 다원주의 사상

I. 중국 전통과 다원주의 사상

한국 전통을 다루기 전에 한국 전통에 지울 수 없는 대단한 영향을 준 중국 전통을 먼저 살펴볼 필요가 있다. 인도 전통과 더불어 동양 전통의 두 주축을 이루는 중국 전통도 삼교(유·불·도)의 복합적인 구조인 만큼 다원주의적 성격을 가질 수밖에 없다. 그것이 고스란히 한민족에게 전달되었다는 점에서 큰 의의가 있다. 삼교 중심의 다원적인 중국 전통에 주목한 서구 학자로 니니안 스마트가 있다. 종교가 세계관을 대표한다고 해석한 스마트는 상이한 세계관을 대표하는 종교들의 공존은 중국 종교사에서 실험되고 그 가능성이 입증되었다고 본다(Smart, 1993). 지금 대두되고 있는 종교 간, 세계관 간, 이념 간의 갈등, 충돌의 문제는 중국의 삼교(유·불·도) 전통에서 교훈을 얻을 수 있다. 단순한 교훈이 아니라 현재 상황에 적용할 수 있다.

스마트는 현대 중국의 정치이념인 (중국식) 마르크스주의가 달라져야 한다면 경쟁자가 있어야 한다는 점을 지적한다. 그 라이벌은 유교, 불교, 도교와 같은 종교들이다. 스마트는 지금의 중국에서 볼 때 세 가지에 마르크시즘을 추가하여 '사교'의 공존이 필요하다고 진단한다. 여기에 이슬람과 기독교까지 추가될 수 있다. 1989년 이후 다소 느슨해진 중국의 종교정책이 더 자유롭게 되기를 기대한다. 중국 사회에서 과거 찬란했던 '삼교' 전통을 그대로 사장하기에는 그 가치가 너무 크다. 버리기에는 너무나 아까운 문화유산이다.

특히 불교 전통은 그렇다. 화엄종, 천태종, 선종의 사상은 매우 수준이 높은 체계이다. 삼교는 보통 가장 기본적인 세계종교를 구성하는 7대 종교 가운데 세 가지를 차지한다. 이들은 중국이 아니라도 아시아를 비롯하여 여타세계에서 유지, 보존되고 있다. 스마트의 강조는 중국 사회를 위해서 하는 것이다. 또한 그러한 전통을 다른 신앙과 문화 전통을 저급한 것으로 차별해 온 기독교가 배움으로서 다원주의의 승리를 방해하는 큰 장애물이 제거될 수 있다.

여기서 우리는 스마트가 지적한 삼교의 전통을 중국과 한국의 역사에서 좀 더 살펴볼 필요가 있다. 스마트가 슬기롭게 발견한 대로 1세기 전후 불교가 도입되면서 유교와 도교의 체계적이고 조직적인 발전이 촉구되어 중국 정신문화의 근간이 이루어진 것이다. 성분이 다른 세 가지 종교를 두고 말하자면 서양에서는 근대에야 나타난 비교종교학이 중국에서 이미 일찍부터 발달했다. 위진남북조魏晉南北朝 시대부터 세 종교의 관계에 대한 논쟁이 활발하게 일었다 (Kim, 2001).

특히 불교를 동정하는 지식인들은 호교론護敎論의 일종으로 보교론輔敎論을 내세웠다. 이 논쟁은 흑백론('白黑論'), 오랑캐 대 중국론('夷夏論'), 성인일치론('均聖論') 등으로 전개되었다. 세 종교가 천체(해, 달, 별)나 의료분야(골수병, 혈맥병, 피부병)의 차이처럼 다르면서 상호보완적임을 주장하는 견해가 우세했다. 현대적인 의미의 다원주의가 이미 주장, 수용受容되었던 것이다. 삼교 일치의 사상은 나중에 원명 시대에 임조은林兆恩의 '삼교합일교'로 나타났다.

이와 같이 주로 자기 학파를 방어하는 호교론적인 동기에서 세 종교의 관계를 이론적으로 해석하는 선비들과는 별도로 민중 속에서는 신앙의 차원에서 삼교가 자연스럽게 함께 수용되는 경향이 일반적이었다. 이론에 접하기 전에 실천되고 있었다(마르크스주의가 결국 실패한 것도 민중이 만든 이념이 아니고 민중 속에서 실험하는 과정이 생략된 까닭이 아닐까). 그래서 한 종교에만 익숙해 온 서구인의 눈에는 중국인의 포용적인 신앙 행태가 놀랍게 보일 법하다. 서구의 대학이 사용하는 세계종교 교재의 하나에 그 사실이 이렇게 묘사된다:

서구 학생들이 의아하게 생각할지도 모르는 중국 종교의 또 하나의 모습은 그 종교들의 혼합주의적인 성격이다. 서구인이나 미국인은 동시에 한 종교 이상의 옹호자가 된다는 것은 불가능하다고 본다. 한 기독교 신자가 유태인 이웃의 견해에 대하여 관용적일지 모르지만, 결코 "나는 기독교인이며 나는 유대교인이다"라든지 "나는 기독교인이며 나는 이슬람교도이다"라고 말할 수는 없을 것이다. 바로 이 종교들의 성격은 동시에 이들 종교를 하나 이상 신봉하는 것을 불가능하게 만든다. 이것은 중국 종교의 경우에는 해당하지 않는다. 전통적 중국인이 불교도, 도교인 그리고 유교도가 되는 것은 조금도 문제가 되지 않는다.

이것은 어떤 황제가 한 불교학자 보고 그가 불교도냐고 묻는 이야기에서 잘 드러난다. 그 학자는 그가 쓰고 있는 도교인 모자를 가리켰다. "그렇다면 도교인이란 말이냐?"고 황제가 묻자 그는 유교도 신발을 가리켰다. "그럼 유교도인 게지?" 하고 황제가 말하자 그는 불교도 목도리를 가리켰다. 불교 승려가 도교 사원에 참례하고 공자의 가르침을 기억하고 외는 것은 전혀 색다른 일이 아니다. 중국인이 폭넓게 다양한 종교들의 가르침을 조화시키려는 의지는 이슬람과 기독교 선교사들에게는 도저히 이해가 안 가는('미치게 만드는') 일이었을 것이다. 이와 비슷하게 일신교적인 종교들의 엄격한 배타주의는 중국인에게는 이해하기 어려운 일이었을 터이다"(Hopfe, 1991: 204).

동양인에게는 낯설지 않은 이 분석 내용은 서양인에게 그리고 일부 종교 맹신자들에게 색다른 현상이었을 것이다. 여기서 두 가지 종교 전통이 명확하게 구분된다. 하나는 배타적이고 다른 것은 조화와 관용성을 보여준다. 이것은 오늘날 종교로 말미암거나 종교로 구분되는 지역 간, 민족 간 분쟁이 치열한 곳은 대강 앞 전통이고, 뒤 전통에서는 그러한 갈등과 분쟁이 거의 없는 현실을 보면 더 분명해진다. 중국인은 세 종교를 같은 한 종교의 세 부분처럼 여긴다고 볼수 있다. 이러한 시각은 특히 민간신앙에서 더욱 두드러진다. 세 부분은 상호 보완적인 관계를 갖는다.

그래서 중국 종교를 복수(Chinese religions)가 아닌 단수(Chinese religion)로 표현하는 학자도 있다. 종교들이 뒤섞인 양태를 혼합주의(syncretism)로 표현하기도 한다. 캔트웰 스미스가 주장하듯이 어떤 종교도 발전과정에서 '혼합' 과정을 피할 수 없다. 그 전형적인 양태가 기독교와 ('로고스'가 대표하는) 희랍 사상의 혼융이다. 중국 전통의 맥락에서 '혼합'은 '융화融和'와 '조화'의 뜻에 가깝다. 한 걸음 더 나아가 한국 전통에서는 원융圓融회통會通으로 나타난다. 구태여 융화하지 않더라도 근본적으로 서로 소통될 수 있다는 여지를 갖는 태도다.

풍우란(펑유란) 같은 중국학자들도 특히 유교와 도교를 한 뿌리에서 나온 두 가지처럼 생각한다. 음과 양의 관계로 본다. 여기에 불교가 가세하여 더 입체적이고 역동적으로 된 것이다. 세 종교는 철학적인 측면(유학儒學, 도학道學, 불학佛學 또는 유가儒家, 도가道家, 불가佛家 전통)과 종교적인 차원(유교, 불교, 도교)을 지닌다. 원래 철학적인 측면이 강했던 유교와 도교의 종교적인 차원의 전개에는 1세기에 유입된 불교의 자극과 도전이 크게 공헌했다.

두 전통의 철학적인 체계화에도 불교가 동인이 되었다. 신유학, 즉 성리학(주자학, 양명학)은 불교의 도전과 자극의 산물이다. 실천적인 종파로 등장한 선불교는 도가의 기풍이 작용했다. 세 종교의 존재가 중국의 인문학과 문화의 다양한 모습을 낳았다. 이것은 한국문화 전통에도 그대로 전달되었다. 세 종교의 보완적인 관계를 설명한 의료분야(골수병. 혈맥병, 피부병)의 비유는 이능화의 저술에서도 등장한다.

II. 총론

한국종교 전통은 삼국시대 중반 이후부터는 어떤 전통 못지않게 다수 종교가 공존해 온 역사였다. 4세기에 불교가 중국에서 고구려와 백제에 유입되고 신라에서는 5세기 중반에 공인되었다. 유교도 불교와 비슷한 시점에, 도교는 고구려 말기에 공식 도입되었으므로 삼교(유 · 불 · 도)가 삼국시대에 종교의 기능을 수행한 것이다. 셋은 다 인도나 중국에서 발원한 외래 종교였다. 그렇다면 이전에는 한민족에게 종교가 없었는가. 일종의 샤머니즘 형태로 민족 신앙이 존재했다는 것이 정설이다. 그것을 (아마 일제의 문화전략으로) 통상 '무속巫俗'이라고 폄훼하여 말하지만 근래에 학자들은 무교巫敎로 표현하여 분명한 하나의 종교로 가정한다.

그것은 시베리아에서 발원한 원시 신앙으로 지금도 한국 사회는 물론 북미 인디언, 남미 원주민, 북유럽, 티벳, 태평양 제도 등 세계 곳곳에 잔존하고 있다. 어떤 '세계종교' 교재들은 샤머니즘을 주요한 종교 전통으로 다루기도 한다. 모든 종교 전통과 인물 속에도 잠재되어있는 정신적 요소로 보는 저자도 있다. 예수도 무교적인 부분이 있다고 분석한다(Carmody, 1985: 38, 42).[1] 한국인의 삶과 언행 속에서 무교적 성격을 발견한 외국 기자, 한국 크리스천과 사제들 속에서 강하게 느낀 신학자(하비 콕스)도 있다.

샤머니즘도 통일된 한 가지 형태로 머물지 않고 지역에 따라 복

---

[1] 심지어 샤만이었다고 말하는 학자도 있다.

합적인 종교체계로 발전하게 된 것은 자연스러운 이치다. 일본의 신도神道도 그 한 가지로 볼 수 있다. 한국 역사에서는 풍류(최치원) 또는 신교神教(이능화)로 표현된다. 이 전통은 외래 종교에 눌려 윤리와 교리 등 체계가 빠진 민간 기복신앙으로 전락했다. 무교 이외에도 또한 '선仙'으로 표현되는 또 다른 전통이 존재했다는 주장과 근거도 있다. 신선神仙 사상, 선도仙道, 단학丹學과 관련된 전통으로 보인다. 중국과는 다른 요소다. 중국에서 삼교三教는 유·불·도이지만 한국의 삼교는 유儒·불佛·선仙으로 말하는 것이 일반적이다. 이것이 신교에서 파생된 수행, 수련법인지도 모른다.

이와 같이 다섯 가지 이상의 다양한 종교가 혼재하는 것이 한국 전통의 모습이다. 어느 면으로 보나 다원주의적인 전통일 수밖에 없었다.[2] 종교다원주의적인 경향은 민간신앙 속에서 그 자취를 찾을 수 있다. 적어도 민중 문화에서는 배타주의가 차지할 공간은 없었다.

다만 배타주의적인 유학(주자학)을 통치이념으로 채택한 조선왕조 시대에는 제도적으로 불교가 철저히 억압되었다. 500년 동안 종교로서 떳떳이 기능할 수 없었다. 고려 시대까지 왕성하던 발전이 지속되지 못하고 민중 신앙으로만 유지되었다. 서산대사 같은 인물이 돌출하기도 했지만, 인재 부족으로 교학의 발전도 없었다. 교학과 무관한 정토신앙과 선불교 수행은 지속될 수 있었다. 유교의 강세와 불교의 약세에도 불구하고 재야와 민간 속에 스며든 종교와 신앙은 연면히 흐르고 있었다. 정권이 약화된 근대에 접어들어 민중

---

[2] 기독교가 비교적 큰 저항을 받지 않고 한국 사회에 착근할 수 있었던 것도 이러한 흐름과 풍토였기에 가능한 일이었다. 신도 수에서 현재 제일 종교가 되어 있는 것은 같은 동양 문명국가인 인도, 중국, 일본에 비해서 천양지차다.

신앙은 여러 민족종교로 폭발했다. 세 종교가 발원한 중국과 인도 전통에도 다원주의적인 사유 구조가 깔려 있었지만, 한국의 종교 전통은 두 전통을 다 수용하고 거기에다 고유한 자기 전통까지 추가된 더 다원적인 구조다.

인도의 경우 그 통일체인 힌두교의 우산 밑에 6파 철학을 비롯한 정통사상과 다른 다양한 사상들이 싹텄다. 다양성과 통일성의 유기적인 관계가 잘 드러났다. '회통' 정신의 모태가 된 불교가 여기서 발원한 것은 자연스러운 결과였다. 중국 사상은 유교와 도교의 두 전통적인 축에다 불교가 합류되어 활발한 상호작용, 교류가 일어났다. 4, 5세기에는 주로 불교도들에 의하여 호교론적인 비교종교학과 비교 철학이 발달하였다.[3] 삼교의 상호 보완적인 공존과 조화를 주장했다. '보교론輔教論'으로 표현되었다. 이것은 서양인들의 절충주의(eclecticism)나 '제설諸說혼합주의'(syncretism)와는 다른 주장이다. 현실주의에 충실한 중국 민중에게 세 종교는 해와 달과 별의 비유에서처럼, 모두 다 필요한 상호 보완적인 기능을 지닌 것이었다. 인도와 중국의 전통에다 고유한 전통을 더 보탠 한국 전통은 한 층 더 높은 해석과 공존의 틀이 필요했다. 그래서 나온 것이 '회통' 사상이었다. 당시 '다원주의' 개념은 존재하지 않았으므로 지금의 다원주의에 상당하는 개념이다. 그것은 토착 종교와 민족 종교들 그리고 원효, 최치원에서부터 이능화, 유영모, 함석헌에 이르기까지 창조적인 인물들에게서 표출되었다. 이들의 사상을 뒷장에서 구체적으로 살펴보려고 한다.

---

3 이는 비교 언어학과 더불어 서양보다 15세기 이상 앞선 것이다.

III. '한' 사상

　다원주의는 민주주의처럼 서양에서 기원한 개념이다. 서양철학
사에서 고대 그리스나 미국의 철학 전통에서 (윌리엄 제임스가) 실재
론의 맥락에서 다룬 주제였다. 현대에 와서는 사회와 문화를 비롯한
여러 분야 특히 다양한 종교 전통을 해석하는 원리로 사용된다. 그
렇다면 한국 전통에서는 그와 같은 개념이 없었는가. 여러 종교들,
사실상 세계종교의 대부분이 기원, 발달하고 공존해 온 한국 전통과
한국인의 정신 속에 다원주의적 사고유형이 없었다고 말할 수 없다.
인도와 중국이 대종인 다원적인 동양 문화의 일부로서 오히려 더 강
한 흐름으로 전통 속에 연면히 흐르고 있었다고 가정할 수 있다.

　'다원주의' 표현 자체는 없었지만, 그 사고형태는 분명히 존재했
음에 틀림없다. 사고방식과 생활방식 그리고 문화와 언어 속에 내재
되어 있거나 저류에 흐르고 있었다. 다원주의가 상징하는 공존이나
상생의 원리가 없이 오랜 역사 속에서 민족이 생존해올 수는 없었을
것이기 때문이다. 그것이 부단히 밀려오는 외래의 문화·종교·사상
(이념)에 눌려 표출되지 못했지만 개체나 집단무의식 속에 잠재되어
있지 않았을까. 사유 방식과 사상(종교) 전통 속에서 발굴될 수 있으
리라 본다.

　'다원주의'에 상당하거나[4] 그 의미를 함축한 개념이나 표현을 말
글 속에서 찾아낼 수 없을까? 한국인의 일상 언어는 순수한 우리말

---

4 후술하겠지만 실제로 '상생'의 원리가 19세기 후반에 등장했다.

과 외래어인 한자어, 두 가지로 구성되어있다. 그것이 장점일 수도 있고 단점일 수도 있다. 현대어든 고어든 원래의 우리말이 있다면 더 이상 좋을 수 없다. 그 같은 기대 속에서 집히는 말이 하나 있다. 그것은 '한'이다. 한국은 '한의 나라'다. 우리말 속에서 용례를 찾아보면 '한'처럼 다의적인 말도 없다. 무려 20가지 이상의 의미를 가진 것으로 밝혀졌다.

그 가운데 하나(一), 여럿(多), 큰(大), 가운데(中), 같은(同) 등 철학적으로도 중요한 뜻이 다 들어있다. 으뜸, 임금의 뜻도 있다. '칸'으로 된소리가 되어 '징기스 칸'(쿠빌라이 칸)에 남아있다. 대'한'민국의 '대'와 '한'은 동어반복이다. '큰'은 '한밭'(대전)에, '가운데'는 '한중간', '한겨울'에 남아있다. '한'글이 발명된 세종대왕 당시와 이후의 글에 고어가 많이 남아있다. 두보의 시집 '두시언해'를 읽으면 두보의 정서가 한자 원문보다 오히려 더 우리에게 절절하게 다가온다.

'하나'와 '여럿' 같이 모순되는 두 가지 뜻이 함께 들어있는 사실은 철학적, 종교적으로 의의가 깊다. 둘은 서로를 전제하는 유기적, 불가분리의 관계다. 그래서 불교사상에서 통일성과 다양성은 '하나가 곧 여럿, 여럿 곧 하나'(一卽多 多卽一)로 표현한다. 하나와 여럿은 화엄불교에서 실체(理)와 사물(事)의 관계를, 드물지만 서양 사상에서도 본체(noumenon)와 현상(phenomena)의 관계를 말한다. 다양한 학파가 공존해 온 인도 전통을 '다양성 속의 통일'(unity in diversity)로 해석한다. 그 틀은 중국 전통이나 다른 전통에도 적용될 수 있다.

그것은 바로 종교다원주의의 표현이다. 다원주의 두 축인 다양성과 통일성 가운데 어느 것을 더 강조하느냐에 따라 학자 간에 차이가 있다. 종교 간 대화에서 다양성에만 초점을 맞추고 일원적인 통일성이나 보편성은 내세울 필요가 없다는 학자들(캅, 파니카)도 있다. 그것이 진정한 다원주의라는 것이다. 서로의 다름을 인정, 이해하고 관용하는 것이 더 중요하다. 통일성을 중시하는 쪽은 종교들이 모두 구원이나 깨달음을 추구하는 점에서 길은 다르지만 같은 목표를 공유한다는 사실을 무시할 수 없다고 주장한다.

'한'은 '하나'(통일성)와 '여럿'(다양성)을 포괄하는 개념으로 다원주의의 틀을 지니고 있다. 이미 '한'에 주목한 사람들이 한 사상, 한 철학을 주장했다. 안호상(초대 문교부장관)을 비롯한 일군의 민족주의적 성향의 학자, 종교인들이 참여해왔다. 이들에 앞서서 함석헌은 '한'과 한 철학의 중요성을 외친 선구자임을 최근 필자가 밝혀냈다(김영호, 2013). 그는 자본주의와 공산주의로 대표되는 이념 대립을 극복하는 제삼의 사상을 우리 민족이 찾아내야 한다고 역설하면서 '한'과 한 철학에 주목했다. 그것을 체계화하여 제삼의 사상으로 선양하는 과제가 인문학자들에게 넘겨졌다. 한 사상, 한 철학에 대한 주장과 연구는 1970년 대 이후 일부 학자들이 전개해오기도 했지만, 여러 분야에서 다양하게, 국수주의적인 시각으로 과장하지 않는 객관적인 탐색이 다각도로 이루어져야 한다.

'한'과 같은 고유한 민중 언어를 떠나서, 우리말을 구성하는 다른 한 원천인 한자어에서 또한 다원주의의 동의어를 찾아야 할 차례다. 철학적, 종교적 개념은 선비들이 전통적으로 아무래도 한자어에 의존해야 했기 때문이다. 종교 고전을 섭렵하다 보면 다행히 다원주의에 가장 가까운 말을 불교 논서에서 마주치게 된다. 그 말이 '회통會通'이다. 뒤에 상론하겠지만, 그 의미는 간단히 정의할 수 없을 만큼 복합적이다. 일단 고전적인 맥락에서 보자면, 다양한 견해나 관점들이 서로 모순되거나 갈등하지 않고 조화될 수 있음을 밝히는 것을 회통시킨다고 말한다. 다원주의에 저용해도 문제가 없는 점이다.

IV. 연개소문·최치원

다원주의적 사고가 역사적으로 처음 기록된 곳은 연개소문이 임금(보장왕)에게 올린 주청이다. "삼교三敎는 비유하면 솥발(鼎足)과 같아서 하나라도 빠져서는 안 됩니다. 지금 유교와 불교는 아울러 성하나 도교는 아직 성하지 않으니 이른바 천하의 도술을 다 갖춘 것이 아닙니다"(三國史記 21권, 고구려본기 제9, '보장왕'조)라고 말하여 당태종이 도사를 파견하고 도덕경을 보내오게 되었다. 역사학자들은 여기에 정치적인 의도가 깔려있었다고 보기도 하지만 어쨌든 이 언급 속에 나타난 연개소문의 의식 속에는 다원주의적 사고가 내포되어 있음을 보여준다. 그의 머리 속에서 솥의 세 발이 상징하는 기하학적인 안정을 의식하고 있었음직하다. 수년 전 중국의 동북공정의 여파로 다투어 방영되고 있는 사극들(연개소문, 주몽, 대조영 그리고 태왕사신기 등)에서 고구려의 상징이 세발 까마귀(三足烏)인 것도 의미가 깊다. 그의 꿈은 삼국이 정립鼎立하면서 당을 물리쳐 민족을 보전하는 것이 아니었을까. 외세를 업고 신라가 주동한 반쪽짜리 삼국통일은 그 꿈을 무참히 짓밟은 것이 된다.

'셋'은 한국 문화에서 가장 중요한 수라 할 수 있다. 연개소문은 세 가지 요소가 문화와 정치제도에 반영된다면 국가의 안정이 도모될 수 있다고 보았다.[5] 셋은 바로 다원주의의 기본조건이 된다. 단군사상의 기본 문서인 『삼일신고三一神誥』도 비의秘義적이지만 이러한 맥

---

[5] 지금 한국 사회의 종교는 세 가지 갈래, 즉 민족종교의 맥, 동양 종교의 맥, 서양 종교의 맥이 공존하고 있는 셈이다.

락에서 해석할 수 있다. 이는 불교『법화경』의 '회삼귀일會三歸一'의 원리와도 통한다.[6]

　이러한 폭넓은 사유방식이 마치 고유한 것이었던 것처럼 하나의 조형祖型으로 표현되기도 하는데 그것이 바로 유명한 최치원이 쓴 비문('난랑비문') 가운데 나타나는 문구이다. "나라에 현묘한 도가 있는데 그것을 '풍류'라고 한다. 실인즉 이것은 삼교를 내포하고 있다"(國有玄妙之道曰風流實乃包含三敎). 이 고유 종교 '풍류'를 신교神敎 또는 신도神道라 하기도 한다. 이 고유한 민족신앙이 외래 종교들에 눌려 결국 사라졌다. 그 일부 흔적이 '무속'으로 폄하된 무교巫敎(shamanism)에 잔존하고 있다는 것이 정설이다. 풍류는 민족의 원종교(ur-religion)로서 삼교를 내포할 만큼 포괄적 체계였다. 최치원 자신도 삼교(유 · 불 · 선)를 넘나들며 살다가 자취를 남기지 않고 선화仙化했다. 삼교를 삶 속에서 회통한 인물이었다.

　수많은 외침으로 인하여 고대 종교에 대한 기록이 원래 있었더라도 현존하지 않으므로 그것이 실제로 존재했는지, 신화에 속하는 것인지 알 수 없다. 그러나 어떤 경우라도 한국인의 정신 속에 잠재하는 모습이라고 말할 수 있을 것이다. 어떻든 고유 종교의 존재가 분명하다면 19세기 후반부터 천도교를 필두로 등장한 민족종교들은 고유 종교의 리바이벌로 해석될 수도 있다. 이 종교의 구조와 금도가 삼교의 근본정신을 내포할 만큼 넓은 것이라면 무교 및 민족종교들의 주장대로 원래의 회통정신을 되찾는 '반본환원返本還原'이 필요하다. 배타주의적인 교리로 무장한 외래 종교들이 비교적 순탄하게 받

---

6 이 원리가 삼국통일, 후삼국통일을 뒷받침한 이론이라는 견해가 있다.

아들여지고 다른 동아시아 국가들에서보다 큰 비중을 차지하게 된 것은 바로 이 회통정신 때문이었다. 토착화한 종교들은 더 관용적, 다원적이 된 반면 토착화가 안 된 외래 종교는 여전히 배타적이다.

V. 원효

언젠가부터 회통은 한국불교 나아가서 한국사상의 특성으로 간주되어왔다. 회통 사상의 본격적인 주창자는 누구보다도 원효로 인식된다. 최치원보다 앞선 시대에 살면서 어쩌면 삼국통일의 이론적 근거를 제시했음 직한 한국 역사상 아마 최고의 사상가로 꼽힐만한 불교 학승이었다. 불교는 당시 유일한 체계적 종교 사상이었으므로 깊이 사유하는 진리 탐구자에게는 다른 선택이 있을 수 없었다. 기독교가 서양인들에게 19세기~20세기 초까지도 '종교'의 전부였던 것처럼 불교는 원효에게 전부였다. 그러므로 그가 불교의 맥락에서 논증한 회통 사상은 오늘날의 세계종교에 그대로 적용되어도 아무런 문제가 없다. 실제로 원효는 불교의 범주를 '미신'까지 포함 일체 중생의 신앙으로 확대한다. 그의 사상체계가 인도불교나 중국불교와 차원이 다른 독특성을 갖는 것은 회통 사상 때문이다.

원효가 수많은 저술을 통해서 일관되게 보여준 것은 원융圓融화쟁和諍의 원리와 정신이었다. 다양한 주장들의 완전한 융화와 조화의 논리다. 명백한 독특성을 지닌다. 인도(대승)불교의 특성을 대승불교의 초석인 공관空觀 사상을 수립한 용수(Nagarjuna)의 저술(회쟁론)에서 말한 '회쟁廻諍'으로 본다면 '화쟁'은 분명히 대조된다. 회쟁은 논쟁을 초월(회피)하는 입장으로 '공'을 도구로 상대의 주장을 논파하여 뛰어넘는 입장이다. 상대방 주장의 모순을 드러내는 귀류법歸謬法(背理法)이 사용된다. 반면에 중국불교의 특성은 '무쟁無諍'에서 찾을 수 있다. 선불교의 돈오頓悟를 성취하기 위한 수행 방편인 공안(화두)

중에서 가장 자주 등장하는 '무無'자 화두는 이 특성을 잘 보여준다. '무쟁'은 『육조단경』을 비롯한 문서들에서 확인된다. 중국인의 태도는 다른 것에 대해서 무관심하거나 소극적이며 부정적이다. 도가의 '무위'도 그 한 전형이다(김영호, 2000).

초월적-비판적(인도)이거나 소극적-부정적인(중국) 이 두 선행전통과 대조적으로 원효는 포용적-긍정적이다. 모든 주장과 관점이 다 나름대로 일리—理가 있다고 본다. "그와 같은 서로 어긋남은 어떻게 회통시킬 수 있는가"(如是相違 云何會通)라는 질문에 대해서 분석한 다음 그 전형적인 결론은 "이러한 뜻으로 말미암아 서로 어긋나지 않는다"(由是義故不相違背), 또한 "이러한 이치(도리)로 말미암아 여러 조사들의 주장이 서로 어긋나지 않는다"(由是道理 諸師所說不相違)는 논리다.

좀 더 구체적으로 "고로 회통시켜 말하건대, 제기된 모든 주장은 나름대로 모두 이치를 갖고 있으며, 이치를 갖기 때문에 모두가 허용되지 않을 수 없다. 허용되지 않음이 없기 때문에 통하지 않는 것이 없다"(故通曰所設諸難皆有道理 有道理故悉無不許 無不許故無所不通). "일체의 비판과 문제는 회통하지 않음이 없다"(一切難問無不會通). "갖가지 쟁론들이 조화되지 않는 바가 없다"(百家之諍無所不和). 여기에 회통의 의미가 일부 들어있다. 종합해서 보면 다 통한다는 것이다. 어떤 주장 자체보다 상황과 전체 맥락에서 살펴봐야 한다. "먼저 글(주장)의 다름을 통해서 보면 다음에 뜻(義)이 같음을 이해하게 된다"(初通文異 後會義同, 543下). 이것을 종교에 대입하면 비록 종교의 경전과 교리가 다르지만, 그 취지와 뜻은 같다는 것을 회통하게 된다고 할 수 있다.

화쟁과 회통을 본격적으로 다룬『십문화쟁론+門和諍論』에서 원효는 불교사에서 대립되는 개념이나 주장들을 대치시켜 회통시킨다. 보통으로는 도저히 상통, 조화되지 않을 입장들이 원효의 큰 틀 속에서는 조화, 회통(和會)된다. 갖가지 학파와 종파를 상징하는 '십문'에는 두 극단인 유有, 공空의 관점들이 포함되어 있다. 전통적으로 대치된 소승의 실재론과 대승의 공관이 다 모순되지 않고 타당한 이유가 있음을 논증한다(空有異執和諍門). 불성佛性을 두고 여섯 사람(六師)의 다른 주장이 있는데 이들이 다 회통된다(佛性異義和諍門).

공空과 관련하여 원효는 공이 초월하는 네 가지 경계, 즉 유有, 무無, 역유역무亦有亦無, 비유비무非有非無가 병립竝立해도 아무런 하자나 모순이 없다. 인도불교의 입장에서 보면 혁명적인 발상이다. 원효의 대긍정의 논리는 장님과 코끼리의 비유에도 나타난다. 인도인들은 장님의 부분적인 시각을 부정적으로만 평가하지만, 원효는 긍정적인 측면도 본다. 장님이 만져본 것이 부분적이긴 하지만 사실이 아닌 것도 아니지 않느냐 묻는다.

이와 같은 견해는 전통적 불교의 차원을 넘어서는 사유이다. 따라서 원효의 논리를 불교를 넘어 범종교적으로 확대 적용해도 문제가 없을 것이다. 원효는 자신의 사고와 체험의 표현을 우연히 당시 유일한 체계적 사상인 불교에 기댔을 뿐이다.[7] 유교는 아직 신유학처럼 그렇게 체계화되지 못한 원시유교였다. 실제로 그는 아들 설총에게 유학을 전공하도록 권유했다고 한다. 다원주의자의 태도가 약연하다. 이질적인 것들의 공존만을 외치는 단순한 다원주의자가 아

---

7 그가 해골을 바가지로 오인하여 그 속의 빗물을 먹고 아침에 구토한 체험이 깨달음(돈오)에 해당한다고 본다면 그러한 체험은 불교를 모르고서도 가능하지 않을까.

니고, 하나의 통일체를 지향하는 '한' 철학자이다. 그것은 그가 특히 강조하는 '일심一心', '일미一味', 또는 '일승一乘' 개념에 내포되어 있다. 민족통일의 원리도 화쟁 사상 속에서 찾을 수 있다. 예를 들면 다음 문답이 상징적이다.

> 질문: 만약 남쪽 주장과 북쪽 주장(南北二說) 중에서 어느 것이 얻는
> 쪽(得)이고 어느 것이 잃는 쪽(失)인가?
> 답: 만약 한 쪽 측면만 고집하여(執一邊) 일방적으로 나간다면 두 주장
> 이 다 잃을 것(二說皆失)이고, 만약 자기 분수에 따르고(隨分) 자기
> 뜻만 일방적으로 내세우지 않는다면 두 주장이 다 타당성을 얻게
> 될 것이다(二說皆得)(『涅槃宗要』).

이것은 중국 불교사(선종)에서 벌어진 논쟁에서 남종, 북종이 갈린 상황을 그린 것이지만 우연한 일치로 마치 남북 분단의 해답처럼 보인다. 정치와 종교가 다르지 않다. 종교 교리처럼 정치 이념도 출발은 선의에서 나온 주장이므로 조화와 중도의 길을 모색하면 된다. 그것이 곧 화쟁의 방법이다. 종교 간 대화에도 그대로 적용할 수 있다.

또 한 가지 원효에게 발견되는 중요한 사실은 그가 '홍익인간'의 확대에 해당하는 '홍익중생' 그리고 '요익饒益중생'을 언급했다는 것이다. 그것이 우연한 일치일 수도 있겠지만, 이 표현이 중국불교에는 나타나지 않은 것으로 봐서 단군신화에 표출된 한국적 사유에 뿌리를 둔 것일 수 있거나 아니면 거꾸로 (『삼국유사』가 전하는) 그 표현이 ('會三歸一'처럼) 원효의 영향으로 기원되지 않았을까 추정할 수도 있다.

VI. 의천 · 지눌 · 기화 · 휴정

1. 의천

이 회통 정신은 원효 이후 전개된 불교 사상사에서 주요 인물들의 행적과 저술 속에서 표명되었다. 고려 시대에 천태종을 도입 개창한 의천義天은 중국불교 교학의 정화인 천태종을 도입하고 거기에다 화엄종과의 종합을 도모하기까지 나아갔다. (사상적 종합을 꺼리지 않는) 중국에서도 일어날 수 없는 수준의 종합이다. 천태종 자체도 선禪과 교敎를 아우르는(禪敎兼修) 통합적 교리인데 거기에다 역시 본체(理)와 현상(事)의 유기적 관계(理事無礙) 등 원융무애圓融無礙를 말하는 화엄종 사상을 접목하자는 것은 바로 화쟁 · 회통 정신의 발로다. 의천이 원효를 높이 숭앙한 나머지 왕에게 '화쟁국사'로 추서하도록 요청한 것은 그가 원효의 사상을 계승한 학승임을 말해 준다.

2. 지눌

그 흐름 속에서 한국불교는 회통 정신으로 교종과 선종에다 정토종 신앙까지 융합한 '통通불교' 전통이 되었다. 한국불교의 대종인 조계종의 수행체계를 구축한 고려 보조국사 지눌(1158~1210)의 돈오頓悟점수漸修론도 돈, 점이 상징하는 선종의 두 흐름, 나아가서 선과 교敎을 융합한 구조다. 지눌은 (송광사에서) 마지막 설법을 하고 제자들의 질문에 대답하고 나서 열반했다. 마지막 질문은 "옛날에 비야성의 유마(淨名) 거사가 병 얻은 것을 보였고, 오늘 조계산 목우자(지눌선사)가 병을 얻으셨는데, 그 두 가지 일이 같사옵니까, 다르옵니까?"이었다. 이에 지눌은 "너는 같고 다름만을 배웠느냐?" 말하고 짚고 있던 주장자를 두어 번 내리친 뒤에 "천 가지, 만 가지 일이 다 이속에 있느니라" 하고 이내 주장자를 짚고 평상에 걸터앉아 꼼짝하지 않고 열반했다. 아직도 같고 다름(同異)을 따지는 분별심을 여의지 못한 제자를 일깨운 것이다. 지눌은 원효가 표현한 '둘도 아니고 하나도 아닌'(不二而不一)의 중도의 경지에서 이야기한 것이다. 이중 부정은 이중 긍정(대긍정)을 함의한다. 회통의 논리에 다름 아니다.

3. 기화

하지만 조선 시대에 들어와서 유교가 국가이념으로 채택되면서 불교가 탄압되고 전반적으로 다원주의적 문화가 위축되었다. 다만 그것은 주자의 반-불교 주장을 본뜬 정도전의 일방적인 불교 비판과 유교 호교론('佛氏雜辯)에 대한 불교의 대응 속에서 나타났다. 무학대사의 제자 함허대사 기화의 저술 '현정론顯正論'은 그 첫 대응이다. 여기서 삼교(노자 · 유가 · 석가)의 동이同異와 우열優劣에 대한 질문에 대해서 "삼가의 말한 바가 다 심층적으로 부합, 계합하여 마치 한 입에서 나온 것 같다"(三家所言 冥相符契 而如出一口也)고 답한다. 또한 그의 저술로 추정되는 '유석질의론儒釋質疑論'에서 더 상세한 삼교회통 논변이 전개된다. 천하, 변화, 만물의 '일도一道', '일기一氣', '일리一理'가 각기 강조된다. '삼교가 비록 다르지만 도는 하나'(三敎雖殊道則一也)라는 것이다. 이것은 나무 심기에 비유된다. 불교는 땅이고, 씨앗은 도교, 가지와 뿌리는 유교와 같다. 중국에서 일찍이 전개된 '보교론'에서 사용된 천체(해, 달, 별) 비유와 비슷하다. 삼교는 '마음'을 공통분모로 한다(三敎之道 皆本乎心, 252中). 이 점에서 서산대사의 견해와 같다.

4. 서산

조선 시대의 대표적 승려인 서산대사 휴정은 삼교, 즉 유가 · 불가 · 도가의 교리를 다룬 본격적인 비교종교 연구서를 저술했다. 삼교합일, 즉 종교일치적인(ecumenical) 입장에서 나온 산물이다. 삼교는 '마음'을 공통분모로 가지면서 실천적인 차이를 갖는다. 다른 종교들에 대한 정보가 알려지지 않았던 그 시대에 삼교는 알려진 종교의 전부였으므로 이 저술은 오늘날의 세계종교나 비교종교 교재에 해당한다. 회통사상의 흐름에서 나온 산물이다.

VII. 근대 민족종교 운동

19세기 후반에 접어들면서 종교가 더욱 다양한 형태로 전개되기 시작했다. 그것은 기독교가 중국을 거쳐서 유입되면서 자극과 도전을 느낀 선각자들의 종교운동으로 시작되었다. 19세기 후반~20세기 초까지 네 가지 신종교가 발흥하였다. 마치 원래 존재하던 네 종교(신교, 유, 불, 선)가 르네상스는 아니라도 부흥한 것과 같다. 그렇다고 약화된 옛것을 대치한 것은 아니고 네 전통에다 넷을 더 보탠 격이 되었다. 결과적으로 적어도 여덟 가지 종교가 경쟁하는 관계가 된 것이다. 한 사회 속에서 다수 종교의 존재가 어떤 식의 다원주의를, 아니면 배타주의나 내포주의를 유발하는지 흥미로운 상황이었다.

1. 천도교

일종의 종교부흥이랄 수도 있는 상황 전개의 단초는 최제우(수운)가 열었다. 서양 종교(서학)에 대한 경계심에서 그는 서학을 물리치자는 기치를 내걸고 동학(천도교)을 세운다고 선언했다. 서양 문화와 종교의 침투에 위협을 느낀 당시 사람들에게 그것만으로도 호소력을 가질 만하다. 게다가 그는 새 종교의 필수조건인 '대각' 체험을 했다. 신(한울님)과 문답하는 일종의 계시이기도 한 깨달음이다. 기독교 같은 유신론적 신앙과 불교의 '대각'이 만나는 특이한 형태다.

수운은 삼교를 어떻게 보았는가, 어떠한 관계를 갖는다고 하는가?

이 도는 원래 유儒도 아니고 불佛도 아니고, 선仙도 유, 불, 선을 합일한 것이다. 즉, 천도天道는 유, 불, 선에 유래한 것이고 유, 불, 선이 천도에 일부분이 되는 것이다. 유儒의 윤리와 불佛의 각성覺性과 선仙의 양성養性은 모두 인성人性에 저절로 부과된 천도의 고유한 부분에 지나지 않지만, 이 도는 그 무극대원無極大源을 모두 얻은 것이다.

동학, 즉 '천도'(교)는 삼교의 하나하나는 아니지만, 그것을 융합, 포괄한 것이다. 개별적으로 삼교는 단점을 갖고 있다. 원래부터 삼교의 세 가지 특성이 천도에 내재한다고 주장한다. 최치원이 말한 고유한 민족종교 '풍류'의 내포주의적인 구조와 똑같다. 바로 풍류, 즉 신교神敎의 부활이다. 거기에다 천주교의 신관까지 융합했다고 해석된다. 그가 만난 '한울님'이 기독교의 천주와 다를 바 없다고 보았다. '천도'의 '천'이 막역한 하늘만이 아니고 신을 가리키는 말이기도 하다.

2. 증산교

유·불·선 삼교의 부정을 통한 수렴, 융합의 형태는 동학에 이어 등장한 강증산의 가르침에도 그대로 나타났다. 그도 수운처럼 종교 체험을 겪는다. 불교 승려는 아니지만 불교사찰에 가서 '수도'하다가 '천지 대도'를 깨달았다. 동시에 삼독(貪·瞋·痴)과 음욕淫慾을 극복했다. 그가 추구한 '자유자재한 권능'까지 얻었던지 증산은 (예수처럼) 기이한 이적을 행하여 많은 추종자를 갖게 된다(한 신학자는 증산과 예수의 이적을 병렬, 대조한 리스트를 만들어 발표했다). 그가 보여준 치유

능력(권능), 예지(예언)력 같은 각종 이적, 세상 구원의 사명 의식과 계획(판짜기) 등 어떤 종교창시자에게도 뒤지지 않는 모습을 보여주었다.[8] 종교로서 성공할 만한 토대와 여건이 충분했다. 그의 사후에 동학처럼 일제하에서 수백만의 신도로 불어난 큰 종교운동으로 번져 탄압을 받기도 했다. 현대에 와서 세 종파(증산교, 대순진리회, 증산도)로 갈라져 정통 싸움을 벌여왔다.

여기서 우리의 관심은 가르침(교리)의 보편성과 특수성이 의미하는 타종교와의 상통성(유사성)과 차별성 그리고 다른 종교와의 관계와 접촉점이다. 경전(대순전경)을 검토해보자. 현행 삼교(유·불·선)는 비판, 극복해야 할 대상이지만 원래는 각기 수행해야 할 임무가 주어졌다. 이제는 일단 거두어야 할 때가 되었다. 이제 세상이 복잡해지고 판이 달라졌다. 새 판을 짜야 할 이유가 무엇인가. "옛적에는 판이 작고 일이 간단하여 한 가지만 따로 쓸지라도 능히 난국을 바로 잡을 수 있었거니와 이제는 판이 넓고 일이 복잡하므로 모든 법을 합하여 쓰지 않고는 능히 혼란을 바로잡지 못하리라."

인류는 이제 '선천先天'시대를 지나 '후천後天'시대에 접어들었으므로 혁명적 변화(후천개벽)가 필요하다. 증산은 '천지공사'를 기획하고 (정신적으로) 그 작업을 했다고 말한다. 자신이 기획한 전략은 '세계 각 족속의 문화의 근원이 된' '선도仙道와 불도佛道와 유도儒道와 서도西道'의 '진액津液'을 거두어들이고 "모든 도통道統신과 문명신을 거느려 각 족속 사이에 나타난 여러 갈래 문화의 정수精髓를 뽑아 모아 통일하게 하느니라."

---

8 증산은 전기, 기차, 비행기(雲車)의 출현, 일본의 침략까지 예언했다.

'서도'는 기독교를 가리킨다. 서양 종교를 수운처럼 배척하지 않고 포용하는 자세다. 스스로가 신('상제', '天師'라 불리듯이)처럼 신적인 권능을 행사한다는 말이지만 그것은 방편적인 표현이고 사실은 전망(비전)과 예언이라 해석한다면 미래의 종교에 대한 (우리가 앞에서 논의한) 현대 학자들의 전망 가운데 한 가지(통합, 통일)와 일치한다. 특히 통합철학의 기수 켄 윌버가 지향하는 통합의 종교를 가리킨다. 윌버는 다원주의가 단순히 다양한 종교의 공존에 머무는 것에 만족하지 않고 그 너머 다양한 전통의 종합, 통합을 바라본다.

통합과는 별도로 증산은 각 종교의 역할을 인정한다. "도통道通 시킬 때에는 유儒 · 불佛 · 선仙 각 도통신들이 모여들어 각기 그 닦은 근기根機를 따라서 도를 통하게 하리라." 증산은 다양성을 인정하고 모든 문화와 전통을 수렴하는 길을 제시한 것이다. 그 과정에서 가장 요청되는 것이 하나 있다. 그것은 '상생相生'의 정신이다. 이전 선천시대에는 상극相克의 원리가 지배했으니 후천시대에는 '상생'이 삶과 생명의 원리가 된다. 선천시대의 경전인 『주역周易』이 제시한 오행五行(토, 수, 화, 금, 목)의 상극 관계를 상생 관계로 뒤집은 것이다. 이것은 증산과 교류했던 역易의 대가 김일부가 펴낸 『정역正易』의 원리이다.

이 발상은 한국 사상사에서 획기적인 사건이다. 중국사상과의 단절이자 한국 정신의 발현이다. 새로운 발상이라기보다는 민중 속에 연면하게 흐르는 정신을 표출시킨 것으로 볼 수 있다. 원효의 화쟁사상과도 상통한다. 유학과 불교의 맥락이 다를 뿐이다. 증산은 여기에 '해원解寃'을 덧붙여 '해원상생'을 구원의 원리로 내세웠다. 원寃은 초기 역사(요순시대)에서부터 쌓여온 심리적, 정신적 앙금인 불만과 원한怨恨을 가리킨다. 미움과 적대심 같은 모든 부정적인 감정을 버리고 함께 살아가는 세상을 건설하는 것이 민족에게 (그리고 인류에게) 지워진 책무다.

3. 원불교

근대에 발흥한 셋째 민족종교가 원불교이다. 명칭이 가리키듯이 일종의 개혁 불교로 볼 수 있다. 하지만 기존 전통불교에서 연원한 혁신 불교는 아니다. 기독교의 개신교와 같은 연속성과 위상을 갖지는 않고 순전히 독자적인 기점을 갖는 새 종교운동으로 출발했다. 불교나 석가모니에 대한 지식을 갖추고 수행을 한 것이 아니고 소태산(박중빈)이 홀로 정신적인 방황과 회의 끝에 깨달음을 얻었을 뿐이다. 불승같이 승가에 소속하여 조사祖師 밑에서 수행하여 깨달아 인가를 받는 형식과 무관한 도인이었다. 다만 깨치고 나서 여러 종교의 경전들을 섭렵하다가 불교 경전(『금강경』)을 열람하고 그 내용이 자신의 깨달음과의 놀라운 일치를 발견하고 불교와 연댈 생각이 들었을 뿐이다. 그래서 종교 모임을 '불법연구회'로 시작했다.[9]

소태산이 기존 종파와 교리에 의존하지 않고 독자적인 성도成道, 즉 '도통'을 한 점에서는 최수운, 강증산과 일치한다. 하지만 성도의 내용은 서로 전혀 판이한 언어와 이치로 표현되었다. 그야말로 독립적인 새 종교. 셋은 깨달음이 불교의 전유물이 아니고 석가모니 불교의 울타리 밖에서도 증득할 수 있음을 말해 준다. 사실 모든 종

---

[9] 일제의 탄압을 피하기 위한 동기도 있었다.

교는 창시자의 깨달음으로 발단되었다. 예수와 마호메트도 깨달음을 얻은 도인이었다고 볼 수 있다. 하자든이 만하는 '종교체험'은 달리 표현하면 깨달음이다. 이 점에서 불교는 종교의 조형이라 할 만하다.

종교다원주의를 해석하는 틀을 '다양성(여럿) 속의 통일성(하나)'이라 할 때 '통일성'은 '신'이나 '궁극적 실체' 같은 요소도 될 수 있지만 바로 깨달음이 제공한다. 같은 맥락에서 세 가지 한국 근대종교는 종교다원주의의 축소판이다. 그중에도 특히 소태산은 깨달음의 통로와 수단을 더 다양화하고 불교의 연원과 영역을 확대시켰다는 공덕을 인정받을 만하다. 다른 쪽의 진리 주장의 타당성을 상호 검증해 준 격이 되었다. 그것은 진리의 다원성을 인정하자는 다원주의의 취지와 부합한다. 또한 세 종교를 (당시 동양 문화에서) 세계종교를 대표한 유·불·선 삼교의 (다소 변형된) 재현(리바이벌)으로 본다면 종교 간 조화와 합일의 현대적 모델이 된다.

소태산의 대각이 원불교의 명칭을 갖게 된 또 하나의 요인은 대각 후 자연스럽게 승가 같은 모임이 형성되고 확대되는 과정에서 '불법연구회'로 등록한 사실과 관련된다. 그것은 일제가 동학과 증산교 같은 신흥종교를 두려워하여 '사이비' 종교로 탄압할 위협이 있었으므로 불교라면 안전했기 때문이기도 했다. 일종의 개혁 불교로 인식되는 것이 더 나았던 것이다.

'원圓'은 전통불교와의 차별성을 부각시키는 수식어로서 중요한 의미를 지닌다. 소태산이 편 교의敎義의 핵심을 '일원상一圓相의 진리'라 기술한다. '일원'은 '우주 만유의 본원,' '일체중생의 본성'이다. 그것은 깨침(覺)과 신앙의 대상으로 삼는다. 그래서 '원'(동그라미)은 진리의 상징이다. 그 의의는 깊고 크다. (석가의 의도와는 달리) 전통불교가 세워놓은 갖가지 불상, 보살상을 일체 거부하고 일원상만 둔다. 단순하게 말해서 우상숭배의 소지가 없어진다. 원은 기독교의 십자가 같은 독특한 상징성을 지닌다.

불상은 따로 설치하는 것이 아니고 어디나 곳곳에 있다고(處處佛像) 말한다. 우주 만물이 법신불인데 구태여 불상을 만들어 숭배할 필요가 없다. '법신불 일원상'을 '신앙의 대상과 표본'으로 모시면 된다. '일마다 불공'(事事佛供)을 삼으면 된다. 마찬가지로 수행도 일정한 때와 장소 정해놓고 할 필요가 없다. '무시선無時禪', '무처선無處禪'이다. 세간과 출세간의 경계가 없어진다. 성속聖俗이 분리되지 않은 생활불교를 제창한다. '불법이 곧 생활'(佛法是生活)이요 '생활이 곧 불법'(生活是佛法)이다. 이와 같이 원불교는 모든 격식과 번거로운 의례를 거부한다. 형식주의 종교의 굴레에서 해방된 자유롭고 평등한 신앙을 내세운 혁신종교, 개혁 불교다. 반상班常의 차별, 적서嫡庶의 차별, 남녀의 차별, 종족의 차별 등 모든 '과거 불합리한 차별 제도'를 거부한다.

나아가 소태산 대종사는 종교의 차별도 부정한다. "불교는 무상대도無上大道라 그 진리와 방편이 호대하므로 여러 선지식善知識이 이에 근원하여 각종 각파로 분립하고 포교문을 열어 많은 사람을 가르쳐 왔으며, 세계의 모든 종교도 그 근본이 되는 원리는 본래는 하나이나, 교문을 별립하여 오랫동안 제도와 방편을 달리하여 온 만큼 교파들 사이에 서로 융통을 보지 못한 일이 없지 아니하였나니, 이는 다 모든 종교와 종파의 근본 원리를 알지 못하는 소치라. 이 어찌 제불諸佛 제성諸聖의 본의本意시리요."

종교들이 가르침의 방편으로 교파가 갈리지만 그 근본 원리는 하나인 것을 모르고 서로 융화하지 못하는 현실을 지적한다. 분열과 갈등은 부처들과 성인들의 본래 취지와는 어긋난다. 현대에 일어난 기독교의 교회일치운동과 그 외연인 종교일치운동을 상기시키는 주장이다. 그 정신으로 현대에 와서 원불교는 '종교연합운동'을 제창했다. 불교가 '무상대도'라 한 것은 자기 신앙에 대하여 종교마다 갖는 자부심과 자신감의 표현일 뿐 배타적인 절대성 주장은 아니다. 각개 종교는 완전하지 않으므로 열려있어야 한다. "모든 종교의 교지敎旨도 이를 통합 활용하여 광대하고 원만한 종교의 신자가 되자는 것이다." 우리가 갖지 못한 요소를 다른 종교에서 배우고 보완하여 더 온전한 종교로 진화해가야 한다. 이것은 서구 학자들이 말하는 다원주의가 지향하는 목표와 일치한다. 소태산은 이미 20세기 초반에 그 시각에 도달한 선지자였다.

창시자의 이 같은 열린 자세를 이어받아 제2대 종사인 정산은 구체적인 강령으로 '삼동윤리三同倫理'를 선포했다. 모든 종교나 세계관은 '같은 도리에서 기원한다'(同源道理). 동포 형제자매처럼 단합하자(同氣連繫). 함께 세상을 개척하자(同拓事業). 이에 대한 정산의 정의를 들어보자.

① 동원도리同源道理: "모든 종교와 교회가 그 근본은 다 같은 한 근원의 도리인 것을 알아서 서로 대동화합하자는 것." 불교, 기독교, 회교, 유교, 도교 등 세계의 기성 종교와 신흥종교들이 이름과 형식의 표현은 다르지만, 근원이 되는 진리는 다 일원의 진리에서 벗어나지 않는다. "모든 종교를 하나로 보는 큰 정신을 확립하여 세계의 모든 종교를 일원으로 통일하는 데 앞장서야 할 것"이다.

② 동기연계同氣連繫: "모든 인종과 생령이 근본은 다 같은 한 기운으로 연계된 동포인 것을 알아서 서로 대동화합하자는 것." 인류만 아니라 금수 곤충까지도 본래 한 큰 기운으로 연결되어 있다. "일체의 인류와 하나로 보는 큰 정신"으로 "세계의 인류를 평등으로 통일하는 데 앞장서야 할 것"이다.

③ 동척사업同拓事業: "모든 사업과 주장이 다 같이 세상을 개척하는 데에 힘이 되는 것을 알아서 서로 대동화합하자는 것." "모든 사업을 하나로 보는 큰 정신을 확립하여 세계의 모든 사업을 중정中正으로 통일하는 데 앞장서야 할 것"이다.

세 가지를 관류하는 표현은 '대동화합', '세계', '통일'이다. 정산은 개인주의, 가족주의, 단체주의, 국가주의의 한계를 초월하여 '세계를 단위로 보는 큰 정신'을 고취하고 대자대비大慈大悲, 인의仁義, 박애의 정신이 지배하는 '세계주의'를 제창했다. '현하 시국의 대운'을 살피고 인지가 새로 개벽되고 경계가 확장되어 "바야흐로 '대 세계주의'가 천하의 인심을 지배할 초기"에 당했다고 말하고 '대도 대덕의 대 문명 세계가 건설될 조짐'이 보인다고 전망했다.

나아가서 그는 "모든 성인은 천하를 일가로 보고 만민을 한 권속으로 삼아, 세계 인류가 다 같이 구제받을 대 도덕을 제창"했다. 특히 인류만 아니라 뭇 중생을 포괄하는 불교의 생명관은 '세계주의의 극치'라 말한다. 삼동윤리는 20세기 말에 전개된 한스 큉, 니니안 스마트 등이 앞장선 '세계윤리'의 선구적 조형이다. 당시로서는 누구도 상상하거나 제안하기 힘든 세계윤리까지 제창하는 선견지명이 아닐 수 없다.

세계의 종교를 통일하는 시각도 현대 다원주의 학자들을 앞선다.

"불교의 진수는 공空인 바 그릇 들어가면 공망空妄에 떨어지고, 유교는… 국집局執하며… 도교는 무위자연인 바… 자유방종에 흐르며, 과학은… 유有에 사로잡혀 물질에만 집착하나니, 이 네 가지 길에 그릇 들어가지 아니하고 모든 진수를 아울러 잘 활용하면 이른바 원만한 법통을 이루면 원만한 인격이 되리라." 이것은 강증산이 "모든 문화의 진액을 뽑아 모아 후천문명의 기초를 정할지니라", "여러 갈래 문화의 정수를 뽑아 모아 통일하게 하느니라"고 말한 맥락과 같다. 그는 '통일신단統一神團'까지 말한 것으로 전해진다.

문화나 종교의 통합은 한국 전통 속에 면면히 흐르는 정신, 의식이다. 그것을 두 예언자, 말하자면 종교적 환상가들이 간파했던 것이다. 정산이 열반하기 전 마지막 문답에서도 그 취지는 다시 천명된다. "과거에는 천하의 도가 다 나뉘어 있었으나 이제부터는 천하의 도가 모두 합하는 때이니, 대 세계주의인 일원 대도로 천하를 한 집안 만드는 데 같이 힘쓰라." 세계주의까지 예언한다. 그의 마지막 말은 이 게송偈頌이었다. "한 울안, 한 이치에 한 집안, 한 권속이 한 일터, 한 일꾼으로 일원 세계 건설하자." 다름 아닌 '한' 정신의 표현이다.

4. 조소앙·양기탁

한 말 20세기 초를 전후하여 여러 가지 종교운동이 일어났는데 이들의 교리를 살펴보면 다소간에 종교혼합주의적 또는 통합주의적 구조가 깔려있다. 그러나 자체가 혼합, 통합시켰다고 표방하지는 않았다. 그런데 기존 종교 교리를 통합하자는 기치를 내건 운동들이 있었다. 그 가운데 주목할 만한 것으로 두 가지를 들 수 있다.

하나는 독립운동가로 알려진 조소앙趙素昻의 육성교六聖敎이고, 다른 하나는 양기탁梁基鐸의 통천교統天敎이다. 육성교의 '육성六聖'은 단군, 석가, 공자, 소크라테스, 예수, 마호메트이다. 세계종교와 민족종교를 통합한 형태이다. 조소앙은 1914년 "육성일체六聖一體, 만법귀일萬法歸一"을 깨닫고 창안했다(서광일, 1999). 그러나 그가 중국에서 독립운동에 헌신하면서 종교운동은 뒤로 쳐져 구체적인 조직화로 이어지지는 않았다. 양기탁의 통천교는 그보다는 덜 보편적인 통합을 목표로 삼았다. 통합대상이 역시 여섯 종교(즉, 천도교天道敎, 시천교侍天敎, 청림교靑林敎, 태을교太乙敎, 제세교濟世敎, 경천교敬天敎)이지만 모두 근대 민족종교들이고 세계종교는 포함되지 않았다. 당시 위세를 떨치는 '천도교와 기독교의 세력을 구축驅逐'하자는 목표였다. 동시에 이를 모태로 '전 세계의 모든 종교를 이로써 통일하려는 의기'를 나타냈다. '종교통일'이 궁극적 목표였다. 또한 다른 인물(장병규)은 '삼성무극교三聖無極敎'를 세우고 유교('仁義'), 불교('자비'), 기독교('愛')를 밝히고 삼교를 '통일'하고자 했다. 회통 전통의 연장선상에서 그 정신의 한 가지 발현으로 볼 수 있다.[10]

---

[10] 나중에 문선명이 창시한 통일교도 이런 맥락 속에서 관찰할 수 있다.

VIII. 이능화

한국 역사에서 다원주의 시각에서 세계종교를 본격적으로 다룬 선구자가 종교사학자 이능화(1869~1943)였다. 언어와 문화 전반과 역사 기술까지 철저히 통제하던 일제 식민지 환경에서 많은 자료를 수집하고 저술을 낸 것은 대단한 공적이다. 그가 활동한 20세기 초반은 서구 종교학이 태동한 19세기 말과 크게 벌어진 시점이 아니다. 서구의 정보를 입수할만한 여건도 아니었다. 시대적으로도 다원주의적인 접근을 하기가 쉬운 시기도 아니었다. 배타주의적인 유학, 특히 주자학이 500년간 통치이념으로 지배한 조선왕조가 그것도 일제의 강제 침탈로 막을 내리는 시점이긴 하지만 다양한 종교를 자유롭게 다룰만한 환경이 되었다고 보기는 어렵다. 대학이나 학술기관도 없던 시기라 순전히 독자적인 활동에 의존한 재야 사학자였다.

그래서 그가 독창적일 수도 있지만, 또한 자칫 국수주의적인 민족주의 사학자가 되었을 수도 있다. 그런 환경에서 그가 아니었으면 산질散佚될뻔한 귀중한 자료들이 보존된 것은 천만다행한 일이다. 그의 공헌은 자료만이 아니라 학문적인 주제별로 정리, 분석하여 탄탄한 자료집을 남겨놓았다. 열악한 학술 환경 속에서도 서구 학자들이 도달한 시각과 수준에 뒤떨어지지 않은 수준을 보여준 것은 놀랄만하다. 서구에서 막스 뮐러가 종교학의 비조라면 이능화는 한국종교학의 비조라 할 만도 하다.

이능화의 저술은 종교학적으로 분류하자면 두 갈래다. 하나는 종교사宗敎史이고, 다른 것은 비교종교이다. 그가 다룬 종교사는 불교,

도교, 유교, 기독교, 무속(무교), 신교神敎였다(여기서 무속과 신교가 겹칠 수 있다). 그는 종교들의 우열과 가치평가 없이 공평한 다원주의자의 눈으로 기술했다. 다만 그 저술들은 종교 자체의 통사는 아니고 한국(조선)에서의 역사에 한정된다. 종교별 저술을 다 묶더라도 지금 서구 종교학의 주제인 세계종교의 구조는 아니고 한국종교사일 뿐이다. 그러나 그 형태와 접근방식은 다원주의적 시각의 산물임이 분명하다. 동·서양을 통틀어 그 시대 인사로서는 드물게 당시 조선 사회에 존재하던 모든 종교에 대한 탐구를 시도한 종교사였다.

　'종교사'(history of religions), '비교종교'(comparative religion)는 '종교학'(religious studies)의 과거 명칭이었고, 지금은 '세계종교'(world religions)가 새로운 명칭으로 등장하고 있는 추세라고 한다면, 이능화는 일찍이 이 세 가지 명칭이 대표하는 방법론을 다 다루어본 종교 연구자였던 셈이다. 한국 문화 전통과 한국 사회에서 종교의 엄청난 중요성에도 불구하고 한국의 종교학은 제대로 형성되지 못하였다. 이능화가 남긴 자원을 살려내지 못하고 개인 중심의 산발적인 연구나 교과 신학처럼, 기껏 호교護敎적인 기능만 열중해 온 모습을 보여주었다. 현실 비판을 망각한 연구는 학문과 사회의 발전에 기여할 수 없다. 연구에 못지않게 중요한 종교 교육이 이루어질 리가 없다. 학과나 프로그램으로 개발된 대학이 극소수다. 교육과 연구에서 가장 홀대받은 분야가 되어 있다. 인문학을 강조하지만, 종교가 빠진 인문학은 뿌리 없는 집합일 뿐이다.[11]

　본격적인 비교종교 저술은 『백교회통百敎會通』이다(김영호, 1997: 204-

---

[11] 하버드대학교 같은 대학의 학부 커리큘럼을 검색하면 확인할 수 있다.

212). 이름 그대로 종교들의 '회통'을 직접 다룬다. 예부터 전해 온 회통 정신이 개괄이라 할 수 있다. 여기에 포함된 종교는 세계종교(도교, 무교, 신선교, 유교, 기독교, 이슬람, 힌두교) 및 민족종교(태극교, 대종교大倧敎, 대종교大宗敎, 천도교) 등 총 11개이다. 사실상 당시 알려진 모든 종교를 아우른다. 그것이 '백교'의 의미이다. 그 서문에 회통의 뜻이 담겨있다. 종교가 원래 '일원一圓'인데 백방百方으로 나누어 물과 젖처럼 조화시키지 않고 모순되게 생각하니 "여러 종교의 강령을 서로 같이 놓고 대조하고, 같고 다른 점을 검증하며, 같이 놓고 소통(會而通之)시켜, 조금도 바꿈이 없이 (각 종교의) 성인의 교훈들(聖訓)을 그대로 존중하면서 쉽게 풀이하고자" 책을 편찬한다는 것이다(이능화, 1973, 序). 이어서 그는 유교 경전『중용』(4장)을 인용하여 종교들을 "함께 실행해도 (서로) 어그러짐이 없다"(並行不[相]悖)고 말한다.

여기서 회통의 의미가 더 선명해진다. 각 종교를 있는 그대로 놓고 소통시키며 존중하는 태도가 들어있다. 상호변용을 바라기보다는 경전에 담긴 성인의 말씀 그대로를 존중하고 이해하자는 것이다. 종교들의 궁극적인 공통성('一圓')을 전제로 한다. 그에게 회통은 용광로 같은 종교 통합을 지향하는 것은 아니다.[12] 회통은 여러 종교의 혼합주의(syncretism)적인 절충, 습합褶合과는 다르다. 불교 사찰 안에 설치된 칠성각을 이능화는 습합으로 보고, 도불사상의 '잡유雜糅', 말하자면 비빔밥 같은 뒤섞임으로 기술한다.

이능화의 분석에서 한 가지 특이한 구조가 발견된다. 그것은 불교를 대조의 공통 축으로 삼는 것이다. 불교를 축으로 종교들을 회

---

[12] 그는 삼교를 다 갖추었다고 공언하는 새 종교들을 비웃는다.

통시키는 방식이다. 결과적으로는 모든 종교가 회통한다. 불교는 '백법의 원천'이다. 불교는 그가 선택한 신앙이기도 하지만 지금 서구 학자들이 갖는 불교의 개관적인 인식과 일치한다. 한 종교를 축으로 놓는 입장은 내포론적(inclusivistic) 시각을 가리킨다는 점에서 다원주의와 내포주의의 두 관점이 겹치고 있다. 필자가 위에서 내포론적으로도 해석한 최치원의 '풍류교'에 대해서도 이능화는 다른 책 (『기독교사』)에서 그것이 삼교와 병행해도 어그러지지 않았음을 지적한다.

이능화 자신도 자기의 종교 정체성을 이중적으로 말하고 있다. '유-불자'(儒而佛者, 『基督教史』), '불교를 좋아하는 유자'(儒而好佛者, 『佛教通史』)라고 했다. 유교는 당시 한국인이 누구나 부정할 수 없는 문화적 정체성의 한 부분이다. 그러나 현세적인 유교의 한계성 때문에 그것만으로 한국인에게 종교적 욕구가 충족되기 어려우므로 초월적, 영적 가치를 다루는 불교가 그 부분을 충족해왔다. 하지만 엄격하게 말하면, 한국인의 정체성은 외래 종교인 유교와 불교로만 해명될 수 없는 부분이 더 있다. 최치원이 말한 '풍류' 같은 고유한 신앙체계가 심령의 밑바닥에 깔려있다고 봐야 한다. 이능화도 '신교神教'로 인정한 잠재적 전통이다. 이능화의 복합적인 종교정체성은 동양종교의 수행법을 채용하기 시작한 서구인들에게 선구적 모델이 된다(Kim, 2001-2).

IX. 유영모

20세기로 넘어와서도 종교 간 회통의 흐름이 이어지고 있는 모습을 여러 인물 속에서 엿볼 수 있다. 그 점에서 돋보이는 인물이 유영모(1890~1981)다. 기독교와 동양 종교(유 · 불 · 선)를 넘나드는 사색을 한 전형적인 다원주의 종교철학자로 자리매김할 수 있다. 그는 독립지사 이승훈이 창립한 정주 오산학교의 교장으로서 당시 교사로 있던 함석헌(1901~1989)에게 고전 해석과 학문 방법에서 영향을 주었다. 이후 재야 사상가, 종교인으로서 우리말 속에서 철학적 의미를 찾고, 우리말로 사색하는 철학자로서 신비주의적 표현방식과 사유가 연구대상이었다. 그의 『도덕경』 번역은 이해하기 힘든 한글 용어로 가득 차 있다. 그는 기독교로 일찍 개종하였지만, 조직 교회에 속한 정통적인 기독자는 아니었다. 그의 종교 강설은 각종 경전을 회통하는 내용이다. 그 중에도 특히 불교와 기독교를 회통시켰다.

> 이 지상에서의 영생이란 미신이에요. 욕심이에요. 불교에서는 우리가 난 것부터가 괴롬(苦)이라 했어요. 그러나 우리의 성性은 불생불멸不生不滅한다고 합니다. 이 말의 뜻은 불교를 믿지 않으면 모릅니다. … 사람은 육신의 욕망을 충족시키는 것이 아니라 마음속에 하느님의 씨인 성性을 키우자는 것입니다. 성性이란 글자 그대로 생심生心입니다. 속알이 생긴다는 것입니다. 그런데 오늘날에는 몸의 육욕을 성이라 하고 마음의 본성을 잃어버렸습니다. 실성失性한 시대입니다. 사람들은 본성을 찾아야 합니다. 불교를 믿는다는 것은 불성佛性이 제 속에 있음을 믿는 것입니다. 기

독교와 불교의 다름은 말씀과 법法이라는 언어상의 차이에 지나지 않습니다. 진리(말씀, 法)는 그 이상 더 없으니 이를 믿는 것입니다. 하느님은 진리의 근원입니다. 이것을 앎으로써 삶(生)의 맛을 참으로 알고, 삶의 맛을 참으로 앎으로써 영생합니다.

이렇게 유영모는 불교와 기독교를 자유자재하게 넘나들면서 둘을 융화(원융圓融)하여 회통시킨다. 나아가서 두 종교인의 상호비방에 대해서 지적한다.

이렇게 유교, 불교, 기독교를 서로 비추어 보아야 서로서로가 뭔가를 좀 알 수 있게 된다. 모든 사람들이 연구한 것, 생각한 것은 모두 우리의 재산인데 왜 그것을 안 써, 써야지, 모든 생각, 사상들은 모두 사람의 마음속에서 우러난 것이다. 정말 하느님이 말씀한다면 간접적으로 할 리가 없다. 모든 것이 이 마음속에서 나온 것이다. 이제까지 예수를 모욕한 불교도가 있다면 그는 예수를 모욕한 것이 곧 석가를 모욕한 것임을 깨달아야 한다. 이제까지 석가를 비난한 기독교가 있다면 그는 석가를 비난한 것이 아니라 예수를 비난한 것임을 깨달아야 한다. 다른 종교를 비난하면서 무엇을 안다고 하는가. 남을 모르면 자기도 모른다. 자기가 그이(君子)가 되려면 다른 그이도 알아야 한다. 서로 비방하는 지금은 참 멍텅구리 시대이다(박영호, 1995-1: 197-8).

여기서 유영모는 근대 종교학의 창시자 막스 뮐러가 선언한 "하나만 알면 아무것도 모른다"(He who knows one, knows none)는 명구와 비슷한 말을 하고 있다. 그가 뮐러를 알았을 리가 없다. 그가 스스로 알아낸 이치이다. '석가를 비난한 기독교'는 시대가 바뀌어도 여전하다. 최근 한 목사(장 아무개)는 '석가는 태어나지 말았어야 할 존재'라 설교했다.

이 말을 유영모에게서 직접 듣고 옮긴 박영호는 그의 제자답게 이렇게 되울림 한다.

> 그런데 어찌하여 예수의 가르침을 따른다는 기독교와 석가의 가르침을 따른다는 불교가 서로 다르다면서 자기 편의 우월을 내세우는지 모르겠다. 그들은 분명 구경의 바른 깨달음에 이르지 못하였기 때문일 것이다. 기독교와 불교는 다를지 몰라도 예수, 석가의 사상은 같다(박영호, 1995-1: 210).

유영모는 예수와 석가의 거리를 좁힌다. 예를 들면 내면성을 통해서 공통성을 찾는다.

> 부처는 나는 것도 죽는 것도 아니다. 불성佛性이란 영원한 생명이기 때문이다. 그러므로 부처의 몸이 아닌 불성은 니르바나에 들어간 것도 나온 것도 아니다. 부처의 몸이 났다가 돌아갔다 하는 것은 중생을 깨닫게 하는 방편이다. 예수도 마찬가지이다. 이 몸을 벗어버리고 아버지께로 가면 한량없는 기쁨이 있다고 하였다. 예수를 따르고 그를 쳐다보는 것은 그의 색신을 보고 따르자는 것이 아니다. 예수는 내 속에 잇는 속알, 곧 하느님의 씨가 참생명임을 가르쳐주었다. 그러므로 먼저 내 속에 있는 속알을 따라야 한다. 그 속알이 참예수의 생명이요 나의 참생명이다(박영호, 1995-2: 193).

인간 속에 내재한 불성과 신성은 다른 것이 아니다. 이 '속알'은 함석헌의 '씨ᄋᆞᆯ'로 다시 표현된다. 씨ᄋᆞᆯ 속에는 동서 종교와 사상이 다 담겨있다. "「ㅇ」은 극대極大 혹은 초월적超越的인 하늘을 표시하는 것이고 「·」은 극소極小 혹은 내재적內在的인 하늘 곧 자아自我를 표시하는 것이며, 「ㄹ」은 활동하는 생명의 표시입니다"("우리가 내세우는 것," 『씨ᄋᆞᆯ의 소리』 뒤표지). 과정철학도 내포된다.

그밖에도 유영모는 두 종교의 원리를 명시적이 아니고 융화시키는 말법을 사용한다.

> 사람에게 있어서 제일 귀중한 것은 생명인데 그것은 내 것이 아니다. 내 것이 아니기 때문에 사람은 임종에 다달아 1초도 더 늘릴 수 없다. 진리도, 시간도, 공간도 내 것이 아니다. 그것은 내 맘대로 할 수 없기 때문이다. 내 맘대로 할 수 없는 것을 내 것이라고 생각하면 그런 망상이 없다. 내 몸도, 이 우주도 다 내 것이 아니다. 자연도, 가족도 내 것이 아닌 하느님의 것이다. 일체를 내 것이 아니라고 부정해야 한다. 그것을 모르면 어리석고 어리석은 것이다. 돈이니 감투니 하는 것도 그것을 몰라서 하는 어릿광대다. 그러니까 내 것인 양 타고 앉아 있으려고 하지 말고 하느님께 돌리는 것이 마땅한 도리다(박영호, 1995-1: 186).

여기에 불교의 '무아'사상과 기독교 신앙의 회통이 잘 녹아 들어 있다. 이처럼 유영모는 예수, 석가를 함께 말하면서 대표적인 두 세계종교의 회통을 말한다. 그 자신과 한국 사회 그리고 세계가 풀어야 할 과제를 지적하고 그 비전을 제시하는 듯하다. 그는 이능화보다 한 걸음 더 나아가서 유자-기독자-불자라 할 수 있을지도 모른다.

유영모는 놀랍게도 막스 뮐러와 같은 표현으로 타종교에 대한 지식의 필요성을 강조하고 있다. 그의 우리말 표현을 통한 종교 회통 속에서 외래 종교들이 토착화되는 길이 제시된다. 유영모는 종교 토착화의 전례를 보여주었다. 그는 불교경전『법화경』이나『금강경』,『반야심경』을 기독교의 구약의 반열에 놓고 자세하게 해설하기도 했다.

X. 함석헌

함석헌은 20세기 한국을 대표하는 사상가로 꼽힐 만큼 독특한 사상을 전개한 다면적인 역사가, 종교가, 철학자였다. 특히 종교를 역사와 철학의 기조로 삼은 역사철학자, 종교철학자로서 한국 정신을 드러내고 실천한 사회운동가로 1960~1980년대 민주화운동 세대에게는 사상적 대부이기도 했다. 당시의 사회적 구호는 '민중'이었는데 민중사상을 정립하고, 민중운동에 앞장선 인물이 함석헌이었다. 그는 '민중'을 온전한 인간의 모습을 잠재한 '씨올'로 해석했다. 민중운동의 언론 도구로 「씨올의 소리」를 창간하여 탄압 속에서도 당시 유일한 비판 언론의 구실을 하였다. 그는 평생 저항하는 삶을 살았다. 일제 시대, 해방 후 소련군 점령 시대, 이승만 시대, 군사독재 시대에 걸친 모든 시대에 경찰서 감옥을 들락거린 끈질긴 저항자, 사회혁명가였다.

그의 사상은 상아탑에 갇혀서 머리로 짜낸 사상이 아니고 격동의 역사와 사회 속에서 다듬어낸 사상이라 민중 언어로 쓴 그의 글은 누구에게나 깊은 감동을 자아낸다. 그는 20세기 출발점(1901)에 태어나서 한 세기를 몸으로 겪은 20세기 한국 역사의 산 증인이다. 만학의 중학생으로 3.1운동(1919)에 참여하고 퇴학당하고 나서 편입한 오산학교에서 그가 만난 스승이 유영모였다. 함석헌은 그의 넓고 깊은 철학적 사유와 선비의 품격에 큰 자극을 받았다. 하지만 나중에 전개한 사상의 형성에 끼친 영향은 제한적이었다. 그만의 독특한 종교관도 스스로 안에서 자라나온 것이었다. 한국인의 내면에 흐

함석헌 선생(미공개 사진. 필자 제공)

르는 정신의 발현이라 할 수 있다.

신앙적으로 함석헌은 평생 크리스천으로 살았다. 그러나 그가 믿고 인식한 기독교는 전통적인 교회가 대표하는 조직 종교는 아니었다. 신앙도 스스로 선택한 것이라기보다는 당시 누구나에게처럼 그에게 환경적으로 주어진 것이었다. 조선조 말기 사회는 전통적인 유교나 불교가 종교로서 제대로 기능할 수 없는 상태로 전락하고 그 틈 속으로 기독교가 파고들어 급속히 전파하였으나 함석헌의 눈에는 예수의 정신이 들어있지 않은 신앙이었다. 언젠가부터 제이의 종교개혁이 와야 한다고 느끼게 되었다. 그래서 동경 유학 시절(1923~1928)에 접한 우치무라 간조의 '무교회' 신앙을 자연스럽게 받아들이게 된 것이다. 무조직의 순수 신앙이 마음에 와닿았다. 그것을 30년 이상 지니다가 한국 모임이 또 하나의 교회처럼 되어가는 것에 실망하여 결별하고 퀘이커 신앙으로 옮겨갔으나 무교회 정신은 계속 남아 있었다. 퀘이커 모임('종교 친우회')은 통상적인 교회는 아니었다.

무교회주의나 퀘이커 신앙이나 타종교에 대하여 정통 교회처럼 특별히 배타적이지는 않았지만, 함석헌이 다원주의적인 종교관에 차츰 눈뜨게 된 것은 그의 개혁적인 종교관으로 볼 때 자연스런 과정이었다. 그런 조짐은 일제 시대(1943) 1년 투옥되었을 때 나타났다. 감옥에서 불교 경전 몇 가지를 읽어보고 불교가 기독교와 근본에서 다르지 않음을 깨달았다. 그 시각이 명시적으로 표현된 것은 그의 명저인 『성서적 입장에서 본 조선역사』의 개정판, 『뜻으로 본 한국역사』를 낼 때 쓴 서문이었다.

> 1961년에 그 셋째 판을 내려 할 때에 나는 크게 수정을 하기로 하였다. 고난의 역사라는 근본 생각은 변할 리가 없지만 내게는 이제는 기독교가 유일의 참 종교도 아니요, 성경만 완전한 진리도 아니다. 모든 종교는 따지고 들어가면 결국 하나요, 역사철학은 성경에만 있는 것이 아니다. 나타나는 그 형식은 그 민족을 따라 그 시대를 따라 가지가지요, 그 밝히는 정도의 차이는 있으나, 그 알짬 되는 참에 있어서는 다름이 없다는 것이다. 여기 곁들여서 내 태도를 결정하게 한 것이 세계주의와 과학주의다. 세계는 한 나라가 되어야 한다는 것, 그래서 국가주의를 내쫓아야 한다는 것이요, 독단적인 태도를 내버리고 어디까지 이성을 존중하는 자리에 서서 과학과 종교가 충돌되는 듯한 때는 과학 편을 들어 그것을 살려 주고 신앙은 그 과학 위에 서서도 성립이 될 수 있는 보다 높은 것을 찾아야 한다는 것이다. 그래서 책을 내게 되는 전해 겨울 해인사에 한 달을 가 있으면서 전체에 걸쳐 크게 수정을 하여 모든 교파주의적인 것, 독단적인 것

을 없애 버리고 책 이름도 『뜻으로 본 한국역사』라고 고쳤다(함석헌, 1987: 18).

역사철학자, 종교철학자의 모습이 드러난다. 종교의 본질적 일치를 전제한 완연한 다원주의적 사고가 펼쳐진다. 정통 기독교에서 보면 당시 수준에서는 이단적인 사고다. 맹목적인 신앙, 맹신이 아니고 과학과 이성의 시험지를 통과한 신앙을 주장한다. 이때 이미 국가주의를 넘어 세계주의를 말한 예언자였다.

종교들의 진리 주장을 산길에 비유해서 말한다.

아버지 품에는 나만이 아닙니다. 진리의 산에는 오르는 길이 이 길만이 아닙니다. 나만이 전부를 다 안 것이 아닙니다. 걷는 그 자신에겐 이 길 외엔 딴 길이 없단 말이지 객관적으로 하는 말이 아닙니다. 얼마든지 많은 사람이 얼마든지 기어오르는 길이 있습니다. 절대의 자리에서 하면 길은 유일의 길입니다. 이 곧 길(道)이기 때문에. 하지만 상대相對의 자리에서 하면 무한한 길입니다. 이것을 이해하지 못하기 때문에 말썽이 생기는 것입니다. '종교'란 것은 상대계相對界의 일이지 절대가 아닙니다. 기독교조차도 여러 종교 중의 한 종교입니다. 그러니깐 나는 그것 가지고는 안된다는 것입니다. 기독교가 유일의 참 종교라는 사람은 상대적인 좁은 소견에 잡힌 생각입니다. 그것이 곧 교파심敎派心 입니다. 종교로 하면 기독교도 겸손히 일종교一宗敎로 자인하여야 사람을 참으로 교도敎導할 수 있습니다. 그리 말하는 사람이라야만 유일절대唯一絶對를 아는 사람이기 때문입니다(함석헌, 1983: 314-315).

산길의 비유는 가장 손쉽게 이해할 수 있는 비교종교의 전형적인 비유인데 함석헌의 해설은 독특하다. 백두산 천지에 오르는 길이 중국 쪽과 북한 쪽에 있고, 지리산 정상(천왕봉)에 오르는 길이 구례 쪽, 산청 쪽, 남원 쪽 여러 길이 있듯이 진리의 산에 오르는 길은 한 길 만이 아니다. 자기 종교는 하나의 길일뿐이다. 문화와 민족에 따라 다른 길이 존재한다. 산청 사람에게 그곳에 있는 길이 가장 가까운 길이듯이, 다만 자기 위치에서는 그 길이 가장 가까운 길이므로 절대 유일한 길이라고 말할 수는 있다. 예수가 "나는 길이요 진리요" 한 것은 당시 이스라엘에서는 가능한 말이다. 율법주의 유대교가 잘못 가고 있었기 때문이다. 그렇다고 다른 곳이 길이 아니라고 하는 것은 무식한 주장이다. 자기 신앙의 절대성을 인정받으려면 다른 길의 절대성도 인정해야 한다. 말하자면 상대적 절대주의다. 함석헌이 여기서 기독교인을 비판하는 것은 그것이 자기 신앙일뿐더러 기독교가 배타적인 진리 주장을 하기 때문이다.

문제는 진리 자체가 아니라 조직과 제도화된 조직 종교다.

진리에는 절대진리가 없다는 그런 말이 아니라, 내가 소속해 있는 제도로서의 어느 종교든지 그 종교를 절대화해서 이것만이 옳은 거지 그 밖의 것은 다 거짓이라 그렇게는 말하지 않는 게 옳은 겁니다. … 어떤 사람들은 그건 『성경』에만 있는 말이지 다른 데 있을 수가 있느냐는 그런 말을 하지만 그건 모르는 소리입니다. 『성경』에 있는 말이 다른 데서 발견이 될수록 '야, 참 진리는 진리다' 그런 생각이 들어서 더 좋지요. 왜 내 아내만 이쁘지 남의 아내 이쁘달 수 있느냐, 남의 아내 이쁘다 그러면 내 아내 사랑함이 덜 되는 것처럼 그런 법은 없지 않아요? 그것과 마찬가지로 종교에 대해서도 그런 게 아닐까(함석헌, 1985: 162-163).

자기 종교의 경전에 내포된 진리를 다른 종교에서도 발견한다면 자기 종교의 타당성과 보편성을 확증할 수 있어서 신앙을 더 도탑게 할 수 있다. 그것이 종교 간 대화를 주장하는 다원주의 이론가들이 일치하는 대화의 큰 소득이다. 자기 것이 최고라는 주관적인 주장은 얼마든지 가능하지만 다만 남도 그렇게 말할 수 있다는 것을 인정하는 것이 다원주의적 자세다. 종교 간 대화와 이해를 통해서 자기 종교의 객관성이 확보된다. 남을 인정하는 것이 자기 것의 가치를 감소하는 것은 아니다.[13]

왜 다른 종교를 알아야 하는가? 자기 확인을 넘어서 자기 종교와 경전의 심층적인 이해를 위해서다. "기독교에 말라붙는 사람은 기독교도 깊이 모르게 되며, 『성경』에 목을 매는 사람은 『성경』도 바로 알지 못하고 맙니다." 이것은 종교학의 건립자 막스 뮐러가 채택한 격언 "하나만 알면 하나도 모른다"를 상기시킨다. 종교학은 그래서 '비교종교'(comparative religion)라 불리기도 했다. 학문의 모든 지식은, 특히 새 지식은, 대체로 비교와 대조를 통해서 얻는 부분이 크다. 다원주의 틀을 채택한 서구 신학자들도 지금은 타종교의 지식이 자기 종교의 이해에 큰 도움이 된다는 입장이다.

한 걸음 더 나아가서, '왜 다른 종교를 알아야 하는가'에 대한 해답은 앞에서 말한 두 가지를 넘어서 더 깊은 이유가 있다. 그것은 '종교 간 평화'와 더불어 이 책이 설정한 또 하나의 목적인 '진리의 완전

---

[13] 물론 현실적으로 경쟁심과 질투심의 문제가 남아있지만, 종교적 인식과 올바른 신앙 속에서 극복될 수 있다.

한 인식'과 관련된다. 함석헌의 글 "진리는 더 위대합니다"의 한 문단을 읽어보자.

나는 기독교인입니다. 그러나 나는 제도적인데, 교리적인 데 얽매이지는 않습니다. 어느 종교도 사람을 상대하는 이상 제도나 교리를 전혀 쓰지 않을 수는 없습니다. 그러나 거기 집착해서는 아니 됩니다. 집착해버리면 그 안에 진리가 있어도 못 봅니다. 언젠가 이런 일이 있었습니다. 내가 아리스토텔레스의 "플라톤은 위대하다. 그러나 진리는 플라톤보다도 더 위대하다" 한 말을 빌려서, "기독교는 위대하다. 그러나 진리는 기독교보다도 더 위대하다" 했더니, 열심 있는 친구가 거기 반대해서, "아닙니다. 진리는 위대하다, 그러나 기독교는 진리보다도 더 위대하다 해야 합니다" 했습니다. 그 어느 개념이 더 큰 것이냐 하는 것은 어린 학생도 알만한 것인데, 열심이 나면 그런 잘못을 하게 됩니다.
나는 아는 것은 적습니다. 그러나 내 하는 것이 제일이라고 집착하는 마음은 가지지 않으려 애씁니다. 또 진리는 끊임없이 자라는 것이라는 점을 생각해서 낡은 허울을 아낌없이 버리려고 힘씁니다. 이제 어떤 종교도 자기를 절대화할 수는 없습니다. 우리는 다 그 어느 부분, 어떤 나타냄을 보고 있습니다. 그러나 그것은 불완전한 나타냄 속에서 완전을 믿게 해주고 있습니다. 나는 믿음에는 주격도 목적격도 붙을 수 없다고 합니다. 하나님을, 혹은 부처님을 믿는 것이 아니라, 또 내가 믿고, 네가 믿는 것이 아니라, 그저 믿음이 있을 뿐이라고 합니다. 믿으면 우주도 있고 부처님도 있고 하나님도 있습니다. 믿음 없으면 아무것도 없습니다(함석헌 선집 1:372).

이 짧은 글 속에 함석헌의 독창적 발상이 여러 가지로 번뜩인다. ① 종교보다 진리가 더 상위 개념이다. ② 자기 종교가 우월하다는 집착을 버려야한다. ③ 진리는 성장하고 진화한다. ④ 한 종교는 불완전하고 부분적 진리만 나타낼 뿐이다. ⑤ 믿음은 주격(주체), 목적격(대상)이 없는 열린 개념이다. 따라서 한 종교의 절대화는 불가능하다. 이 모두가 하나하나 종교다원주의의 근거를 제공한다. 서구 학자들이 이제야 논의하기 시작한 사항들이다. 여기서 주목할 점은 ④ 한 종교는 전체가 아닌 부분적 진리를 나타낸다는 부분이다. 인식론적으로 중요한 관찰이다.

한 종교만으로는 완전한 진리를 파악할 수 없다는 것은 (종교 간 평화와 더불어) 이 책에서 설정한 두 가지 목표 중 하나다. "또 진리는 끊임없이 자라는 것이라는 점을 생각해서 낡은 허울을 아낌없이 버리려고 힘씁니다. 이제 어떤 종교도 자기를 절대화할 수는 없습니다. 우리는 다 그 어느 부분, 어떤 나타냄을 보고 있습니다. 그러나 그것은 불완전한 나타냄 속에서 완전을 믿게 해주고 있습니다." 불완전성은 진리의 성장과 진화와도 관련된다. 진리나 신, 예수까지도 고정된 실체가 아니다. 인간의 의식과 함께 자란다. 이것은 다원주의적 입장에 선 종교·신학자들이 이제 겨우 도달한 인식인데 놀랍게도 함석헌은 이미 그 수준에 도달해 있었다.

그와 같은 종교의 본질적 한계를 인식하지 못하고 종교들은 정통이냐 이단이냐 싸우고 신교의 자유를 스스로 짓밟는다. 자기 종교의 근본정신을 망각한 탓이다.

신교자유信教自由는 국법에 요구할 것이 아니고 종교에다 요구할 것이다.

모든 종교는 나밖에 다른 것은 다 이단이라 한다. 이런 생각이 종교에서는 말할 것도 없고 세속적인 면에서도 인류의 정력을 얼마나 쓸데없이 없애버리는지 모른다. 한 종교의 절대를 주장하는 것은 제국주의다. 한 종교에 이르는 것은 모든 종교로서만 될 일이다. 죽어 사는 십자가의 정신(기독교), 살신성인殺身成仁의 정신(유교), 무위無爲의 정신(도교), 적멸寂滅의 정신(불교)은 제 믿는 신조에다 먼저 적용할 것이다. 하나되는 데 가장 앞서야 할 종교가 가장 떨어져서 반동적이다(함석헌, 1959/1983: 59-60).

종교가 바깥에 대고 신앙과 종교의 자유를 부르짖으면서 막상 이웃 종교들에 대해서는 적용하려 들지 않는 모순된 짓을 하고 있다. 자기와 조금만 달라도 '이단'이라 '우상숭배'라 비난한다. 여기서 다시 함석헌은 인식론적인 원리를 발표한다. "모든 종교를 통해서만 내 종교에 이를 수 있다"는 법칙은 '함석헌의 공리'로 부를 만한 가치가 있다. 종교학 창시자 막스 뮐러가 말한 "하나만 알면 하나도 모른다"는 격언에 못지않은 창조적 표현이다. 여기에 종교다원주의의 정신이 농축되어 있다. 다른 종교를 배우고 이해하지 않고서 내 종교를 이해한다고 할 수 없다. 이웃을 사랑하지 않고 하나님을 사랑한다고 말할 수 없는 것과 같다.

그러므로 한 종교의 배타적 절대 주장은 종교적 '제국주의'다. 종교의 목적은 '하나 됨', 즉 통일이다. 너와 나, 신과 인간, 성聖과 속俗, 현상과 실체, 나와 우주의 일치를 찾는 것이 종교다. 그것을 선양하기는커녕 분열주의적인 행태를 일삼는 종교는 역사의 진행에서 '반동적', 퇴행적인 종교라고 판정한다.

조직 종교가 필요한 것은 겸허한 자세다. 다른 글에서 함석헌은 "기독교도 겸손히 한 개 종교로 스스로 인정해야" 한다고 조언한다. "아무리 위대한 종파라도 하나님을 그 속에 영원히 가두어 둘 만큼 위대할 수는 없다." 또 하나의 명구가 표현된다. 위대한 신은 한 종교의 좁은 울타리에 가두기에는 너무 크신 분이다. 여기에 (한 종교가 부분적 진리일 뿐이라는 것과 맥락이 닿는) 반증하거나 부정하기 힘든 다원주의의 근거가 들어있다.

어느 종교도 기껏해야 부분적 진리를 나타낼 뿐이라는 입장은 전형적으로 장님과 코끼리의 비유로 인도와 불교 전통에서 해석되었다. 그것은 더 긍정적으로 원효의 화쟁-회통(和會) 사상으로 나타났다. 그 정신을 이어받은 한국 불교는 선과 교를 아우른 선교겸수禪敎兼修, 선과 정토신앙을 아우른 선정일여禪淨一如 사상을 특성으로 갖는 '통通불교' 전통이다. 지금의 통합 종단 격인 조계종은 선, 교, 신앙을 다 아우르는 체계다. 불교의 다양한 전통을 회통, 종합한 원효도 생애 후반에 정토 신앙을 민중 교화의 주요 도구로 삼고, 그 보급에 여생을 바쳤다. 다각도로 사유의 독창성을 보여준 함석헌은 이러한 융화적인 전통의 흐름 속에 서 있는 한국 사상가임이 분명히 드러났다.

기독교가 비교적 손쉽게 한국 땅에 유입되고 정착된 것은, 물론 유학 특히 주자학을 통치이념으로 채택한 왕조가 주도한 핍박이 초기에 있었지만, 삼국 시대부터 일찍이 다원주의적 전통에 훈련된 다른 종교나 민중의 저항이 없었기 때문이다. 그런데 그 혜택을 입은 종교가 정착 이후에는 오히려 타종교를 우상숭배로 공격하는 것은 적반하장이다. 함석헌은 기독교가 이 땅에 쉽게 정착한 것은 다른 종교가 길을 닦아 놓았기 때문이라고 지적한다. 말하자면 한국인들은 서구 신학에서 말하는 '전前이해'를 갖고 있었다.

> 오늘날까지 동양사람(은) 공자라고 하는 이가 와서 드러내 보여줬던 그
> 것 아니었으면 사람 노릇을 못 했을 거요. 우리야 지금 예수를 믿지만 그
> 렇게 믿게 되는 데도 공자의 그 가르침을 잘 아는 것이 있지 않았을까?
> 내 안으로도 내 아버지 할아버지 증조부 올라가면, 나만 아니라 내 주위
> 에 있는 모든 한국 사람이 공자님의 가르침이 뭔지는 적어도 알고, 그렇
> 게 나고 그렇게 입고 그렇게 일을 하고 그렇게 시집 장가 가다 그런 가르
> 침 속에서 죽어서 가는 걸로 알았을 거예요. 그게 아니었더라면 내가 기
> 독교가 왔다고 해도 받아들이지 못했을 거예요. 다행히 그래도 그런 데
> 서 배운 것이 있었기 때문에 기독교를 받아들여서 오늘날까지 살아온 거
> 예요. 그러니까 내 속에서 지금도 공자가 죽지 않았지요. 그럼 그것이 참
> 산 사람이라고 그러지 않겠어요?(함석헌, 2001: 246).

물론 이 관점은 유교만이 아니고 다른 종교에도 적용될 수 있다.
한국인의 정신 유전자에는 유교만 아니라 불교, 도교, 선도, 무교巫教
등 다른 종교의 요소들이 축적되어 있다. 그래서 한국인에게는 개종
改宗이 아닌 가종加宗이 더 맞는다고 하는 주장에 일리가 있다. 근래 서
양인들도 인정하듯이 국적처럼 종교의 본적(교적)도 이중, 다중일
수 있다. 실제로 함석헌은 유교와 도가 사상을 자유자재로 인용하고
그 가르침과 철학을 높이 평가한다. 특히 도가(노자, 장자) 사상을 미
래에 부각되어야 할 사상으로 기대한다. 그는 또한 힌두교 사상에도
심취했다. 간디의 비폭력주의를 선양하고 간디가 선호한 경전『바
가바드기타』를 번역, 주석하기도 했다. 그는 모든 종교 전통에 열려

있는 종교인이었다. 서구를 앞지른 종교다원주의의 선구자로 자리 매김된다.

함석헌은 스스로 다원주의자임을 자처하는 한편으로 복합적인 감정을 갖기도 했다.

나는 사마리아 여인입니다. 내 임이 다섯입니다. 고유 종교, 유교, 불교, 장로교, 또 무교회교. 그러나 그 어느 것도 내 영혼의 주인일 수는 없습니다. 지금 내가 같이 있는 퀘이커도 내 영혼의 주는 아닙니다(함석헌, 2009-2: 29).

무언가 아쉬움을 토로하는 음조다. 힌두교 같은 단일한 민족종교의 부재 속에서 복합적인 정체성이 주는 불확실성과 관련될 수도 있다. 그러나 여기서도 함석헌은 기존하는 어느 한 종교도 완전한 진리체계가 될 수 없다는 점을 지적하고 있다. 그 맥락에서 그는 현존 종교와는 완전히 다른 새 종교의 출현을 대망했다.

모든 종교는 하나다 하는 것을 거부하는 종교는 앞으로 몰락할 것이다. … 어느 기성 종교로 세계종교를 통일하잔 생각도 어리석은 욕심이다. 낡아빠진 생각이다. 그것은 제국주의의 잔재다. 각 종파를 연합 통일하잔 것도 어리석은 생각이다. 그것은 지나가는 시대의 끄트머리에 있는 소수 계급이 언제나 하는 생각이지만 시대착오다. 새 시대에는 새 종교가 있을 것이다. 전에도 그런 것같이 앞으로도 그럴 것이다. 그리고 새것은 보다 높은 것이어야 한다. 있는 것을 다 합해도 높은 것은 못 된다(함석헌, 2009-1: 61).

기성 조직 종교는 개인주의 역사 단계의 산물이므로 기존 종교의 통합이나 통일을 표방하는 종교는 옥상옥屋上屋처럼 구태의연한 또 하나의 조직 종교나 종파를 더 부가시킬 뿐이다. 과거의 사례들이 증명한다. 통일을 표방하는 종교들은 자기중심의 통일이었을 뿐이지 전혀 차원이 다른 새 구조는커녕 진정으로 열린 종합이나 회통도 아니었다.

새 종교는 어디서 나와야 할까, 어떤 민족이 자격을 갖추고 있을까?

우리는 이것저것의 나쁜 결점을 가장 잘 알았으니 유교가 어떻게 나쁜지 불교가 어떻게 나쁜지 물질문명은 어떻게 해가 되는 건지, 사실 공산주의와 자본주의의 내막은 어떤 건지는 우리가 잘 알지 않아요? 새 종교를 한번 못 받아와요? 지금 인류가 가장 원하는 것은 새 종교 아닐까요? 영국은 온 인구의 16퍼센트가 교회에 갈 뿐이라니 어떻게 된 일입니까? 미국은 60퍼센트가 간다고 합니다마는 그것이 정말 믿음으로 갈까? 교회의 그 건축, 색유리, 그 음악 들으러 가는 것 아닐까요? 불교도 그렇고 마호메드교도 그렇습니다. 일부 열심 있는 신자가 아직 있기는 있지만 적어도 그것이 전체의 종교는 아닙니다. 새 종교는 매양 큰 나라에서 나오지 않았습니다. 유대교는 애급의 종살이하는 히브리 사람에게서 나왔고, 기독교는 망해가는 유대에서 나왔고, 마호메드교도 쇠퇴한 아라비아 사람에서 나왔고, 불교를 낳은 가비라도 큰 나라가 아니었습니다(함석헌, 1987: 362).

함석헌은 한반도가 세계 문명의 모든 쓰레기, 모든 종교와 이념이 몰려온 쓰레기통, 시궁창이라고 묘사한다. 그것은 우리가 그만큼 새것을 받아들이거나 창출할 바탕을 갖는다. 저주가 축복이 될 수 있다. 모든 새 종교는 대국이 아닌 약소국에서 나왔다. 지난 시대의 종교들은 이제 소수 층의 종교로 왜소해졌다. 이제 한민족이 (자본주의와 공산주의를 극복할) 제삼의 사상과 새 종교를 내놓을 차례다. 그는 우리가 가진 '한' 사상의 전통이 그 밑바탕이 될 수 있다고 본다. 그의 창조적인 사상도 바로 그 전통의 소산이다. 그는 민족정신사에서 돌출한 돌연변이가 아니고 그 과정에서 제련된 하나의 결정체다. 여기서 우리가 '생각하는 백성'으로 살아가려면 왜 함석헌을 통과할 수밖에 없는지 알 수 있다.

XI. 성철

한국 불교에 흐르는 다원주의적 회통 정신은 1980년대 조계종 종정을 역임한 성철 스님의 법문에서도 역력히 드러난다. 그의 법어는 신년(1월 1일)과 불탄일(음력 4월 8일)에 즈음하여 신도와 일반 대중에게 공포되어 널리 전파되었다. 참선수행의 대가로서 성철 스님은 많은 선불교 경전 주석과 저술을 남긴 학승이기도 했다. 서양의 종교 정보에도 열려있었다.

법문에서 그는 먼저 기독교와 불교의 경계를 허문다. "사탄이여! 어서 오십시오. 나는 당신을 존경하며 예배합니다. 당신은 본래로 거룩한 부처님입니다. 사탄과 부처란 허망한 거짓 이름일 뿐 본 모습은 추호도 다름이 없습니다"(1987. 4. 8). 사탄과 성인, 선악의 분별까지 사라진다. 경계 허물기는 두 종교에서 네 종교로 확대된다.

노담(노자)과 공자는 손을 잡고 석가와 예수 발을 맞추어 뒷동산과 앞뜰에서 태평가를 합창하니 성인 악마 사라지고 천당 지옥 흔적조차 없습니다. 장엄한 법당에는 아멘소리 진동하고 화려한 교회에는 염불소리 요란하니 검다 희다 시비 싸움 꿈속의 꿈입니다(1986. 1. 1).

도가, 유교, 불교, 기독교의 창시자들이 함께 어울리는 아름다운 꿈이다. 불교 유식론唯識論에서 규정하듯 원래 현실이 꿈인데 그 꿈속에서 흑백의 차별은 더욱 허망한 착각이다. 여기에 이슬람까지 추가된다.

부처님의 아들 딸 영원한 해탈의 길에서 자유합니다. 공자님의 아들 딸 대동성세大同聖世에 요순을 노래합니다. 예수님의 아들 딸 무궁한 영광이 충만합니다. 마호멧님의 아들 딸 지극한 복락을 마음껏 누리십니다. 세계는 한 집이요, 인류는 한 몸입니다. 너와 나의 분별은 부질없는 생각이니 국토와 인종의 차별을 버리고 남의 종교를 내 종교로 받들며 남의 나라를 내 나라로 생각합시다(1988. 1. 1).

내버려야 할 분별심, 차별의식은 종교에도 그대로 적용된다. 궁극적 진리가 하나이듯이 종교도 하나다. 민족주의, 국가주의도 발붙일 데가 없다. 모든 형상에서 벗어난 자유인이다. 성철 스님은 중도의 원리로 모든 현상의 대립과 대칭을 원용, 회통시킨다.

중도가 부처님이니 중도를 바로 알면 부처님을 봅니다. 중도는 시비, 선악 등과 같은 상대적 대립의 양쪽을 버리고 그의 모든 모순, 갈등이 상통하여 융합하는 절대의 경지입니다. 시비, 선악 등의 상호 모순된 대립, 투쟁의 세계가 현실의 참모습으로 흔히 생각하지만 이는 허망한 분별로 착각된 거짓 모습입니다. 우주의 실상은 대립의 소멸과 그 융합에 있습니다. 시비是非가 융합하여 시是가, 즉 비非요 비非가, 즉 시是이며 선악이 융합하여 선이, 즉 악이요 악이, 즉 선이니 이것이 곧 원융무애한 중도의 진리입니다. 만법이 혼융, 융합한 중도의 실상을 바로 보면 모순과 갈등, 대립과 투쟁은 자연히 소멸되고 융합자재한 일대단원一大團圓이 있을 뿐입니다. 대립이 영영 소멸된 이 세계에는 모두가 중도 아님이 없어서 부처님만으로 가득 차 있으니 이 중도실상의 부처님 세계가 우주의 본 모습입니다. 우리는 본래로 평화의 꽃이 만발한 크나큰 낙원에서 살고 있습니다.

시비선악의 양쪽을 버리고 융합자재한 이 중도실상을 바로 봅시다. 여기에서 우리는 영원한 휴전을 하고 절대적 평화의 고향으로 돌아갑니다 (1983. 4. 8).

인도 불교와 달리 부정이 아니고 대 긍정으로 종합한다. 마치 원효의 화회(화쟁회통) 사상을 요약하는 듯하다. 여기서 부처는 보편적, 우주적인 법신불의 형체다. 나아가서 단순한 이해를 넘어서 실천의 길이 제시된다.

참으로 내가 살고 싶거든 남을 도웁시다. 내가 사는 길은 오직 남을 돕는 것밖에 없습니다. 아무리 상반된 처지에 있더라도 생존을 위해서는 침해와 투쟁을 버리고 서로 도와야 합니다. 동생동사, 동고동락의 대 진리를 하루빨리 깨달아서 모두가 침해의 무기를 버리고 우리의 모든 힘을 상호협조에 경주하여 서로 손을 맞잡고 서로 도우며 힘차게 전진하되 나를 가장 해치는 상대를 제일 먼저 도웁시다(1984. 4. 8).

나보다 남을 앞세우는 이타적 실천이다. 그것은 자기 구원보다 중생구원, 즉 '하화중생下化衆生'을 앞세우는 보살행을 가리킨다. 이는 또한 한국 사상에서 부각된 상생 정신과 마주친다. 이웃 사랑을 신앙의 요체로 강조한 기독교와도 만나는 보편적 실천이다. 이렇듯 성철 스님의 다원주의적 메시지는 실제로 종교 간 갈등이 얼마나 심각한 문제인가를 말해 준다. 불교가 갈등의 주범이 아닌 것도 분명하다. 한국종교사에서 외래 종교로서 불교가 가장 덜 배타적인 종교였다.

XII. 변선환
: 한국 다원주의 종교신학/세계신학의 선구자

선교 백 주년을 맞이한 한국의 개신교 선교의 가장 중요한 과제 가운데
하나는, 한국교회가 민족주의의 부흥과 유불선(儒佛仙) 전통종교와 함께
공존하고 있는 종교적 다원사회에서 선교하고 있다는 데 대한 준비가 되
어 있지 않다는 것이다(변선환, 1985: 250).

한국에도 불교와 기독교의 대화에 관심을 표명한 신학자가 적어
도 한 사람은 있었다. 그는 단순히 관심만 드러낸 것이 아니고 신학
이 가야 할 길임을 천명한 다원주의 옹호자로 나섰다. 그가 속한 교
단(감리교)은 한국 전통에 비교적 열린 자세를 가진 신학자들(최병헌,
윤성범, 유동식)을 배출한 전통의 흐름이 있었다. 다른 어떤 교단의 신
학자들보다 기독교의 토착화에 앞장선 선구자들이다. 그 목소리만
으로 한국기독교가 토착화되었다고 할 수는 없지만, 그 신학적 기초
를 개척한 것은 분명하다.
　변선환은 이들보다 한 걸음 더 나아가 한국 전통에 그치지 않고
타종교로 시계를 확대하였다. 독자적인 목소리를 내기는 어려운 풍
토라 주로 서구 신학의 진보적인 추세를 전달하는 방식으로 다원주
의적 입장을 표명했다. 그 수준도 교단에 버겁게 비쳐져서 그는 학
장까지 지내며 봉직한 신학교에서 축출되었다. 그 이후 교단이나 한
국기독교가 당시 수준에서 나아간 뚜렷한 증좌는 보이지 않는다. 서
구 신학에서처럼 변선환도 타종교 가운데서도 불교와의 대화에 큰

관심을 가졌다. 생애 말기에 그는 마사오 아베의 저술을 번역하기도 했다. 여기서는 그의 논문 "불교와 기독교의 대화"(「불교사상」, 1985. 9)를 중심으로 그의 입장을 살펴보자(기독교 잡지가 아닌 불교 잡지에 실린 점이 두 종교의 기본적인 차이를 드러낸다).

이 글에서 변선환은 '아시아 신학의 새 패러다임'을 전해준다. 그것은 우리가 앞에서 다룬 신학자들의 견해를 그대로 정확히 반영한 내용이다. 서구신학자들(폴 틸리히, 존 힉, 존 캅, 윌프레드 스미스 등)과 아시아계 신학자들(파니카, 사마르타 등)의 주장을 요약하고 있다. 틸리히의 경우, "신학자가 동양 종교와 같은 위대한 종교적 전통과 공존하고 있는 종교적 다원사회 속에 살고 있다는 것을 알게 될 때, 기독교만이 세계에 존재하는 유일한 계시종교인 것처럼 독선적으로 사고하지는 못하게 된다"는 입장이다. 이제는 '개종이 아니라 대화'의 시대임을 예고했다.

존 힉의 경우, "우리는 바야흐로 세계종교와의 만남에서, 오직 예수 그리스도의 이름만이 사람이 구원받을 수 있는 유일의 절대적 규범이라고 생각하게 하는 기독교 중심적(프로메테우스적=지구 중심적)인 관점에서부터 벗어나서 신 중심적(코페르니쿠스적=태양 중심적) 시점으로 급격한 전환을 감행하여야 한다"고 주장한다. "기독교와 다원적으로 공존하고 있는 세계종교는 하나의 신적인 실재에 대한 서로 다른 문화적 맥락 속에서 서로 다른 응답일 뿐이다." 인도계 아시아 신학자들(파니카, 사마르타)의 경우, 이들은 "동양종교에 대하여 일방적으로 저주(안아테마)만을 선언하며 개종만을 강요하는 아시아 기독교의 시대착오적인 개종주의 멘탈리티에 깊은 회의를 표명하면서 열려진 새로운 신학을 제시하려고 하였다"고 평가한다.

변선환은 아시아의 크리스천들이 서구신학의 포로('바벨론 포로'), '꼭두각시', '앵무새' 역할만 수행해 왔다고 비판한다. 20세기 전반기 까지도 타종교에 대하여 완전히 배타적인 시각이 지배적이었다. 1910년 선교사 대회에서 논의된 주제로서 기독교와 불교의 차이를 '진리와 거짓, 빛과 어두움, 구원과 멸망이라는 흑백도식'으로 묘사 하고, '기독교의 절대성, 우월성, 궁극성'을 내세우는 배타적 주장이 넘쳐났다(게일 같은 한국 선교사들의 자전적인 기록에서도 불교 승려들에 대한 기술은 비인간적인 비하로 가득하다). 그 이후에는 '선포와 증거'로 표현하는 신정통주의 역시 배타주의였다.

1950년대에 들어와서야 대화의 입장이 조금씩 나타나기 시작하 여 현재는 대화의 신학이 정착되는 단계다. 대화는 단순히 소통 (communication)을 넘어서 이해, 종교체험과 친교(communion)의 차 원을 지향하는 것이어야 한다. 틸리히가 지적하듯이 "불교와의 심층 적인 만남은 서로 자신을 변혁시키면서 자기 종교를 풍부하게 하는 길, 기독교와 함께 불교도 함께 죽고 함께 살아나가는 길"이다. 변선 환은 기독교의 한국화라는 과제를 위하여 "한국의 고등종교, 특히 한국의 대승불교는 새로운 신학적 통찰을 값없이 선물로 주게 될 것"이라고 전망한다. "2천 년의 서구 기독교 역사에서 이단 재판, 종 교전쟁, 마녀사냥과 같은 무서운 과오를 범해 온 예언자의 종교 속 에 숨어있는 배타주의적인 십자군 멘탈리티는 서구 식민지 시대가 끝나 버린 오늘의 아시아의 기독교에는 맞지 않는 낡은 패러다임"이 되었다.

서구의 역사와 문화의 산물인 '복음'과 기독교 신학을 '보편적인 진리'를 받아들이는 대가로 아시아와 한국의 전통적인 종교적 영성을 잃어버리고 '문화적 고아가 되어 잡종 인간'이 된다는 것은 신의 뜻이 아닐 것이다. 그래서 변선환은 "아시아 사람은 아시아 사람처럼 생각하고 살아갈 때에만 구원받는다"고 명쾌하게 규정한다. 당시로서는 그리고 아직도 이단적인 당돌한 선언이다. 그러한 맥락에서 동서 전통을 대표하는 기독교와 불교의 대화는 큰 의의를 갖는다. 그 문제에서 그는 존 캅이 지향한 '상호 보완과 상호 변혁' 주장에 동조한다. 그것은 '이것이냐 저것이냐'(either~or~)의 흑백논리를 넘어선 '양쪽 다'(both~and~)의 논리이다.

그 점에서 캅의 입장은 1) 유사성을 강조한 폴 틸리히의 역동적 유형론, 2) 종교 간의 차이는 같은 산 정상을 향하는 다른 길이라는 인도인의 상대주의, 3) 세계종교는 '복음에로의 준비'라고 보는 가톨릭의 보편주의적 성취설, 4) 타종교를 신의 심판 아래 있다고 보고 개종주의 선교를 주장하는 바르트주의자들의 배타적 대치설을 넘어선 '제5의 길'이다. 그와 동시에 더 구체적인 측면에서 캅은 자기 정체성을 잃지 않는 다양성을 강조하는 '고백적 세계신학'(confessional global theologies)을 내세우고 '그리스도 중심 보편 신학'(Christocentric catholic theology)을 지향한다(앞의 경우, '신학'을 복수로 표현한 것은 통일성보다 다양성을 강조하는 캅이 그만큼 다양한 종교들의 독립적 정체성을 드러내기 위함이다).

변선환은 캅과 달리 두 종교의 유사성을 강조해야 열린 대화가 가능하다고 말한다. 그것은 틸리히를 비롯하여 존 힉, 니니안 스마트 등 이론가들과 틱 낫 한, 간디, 서산대사, 원불교(정산종사), 함석헌 등 많은 종교지도자가 보여준 가장 일반적인 입장이다. 그 점에서 캅은 끝까지 자기 신앙(기독교)의 끈을 놓지 않는 모습을 보여준다. 다원주의의 두 축인 통일성(unity)과 다원성(diversity) 가운데 다원성을 유달리 강조하지만. 다른 종교도 또한 특수성을 주장할 수 있음을 인정하는 태도이므로 독선적이라 할 수 없다. 서로 회통될 수 있는 강조의 차이다. 그와 달리 유사성과 통일성을 강조한 변선환이 특별히 무리한 주장을 편 이단아라 볼 수 없다. 그럼에도 그가 교단 신학교에서 해임된 사실은 한국교회가 아직 배타주의 단계에서 못 벗어나고 있음을 증명한다.

다른 아시아 신학자들과 동조하여 변선환은 서구 신학이 그동안 걸어 온 과정에서 등장한 타종교관에 대한 비판을 쏟아낸다(아마 그 수준에 머물러 있거나 못 미치는 한국 신학을 염두에 두었을 법하다). 그 한 가지가 중국에 기독교를 소개한 마테오 리치가 취한 '그리스도만이 유교의 불완전성을 극복시켜 주고 보완시킨다는 보유補儒의 입장'이다. "그러나 유교는 불교와 도교와 함께 단순히 복음 안에서 온전하게 성취되기까지 대기실에서 기다려야만 하는, 그런 격이 낮은 가련한 종교이기만 한 것일까?" 하고 변선환은 한탄하고 나아가서 가톨릭의 사사로운 성취설의 한계도 지적한다.

그 흐름에서 나온 칼 라너의 '익명의 그리스도인' 주장은 '포괄(내포)적 기독론 중심주의'이다. 한스 큉의 '가능적 크리스천'이나 파니카의 '힌두교 속의 미지의 그리스도'도 라너와 같은 기독교 중심 내포주의 범주에 속한다. 변선환은 종교와 이념을 넘어서 '우주적 그리스도'를 실존적 응답으로 일면 긍정하면서도 그것을 기독교 울타리를 넘어서 보편적으로 적용하는 것에 대하여 회의적이다:

그러나 우리 크리스천들은 인간의 선하고 아름다운 것들을 모두 그리스도의 것이라고 독단적으로 주장해도 좋은 것일까? 불교도들이 우리를 향하여서 '익명의 불교도'라고 부른다면 어떻게 할까? 포괄적 보편주의적인 익명의 기독론 속에도 여전히 '그리스도 파시즘', 기독론적 제국주의가 교묘하게 숨어있는 것이 아닐까? … 만일 예수만이 온 인류를 위한 결정적 진리이고 신의 계시의 결정성(decisiveness)이라면 타종교인들은 간접적이지만 다만 그리스도 안에서 실존적 해답을 얻고 기독교로 개종하기 위해서만 존재하고 있는 것이 아니겠는가?(변선환, 1985: 97)

그는 그러한 "포괄적 보편주의(내포주의, inclusivism) 기독론에서도 역시 타종교(불교)와의 대화는 결국 끊어지게 된다"고 판단한다. 그렇긴 하지만 과연 기독교 중심 내포(포괄)주의자의 '익명의 크리스천'처럼 불교도 '익명의 불교도'를 주장하도록 허용할 수 있다면 그것은 (상대적 절대주의처럼) 그만큼 나아간 셈이 아닐까. 그러나 가톨릭 신학자들의 내포주의 담론에서 그런 가능성을 인정하는 명시적인 표현이 발견되지 않는다는 점에서 변선환의 의문이 이해된다. 변선환의 눈에는 칼 라너나 한스 큉의 "보편적(우주적)인 그리스도 중심 포괄주의는 '그리스도밖에는 구원이 없다'는 전통적인 배타주의를 약간 부드럽게 말하고 있는 배타주의의 새로운 대체물, '소프트 배타주의'에 불과한 것이다." 한스 큉은 "기독교 중심, 유럽 중심주의라는 역사적 제약에서 해방되어 있지 않다"(변선환, 1993: 171-172).

이 점에서 아시아 신학자들은 경계심을 갖는다. 특히 인도의 신학자들은 '지구윤리'를 '일방적인 유럽의 소리, 기독교의 숨겨진 문화 제국주의', '제국주의적인 음모'라고 혹평했다. 나중에 한스 큉이 "신 중심 다원주의 기독론의 형성이라는 새로운 모험의 길에 나섰다"는 점에서 좁은 기독론에서 벗어나긴 했지만 한 종교의 틀을 벗어난 것은 아니다. '세계윤리' 헌장 제정 운동에 앞장선 입장에서 모든 종교가 공유하거나 합의한 것이 아니고 한 종교(기독교) 중심의 윤리만을 내세울 수는 없다. 내포주의와 다원주의의 경계선에 서 있는 한스 큉의 한계다(하지만 세계가 통제 불능, 도덕 부재의 위기 앞에서 무언가 타협점을 찾아야 한다는 점에서 아시아 종교가 자기 전통의 정체성과 순수성만을 고집하는 것도 올바른 태도라고 볼 수 없다).

아시아 전통의 한 대간인 힌두교의 경우, 변선환이 주목한 관용성은 '하나와 여럿'으로 표현된다. 그것은 그가 인용한 대로 근대 인도의 대표적 성자인 라마크리슈나의 증언 속에 나타난다.

> 진리는 이미 구라파의 것도 아시아의 것도 아니며 당신의 것도 나의 것도 아니다. … 나는 모든 종교를 실천했다. 힌두교도, 이슬람교도, 기독교도, 나는 인도의 여러 종파의 길을 걸었다. … 모든 사람이 종교의 이름으로 싸우고 있는 것을 본다. … 얼마나 웃기는 일이냐! … 실재는 하나이다. 그러나 여러 가지 다른 이름을 가지고 있다. 각자는 동일한 실재를 찾고 있다. 다만 기후와 기질과 이름이 다를 뿐이다(변선환, 1993: 178).

라마크리슈나는 예수나 마호메트 등과 동일시하는 환상도 경험할 정도로 종교의 담을 넘는 깊은 종교체험을 하기도 했다("신은 하나이지만 여러 가지 이름으로 부른다"는 말은 베다 경전에 나오는 표현으로 다원주의 신학자 존 힉이 그의 신관, 실체관을 뒷받침하는 근거로 제시하는 문구이다).

변선환은 "21세를 향하는 종교 간 대화는 동과 서의 두 세계종교의 새로운 종합에 의한 새로운 메시지, 참된 새로운 혼합주의 문화와 종교, 새로운 토착화된 종교신학을 낳아야 하는 위대한 과제를 갖고 있다"고 규정한다(변선환, 1993: 183). 그 맥락에서 그는 한국 신학의 형성을 희망한다. 당시에 두 가지 흐름이 형성되고 있음을 주목한다. 토착화신학(감신대 중심)과 민중신학(한신대 중심)이다. 이것은 에큐메니칼(교회일치, 종교일치) 운동이 낳은 신학적 열매이다.

여기서 변선환은 종교 간 대화의 필요성을 인식하고 있다. 서구 신학자, 종교학자들이 주장하는 대로이지만 한국의 현실에서 더욱 절감한다. 구체적으로 동, 서를 대표하는 두 종교(불교, 기독교)의 대화와 변증법적 종합을 기대한다. 두 종교 간 현실적, 잠재적 갈등이 첨예한 한국 사회가 그 실험장이 될 수 있다. 차이보다 유사성을 중시한 변선환은 가장 전형적인 종합의 사례로 무아와 자기 버림(희생)을 통한 사랑과 자비의 일치를 향한 실천을 제안한다.

> 기독교 행동주의자들의 예언자적 정신은 불교의 명상체험에서 신비체험의 지혜를 배우며 에고ego에서 벗어나는 초탈(detachment)의 훈련을 할 필요가 있다. 기독교의 사랑행은 끝없이 에고를 부정하고 또 부정하는 무의 체험을 통하여 세계를 향하여 나서는 대승불교의 보살도주의에 나타난 대자대비심大慈大悲心에서 배우며 보완되어야 할 것이다(변선환, 1985: 100).

예수가 십자가에서 보여준 자기희생 정신과 '나보다 남을 먼저' 구제하는 보살의 이타利他행이 마주친다. 기독교 실천의 핵심인 사랑과 불교 수행의 핵인 자비가 다를 바 없다. 상징(표현)과 배경이 다를 뿐이다. 진정한 사랑은 자기(ego)를 비워야 가능하다. 무아 속에서만 사랑이 드러난다. 불교의 특성적 개념의 하나인 무아를 통해서 사랑의 실천적 의미가 명확해진다. 반대로 사랑을 통해서 보살행의 의미가 분명해진다. 자비의 화신인 보살(bodhisattva)의 수행목표는 진리 인식과 중생교화(上求菩提/下化衆生) 두 가지다. 기독교는 정의의 신을 섬긴다. 신의 정의는 사회정의의 구현을 통해서 실현된다. 불교가 배울 점이다. 사회 구원과 세계 구원이 곧 중생구원이다. 이 문단에서 변선환은 세계 구원을 위해서 불교와 기독교가 대화하고 함께 가야 할 이유와 방법을 잘 짚어내고 있다.

변선환과 같이 종교 간 대화를 강조하는 서구 종교신학자들이 지적하듯이, 자기 종교에 대한 확신은 대화가 가져오는 또 하나의 중요한 소득이다. 개종 당할 우려 때문에 대화를 두려워할 필요가 없다는 것이 한국 종교인들이 유의할 점이다. 대화를 넘어서 상호 변혁까지 내다보는 신학자 존 캅은 진정한 다원주의자라면 (자기처럼) 개종까지 각오해야 한다고 말한다. 변선환은 존 캅에 못지않은 열린 다원주의 신학자로서, 한국 신학자로나 종교계를 통틀어서도 가장 앞서간 종교학자로 자리매김될 만하다. 1970년대 후반 전후부터 WCC 총회(1983, 밴쿠버)를 포함, 그는 다원주의 신학을 개진하고 발표했다. 그것은 투쟁이고, 두 차례의 '종교재판'(1978, 1982)을 받은 '뼈아픈 체험'이었다(2005: 345).

그즈음은 기독교('복음')가 한국에 선교된 지 200년이 된 시점이었다. 당시 한국 신학의 수준이 어디에 와있었는가. 그것을 가늠하는 정보를 변선환이 한 신학자대회(1985)를 참관하고 기술한 소견에서 얻을 수 있다(2005: 261). 그 대회는 ('삼위일체'로 표현하여) '성부파(보수 정통주의)와 성자파(에큐메니즘 주류파)와 성령파(카리스마 운동)을 대표하는 한국신학자들'을 망라한 회의였다. 이들은 '선교(개신교) 2세기를 향하면서 최소한도로 개종주의적 십자군 멘탈리티에서는 벗어나서 성취설 정도는 수용할 것이 아니겠는가는 제의에 거의 동의하였다." 성취成就설은 서구신학에서 다른 종교들이 다 이루지 못한 (신이 부여한) 구원의 목표를 기독교가 성취한다는 주장으로 보수적인 배타주의는 넘어선 것으로 내포주의(inclusivism)적 입장으로 볼 수 있다. 그러나 아직도 기독교를 우위에 둔 시각으로 다원주의에는 미치지 못했다. 변선환이 도달한 수준과는 거리가 멀다.

이 모임을 관찰하고 변선환은 한국교회가 나가야 할 방향을 몇 가지로 제시한다. 1) '한국적인 종교신학을 주체적으로' 수립해야 한다. 2) "한국기독교의 세 주류가 서로 대화하면서 교회의 일치를 향하여 신학적으로 접근시켜 나가야 한다. … 통일된 하나의 조국 코리아, 인간화된 하나의 세계를 구현시키기 위하여서 우리는 '오직 기독교만'이라는 낡은 배타적 독선을 버려야 한다." 3) "한국 개신교가 삼위일체 신앙고백 속에서 하나가 되기 위하여 우리는 서로 신학적 의견을 절대화시키고 우상화하지 말고 열려진 대화를 통하여 상호 변혁하고 상호보충하는 새로운 선교신학을 지향하여야한다." 4) "한국과 지구촌 인간화는 '기독교 하나만' 가지고서는 이루어지지 않는다. 다원 시대를 사는 우리는… 타 종교와 세속 이데올로기 신봉자들과의 열려진 대화가 필요하다는 것을 안다. … (이것을) 망각하고 있는 신학자나 목회자는 이미 시대착오에 빠진 낡은 시대의 일꾼일 뿐이다. … 개신교는 최소한도로 타종교에 대한 성취成就설까지는 받아들여야 한다. … 예수는… 모세의 율법종교를 파괴하지 않고 온전하게 성취시키려고 오셨다"(마태복음 5:14)(변선환, 1985: 261-262).

이후 한 세대가 훌쩍 지난 지금 시점에서도 더 이상 바랄 수 없는 바람과 요구로 보인다. 그만큼 한국신학은 진화하기는커녕 정체 아니면 퇴행한 상태가 아닌가. 신학자들의 철저한 내부 진단이 요청된다. 몽매한 신도들만 볼모로 잡혀있는 형국이 아닌가. 그것은 죄악이다. 위에 기술한 사항들은 한국교회가 도달해야 할 이정표와 평가 기준이 되기에 충분한 조건들이다.

이 정도의 수준에 이미 도달한 변성환에 대해서 더 이상 논의할 필요가 없지만 몇 가지 궁금증을 자아낼 수 있는 문제들을 짚어 보자. 변선환이 신학의 형성 과정 중 어느 시점에서 다원주의적 전환을 경험했을까. 따로 더 추적해봐야 할 사항이지만 그 배경에서 여러 가지 요인이 작용했을 것으로 추정된다. 비슷한 경우로 역시 크리스천으로서 산 함석헌은 그 전환점을 50대로(1950~1960) 말했다. 그는 전통적인 종파의 배경이 없이 독자적인 결단이었지만(그가 의탁한 무교회주의나 퀘이커 신앙은 정통 교파가 아니었다) 변선환은 주요 교파의 하나인 감리교 소속 목회자, 신학자였다.

종교 배경을 떠나서 일반화의 위험을 무릅쓰고 말해본다면 한국인은 타고난 다원주의자라고 할 수 있다. 나중에 상술하겠지만, 그것은 고구려 말기에 연개소문이 삼교정립三敎鼎立론을 내세운 일까지 거슬러갈 수 있다. 언젠가부터 유전인자 속에 입력되어 있는 사유방식이라 가정할 수 있다. 그 맥락에서 한국인은 개종이 아닌 가종加宗만이 있을 뿐이라는 주장(황필호)에는 일리가 있다. 무교를 비롯 역사적으로 받들어 온 종교와 신앙이 축적되어 있는 (윌프레드 스미스가 말한) 축적된 전통(accumulative tradition)인 셈이다. 그러므로 우리는 원래의 상태로 민족종교에서 말하는 반본환원返本還元하면 된다. 생물의 진화에서 동물이 태어날 때 태아기 중 여태까지의 진화 과정을 반복한다는 선조반복(recapitulation) 원리와 상통되는 정신적인 진화다. 다만 (이조시대 유학처럼) 배타주의적인 외래 종교가 정치와 결탁될 때 사회적 갈등이 발생하게 된다. 보수적인 선교사들이 가져온 기독교도 같은 사례. 변선환이나 함석헌은 여기에 휘둘리지 않았을 뿐이다. 사실 민중들은 휘둘리지 않고 어떤 신앙이건 다 수용했다. 그것을 조직 종교들이 억압했다.

변선환도 해당할 수 있는 일반론을 떠나서 다른 요인으로 교파 전통이 변선환에게 다소간 영향을 끼쳤을 가능성을 배제할 수 없다. 보수 교회들과 달리 감리교에는 부분적이지만 배타주의를 벗어난 전통이 연면히 흐르고 있었다. 그것은 최병헌-윤성범, 유동식-변선환으로 이어진다. 그 씨는 일찍이 최병헌(탁사, 1858~1927)이 심어놓았다. 유동식과 변선환은 그에 대한 논문을 각각 남겼다. 방대한 분량의 논문 "탁사 최병헌과 동양사상"(변선환, 1985: 249-367)에서 변선환은 서구에서 전개된 기독교의 타종교관 전개 역사를 상세하게 요약한다(274-304). 중국에 선교한 마테오 리치에서부터 윌프레드 스미스, 존 힉, 존 캅에 이르는 종교신학자들과 WCC 회의의 논의를 망라한 자료집이다. 나아가 그 자신의 소견과 주장을 펴고 있다. 지나칠 수 없는 한국 신학의 밝은 단면이다.

타종교관 발전사 요약은 그 나름의 자료 수집을 통한 포괄적 내용이다. 그것은 하버드 종교철학자 윌리엄 어네스트 학킹William Ernest Hocking(1873~1966)에 대한 기술에서 잘 드러난다. 다원주의 사상의 역사에서 특별하게 다루어지지 않은 학킹의 진보적인 종교관이 여기서는 크게 부각된다.[14] 그럴만한 참신한 내용이다. 현대 다원주의 담론장에서도 돋보일만한 주장들이다. 학킹은 저서 『살아있는 종교들과 세계 신앙』(Living Religions and a World Faith, 1940)을 통해서 세계종교와 세계종교의 신학을 다룬 선구자였다. 시대적, 문화적으로 나타난 기존 '세계종교의 특수성과 다양성'을 반영하여 '보편적인 요소로 모든 종교를 수렴하여 이해하려고 하는 보편주의'를 제의한다. 성취成就설에서 더 나아간 학킹의 '신新성취설'은 이후 전개된 현대신학의 줄기들, 세속화신학(Cox)-정치신학(Moltmann)-해방신학-종교신학의 발전에 디딤돌이 되었음 직하다(변선환, 1985: 286-287).

학킹은 지역주의가 깨지고 '하나의 세계'(one world)가 형성되어가고 있는 시점에서 '하나의 세계종교'(one world religion)의 출현이 요청된다고 보았다.[15] 이 시점에서 보더라도 과감한 주장이다. 세계종교는 여러 종교 속에 내재하는 '보편적인 종교성'(religiousness)을 기반으로 창조된 '하나의 세계 신앙'(one world faith)이다.[16] '신앙'의 강조에서 두 종교신학자와 만난다. 따로 논의한 대로 콕스는 '신앙의 미래'에서 종교성과 신앙을 중시하고, 윌프레드 스미스는 종교를

---

14 필자가 학킹에 대하여 알게 된 것은 함석헌의 글을 통해서였다. 그가 미 국무성 초청으로 1962년쯤 미국을 처음 방문했을 때 학킹을 면담했다고 한다. 미국 대사관(서울) 문정관을 하던 그레고리 헨더슨의 소개로 하버드에서 은퇴하여 뉴잉글랜드 지방 농촌에 은거하고 있는 학킹을 만났을 때 "(내 나이로 보면) 당신은 젊은이야!"(You are a youngman)는 말만 기록하고 무슨 말을 더 주고받았는지는 언급하지 않았지만, 함석헌이 학킹의 사상과 (기독교 사상의 발전을 위한) 공헌을 알고 만났다면 꽤 진지한 대화가 될 법했다. 사상적으로 두 사람은 많이 상통할 수 있기 때문이다.

15 이와 비슷하게 함석헌도 그 시점에서 2차 세계대전이 끝나면 새로운 세계질서, 즉 인류가 개인주의, 국가(민족)주의 단계를 지나 세계주의 단계로 이행하리라고 전망했다. 동시에 새 종교가 나올 것을 희구했다.

16 함석헌도 '신앙은 하나'라 말한다.

신앙과 축적전통으로 정의했다. 학킹이 말하는 보편적 '종교성'은 1) 의무와 책임 관념의 보편성(신이 근거), 2) 우주적 요소로서의 정의正義관념(신이 근거), 3) 영생(영혼 불멸)의 신앙, 4) 인간과 신을 연결하는 중보자의 필요성을 내포한다(변선환, 1985: 288-289).

보편주의의 시각에서 기존 종교의 중보자들은 한계를 갖는다: "신은 그가 창조한 세계 속에 계신다. 그러나 석가와 예수와 마호메트는 저들 자신의 독방(private closets)에 살고 있을 뿐이다. … 세계 시민으로서의 정신에 눈뜨고 있는 오늘에 있어서, 우리는 다시 저들의 독방으로 돌아갈 수는 없다." 세계 종교들이 서로 다른 종교 속에 나타난 진리와 가치를 포괄하고 수렴하도록 요청하기 때문이다(변선환, 1985: 290). 학킹은 기독교를 이상과 현실로 구분하고 역사적 현실로서의 '경험적 기독교'가 결함과 제약을 가진 '여럿 가운데 하나의 종교'일 뿐 진정한 세계종교가 될 자격이 없다고 판정했다. 모두 새로운 종교개혁을 요청한다. 비-서구 문화권에서 '경험적 기독교'가 구원에 이르는 '유일한 길'(the only way)이라는 교리를 내세우는 개종주의 선교는 시대착오요 공허한 교만이다. 그 같은 기독교는 타종교에 의하여 시정, 보완, 재정립되어야 한다. 학킹은 한 분이신 신의 뜻이 모든 종교 속에 계시되고 있다고 믿는다.

그러나 그것만이 학킹의 개혁적 종교관의 전부는 아니다. 다른 한편으로 현실이 아닌 이상으로서의 기독교와 예수는 독특성을 갖는다. 학킹은 기독교의 위대성을 '상상할 수 없는 깊이와 아름다움, 힘'을 예수의 상징에서 찾는다. 예수는 신과의 직접적인 합일을 통하여 위대한 삶을 살아나간 가장 가까이할 수 있는 모범, 즉 종교적 삶의 최고 표현이다. 예수는 신의 최고의 화신(incarnation, avatar)이다. 예수는 역사 속에 절대적 표준, 사랑의 표준을 처음으로 가져오신 분이다. 전형적인 첫 예언자 예수는 관념이 아니라 구세주이다 (변선환, 1985: 292-294).

이렇게 학킹의 주장을 요약한 변선환은 '신앙'을 강조하는 학킹의 신학이 '하나의 신앙의 신학'을 주장하는 하버드의 종교학자 월프레드 스미스에게 계승되었다고 보았다. 스미스는 신앙을 매개로 세계종교를 종합하려고 시도했다. 특수성을 무시하는 무분별한 종합이나 유합(syncretism)이 아닌, 통일성(unity)과 다양성(diversity)을 유기적으로 아우르는 다원주의적, 변증법적 종합이다(신앙과 다원주의적 종교관의 면에서 하비 콕스도 학킹을 계승했다고 할만하다. 다 하버드 서클이다. 그것은 더 거슬러 올라가서 윌리암 제임스가 원천이라 할 수도 있을지 모른다. 그는 하버드에 철학과를 개설하고, 최초의 심리학 개론을 만들고 종교학의 고전 '다양한 종교체험'(The Varieties of Religious Experiences)을 저술한 인문학의 종합 꾸러미였다. 학킹도 종교, 철학, 신학을 아우른 정통 인문학자였다). 이들 하버드의 지성이 밝히려고 하였던 것은 세계종교로서의 기독교의 보편주의 정신이었다.

이와 같이 값진 정보를 제공한 변선환은 다른 종파가 아닌 감리교에 속해 있었기 때문에 관용적인 다원주의 신학을 전개할 수 있었을지 모른다. 감리교의 창시자 존 웨슬레는 교회가 아니라 세계를 선교의 무대로 보는 선교신학을 제창했다. 그것을 토대로 최병헌이 일종의 비교종교학적 종교변증의 신학을 전개했다. 종교변증은 호교론護敎論(apologetics)에 상당한 개념이다. 자기 종교를 변호하는 내용이다. 변선환이 지적한 최병헌과 그의 저술의 한계다.

최병헌의 두 가지 저술이 관련 자료다. 그 하나인 『만종일련萬宗一

爛』('세계종교 맛보기'의 뜻?)(1922)은 일종의 세계종교론이다. 세계종교를 망라하기보다는 동아시아의 주류 종교인 3교(유 · 불 · 선)와 기독교를 중심으로 분석한 것으로 유대교, 이슬람, 힌두교가 빠져있지만, 동서를 대표하는 두 종교, 즉 기독교와 불교가 포함되어 있으므로 축소판 세계종교인 셈이다(지금 시점에서는 호교론적인 세계종교는 대학 교재로 채택될 수 없다). 네 종교를 대조하는 과정에서 사용된 구체적인 척도는 유신론有神論, 내세론, 신앙론 등 세 가지다. 전통적인 세 종교(유 · 불 · 선)가 각각 한 가지 이상 결핍되거나 불완전하다. 불교는 유신론이 없고, 유교는 내세론이 없다. 오직 기독교만이 온전하게 갖추어져 있다. 종교 간의 우열이 가려지고 승자는 기독교이다. 기독교만이 참 종교(眞宗敎)이고 동양 종교는 그리스도의 복음 안에서 온전하게 되기 위한 '복음에로의 준비'로서 성취의 도상에 있다. 그래서 변선환은 최병헌의 접근법은 많은 장점과 선구적인 공헌에도 불구하고 기독교 중심의 성취론의 변형인 마테오 리치의 보유補儒성취론 수준으로 많은 한계를 지닌다고 평가한다.

최병헌의 또 다른 저작은 『만종일련』(1922)보다 앞서서 신소설 형식으로 쓴 『성산명경聖山明鏡』(1912)이다. 이 저서를 변선환은 존 번연의 『천로역정』에 비견했다. 3교(유 · 불 · 선)를 대표한 선비, 승려 · 도사 · 기독자(신천옹)가 종교 대화를 나누는 기발한 이야기다. 개화기 신소설로 문학적으로도 높이 평가된 작품이다. 교리들의 만남이 아니라 종교인들끼리 대화하는 형식은 종교신학, 세계종교의 신학을 추구하는 학자들도(스미스, 캅 등) 선호하는 방식이다. 대화를 통해서 추구하는 상호 변혁(transformation, metanoia)의 주체나 객체는 사람이지 종교 자체가 아니다. 그러나 이 책의 한계는 있다. 변선환이 보기에 "결국 선교사 신학에 의해서 지배되고 있는 도그마를 가지고 타종교인을 비판하고 저주하는 배타주의 개종주의의 입장"을 취하고 있기 때문이다(변선환, 1985: 353). 소설 속에서 세 종교인은 기독자(신천옹)과 대화를 주고받으면서 결국 설득당해서 기독교로 개종하겠다고 고백한다[17](적어도 강제된 신앙이 아니라 비폭력적 설득으로 자발적 개종으로 유도된 개종이라는 점에서 이 책의 공덕은 있다. 시대적 한계 속에서 최병헌은 최선을 다했다 할까).

최병헌의 한계와 더불어 대단한 공헌도 인정한 변선환은 최병헌을 마테오 리치Matteo Ricci에 비견하면서, 유교에 유화적인 자세를 취한 리치보다 최병헌이 한 걸음 더 나아갔다고 평가한다. 리치는 중국인의 상제와 기독교의 천주를 일치시켰는데(上帝卽天主), 최병헌은 동양의 하늘과 서양의 하늘을 일치시켰다(西洋之天卽東洋之天). 더 적극적인 표현이라는 것이다. 하늘에는 국경이 없다. '하늘'이 인격적인 신(하느님)을 가리킨다고 해석된다. 일상어휘 속에 용례("하늘도 무심하시지!", "하늘이 두렵지 않느냐!")가 있다. 중국어(天)와 인도 고전어(deva)에서도 마찬가지다. 하늘처럼 신도, 특히 유일신이라면 동서로 나눌 수 없다. 한 신이다. 변선환은 최병헌의 신학에서 그가 (스미스와 더불어) 추구하는 '종교신학'이나 '세계종교의 신학'의 가능

---

17 두 자료에서 나타난 최병헌의 접근법은 거의 동시대의 종교사가 이능화의 비교종교 저술(『백교회통』, 1922)과 대조된다. 따로 상술하겠지만, 이능화는 명시적으로나 암시적으로 특정 종교로의 개종을 숨은 목표로 삼지 않는다. 서로 상통(회통)할 수 있다는 이치를 밝힐 뿐이다. 다만 누구에게나 선호가 있듯이 (개인적으로 그가 선호하는) 불교의 교리를 비교의 공통적인 축으로 삼고 각 종교의 동이(同異) 점을 밝히는 형식이다. 최병헌처럼 한 교파의 사제나 신학자의 위치에서 조심스럽게 개종을 유의해야 할 입장에 서 있지 않았다. 객관적, 과학적 탐구를 위주하는 재야 학자, 선비였을 뿐이었다.

성을 엿보았다.

'한국적인 종교변증의 신학을 전개한 한국 토착화신학의 선구자인' 최병헌의 신학을 이어받아 이후 감리교 신학자 윤성범과 유동식은 토착화신학의 건립에 기여한다. 윤성범은 삼위일체 교리가 단군신화의 삼신三神일체설 형성에 영향을 미쳤다고 추리하고(윤성범, 1964: 60-70), '기독교적 유교'(Christian Confucianism)를 제창했다. 유동식은 '도道와 로고스'를 접목하는 토착화를 제시하고(유동식, 1978: 17-27) '풍류' 신학을 제창하는 등 토착화신학의 토대를 구축했다.[18] 그 흐름 속에서 변선환은 서구에서 전개된 다원주의 종교신학을 주목하고 기독교와 동양·한국종교의 대화와 상호 보완을 추구했다.

남은 문제는 공고한 보수 근본주의의 벽 앞에서 이에 대응하는 토착화신학, 민중신학, 다원주의 종교신학이 종교(교단) 내부에서 이들 신학자와 목회자·교파지도자와 평신도 간의 간격을 줄이고 단합된 세력이 될 수 있느냐는 것이다. 소수의 종교신학자만 아니고 전체가 진화하는 일이다. 변선환에 대한 교단의 징벌은 그 반증이다. 반면에 보수 교단은 진화를 역행하는 정체, 퇴행의 상태에서 아무런 간극 없이 잘 단합된 모습이다. 그것은 보수 교파 총회장의 발언에서 드러난다. 주요 교파의 하나인 대한예수회장노회 총회장(장규환)의 글("다원주의 논쟁에 대한 정통 개신교의 입장")의 일부이다. 한국기독교(개신교)의 수준이 어디에 머물러있는지 짐작할 수 있다. 놀랄만한

---

18 '풍류'는 (문학적인 낭만과는 무관한 이두식 표현으로) 고유한 민족종교를 일컫는 말이다. 최치원의 기록에 나오는 말로 3교(유불선)를 내포한 구조로서 다원주의 내포(포괄)주의(inclusivism)나 다원주의와 부합되는 개념이다.

내용과 표현이 담겨있다(왜 이 책이 나와야 하는지 이해가 갈 것이다).

근간 한국의 기독교는… 정통적 유산이 허물어져 가고 30년 전… 토착화 논쟁'이 재현되고 있다. … 세계 전반을 휩쓸고 있는 다원주의의 기독교 침투로 말미암아 예수 그리스도의 얼굴이 쉽게 석가모니, 공자, 모하메트, 단군의 얼굴로 바뀌어지며 이제는 뒷짐에서 객사한 처녀, 총각의 원귀로 나타날 날도 별로 멀지 않은 것 같다. 지난 2월 초 호주 칸베라에서 열렸던 제7차 WCC 총회에서 이것이 입증되었다. 이대 정현경 교수의 해프닝은 세계는 물론… 논란을 일으켰고 종교 다원주의의 쇠망치는… 신학대학에까지 강타했다. 감신대의 변선환 교수의 발언은 교수 자격까지 의심… 정통적 기독교가 세속주의와 혼합주의에 물들어감을 느낀다. 더구나 정현경 교수의 신학적 해프닝은 마치 한국기독교가 한풀이의 종교인 양 세계에 소개되어 버렸다. … 주제 강연은 한국 토착종교를 기독교화하려는 의도로 보인다. WCC의 주제는 "성령이여 오소서"였다고 한다. … 한국의… 기독교계에서 개명한다면, "망령이여 오소서"로 했다면 어떨까. … WCC의 종교신학 발전과 더불어 해방신학, 민중신학, 흑인신학, 여성신학… 다원적, 혼합주의적 신학들의 한국 침투로 말미암아 성스럽고 복음적이던 한국의 기독교회가 서서히 무너져 내리는 안타까운 마음을 금할 수 없다. 변선환 교수의 주장은 기독교가 지금까지 지탱해왔던 절대성을 여지없이 무너뜨리는 발언을 하고 있다. 그는 20세기 후반기에서 기독교의 절대성 유지는 시대적 착오라는 망발을 하고 있다. "샤머니즘, 유교, 불교의 절충적 분위기 가운데 소수파인 기독교가 감히 예수 그리스도만 구세주라고 할 수 있느냐' 하는 터무니 없는 질문을 하고 있다. … 가령 '예수'란 말을 사랑이란 말을 표현하면 불교에도 이런 뜻을 발견할 수 있고… '보살'로도 나타날 수 있다고 한다. 이와 같은 해석은 WCC 와 NCC의 신학적 영향으로 본다(장규환, 1992: 260-265).

연이어 이 글은 '다원주의의 문제점'을 지적한다. 그 한 가지로 "힌두교 문화권의… 사마르타… 가톨릭 신학자 파니카의 경우처럼, 힌두교 안에서도 '무명의 그리스도'가 있다고 하는 범신적 입장에 선다고 한다면 브라만 밑에 서성거리는 '다른 그리스도'가 만들어질 것이다. 또한 하나님의 영광은 인간의 영광으로 대치될 것이다." 그 결과로 그는 '기독교의 유일성과 절대성의 여지 없는 붕괴'가 초래될까 걱정한다.

그것을 변호하기 위하여 그는 이어서 '기독교 정통주의로 본 그리스도의 유일성'을 본격적으로 다룬다. 장로교의 정통성을 바울-어거스틴-칼빈의 계보에서 찾는 그는 "정통적인 장로교의 목사로서 이 기독교의 경전인 성경과 칼빈의 입장에서 기독교의 유일성과 절대성을 변증"하고 세 가지로 요점을 기술한다(장규환, 1992: 262-265).

1) "기독교는 성경이 절대적 영감으로 쓰여졌고 우리를 창조하신 하나님의 계시적 말씀의 권위가 성경에 있다고 믿는다." 소위 '축자영감逐字靈感설을 가리킨다. 그것은 성경의 모든 말씀이 신의 계시에서 나온 만큼 일자일획도 바꿀 수 없다는 문자주의다(그것을 반대하여 문서 비평의 방법도 수용한 새 교파가 탄생했다. 바로 김재준 목사가 창시한 기독교장로회(기장)로 사회정의와 참여를 강조하고 민중신학을 배태했다. 한국신학대학이 만들어지고 한신대로 발전했다. 그 전통에서 문익환 목사가 주도한 민주화 · 통일 운동의 한 센터가 되

기도 했다).

2) "예수 그리스도만이 인간의 구주가 될 수 있고, 그는 처녀의 몸에서 태어났으며 십자가에 돌아가신 지 사흘 만에 육신이 살아나심으로 우리의 확실한 구주가 되셨다. 그는 또 심판자로서 이 땅에 다시 오신다는 약속을 하셨고 우리는 이를 믿는다. 이를 믿는 자는 영생하게 된다." "그가 이 땅에 오신 목적은… 구원과 심판이다. 그러므로 기독교를 제외한 모든 세상의 종교는 구원과 심판의 대상은 될 수 있으나 그 자체가 기독교와 연합하여 세상을 구원한다는 말은 있을 수 없는 것이다."

3) "교회는 예수 그리스도의 몸으로서 교회를 통하지 않고는 구원에 이르지 못하며, 따라서 교회 밖에서나 타종교에서의 구원은 없다." 예수 그리스도는 "천국 문 열쇠를 그의 수제자인 베드로에게 맡겼다." "세계를 복음화 한다"는 것은 '세계의 교회화'이다. 그러므로 '교회 밖의 구원'은 성서의 뜻과 맞지 않고 '교회의 확장이 곧 하나님 나라의 확장'으로 봐야 한다. 칼 라너의 "익명의 크리스천이야말로 그 자체가 교회를 통해 드러난 크리스천이 되어야 할 것이다." "그러므로 종교다원주의적인 공존의 대화는 성경적이 아니다. … 교회는 주님의 피로 구속救贖함을 받은 백성들의 모임이지 사회개혁의 참모실이나 문화연구의 세미나실은 아니다. … 기독교 그리고 교회만이 하나님의 뜻이 있고 인류구원의 의지가 담겨있다. 이것을 생각하지 않는 구원은 생각할 수도 없다."

결론으로 교회 안팎 모두에게 그는 경고장을 날린다. 주님이 심판하러 구름 타고 오시는 날에 대비하여 "타종교, 타문화에 거하는 인간들은 이날의 화를 면키 위해 그리스도의 발 아래 또는 경건한 교회로 모여야 한다. … 예수 그리스도의 소식을 모르는 타종교의 우매함에 맞서 그리스도인들이 힘을 합쳐 그들을 주님 앞으로 인도하지 않고 연합하여 기독교의 정통성을 희석시키는 행위 역시 마땅히 정죄되어야 하며 회개의 재를 써야 할 것이다"(장규환, 1992: 265).

이것이 한국교회의, 나아가서 한국 종교의 현주소다. 마치 19세기 보수주의 선교사들의 선교지침 같이 보인다(그 연장선상에서 보면, 최근 한 개신교 성직자가 미국교포들에게 "석가모니는 태어나지 않았어야 할 존재"라고 말한 것도 전혀 이상하지 않은 일이다). 폭력적인 언어로 넘쳐난다. 폭력과 진리는 병행할 수 없다. 낡은 19세기 버전 그대로다. 컴퓨터로 말하면 186 버전이다. (루터의 종교개혁으로 개신교가 극복했다는) 옛 정통을 대표하는 구교(가톨릭)도 이 같은 단계는 이미 20세기 중반에 넘어섰다. 모든 것은 진화한다. 종교도 예외일 수 없다. 진화하는 신을 따라잡지 못하는 우물 안 개구리 시각이다(이 책 "미래의 종교" 장에서 월슈의 『내일의 신』 요약만 봐도 확인할 수 있다). 중국의 3교(유·불·도)의 교류와 발전에서 보듯이 종교도 변증법적 발전을 거쳐야 한다면(함석헌), 과연 대화를 통한 이해와 상호 보완이 가능할까. 대화도 거부하는 입장이 아닌가.

변증법적 종합은 이 땅에서 불가능하게 보인다. 대치, 상반되는 두 입장이 일단 각기 합리적 근거에 입각한 주장이라야지 대화나 종합이 가능해진다(동양종교를 배워 수렴, 종합하는 과정에 있는 서구 크리스천들이 이 현실을 본다면 뭐라고 말할까). 더 큰 문제는 이 보수교파들이 전체 신도의 절대다수를 차지한다는 사실이다. 국민 전체로 보면 적어도 절반 이상은 구원받지 못하고 나락에 빠질 운명이다. 일생을 걸고 선택해야 할 갈림길에 선 격이다. 이 종교냐 저 종교냐, 이 교파냐 저 교파냐.

　이 한편의 글을 다소 장황하게 인용한 것은 이 글 안에 우리가 여기서 다루는 주요한 주제들이 등장하기 때문이다. 다원주의 종교신학자들이 도달한 관점에 정면으로 배치되는 전체 그림을 우리는 보고 있다. 공덕이 있다면 우리가 다루는 주제들이 더 선명해진다는 점이다. 어떻게 보면 서구에서 논의되는 주장과 이론을 충실하게 우리에게 전해주는 메신저일 뿐인 변선환을 집중공격하는 것은 너무 지나치게 보인다. 세계적 추세를 거역하고 신도들을 외딴 섬에 볼모로 가두어 놓는 짓이다. 긍정적으로 해석해서 이것은 변선환에게 돌아갈 공이다. 결 따라 그보다 조금 앞서간 윤성범과 유동식의 신학도 더 살펴볼 가치가 있다고 여겨진다. 어떻든 감리교의 빛나는 전통이 지속되기를 기대한다.

맺는말

대화·공존을 넘어
화회(和會)·상생(相生)의
문화로

다원주의(pluralism)는 공동체나 사회의 종교의 다수성(plurality), 즉 다종교 상황을 규정하는 원리이다. 그 사상이 지향하는 목표는 무엇인가? 이 책에서는 두 가지로 설정된다. 하나는 (종교 간, 세계) 평화와 갈등 해소이다. "종교 평화 없이 세계평화 없다"(한스 큉). 그것은 종교(신자) 간 상호이해를 통해서 달성된다. 다른 하나는 인식론적인 문제다. 자기 종교만으로는 자기 종교를 바로 이해하기는 힘들다. 자신의 정체성을 밝히거나 파악하는 것은 오직 타자를 통해서, 타자와의 관계나 대비를 통해서 가능하듯이, 종교도 마찬가지다. 그것이 근대 이후 서구의 기독교가 걸어온 길이며, 종교학을 태동시킨 배경이다. 타종교의 이해를 통해서 자기 신앙을 확증하고 더 튼튼하게 만든다.

여기서 한 걸음 더 나아가 타종교의 이해는 자기 종교가 부족한 부분을 보완하게 해준다. 한 종교가 자체만으로는 완전할 수는 없다. 코끼리를 만지는 장님들처럼, 한 종교는 진리나 실체를 전체적이 아니고 부분적으로만 접근, 파악할 수 있다. 부분적 진리와 전체적 진리의 문제다. 이 점에서도 다원주의 학자들이 대체로 일치한다. 이들은 이론만이 아니라 구체적인 실천 방법을 제시한다. 주요한 실천 방법으로 종교 간 대화가 꼽힌다. 대화를 통해서 상호 이해와 자기 신앙의 확신과 상호 보완을 기대할 수 있다. 그에 그치지 않고 대화를 넘어서 상호 탈바꿈(변혁)을 주장하는 학자들(존 캅)도 있다. 종교들 가운데서도 동서를 대표하는 기독교와 불교의 대화가 대표적이다.

그 맥락에서 한 종교보다는 이중, 다중 신앙을 갖는 경향이 학자들만 아니라 일반 대중에게도 증가하고 있는 추세다. 기존의 신앙(기독교)을 버리지 않고 거기에 다른 종교를 추가하는 형태다. 서구에서는 추가 대상으로 불교가 큰 비중을 차지한다. 불교적 세계관과 참선, 명상을 채택한 사람이 많아지고 있다. 원래의 신앙은 문화처럼 자기에게 주어진 것이므로 버리고 싶어도 버릴 수도 없다. 그래서 한국인에게는 개종改宗이 아닌 가종加宗만이 가능하다는 통찰(황필호)에 일리가 있다. 다층적인 축적된 신앙이다.

오랜 문화를 갖는 인도인과 중국인도 똑같다. 중동 사람들도 비슷하다. 기독교인에게는 유대교의 요소가 기층을 이루고 이슬람교도에게는 유대교와 기독교가 두 층을 형성한 셈이다. 그렇게 보면 갈등할 이유가 없다. 서양인들은 지금 이중-다중 종교 신앙인임을 서슴없이 말한다(미국인 현각 스님도 자신은 크리스천이라고 고백한다). 자기 신앙을 스스로 조립하는 형식이다. 이제 기존 신앙의 틀을 벗어난 '자기-영성'(self-spirtuality)의 시대가 되었다. 사실 종교의 역사를 살펴보면 —캔트웰 스미스의 학설에 따르면— 모든 종교는 여러 종교의 요소를 함유한다. 어떤 종교도 혼합주의적인 구조에서 자유로울 수 없다.

앞에서 우리는 종교와 다원주의로 엮인 긴 터널을 통과했다. 왜 다원주의인가. 이제 개략적인 윤곽이 잡혔으리라 본다. 나아가서 종교 전반에 대한 인식에도 도움이 되었을 법하다. 이 담론에 참여한 학자들과 인용된 인물들은 인문학 분야에서 쟁쟁한 석학이나 종교인, 실천가들이다. 글 행간에서 새로운 구원론을 마주치거나 영감을 얻었을지도 모른다. 간디, 틱 낫 한, 윌슈 등 행동가들의 체험적인 지혜는 더욱 깊은 울림을 줄 만하다. 이 모든 정보가 새로운 종교관의 형성에 도움이 될 수 있다.

왜 새 종교관이 필요한가? 인간도, 그 작품인 종교도 변화하고 진화하기 때문이다. 심지어 신까지도 인간과 함께 자란다. 진보적 학자들은 예수도 부처도 진화한다고 말한다. 인간의 의식만큼 이들도 더 크게 확대된다는 뜻이다. 두 성인은 각기 종교개혁과 대승불교를 통해서 한 단계 승화되었지만, 우리가 기대고 있는 종교체계는 ―역사단계에서 보면― 과거의 개인주의와 그 집단적 변형인 민족주의 시대의 산물이다. 도래한 세계 중심, 세계주의 시대에는 맞지 않다.

그만큼 진리 인식, 깨달음의 지평도 확대되었다. 시대에 맞는 획기적인 변화와 해석이 요구된다. 개인과 민족을 넘어선 세계 단위의 종교와 윤리가 나와야 한다, 그것을 바로 다원주의를 탐구하는 인문학자들(종교, 철학, 역사학, 신학)이 모색하고 있다. 이들은 세계종교를 연구, 교육하고 세계윤리를 제창했다. 다원주의적 연구방법 또는 종교다원주의는 19세기 후반(막스 뮐러)부터 21세기(켄 윌버)에 이르기까지 한 세기 넘어 전개되었다. 여기에 주요한 인물은 대체로 망라된 셈이지만 물론 전부가 아니다. 이 책의 발간 목적은 종교 간 갈등을 해소하여 세계평화를 확립하고, 종교에 대한 바른 이해를 갖도록 돕는 것이다. 곁따라 그 구체적인 도구로서 세계종교 교육이 학교에서 진작되기를 기대한다.

세계의 추세와 달리 한국 사회의 현실은 두드러지게 후진적, 수구적이라고 할밖에 없다. 일상적으로 마주치는 신앙 행태나 조직 종교나 (세습, 사유화까지 진행되는) 현실이 말해 준다. 종교 교육, 신학 교육이 아직도 종파, 교파의 담장 속에 갇혀 있다. 이 책에 나온 서구 신학의 수준을 따라잡거나 이해하는 목회 지도자, 신학자들이 얼마나 될까. 현실은 어둡다. 20세기의 상황에서 진전이 있다는 조짐이 보이지 않는다.

과거에 용기 있는 신학자(변선환)가 있었다. 그는 다원주의자임을 공언했다. '교회 안에만 구원이 있다'는 규정에 동의하지 않았다. 그것은 원래 가톨릭 교의였지만 개신교도 채택한 것이었다. 하지만 그것이 영원한 철칙으로 남을 수만은 없다. 다른 장에서 상론한 대로, 타종교에 대한 인식이 확대되면서 배타적인 교리에 대한 해석이 다양해지기 시작했다. 제2차 바티칸공의회(1965)에서부터 타종교 신자의 구원 가능성을 암시하는 내포주의적인 입장이 개발, 공포되었다. 그것이 개신교로도 파급되었다. 변선환 자신이 창안한 것이 아니고 다만 서구 교회와 학계의 추세를 따라 이야기했을 뿐이었다. 그는 서구 교회와 신학의 변화를 놓치지 않고 최신 정보를 한국 신학계에 전해주었다. 그가 발표한 글과 저술을 보면 위에서 우리가 다루는 학자들(스미스, 존 캅 등)의 주장이 상세하게 기술되어있다.

결국 이 신학자는 자신이 학장을 지낸 학교(감리교신학대)에서 축출되었다. 기독교의 토착화를 강조하는 학풍을 가진 비교적 덜 보수적인 교파 신학교가 그 정도라면 다른 교파는 더 말할 것도 없다. 우주를 관장하는 유일신(여호와)이 사람이 만든 조직 종교의 교회 안에

간혀있다면 모순적이다. 보편 신의 자격을 잃는다. 교회 안팎을 불문하고 전지전능, 편재遍在(omnipresent)한 신이라 할 수 없다. 오히려 신 자신이 그런 잘못된 편벽된 신관을 가진 교회 안에 존재하기를 거부하지 않을까. 그렇다면 "구원은 교회 밖에만 있다"고 한들 반증을 할 수 있을까 궁금하다. 다른 조건들을 다 감안해도 그렇게 말할 수밖에 없다.

구원의 소재지에 대한 논쟁에서 고려해야 할 중요한 대안은 교회 안팎이 아니라 바로 인간 내면, 즉 내 안이다. 진리를 어디서 찾느냐의 문제와 같다. 과학은 우주 속에서 찾지만 종교나 철학은 안(인간 내면)에서 찾는다. "천국은 너희 안에 있다"는 예수의 말과도 일치한다. 크리스천인 함석헌도 신앙과 진리 인식의 내면성을 더 없이 강조한다. 다른 장에서 논의했지만, 이집트에서 발견된, 영지주의靈智主義에 속한 외경들도 한결같이 불교처럼 자아 내면을 말한다. 불교도 정토(극락)가 딴 데가 아니고 마음속(唯心淨土)이라는 해석이 있다. 이와 같이 구원과 진리의 내면성으로 불교와 기독교를 함께 묶을 수 있다. 다툼의 소지가 없어진다.

이래저래 서구의 교회들은 텅텅 비어 있다[1]. 구원이 교회 안에 있다고 믿었다면 젊은이들이 빠져나왔을까. 어디에서나 새 종교의 필요성이 절감되는 상황이다. 새것은 어디에서 나올까. 세 세계종교의 본산지인 중동에서 나올 법하지만, 지금 전개되는 극단적인 대립 상황으로 보아서는 쉽게 나올 것 같지 않다. 인도도 후보가 될 수 있

---

[1] 필자가 30년 전에 전체 스웨덴 교회의 수장이 주석하는 웁살라교회에 가보았을 때도 그 큰 교회당에 나이 많은 신도 수십 명만 예배보고 있었다. 그곳은 유명한 신학자 스베덴보리가 안장되어 있는 유서 깊은 교회이다.

지만, 전통의 깊은 뿌리가 쉽게 뽑힐 것 같지 않다. 중국은 너무나 유물론, 물질주의에 갇혀 있다.

　새 사상은 아무래도 모든 문화의 틈바구니에서 포용적인 회통과 상생의 정신으로 버텨온 한민족 속에서 나올 것이라는 시각이 있다. 그것은 근대 종교의 창시자들(증산 등)이나 재야 예언가(『터』의 저자 손석우 등 도인)들이 예측한 것이기도 하다. 함석헌도 한민족 속에서 제삼의 사상과 새 종교가 나올 것을 대망한다. 모든 개혁 종교(기독교, 불교, 이슬람)는 보잘것없는 작은 나라에서 나타났다는 것이다. '수난의 여왕', '세계사의 쓰레기통'인 이 나라가 그럴만한 자격이 있다. 이 같은 대망은 역사의식을 가진 한국인이라면 누구나 가질 수 있다. 최근 한 노장 예술가도 한 인터뷰에서 이렇게 표명하고 있다.

> 한국, 중국, 일본. 그 패턴을 우리가 세계화해서 재조명해야 한다. 과거는 문명이 대륙에서 왔다. 중국을 거쳐 왔다. 근래는 바다를 거쳐서 왔다. 그게 일본이다. 오늘의 문명문화는 한국에서 나올 때가 됐다. 한국이 중심이다. 대륙에서 오는 것도 아니다. 바다로 오는 것도 지났다. 하늘에서 오고 있다. 인터넷, 디지털 시대가 아닌가. 한반도의 남북문제가 세계의 중심이다. 한국이 세계의 중심이다. 한국 사람들은 잘하고 있다. 특히 여자들이 잘하고 있다. 골프만 잘 치는 게 아니다. 제일 예쁘다. 한국 사람이 세계 누구보다 똑똑하다. 이것을 우리가 놓치면 안 된다. 이 패턴을 새로운 각도, 옛날식이 아닌 21세기의 각도에서 비춰야 할 시기에 와 있다. 새로운 미학을 가지고 재조명해야 한다, 우리의 유산을. 이것이 제일 중요한 시대적 과제다(「한겨레」, 2017. 12. 30.).

한 세기를 살면서 아직도 화필을 놓지 않는 노장 화백(김병기)의 소박한 소원이다. 굴곡 많은 한 세기를 살아오면서 축적된 경험 속에서 나온 직관적 관찰이다.[2] '세계 중심'설은 새삼스러운 주장이 아니다. 20세기 종교사학의 태두 엘리아데Mircia Eliade가 밝혔듯이, 이것은 원시 부족이나 민족들이 품어온 '세계의 기축'(axis mundi)신념에 해당한다. 유대인, 중국인, 인도인이나 지금 미국인도 가진, 가질만한 생각이다. '수난의 여왕' 한민족은 그럴만한 자격이 있다고 할지도 모른다. 모든 외래문화와 종교를 수용하고 종합해야 하는 지정학적 위치에서 무언가 새로운(제삼의) 사상을 창출할 여건이 되어 있다고 생각할 수도 있다. 그 생각 자체가 치유와 구원의 처방이 된다. 어떻든 민족으로서 세계 구원의 사명을 갖는 것은 긍정적이고 무탈한 발상이다. 그러한 전망은 강증산을 포함한 영적 능력자들(도인)이 대체로 공유하는 사고에 속한다. 세계 위기의 초점이 된 상황에서 우리 스스로가 참신한 대안을 내놓는다면 그만큼 더 효력이 있지 않을까.

사상적으로 볼 때 그럴만한 소지가 없지 않다. 앞 장에서 자세히 기술한 대로, 그 싹을 신라 시대(7~8세기) 원효의 사상에서 찾을 수 있다. 인도 대승불교 사상의 특성을, 공 사상의 건립자 용수가 표현한 대로, '말싸움(쟁론)의 초월'(廻諍)에서 찾고, 중국 불교의 사상을 '쟁론의 부정'(無諍)이 상징한다고 말할 수 있다면, 원효의 사상은 '주장들의 조화'(和諍)가 기본 구조라 할 수 있다. 초월이나 비판, 부정이 아니고 긍정적 종합이다. 모든 선의의 주장에 일리—理가 있다는

---

[2] 김병기는 평양 출신으로 일본 유학을 하고, 프랑스와 미국에서 활동하였으며, 귀국하여 작품 활동을 했다.

화해적 태도다. '둘도 아니고 하나도 아니다'는 대 부정을 통한 대 긍정이다. 동의어로 '회통'을 활용한다. 인도 불교와 중국 불교에서 한 걸음 더 나아간 독특한 사상과 논리다.

원효가 보여준 화회(화쟁회통)의 사유 구조는 역사 속에서 계속 드러난다. 물론 원효의 영향으로 볼 수만은 없다. 고유한 민족정신의 표출로 보아야 한다. 고구려말 제상 연개소문은 삼교三教가 '정립鼎立'하는 것이 국가의 안정에 좋은데 유교와 불교는 있으나 도교가 아직 도입되지 않았으므로 그 도입을 임금에게 상소했다. 당시 삼교가 알려진 종교의 전부였으므로 그 제안은 완전한 종교다원주의의 체제를 세우자는 주장이었다. 정치적 동기가 작용했을지 몰라도 다원주의 정신이 배어 있었던 것이다.

신라에서는 최치원이 중국에서 유학을 배우고 관직을 갖다가 귀국하여 말년에는 불교와 선교까지 삼교를 넘나들며 살다가 신선처럼 사라졌다. 한국 고유 종교(풍류)와 삼교에 정통한 다원주의자였다. 고려 시대 승려 의천은 중국에 가서 천태종을 배워 도입하여 그것을 화엄종과 융합을 시도하고, 원효대사를 높이 존숭한 만큼 화쟁·회통의 정신을 이어받은 인물이었다. 조선조 시대 서산 대사가 삼교사상을 요약한 세 권의 '삼가귀감三家龜鑑'은 오늘의 세계종교 교재에 해당한다.

그밖에도 저술과 사상은 아니라도 다원주의적 사유의 유형을 보여준 사례들이 있다. 조선조의 명관 황희 정승은 대립되는 두 가지 주장이 다 타당함을 말하고 그 모순성을 지적하는 하인의 비판에 대해서도 합당한 견해라고 인정했다.[3] 철저한 유화론, 화쟁론이다. 조선에도 솔로몬이 있었던 것이다. 솔로몬은 아이의 소유 다툼에서 비인간적인 분리가 판결이지만 여기서는 누구도 소외되지 않는 공생(윈-윈)의 판정이다.

비슷한 사유방식을 인조 때 관리 최명길이 보여주었다. 병자호란 때 청나라 임금이 군사를 이끌고 남한산성에서 조선군대와 대치하고 있을 때 그는 화의론을 내세워 투항을 주장했다. 역사에서는 대체로 부정적으로 기술되는 인물이지만 알고 보면 그의 주장에는 깊은 철학이 들어있다. 남한산성에서 항쟁론에 이끌려 오랜 대치 후 인조가 청 태종에게 치욕적인 투항을 하기 직전에 항복문서에 얽힌 이야기 속에서 최명길의 언행이 주목을 끈다. 써놓은 투항문을 항쟁파(김상헌)가 찢어버리자 최명길이 그것을 다시 주어서 모으면서 한 말이 예사가 아니다. "누군가 문서를 쓰는 사람도 있어야 하고, 그것을 찢어버리는 사람도 있어야 하며, 그것을 다시 주어서 붙여놓는 사람도 있어야 한다."

모든 주장에 일리—理가 있음을 인식하는 원효의 화쟁론을 상기시키는 논리다. 서양철학에서 말하는 변증법이 이미 한국인의 사유 속에 자리잡고 있었다. 그는 망해가는 명나라에 끝까지 충성해야 한다는 명분론에 맞서서 역사의 흐름을 읽고 현실적인 실리를 택하여 민족의 희생을 막아야 한다는 나름의 신념을 지닌 인물로 재평가될 만하다[4].

공생과 상생의 원리는 조선조 말(19세기)에 상생의 철학으로 나

---

3 그것을 본 또 다른 신하가 항의하자 그 말도 타당하다고 인정했다는 이야기도 있다.

4 최근 병자호란을 두고 두 입장을 다룬 소설 〈남한산성〉이 영화로 제작되어 화제가 되었는데 유감스럽게도 이 대목이 빠져있어서 다소 논란이 있었다. 역사 해석의 문제이지만 최명길을 평가, 이해하는 데 핵심이 되는 자료를 놓친 것이 아닐까.

타났다. 『주역』의 대가 김일부가 새로운 역易의 원리를 담은 『정역正易』을 편찬했다. 중국의 역을 지배하는 틀인 상극相剋을 완전히 뒤집은 상생相生의 원리를 깨닫고 체계화시킨 것이다. 말하자면 지금까지의 선천先天 시대의 질서를 후천後天 시대의 질서로 바꾸어놓았다. 그것은 오행五行(火水木金土)의 관계를 서로 배제하는 상극의 관계에서 서로를 낳는 상생의 관계로 해석한 것이다. 이것은 획기적, 창조적인 사상이다. 강증산은 이것을 보완하여 '해원상생解寃相生'으로 표현했다. 역사의 초기부터 축적되어온 심리적 앙금을 털고 상생하자는 뜻이다. 새 시대(후천)의 구원 처방이다.

현대에 와서도 비슷한 사상이 나타난다. 그 하나가 함석헌이 그나름으로 제창한 '같이 살기 운동'이다. 역사가로서 그는 개인주의에서 진정한 전체주의 단계로 이행했다고 통찰했다. 그 시각은 서양인의 시각과도 일치한다. 켄 윌버에 따르면, 인간의 의식이 자기 중심-민족 중심-세계 중심-우주 중심으로 변천해왔다. 달리 표현하면, 나(me) 중심에서 우리(us)로 그리고 우리-모두(all of us)로 확대되었다. 인간의 정체성이 개인에서 전체로 옮겨졌다. 그렇다고 개인 정체성이 사라지는 것이 아니다. (불교 화엄 사상에서처럼) 개체 속에 전체가 내장되어 있다. 전체 시대에 상생은 더욱 더 유효한 도덕률이된다.

상생과 관용의 정신은 당연히 종교 간에도 적용된다. 앞 장에서분석했지만, 불교에서 종정을 지낸 성철 스님이 그 정신을 보여주었다. 그는 나보다 너를 앞세우는 상생과 종교들의 본질적 일치를 거듭 강조했다. 그것은 두 종교가 상생이 아닌 갈등의 관계임을 암시한다. 불상 파괴, 법당 방화 등 무수한 사건이 불교 쪽에서 '종교편향

대책위'까지 꾸리게 만들었다. 갈등은 불교를 넘어 '우상숭배'의 다른 대상에까지 확대된다. 단군상 참수 사건이 그 하나다. 외면적인 사건보다 더 중요한 것은 타종교에 대한 인식이다. 그것은 상생이 아니고 상극이 지배하던 이전(선천) 시대의 종교에 속한다.

역사를 돌아보면 그런 갈등이 어제오늘 갑자기 일어난 일이 아니다. 황희의 관용 정신과는 정반대로 조선 시대는 사색 당쟁으로 점철된 분쟁과 갈등의 역사였다. 유학 특히 이단異端 사상을 경계하는 주자학이 통치이념으로 채택된 탓이다. 오늘의 한국 정치도 그 흐름을 벗어나지 못한 양상이다. 타협이나 상생, 조화의 정신은 간데없고 무조건 반대와 비판 공격만 난무하는 정권 쟁탈전이 일상이다. 한 종교 대신 다 종교 사회 전통으로 복귀했으나 정치인이나 지도자의 신앙이 정책에 영향을 미친다. 선거 때마다 종교, 교파들이 요구하는 공약을 정치인들이 수용해야 하는 상황이다.[5] 국민의 절반 이상이 신자이므로 종교 집단 표가 선거 결과에 큰 영향을 미친다.

종교 신앙이 정치를 좌지우지한 최근의 사례가 바로 정권이 무너지게 만든 국정농단 사건이다. 이 역사적인 사건이 종교가 —순기능이든 역기능이든— 얼마나 중요한 역할을 담당하고 있는지 다시 일깨워주었다. 이제 미신과 광신을 벗어나 이성으로 돌아갈 때다. 이성적 사회로 환원해야 할 시점이다. 이성은 영성과 초월적인 가치를 다루는 종교보다는 한계가 있지만, 종교 왕국 인도의 철학자들도 강조했듯이, 어떤 종교도 이성의 저울을 일단 통과해야 한다. 이 점에서 합리주의 사상을 건립한 임마누엘 칸트의 종교관을 살펴볼 필

---

5 종교인 과세 문제가 한 가지 사례다.

요가 있다. 그는 이성의 범주 안에서 종교와 깨달음을 이해하는 것이 중요함을 강조했다.

칸트는 『'깨달음(계몽)'이란 무엇인가'에 대한 대답』에서 종교를 강조하고 있다. '깨달음' 자체가 종교적 용어다. 이 말이 사회적 차원으로 확대되어 '계몽'이 되었다. 이 글에서도 칸트는 그 개념의 개인적 차원과 사회적 차원을 포괄한다. 개인의 깨달음(이해)이 사회화되어야 한다. 그래서 그는 인간이성(합리주의)과 개인의 자율성을 앞세우는 계몽주의 시대를 열게 된 것이다.[6] 종교다원주의도 이성적 사유, 합리주의의 산물이다.

칸트는 "깨달음(enlightenment)은 인간이 스스로 자초한 미성숙 상태(immaturity)를 벗어나는 것"이라 정의한다. "미성숙은 다른 사람의 지도 없이 자기 스스로의 이해, 즉 오성悟性을 사용하지 못하는 무능력"이다. "계몽의 목표는 너 자신의 오성을 사용하는 용기를 가져라"이다. 사람들은 천부적으로 주어진 오성을 사용하지 못하고 타율적인 종교, 정치 지배에 매몰, 예속되어 왔다. 주어진 교조(dogma)와 공식이 족쇄가 된다. 개인은 여기에 깊이 침륜되어 있어서 풀어버리기 힘들다. 오히려 일반 대중, 사회 전체가 각성하는 것이 빠를 수 있다. 그것은 피할 수 없는 일이다. 다만 자유가 있어야 한다(Kant, 1784: 1-2).

그러나 "따지지 말라"는 말이 횡행한다. 관리는 "따지지 말고 행진하라", 세리는 "따지지 말고 돈 내라", 사제는 "따지지 말고 믿어라"고 한다. 그러므로 깨달음을 방해받지 않고 증진시키는 길은 인간

---

6 한국은 계몽주의를 통과할 기회가 없었다.

이성의 공적인 사용에 있다. 인간 이성의 공적인 사용은 항상 자유로워야 하고, 그것만이 사람들 가운데 깨달음을 일으킬 수 있다.[7]

사람들의 깨침과 사회계몽에 성직자의 역할이 중요하다고 칸트는 지적한다. 목회자로서 정해진 교리에 충실하면서도 (신)학자로서는 정통 교리에서 벗어나더라도, 교리의 잘못된 부분을 지적하고 그들의 판단과 소견을 공개적으로 발표하여 세상의 판단에 맡길 수 있어야 한다. 이러한 자유 정신은 공적 임무를 갖지 않는 다른 사람들에게도 적용된다. 이것은 다른 나라들에도 전파되어 자기 기능을 오해한 정부들이 강제한 외적 장애물과 싸워야 하는 국민에게 좋은 본보기가 될 수 있다.

칸트는 '종교의 문제'를 인간이 자초한 '미성숙'으로부터 벗어나는 '초점'으로 묘사한 이유를 "모든 것 가운데 종교적 미성숙이 가장 악성적이고 치욕스러운 것"이기 때문이라고 말한다(Kant, 1784: 9-10). 그러므로 종교에서부터 '자유롭게 생각'하고, '자유롭게 행동'하는 것이 중요하다. 철학자의 날카로운 시각으로 종교의 기능과 문제점이 잘 드러난다.

여기서 우리는 종교의 차원에서 볼 때 철학적 이성에는 한계가 있음을 말할 수 있다. 종교는 초이성적인 깨달음을 지향하기 때문이다. 이성의 한도에서 종교를 보는 칸트 철학의 한계가 보인다. 그러나 오성悟性을 단순한 이해에서 깨달음(悟)의 수준까지 확대하면 한

---

7 계몽사상과 계몽주의 운동은 서구 사회를 한 단계 상승시켰다. 한국 사회는 그 단계를 거치지 못했다. 민족주의도 개인주의도 제대로 실현해보지 못하고 그 이전의 이기주의, 사인(私人)주의에 머물러 있다. 그 상태에서 자본주의(남)도 사회주의(북)도 소화했다고 볼 수 없다. 극단적인 남북의 정치 현실이 그 증거다.

계가 극복될 수 있다. 깨달음에도 그 대상이 일상적인 사실에서부터 종교적 체험까지 다양하다. 심리학(마슬로)에서 말하는 정상頂上(아하!)체험도 종교 수준으로 확대된다. 비이성적인 의사擬似, 사이비 종교가 많으므로 이성의 잣대로 일단 걸러낼 필요가 있다고 한다면 이성의 사용은 종교체험의 전 단계로 봐야 한다. 오성, 즉 '이해理解'에도 진리(理)가 대상이 된다. 철학적 진리와 종교적 진리는 ─동양 전통에서처럼─ 궁극적으로 마주친다. 헉슬리는 종교 전통을 신비주의로 보고 '항구 철학'(perennial philosophy)이라고 했다.

칸트가 말하는 '계몽'은 서구적인 인식(깨달음)을 가리킨다. 불교의 깨달음이 개인적 체험을 강조한다면 계몽은 집합적, 사회적 의식에 초점이 있다. 두 가지 초점을 종합하여 조화시킨다면 온전한 계명啓明, 깨침이 될지도 모른다. 그렇게 하여 광신적 감성의 종교에서 정신正信, 이성의 종교로, 이성의 종교에서 영성의 종교로 넘어가야 한다.

지금 서구에서는 심리학 쪽에서 두 가지 입장을 두고 논쟁이 일고 있다. 최근(2018년) 저술 두 가지가 베스트셀러가 되어 있다. 하나는 비관론자로 위기의 극복에 형이상학적(정신적, 종교적) 인식의 필요성을 말하는 반면, 또 하나는 낙관론자로 종교 이전에 이성의 기능을 강조한다. 앞쪽(비관론)에 선 요르단 피터슨 교수(하버드대, 토론토대)는 이렇게 진단한다.

한편으로는 세계가 어떻게 가공할 갈등의 딜레마에서 벗어날 수 있을까? 다른 한편으로는 심리적 및 사회적 붕괴에서 벗어날 수 있을까? 그 대답은 이것이었다: 개인의 향상과 발전을 통해서 그리고 (철학자 하이데거가 말한) 존재(Being)의 부담을 각자 헤쳐나가려는 자발적인 의지를 통해서 벗어나야 한다. 우리는 각자 개인적 삶, 사회와 세계에 대하여 가능한 한 많은 책임을 짊어져야 한다. 우리는 각자 진실을 말하고 고장 난 것을 복구시키며 낡고 시대에 뒤떨어진 것을 무너뜨리고 재창조해야 한다. 이런 방식으로 우리는 세계를 망치는 고통을 줄여갈 수 있고 줄여가야 한다. 그것은 많은 것, 모든 것을 요구한다. 그러나 그 대안들—독재주의적 신념, 국가 붕괴의 혼돈, 고삐 풀린 자연계의 비극적 파국, 목적 없는 개인의 실존적 불안과 허약함—은 명백히 더 나쁘다(Perterson, 2008: xxxiii).

낙관론 입장에 선 스티븐 핑커 교수(하버드대)는 최근 저술에서 우리가 앞에서 인용한 '계몽주의'(Enlightenment)에 관한 임마누엘 칸트의 논문(1784)으로 시작한다. 칸트가 지식과 이해를 강조한 부분이다. 17세기의 과학혁명과 이성의 시대에서 흘러나오긴 했지만, 18세기 후반에 전개된 계몽주의 사상가들은 인간 상황에 대한 새로운 이해를 추구했다. 때로는 모순적인 것도 있지만 다양한 사고는 네 가지 주제로 엮어진다. 그것은 이성, 과학, 인도(인본)주의, 진보이다.

계몽 사상가들이 공통으로 지닌 것은 우리 세계의 이해에 이성의 기준을 엄격하게 적용하고 신앙, 권위, 카리스마, 교조, 계시, 신비주의, 점술, 환상, 경전의 해석학적 분석 등 망상에 빠지지 말아야 한다는 주장이었다. 사상가들 대부분은 인간 형상을 한 신에 대하여 반박하게 만든 것은 이성이었다. 이성을 적용하여 밝혀낸 것은 이적 기사들은 의심스럽고, 성서들의 저자들은 너무나 인간적이었으며, 자연적인 사건들은 인간 복지는 고려하지 않았고, 문화에 따라서 믿는 신이 달라서 서로 어울리지 않는 상상의 산물이다. 그렇다고 사상가들이 모두 무신론자는 아니고 신을 자연의 질서와 일치시키는 이신론理神論이나 범신론을 주장했다(Pinker, 2018: 8).

이성과 과학에 힘입어 인류는 발전해왔다. 종말론적 비관적 예언은 심리학적인 편견을 자아냈다고 본 핑커는 각종 통계를 제시하면서 인간의 삶, 건강, 번영, 안전, 평화, 지식은 향상됐다고 주장한다. 이것은 우주적 힘이나 무슨 신비한 작용에 의해서 나온 것이 아니고 계몽의 선물이다. 계몽사상은 지식이 인간의 번영을 촉진할 수 있다는 신념이다. 도덕성의 근거를 확보하기 위하여 종교가 필요한 것은 아니다. 핵전쟁, 자원 고갈, 기후 변화, 고삐 풀린 인공지능의 마구잡이식 발전으로 지구 종말로 치닫도록 놓아둘 만큼 인간 이성이 마비될 수는 없다.

두 가지 시각은 나름으로 일리가 있다. 그것이 원효의 화쟁논법이다. 이성과 영성은 담당 영역이 다르다. 두 가지의 부분적 타당성을 인정하면서 인류의 발전과 생존을 모색하는 것이 가장 생산적인 길이다. 종교도 초월성만 강조할 것이 아니라 먼저 비이성적인 불합리한 요소를 제거하는 것이 미신에 빠지지 않을 것이다. 과학도 언젠가는 종교와 마주치겠지만 그때까지는 과학만능주의를 가능성을 경계해야 한다. 어떤 식으로든 두 가지를 회통시킬 필요가 있다.

종교의 입장에서 미래를 전망하자면, 올바른 감성과 이성, 영성을 고루 아우른 종교가 살아남아 하나가 된 세계를 받쳐주는 진정한 세계종교로 진화하리라 예상된다. 그것은 지금의 종교들의 장점들과 보편적, 공통적인 요소들을 수렴한 종합이나 아니면 생물의 진화처럼 새로운 돌연변이 형태가 될지도 모른다. 종합의 경우, 통합 철학자 켄 윌버의 분석에 주목할 필요가 있다. 방대한 자기 저술의 주제를 밝히는 대목에서 그는 이렇게 말한다:

> 내 저술의 핵심은 이것이다. 신, 아니면 절대적인 영이 존재하고 —그리고 증명될 수 있으며— 그리고 그 정상에 이르는 사다리가 있는데, 그것은 어떻게 오르는지를 보여주는 사다리, 시간에서 영원으로 그리고 죽음에서 불멸로 인도해 주는 사다리이다. 그리고 모든 철학과 심리학은 그 사다리 주위로 선회하여 놀라운 종합을 이루게 된다.

여기서 철학과 심리학은, 서양의 학문 분야를 넘어서, 종교적 진리를 추구하는 학문의 핵심으로서 종교의 두 측면을 가리킨다. 그래서 종교철학, 종교심리학, 불교철학, 불교심리학 등 분야로 따로 나눌 수 있다. 서양철학과 달리, 동양철학은 모두 종교를 원천으로 갖는 만큼 종교와 분리될 수 없다. 종교는 인간의 내면을 주로 다루므로 심리학적 요소가 크다고 볼 수 있다. 심리학적 분석으로 종교현상을 파악할 수 있다. 심리학 중에서도 윌버는 특히 초개인(trans-personal)심리학에 큰 관심을 갖는다. 이렇게 윌버는 종교 대신에 (진리를 탐구하는) 학문 특히 철학과 심리학을 통해서도 종교와 다원주의가 지향하는 목표에 이를 수 있음을 우리에게 알려준다.

그와 동시에 두 분야가 심화, 확대되어 종교에 더 가까워지는 결과를 갖는다. 그 자신이 동양 종교 특히 불교적 명상을 통해서 여러 단계로 누차 본격적인 종교체험을 하면서 그 체험의 내용이 특히 티베트 불교와 일치함을 발견하고 그 교리와 이론을 자주 인용한다. 그는 일반적인 강단 철학자, 심리학자, 종교학자가 아니고 실천과 체험을 통해서 이론을 검증한 특출한 사상가이므로 그의 주장을 더욱 신뢰할 수 있다.

종교들이 언젠가는 종합된 형태가 되리라고 보는 학자들이 있지만 다소 조심스럽게 접근한다. 통일성, 보편성보다는 다원성, 특수성을 강조하는 학자들은. 현재처럼 독특한 형태로 종교들이 갈등 없이 공존하면 되지 않느냐고 말한다. 하지만 종교 간 대화와 상호 보완을 주장하는 학자(존 캅)라도 그런 과정에서 각 종교의 특수성이 점점 축소되면서 차이가 점차 없어지는 지점에 이를 수 있다는 점은 인정한다. 자연스런 통합이다. 지금 시점에서도 의식 있는 서구인들은 자기 신앙을 잃지 않고 힌두교 수행(요가)이나 불교 명상을 엮어서 자기 종교를 조립하는 추세이다. 그렇지 않은 사람들은 종교가 통과의례 같은 형식적인 기능에 그치고 만다.

과거에 '통일', 통합을 내세운 새 종교(바하이, 통일교 등)나 절충적인 종교(시크교 등)들이 등장했지만, 목적은 달성하지 못하고 종교 시장에 또 다른 종교를 추가시킨 격이 되기 쉽다. 그 같은 인위적인 통합이 아닌 자연적 통합은 언젠가 가능할지 모른다. 함석헌식으로 말하자면, 종교가 어떤 형태로 발전, 진화할지는 신의 영역에 속하지만 다만 그것은 안 보이는 신의 보이는 형체로서 민중(전체) 속에서 나타날 것이라고 말할 수 있다. 서구에서는 조직 종교를 떠난 자기-영성(self-spirituality) 운동이 일어나는 추세다. '종교적 인간'은 달라지지 않는다.

왜 다원주의를 이야기해 왔는가. 다원주의는 현대 세계의 지배적인 통치제도인 민주주의와 동의어로 사회적, 문화적인 의미를 지니고 있다. 첫머리에 인용한 김구도 시사했듯이, 다양한 문화와 가치를 더 수용한 사회일수록 더 민주적인 사회가 된다. 우리가 다원주의 그 중에도 특히 종교다원주의를 논하는 한 가지 이유는 그것이 다른 다원주의의 기준과 모태가 되기 때문이다. 다(복합)문화주의 (multiculturalism)는 그 변형이다. 그것은 일종의 문화다원주의다. 국가사회와 세계는 다문화주의적인 단계로 옮겨가고 있다. 미국도 더 이상 '용광로'(melting pot)가 상징하는 획일적인 단일 문화가 아니고 다문화 사회로 분류되고 있다. 민주사회에서 다원주의는 종교 문화는 말할 것도 없고 정치, 교육을 비롯하여 모든 사회 분야들에 적용해야 할 실천원리다.

무엇보다 먼저 현실적 삶을 좌지우지하고 있는 정치의 제도와 정책에서 다원주의의 한 축인 다양성이 반영되어야 한다. 잘못하면 흑백 논리처럼 두 가지 선택에 제한된 양당제보다는 다당제가 더 다원주의적이다. 이념 성향이 뚜렷이 다른 정당이 셋 이상 존재하는 제도가 국민의 의사를 정확하게 반영할 수 있다. 유럽 선진국들이 대체로 다당제이다. 한국도 형식은 다당제라 하지만 실질적으로는 양당제처럼 운용되고 있다. 선거제도의 문제다. 독일과 같은 완전한 비례제도가 다원적인 정당 체제를 보장한다. 다당제와 더불어 필요한 것은 지방자치제이다. 연방제 형식이 더 바람직하다. 그것은 민족통일을 위한 제도가 될 수 있다. 남북이 합의한 '낮은 단계의 연방제'는 가장 다원주의적인 제도라 할 수 있다.

다원주의와 더불어 종교 간 대화처럼 평화와 통일을 위한 남북

간 대화도 종교사상에서 원리와 근거를 찾는 것이 확실한 결과를 담보할 수 있다. 화회의 사상을 수립한 원효는 대화의 원칙을 이렇게 제시한다.

질문: 만약 남쪽 주장과 북쪽 주장(南北二說) 중에서 어느 것이 얻고(得) 어느 것이 잃는가(失)?

답: 만약 한 쪽이 자기주장만 고집하여 일방적으로 나간다면 두 주장이 다 잃을 것(二說皆失)이고, 만약 자기 분수에 따르고(隨分) 자기 뜻만 일방적으로 내세우지 않는다면 두 주장이 다 소기의 성과를 얻게(윈-윈) 될 것이다(二說皆得,『涅槃宗要』)

이것은 중국 불교에서 남종南宗과 북종北宗의 주장이 엇갈린 교리적인 문제를 두고 화쟁 · 회통하는 길을 말하는 내용이지만, 그것을 이념이 다른 남 · 북한 문제에 그대로 적용해도 무리가 없다. 종교와 이념은 치열한 대립을 유발하는 궁극적 가치라는 점에서 차이가 없다. 니니안 스마트의 분석처럼, 마르크스주의는 의사(유사)종교로 분류되기도 한다. 북한 사람에게는 이념이 곧 종교다. 모든 이념은 대체로 인간(개인, 사회)을 위하자는 순수한 동기에서 출발했다. 실험, 실현하는 과정에서 이기적인 소수에 의하여 타락된 것일 뿐이다. 인간의 작품이므로 다 장, 단점이 있다. 처음에 내건 기치대로 실현 안 된 결과로 종말에 이르게 된다. 북한이 국호대로 명실상부한 '민주주의인민공화국'이 되어 있는가? 남한은 또 온전한 '민주공화국'이었던가? 이념(명)과 현실(실)은 다르다. 각기 한계를 인정하고 대화에 임하여 서로 타협하고 양보하는 자세라야 목적을 달성할 수 있다.

　세계에서 최상국으로 평가되는 북유럽 국가들은 모두 사회민주주의, 즉 사회민주당이 지배한 정치제도를 갖는다. 그것은 두 이념 (사회주의, 민주주의)을 융합한 체제다. 동시에 자본주의의 장점도 살린 형태이다. 개인주의와 사회주의도 대립적이지만 결국 좌, 우로 가다 보면 원주의 한 점에서 만나게 되어 있다. 개인주의나 민주주의에 성실하면 사회주의가 지향하는 목표에도 도달하게 될 것이다. 가령 그 목표가 모든 국민(인민)의 행복이라 해도 좋다.

　이념이나 종교의 문제는 자기 절대화, 즉 진리 주장에 있다. 원효의 표현대로 자기 분수, 즉 자기 한계를 인정하는 자세가 대화에 필수적인 조건이다. 이념 자체는, 그것이 명분이라 할지라도, 양보할 수 없는 항수다. 상이한 두 가지 이념을 수용하는 정치체제는 연방제 같은 것일 수밖에 없다. 그것이 바로 다원주의적인 접근방식이다. 공존이나 상생은 서로 다른 것들 사이에서만 가능하다. 자발적이 아닌 흡수통일은 폭력적, 강제적인 것이므로 두 쪽이 다 잃는 결과가 된다.

　이것은 현실을 해석, 규정하는 원리가 우리 전통과 고전 속에 내장되어 있음을 보여주는 사례이다. 우리 전통에서 다원주의는 물론 평화와 통일의 원리도 찾을 수 있다. 서구 사상에만 의존할 필요가 없다. 서구 물질문명은 이제 막다른 한계에 도달했는데 그것을 뒷받침한 서구 사상과 고전은 다 써먹은 셈이므로 이제는 동양의 고전 속에서 새로운 원리와 지혜를 찾아야 한다는 주장(함석헌)이 타당하게 들린다. 물론 서구 사상을 온전히 도입, 이해하지 못한 부분이 아직도 많은 우리로서는 참고해야 할 지식정보가 있다.

특히 주관적 감성과 인정에 치우쳐 이성을 제대로 발휘하는 훈련이 부족하다는 점에서 서양의 합리주의 전통을 온전히 배울 필요가 있다. 그 전통을 수립한 칸트에 다시 돌아가 보자. 그는 철학자로서는 드물게 현실적인 문제(국제평화)를 다룬 '영구평화론'을 기초했다. 그 내용은 현시점에서도 타당성을 갖는다. 그는 상비군 폐기까지 말할 만큼 이상주의적 측면도 보여준다. 국가 간 영구평화를 위한 예비적 조항들을 제시한다.

그 첫째 조항은 이렇다. "만약 미래의 전쟁을 위한 물질을 은밀하게 보유하면서 평화 협정이 맺어진다면 그것은 그대로 타당하다고 볼 수 없다." 마치 오늘의 상황을 다루는 것 같다. "평화의 상태는 공식적으로 제도화되어야 한다. 교전의 중지는 그 자체로 평화의 보장이 아니다. 그리고 한 쪽이 다른 쪽이 요청하는 보장을 해주지 않는 한, 다른 쪽이 그쪽을 적으로 삼을 수도 있다"(Kant, 1784).[8]

그 외에도 이 시대에도 그대로 적용할만한 세밀한 조항들이 열거되어있다. 이것만 채택되었어도 그 이후 (독일이 개입된) 세계대전들이 일어나지 않았을 법하지만, 구속력이 없는 일개 철학자의 의견으로 끝났다. 구속력을 가지려면 거부할 수 없는 강력한 인식론적, 실천적 권위를 갖추어야 한다. 칸트가 제시하는 권위는 '위대한 예술가인 자연 자체'일 뿐이다. 그리고 그 기준은 '이성의 자유로운 판단'이다. 초자연적, 초인간적 권위가 요구된다. 원효도 합리적인 해결책을 제시했지만, 배후에는 종교적 권위가 받치고 있다. 그 점에서 칸트와 다르다.

---

[8] 앞으로 개최될 남북대화 특히 북미대화에서 유념해야 할 사항을 이야기하는 듯하다.

그러나 '종교적 인간'에게는 '궁극적 관심'을 대표하는 종교나 인간에게 본질적인 영성의 인식에는 미치지 못하는 이성을 앞세우는 철학적 인식론만으로는 설득력에 한계가 있다. 종교나 그에 맞먹는 수준의 초월적, 절대적 권위가 확보되어야 한다. 이성의 수준에서는 초월적 권위가 나올 수 없다. 자연과 이성으로만 중동국가들의 종교 싸움을 말릴 수 있는 호소력을 갖기 어렵다. 인도를 최초로 통일한 아소카 대왕은 불교를 이념으로 통일하고 평화 국가를 건설했다. 신라의 삼국통일과 평화도 불교의 원리와 신앙에 힘입은 부분이 컸다. 이 사례를 통해서 종교의 원리가 정치 현실에 끼칠 수 있는 영향을 가늠할 수 있다. 다당제가 상징하는 다원성, 다양성은 복수의 선택을 말한다. 그것은 둘에서 셋으로 그 이상 무한하게 확대될 수 있다. 그러나 과도한 수효는 혼란을 가져오기 쉬우므로, 비록 세계 최고의 복지 국가로 평가되는 덴마크는 정당이 열 개나 된다고 하지만, 우선 둘에서 셋으로 진일보하는 것이 현실적이다. 이념적으로 보수, 진보, 중도를 표방하는 정당 체제다. 셋을 문화의 열쇠말로 삼을 수 있다. 한국 문화는 삼국 문화에서 출발했다. 삼국 시대 이전에는 삼한(마한, 진한, 변한)이 있었다. 고구려의 웅혼함, 백제의 온화·소박성, 신라의 조화성이 민족 문화의 기조가 된다. 처음부터 하나의 문화만 있었다면 다채롭지 않은 (일본 문화처럼) 단조로운 문화로 그쳤을 것이다. 민족의 노래 아리랑은 한 가지가 아니다. 밀양 아리랑, 진도 아리랑, 정선 아리랑 등 다양하다. 세 가지만 아니라 수십 가지, 수백 가지라고 한다. 예술에서 다양성은 저주가 아니라 축복이다. 종교가 다수라는 사실도 마찬가지다.

셋은 다양성의 상징처럼 종교 전통에서도 중요하게 등장하는 수다. 『법화경』에서는 불교 전통의 세 가지 갈래를 삼승三乘이라 하고, 그것이 일승一乘으로 수렴된다. 삼승이 곧 일승이다. 그것을 '회삼귀일會三歸一'로 표현한다. 산길이 다르지만 모두 정상에서 만나듯이 불교 전통에 나타난 다양한 깨달음의 길이 결국 같은 목표에 이른다는 사상이다. 이것을 불교 밖으로 확대하면 다양한 종교가 구원으로 인도한다는 뜻이 된다. 마치 기독교의 교회 일치(에큐메니칼) 운동을 종교 일치 운동으로 확대하는 것과 같다. 신라가 주도한 삼국통일은 '회삼귀일'의 원리에 근거했다는 견해도 있다. 하지만 외세에 의존한 것은 물론, 고구려의 땅과 국민을 상실한 반 토막 통일이었으므로 '회삼귀일'에 충실한 통일이라고 볼 수 없다.

회통 사상의 선구자 원효도 『법화경』 주석에서 '회삼귀일'에 주목했다. 석가여래 일대의 (사실상 불교 전통의) 모든 가르침을 '회삼귀일'의 원리로 통섭시키는 해석을 시도한다. 삼승은 부처의 모든 가르침, 즉 불교의 다양한 전통을 회통시키는 개념이다. 이렇듯 원효에게 '셋'은 다수, 일체를 대표하는 기본수가 된다. 다양성(삼승)과 통일성(일승)은 다원주의를 받치는 두 축이다. 원효는 다양성을 강조하지만 이와 더불어 통일성도 중시한다. 그는 일심一心과 함께 일승 개념에 주목한다.

근래 '통섭通攝' 개념에 대한 관심이 한국 과학계에서 나타나고 있다. 학문 융합의 의미로 학문 간 협동을 강조하고자 하는 의도에서 띄운 서구의 생물학 용어를 옮긴 말이다. 그 개념을 보편화시키기에는 아직 체계적으로 정리가 안 되어 있는 듯하다. 그것을 모든 학문 분야에 적용하려면 원효의 회통 사상을 참고할 필요가 있지 않을까.

'회삼귀일'은 단군 사상 관련 문서에도 등장하는 표현이다. '셋'은 민족사상의 원천을 모색하는 단군 사상이나 대종교 경전에서도 주요한 말이다. 『삼일신고』, 『천부경』, 『회삼경』의 핵심 용어로 사용된다. 불교의 영향이 미쳤을 가능성이 농후하다. '회삼ᆯᆯ'이란 표현도 '회삼귀일'을 본딴 것으로 보인다.

'셋'은 이렇듯 종교적, 철학적, 역사적으로 중요한 숫자다. 같으면서 다른 삼국 문화의 갈래를 되찾는 것이 깊은 뿌리를 가진 민족 문화 발전에 도움이 될 수 있다. (함석헌도 희구한) 제삼의 이념, 제삼의 사상이 나와야 한다. 그 원천은 한국 전통, 한 철학이 될 수 있다. 그 가능성을 점치는 말이 자주 들려온다. 다원주의 종교학자, 신학자들이 기획하는 종교 간 대화도 양자 간 대화(dialogue)보다는 다자 간 대화가 더 바람직하다. 일단 그 기본 형태인 삼자 간 대화(trialogue)로 이행한다면 대화 수준이 한 단계 격상한 역동적인 대화가 될 것이다. 하나는 배타주의, 둘은 내포주의, 셋은 다원주의를 상징한다고 할 수 있다. 삼자 간 대화는 현재 전혀 대화가 없는 중동의 세 종교에 적용한다면 가장 효율적인 결과를 창출할지도 모른다. 우선 당장 현안 문제인 예루살렘의 영토권을 둘러싼 분쟁 해결의 실마리를 찾아낼 수 있다. 그것은 정치권에만 맡겨둘 수 없는 문제다.

2018년 미국 대통령이 미국 대사관을 텔아비브에서 예루살렘으로 이전하겠다고 전격 발표하여 국제사회에 큰 물의를 일으켰다. 중동의 분쟁이 더 격화되는 단초를 제공한 셈이다. 지금 중동은 시리아 전쟁만으로도 감당하기 어려운 극한 상황으로 치닫고 있다. 이란과 이집트까지 이스라엘과 전쟁 일보 전이다. 터키, 아프간도 문제가 심화되고 있다. 이전에도 이슬람을 사탄의 종교로, 북한을 악의 축으로 삼은 대통령(부시)이 이라크전쟁을 일으켜 인명과 재정 면에서 막대한 피해를 양쪽에 입히고 끝났지만, 근본적인 해결이라 볼 수 없다. 아직도 집단 살해 사건이 일상적으로 일어난다. 전쟁이 끝나고 한참이 지나서야 잘못된 정보로 전쟁을 일으킨 것으로 판명되고 부시도 뒤늦게 오판을 자인하였다. 종교에 대한 기본 지식을 못 갖춘 정치지도자가 얼마나 위험한지 알 수 있다.[9]

세 종교(삼교)의 문제는 동양 전통에서 지혜를 얻을 수 있다. 인도의 경우 힌두교, 자이나교, 불교의 관계는 정통과 이단이 아니고 안팎(내외)의 관계였다. 내외간에 다툴 필요가 없다. 성향과 실천수행 방식이 다를 뿐이다. 중국에서는 1세기 전후에 불교가 유입되어 유교와 도교에 자극을 주어 상호 발전을 가져왔다. 상호 도전과 교류의 과정에서 나온 산물이 신유학(성리학)과 선불교다. 앞 것은 불교의 도전으로, 뒷 것은 도교의 자극으로 형성된 것이다. 도교도 도가철학과 종교적 도교의 체계화를 이루도록 만들었다. 3, 4세기부터 비교종교가 발전되었다. 현대 비교종교의 태두 니니안 스마트가 삼교를 비교종교의 모델로 높이 평가한 것은 올바른 관찰이다.

세 가지 종교를 놓고 민중들에게는 어떤 영향을 끼쳤는가? 선택이냐 종합이냐의 문제다. 셋 가운데 하나를 신앙으로 선택하기도 했겠지만 어떻게 하든 실제로는 세 가지를 보완 관계로 보고 함께 수용하는 것이 일반적이었다. 일테면 중국인은 불교인으로 태어나고 유교인으로 살다가 도교인으로 죽는다는 식으로 해석되기도 한다.[10] 이와 함께 삼교가 근본적으로 다를 바 없다는 삼교일치 사상이 싹트고 아예 삼교합일교가 등장하기도 했다.

---

9 아마도 그들은 대학에서 세계종교나 종교다원주의 과목을 배우지 못했을 것이 분명하다.
10 일본에서도 통과의례를 불교와 신도(神道)가 분담한다.

이것은 한국 전통에서도 나타났다. '금강대교', '갱정유도更定儒道' 등 삼교합일을 내세운 신종교들이 등장했다. 중국의 영향을 받았다기보다 자생적인 신앙이었다. 한국의 경우 민중 속에서는 삼교에다가 고유 신앙까지 덧붙여져서 더 복합적인 형태가 되었다. 세 가지 종교는 근대사에서 세 근대 종교(동학, 증산교, 원불교)의 형태로 다시 나타났다. 이들은, 정확하게 일치하지는 않지만, 전통적인 삼교를 대치한 신종교로 볼 수 있다. 현재 한국 사회의 종교도, 신도수를 기준으로 하면, 크게 세 가지 주류(기독교, 불교, 토착 한국종교)로 구성된다. 세 전통이 대화하면서 상호 발전하고 하나가 되어 잘못된 정치를 계도하고 민족정신을 세워나가는 사명이 지워져 있다.

'셋'은 기하학적으로 완전한 형체나 입체를 상징한다. 고대의 솥 (鼎)은 발이 셋이었다. 솥이 서 있기 위해서 발이 셋이면 충분하다. 삼국도 정립鼎立했다. 고구려 연개소문은 나라에 종교가 둘(유교, 불교)만 있어서 안정이 안 되므로 도교를 도입해서 삼교가 정립하도록 도교의 도입을 왕에게 주청하여 도교가 중국에서 들어왔다. 이 시대에도 세 가지 이상의 종교가 선택적 대안이 된다면 사회 발전에 크게 이바지할 것이 분명하다. 자연의 아름다움도 삼원색의 교직으로 생겨난다.

다원주의는 종교를 통해서 도출한 것이지만 그러나 그 형태는 자연현상 속에서도 찾아낼 수 있다. 크리스천은 "참 아름다워라 주님의 세계는"이라고 찬송한다. 신앙은 지성보다는 감성에 더 가깝다. 슬프고 아름다운 음악은 가슴을 쥐어짜고 잠자는 영혼을 일깨운다. 바흐나 헨델의 음악은 성스럽게 들린다. 베토벤의 '환희의 송가'는 영혼을 울린다. 진선미는 삼위일체를 이룬다. 예술을 통해서도 구원을 얻는 느낌을 얻게 된다. "사회에 다양한 의견이 흘러넘치는 것, 다양한 색깔이 존재하는 것이 문화이고 예술이고 민주주의"(박홍규)다.

'다양한 색깔'의 자연 속에서 도가처럼 길(도, 진리)을 찾고 이름다움을 체득할 수 있다. 아름다움은 어디에서 오는 것일까. 대개는 다양성과 조화에서 오는 경우가 더 많다. 하얀 벚꽃이나 백합 자체도 아름답지만, 여러 색깔이 어우러진 꽃다발이나 가을 단풍에 비할까. 일곱 색 무지개는 아름다움의 극치다. '아롱다롱'이 '아름다움'이다. 똑같은 것들보다 다른 것들이 함께 공존하고 있는 모습이 더 아름답다. 단색적인 겨울이나 여름보다 만 가지 꽃들이 함께 피는 봄철의 들판, 파란 하늘 밑에 갖가지 색깔의 나뭇잎들이 날마다 변화하는 가을 산의 아름다움에 비할까.

음악으로 말하면 독창과 독주도 아름답지만 2중주, 3중주, 5중주, 8중주는 악기가 다양할수록 더욱 아름답다. 그리고 악기들 소리의 화음의 백미인 교향악은 현악기, 금관악기, 목관악기 등 각종 악기가 수십-백 가지나 어우러져 집합된 하나의 소리를 엮어낸다. 음색이 비슷한 4중주보다는 음색이 다른 피아노 3중주(피아노, 바이올린, 첼로)가 차라리 더 아름답게 들린다. 자연의 변화와 아름다움을 묘사한 베토벤의 전원교향곡도 그렇지만 합주와 합창이 어우러진 그의 마지막 교향곡 9번(합창)은 영혼의 되울림이다.

자연이나 예술처럼 우리나라가 개성 있는 독특한 팔도 문화가 어우러져 남북, 동서가 다양한 색깔을 뿜어내는 문화 국가를 이루는 것이 민족국가의 존재 이유이다. 어디 가나 똑같은 판에 박은 상품보다 다채로운 문화를 체험하러 관광객이 몰려들 것이다. 서양 문화를 그대로 옮겨다 놓은 나라라면 무슨 매력이 있을까. 여기서 다시, 책의 첫머리에 한 문단을 내세웠던, 김구의 '소원'을 상기하지 않을 수 없다. 여기에 우리가 갔어야 할 길, 가야할 길, 민족의 이상과 사명이 명쾌하게 기술되어있다.

세계 인류가 네요 내요 없이 한 집이 되어 사는 것은 좋은 일이요 인류의 최고요 최후인 희망이요 이상이다. 그러나 이것은 멀고 먼 장래에 바랄 것이요 현실의 일은 아니다. 사해동포의 크고 아름다운 목표를 향하여 인류가 향상하고 전진하는 노력을 하는 것은 좋은 일이요 마땅히 할 일이나 이것도 현실을 떠나서는 안 되는 일이니 현실의 진리는 민족마다 최선의 국가를 이루어 최선의 문화를 낳아 길러서 다른 민족과 서로 바꾸고 서로 돕는 일이다. 이것이 내가 믿고 있는 민주주의요 이것이 현 단계에서는 가장 확실한 진리다.

그러므로 우리 민족으로서 하여야 할 최고의 임무는 첫째로… 완전한 자주독립의 나라를 세우는 일이다. 이것이 없이는 우리 민족의 생활을 보장할 수 없을뿐더러 우리 민족의 정신력을 자유로 발휘하여 빛나는 문화를 세울 수가 없기 때문이다. 이렇게 완전 자주독립의 나라를 세운 뒤에는 둘째로, 이 지구상의 인류가 진정한 평화와 복락을 누릴 수 있는 사상을 낳아 그것을 먼저 우리나라에 실현하는 것이다. 나는 오늘날의 인류의 문화가 불완전함을 안다. 나라마다… 인심의 불안과 도덕의 타락은 갈수록 더하니, 이래 가지고는 전쟁이 그칠 날이 없어 인류는 마침내 멸망하고 말 것이다. 그러므로 인류 세계에는 새로운 생활 원리의 발견과 실천이 필요하게 되었다. 이야말로 우리 민족이 담당한 천직이라고 믿는다….

내가 원하는 우리 민족의 사업은 결코 세계를 무력으로 정복하거나 경제력으로 지배하려는 것이 아니다. 오직 사랑의 문화, 평화의 문화로 우리 스스로 잘 살고 인류 전체가 의좋게 즐겁게 살도록 하는 일을 하자는 것이다….

독재 중에서 가장 무서운 독재는 어떤 주의, 즉 철학을 기초로 하는 계급독재다…. 이탈리아의 파시스트, 독일의 나치스의 일은 누구나 다 아는 일이다. 그러나 모든 독재 중에도 가장 무서운 것은 철학을 기초로 한 계급독재다. 수백 년 동안 이씨 조선에 행하여 온 계급독재는 유교, 그 중에도 주자학파의 철학을 기초로 한 것이어서, 다만 정치에 있어서만 독재가 아니라 사상, 학자, 사회생활, 가정생활, 개인생활까지도 규정하는 독재였다. 이 독재 밑에서 우리민족의 문화는 소멸되고 원기는 마멸된 것이다. 주자학 이외의 학문은 발달하지 못하니 이 영향은 예술, 경제, 산업에까지 미쳤다.

우리나라가 망하고 민력이 쇠잔하게 된 가장 큰 원인이 실로 여기 있었다. 왜 그런고 하면 국민의 머리 속에 아무리 좋은 사상과 경륜이 생기더라도, 그가 집권 계급의 사람이 아닌 이상, 사문난적斯文亂賊이라는 범주밖에 나지 않는 이상 세상에 발표되지 못하기 때문이었다. 이 때문에 싹이 트려다가 물려 죽은 새 사상, 싹도 트지 못하고 밟혀버린 경륜이 얼마나 많았을까. 언론의 자유가 어떻게나 중요한 것임을 통감하지 아니할 수 없다. 오직 언론의 자유가 있는 나라에만 진보가 있는 것이다….

그러므로 어느 한 학설을 표준으로 하여서 국민의 사상을 속박하는 것은 어느 한 종교를 국교로 정하여서 국민의 신앙을 강제하는 것과 마찬가지로 옳지 아니한 일이다. 산에 한 가지 나무만 나지 아니하고 들에 한 가지 꽃만 피지 아니한다. 여러 가지 나무가 어울려서 위대한 삼림의 아름다움을 이루고 백 가지 꽃이 섞여 피어서 봄 뜰의 풍성한 경치를 이루는 것이다. 우리가 세우는 나라에는 유교도 성하고 불교도 예수교도 자유로 발달하고, 또 철학으로 보더라도 인류의 위대한 사상이 다 들어와서 꽃이 피고 열매를 맺게 할 것이니, 이러하고야만 비로소 자유의 나라라 할 것이요, 이러한 자유의 나라에서만 인류의 가장 크고 가장 높은 문화가 발생할 것이다….

나는 어떠한 의미로든지 독재정치를 배격한다. 나는 우리 동포를 향하여서 부르짖는다. 결코 독재 정치가 아니 되도록 조심하라고, 우리 동포 각 개인이 십분의 언론 자유를 누려서 국민 전체의 의견대로 되는 정치를 하는 나라를 건설하자고. 일부 당파나 어떤 한 계급의 철학으로 다른 다수를 강제함이 없고, 또 현재의 우리들의 이론으로 우리 자손의 사상과 신앙의 자유를 속박함이 없는 나라, 천지와 같이 넓고 자유로운 나라, 그러면서도 사랑의 덕과 법의 질서가 우주 자연의 법칙과 같이 준수되는 나라가 되도록 우리나라를 건설하자고….

('내가 원하는 우리나라') 나는 우리나라가 세계에서 가장 아름다운 나라가 되기를 원한다. 가장 부강한 나라가 되기를 원하는 것은 아니다. 내가 남의 침략에 가슴이 아팠으니 내 나라가 남을 침략하는 것을 원치 아니한다. 우리의 부력富力은 우리의 생활을 풍족히 할 만하고 우리의 강력强力은

남의 침략을 막을 만하면 족하다. 오직 한 없이 가지고 싶은 것은 높은 문화의 힘이다. 문화의 힘은 우리 자신을 행복하게 하고 나아가서 남에게 행복을 주겠기 때문이다"(김구, 2002: "나의 소원" 중에서).

우리 모두의 소원이기도 한 백범의 소원은 '문화'가 핵심이다. 이 글은 우리에게 문화 헌장과 같다. 그가 강조한 문화는 어떤 한 가지 이념, 사상, 종교에만 속박된 문화가 아니다. 백화百花재방의 찬란한 문화다. 그 문화는 사상의 자유, 언론 자유가 확보된 명실상부한 민주주의 체제에서만 생겨난다. 바로 다원주의 사상이 지향하는 목표 그대로다. 그의 의지와 철학을 경청한 정권이 남북에 존재했었다면 오늘의 현실은 크게 달라졌을 법하다. 그렇지 못한 것은 현실을 이끌어가는 세력이 이상주의자가 아니고 권력 지향의 기회주의자들이기 때문이다. 김구는 다원주의의 구조와 정신을 민족 문화에 적용하고 나서 세계로 확대하는 꿈을 가졌다. 문화 민족주의를 핵심으로 백범의 사상은 정치지도자로서는 드물지만, 한국 사상 전통과 민중의 삶 속에 흐르고 있는 정신의 발현이다.[11]

아름다운 자연처럼 종교도 한 종교만이 아니라 문화와 민족에 따라 다르다는 것은 저주가 아니고 축복이다. 개인과 사회에 많은 선택지를 준다. 선택지가 많을수록 개인의 행복도와 사회적 안정 및 효율성이 높아진다. 문화, 환경, 기질, 능력이 다른 개체들에게 한 가지 방식이나 신앙체계, 이념을 강요하는 것은 이치에 맞지 않고 모순적이다. 종교가 다양하고 같은 종교라도 교파가 여럿인 것은 그

---

11 이러한 명문이 교과서에 실리지 않았다면 이 나라 정치와 교육이 얼마나 낮은 수준인지 알 만하다. 부끄러운 일이 아닐까.

다양성이 아직도 제한적이지만 그 사실을 증명한다. 철학자 화이트 헤드가 정의하듯이 종교와 신앙은 개인이 홀로 마주치는 문제다. 종교조직은 인위적인 것이다. 실제로 엄밀하게 말해서 개인마다 종교관이 다를 수밖에 없다. 민족이나 언어처럼 종교가 다르다는 사실을 서로 인정하고 존중하지 않는 중동 국가들에게는 종교의 다원성은 물론 종교 자체가 축복이 아니라 저주라고 단정할 수 있다.

지금 한국 사회는 엄격하게 말해서 사회社會라기보다 사인私人들의 집단, 사회私會일 뿐이다.[12] 전체 사회가 순화될 때가 되었다. 그러기 위해서는 궁극적 가치와 도덕 윤리의 원천인 종교에서부터 시작되어야 한다. 왜 이 책의 주제가 중요한지 짐작할 수 있다. 세계가 다 그렇다고 우리의 책임이 적어지는 것은 아니다. 누구보다 우리가 오히려 단초를 제공한 위기다. 세계인의 이목이 한반도에 집중되고 있다. 그런 만큼 위기 탈출의 처방도 우리에게서 나와야 하는 것이 맞다. 올바른 종교와 신앙부터 갖추어야 할 상황이라는 점에는 변함이 없다. 피터슨도 열두 가지 법칙의 하나로 주장하지만, '수신제가'부터 해야 세계 평화('평천하')가 올 수 있다.

서양 중심 연구는 아무래도 보편성의 확립에 한계가 있다. 여기에 한국 사상이 공헌할 부분이 남아있다. 다원주의를 서구에서 개발

---

12 사회 공익에 이바지해야 할 기업들은 회사(會社) 아닌 사사로운 가족 모임 회사(會私)다. 사단(社團)법인은 사단(私團)법인과 같고, 사법(司法)부는 사법(私法)부, 검사(檢事)는 검사(檢私)처럼 행세했다. 그 흐름 속에서 종교 집단도 교회는 공(公)교회가 아닌 사(私)교회로 전락해가고 있다. 사회 모든 분야에서 대공무사(大公無私), 멸사봉공(滅私奉公)은 말할 것도 없고, 선공후사(先公後私)도 옛말이다. 공공정신은 간데없고, 공사 구분이 완전히 사라진 사회다. 진정한 '공무원'이 얼마나 될까(지난 두 국가 수반도 사私무원이었음이 드러났다). 학교도 이렇게 사유화 비율이 높은 나라는 지구상에 없다. 유럽이나 캐나다 등 국가에는 사립학교가 없는 것이나 마찬가지다.

된 원리로서만 아니라 동양 전통에서, 나름으로 독특한 한국 전통 속에서 찾아내 보편적인 원리로 정립할 수 있는 토대를 찾는 것이 중요하다. 물론 서구 학자들도 동양 전통을 거울로 그리고 종교 간 대화의 한 축으로 삼고 인도와 중국 전통에 관심을 기울이면서 한국 전통을 주목하는 데까지는 이르지 못했다. 이 두 흐름의 연정선상에 있는 한국 전통은 여기에 고유한 신앙까지 더하여 더욱 포괄적인 회통會通사상을 낳았다. 그것이 원효의 사상에서 정점을 이루게 되고 최치원, 의천, 김시습, 근대 종교 사상(최제우, 김일부, 강증산), 현대에는 이능화, 유영모, 함석헌 등에서 자취를 드러냈다.

한국 불교 전통은 통通불교라 분류할 만큼 다르다. 통불교 전통을 이은 조계종은 교종教宗, 선종禪宗, 정토 신앙을 아우른 통합 종단이다. 한국 사회의 종교 갈등은 배타주의 신앙을 가진 외래 종교로 말미암은 것이다. 우리가 세계 문화에 기여하는 길은 이 화회和會(화쟁 · 회통) 사상을 현대적으로 표현, 체계화하여 내어놓는 것이다. 근래 논의되는 '한 사상'(철학)도 그 변형이다. 다원주의 종교학자 니니안 스마트가 『세계철학』에서 한국 사상 전통을 인도, 중국과 나란히 별개의 뚜렷한 전통으로 대접하고 있는 것은 이러한 기대를 뒷받침한다.

이러한 동양의 종교 전통에 자극을 받은 서구의 인문학자들이 단선적인 서구의 문화와 종교 전통을 넘어 이르게 된 것이 다원주의다. 하지만 아직 변증법적 종합에는 이르지 못했다. 신과 절대를 둘러싼 해석에서 인격적, 비인격적 속성을 두고도 그렇지만, 주로 전통의 다양성과 통일성, 어느 쪽에 더 비중을 두느냐에 따라 학자들의 입장이 갈린다. '다양성 속의 통일'(unity in diversity)은 동양 전통을 관류하는 틀이다. 인도 사상은 정통 사상과 비-정통 사상(자이나

교, 불교, 유물론)을 아우른다. 세 종교가 공존해 온 중국 전통에서도 진리의 일치와 다양한 나타남이 '삼교일치'는 물론 '이일분수理一分殊', '다양한 길의 귀납적 일치'(同歸而殊途)로 표현된다. 종교다원주의에 다름 아니다.

원리적으로 배타주의는 다양성을 인정하려 들지 않을 것이고, 다원주의 경향이 강할수록 더 다원주의적이 될 것이다. 하지만 다원주의 성향을 갖더라도 그 안에서 차이를 보여준다. 다양성을 강조하는 쪽은 반드시 종교들의 공통성이나 통일성 또는 보편성을 찾을 필요가 있는가 묻는다. 서로 다름을 인정하고 공존하면 된다는 입장이다. 통일성과 보편성을 더 중시하는 쪽은 다양성과 다름을 앞세우면 현재처럼 갈등을 초래할 것이라고 말한다. 둘 다 나름대로 일리가 있는 주장이다. 두 시각의 조화와 유기적 관계는 동양 전통에서 논리적 근거를 찾을 수 있다. 하나(통일) 없는 여럿(다양성), 여럿 없는 하나는 없다. 불교 전통에서 '중도', 더 나아가서 '하나가 곧 여럿'(一即多), '둘도 아니고 하나도 아닌'(不二而不一) 관계로 표현된다. 포괄성에서 한 걸음 더 나아간 한국 사상에서는 원융회통圓融會通, '한'으로 나타난다. 여기에 불교 밖에서 형성된 '풍류', '상생' 사상까지 더하면 한민족의 다원주의적인 사상 전통은 더욱 공고한 형태가 된다. 그것이 우리가 세계 문화에 기여할 부분이다.

참고문헌

강증산. 1947(단기 4280).『대순전경』. 증산교본부(김제).

김구/도진순 역. 2002.『백범일지』. 파주: 돌베개.

김영태 외(김희중, 이찬수, 최성식, 서명원, 류제동, 윤영해, 김기현). 2007.『종
　　　교간 대화의 이론과 실제』. 전남대학교출판부.

김영호. 1997. "이능화의 종교회통론."「한국학연구」제8집 (인하대 한국학연구
　　　소): 187-217.

＿＿＿. 1997. "문명충돌론의 대안 I: 다원론, 세계윤리론."『동서문화논총II』(이
　　　충희교수 화갑기념논문집).

＿＿＿. 1999. "평화사상의 흐름에서 본 정산종사의 삼동(三同)윤리."「원불교학
　　　제4집」: 395-423.

＿＿＿. 2000. "원효 화쟁(和諍) 사상의 독특성."「철학」64호(가을): 5-34.

＿＿＿. 2013. "한 사상의 선구자 함석헌." 한사상연구소(LA) 세미나 발표.

김종서. 1992. "종교다원주의와 한국신학적 의미." 한국기독교학회 편,『창조의
　　　보전과 한국신학』.

노명식. 1985. "토인비와 함석헌의 비교(比較) 시론(試論)." 한국기독교문화연구
　　　소 편.『한국기독교의 존재이유』. 숭전대학교 출판부.

박영호·유영모. 1995-1. "다석 유영모의 기독교 사상."「문화일보」, 1995.

＿＿＿. 1995-2. "다석 유영모의 불교 사상."「문화일보」, 1995.

변선환. 1985. "불교와 기독교의 대화."「불교사상」(9월): 82-100.

＿＿＿. 1985. "탁사 최병헌과 동양사상."『한국기독교의 존재이유』. 숭전대출
　　　판부.

＿＿＿. 1992. "불타와 그리스도."「다보」통권2호(여름): 266-278.

서굉일. 1999. "조소앙의 육성교와 21세기 문명." 민족동질성회회복연구회 발표
　　　논문.

성철 스님. 1988. "가야산의 메아리 1981-1988." 연등국제불교회관.

유동식. 1978.『도(道)와 로고스』. 대한기독교출판사.

＿＿＿. 1990. "한국민족의 영성과 한국종교."「기독교사상」375(3월): 63-75.

윤성범. 1964.『기독교와 한국사상』. 대한기독교서회.

이상호·강일순. 1969.『대순전경』. 증산교본부(김제), 단기 4280.

이종은 외. 1994. 『이능화 연구』. 집문당.

장규환. 1992. "다원주의 논쟁에 대한 정통 개신교의 입장." 「다보」 통권 2호(여름): 260-265.

정현경. 2002. 『결국은 아름다움이 우리를 구원할 거야』. 도서출판 열림원.

함석헌. 2009-1. 『새 시대의 종교』, 함석헌저작집 14. 파주: 한길사.

_____. 2009-2. 『펜들힐의 명상』, 함석헌저작집 15. 파주: 한길사.

_____. 2001. 『끝나지 않은 강연』(유고집). 서울: 삼인.

_____. 1999. 『생각하는 백성이라야 산다』, 함석헌선집 3. 서울: 한길사.

_____. 1988. 『인간혁명의 철학』, 함석헌전집 2. 서울: 한길사.

_____. 1987. 『뜻으로 본 한국역사』, 함석헌전집 1. 서울: 한길사.

_____. 1985. 『생각하는 백성이라야 산다』, 함석헌전집 14. 서울: 한길사.

_____. 1983. 『역사와 민족』, 함석헌전집 9. 서울: 한길사.

_____. 1959/1983. 『한국기독교는 무엇을 하려는 것인가』, 함석헌전집 3. 서울: 한길사.

Abe, Masao. 1995. *Buddhism and Interfaith Dialogue*. ed. by Steven Heine, Honolulu, HI: University of Hawaii Press.

Bibby, Reginald W. 1990. *Fragmented Gods*. Toronto: Stoddart.

_____. 1993. Unknown Gods. Toronto: Soddart.

Bucke, Richard Maurice. *Cosmic Consciousness*. New York: E.P. Dutton and Company, 1901.

Carmody, Denise Lardner and John Tully Carmody. 1985. *Shamans, Prophets, and Sages: An Introduction to World Religions*. Belmont, CA: Wadsworth Publishing Co.

Cobb, Jr., John. 1982. *Beyond Dialogue: Toward a Mutual Transformation of Christianity and Buddhism*. Philadelphia: Fortress Press.

_____. 1982. *Process Theology as Political Theology*. Philadelphia: Westminster Press.

_____/Christopher Ives, eds. 1990. *The Emptying God. A Buddhist-Jewish-Christian Conversation*. Maryknoll, New York: Orbis Books.

Cox, Harvey. 1965(1971). *The Secular City*. New York: The Macmillan Co.

_____. 1978. *Turning East: Why Americans Look to the Orient for*

Spirituality-And What That Search Can Mean to the West. New
York: Simon & Schuster.

_____. 1992(1988). *Many Mansions*. Boston: Beacon Press.

_____. 2001. *Fire from Heaven: The Rise of Pentecostal Spirituality and the
Re-shaping of Religion in the 21st Century*. Decapo Press reprint.

_____. 2009. *The Future of Faith*. New York: HarperCollins Pubishers.

Eck, Diana L. 1993. *Encountering God: A Spiritual Journey from Bozeman
to Banaras*. Boston: Beacon Press.

_____. 2001. *A New Religious America*. New York: HarperCollins.

Gandhi, Mahatma. 1972. *All Men Are Brothers*. compiled and edited by K.
Kripalani, New York: Columbia University Press and Unesco.

_____. 1991. *Gandhi on Christianity*. ed. by Robert Ellsberg, Maryknoll,
NY: Orbis Books.

Hick, John. 1984. "A Philosophy of Religious Pluralism." in Frank Whaling ed.
*The World's Religious Traditions: Essay in Honour of Wilfred
Cantwell Smith*. Edinburgh: T. & T. Clark.

_____. 1985. *Problems of Religious Pluralism*. London: The Macmillan
Press.

_____. 1987. *The Myth of Christian Uniqueness*. Hick & Knitter, ed.,
London: SCM Press.

_____. 1989. *An Interpretation of Religion*. New Haven: Yale University
Press.

_____. 1993. *Disputed Questions in Theology and the Philosophy of
Religion*. New Haven: Yale University Press.

_____/Paul Knitter, eds. 1987. *The Myth of Christian Uniqueness*. New
York: Orbis.

Hocking, William Ernest. 1940. *Living Religions and a World Faith*. New
York: Macmillan.

Hopfe, Lewis M. 1991. *Religions of the World*. New York, NY: Macmillan
Pub. Co.

Hospital, Clifford G. 1985. *Breakthrough: Insights of the Great Religious
Discovers*. Maryknoll, NY: Orbis Books.

Huntington, Samuel P. 1993. "The Clash of Civilizations?" *Foreign Affairs* (summer): 22-49.

_____. 1996. *The Clash of Civilizations and the Remaking of World Order.* New York: Simon & Schuster.

James, William. 1975. *Pragmatism and The Meaning of Truth.* Cambridge, MS: Harvard University Press.

Kant, Immanuel. 1784/1991. *An Answer to the Question: 'What is Enlighten-ment?'* New York: Penguin Books.

Kim, Young-ho. 2001. "The Approach of Early-medieval Chinese Buddhists to Other Religions(Confucianism and Taoism): Pluralistic or What?" *An Anthology of East Asian Buddhism*(東아시아佛敎의 諸問題). 東京: 山喜房.

_____. 2001-2. "Yi Nung-hwa's Approach to History of Religions in the Korean Tradition Comparative Religion." Japanese-Korean studies seminar, Oslo University, Norway.

Knitter, Paul F. 1985. *No Other Name? A Critical Survey of Christian Attitudes Toward the World Religions.* London: SCM Press.

_____. 1987. "Toward a Liberation Theology of Religions." Hick/Knitter, ed., *The Myth of Christian Uniqueness.*

_____. 1995. *One Earth Many Religions.* Maryknoll, NY: Orbis Books.

_____. 1996. *One Earth Many Religions: Multifaith Dialogue and Global Responsibility.* Maryknoll: Orbis Books.

Küng, Hans. 1991. *Global Responsibility.* New York: Crossroad.

_____. 1996. *Yes to A Global Ethic.* New York: Continuum.

Lemaitre, Solange. 1984. *Ramakrishna and the Vitality of Religion.* Woodstock, NY: The Overlook Press.

Müller, Max. 1873. "Introduction to the Science of Religion." cited in Sharpe, *Comparative Religion.*

Panikkar, Raimundo(Raimon). 1987. "The Jordan, the Tiber, and the Ganges." Hick/Knitter, ed., *The Myth of Christian Uniqueness*, 89-116.

_____. 1996. *The Intercultural Challenge of Raimon Panikkar.* ed. by Joseph Prabhu, Maryknoll: Orbis Books, 202-223.

Perterson, Jordan B. 2018. *12 Rules for Life: An Antidote to Chaos.* Toroto: Random House Canada.

Pieris, Aloysius S.J. 1987 "The Buddha and the Christ: Meditators of Liberation." Hick/Knitter, ed., *The Myth of Christian Uniqueness,* 162-177.

Pinker, Steven. 2018. *Enlightenment NOW: the Case for Reason, Science, Humanism, and Progress.* New York: Viking.

Radhakrishnan, S. 1927. *The Hindu View of Life.* New Delhi: HarperCollins India.

Rowe, Stephen C. ed. 1996. *The Vision of James.* Rockport, MA: Element Books.

Samartha, Stanley J. 1987. "The Cross and the Rainbow." Hick/Knitter, ed., *The Myth of Christian Uniqueness,* 69-88.

Sharpe, Eric J. 1986. *Comparative Religion.* La Salle, Ill: Open Court.

Smart, Ninian. 1981. *Towards a World Theology.* Maryknoll, NY: Orbis Books.

_____. 1993. *Buddhism and Christianity: Rivals and Allies.* Honolulu: University of Hawaii Press.

_____. 1998. *The World's Religions.* 2nd ed., Cambridge: Cambridge University Press.

_____. 2000. *World Philosophies.* New York: Routledge.

Smith, Wilfred Cantwell. 1962. *The Meaning and End of Religion.* New York: Harper & Row.

_____. 1979. *Faith and Belief.* Princeton: Princeton University Press.

_____. 1981. *Towards a World Theology.* Maryknoll, NY: Orbis Books.

_____. 1984. *The World's Religious Traditions: Essays in Honour of Wilfred Cantwell Smith.* ed. by Frank Whaling, Edinburgh: T. & T. Clark.

_____. 1987. "Idolatry." Hick/Knitter, *The Myth of Christian Uniqueness,* 53-68.

_____. 1993. *What Is Scripture?* Minneapolis, MN: Fortress Press.

Thich, Nhat Hahn. 1975. *The Miracle of Mindfulness.* Boston: Beacon Books.

_____. 1988. *The Heart of Understanding*. Berkeley, CA: Parallax Press.

_____. 1997. *Living Buddha, Living Christ*. New York: Riverhead Books.

_____. 1999. *Going Home: Jesus and Buddha as Brothers*. New York: Riverhead Books,

_____/Berrigan, Daniel. 1975. *The Raft is not the Shore*. Maryknoll, NY: Orbis Books.

Tillich, Paul. 1955. *The New Being*. New York: Charles Scribner's Sons.

_____. 1964. *Christianity and the Encounter of the World Religions*. New York: Columbia University Press.

_____. 1973. *Systematic Theology* Vol. 1. Chicago: University of Chicago Press.

_____. 1999. *The Essential Tillich*. ed. by F. Forrester Church, Chicago: The University of Chicago Press.

Tolle, Eckhart. 1999. *The Power of Now*. Novato, CA: New World Library.

Toynbee, Arnold J. 1957. *A Study of History*. Abridgement of Volumes VII-X by D. C. Somervell, New York: Oxford University Press.

_____. 1979. *An Historian's Approach to Religion*. 2nd edition, Oxford: Oxford University Press.

Walsch, Neale Donald. 1994. *Conversations with God,* book 1. G.P. Putnam's Sons.

_____. 2004. *Tomorrow's God*. New York: Atria Books.

Watts, Alan. 1972. *The Supreme Identity*. New York: Pantheon Books.

Wilber, Ken. 1996. *A Brief History of Everything*. Boston: Shambhala.

_____. 1998. *The Essential Ken Wilber: An Introductory Reader*. Boston: Shambhala.

_____. 1999. *One Taste: The Journals of Ken Wilber*. Shambhala.

_____. 2017. *The Religion of Tomorrow*. Boulder, Col.; Shambhala.

찾 아 보 기